novum pro

GERD GRÄF

ZEITENWENDE

WENN DIE MENSCHHEIT

ÜBERLEBEN

WILL, MUSS SIE DEN

KAPITALISMUS

ÜBERWINDEN

novum ⬤ pro

Bibliografische Information der Deutschen Nationalbibliothek:

Die Deutsche Nationalbibliothek verzeichnet diese Publikation in der Deutschen Nationalbibliografie. Detaillierte bibliografische Daten sind im Internet über http://www.d-nb.de abrufbar.

© 2023 novum Verlag

ISBN 978-3-99131-891-0
Lektorat: Alexandra Eryiğit-Klos
Umschlagfoto:
Elena Kazanskaya | Dreamstime.com
Umschlaggestaltung, Layout & Satz:
novum Verlag
Tabellen/Berechnungen: Erstellt und berechnet durch Gerd Gräf

Die vom Autor zur Verfügung gestellten Tabellen wurden in der bestmöglichen Qualität gedruckt.

www.novumverlag.com

INHALTSVERZEICHNIS

2. Buch
Alternativen zum Kapitalismus

3. Buch
Die freie Gesellschaft

0 PROLOG

0.1 Vorwort

Es war mein Plan, zu meinem 80. Geburtstag meine berufliche Tätigkeit zu beenden und dieses Buch zu Ende zu schreiben, das ich bereits vor 20 Jahren begonnen hatte, eine Idee, die mich seit jungen Jahren begleitet. Es kam anders. Die Coronapandemie beendete im März 2020 abrupt meine berufliche Tätigkeit. Ich versuchte aus der Ferne meine Betriebe immer noch zu beraten, bis mir bewusst wurde, es gibt für mich nur noch eine wirklich wichtige Aufgabe: endlich dieses Buch zu Ende zu schreiben.

Mit 80 Lebensjahren blickt man auf die Geschichte eines Menschenlebens zurück, ein Rückblick, den nicht jeder erlebt. Von den 80 Jahren lebte ich 40 Jahre im missglückten kommunistischen Versuch und den Rest der Zeit unter kapitalistischen Verhältnissen – die ersten 4 Jahre in der nationalsozialistischen Spielart.

Zeitenwende – ein Wort vielfacher Verwendung. Wenn z. B. in den USA ein neuer Präsident gewählt wird, wie nach dem tumben George W. Bush und erneut nach dem rüden Donald Trump geschehen, spricht man von einer Zeitenwende. Olaf Scholz, deutscher Bundeskanzler, nannte den Beginn des Eroberungskrieges Putins gegen die Ukraine, bezogen auf Europa, eine Zeitenwende. Wenn in diesem Buch von Zeitenwende die Rede ist, dann ist der Übergang in eine neue gesellschaftliche Ordnung gemeint. Zeitenwenden in der Gesellschaft sind nicht sehr häufig. Die letzte begann vor circa 500 Jahren, mit der Entstehung des Kapitals, die diese gesellschaftliche Ordnung begründete. In dieser Ordnung leben wir noch heute und alle Versuche, sie zu überwinden, sind bislang gescheitert.

Diese unsere kapitalistische Gesellschaft gerät zunehmend in die Kritik. Oft ist von „Spätkapitalismus" die Rede. Was spät dran ist, bewegt sich also auf sein Ende zu. Muss der Kapitalismus wirklich überwunden werden? Erweist er sich als unfähig, die Herausforderungen, vor denen die Welt heute steht, zukunftsorientiert zu lösen?

Die kapitalistische Gesellschaftsordnung fegte in wenigen Jahrhunderten die bis dahin über Jahrtausende bestehenden sklavenhaltenden und feudalen Ordnungen hinweg. Kein anderer als Karl Marx hat sich mit dem kapitalistischen Phänomen tiefgründiger auseinandergesetzt und seine Bewegungs- und Entwicklungsgesetze aufgedeckt und analysiert. Deshalb werde ich in meinen Ausführungen öfter auf ihn zurückgreifen. Ihn studierte ich schon in meinen jungen Jahren. In den folgenden Jahrzehnten studierte ich viele namhafte Autoren, die sich am gleichen Stoff versuchten. Aber nicht einer reichte annähernd an die Denkkraft von Marx heran. Deshalb ist es nur folgerichtig, wenn man sich mit dem Thema „Kapitalismus" auseinandersetzt, stets bei Marx anzusetzen und die eigene Gedankenfolge an ihm zu überprüfen.

Ziel des Buches ist es – wie der Titel verspricht – zu prüfen, inwieweit der Kapitalismus noch in der Lage ist, die anstehenden Probleme der Menschheit zu lösen, seine Grenzen sowie die Möglichkeiten und Schritte zu seiner Überwindung aufzuzeigen. Dafür ist es unverzichtbar, das Phänomen „Kapitalismus" von der Entstehung des Kapitals über all seine Wandlungen bis zur Gegenwart aufzuarbeiten, um seine Bewegungs- und Entwicklungsgesetze zu erfassen, die treibenden Widersprüche auszuleuchten, um schließlich die Konflikte zu erkennen, an denen er scheitern muss und scheitern wird.

Das 20. Jahrhundert endete mit einem Paukenschlag. Das kommunistische Experiment, das die Welt 70 Jahre in Atem gehalten hatte, gab sich selbst auf, trat sang- und klanglos von der Weltbühne ab. Zu Ende gegangen war die jahrzehntelange Konfrontation, die Gefahr des atomaren Infernos, die Gefahr der Vernichtung der Menschheit, der Kalte Krieg, der ungleich mehr Ressourcen verschlungen hatte als jeder heiß geführte. Die Menschheit schien jetzt goldenen Zeiten entgegenzugehen. Frieden, Freiheit und Wohlstand für alle Menschen der Welt sollten nun doch Wirklichkeit werden können – meinten zumindest die Gutgläubigen. Es kam anders. Bald wich die anfängliche Euphorie, besonders im wiedervereinten Deutschland, der Ernüchterung.

Dort, wo der Kapitalismus als Sieger aus dem Kalten Krieg hervorgegangen war, wähnten sich die Menschen auf der richtigen Seite der Geschichte und sahen keinen Grund, über die Gesellschaft, in der sie lebten, kritisch nachzudenken. Die im Kalten Krieg Unterlegenen und hier lebten viele ehrliche Menschen, die an die Überlegenheit der sozialistischen Gesellschaft geglaubt hatten, hatten nach deren Untergang nur noch ihre Wunden zu lecken. Sie hatten wahrhaftige Gründe, über diese staatskommunistische Gesellschaft und ihre Entwicklung nachzudenken und nach den Ursachen ihres Scheiterns zu forschen. Zu denen zähle auch ich.

Die Völker des Ostens, vor allem in den Nachfolgestaaten der einstigen Sowjetunion, erfuhren hautnah, was Armut und Elend bedeutet. Die Menschen machten die bittere Erfahrung, dass der Mensch zunächst essen, trinken, sich wärmen, kleiden und behausen muss, bevor er die neu gewonnene Freiheit genießen kann.

Die sogenannte Dritte Welt, deren Entwicklung die nun frei gewordenen Ressourcen, die einst der Kalte Krieg in Anspruch nahm, hätten dienen sollen, erfuhr bald ein Maß an Ausbeutung, Ausplünderung und ökonomischer Unterjochung, was alles Bisherige in ihrer leidvollen Geschichte übertraf. Ihre Verschuldung an die OECD-Staaten wuchs ins Astronomische. Das Nord-Süd-Gefälle baute sich nicht ab, sondern nahm zu.

Noch nie war die Welt so produktiv, damit so reich wie heute und erzeugt dennoch erneut massenhaft Armut – ein Widerspruch, dem das vorliegende Buch auf den Grund gehen will.

Die Weltkrise, in die wir immer tiefer geraten, äußert sich in zunehmender Polarisierung von Arm und Reich innerhalb der Gesellschaft wie zwischen Nord und Süd. Sie ist Ausdruck für Freiheitsverlust für immer größere Mehrheiten der Weltbevölkerung. Die unfreie Entwicklung vieler erscheint zunehmend als Bedingung für die freie Entwicklung weniger. Wenn die Notwendigkeiten der Existenzsicherung für Mehrheiten zunehmen, folgt die Gesellschaft nicht mehr dem allgemeinen historischen Trend, sondern beschreitet einen gegenläufigen Weg, was notwendige Reformen signalisiert.

Reformagenda ist das Schlagwort unserer Zeit. Alles, was diesbezüglich bislang auf den Weg gebracht wurde, zielte ins Leere, verschärfte die sich abzeichnende Gesellschaftskrise zusätzlich. Ja, die Gesellschaft muss dringend reformiert werden, aber offensichtlich grundlegend anders, als es sich die Eliten im Spektrum von rechts bis links vorstellen.

Alles, was geboten wird, wird unter dem Zauberwort „Freiheit" firmiert. Inzwischen völlig abgenutzt, wurde der Begriff, welcher den ältesten Traum der Menschheit konzentriert zum Ausdruck bringt und mit dem sie sich auf den Weg in eine freie Gesellschaft machte, die weltweit Freiheit für jeden Menschen garantiert, zur hohlen Phrase, unter der jede einzelne Nation das zum Ausdruck bringt, was ihren partikularen Interessen entspricht. Wähnten sich die Menschen der westlichen Welt bereits fast in der freien Gesellschaft, wandern nunmehr immer größere Gesellschaftsgruppen ab in die Unfreiheit, können für sich keine erfüllte Zukunft mehr erblicken, werden von den Notwendigkeiten niedergedrückt.

Das Buch will Geschichte, Gegenwart und Zukunft der Menschheit auf ihrem Weg in eine freie Gesellschaft ausleuchten, die objektiven Beweggründe gesellschaftlichen Handelns erhellen. Der Gegenstand meiner Betrachtungen ist also das Weltganze, frei von jeder nationalen Einengung und ohne Vorurteile oder

Parteinahme für dieses oder jenes Volk. Angesichts des bestehenden Meinungswirrwarrs scheint das eine schier unlösbare Aufgabe, ein unerhörter Anspruch zu sein, der an Vermessenheit grenzt. Dabei gehöre ich nicht zur Kaste der professionellen Wissenschaftler, die die menschliche Gesellschaft erforschen. Ich studierte Landwirtschaft und Betriebswirtschaft und habe danach länger im Management als in der Wissenschaft gearbeitet. Ein Außenseiter also, kühn genug, sich nach mehrjähriger Vorarbeit auf einem anderen Feld des Denkens zu versuchen.

Mein Interesse an der wissenschaftlichen Betrachtung der Gesellschaft begleitete mich mein gesamtes Leben, aber erst in jüngerer Vergangenheit, nachdem ich mein Berufsleben absolviert hatte, begann ich, mich ausschließlich damit zu befassen.

Die Kritik aus der Phalanx der Professoralen ist mir gewiss. Da ist kein Unterschied zu machen, ob sie von „rechts" oder von „links" kommen. Von der Linken, insbesondere von den einstigen Sachwaltern des „Marxismus-Leninismus", dürfte die heftigere Kritik kommen. Ist bei ihnen doch immer noch der Mythos vorhanden, Gralshüter der objektiven Wahrheit zu sein. Sie verwandelten in jahrzehntelanger Arbeit das geistige Erbe von Marx und Engels in eine spitzfindige Dogmenlehre, vergleichbar der Scholastik im Mittelalter, auf die sich ihr Wissensmonopol begründet wie einst bei den indischen Brahmanen, deren Veden für das Volk ein Buch mit sieben Siegeln blieben. Die Rechte wird mir in bewährter Weise eher mit Ignoranz begegnen. Ich selbst halte die rechte und linke Weltsicht für ein historisches Produkt mit Verfallsdatum, da sich ihr politischer Hintergrund, wenn die freie Gesellschaft gelingen soll, aufheben muss.

Dennoch muss hier auf die Schwierigkeiten des Unterfangens eingegangen werden. Wir leben in einer Zeit der Wissensexplosion auf allen Gebieten, das Wissen zur Gesellschaft nicht ausgenommen. Die unüberschaubare Breite an Informationen, die auf uns einstürmt, erfordert Spezialisierung der wissenschaftlichen

Gegenstände, wenn Bedeutendes geleistet werden soll. Wissenschaftler, die das Spektrum der Erkenntnisse zur Gesellschaft als Ganzes überschauen, gehören der Vergangenheit an, von einer Gesamtschau der Wissensentwicklung über Natur und Gesellschaft ganz zu schweigen. Mir dessen bewusst seiend, wählte ich ein anderes Herangehen. Ich traf eine Auswahl historisch und aktuell bedeutender Schriften, die sich mit der Gesellschaft, in der wir leben, ihrer Geschichte, ihrer Gegenwart und ihrer Zukunft, befassen, unterzog sie meiner Kritik, um Wesentliches darin aufzuspüren, was meine eigene Weltsicht formte.

Bei meinen Überlegungen nutze ich das Wissen, das von vielen zusammengetragen wurde, die sich im Rahmen spezialisierter wissenschaftlicher Gegenstände in eingeschränkte Themen intensiv hineindachten und gründlich recherchierten. Vielfach ziehe ich aus dem vorwiegend auf induktivem Wege gewonnenen Wissen andere Schlüsse. Oft sind es nur die vermittelten Daten und Fakten, die ich übernehme, aber oft anders interpretiere.

Besonders schwierig war es mit den historischen Wissenschaften. Mein Großvater (1874 geboren) vererbte mir Geschichtswerke, die im letzten deutschen Kaiserreich geschrieben worden waren. Mein Vater hinterließ mir ein vierbändiges Geschichtswerk, welches im Nationalsozialismus geschrieben wurde. In der DDR erwarb ich Geschichtswerke mit staatssozialistischer Prägung und schließlich nach der Wende von 1989 Werke zur deutschen, europäischen und Weltgeschichte, die BRD-Historiker verfasst hatten.

Im Ergebnis dieser Studien nahm ich zur Kenntnis, dass alle professionellen Historiker im Geist der Zeit schrieben, in der sie lebten, sei es aus Überzeugung, Anpassung oder Karrieregründen. Deshalb musste ich einen anderen Weg einschlagen, um zu einer objektiven Geschichtsbetrachtung zu gelangen.

Wissenszuwachs entspringt stets aus vorhandenem Wissen, und das ist der weit größere Teil. Mit Blick auf die Leserschaft, die ich ansprechen möchte, werde ich in diesem Buch in gedrängter Form eine Übersicht über das Wissen geben, auf dem mein Erkenntnisgang aufbaut.

Diese Leserschaft ist breit. Ich wende mich nicht an die Wissenschaft, sondern an den heute solide gebildeten Bürger. Der Weg für alle Menschen in die freie Gesellschaft wird gelingen, wenn gesellschaftliche Mehrheiten fähig und bereit sind, über das von den Medien breit vermittelte, oft seichte, wenig anspruchsvolle Wissen hinauszudenken.

Mein Ehrgeiz ist befriedigt, wenn es mir gelingt, in die gesellschaftlichen Auseinandersetzungen unserer Zeit eine andere Sichtweise einzubringen, die geeignet ist, die Diskussion zu intensivieren. Ich wende mich an alle, die das Auf und Ab der kapitalistischen Gesellschaft im letzten Jahrhundert kritisch verfolgten – an die, die sich im Westen nach dem Zweiten Weltkrieg bereits in der freien Gesellschaft wähnten, wie auch an jene im Osten, die einen anderen Weg gingen und glaubten, der historischen Wahrheit ein Stück näher zu sein. Mein besonderes Interesse gilt dabei dem Weg, den China in den letzten 50 Jahren ging, vermittelt er doch Einsichten, die sich grundlegend von denen der westlichen Welt und den Ländern unterscheiden, die mit dem Zusammenbruch der Sowjetunion zum Kapitalismus zurückkehrten.

In den letzten 30 Jahren verbrachte ich als Unternehmensberater viel Zeit in anderen Ländern, davon mindestens, am Stück gerechnet, 10 Jahre in Russland. Ich begegnete sehr vielen Menschen in ihrem Berufsleben und im Alltag. Seitdem das menschliche Genom entschlüsselt ist, wissen wir, dass es keine Rassen gibt, dass das menschliche Genom bei allen auf dieser Erde lebenden Menschen zu mehr als 99 % übereinstimmt. Damit wurde mir bewusst, dass die mentalen Unterschiede zwischen Deutschen, Russen, Briten, Schotten, Kanadiern, Madagassen, Polen, Rumänen, Bulgaren, Ungarn, Tschechen, Slowaken und anderen

Völkern, denen ich begegnete, nicht genetisch bedingt sind, sondern sich aus der Geschichte dieser vielen Völker erklären lassen müssen. Deshalb lege ich viel Wert auf die Betrachtung der Geschichte des Kapitalismus, um hier die Ursachen für unterschiedliche Mentalitäten zu erhellen.

Das vorliegende Buch gliederte ich in 3 Teile. Der 1. Teil befasst sich mit dem Entstehen, Werden und der Reife der kapitalistischen Gesellschaft. Der 2. Teil untersucht die bislang erfolgten Versuche, den Kapitalismus zu überwinden, und ihr Scheitern. Der 3. Teil ist dem Übergang aus der kapitalistischen in die freie Gesellschaft vorbehalten.

0.2 Einleitung

Entwicklung unserer Art

Die überwiegende Zeit der Existenz unserer Art lebten die Menschen in einem Reich der Notwendigkeit. Alle Tage waren damit ausgefüllt, das Überleben zu sichern. Ihr gesamtes Tun war darauf gerichtet, den Aufwand an Zeit zur Existenzsicherung zu verkürzen. Marx vermerkte, in der Ökonomie der Zeit löst sich alle Ökonomie auf. Zeitgewinn ist der Weg in die Freiheit.

Bevor wir uns der Geschichte zuwenden, wo nach meiner Auffassung die Menschen, natürlich ohne sich dessen bewusst zu sein, sich aufmachten, den Weg in die Gesellschaft zu beschreiten, wollen wir uns einleitend, in stark komprimierter Form, in die Geschichte begeben, die an den Gegenstand des Buches heranführt, einzig mit dem Ziel, die immanenten Kräfte zu erhellen, die Zivilisation und Gesellschaft entstehen ließen, mit denen die Grundlagen für eine freie Gesellschaft gelegt wurden. Beginnen wir mit einer knappen Zusammenschau der Entstehung unserer Art, der Zivilisation und der Gesellschaft.

Die Werke zur Geschichte vermitteln detailgetreu eine schier endlose Aneinanderreihung von historischen Ereignissen, Herrschern und Dynastien, Eroberungen, Kriegen und Unterwerfungen, beginnend vor mehreren Jahrtausenden in Asien und im Nahen Osten, dann überspringend auf den europäischen Kontinent sowie schließlich einbeziehend die neu entdeckten Kontinente, Amerika und Australien.

Je reichhaltiger das angehäufte geschichtliche Material, umso schwerer wird es dem einzelnen Betrachter, das aller Geschichte Immanente zu erkennen, welches die Motive menschlichen Handelns erhellt. Die Lektüre geschichtlicher Bewegungen vermittelt nicht selten den Eindruck, dass Verwirrung, Unvernunft, Fanatismus, Wahnsinn, individueller Machtanspruch, Chaos, Egoismus, Neid und Habgier treibende Motive gewesen sein könnten. Ja, man könnte fast meinen, die Menschen standen eher ohnmächtig ihrer eigenen Geschichte gegenüber und dieses durchaus verbreitete Gefühl spüren wir bis in unsere Tage.

Unser Lebensraum

Nach gegenwärtiger Erkenntnis wird mehrheitlich angenommen, unsere Erde sei vor 4 bis 5 Milliarden Jahren, rund 10 Milliarden Jahre nach dem Urknall, mit unserem Sonnensystem entstanden. Ein fast gleich großer Zeitraum wird für ihre Zukunft berechnet. Im größeren Teil dieses Zeitabschnitts sollen hier noch Bedingungen herrschen, die Leben nach unserer biologischen Prägung und unseren Vorstellungen ermöglichen. Vorausgesetzt wird dabei, dass kein kosmischer Unfall unser Sonnensystem vorher auslöscht. Diese Gefahr ist latent und auch nicht langfristig vorhersehbar. Vernachlässigen wir ein solch spekulatives Szenario, so befinden wir uns also in der Mitte der möglichen Erdgeschichte.

Vor circa 3,5 Milliarden Jahren soll Leben entstanden sein. Es brauchte allerdings 2,5 Milliarden Jahre Zeit, um sich zu mehrzelligen Formen zu entwickeln. In einer Milliarde Jahren entstand die gesamte Vielfalt der mehrzelligen Lebensformen bis hin zu den hoch entwickelten Säugetieren. Von hier aus war es nur noch ein „kleiner" Schritt von 100 Millionen Jahren bis zu uns Menschen.

Nachdem die Erde also bereits 75 % ihrer Zeit bis zur Gegenwart durchwandert hatte, traten mehrzellige Wesen auf, die endlich waren, gleichzeitig aber über die Fähigkeit verfügten, sich fortzupflanzen und so als Spezis die Ewigkeit zu überdauern. Charles Darwin entdeckte die Evolution, die Bewegungs- und Entwicklungsgesetze, die diesen Daseinsformen zugrunde liegen. Es handelt sich um Seinsformen, denen die Entwicklung vom Niederen zum Höheren eigen ist.

Auf hoher Stufe der Evolution sonderte sich also eine Spezis von den Primaten (Herrentieren) ab, die etwas bis dahin Unbekanntes, die Intelligenz besaß, die Hominiden – unsere menschlichen Vorfahren. Sie verfügten, im Unterschied zu allen anderen Arten, erstmals und zunehmend über die Fähigkeit, nicht nur, wie bisher, sich in endloser biologischer Evolution der Natur anzupassen, sondern auch umgekehrt, die Natur sich selbst zu unterwerfen. Diese Wesen traten also erst auf, nachdem die Erde fast 99,9 % ihres bisherigen Weges zurückgelegt hatte. Andererseits besagt uns unsere Rechnung, wenn die Erde der Möglichkeit nach in der Mitte ihrer Lebenszeit steht, dass wir Menschen noch den weit größeren Teil unseres Erdendaseins vor uns haben.

Wenn wir uns vergegenwärtigen, in welcher Weise der Mensch in weit weniger als 1 % der bisherigen Erdgeschichte – man spricht inzwischen vom Anthropozän – diesen Planeten verändert hat, das meiste in den letzten 500 Jahren – einem Wimpernschlag in der Erdgeschichte – fällt es schwer, sich vorzustellen, dass die Menschheit zu solcher Vernunft fähig sein könnte, diese ihre kosmische Heimat noch Jahre, die sich in Milliarden messen, zu bewahren.

Nach irdischem Verständnis ist die intelligente Lebensform die bislang höchste Stufe der Evolution und eventuell ihr kritischstes

Stadium. Ob sie überlebensfähig ist, muss sich erst erweisen. Stephan Hawkins vermerkt, dass sich die Bedingungen, die die Entwicklung intelligenter Lebensformen zulassen, sich im unendlichen Weltall mehrfach wiederholt haben könnten und anderenorts viel eher als in unserer Galaxie, da diese in der Geschichte des Kosmos relativ jung ist. Da uns bislang aus dem Weltall noch keine Kunde von anderen intelligenten Wesen erreichte, zieht er u. a. den Schluss, die intelligente Lebensform könnte nicht zu den überlebensfähigen gehören, trage in sich eventuell die Potenz der Selbstvernichtung (Hawkin, 2001) (vgl. S. H., S. 219)[0].

Betrachten wir das abgelaufene Jahrhundert, so erscheint das Szenario der Selbstzerstörung nicht zu weit hergeholt. Stellen wir uns vor, der Faschismus wäre mit einer Zeitverzögerung von 100 Jahren in die Welt gekommen, dann wäre die aufgezeigte Spekulation wahrscheinlich zur Realität geworden. Die Gefahr der Selbstzerstörung unserer Art ist latent und in der gegenwärtigen Konstruktion der Gesellschaft potenziell angelegt.

Gesellschaftlicher Wandel, von dem in diesem Buch die Rede sein wird, leitet sich damit nicht nur aus aktuellen Widersprüchen, sondern auch aus den ganz großen, Zeit und Raum umspannenden Fragen her. Wenn die Menschen erst im letzten Prozent der bisherigen Erdgeschichte auftraten, erhebt sich die Frage, ob ihnen nochmals ein solcher Zeitraum ihrer bisherigen Existenz von 6 Millionen Jahren beschieden sein wird. Schaffen es die Menschen nicht, bleibt die Art Mensch als Evolutionsprodukt nur eine kleine Fußnote in der Geschichte des Planeten Erde und des Weltalls.

Kampf ums Dasein

Die treibende Kraft der Evolution ist der *Kampf ums Dasein,* ist ein arterhaltender Kampf der Individuen mit sich selbst und mit der Natur, dem unsere Art in ihrer Frühgeschichte ebenfalls unterworfen war. Alle Arten, die heute noch unsere Erde bewohnen, haben diesen Kampf erfolgreich bestanden. Andere Arten, von deren Existenz wir nur aus Fossilienfunden wissen, sind in diesem Kampf unterlegen oder wurden von uns Menschen ausgelöscht.

Die treibende Kraft der Evolution ist verantwortlich für die Artenvielfalt wie auch für die Entwicklung der Arten selbst. Davon ist die Art Mensch nicht ausgenommen. Einmal in die Welt getreten, hat die Evolution den Menschen in seiner physischen wie psychischen Verfassung stetig vervollkommnet. Dabei handelt es sich um einen Prozess, der sich beständig weiter vollzieht, selbst wenn er aus dem Blickwinkel eines Menschenlebens oder aus der uns durch Aufzeichnungen bekannten Geschichte nicht wahrgenommen wird.

Neueste Forschungen geben Auskunft über unsere eigene Evolution. So kommt Noam Chomsky bei seinen philosophischen Betrachtungen über die Sprache, also Untersuchungen zur Entwicklung des Denkens, zu der Erkenntnis, dass wir für die Sprachfähigkeit einen Common Sense und eine Grundstruktur der Grammatik ererbt haben.

Selbst wenn diese These umstritten ist, ist sie durchaus plausibel. Die Evolution erfasst mit der Entwicklung des menschlichen Organismus auch und nicht unerheblich die Entwicklung des Gehirns mit allen seinen Funktionen. Da wir uns alle auf gleiche Vorfahren, den Homo sapiens, begründen, die wahrscheinlich lange am Ort ihrer Herausbildung verweilten, ist vorstellbar, dass deren primitive Sprache mit annähernd einheitlicher Struktur zum Erbgut der Menschen wurde, welches uns heute befähigt, ganz gleich, welche konkrete Sprache wir in der Kindheit erlernen, diesen Lernprozess in sagenhaft kurzer Zeit zu vollziehen.

Noam Chomsky vermittelt auch: Da unser Gehirn mit seiner Denkfähigkeit – eine Schöpfung der Materie, aus der wir hervorgingen – in seiner Beschaffenheit und Funktionsfähigkeit historisch beschränkt ist, kann unser Denken an Grenzen stoßen, die unser Vorstellungsvermögen überfordern. Da der Mensch, zeitgeschichtlich betrachtet, am Anfang seiner Entwicklung steht, fällt die Vorstellung nicht schwer, dass unsere fernen Nachkommen Denkprozesse vollziehen können werden, die uns verschlossen blieben (vgl. N. Chomsky: Reflexionen über die Sprache, S. 98-162[1]).

Der Daseinskampf war also prägend für die längste Zeit der Entwicklung unserer Art in den ersten Jahrmillionen und erklärt, warum, im Vergleich zur Neuzeit, diese sich äußerst langsam vollzog. Biologische Evolution ist Anpassung an die Umwelt über Mutationen, deren Informationen in der DNA gespeichert werden. In dieser Hinsicht unterscheiden wir uns nicht von den anderen Arten, mit denen wir den Lebensraum Erde teilen. Und wir hätten als Art, wie viele andere auch, wohl kaum die Zeiten überdauert, denn bedingt durch den aufrechten Gang waren wir den Arten, für die wir nur ein Glied in deren Nahrungskette waren, unterlegen.

Soziale Evolution

Allerdings hatte der aufrechte Gang die vorderen Gliedmaßen als Mittel der Fortbewegung frei werden lassen. In Verbindung mit zunächst primitiven Werkzeugen, die deren Funktionsradius erweiterten, entwickelten sie sich zu wichtigen Organen für die Nahrungsbeschaffung und die Abwehr von Feinden, einschließlich derer der eigenen Art. Die so beginnende zielgerichtete Tätigkeit förderte das Gehirn wie auch die Hand und damit deren Ausprägung als denkfähige und handelnde Organe. Es war die beispiellose Leistungsfähigkeit von Hirn und Hand im Ergebnis bewusster Tätigkeit, die die Menschen zu Herren der sie umgebenden Natur und, wir hoffen, auch zu ihrer eigenen, werden ließen.

Neben die biologische war eine soziale Evolution getreten. Obwohl sich unsere Art im überlieferten historischen Zeitraum des

Homo sapiens (ca. 300.000 Jahre) genetisch nur wenig veränderte, nahm sie eine rasante Entwicklung. Neben internen Informationen der DNA, nach denen der Organismus funktioniert, waren externe, vor allem produktionstechnische hinzugekommen, die sich von Generation zu Generation durch unsere Denkfähigkeit im Wissen akkumulierten und weitergegeben wurden und alsbald wesentlich umfangreicher waren als die internen.

Die soziale Evolution erreichte eine völlig neue Dimension, als die Menschen von der aneignenden zur produktiven Wirtschaft übergingen und sesshaft wurden, der Zivilisationsprozess in die Gesellschaftsbildung mündete, die Entwicklung der Kulturvölker begann. Es war die damit verbundene Herausbildung von Schriftsprachen – ein neues Medium zur Speicherung der externen Informationen. Seit dieser Zeit kumuliert sich das Weltwissen und steht jeder neuen Generation in konzentrierter Form zur Verfügung. Hier liegt begründet, weshalb sich die Entwicklung der Menschheit in den letzten Jahrhunderten wesentlich rascher vollzog als in den davor liegenden Jahrtausenden zusammengenommen.

Mehrprodukt

Untrennbar verbunden mit diesem Vorgang ist eine weitere, für den gesellschaftlichen Fortschritt relevante Tatsache. Die ersten Millionen Jahre vergingen den Menschen damit, sich den Gegebenheiten der Natur zunehmend besser, auch unter wechselnden Bedingungen, anzupassen, um ausreichend Nahrung für sich und den Nachwuchs zu sichern und sich gegen ihre Artgenossen im Kampf um das eigene Nahrungsreservat zu behaupten.

Im Zuge der Kulturentwicklung, des produktionstechnischen Fortschritts erreichte die Produktivität ihrer Arbeit allmählich ein solches Niveau, dass über die Zeit, die notwendig war zur Nahrungsbeschaffung, der Betreuung des Nachwuchses und der eigenen Reproduktion ein Überschuss blieb, also freie Zeit. Im Unterschied zum Tier war der Zeitgewinn für die denkfähigen Menschen ein wirklicher Gewinn, da sie die gewonnene Zeit für ihre eigene Entwicklung zu nutzen verstanden. Die freie Zeit wurde zunächst verwendet, um Vorräte anzulegen, die Arbeitsmittel zu verbessern und Kultur zu entwickeln.

Der Gewinn an freier Zeit über die notwendige hinaus ist die erste wohl bedeutendste Zäsur in der Geschichte der menschlichen Gesellschaft. Der Mensch erlangte die Fähigkeit, mit dem Zeitgewinn über das für die Sicherung der eigenen Existenz notwendige Produkt hinaus, ein Mehrprodukt zu schaffen, und diese Fähigkeit verschaffte den Individuen aus Sicht ihrer Artgenossen einen „Wert".

Bislang wurden besiegte Feinde einfach nur getötet, bereicherten die Nahrungspalette oder wurden, wenn weiblich mit guten Anlagen, in die Horde zur Blutauffrischung eingegliedert. Jetzt hatten besiegte Feinde aber einen Wert. Sie verfügten über die Fähigkeit, mehr Nahrung zu erzeugen, als sie zu ihrer eigenen Ernährung benötigten, und konnten damit die Zeit für notwendige Arbeit der Mitglieder der siegreichen Horde weiter verkürzen. Besiegte Feinde wurden nunmehr versklavt. Von diesem Zeitpunkt an nimmt die Vervollkommnung der Produktionstechniken einen deutlichen Aufschwung und beförderte den gesellschaftlichen Bildungsprozess.

Im dritten Buch, wenn es nach der Geschichte und Gegenwart um die Zukunft der Gesellschaft geht, werden wir auf die erste Zäsur in der Menschheitsgeschichte zurückkommen und deren Hintergründe ausleuchten. Liefert sie uns doch hinlänglich Stoff, um die zweite Zäsur der Menschheitsgeschichte, in die wir hineingeboren wurden, eher verstehen zu können.

Damals wie heute waren sich die Menschen nicht gleich. Sie unterschieden sich hinsichtlich Körperkraft, Intelligenz, Fähigkeiten, Fertigkeiten und Geschlecht. Die mit den besten Anlagen waren von jeher die Anführer der Horde und genossen auch Vorrechte, ihre Gene weiterzugeben.

Je größer die Horde – insbesondere auch infolge deren Zusammenführung zu Stammesverbänden im Zuge der Sesshaftwerdung –, umso deutlicher prägten sich über Tausende und Abertausende von Jahren hierarchische Strukturen aus – in Asien viel eher als in Europa –, in denen sich Führungseliten, eine Art Aristokratie, ein erster Adel, herausbildeten.

Es waren stets die Besten, die sich vor allen anderen auszeichneten und ein aus ihrer Natur, aus ihren besonderen Fähigkeiten erwachsende Privilegien genossen. Noch gründete sich diese Vormachtstellung nicht auf Besitz. Ihre Vertreter waren von den anderen auserkoren, wir könnten sagen, gewählt. Sie genossen ihre Privilegien, solange ihre Fähigkeiten die der anderen überragten oder auf Lebenszeit.

Vieles über diese gesellschaftsbildenden Vorgänge wissen wir aus dem mittleren und nördlichen europäischen Raum. Hier vollzog sich dieser gesellschaftliche Bildungsprozess spät. Bereits vor 8.000 bis 10.000 Jahren waren die Menschen in den südlichen Räumen zwischen Himalaja und Mittelmeer zu Ackerbau und Viehzucht übergegangen und sesshaft geworden. In den mittleren und nördlichen Regionen passierte das erst einige Tausend Jahre später, in Nord- und Mitteleuropa vor circa 4.000 Jahren. Von diesen Vorgängen haben wir schriftliche Überlieferungen von den damals sich bereits in Hochkultur befindenden Ägyptern, Griechen und Römern und können jene Vorgänge deshalb nachzeichnen.

Das Sesshaftwerden war ein langwieriger Prozess. Der Übergang von der aneignenden zur produktiven Wirtschaft vollzog sich allmählich. Die Formen der Bodennutzung mussten sich erst entwickeln. Anfangs gelang es wenig, dem Boden seine Fruchtbarkeit zu erhalten oder sie gar zu mehren. So waren die verschiedenen bereits angesiedelten oder aus dem Osten vordringenden Stämme, der Kelten (Gallier), Germanen, Slawen, Hunnen, immer wieder in Bewegung, um neue, fruchtbare Ländereien in Besitz zu nehmen. Die Historiker sprechen von Völkerwanderung, ohne genau festlegen zu können, wann sie begann und ihren Abschluss fand.

Erbadel

Der die Stämme anführende Wahladel wandelte sich erst allmählich zum Erbadel im Prozess des Sesshaftwerdens und der damit verbundenen Herausbildung privaten Eigentums. Erst von da an maß sich Macht und Einfluss weniger an den besonderen Fähigkeiten, sondern zunehmend an der Größe des Besitzes.

Einmal sesshaft geworden, erlangte fruchtbarer Boden einen besonderen Wert, wurde allmählich Gegenstand des privaten Besitzes. Die Herrscher „verliehen" die Ländereien (Lehen) an die Adeligen. Mit der Zeit wurden Lehen, endgültig im 10. Jahrhundert, erblich und die darauf tätigen Bauern dem Lehnsherrn leibeigen oder hörig. In das von den Geknechteten geschaffene Mehrprodukt teilten sich nach der Christianisierung die Fürsten, der Klerus und die Grundherren.

Welche bedeutende Rolle mit der Anhäufung von Eigentum die Besitznahme spielte, veranschaulichen u.a. die Revolten der Hausmeier. Jene waren vorzeitliche Verwaltungsbeamte für die Besitzungen des Adels. Die Hausmeier hielten eine sich stetig vermehrende Wirtschaftsmacht in Händen. Sie waren, im Unterschied zu ihren Herren, des Lesens und Schreibens kundig, kannten sich in der Wirtschaft, mit Ackerbau und in der Viehzucht aus. Ökonomie war ihre Stärke. Allmählich wurden sie zu den eigentlich Mächtigen, die folgerichtig des Öfteren gegen ihre Herren rebellierten, sie entmachteten und sich deren Besitz aneigneten.

Das beschleunigte den Wandel vom Wahladel hin zum Erbadel. So formierten sich die adligen Dynastien, die die Geschichte der nächsten mehr als tausend Jahre prägen sollten. All das lag vor der Zeit Karls des Großen. Er war schon Nachkomme der Hausmeier. Sein Vater, Pippin der Jüngere, Hausmeier des letzten Merowingerkönigs, Childerich III., hatte diesen entmachtet und sich selbst zum König ausgerufen.

So nimmt es nicht wunder, dass im Bewusstsein Karls des Großen noch manches aus den alten Zeiten des Wahladels nachwirkte. So ließ er in seinen Eliteschulen neben den privilegierten Adelssöhnen auch die Tüchtigsten aus dem Volk ausbilden. Dabei kam es hin und wieder vor, dass er besonders begabte Volkssöhne adelte und die faulsten Adelssprosse aus ihrer Klasse verstieß.

Die Herausbildung entsprechender Eliten dürfte die Entwicklung aller Stämme und Völkerschaften geprägt haben. Und wie am germanisch-keltischen Adel gezeigt, wird überall eine vermittels Besitz herrschende, erbliche Aristokratie einer durch besondere Fähigkeiten ausgezeichneten und ausgewählten, im Laufe eines langen Übergangs gefolgt sein.

Die europäischen Siedler, die nach Nordamerika kamen, erlebten, vergleichbar den Römern in Mittel- und Nordeuropa mehr als tausend Jahre vorher, sozusagen ein Stück ihrer eigenen Geschichte nochmals in der Gegenwart der indigenen Völker. Sie nutzten, im Unterschied zu den Römern, ihren historischen Vorsprung skrupellos und rotteten mit dem Segen der Krone und der ach so christlichen Kirche die indigenen Völker nahezu vollständig aus. Im Unterschied zu den Römern waren die Europäer bereits

Kinder des Kapitals. Die Gier nach der Aneignung fremden Besitzes bestimmte ihr Handeln.

Religionen und Philosophien

Die gravierenden Veränderungen, die die Herausbildung der Klassengesellschaft im Zusammenleben der Menschen mit sich brachten, erfahren wir vor allem aus den ältesten geistig-kulturellen Leistungen, aus den Religionen und ersten Philosophien. In den Religionen spiegelt sich nachhaltig, wenn auch in verklärter, mystifizierter Form, die Geschichte menschlicher Gesellschaft, die Wandlungen, die die Lebensformen und gesellschaftlichen Verhältnisse durchlaufen haben.

Konfuzius aus dem Adelsgeschlecht der Kung aus dem Fürstentum Lu in China, der 551 v. Chr. geboren wurde, sammelte aus 3.000 Jahren chinesischer Geschichte, die in die Frühzeit der Herausbildung aristokratischer Eliten dieses Reiches zurückreichen, Weisheiten, Lebens- und Verhaltensnormen und entwickelte daraus eine Moral- und Ethiklehre für das Zusammenleben der Menschen in einer bereits herausgebildeten Klassengesellschaft.

Er starb tief enttäuscht, weil keiner der regierenden Fürsten auf ihn hörte und seine Lehren zur Grundlage politischen Handelns machte. Seine Lehren hatte er aus einer Zeit gezogen, als sich Adel auf besondere Auszeichnung vor dem Volk und noch nicht auf privates Eigentum und die daraus entspringende Macht begründete. Diesen kleinen Unterschied hatte er übersehen. Ihm war entgangen, dass mit der auf Besitz begründeten Klassengesellschaft eine neue treibende Kraft an die Stelle der alten getreten war. Der neue Treibsatz bezog seine Energie aus der Aneignung des Mehrproduktes von den besitzlosen Klassen durch die Besitzenden.

Vergleichbares erfahren wir aus Leben und Werk des Buddhas. Er soll als Sohn eines Fürsten in indischen Regionen um 560 v. Chr.

geboren worden sein. Nachdem er als hochgeborener Jüngling das Elend des Volkes wahrnahm, aus dem durch die Besitzenden das Mehrprodukt herausgepresst wurde, verzichtete er auf Reichtum und Macht, um in Askese als Wanderprediger zu leben. Als eine Art Messias verkündete er einen Moralkodex für eine sittliche Weltordnung und sittliches Leben. Auch ihn hatten die Handlungsweisen der in der Herausbildung begriffenen und auf Privateigentum begründeten Klassengesellschaft erschüttert.

Einige Jahrhunderte nach Buddha trat der Jude Jesus von Nazareth in ähnlicher Mission in dem von Rom aus beherrschten Weltimperium gleichen Namens auf. Auch ihm ging es um Moral und sittliches Verhalten. Die Aufzählung ließe sich mit Mohammed und anderen Lichtgestalten aus der Geschichte der aufgekommenen Klassengesellschaft fortsetzen.

Gemeinsam ist all diesen Lehrern des Volkes, dass ihre Lehren Philosophien bzw. Religionen begründeten. Natürlich waren es nicht die ersten und einzigen Religionen und Philosophien.

Religionen entstanden mit der Denkfähigkeit der Menschen, also spätestens mit dem Homo sapiens, denn diese verfügten bereits über Hirne wie wir. Nur waren diese Hirne anfänglich ohne Wissen. Aber die Menschen begannen über sich, ihre Herkunft, über die Erde, auf der sie lebten, über den Himmel, der sich über ihnen wölbte, über Naturereignisse usw. nachzudenken, um für alles Erklärungen zu finden. Die Wissenschaften, die viel, viel später entstanden, gab es noch nicht. Das war der Nährboden für Religionen, in denen sie Geschichten entwickeln konnten, die all diese Erscheinungen erklärten.

Zunächst waren es vor allem Naturreligionen, wie wir sie auch heute noch in wenig von der Zivilisation berührten Völkern finden. In den ersten Religionen bildeten die Erscheinungen der Natur, denen die Menschen ohnmächtig gegenüberstanden, den Hauptgegenstand. Gesellschaft in unserem Verständnis war noch nicht vorhanden. Die aus dem Buddhismus und Konfuzianismus hervorgegangenen Lehren lenkten die Aufmerksamkeit auf das Zusammenleben in der Gesellschaft, nachdem die Klassengegensätze deutlich spürbar geworden waren. Es war nunmehr primär die Gesellschaft, nicht mehr die Natur, der sich der Einzelne ohnmächtig ausgeliefert sah, und das durchaus bis in unsere Tage.

Noch handelte es sich in China und Indien um recht lockere gesellschaftliche Verbände von Stämmen und Völkerschaften. Einen Gott kennen diese beiden Lehren – Konfuzianismus und Buddhismus – noch nicht. Die christliche Lehre, wie alle monotheistischen Religionen, als Religion der Versklavten und Entrechteten in die Welt gekommen, schuf sich einen gütigen und gerechten Gott mit seinen Jüngern als rechtes Gegenbild zu den herrschenden und besitzenden Aristokratien, unter denen die Verelendeten litten.

Da die christliche Religion den Menschen das bessere Leben im Jenseits versprach, sie an das Diesseitige alle Hoffnungen verloren hatten, war es nur eine Frage der Zeit, bis Konstantin der Große (270–337), römischer Kaiser – nach anfänglicher Verfolgung – das Christentum zur Staatsreligion des Römischen Reiches erhob.

Von nun an wurden die Herrscher – kirchliche wie weltliche – zu Stellvertretern Gottes auf Erden erklärt. Danach wurde christliche Religion über mehr als ein Jahrtausend zum wichtigsten ideologischen Bildungs-, Erziehungs- und Disziplinierungsmittel der Völker des Abendlandes. Jedoch vermitteln alle in der Klassengesellschaft entstandenen Religionen und Philosophien, dass die Menschen sich kritisch mit den gesellschaftlichen Erscheinungen auseinandersetzten und Veränderungen einmahnten.

Klassengesellschaft

Dennoch war die Klassengesellschaft das notwendige Produkt auf dem Wege der in Horden, später in Stammesverbänden, lebenden Menschen zur menschlichen Gesellschaft, die die Kräfte, die in diesem Evolutionsprodukt ruhten, in bislang ungeahntem Tempo entfaltete. Wir wissen nicht mit letzter Sicherheit, wann und wo die Klassengesellschaft begann. Noch waren Schrift und damit Aufzeichnungen unbekannt.

Gesichert ist, dass dieser Beginn von Klassengesellschaften rasch zu Hochkulturen menschlicher Zivilisation führte, wie sie uns z. B. aus Indien, China, dem Fruchtbaren Halbmond, aber auch aus Mittel- und Südamerika überliefert sind und die vor 5.000 bis 7.000 Jahren bereits ihre Blüte erreicht haben dürften. Sozusagen im Zeitraffertempo leisteten die Menschen in einigen Jahrtausenden etwas, wofür ihre Ahnen Zeiträume benötigten, die sich in Jahrmillionen maßen.

Der Auslöser war das Mehrprodukt und seine private Aneignung, welches eine Minderheit zu Besitzenden und eine Mehrheit zu Besitzlosen machte. Am Anfang besaß man Menschen (bzw. hatte man Nutzungsrechte an ihnen), die zu dieser Zeit entscheidenden produktiven Kräfte. Noch waren die produktionstechnischen Mittel wenig entwickelt und deshalb von weitaus geringerem Wert. Der Sklave war in seiner körperlichen und geistigen Verfassung Eigentum des Besitzers. Die Beherrschung der Mehrheit versklavter Menschen durch eine Minderheit stellte an Letztere bereits beachtliche Ansprüche, um diese Mehrheit zu zügeln und zu gesteigerter Arbeitsleistung anzuhalten. Erforderlich waren ein entwickeltes Staatswesen und eine demgemäße Hierarchie innerhalb der herrschenden Klasse.

Beide Klassen forderten sich wechselseitig in ihrem Kampf gegeneinander. Wir halten fest: Auf einer bestimmten Stufe hatte die unserer Art eigene soziale Evolution zum Mehrprodukt geführt und damit eine Zäsur eingeleitet, aus der die Klassengesellschaft als historisch notwendiges Produkt auf unserem Weg in die Zukunft hervorging.

Tierische und gesellschaftliche Prägung

In seinem Buch: „Wie viel Globalisierung verträgt der Mensch?" (R. S.[2]) setzt sich der Philosoph Safranski mit der Doppelnatur des Menschen auseinander – also mit der Natur aus seiner biologischen Evolution und der aus seiner Zivilisation, mit der tierischen und der menschlichen (kulturellen) Natur. Die tierische Natur lebt in unseren, wenn auch weit verkümmerten Instinkten und der daraus entspringenden Gefühls- und Reflexwelt fort. Unsere menschliche Natur ist Produkt der sozialen Evolution auf unserem Weg in die Gesellschaft, also der spezifischen Richtung, die unsere Artentwicklung durch nicht biologische, durch gesellschaftliche Faktoren nahm und nimmt.

Safranski zweifelt an der Friedfertigkeit der menschlichen Natur. Sich auf Hegel und Kant beziehend, sieht er im Kampf des Individuums um Anerkennung die Triebkraft der Geschichte, was nur ein anderer Ausdruck für den Kampf ums Dasein als treibendes Motiv ist. Hier sieht er die tiefere Ursache für die Kriege und gelangt zu dem Schluss: „Die Sorge um Selbsterhaltung und der Kampf um Anerkennung und gegen die Ungleichbehandlung – diese Komponenten zusammen wirken explosiv und lassen den Menschen zugleich schöpferisch und gefährlich werden." Und schließlich: „Am Ende läuft es immer auf Kampf und Krieg hinaus, der sich einhegen, aber nicht beseitigen lässt" (R. S. S. 38[3]).

Kant und Hegel waren genial und gleichzeitig gefangen in den gesellschaftlichen Umständen, in denen sie in Preußen lebten. Der moderne Nationalstaat war gerade erst daseinsbestimmend geworden. Die Einheit von Welt und Menschheit war für sie mit vielen Hindernissen gepflastert. Dennoch entwickelte Kant mit seiner Schrift: „Zum ewigen Frieden" von 1795 bereits grundlegende, auch heute noch aktuelle Gedanken für diesen steinigen Weg, die ihn zu seinem kategorischen Imperativ – der Vernunft – führten. Der Skeptiker Safranski verharrt bei seiner Aussage: „Es widerspricht allen geschichtlichen Erfahrungen" [dem wir uneingeschränkt zustimmen], „anzunehmen, dass sich aus dem Gewimmel der Menschen ein Handlungssubjekt ‚Menschheit' herausbilden könnte" (R. S., S. 45[4]).

Safranski konsequent zu Ende gedacht, würde den nahen Untergang der Menschheit voraussagen. Er sieht in der intelligenten Lebensform kein die Zeiträume überdauerndes kosmisches Zukunftsmodell. Wir werden zu untersuchen haben, ob sein Pessimismus objektiver Natur ist oder ob es Alternativen gibt, die der intelligenten Lebensform die Zukunft sichern.

Beschleunigung der gesellschaftlichen Entwicklung

Zunächst vermerken wir, dass die Gesellschaft, nachdem sie entstanden war, eine rasche Entwicklung nahm, die ungebrochen anhält und offensichtlich absehbar auch kein Ende finden wird. Als infolge des gesellschaftlichen Fortschritts die Bevölkerungszahlen beträchtlich anwuchsen, wurde der ackerbaulich nutzbare Boden knapp und damit ein begehrter Eigentumstitel. Die auf Sklaveneigentum beruhende Gesellschaftsordnung wuchs hinüber in den Feudalismus, ein Formenwechsel, der die alten Hochkulturen kennzeichnete und unter deren Einfluss in Nord- und Mitteleuropa weniger ausgeprägt war.

Der Sklave, da ohne wesentliche Motivation, war nicht sonderlich produktiv. Der leibeigene oder hörige Bauer verfügte bereits über einige Rechte – wobei die Menschen zu keiner Zeit freier waren, als es die materiellen Bedingungen der Reproduktion ihres Lebens zuließen. Er war durch seinen eventuell kleinen Bodenbesitz bzw. Pachtrechte an den Grundbesitz des Guts- oder

Grundherrn gebunden und war durchaus motiviert, innerhalb dieses Herrschafts- und Knechtschaftsverhältnisses seine besonderen Fähigkeiten – körperliche wie geistige – auch ohne die Knute zu betätigen. Allerdings erforderte die gewachsene, vor allem geistige Freiheit, einen bereits bedeutend entwickelten gesellschaftlichen Überbau, damit sie ihr Los als normal, oder besser, als gottgewollt empfanden. Eventuell ist es durchaus kein Zufall der Geschichte, dass das Christentum erklärte Staatsreligion wurde, als die Sklaverei sich zunehmend zum Feudalismus mauserte.

Rousseau zu seiner Zeit vertrat die Auffassung, dass Verbrechen, Kriege, Mordtaten, Elend und Scheußlichkeiten ihren Ausgang nahmen, als es dem Ersten in den Sinn kam, ein Grundstück einzuhegen und zu behaupten: „Das gehört mir!“, und er Menschen fand, einfältig genug, ihm zu glauben. (J-J. Rousseau)[5] Zum einen war die Entstehung des privaten Eigentums etwas anders verlaufen und zum anderen hätte die menschliche Gesellschaft die heutige Blüte ohne diese verschiedenen Stadien privaten Eigentums nicht erreicht.

Schließlich sei festgestellt, dass erst im industriellen Zeitalter technische Produktionsmittel neben Grundbesitz ein bedeutendes Gewicht im privaten Eigentum erlangten. Sie erforderten den doppelt freien Lohnarbeiter – frei von privatem Eigentum an Produktionsmitteln und frei von feudalen Bindungen. Es ist diese doppelte „Freiheit“, die ihn viel stärker an das private Eigentum bindet, als es Sklaverei und Feudalismus je vermochten. Folgerichtig wurde der Begriff Freiheit zum meistgebrauchten der bürgerlichen Gesellschaft. Es wird Anliegen dieses Buches sein, herauszufinden, ob die auf Privateigentum an Produktionsmitteln beruhende Freiheit die Erfüllung aller menschlich-gesellschaftlichen Träume ist, ob sich mit ihr die Zukunft unserer Art dauerhaft sichern lässt.

Das Privateigentum an den Kräften und Mitteln zur Produktion sicherte der Minderheit das Mehrprodukt und verschaffte ihr freie Zeit. Die Minderheit war in die Lage versetzt, Wissenschaft und Bildung, Kultur und Kunst allseitig zu entwickeln und sich deren Resultate anzueignen und dienstbar zu machen.

Rousseaus Gedanken nochmals aufnehmend, ließe sich sagen, wäre die Entwicklung anders verlaufen, hätte sie der großen Mehrheit der Menschen viel Elend, Not, Brutalität und Verrohung erspart. Damit stellt sich die Frage, ob denn eine andere Entwicklung möglich gewesen wäre. Diese Frage muss verneint werden. Wir sind nicht das Produkt einer geschichtlichen Fehlentwicklung der Gesellschaft. Dafür gibt es mehrere Gründe.

So liegen die geistigen und körperlichen Unterschiede der Individuen in der menschlichen Natur selbst. Sie mussten sich Geltung verschaffen. Das wurde möglich, nachdem das Überleben des Einzelnen nicht mehr nur in der Gemeinschaft der Horde möglich war, deren gemeinsames Produkt gerade zu deren Überleben ausreichte.

Ohne die natürlich bedingte und hier ihren Ausgang nehmende Differenzierung der Gemeinschaftsmitglieder wäre die erzwungene Bescheidenheit für alle das Los geblieben. Der technische Fortschritt hatte die Bevorteilung einer Minderheit gegenüber der Mehrheit zur Voraussetzung. Anschaulich wird die Tatsache an der Produktivitätsentwicklung.

Unsere Art konnte sich nach dem Übergang zur produktiven Wirtschaft beachtlich vermehren und alle lebenswerten Räume besiedeln. Dennoch ist die Erdbevölkerung ungleich gering im Vergleich zur Gegenwart gewesen. Als primitive Jäger und Sammler benötigten die Mitglieder einer Horde Hunderte, ja Tausende von Hektar Land, in Konkurrenz mit anderen Arten, um ihre Nahrungsmittel zu erlangen.

Erst die Entwicklung von Ackerbau und Viehzucht ermöglichte es, den Nahrungsbedarf auf wesentlich kleinerer Fläche sicherzustellen.

Zu Beginn des Ackerbaus ernteten die Menschen das Doppelte der Aussaatmenge, heute das 20- bis 50-Fache. Beim heutigen Stand des Ackerbaus in der Welt sind 0,07 ha für die Nahrungsmittelerzeugung für einen Menschen ausreichend. Mehrere Tausend Jahre Klassengesellschaft genügten, um ein solches Ertragsniveau zu schaffen. Ohne die Klassengesellschaft wäre das Leben für die Menschen weder fördernd noch befriedigend noch friedlich verlaufen.

Abstraktion

Wenn wir von aller buntscheckigen Vielfalt menschlicher Geschichte abstrahieren, die die einschlägigen Schriften ausfüllt, stellen wir fest, dass die menschliche Gesellschaft im Ergebnis unserer sozialen Evolution Triebkräfte entfaltete, die ihren Fortschritt und ihre Überlegenheit über alle anderen Arten bedingten. Die gewonnene Fähigkeit, Mehrprodukt zu schaffen und es privat anzueignen, war die Hefe, die die gesellschaftliche Entwicklung trieb. Angenommen, all die Persönlichkeiten der Geschichte, die uns einschlägig bekannt sind, hätte es nicht gegeben, so liegt es nahe anzunehmen, das Bild unserer Welt könnte heute anders erscheinen. Dennoch ist gleichzeitig die Annahme berechtigt, wir hätten es trotzdem mit einer modernen, hoch entwickelten kapitalistischen Gesellschaft zu tun.

Die Geschichte der Welt wie einzelner Länder vollzieht sich nicht nach einem vorgegebenen Plan. Daraus könnte der Schluss folgen, alles vollzieht sich nach ehernen, entweder der Gesellschaft innewohnenden oder von einer höheren Macht ausgehenden Gesetzen, denen wir machtlos ausgeliefert sind. Schauen wir allerdings gründlicher in unsere eigene Geschichte, so werden wir feststellen, dass die handelnden Akteure in ihren Entscheidungen durchaus einer aus dem Inneren der Gesellschaft erwachsenden Notwendigkeit folgten. Und je nachdem, ob sie dieser Notwendigkeit folgten oder nicht, begründeten sie eine erfolgreiche oder weniger erfolgreiche Epoche der Geschichte ihres Landes bzw. darüber hinaus.

Oft waren es nicht die Herrscher selbst, sondern Geister ihrer Zeit, die ihnen den Zeitgeist vermittelten, deren Gedanken zu herrschenden Gedanken ihrer Zeit wurden. So lässt sich durchaus sagen: Jede Zeit braucht ihre Geister und schafft sie sich auch. Inspiriert wurden sie jeweils von den Fragen, die ihre Zeit aufwarf und die aus dem Inneren der Gesellschaft aufstiegen.

Die immer noch unangefochtene kapitalistische Gesellschaft führte die Menschen dieser Welt ins 21. Jahrhundert. In seiner Geschichte hat der Kapitalismus mehrere Krisen erlebt und erfolgreich überstanden. Unter der Herrschaft des Kapitals erreichte die seit den Anfängen der Zivilisation sich entfaltende neue Triebkraft ihre höchste Wirksamkeit. Unser gemeinsames Anliegen wird es sein, den Ursachen der neuerlichen Gesellschaftskrise auf den Grund zu gehen und herauszufinden, ob die mit der Zivilisation aufgekommene Triebkraft, untrennbar verbunden mit dem Privateigentum an den Mitteln der Produktion, die Gesellschaft bis in alle Ewigkeit treiben kann.

1. BUCH

Die kapitalistische Gesellschaftsordnung

1 KAPITEL – ENTSTEHUNG DES KAPITALISMUS

1.1 Die vorindustrielle Periode

Das 14. Jahrhundert ging und ein neues Zeitalter dämmerte herauf. Es war die Zeit, in die die Historiker das Ende des Mittelalters und den Beginn der Neuzeit legen. Den damals Lebenden dürfte diese Zäsur kaum bewusst geworden sein. In dieser Zeit schien der Kampf um die Vorherrschaft zwischen Kirche und Staat im christlichen Europa einer Entscheidung entgegenzugehen, wenngleich sein Ergebnis länger in der Schwebe blieb. Epochale Erscheinungen, später begrifflich gefasst in: Renaissance, Humanismus und Reformation, bestimmten Leben und Handeln der Menschen und Völker in den folgenden Dezennien.

Wachsende Produktivität der Landwirtschaft

Beginnen wir die Betrachtung mit den ökonomischen Verhältnissen dieser Zeit. Wir beschränken uns dabei auf Europa, welches neben dem Vorderen Orient und China die fortschrittlichsten ökonomischen Verhältnisse gehabt haben dürfte. Das ökonomisch Bestimmende dieser Zeit war die Herrschaft von Adel und Klerus in überwiegend agrarisch geprägten Strukturen über eine übergroße Mehrheit von mehr oder weniger freien Bauern, wenn wohl auch Sklaven noch vorkamen, die z.B. auf den Galeeren ruderten. Über Steuern der Fürsten, Abgaben an den grundherrlichen Adel und über den Zehnten an die christliche Kirche schöpften alle gemeinsam das Mehrprodukt ab, worauf sich die Herrschaft der Minderheit über die Mehrheit begründete.

In den zurückliegenden beiden Jahrhunderten hatten sich grundlegende Veränderungen in der Landwirtschaft vollzogen. Der Hakenpflug war durch den eisenbeschlagenen wendenden Pflug ersetzt und die Dreifelderwirtschaft – ein neues Bewirtschaftungssystem

mit Winterung, Sommerung und Brache im Wechsel – eingeführt worden. Das steigerte die Intensität der Bodennutzung,
damit die Bodenfruchtbarkeit und letztlich die Erträge. Neue
Anspannmethoden erhöhten die Produktivität der Arbeit. So
war es möglich, zusätzlich weitere Bodenflächen in Europa der
landwirtschaftlichen Nutzung zu erschließen.

Die gewachsene Leistungsfähigkeit der Landwirtschaft schuf ein
bedeutend größeres Mehrprodukt und neue Bedürfnisse bei denen, die es abschöpften. Das beförderte Handwerk und Handel.
Die städtische Bevölkerung wuchs. Äußere Zeichen des produktionstechnischen Fortschritts waren Reichtum und Prunkentfaltung der Fürsten- und Adelshöfe sowie beim Klerus.

Es handelte sich insgesamt um eine durch die Wirtschaft ausgelöste allgemeine Prosperität, die als eine Art vorindustrielle der
eigentlichen industriellen Revolution dem Kapitalismus den Weg
bereitete. Dennoch haben wir es noch mit einer entwickelten, in
ihren ökonomischen Grundlagen weitgehend gefestigten, feudalen Gesellschaft zu tun.

Oberitalien

In dieser Zeit fällt unser Blick auf den Mittelmeerraum, insbesondere
auf Oberitalien. Die Entwicklung der verschiedenen Handwerke
hatte in den zurückliegenden Jahrhunderten, wie z.B. im Schiffsbau, die Möglichkeit geschaffen, diesen Meeresraum für den über-
regionalen Handel zu erschließen, in dessen Folge sich die großen
städtisch geprägten italienischen Handelsstaaten wie Pisa, Venedig,
Mailand, Genua und Florenz herausgebildet und bald eine hohe
Blüte erreicht hatten, die sie zu den Begründern der Renaissance
werden ließ, die auch die Geldmächte Europas genannt wurden.

Die hier Herrschenden gelangten zu großem Reichtum, auf den
sich Dynastien bedeutender Familien begründeten wie die Medici,

Visconti-Sforza und Borgia, die nicht zu Unrecht als Papst- und Königmacher bezeichnet wurden. Aus diesem Reichtum entfaltete sich die Pracht der Renaissance mit einem einmaligen Aufschwung von Kultur und Kunst, Wissenschaft und Bildung. Ihnen gegenüber standen im östlichen Mittelmeerraum hoch entwickelte islamische Kulturen, die in gleicher Weise am Handel interessiert waren und mit denen sich dieser schwungvoll zu rascher Blüte entfaltete.

Entstehung des Kapitals

In dieser Zeit beginnt aber auch ein neues gesellschaftliches Verhältnis, das Kapital, gesellschaftlich relevantes Gewicht zu erlangen. Der Ursprung des Kapitals reicht allerdings wesentlich weiter in die Geschichte zurück und spielte bereits in der Antike, in den alten Hochkulturen, eine beachtliche Rolle. Seine Geburt erlebte es als Kaufmanns- und Wucherkapital. Im alten Rom hatte der Wucher bereits die bäuerliche Wirtschaft ruiniert und die Sklaverei befördert. Der Handel, in Form des Austausches der Arbeitsprodukte, begleitete die gesamte Zivilisation und wurde lange betrieben, bevor dafür eine eigene Zunft, die Kaufmannschaft, von sich reden machte.

Der Austausch von Arbeitsprodukten war Folge der Arbeitsteilung zwischen Stadt und Land und gleichzeitig deren gewichtiger Beschleuniger. Der Austausch gebar Geld als Zahlungsmittel. Austausch und Geld waren die Voraussetzungen für die Bildung zweier neuer gesellschaftlicher Klassen – der Kaufmannschaft und der Geldverleiher.

Handel und Wucher begründen noch nicht die kapitalistische Produktionsweise, sind aber ihre wichtigsten Wegbereiter gewesen. Mit ihnen betraten neue Mitbewerber um das Mehrprodukt die Weltbühne. Sie konkurrierten mit der alten Dreifaltigkeit von Fürsten, Klerikalen und grundherrlichem Adel um das Goldene Kalb.

Die Zeit, die wir nunmehr betrachten wollen, handelt von dem Kampf der alten mit der neuen, aufstrebenden Macht. Die neue Kraft, unter den Bezeichnungen: Patrizier, Bourgeoisie, Bürgertum, in die Geschichte eingegangen, heute mit den Begriffen: Unternehmer, Kapitaleigentümer, Kapitalisten oder Arbeitgeber gefasst, war also zunächst bemüht, der alten Macht das Mehrprodukt, auf welches sich deren Macht begründete, stückweise zu entreißen. Den Pionieren, den Wegbereitern des Kapitalismus, den Kaufleuten und Wucherern, schenken wir zunächst unsere Aufmerksamkeit.

Kaufmannschaft

Mit dem sich im Mittelmeerraum ausbreitenden Handel erhielt die Kaufmannschaft, die sich in steter wechselseitiger Beeinflussung mit dem Handwerk und der Landwirtschaft entwickelte und gleichzeitig über das Schifffahrtsmonopol verfügte, beachtlichen Auftrieb, nachdem der Handel sich in einer langen geschichtlichen Periode, relativ unbeeinflusst vom Wechselspiel der Politik und der Kriege, behauptet hatte. Wir setzen mit unserer Betrachtung ausgangs des Mittelalters an, da der Handel hier bereits in seiner entwickelten Gestalt genauer betrachtet werden kann.

Handel im großen Stil zentralisierte das Mehrprodukt aus einfacher Warenproduktion – sowohl handwerklicher als auch agrarischer – über Landesgrenzen hinweg, in neuen Dimensionen und konzentrierte damit bislang nicht gekannten Reichtum in wenigen Händen. Mit dem Handel, insbesondere dem internationalen, ging die Entfaltung der Geldwirtschaft Hand in Hand.

Der Austausch der in ihrer Vielfalt wachsenden Waren hatte, wie bereits erwähnt, Geld als Zahlungsmittel hervorgebracht. Hier jedoch handelte es sich um etwas Neues. Der Kaufmann tauschte nicht sein Arbeitsprodukt gegen das Produkt zu ihm unterschiedener anderer Arbeit, nein, er kaufte hier und verkaufte dort, er kaufte, um zu verkaufen, mit dem einzigen Zweck, aus den Transaktionen Gewinn zu ziehen.

Der Prozess der Mehrung des Reichtums in der Hand des Kaufmanns verlangt genauer betrachtet zu werden. Bauern und Handwerker hatten im Laufe der Jahrhunderte der relativ langsamen Produktivitätsentwicklung die Fähigkeit erlangt, ein deutliches Mehrprodukt über das Notwendige, also das für seine eigene Lebenshaltung Erforderliche, hinaus zu schaffen. Das beförderte aber nicht ihren Reichtum, sondern den der Klassen, die das Mehrprodukt abschöpften, also den der Fürsten, des grundherrlichen Adels und des Klerus.

Die entfaltete Geldwirtschaft hatte es mit sich gebracht, die einst in Natura zu erbringenden Abgaben in Geldsteuer und Geldrente zu verwandeln. So konnte der Kaufmann in diesen Austausch zwischen den besitzenden und besitzlosen Klassen treten. Jedoch sollte es bei dieser vermittelnden Funktion, in der das Geld als Zahlungsmittel fungierte, nicht bleiben. Der Kaufmann kaufte hier und verkaufte dort und seine Zunft beherrschte die Sphäre der Zirkulation der Waren, die Märkte, regional wie überregional. Das hatte fatale Folgen. Das Geld als Zahlungsmittel, ein Resultat des Austauschs der Produkte zwischen den Produzenten, um jedes Produkt gegen jedes andere Produkt tauschen zu können, erhielt mit dem Dazwischentreten des Kaufmanns eine zusätzliche Funktion. Es verwandelte sich in Kapital.

Im Prozess der Zirkulation der Produkte hatte sich wegen der Ausdehnung und Internationalisierung der Märkte, in Verbindung mit der entwickelten Geldwirtschaft, eine neue Spezis – die Kaufmannschaft – fest in der Gesellschaft eingenistet. Die Eigenart dieser Leute bestand darin, dass sie nicht, wie im einfachen Austausch bislang üblich, mit ihrem Produkt auf dem Markt erschienen, um zu verkaufen, damit sie in einem zweiten Akt die Produkte ihres persönlichen Bedarfes kaufen konnten – was natürlich auch stattfand. Nein, sie erschienen mit Geld auf dem

Markt, um Produkte zu kaufen, für die sie zwar keinen unmittelbaren persönlichen Bedarf hatten, aber von denen sie annahmen, jene mit Gewinn wieder verkaufen zu können.

Aus dem Akt, zu verkaufen, um kaufen zu können, wurde der Akt zu kaufen, um gewinnbringend verkaufen zu können. Aus dem Akt W-G-W wurde mit dem Kaufmann der Akt G-W-G´. Den Gedanken Rousseaus folgend, ließe sich sagen: Hier waren aller Übel dieser Welt Anfang. Das wäre jedoch weit gefehlt. Im Gegenteil. Zunächst noch nicht in der Produktion, sondern in der Zirkulation, war eine historisch grundlegend neue Qualität entstanden – Geld hatte sich in Kapital verwandelt.

Das war ein den Fortgang der Weltgeschichte revolutionierendes Ereignis. Es war die Geburtsstunde eines bahnbrechenden Vorgangs in der Menschheitsentwicklung, eines nicht einmaligen, sondern eines sich kontinuierlich reproduzierenden Vorgangs. Geld erschien in diesem neuartigen Prozess nicht mehr nur als bloßes Zahlungsmittel, um den Austausch von Produkten zu vermitteln, sondern es erschien auf dem Markt, um sich zu vermehren, um Mehrwert zu hecken. Aus dem Mehrprodukt war Mehrwert geworden, den die Kaufleute sowohl aus Herrschern wie Beherrschten zogen, eine Metamorphose zur Vermehrung von Wert, der in seiner Herkunft weitestgehend verschleiert war.

Eine neue Klasse hatte sich etabliert, die nunmehr mit vom Mehrprodukt, in Form des Mehrwerts, partizipierte. Diese imaginäre Verschleierung der Aneignung von Mehrprodukten, über den die Umstände verschleiernden Mehrwert, erhielt sich weitläufig bis in unsere Tage.

In der Zeit einer vorherrschenden Naturalwirtschaft ließ sich, wenn die Bauern ihre ihnen auferlegten Abgaben auf den Zinsboden getragen hatten, an Sack und Scheffel nachzählen, wie hoch das Mehrprodukt ihrer Arbeit war, das gemeinsam vom Fürsten, dem Grundherrn und dem Klerus abgeschöpft wurde.

Heute ist es unendlich schwerer, festzustellen, woher die jährlichen Einkünfte eines Anlegers kommen. Das Mehrprodukt wechselte in diesem neuen Produktionsverhältnis, ohne einen administrativen Akt ohne überhaupt als Besitzwechsel erkannt zu werden, vom Käufer bzw. Verkäufer zum Kaufmann und es sollte noch lange Zeit dauern, bis dieses Geheimnis der kapitalistischen Produktionsweise, mit der Entschlüsselung des Mehrwertes, gelüftet wurde.

Für den Fortgang in der Entstehungsgeschichte des Kapitalismus ist vorerst festzuhalten: Das Kapital erlebte seine Geburt in einfacher Warenproduktion und wurde in der Zirkulation realisiert, selbst wenn es damals bereits Anfänge manufakturmäßiger Produktion durch die Zusammenfassung mehrerer Handwerker unter dem Kommando eines Kapitals gab. Aber das gehört schon zum Werden des Kapitalismus. Hier genügt festzustellen, dass mit der Kaufmannschaft, selbst wenn es damals kaum bewusst geworden sein dürfte, eine erste Spezis der Klasse ins Leben getreten ist, auf die sich die Macht des Kapitals begründet.

Wir hatten herausgefunden: Mit unserem Eintritt in die Neuzeit saß die feudale Gesellschaft mit der Machtoligarchie von Adel und Geistlichkeit fest im Sattel. Kein Vertreter dieser herrschenden Klassen wäre auf die Idee gekommen, im sich entwickelnden Patriziertum, in Gestalt der Kaufmannschaft, den Totengräber der ein Jahrtausend bestehenden „gottgewollten" Ordnung zu erkennen. Die Kaufmannschaft war eine aus den unteren Schichten aufgestiegene neue Spezis. Vom Wesen der Sache her ändert sich daran auch nichts, wenn hin und wieder unter ihnen auch Adelige und Klerikale vorkamen.

Parallel zu den Mittelmeeranrainern entfaltete sich vergleichbar die Hanse in den Nord- und Ostseeanrainerstaaten. Beide Zentren erschlossen dem Handel über die Wasser- und großen Kontinentalstraßen allmählich den gesamten europäischen Raum. Der europäische Binnenhandel erfuhr seine Erweiterung zum

Welthandel zunächst durch die Ausdehnung seiner Handelsstraßen in den asiatischen Raum bis nach China und Indien. Einen nochmals bedeutenden Aufschwung nahm er mit den großen Entdeckungen, mit dem Ausbau der Seewege nach Indien und Amerika, in dessen Zuge sich der Handel auch im Westen Europas rasch entwickelte.

Wucherkapital

Neben dem Kaufmannskapital entfaltete sich das Wucherkapital. Mit der sich ausbreitenden Warenwelt war Geld selbst Ware geworden, und zwar eine universelle Ware, die gegen jede andere Ware austauschbar war und damit eine eigentümliche Macht entfaltete. Die Zentralisation von Mehrprodukt in Form von Geld hatte schon früh den Wucher hervorgebracht, hinter dem sich die Zunft der Bankiers, Spekulanten und Geldverleiher verbarg. Ihre Ware war Geld, das sie verliehen, um es zu vermehren. Die Notwendigkeit der unterdrückten Klassen, das Mehrprodukt in Geld termingerecht an die sie beherrschenden Klassen abzuleisten, zwangen sie zunehmend, Geld zu leihen, um ihrer Pflicht nachzukommen.

Die Herrscher ihrerseits waren in ihrer maßlosen Verschwendungssucht stets klamm und brauchten den Wucherer, um ihnen aus der Klemme zu helfen, wodurch ihre Gier, mehr Mehrprodukt abzuschöpfen, gesteigert wurde, da zusätzlich Wucherzinsen zu bezahlen waren – der Anteil des Mehrprodukts, der in Form des Mehrwertes zum Wucherer wanderte. Also auch diese Zunft hauste, wie die Kaufmannschaft, in der Zirkulation. Ihre Ware, mit der sie handelte, war nicht stofflicher Natur, sondern als Kapital fungierendes Geld als Mittel zur Bereicherung.

Im Mittelalter lehnte die Kirche den Wucher als unmoralisch ab, konnte ihn aber nicht verhindern und profitierte schließlich selbst davon. Ihr Verbot, vom Wucherer Geld zu leihen, sorgte dafür, dass viele Bauern, die nicht mehr solvent, aber gottesfürchtig waren, ihren Besitz an die Kirche oder deren Klöster verloren. So durchdringt der Wucher bereits das ganze Mittelalter. „Zu Karl des Großen Zeiten galt es für wucherisch, wenn jemand 100% nahm. Zu Lindau am Bodensee nahmen 1344 einheimische Bürger 216 $\frac{2}{3}$%. In Zürich bestimmte der Rat 43 $\frac{1}{3}$% als gesetzlichen Zins. In Italien mussten zuweilen 40% gezahlt werden, obgleich vom 12. bis 14. Jahrhundert der gewöhnliche Satz 20% nicht überschritt. Verona ordnete 12 $\frac{1}{2}$% als gesetzlichen Zins an. Kaiser Friedrich II. setzte 10% fest, aber dies bloß für die Juden. Für die Christen mochte er nicht sprechen. 10% war schon im 13. Jahrhundert im rheinischen Deutschland das Gewöhnliche." (MEW 25/611)[6.]

Trotz aller Moral setzte sich der Wucher fort, und wie so oft in der Geschichte, leistete der Krieg dabei Hebammendienste, hier speziell die Kreuzzüge, die der Finanzierung bedurften und die Geldwirtschaft sprunghaft beförderten. Die herausragenden Finanziers waren die Templer – ein geistlicher Ritterorden –, die sich mit ihrem Kreditwesen über ganz Europa verbreiteten. Ihren enormen Reichtum hatten sie aus Hypotheken und Anleihen – also aus Wucherkapital – gezogen, und sie begründeten damit das moderne Bankierswesen. Mit der Entwicklung des Geldgeschäftes verselbstständigte sich das Geldkapital zunehmend gegen das Warenkapital. Die Bankiers entwickelten sich zu einer eigenständigen Zunft neben den Kaufleuten. Ihr Katechismus war die Bilanz.

Die Templer waren später erbarmungsloser Verfolgung und physischer Vernichtung ausgesetzt. Grund dafür war nicht etwa Unmoral ihrer Geschäfte, sondern Neid und Raffgier der Fürsten. An ihre Stelle traten florentinische Bankhäuser wie Acciaiuoli, Bardi und Peruzzi. Profite, die damals erzielt wurden, waren traumhaft, verglichen mit heutigen. Allerdings ebenso groß war das Risiko (nicht ganz zufällig machen in jener Zeit die ersten Versicherungsunternehmen von sich reden) – es herrschten feudale

Gesellschaftsstrukturen und die Fürsten herrschten despotisch. Der rechtliche Schutz privaten Eigentums neuer kapitalistischer Form fällt erst in eine spätere Zeit. Dennoch entfaltete sich die faszinierende Macht des Geldes neben den bisher gekannten Mächten bereits damals. Die Macht des Geldes, die von allem Menschlichen abstrahiert, begann ihren, durch nichts mehr aufzuhaltenden Siegeslauf. „Das bloße Datum also, die verflossene oder verfließende Zeit, vermehrte die Höhe eines Geldbetrages." (1/217)[7] Auch der Wucherer verwandelte Geld in Kapital. Die Formel lautet: G-Z-G′, wobei „Z" für Zeit steht und „′" für Mehrwert, also Zeit, die verstrichen sein musste, nach der der Wucherer den Mehrwert einstreichen konnte.

Die Fugger

Synonym für die Macht des Geldkapitals auf dem europäischen Kontinent steht im 15. Jahrhundert der Name Fugger. Ihren Aufstieg verdanken die Fugger nicht zuletzt den Judenpogromen, mit denen die bisherige Wuchererzunft stark dezimiert wurde.

Einst als Webermeister in Augsburg, günstig an den Handelswegen zwischen Nord- und Südeuropa gelegen, dem damaligen Zentrum des Reichtums, in die Welt gekommen, nahmen die Fugger als Tuchhändler mit ihrem Handelshaus einen raschen Aufschwung. Augsburg wurde mittels des Kapitals der Fugger und anderer reicher Familien zur Finanzmetropole Europas. Ihren Reichtum, der in der Christenheit ohne Beispiel war, verdankten sie ihrem Trieb, „deutschen Fürsten, österreichischen Erzherzögen, ungarischen Königen, Päpsten und Bischöfen Darlehen auf Darlehen zu gewähren" (1/223)[8]. Dafür kassierten sie „langfristige Abgaben ganzer Städte und Bezirke, Pfandverschreibungen, die Nutzungsrechte der Montanunternehmen von Fürstentümern, dem damals wichtigsten Produktionszweig, in dem Deutschland führend war" (1/223)[9].

Auf die Liaison mit den Fuggern begründete sich nicht unerheblich die Jahrhunderte vorherrschende Macht der Habsburger im alten Reich und im kontinentalen Europa. Zwischen streng geübter Religiosität und Wucher gab es für die Fugger keine Beziehung, schließlich ließ sich an dem von ihnen organisierten Ablasshandel der römisch-katholischen Kirche gut verdienen. Die Fugger haben nie ein öffentliches Amt ausgeübt, aber die europäische Geschichte des 15. Jahrhunderts nachhaltiger beeinflusst als jeder der in dieser Zeit regierenden Fürsten. Die Macht des Geldes in der Form des Kapitals hat mit ihnen endgültig die Weltbühne betreten und ebenfalls auf sie darf der Beginn der kapitalistischen Organisation der Gewerbe zurückdatiert werden.

Fazit

Mag sein, dass eine derartige Darstellung hier und da moralische Entrüstung hervorruft. Aber die treibenden Kräfte der Geschichte waren handfester und nicht moralischer Natur. Hier ist nüchtern festzuhalten: Es war die Herausbildung und Entfaltung des Kapitals, zunächst des Kaufmanns- und des Wucherkapitals, ein neuer frischer Wind, der den Mief des Mittelalters unwiederbringlich ausfegte und eine neue gesellschaftliche Ordnung heraufdämmern ließ, auf die sich Reichtum, Glanz, Demokratie und Freiheit nach heutigen Vorstellungen begründen.

Für uns stellt sich nach wie vor stets die Frage: Hätte die Geschichte bei einem anderen Verlauf erfolgreicher sein können oder ergibt sich nicht vielmehr eines aus dem anderen und folgt Geschichte in ihren Abstraktionen nicht doch einer gewissen Notwendigkeit? Es liegt in der Eigenart von Historie, dass wir gesellschaftliche Veränderungen stets rückwirkend von ihrer entwickelten Gestalt zu ihren Ursprüngen betrachten. Was uns heute wie selbstverständlich erscheinen mag, dürfte bei der Herausbildung des sich auf Kapital begründenden dritten Standes – den

Kaufleuten, Spekulanten und Wucherern – den Menschen abgegangen sein. Die Macht der Fürsten, des Adels und des Klerus war allgewaltig und beherrschend. Die gehobenen Stände hielten sich für viel zu edel, um den vom schnöden Mammon Lebenden eine historische Bedeutung beizumessen. Der Adel der Fugger gehörte zu den Ausnahmen.

Als der Begriff Proletarier (nach heutigem Sprachgebrauch: Arbeitnehmer) für abgerissene Hungerleider aufkam, die ihr Leben unter viehähnlichen Bedingungen fristen mussten, indem sie ihre Arbeitskraft für kargen Lohn verkauften, hätte niemand vermutet, dass jene dereinst zur umfassenden Klasse der Gesellschaft aufsteigen könnten, der es offensichtlich vorbehalten bleibt, die Menschheit in einen qualitativ neuen Typ gesellschaftlichen Daseins zu führen. Wie abwegig bzw. realistisch ein solcher Gedanke ist, soll uns im letzten Teil dieses Buches beschäftigen.

Mit der entwickelten Geldwirtschaft hatte sich das Kapital neue Quellen der Mehrwertschöpfung erschlossen. Über Wucher und Spekulation zentralisierte das Kapital, nicht selten direkt über die Fürsten und Kirchenoberen, das Mehrprodukt von weit breiteren Schichten der werteschaffenden Bevölkerung auf dem gesamten Kontinent. Und dennoch war Kapital längst nicht das die Gesellschaft beherrschende neue Produktionsverhältnis. Mit seinem Erscheinen und seiner Ausbreitung ab Ende des 14. Jahrhunderts war nur die Initialzündung für den Kapitalismus erfolgt. Es sollte noch einige Jahrhunderte dauern, bis er sich überall in Europa als die beherrschende gesellschaftliche Ordnung eingenistet hatte.

Kommerzieller Handel und entwickelte Geldwirtschaft wirkten allerdings unaufhaltsam verändernd auf die bestehende Gesellschaft ein. Die Landwirtschaft verlor allmählich ihren bislang vorherrschenden Charakter der Subsistenzwirtschaft. Die Entwicklung einer wachsenden nicht landwirtschaftlichen Bevölkerung erweiterte den Markt für Nahrungsmittel. Gleichzeitig stieg der Bedarf der Landwirtschaft an gewerblichen Gütern, die

ihrerseits intensitäts- und produktivitätsfördernd auf die Acker-
kultur wirkten. Darüber hinaus diente die Landwirtschaft mehr
und mehr als Lieferant von Rohstoffen für die gewerbliche Industrie. So veränderte die Schafhaltung zur Gewinnung von
Wolle grundlegend die Agrarstrukturen in Spanien und England.

Die sich in aller Vielfalt entwickelnde Warenwelt verlangte größeres Produktionswachstum, dem das in Zünften organisierte Handwerk immer weniger gerecht werden konnte. Mit dem
Eindringen des Kapitals in die Handwerkerstuben vollzogen sich
hier grundlegende Veränderungen. Die gleichzeitige Anwendung
von vielen Handwerkern unter dem Kommando eines Kapitals
hatte erstaunliche Wirkungen.

War die Arbeit im Zunfthandwerk eher ein künstlerisches Gewerbe, so zergliederte das manufakturmäßig betriebene Handwerk die komplexe Fertigung in ihre einzelnen Handgriffe, von
denen jeder Teilarbeiter stets nur einen in stetiger Wiederholung
auszuführen hatte. Für eine solche Tätigkeit bedurfte es keiner
jahrelangen Ausbildung. Nach kurzer Anlernphase war ein jeder in der Lage, solche Arbeit zu verrichten. Die Teilarbeit, die
schnell zur Perfektion führte, steigerte die Produktivität beachtlich und verwohlfeilerte das Produkt.

Mit der Fertigung in der Manufaktur wurde zunächst unbewusst
eine Entwicklung eingeleitet, die in der industriellen Revolution ab Ende des 18. und im 19. Jahrhundert gipfelte und den
Siegeszug des Kapitalismus begründete. Mit der Gliederung des
Arbeitsprozesses in seine konstituierenden Bestandteile kam es
zu einer schrittweisen Spezifizierung der Arbeitswerkzeuge gemäß dem speziellen Arbeitsgang, der damit auszuführen war.

Damit wurde es nur eine Frage der Zeit, bis findige Köpfe Me-
chanismen entwickelten, die die menschliche Hand bei der Führung des Werkzeuges durch eine Maschine ersetzten. Parallel
dazu vollzog sich eine zweite Entwicklung. Mit der Führung

des Werkzeuges durch eine Maschine blieb die Schnelligkeit der Fertigung abhängig von Kraft und Geschick derer, die den Mechanismus bewegten. Muskelkraft galt es durch Maschinenkraft zu ersetzen. Mit der doppelt wirkenden Dampfmaschine wurde ein solcher erster maschineller Beweger gefunden. Gleichzeitig revolutionierte die Dampfmaschine mit der Eisenbahn das gesamte Transportwesen, ließ die Märkte enger zusammenrücken und verkürzte den gesamten Warenumschlag.

Die industrielle Revolution erfasste mit der Zeit alle Branchen menschlicher Tätigkeit und revolutionierte mit den technischen Grundlagen der Produktion schließlich die gesamte Gesellschaft. War das Kapital mit der Kaufmannschaft und den Bankiers zu Beginn aufgetreten, so trat nunmehr der industrielle Unternehmer, der Fabrikant in den Vordergrund. Viele, heute noch weltweit bekannte Unternehmen mit klangvollen Namen gehen auf diese Gründerzeit und ihre Träger des technischen Fortschritts zurück. Sie haben bleibende Geschichte geschrieben, wenigstens ebenbürtig den Großen in Politik, Religion, Wissenschaft und Kultur.

Mit der Übernahme der Herrschaft des Kapitals über die Produktion war die kapitalistische Produktionsweise geworden, unterwarf sie sich in einem historisch bemessenen Zeitraum die ganze Gesellschaft. Damit wurden auch die Vorboten und Wegbereiter dieser gesellschaftlichen Ordnung in ihre Schranken gewiesen.

Mit dem industriellen Unternehmer stand dem Kaufmann und dem Wucherer ein ebenbürtiger Kontrahent gegenüber – nicht mehr der einfache Warenproduzent oder der geschäftsuntüchtige, unproduktive Feudale –, der sich den produzierten Mehrwert nicht mehr entreißen ließ. Kaufmann- und Wucherkapital mussten sich der allgemeinen Profitrate, auf die wir noch zu sprechen kommen, unterwerfen, wie auch jedes andere Kapital und später alle Produktionsweisen der Gesellschaft, sodass sich Wirtschafts-, Handels- und Geldkapital nunmehr als 3 verschiedene Agenten ein und desselben Prozesses, der Aneignung von Mehrwert, arbeitsteilig begegneten.

Zuerst emanzipierte sich der Handel vom Wucher, indem er eigene Kreditassoziationen und Kreditinstitute schuf. Den Anfang machte Oberitalien. Dann folgte Holland, wo bereits Handel und Manufakturwesen Hand in Hand gingen. Der Wucher expropriierte den einfachen Warenproduzenten und schuf den Lohnsklaven. Der Handel schuf die Warenwelt. Darin bestanden deren historische Missionen als unabdingbare Wegbereiter der kapitalistischen Produktionsweise.

1.2 Der Durchbruch des Kapitalismus

Es waren günstige Umstände, die den Durchbruch des Kapitalismus beförderten. Nach dem Hundertjährigen Krieg von 1337 bis 1453 zwischen England und Frankreich folgten die Rosenkriege (1455–1485) in England, die mit Unterbrechungen 18 Jahre Kriegshandlungen beinhalteten.

Es waren Kriege zwischen den großen Adelsgeschlechtern, zwischen York und Lancaster, die um den englischen Thron kämpften und in dessen Ergebnis die Lancaster 1485 mit Heinrich VII. den Königsthron bestiegen. Mit der Heirat von Elisabeth von York verband er die beiden Adelshäuser zum Haus Tudor. Beide Adelshäuser führten in ihren Wappen eine Rose, daher die Bezeichnung Rosenkriege, die Lancaster eine rote und die York eine weiße. Von dieser Zeit an zog sich England vom europäischen Kontinent auf seine Insel zurück.

Das historisch Entscheidende war die Tatsache, dass sich in den Rosenkriegen der englische Adel, die zu dieser Zeit in England neben dem Klerus herrschende Klasse, fast vollständig selbst vernichtet hatte.

Heinrich VII. brauchte fähige Köpfe, um die englische Regierung und Verwaltung aufzubauen. Er musste auf das Großbürgertum zurückgreifen, um die Herrschaft der Krone zu sichern. Damit zogen Reeder, Kaufleute Bankiers und andere Größen aus Wirtschaft und Handel in die Ämter ein und mit ihnen ein neuer Geist und anders gelagerte Interessen – Interessen einer neuen aufstrebenden Klasse, die sich grundlegend von denen des alten Adels unterschieden. Das war die Initialzündung für die Entwicklung des Industriekapitalismus, der in England seinen Ausgang nahm, wenngleich sich in den nächsten 200 Jahren seine Entwicklung noch schleppend vollzog.

Die Konsolidierung der englischen Wirtschaft setzte sich unter Heinrich VIII. (1491–1547) und Elisabeth I. (1533–1603) nahtlos fort. Die Monarchie hatte durch die Trennung von Rom mit der Gründung der eigenen anglikanischen Staatskirche ihre eigene Machtstellung ausgebaut. Oberster Hirte war nun der König; die Hierarchie der Geistlichkeit war von ihm eingesetzt und somit ihm ergeben.

In der Wirtschaft entwickelten sich vor allem die Wollproduktion, die Textilindustrie und der Seehandel. So kam es zunehmend zu einer Kräfteverlagerung innerhalb der Gesellschaft, da insbesondere Elisabeth I. das Unternehmertum förderte. Die „Middle Classes" – die oberen städtischen Schichten und die Gentry auf dem Lande (der kleine Landadel) –, die u. a. durch die Säkularisierung der Kirchengüter reich geworden waren, entwickelten mit ihrem Reichtum das Geschäftsleben. Zwischen dem reichen Bürgertum und dem Landadel entstand eine Geschäftsoligarchie, die England in die vorderste Reihe der kapitalistischen Entwicklung Europas katapultierte. Kaufleute, Industrielle, Bankiers und Gentry investierten, vielfach in Form von Kapitalgesellschaften, in Überseehandel, Bergbau und Hüttenindustrie, Schiffsbau und Tuchproduktion.

Elisabeth I. hatte im englischen Parlament den Grundstein zur demokratischen Staatsverfassung gelegt. Als Karl I. (1600–1649) gegen das selbstbewusste Parlament (Unterhaus) absolutistisch regieren und der Adel wieder längst verlorene alte feudale Rechte wiedererlangen wollte, gab es für das Ancien Régime keine Chance mehr. Im Unterhaus saßen die Reeder, Großhändler, Bankiers und die Gentry, getragen von kommerziellen Interessen, Unternehmergeist und Selbstbewusstsein.

Die neuen gesellschaftlichen Verhältnisse rebellierten gegen den Restaurationsversuch des Ancien Régime. An die Spitze der revolutionären Erhebung stellte sich Oliver Cromwell, auf den sich bis zu seinem Tode das Interregnum (1649–1660) begründete. Cromwell war Independent; also Angehöriger einer Glaubenssekte, die auf Calvin zurückging. Und natürlich mobilisierten sich die streitenden Kräfte, wie generell in diesen Zeiten, mittels religiöser Meinungsverschiedenheiten, die im Bürgerkrieg von 1642 bis 1646 ausgefochten wurden. Das zeigt nur, dass die ökonomischen Widersprüche im Inneren der Gesellschaft, die die eigentlichen Ursachen für revolutionäre Bewegungen sind, in ganz anderen, vor allem ideologischen Formen ins Bewusstsein treten.

In dieser revolutionären Umgestaltung Englands in der zweiten Hälfte des 17. Jahrhunderts hatte die kapitalistische Gesellschaft auf der Insel endgültig gesiegt, in der von nun an die sich auf Kapitalbesitz begründenden Gesellschaftsklassen die Herrschaft in einer konstitutionellen Monarchie ausübten. Der in dieser Zeit beginnende große wirtschaftliche Aufschwung führte das britische Empire an die Spitze der Nationen in der Welt.

Als im alten Reich auf dem Kontinent ein 30 Jahre währender Krieg (1618–1648) zwischen der zentralen habsburgischen Macht und den territorialen feudalen Mächten, in den fremde Nationen (Schweden, Frankreich) zum Vorteil ihrer eigenen hegemonialen Interessen eingriffen, gerade zu Ende gegangen war, nachdem die beiden streitenden Parteien geschwächt am Boden lagen, versetzte der Kapitalismus in England dem Feudalismus für immer den Todesstoß. Die Hinrichtung Karls I., König von

England, fiel zusammen mit dem Westfälischen Frieden, in dem der Feudalismus weder in deutschen Landen noch im habsburgischen Reich insgesamt überhaupt zur Disposition gestellt wurde.

Erst die Glorreiche Revolution von 1688/1689, die zur Einführung der konstitutionellen Monarchie in England führte, in der die Macht des Königs auf das Parlament übertragen wurde, beschleunigte die kapitalistische Entwicklung in England ungemein. Mit der verstärkten Entwicklung des Manufakturwesens und dessen Übergang in die industrielle Produktion können wir ab 1770 bis 1780 vom Beginn der Industrialisierung sprechen, mit der der Kapitalismus seinen Siegeszug begann.

1.3 Wesen des Kapitalismus

Marx (er forschte in London) hat in akribischen Untersuchungen, ausgehend von dem alltäglich, massenhaft Erscheinenden – den Waren – in der kapitalistischen Gesellschaft deren Wesen offengelegt. Er erkennt im Wert die treibende Kraft dieser Ordnung und fasst ihn in folgender Formel zusammen:

Wert = c + v + m

Dabei steht „c" für konstantes Kapital, „v" für variables Kapital und „m" für Mehrwert. Konstantes Kapital sind Arbeitsmittel und Arbeitsgegenstände (Maschinen, Geräte, Ausrüstungen, bauliche Anlagen, Gebäude, Rohstoffe und Hilfsstoffe), die der Kapitaleigner zukauft, um produzieren zu können. Es sind also Werte, die andere schufen – kurz: bereits vergegenständlichte oder geronnene Arbeit.

Um aber aktiv produzieren zu können, braucht er Arbeitskräfte, die er auf dem Arbeitsmarkt kaufen und entlohnen muss. Das nennt Marx „v", also variables Kapital, was der Kapitaleigner vorschießen muss. Mit „m" kennzeichnet Marx den Teil des Wertes, der nach dem Verkauf der Waren, wenn er davon „c" und „v" abzieht, übrig bleibt. Das ist der Anteil, den sich der Kapitaleigentümer in die eigene Tasche steckt. Daran ist nichts Verwerfliches oder Unmoralisches, denn er hat alles, was „c" ausmacht, ehrlich bezahlt und die Arbeitskräfte – oft nach Tarif – entlohnt.

Die Vulgärökonomie ist auch heute noch nicht frei von der Annahme, dass der Gewinn oder Profit in der Zirkulation entsteht, indem der glücklicher agierende Unternehmer aufgrund hoher Nachfrage den weniger Glücklichen übervorteilt, indem er einen über dem Wert liegenden Preis realisiert. So ist die Auffassung verbreitet, anzunehmen, der Mehrwert erwachse aus der Cleverness des Kapitaleigentümers, Produktionsmittel und Arbeitskraft preisgünstig zu kaufen, die Produktion rationell zu organisieren und seine Waren zu vorteilhaften Preisen abzusetzen. Erfüllt der Kapitaleigner diese Voraussetzungen nicht, wird er über kurz oder lang als solcher sein Kapital verlieren und aus seiner Klasse ausscheiden.

Wenngleich sich die Kapitaleigner alle Tage bemühen, sich wechselseitig zu übervorteilen, erklärt es nicht die wundersame Geldvermehrung. Auf dem Markt, auf dem das Kapital Geschäfte macht, treten die Kapitalbesitzer miteinander in Verkehr. Verkauft die eine Hälfte zu Preisen über dem Wert, muss die andere Hälfte unter dem Wert verkaufen, wenn die Gesamtrechnung aufgehen soll. Sie würden sich nur wechselseitig betrügen und wir könnten die Sache auf sich beruhen lassen.

Marx formulierte das heute überall, selbst von seinen entschiedensten Gegnern anerkannte Wertgesetz. Es lautet: „Der Wert einer Ware verhält sich zum Wert jeder anderen Ware wie die zur Produktion der einen notwendige Arbeitszeit zu der für die Produktion der anderen notwendige Arbeitszeit." (MEW, Band 23, S. 54)[9a] In der Summe aller Warenzirkulationen, also beim Gesamtkapital der Gesellschaft, gleichen sich alle Abweichungen aus. Damit muss die Summe aller Werte gleich der Summe aller Preise sein. Geschieht dies nicht, gibt es bei Preisüberschuss Inflation und bei Wertüberschuss Deflation. Das statistische Bundesamt informiert uns regelmäßig, wie die Sache gerade ausgegangen ist.

Bleibt die Frage: Wie entsteht nun der Mehrwert? Wenn der Kapitalist also sein Geld nimmt und es als Kapital zum Markte trägt, muss er hier eine Ware finden, die über die Fähigkeit verfügt, mehr Wert zu erzeugen als zu deren Erwerb aufgewandt werden muss. Wir sprechen heute ganz ungeniert vom Arbeitsmarkt. Hier werden alle Arten von Arbeitskräften gehandelt. Selbst Fußballspieler zu horrenden Preisen. Aber es gibt eben nur die eine Warenart, die über diese wunderbare Fähigkeit verfügt, und diese Ware heißt Arbeitskraft. Das gilt auch für den Millionen teuren Fußballspieler, den Gladiator der Neuzeit. Er wird gekauft, weil sein Einsatz zusätzliche Millionen verspricht. Diese Tatsache veranlasste Herrn Stoiber, von der vorzüglichen Ware Bundesliga zu sprechen.

Die Versuche, die Wertschöpfung zu verschleiern, sind ungezählt, verteilt über die gesamte Zeit, seitdem es Kapitalismus gibt. Selbst unser sonst so genialer Johan Heinrich von Thünen (1783–1850) war nicht frei von Irrtümern. Er sprach allen 3 Produktionsfaktoren – Boden, Kapital und Arbeit – wertschöpfende Fähigkeiten zu. Er verwechselte hier, wie viele andere vor und nach ihm auch, die Quellen des Reichtums – gebrauchswertschaffende Arbeit und Natur –, die gesellschaftsneutral sind, mit den Quellen des Mehrwertes – wertschöpfende Arbeit –, eine historisch begrenzte, dem Kapitalismus immanente Erscheinung.

Der Reichtum der Gesellschaft an sich misst sich in der Zeit, die zur Herstellung aller zum Leben erforderlichen Gebrauchswerte benötigt wird. Je weniger Zeit dafür aufgewendet werden muss, umso reicher ist die Gesellschaft, da ihr Fonds an freier Zeit wächst. In der kapitalistischen Gesellschaft misst sich der

Reichtum aus der Sicht des Kapitals an dessen Verwertung, also an der Höhe des Mehrwertes, den dieses Kapital zu ziehen vermag, also nicht an den Gebrauchswerten, die entstehen, sondern am Wachstum des Mehrwertes. Diesen imaginären Reichtumsbegriff trägt das Kapital, da es die Macht in der kapitalistischen Gesellschaft innehat, in die ganze Gesellschaft.

Der Wert von „c", also konstantes Kapital, welches der Kapitaleigner auf dem Markt gekauft hat, wird durch die produktive Tätigkeit der Arbeitnehmer auf die produzierten Waren übertragen. Die hier enthaltenen vergegenständlichten Werte gehen vollständig oder stückweise (AfA) als Kosten in die produzierten Waren ein. Ein zusätzlicher Wert entsteht dabei nicht. Also das c-Kapital an sich schöpft keinen Wert, sondern nur jenes, welches in Form von „v" zum Ankauf von Arbeitskräften verausgabt wird, denn nur sie verfügen über die Fähigkeit, mehr Wert zu erzeugen, als sie selbst kosten. Nun ist alles Kapital, welches in der Wirtschaft zirkuliert, irgendwann „v + m" gewesen. Mehrwert zieht allerdings immer nur der Kapitaleigner, der Arbeitskräfte beschäftigt. Wir werden später sehen, welch verschlungene Wege Kapital geht, um Mehrwert aus dem Nichts zu schöpfen.

Natur als Quelle des Reichtums

Der Boden und die in ihm lagernden Schätze waren bereits da, bevor sich die Hominiden in der letzten Minute der bisherigen Erdgeschichte von den Primaten durch Mutationen abspalteten und die Menschwerdung des Affen in Gang setzten. Boden und Bodenschätze enthalten also keinen Wert im ökonomischen Sinne, da sie nicht durch menschliche Arbeit geschaffen wurden. Mit der Herausbildung der Klassengesellschaft begann die Inbesitznahme des Bodens, bis er im ausgehenden Feudalismus sich fast vollständig im privaten Eigentum der damals herrschenden Klassen befand.

Rente

Der im Privateigentum befindliche Boden generiert Rente. Daher rührt die Vorstellung, Boden schöpfe Mehrwert. Nach Adam Smith war es David Ricardo, der eine umfassende Rententheorie aufstellte. Marx baute auf Ricardo auf und vollendete diese Theorie.

Wer ein Stück Boden bewirtschaftet, das nicht sein Eigentum ist, muss an den Bodeneigentümer eine Pacht (Rente) bezahlen. (Im Russischen wird dafür das Wort Аренда verwendet, was auf den Begriff Rente hinweist.) Lange war es ein Geheimnis, woher die Rente kommt.

Wer Boden oder Rohstofflagerstätten besitzt, hat gegenüber denen, die keinen Boden oder Rohstofflagerstätten besitzen, eine Monopolstellung. Das berechtigt ihn, zu Monopolpreisen zu verkaufen. Zu seinem Mehrwert, den er nach der Durchschnittsprofitrate (siehe unten) erzielt, realisiert er eine zusätzliche Rente, die er, wenn er nicht selbst Eigentümer des Bodens oder der Rohstofflagerstätte ist, an jene Eigentümer zahlen muss. Gezahlt werden muss diese Rente von jenen, die die Bodenprodukte bzw. Rohstoffe kaufen. Es sind also Teile vom Mehrwert dieser Unternehmen, die sie den Monopolisten von Boden bzw. Rohstofflagerstätten zahlen. Natürlich geben diese die Rentenaufschläge an die Endverbraucher weiter.

Marx unterteilt diese Rente in Grundrente und Differentialrente. Grundrente erhalten all jene, deren Boden die landwirtschaftliche oder forstwirtschaftliche Nutzung bzw. die Rohstofflagerstätte die Ausbeutung noch lohnt. Die Differentialrente bezeichnet er als Fruchtbarkeitsrente und unterteilt sie in Differentialrente 1 und 2.

Differentialrente 1 betrifft die Unterschiede in der natürlichen Fruchtbarkeit der Böden. Ein Lößboden unter günstigen Klimabedingungen wirft eine höhere Rente ab als ein Boden in der Streusandbüchse. Differentialrente 2 betrifft die von Menschenhand gesteigerte Bodenfruchtbarkeit durch Bodenverbesserung (Intensivierung). Das Gleiche gilt für Rohstofflagerstätten. Auch hier bestehen natürliche Unterschiede im Aufwand für die Förderung und den Transport der Rohstoffe, die z. B. der Erdölförderung in Saudi-Arabien eine höhere Rente bescheren als in Sibirien.

Rente ist also ein müheloses Einkommen. Noch schlimmer. Bodeneigentümer, die ihren Boden verpachten, erhöhen in dem Maße, wie der Pächter den Boden in seiner Fruchtbarkeit verbessert, die Pacht und schöpfen damit die Differentialrente 2 ab.

Die adligen Bodeneigentümer verpachteten einst ihre feudalen Güter, da sie selbst schlechte Landwirte waren. Bald stellte sich heraus, dass die Pächter – im Vergleich zu den vom Adel selbst bewirtschafteten Gütern – die weit besseren Landwirte waren.

Das ist kapitalistischer Alltag und niemand stört sich daran. So stiegen die Pachten auch in den letzten Jahrzehnten bis in schwindelerregende Höhen. Das wird so lange so bleiben, wie Privateigentum die gesellschaftsbeherrschende Daseinsform bleibt. Im 3. Band des Kapitals benennt Marx die trinitarische Formel: Der geschaffene Neuwert setzt sich zusammen aus Rente, Mehrwert und Arbeitslohn.

Profit

Kapitaleigner sprechen vom Profit und nicht vom Mehrwert. Profit ist der Mehrwert, berechnet auf das insgesamt vorgeschossene Kapital, während der Mehrwert auf den vorgeschossenen Arbeitslohn – also auf den Teil des Neuwertes, der Mehrwert schafft – berechnet wird. Vergegenwärtigen wir es uns am Beispiel:

$c = 1.000$, $v = 200$, $m = 100$: Wert = 1.300. Die Profitrate (p') in diesem Beispiel = 8,33%, die Mehrwertrate (m') = 50%. (Also Profitrate = $100/(1.000 + 200) * 100$. Mehrwertrate = $100/200 * 100$).

Mit der Profitrate verschleiert das Kapital die Mehrwertschöpfung, vermittelt den Eindruck, das gesamte vorgeschossene Kapital ist an der Neuwertschöpfung beteiligt.

Mehrwertschöpfung

Das Geheimnis der Mehrwertschöpfung ist nicht in der Zirkulation, also auf dem Markt, sondern in der Produktion, also in der Entstehung der Waren und Dienste, zu lüften. Der Prozess der Produktion ist zunächst Arbeitsprozess – Auseinandersetzung des Menschen mit der Natur –, um sich diese gemäß seinen Bedürfnissen anzueignen, und in dieser Form aller menschlichen Gesellschaft eigen. Indem der Arbeiter mittels Arbeitsmittel auf den Arbeitsgegenstand einwirkt, vollzieht er diesen Prozess. Ob dabei früher der Faustkeil benutzt wurde und heute der Automat bedient wird, ändert am Wesen der Sache nichts.

Im Arbeitsprozess schafft der Arbeiter ein Produkt, in welches der Wert der Arbeitsgegenstände und der Verschleiß der Arbeitsmittel (AfA) sowie der Wert seiner veräußerten Arbeitskraft eingehen. Er überträgt also vergegenständlichte Arbeit in Form von Produktionsmitteln (Arbeitsmittel und Arbeitsgegenstände – Marx bezeichnet die Arbeitsgegenstände, die vollständig in das Produkt eingehen, als zirkulierendes und die Arbeitsmittel, die stückweise (AfA) in das Produkt eingehen als fixes Kapital) und setzt dem Produkt Neuwert durch seine Arbeitsleistung zu. Von diesem Neuwert ist der Teil abzuziehen, den der Kapitalist dem Arbeiter zahlt, damit dieser seine Arbeitskraft für den Kapitaleigentümer, der sie gekauft hat, verausgabt. Der Teil muss wenigstens ausreichend sein, damit der Arbeiter seine Arbeitskraft, also alle geistigen und körperlichen Kräfte, die er im Arbeits- und Lebensprozess verausgabt hat, reproduzieren kann.

Der Preis der Ware Arbeitskraft bildet sich wie bei jeder anderen Ware auf dem Markt und ist demzufolge neben dem Wert abhängig von Angebot und Nachfrage. So verkauft sich der eine über und der andere unter seinem Wert. Im entstehenden Kapitalismus waren die Löhne so niedrig, dass davon nur die elementaren Lebensbedürfnisse finanziert werden konnten. In der armen Welt ist das auch heute noch so. Weshalb in der reichen Welt die Durchschnittslöhne höher sind, erfahren wir später.

Der über dem Arbeitslohn liegende Teil des geschöpften Neuwertes wird vom Kapitaleigner angeeignet, erscheint in dessen Bilanz als Gewinn. Es ist der Teil des Neuwertes, den der Arbeiter über seinen Arbeitslohn hinaus schuf und der folgerichtig dem Kapitaleigner gehört – schließlich hat er die Arbeitskraft gekauft und nach Tarif bezahlt.

An alldem ist nichts Ehrenrühriges. Diese Tatsache bereits vor mehr als 500 Jahren zögerlich beginnend, vollzieht sich bis in die Gegenwart, in der nunmehr alle Bereiche der Gesellschaft, also nicht nur die Wirtschaft, diesem Prinzip unterworfen sind, und kaum jemand stört sich daran.

Natürlich sind die Bestrebungen, die dürre Ausbeutung zu kaschieren, permanent zu beobachten. Nimmer müde werdend, wird versucht, dem Kapital diese mystische Kraft der wundersamen Geldvermehrung unterzuschieben. Es ist nur lächerlich. Aktiv wird Kapital in der Produktion und stellt sich hier dar in einem gewissen Quantum von Produktionsmitteln und einem gewissen Quantum von Arbeitskraft. Beide Quanten hat der Kapitalist gekauft, hat dafür sein Kapital vorgeschossen. Es ist sein Recht nach kapitalistischen Rechtsverständnis, sich das Resultat der Produktion – materielle, dienstleistende, kulturelle, wissenschaftliche, medizinische, informelle, künstlerische, sportliche – anzueignen und es als seine Ware zu vermarkten, um mit dem Ertrag den Akt der Erzeugung von Mehrwert im nächsten Return zu wiederholen. Dabei ist es ganz seine Entscheidung, ob er den jeweils erzielten Mehrwert individuell konsumiert oder kapitalisiert, um die Produktion auf höherer

Stufenleiter fortzusetzen, allein mit dem Ziel, höheren Mehrwert zu erzielen.

Der Gesamtprozess stellt sich damit dar als: G – W – P (Am + Ag + Ak) – W′ – G′, wobei P den Produktionsprozess bezeichnet, in dem die Arbeitskräfte mittels Arbeitsmittel auf die Arbeitsgegenstände einwirken, um neue Waren zu schaffen. P ist der Prozess, in dem der Mehrwert entsteht, weil die Arbeitskräfte nicht nur den Wert der Produktionsmittel auf die herzustellenden Produkte übertragen, sondern ihnen gleichzeitig neuen Wert zusetzen, der höher ist, als ihr Arbeitslohn als Wertäquivalent ausmacht. Das „′" zeigt an, dass die produzierten Waren einen höheren Wert und damit mehr Geld einbringen, als zu Beginn des Gesamtprozesses vorgeschossen worden war.

Die gesamte Geschichte des Kapitalismus ist Spiegelbild, den Mehrwert zu vermehren, ist die Jagd nach Profit. Daran hat sich bis in unsere Tage nichts geändert. Stets sind die Kapitaleigner bestrebt, da nur die zugesetzte Arbeit Mehrwert schafft, den über den Arbeiter zu zahlenden Anteil zu mehren.

In dem noch jungen Kapitalismus, den Marx analysierte, stand die Steigerung des absoluten Mehrwertes über Verlängerung der Arbeitszeit wie über die Erhöhung der Zahl gleichzeitig unter dem Kommando eines Kapitalisten angewendeten Arbeitskräfte im Vordergrund, bis sich diese beiden Quellen der Mehrwertbildung erschöpft hatten oder an Grenzen der Sozialgesetzgebung stießen.

Heute ist es vor allem und fast ausschließlich der relative Mehrwert, der den Geschäftserfolg bestimmt. Durch Steigerung der Produktivkraft der Arbeit wird der notwendig dem Arbeiter zu zahlende Anteil am Neuwert verkleinert, bei steigendem Arbeitslohn, sodass dennoch der überschießende Mehrwert wächst.

Doch wie entsteht der Profit? Die Kapitale, die in verschiedenen Branchen fungieren, sei es zur Produktion oder sei es zur Ausführung bestimmter Dienste, weisen sehr verschiedene organische Zusammensetzung auf. So z. B. in der einen Branche 80c (konstantes, also in Produktionsmittel ausgelegtes Kapital) und 20v (variables, also in Arbeitslöhnen ausgelegtes Kapital) und in einer anderen 20c und 80v.

Angenommen, der Exploitationsgrad sei in beiden Fällen 30 %, so hätten wir im 1. Fall (80_c +20_v +6m) einen Mehrwert von 6 und im 2. Fall (20_c +80_v +24m) ein Mehrwert von 24. In beiden Fällen wäre die Rate des Mehrwertes (m′) 30 % (m/v), während die Profitrate (p′) im 1. Fall 6 % (p′ = m/(c+v) *100 = 6/(80+20) *100) und im 2. Fall 24 % (p′ = m/(c+v) = 24/(20+80)*100). Die Folge solcher Verhältnisse wäre, das Kapital würde aus der Branche im 1. Fall auswandern und in die Branche vom 2. Fall einwandern. Mobilität von Kapital und Arbeit sind dem Kapitalismus immanent.

Hier sei am Rande bemerkt, dass wir derartige Wanderschaft von Kapitalen tagtäglich auf den Aktienmärkten verfolgen können. Da wir es im großen Kapital im Wesentlichen nur noch mit Anlegerkapital zu tun haben, finden auf der Jagd nach Profit tagtäglich solche Kapitalwanderungen statt.

In der kapitalistischen Praxis findet stetig Ausgleich zwischen den Profitraten in Richtung Durchschnittsprofit statt, sodass sich eine allgemeine oder durchschnittliche Profitrate herausbildet. Man stelle sich die Summe aller Kapitale der Gesellschaft als eine Aktiengesellschaft vor, in der bei einem gegebenen Exploitationsgrad eine bestimmte Masse Mehrwert erzeugt wird. Die Masse des gesamten Mehrwertes ist gleich der Masse des gesamten Profits. Was sich unterscheidet, ist die Rate des Mehrwertes zur Rate des Profits. Die Rate des Mehrwertes, da nur auf das variable Kapital berechnet, ist immer höher als die Rate des Profits, da diese auf das gesamte vorgeschossene Kapital berechnet wird. Da diese Rate des Profits sich im Markt beständig nivelliert, sich an den Durchschnitt angleicht, verteilt sich der insgesamt erzeugte Mehrwert gleichmäßig auf alle Branchen und in jeder Branche wird eine annähernd gleiche Profitrate realisiert.

Das ist das Gesetz, welches sich wie jedes gesellschaftliche Gesetz als sich immer wieder ausgleichende Tendenz durchsetzt. Natürlich hat jedes einzelne Unternehmen in jeder einzelnen Branche seine eigene Profitrate, je nachdem, wie clever das einzelne Unternehmen ist. Was hier entwickelt wird, bezieht sich stets nur auf das vorherrschende Niveau innerhalb der Branche bzw. der Wirtschaft. Das heißt, in die Ware oder Dienstleistung geht immer nur der gesellschaftlich notwendige Aufwand an Arbeit ein.

Stets werden sich Unternehmen finden, die durch technische Neuerungen, verbesserte Organisation u.a. unter dem gesellschaftlich notwendigen Aufwand bleiben und andere, die darüberliegen. Wir unterstellen: Alle verkaufen auf demselben Markt zu gleichen Preisen. Da jeder einen anderen Kostpreis hat, haben sie alle eine individuelle Profitrate, die einen liegen unter dem Branchendurchschnitt, die anderen darüber.

Dabei ist klar, dass derartige Verbesserungen, die einen Extraprofit ermöglichen, nach einer gewissen Zeit zum Branchendurchschnitt werden. Deshalb ist kapitalistischer Produktionsweise wesenseigen, dass sie auf der Jagd nach Profit stetig bemüht ist, die Produktionsfaktoren und -bedingungen zu verbessern und ihren Einsatz zu rationalisieren, um so den Aufwand an Gesamtarbeit – lebendiger als auch vergegenständlichter je Produkteinheit zu senken. Die Rate des Profits ist die treibende Kraft der kapitalistischen Gesellschaft und produziert wird das, was mit Profit verkauft werden kann.

Die durchschnittliche Profitrate regelt sich über die Preise auf dem Markt. So entstehen die Produktionspreise, die nicht mit dem Wert der Waren identisch sind. In den Branchen mit hoher organischer Zusammensetzung des Kapitals liegen die Produktionspreise über und in Branchen mit niedriger organischer Zusammensetzung des Kapitals unter dem Wert der Waren; damit hat jede Branche, der Möglichkeit nach, gleiche Chancen, Profit zu erzielen. „Der Produktionspreis der Ware ist also gleich ihrem Kostpreis plus dem, entsprechend der allgemeinen Profitrate, prozentig ihm zugesetzten Profit oder gleich ihrem Kostpreis plus dem Durchschnittsprofit." (MEW, Band 25, S. 167)[9b]

Tendenzieller Fall der Profitrate

Marx entwickelte auch Überlegungen zum tendenziellen Fall der Profitrate, mit dem seine Zeitgenossen nicht wenig Schwierigkeiten der Deutung hatten. Er stellte fest, der technische Fortschritt, der für die kapitalistische Produktionsweise Wesensmerkmal ist, verändert mehr oder weniger die technische und damit überwiegend auch die organische Zusammensetzung des Kapitals. Das konstante Kapital hat die Tendenz, in seinem Verhältnis zum variablen Kapital zuzunehmen, und da sich die Profitrate auf das gesamte vorgeschossene Kapital berechnet, gibt es die Tendenz zum Fallen, ohne dass dadurch die Masse des Mehrwertes und damit die Masse des Profits berührt wird.

Gleichzeitig macht er darauf aufmerksam, dass es auch viele, diesem tendenziellen Fall entgegenwirkende Faktoren gibt. Hier sei auch darauf verwiesen: Zurzeit Marx' war die Industrialisierung das überragende Feld, auf dem sich Kapital betätigte. Es war eine Industriegesellschaft. In der Gesellschaft von heute hat sich das Kapital überall eingenistet und ganz andere und völlig neue Felder erschlossen, wie Tourismus, Sport- und Freizeitindustrie, Unterhaltung, Medien, Kultur, Kunst, Gesundheitswesen usw. (wir sprechen von einer Dienstleistungsgesellschaft), wo seine organische Zusammensetzung eine ganz andere ist, wo konstantes Kapital oft nur eine geringere Rolle spielt als in der eigentlichen Industrie, die längst nicht mehr die Hauptanlagesphäre bildet. Wenngleich wir keinen Vergleich der Profitraten zu seiner Zeit und den heutigen haben, weist der Fortgang des Kapitalgeschäftes darauf hin, dass sich beide Tendenzen im Wesentlichen ausgeglichen haben dürften.

Im 3. Buch haben wir Gelegenheit, die Reproduktion des Kapitals unter heutigen Bedingungen zu betrachten, und werden feststellen, dass die Aussage von Marx einem bestimmten, dem zu seiner Zeit herrschenden Reproduktionstyp entsprach und er den Reproduktionstyp, der heute zunehmend vorherrscht, in dem jene Tendenz sich aufhebt, noch nicht kennen konnte.

In den letzten 30 Jahren war ich oft im Gespräch mit Bankern. Hin und wieder fragte ich sie, was sie von der marxschen Werttheorie halten. Meistens wurde ich angeschaut, als käme ich von einem anderen Stern. Marx sei doch Geschichte, Mittelalter, und längst durch modernere Theorien überholt. Alle waren sie perfekt, wenn es darum ging, Profit zu machen, also Geld zu vermehren. Sie beherrschten alle erlaubten und unerlaubten Tricks. Was sie damit in der Gesellschaft anrichten, kam in ihren Gedanken nicht vor. Arrogante Vertreter dieser Zunft sagten: „Sie haben in der DDR doch viel auf Marx gegeben. Was hat es Ihnen gebracht?" Wie heißt es doch: Hochmut kommt stets vor dem Fall.

Verweilen wir hier kurz. Das Denken, wie von den Bankern geäußert, ist allgegenwärtig im Kapitalismus. Eine meiner Töchter, die ihr Studium im Kapitalismus absolvierte, hat von Adam Smith viel und von Karl Marx nichts gehört. Adam Smith war einer der Wegbereiter hin zu einer klassischen Wirtschaftstheorie, auf den Marx, neben David Ricardo, aufbaute. Marx hat diese klassische Theorie mit aller Konsequenz, bis auf den Grund, zu Ende geführt. Die neueren, moderneren „Theorien", von denen die Banker sprachen und die heute allen BWL- und VWL-Studenten gelehrt werden, sind Pseudotheorien, die nach wie vor Boden, Kapital und Arbeit wertschöpfende Fähigkeiten zusprechen.

Eben mit diesen irrigen Annahmen hat Marx gründlich aufgeräumt und ihren vulgären Charakter entlarvt. Verständlich, dass ein vom Kapital geprägtes Wissenschafts- und Bildungssystem Marx einfach ignoriert und den Studenten die alte vulgäre Suppe als Kost reicht.

Theorien haben so lange Gültigkeit, bis sie wissenschaftlich widerlegt sind. Noch hat sich keiner gefunden, der Marx widerlegen konnte. Da seine Theorie für das Kapital ein Graus ist, versucht das Kapital ihn einfach zu übergehen. Natürlich ist es für Studierende nicht leicht, zu erkennen, dass in dem, was ihnen gelehrt wird, keine Logik ist, da auf dialektisch-logisches Denkvermögen kaum Wert gelegt wird. Um Marx zu verstehen, muss man seine dialektische-materialistische Denkweise verinnerlichen. Aber gerade diese, marxsche Denkweise meidet das Kapital wie der Teufel das Weihwasser.

Das von Marx aufgedeckte Wesen des Kapitalismus muss stets Ausgangs- und Endpunkt all unserer Überlegungen sein. Es bleibt konstant, solange Kapitalismus existiert. Alle Erscheinungen, die der Kapitalismus in seiner Entwicklung hervorbringt –, und die sind vielfältig, denken Sie nur an die „Finanzindustrie" mit ihren vielfältigen Produkten, die zum Schluss nicht mal mehr die Banker verstanden haben –, sie alle müssen auf dieses Wesen des Kapitalismus zurückgeführt werden. Mehrwert und Profit entstehen immer nur im Prozess der Produktion oder Dienstleistung, wo Arbeitskräfte aktiv werden. Wer alles von diesem Mehrwert partizipiert, betrachten wir an anderer Stelle.

Angebot und Nachfrage

Angebot und Nachfrage regeln den Preis. Liegt das Angebot unter der Nachfrage, steigt und liegt die Nachfrage unter dem Angebot, fällt der Preis. Das ist jedem geläufig und täglich zu beobachten. Immer wieder versuchen Konzerne durch Preisabsprachen diesen

Regelmechanismus des Marktes zu unterlaufen. Aktuell erleben wir, wie der Angriffskrieg Russlands auf die Ukraine weltweit vom Großkapital genutzt wird, um sich daran zu bereichern. Sie verwandeln den Tod vieler Menschen in der Ukraine in zusätzlichen Profit und die Welt nimmt es als selbstverständlich hin.

Vulgärökonomen bemühen sich hinter dem Regelmechanismus des Marktes Wertschöpfung zu erkennen. Allerdings haben Angebots- und Nachfragepreisschwankungen mit Wertschöpfung nichts zu tun. Die davon ausgehenden Wirkungen haben Einfluss auf Inflation und Deflation.

In der Coronakrise wurde der Überseetransport eingeschränkt. Sofort stiegen die Miet- und Frachtpreise für Container. Die Mikrochiphersteller konnten die Nachfrage nicht befriedigen und so wurden Waren mit hohem Chipanteil teurer. Die Preise einiger Rohstoffe stiegen wegen Verknappung. In der Anfangsphase der Coronakrise fielen die Rohölpreise infolge gedrosselten Verkehrs usw. Da es mehr Preissteigerungen als Preissenkungen gab, stieg die von den Zentralbanken ausgewiesene Inflation über die eigene Zielstellung hinaus. Auf den Wertbildungsprozess und die Neuwertschöpfung hatte all das keinen Einfluss, denn Wert schöpft sich nur aus geleisteter Arbeit.

Fazit

Marx zitiert einen Zeitgenossen, der das Wesen des Kapitals zum Ausdruck bringt: Bei 5 % Dividende bleibt Kapital ruhig, erst bei 10 % belebt es sich, bei 20 % schon lebhaft, bei 50 % nahezu stürmisch, für 100 % stampft es alle menschlichen Werte unter seinen Fuß, 200 % Dividende, und kein Verbrechen, selbst um die Gefahr des Galgens, wozu Kapital nicht bereit ist. Sie meinen, dass träfe heute nicht mehr zu? Da vergessen Sie einfach Hedgefonds, Wirecard, Cum-Cum und Cum-Ex-Geschäfte, Drogenkartelle, Mafia und vieles andere mehr.

Das Verständnis des Wesens der kapitalistischen Gesellschaft ist fundamental für das Verständnis dieses Buches. Natürlich ist mir bewusst, dass es sich dabei um eine schwer verdauliche Kost handelt. Als 1867 im Verlag von Otto Meissner, Hamburg, der 1. Band „Das Kapital" erschien, lauschte Marx gespannt auf das Echo des europäischen Kontinentes. Es blieb mehr als verhalten.

Die Arbeiter, für die er schrieb, werden es kaum gelesen haben. Deren Führer dürften mehrheitlich mit dem Stoff überfordert gewesen sein. Selbst Friedrich Engels, der Marx wie kein anderer verstand, meinte, der erste Abschnitt: „Ware, Wert, Geld" sei eine Herausforderung.

Bei seiner letzten Deutschlandreise wurde Engels gefragt, der selbst mehr geschrieben hatte als Marx, weshalb die von beiden entwickelten Theorien nur den Namen von Marx tragen. Er antwortete: „Marx war ein Genie" (wahrscheinlich das größte des 19. Jahrhunderts), „während wir, die wir ihn umgaben, höchstens Talente waren, die von diesem Genie inspiriert wurden."

Die Widersacher von Marx, die Vertreter des Kapitals, werden ihn ebenfalls kaum verstanden haben. Für sie war nur wichtig, dass seine Theorien wenig Verbreitung fanden, und darauf hat sich ihr Tun und Trachten sehr erfolgreich gerichtet.

Wir halten fest: Wert entsteht nur durch Arbeit, wobei aus der Sicht des einzelnen Kapitals der Mehrwert durch den rationellen Einsatz von lebendiger Arbeit gesteigert werden kann. Je rationeller und innovativer die Arbeit organisiert wird, umso höher der Mehrwert. Der Einsatz von vergegenständlichter Arbeit schafft dem einzelnen Kapital keinen zusätzlichen Mehrwert. Den hat bereits der gezogen, bei dem c noch v + m war. Die Natur liefert den Stoff, aber keinen Mehrwert. Sie ist neben der Arbeit Quelle des gesellschaftlichen Reichtums und nicht des Wertes.

Nur in einer auf Kapital, auf privatem Eigentum beruhenden Gesellschaft entsteht die bornierte Vorstellung, dass sich jene, in deren Besitz sich das private Eigentum befindet, ihnen das Recht gibt, sich den Mehrwert anzueignen. Das spiegelt sich in den Rechtsauffassungen aller kapitalistischen Länder wider. Gerecht ist es nicht, deshalb fallen Recht und Gerechtigkeit in kapitalverfassten Ländern auseinander.

Das Auseinanderklaffen von Recht und Gerechtigkeit können Sie, wenn Sie die Politik in kapitalverfassten Staaten aufmerksam betrachten, fast täglich feststellen. Ein jüngstes Beispiel aus Deutschland: Das Bundesland Berlin beschloss einen Mietendeckel, um der Gerechtigkeit zwischen Mietern und Vermietern wieder näher zu kommen. Auf Antrag einer CDU-Gruppierung kippte das Bundesverfassungsgericht diesen Mietendeckel, weil er der kapitalistischen Eigentumsauffassung widerspricht.

1.4 Warum Marx?

Ein Mann, dessen geschriebenes Wort das ganze Establishment der kapitalistischen Welt in Aufruhr versetzte, hier eine wahre Hysterie auslöste, schier ohnmächtige Wut hervorrief, ja selbst der pure Wahnsinn, ja Selbstmord soll vorgekommen sein, erregt Aufmerksamkeit. Entfacht wurde eine, mehr als ein Jahrhundert vorhaltende antikommunistische Kampagne, dem islamistischen Fundamentalismus vergleichbar, mit nachhaltiger, bis in die Gegenwart hineinreichender Wirkung. Sie übertraf selbst die von den Habsburgern im Bunde mit der katholischen Kirche aggressiv geführte ideologische Kampagne der Gegenreformation, die in dem 30 Jahre andauernden barbarischen Krieg im 17. Jahrhundert mündete. Ein solcher, wenn auch kalt geführter Krieg beherrschte rund 40 Jahre Zeitgeschichte des 20. Jahrhunderts.

Kapitalvertreter hatten also von jeher keine Sympathien für Karl Marx, schließlich war er es, der sie einer vernichtenden Kritik unterzog. Über die gesamte Zeit des Kalten Krieges, der Zeit der Auseinandersetzung zwischen Kapitalismus und Kommunismus, war Marx für die westliche Welt ein rotes Tuch, da man den Versuch der Sowjetunion, eine kommunistische Gesellschaft zu errichten, Marx anlastete. Nur ist Marx bereits 1883 in London friedlich eingeschlafen. Bekanntlich fand die Oktoberrevolution 1917 in Russland statt, also 34 Jahre nach seinem Tod. Auf die Rolle, die Marx dabei spielte, komme ich an anderer Stelle zurück.

Der Geschichtsschreibung ist es bis heute noch nicht vollständig gelungen, sich seiner Person und der von ihr beeinflussten Zeitepoche wertfrei zu nähern. Erst in jüngster Zeit ist sie bemüht, Marx als einen unter vielen, in die Reihe der Philosophen und Ökonomen einzureihen. Da kann es schon einmal vorkommen, dass man dem diffusen Heidegger und Hitlerverehrer, der „Seyn" wegen der Hervorhebung seiner „fundamentalen Erkenntnisse" mit Ypsilon schrieb, eine 100-bändige Ausgabe widmet, während angeblich kein Geld vorhanden sei, um die ebenfalls 100-bändige, in der DDR begonnene Werksausgabe von Marx und Engels zu vollenden. Der noch immer tief eingefleischte Antikommunismus lässt grüßen.

Dem nicht wissenschaftlich gebildeten Normalbürger gegenüber wird Marx jetzt einfach nicht mehr erwähnt. Dessen Antikommunismus erwuchs zu keiner Zeit aus tieferer eigener Einsicht in dessen geistiges Schaffen. Er war einzig und allein Ergebnis einer suggestiven ideologischen Beeinflussung. Es ist ein Antikommunismus der Emotionen – eine Spielart von religiösem Fanatismus –, der den Verstand nicht in Anspruch nimmt. In ihm wird eine undefinierbare Angst vor einer nicht definierbaren Gefahr erkennbar. Hier ist in der Bewusstseinsbildung der Menschen vom Kapital ganze Arbeit geleistet worden.

Erst nach dem Ende des Kalten Krieges, als die Sowjetunion durch ihre ökonomische Unfähigkeit zusammengebrochen war, änderte sich allmählich die Haltung gegenüber Karl Marx, insbesondere in der seriösen Wissenschaft. Zuvor wurde die Auseinandersetzung mit Marx und dem Kommunismus nicht wissenschaftlich, sondern ideologisch geführt, obwohl Thomas Mann bereits in den 30er-Jahren des letzten Jahrhunderts den Antikommunismus als die Grundtorheit des 20. Jahrhunderts bezeichnet hatte. In den USA ist diese Grundtorheit auch heute noch allgegenwärtig.

Für uns heute wesentlich ist der Philosoph und Ökonom Marx. Dem Wesen nach war er Philosoph, dem bewusst geworden war, dass der Schlüssel zur Erkenntnis der menschlichen Gesellschaft in deren ökonomischen Verhältnissen zu suchen ist. Im Gegensatz zu anderen Philosophen gehörte er nie zum Establishment. Er war kein professoraler Gelehrter wie Kant oder Hegel, die Rücksicht auf ihre Brotgeber zu nehmen hatten. Jene passten sich mit ihren durchaus genialen, ja nicht selten revolutionären philosophischen Leistungen ein in die herrschenden Gedanken, die eben die Gedanken der herrschenden Klassen waren.

Nur so ist zu erklären, dass beide, Kant wie Hegel, Konzessionen an die geltende Staatsreligion machten und Hegel gar im preußischen Staat die Vollendung aller Staatformen sah. Sie, wie alle Philosophen vor Marx, sprachen und schrieben im Namen der Menschheit, des Abendlandes, der Zivilisation, des geistig-kulturellen und gebildeten Europa, der Christenheit usw. Marx schrieb und sprach klar und vernehmlich im Namen der Arbeiterklasse (heute Arbeitnehmerschaft), der nach seiner Meinung der historische Beruf zufalle, die klassenlose Gesellschaft zu errichten.

Im Wesentlichen waren alle namhaften Philosophen Angehörige der herrschenden Klassen, des Klerus oder deren Kostgänger. Natürlich gab es hin und wieder namhafte Geister, die sich der Sache der Unterdrückten annahmen, sich der Obrigkeit oder dem Klerus widersetzten, wie z. B. Johannes Kepler, Giordano Bruno, Jan Hus oder Thomas Müntzer. Sie bezahlten allesamt mit ihrem Leben.

Marx und Engels stammten selbst aus bürgerlichen Verhältnissen. Sie gerieten nicht zufällig oder gar ungewollt in Widerstreit mit ihrer Klasse. Sie stellten sich ganz bewusst gegen die herrschenden Klassen, weil ihnen ihre wissenschaftliche Überzeugung vermittelte, dass die auf der Macht des Kapitals begründete bürgerliche Gesellschaft einer besseren wird Platz machen müssen, in der „die freie Entwicklung eines jeden die Bedingung für die freie Entwicklung aller ist". (Im Unterschied dazu hatten wir bei der Klassengesellschaft gesehen, dass hier die Unfreiheit der Mehrheit die Bedingung für die freie Entwicklung der Minderheit war.)

Marx entwickelte seine Philosophie nicht, wie bei seinen Vorgängern üblich, als in sich geschlossenes System. Vielmehr setzt sie sich zusammen aus einer Vielzahl von Schriften, einige auch gemeinsam mit Engels verfasst, die in Auseinandersetzung mit seinen Zeitgenossen oder bezogen auf aktuelle politische Ereignisse entstanden. In den Jugendwerken wird erkennbar, wie sich in kritischer Auseinandersetzung mit anderen seine Anschauung der Welt herausbildete.

In der 11. Feuerbachthese gelangt Marx zu der Erkenntnis, dass es in der Philosophie nicht genügt, wie bislang von den Philosophen geübt, die Welt zu interpretieren, sondern „es kömmt drauf an, sie zu verändern"[10]. Er sieht von nun an seine Aufgabe darin, seine Philosophie den Arbeitnehmern als ideologische Waffe im revolutionären Kampf an die Hand zu geben. Seine Aussage: „Die Theorie wird zur materiellen Gewalt, wenn sie die Massen ergreift" lässt diese seine Auffassung klar erkennen. Die von ihm entwickelte Theorie fußt auf 2 konsequenten Grundaussagen.

Erstens sieht er die Welt materialistisch. Dabei ist für ihn Materie eine philosophische Kategorie zur Erkenntnis der objektiven Realität, die alles Seiende erfasst. Er fasst den Materiebegriff sehr weit, sodass er auch neue Erkenntnisse der Naturwissenschaften, wie z.B. die nach ihm aufgestellten Relativitätstheorien von Albert Einstein und die Quantentheorie von Max Blank, problemlos in sich aufnehmen konnte. Materie ist für ihn unendlich in Raum und Zeit. Das Bewusstsein, die Idee, der Geist oder wie immer man es nennen möchte, ist für ihn ein Produkt hoch entwickelter, denkfähiger Materie, ein Resultat der Evolution. Mit dieser Auffassung von Sein und Bewusstsein entschlackt er die ganze Philosophie von jedem Mystizismus.

Seine Trennlinie zwischen Philosophie und Religion ist scharf gezogen, eindeutig und konsequent. Marx war Atheist. Religion sah er als eine verklärte, mystische Widerspiegelung gesellschaftlicher Verhältnisse, in denen die Menschen leben. Er lehnte es allerdings strikt ab, die Religionen zu bekämpfen. Nach seiner Auffassung sterben Religionen von allein, wenn die Gesellschaft die entsprechende Reife erlangt hat, wenn die Sehnsüchte der Menschen, die sich in ihren Religionen spiegeln, sich erfüllt haben werden.

Für Marx gab es das „Ding an sich", welches Kant hinter den Dingen und für die Menschen nicht erkennbar annahm, nicht. Er hielt die Materie, trotz ihrer Unendlichkeit in Raum und Zeit, für den denkenden und forschenden Menschen für erkennbar. Nach seiner Auffassung haben wir nur zu unterscheiden zwischen bereits Erkanntem und noch zu Erkennendem, wobei die Forschung das bereits Erkannte immer weiter vergrößern werde, ohne jemals an ein Ende zu gelangen.

Zweitens ist seine Philosophie dialektisch. Diese Methode übernahm er von Hegel, einem Philosophen idealistischer Prägung, der den Geist, das Bewusstsein, über die Materie stellte, also die Materie als durch einen Schöpfungsakt geschaffene ansah. Marx bemerkt dazu, dass er die Dialektik von Hegel vom Kopf auf die Füße gestellt habe, indem er sie in sein materialistisches Weltbild aufnahm und alle mystifizierenden Schleier hinweg zog. In seiner Konsequenz geht er weiter als alle Philosophen vor ihm. Er vertritt die Auffassung, dass sich Natur, Gesellschaft und menschliches Denken nach Gesetzen der Dialektik aufwärtssteigend entwickeln.

So erkennt er den Widerspruch, der zwischen Gegensätzen wirkt, als die treibende Kraft einer jeden Entwicklung. Ihm war bewusst, dass sich Entwicklung durch Anhäufung von Quantität bis zum Umschlag in eine neue Qualität usw. vollzieht, und schließlich, dass Entwicklung sich gerichtet als Negation der Negationen darstellt.

Ich selbst vertraue auf die Wissenschaft, da es die einzige verlässliche Quelle für Erkenntnisgewinn ist. Natürlich können Wissenschaftler auch irren. Aber, und darin unterscheidet sich Wissenschaft von Religion oder Literatur, sie müssen ihre wissenschaftlichen Thesen, insbesondere in den Naturwissenschaften, durch das Experiment beweisen. So wurden z. B. einige Thesen von Albert Einstein erst in jüngster Vergangenheit, lange nach seinem Tod, experimentell bewiesen.

Damit unterscheidet sich Wissenschaft von Literatur und Religion, den anderen beiden Erkenntnisquellen in der Entwicklung der menschlichen Gesellschaft. Literatur muss diesen Beweis nicht erbringen und Religion ersetzt Wissen durch Glauben. Deshalb erlebten Religionen in einer Zeit, in der die Wissenschaften noch in den Kinderschuhen steckten, eine solch hohe Blüte. Die Wissenschaften haben, nachdem sie mit Beginn der Aufklärung, vor rund 500 Jahren beginnend, Schritt für Schritt ein Rätsel nach dem anderen lösten, ein wissenschaftliches Weltbild geschaffen. Aber mit jedem Erkenntnisgewinn werfen sich neue Fragen auf, die nach Antworten suchen. Der Erkenntnisgewinn ist ein unendlicher Prozess, indem wir uns immer weiter der objektiven Wahrheit nähern, ohne sie jemals ganz zu erschließen. Aber die bisherige Geschichte der Wissenschaften gibt uns die Zuversicht, dass wir auf sie vertrauen können, um unseren Horizont zu erweitern.

Experiment und Abstraktion

Ein besonderes Feld ist die Wissenschaft, die die menschliche Gesellschaft zum Gegenstand hat. Wissenschaftliche Thesen zur Gesellschaft können nicht durch Experimente bewiesen werden. Mit der Gesellschaft kann man nicht experimentieren. Dessen war sich Marx sehr bewusst. Er vermerkt, dass die Gesellschaftswissenschaften das Experiment durch die Abstraktion ersetzen müssen. Ausgehend von dieser Erkenntnis entwickelte er seine wissenschaftliche Methode für seine Forschungen.

Wer Marx' Schriften gründlich studiert, wird erkennen, wie er methodisch vorging. Er vollzog zunächst den Weg vom Konkreten zum Abstrakten, indem er vom Erscheinenden ausging, es vom Einzelnen, bei Beachtung des Besonderen, bis zur Verallgemeinerung wesentlicher Merkmale untersuchte. Dabei betrachtete er den Untersuchungsgegenstand in der Einheit von Inhalt, Struktur und Form. Auf diesem Wege gelangte er zum Wesen und Gesetzmäßigen. War die Abstraktion vollzogen, stieg er wieder auf zum Konkreten, in dem sich nunmehr nicht mehr das Erscheinende, sondern sein Wesen widerspiegelte.

Beim Studium seiner Schriften fällt seine Gründlichkeit auf. Man meint z. B., wenn man sich in die Untersuchung von Gebrauchswert und Wert vertieft, nach einigen Seiten, jetzt habe ich es begriffen. Doch für Marx ist die Untersuchung längst noch nicht zu Ende. Er stellt nunmehr das Resultat von allen Seiten infrage, bemüht sich um eine weitere tiefere Stufe der Erkenntnis usw.

So konsequent wie Marx gesellschaftliche Prozesse mittels der von ihm entwickelten gesellschaftswissenschaftlichen Methode untersuchte, habe ich es noch bei keinem Wissenschaftler dieser Disziplinen beobachtet. Das ist der Grund, weshalb ich bei meinen Überlegungen immer auf Marx zurückgreife.

Wenn es um die Wissenschaften, die die Gesellschaft erforschen, geht, kann man durchaus sagen, Marx ist der Begründer oder Stammvater, der die wissenschaftliche Betrachtung dieses Gegenstandes begründet hat. Er analysierte die Werke derer, die sich vor ihm mit diesem Gegenstand befassten, wie Adam Smith, David Ricardo und viele andere. Er schied die klassischen Wissenschaftler von den Vulgärökonomen, wie Eugen Dühring, den Engels im Anti-Dühring widerlegte und damit den Unterschied von Wissenschaft und Pseudowissenschaft plastisch vor Augen führte.

Beide, Marx und Engels, führten diese Geister auf das Wesen ihrer Aussagen zurück und legten so ihre unwissenschaftliche Seichtheit offen. Marx war ein Genie, wahrscheinlich der bedeutendste Denker des 19. Jahrhunderts auf dem Gebiet der Gesellschaftswissenschaften, mindestens ebenbürtig solchen Naturwissenschaftlern wie Charles Darwin und Albert Einstein.

Am Rande sei erwähnt, dass abstraktes Denken anspruchsvoll ist und ohne wissenschaftliche Bildung kaum gelingt. Die Masse der Menschen denkt im Alltagsbewusstsein nicht abstrakt. Sie denken weniger rational, sondern überwiegend sehr emotional. Auf diese Weise begegnet man oft kruden Überlegungen bis hin zu Verschwörungsmythen. Es wäre zu begrüßen, wenn an allen Schulen mehr abstraktes Denken vermittelt würde.

Aufgrund seiner wissenschaftlichen Denkweise gelangte Marx auch zu einer anderen Auffassung von Geschichte, die zum damals verbreitetem Denken eine Revolution darstellte. Er stellte sie zusammengefasst auf einer Seite im Vorwort „Zur Kritik der politischen Ökonomie" dar. Da sie so überaus wichtig für das Verständnis dieses Buches ist, will ich sie ausnahmsweise vollständig zitieren:

„In der gesellschaftlichen Produktion ihres Lebens gehen die Menschen bestimmte, notwendige, von ihrem Willen unabhängige Verhältnisse ein, Produktionsverhältnisse, die einer bestimmten Entwicklungsstufe ihrer materiellen Produktivkräfte entsprechen. Die Gesamtheit dieser Produktionsverhältnisse bildet die ökonomische Struktur der Gesellschaft, die reale Basis, worauf sich ein juristischer und politischer Überbau erhebt, und welcher bestimmte gesellschaftliche Bewusstseinsformen entsprechen. Die Produktionsweise des gesellschaftlichen Lebens bedingt den sozialen, politischen und geistigen Lebensprozess überhaupt. Es ist nicht das Bewusstsein der Menschen, das ihr Sein, sondern umgekehrt ihr gesellschaftliches Sein, das ihr Bewusstsein bestimmt. Auf einer gewissen Stufe ihrer Entwicklung geraten die materiellen Produktivkräfte in Widerspruch mit den vorhandenen Produktionsverhältnissen oder, was nur ein juristischer Ausdruck dafür ist, mit den Eigentumsverhältnissen, innerhalb deren sie sich bisher bewegt hatten. Aus Entwicklungsformen der Produktivkräfte schlagen diese in Fesseln derselben um. Es tritt eine Epoche sozialer Revolution ein. Mit der Veränderung der ökonomischen Grundlage wälzt sich der ganze ungeheure Überbau langsamer oder rascher um. In der Betrachtung solcher Umwälzungen muss man stets unterscheiden zwischen der materiellen, naturwissenschaftlich treu zu konstatierenden Umwälzung in den ökonomischen Produktionsbedingungen und den juristischen, politischen, religiösen, künstlerischen oder philosophischen, kurz, ideologischen Formen, worin sich die Menschen dieses Konfliktes bewusstwerden und ihn ausfechten. Sowenig man das, was ein Individuum ist, nach dem beurteilt, was es sich selbst dünkt, ebenso wenig kann man eine solche Umwälzungsepoche aus ihrem Bewusstsein beurteilen, sondern muss vielmehr dieses Bewusstsein aus den Widersprüchen des materiellen Lebens, aus dem vorhandenen Konflikt zwischen gesellschaftlichen Produktivkräften und

Produktionsverhältnissen erklären. Eine Gesellschaftsformation geht nie unter, bevor alle Produktivkräfte entwickelt sind, für die sie weit genug ist, und neue höhere Produktionsverhältnisse treten nie an die Stelle, bevor die materiellen Existenzbedingungen derselben im Schoß der alten Gesellschaft selbst ausbebrütet worden sind. Daher stellt sich die Menschheit immer nur Aufgaben, die sie lösen kann, denn genauer betrachtet wird sich stets finden, dass die Aufgabe selbst nur entspringt, wo die materiellen Bedingungen ihrer Lösung schon vorhanden oder wenigstens im Prozess ihres Werdens begriffen sind." (MEW, Band 13, S. 8-9)[11]

Wenn der Begriff Revolution fällt, entsteht, infolge der russischen Oktoberrevolution und dem darauffolgenden Antikommunismus, das Gefühl von Gewalt, blutigen Auseinandersetzungen. Revolutionen sind tiefgreifende Wandlungen im Inneren der Gesellschaft, die sich über lange Zeiträume hinziehen können und den Menschen nur allmählich bewusst werden. Wir werden sehen, ob wir uns nicht bereits seit längerer Zeit in einer solchen befinden. Wenn wir von Industrie 4.0 sprechen, die Digitalisierung unaufhaltsam voranschreitet, das Internet inzwischen die ganze Welt umspannt, weist das darauf hin, dass sich in den Produktivkräften revolutionäre Veränderungen vollziehen, die früher oder später die ökonomische Basis umwälzen werden.

1.5 Geschichte von „Das Kapital"

Marx' Hauptwerk der ökonomischen Theorie des Kapitalismus, „Das Kapital", hat er nicht hintereinanderweg geschrieben. Er entwickelte in den Jahren 1858 bis 1862 einen „Plan der Kritik der politischen Ökonomie", von dem er zu unterschiedlichen Zeiten einzelne Kapitel ausarbeitete und einige bereits vor „Das Kapital, Band 1" veröffentlichte („Zur Kritik der politischen Ökonomie", vom Januar 1858, MEW, Band 13, „Lohn, Preis und Profit" vom Juni 1865, MEW, Band 16).

Marx' ursprünglicher Plan war es, „Das Kapital" in 4 Bänden herauszugeben mit folgender Gliederung:

1. Band – Der Produktionsprozess des Kapitals
2. Band – Der Zirkulationsprozess des Kapitals
3. Band – Der Gesamtprozess der kapitalistischen Produktion
4. Band – Theorien über den Mehrwert

Der 1. Band wurde 1867 von Marx noch selbst herausgegeben. Als er 1883 starb, war noch kein weiterer Band erschienen. Diese Aufgabe fiel nun Engels zu. 1885 erschien der 2. Band, von Engels herausgegeben und redigiert. Schließlich brachte Engels 1894 den 3. Band als Abschluss des theoretischen Werkes heraus.

Zu den Theorien über den Mehrwert, die als 4. Band von „Das Kapital" gedacht waren, fertigte Marx vor dem 1. Band in den Jahren 1858 bis 1863 Konspekte und Exzerpte an, indem er in akribischer Arbeit alle bisherigen Theorien aufarbeitete, woraus er seine eigene Theorie entwickelte, von der wir unter 1.3 (Wesen des Kapitalismus) einige Kernaussagen einflochten.

An den „Theorien vom Mehrwert", also dem 4. Band des Kapitals, arbeitete Engels, aber es gelang ihm nicht mehr, ihn fertigzustellen. Schließlich bemühte sich Karl Kautsky (1854–1938) um die Fertigstellung und veröffentlichte die Theorien über den Mehrwert. Später stellte man fest, dass es ihm nicht gelungen war, Marx exakt wiederzugeben. Das war nicht verwunderlich, denn Marx hatte eine fürchterliche Handschrift, die nur Engels und seine Tochter Eleonor zweifelsfrei lesen konnten. Dazu schrieb er seine Manuskripte in mehreren Sprachen, deren Übersetzungen Kautsky überforderten. Das Institut für Marxismus-Leninismus beim ZK der KPdSU nahm sich nochmals Marx' Originalmanuskripte vor und veröffentlichte 1954 den 1. Teil der Theorien über den Mehrwert, dem 1957 der 2. Teil und 1961 der 3. Teil folgten. Damit war aber bei Weitem nicht der gesamte Nachlass von Marx zum „Das Kapital" aufgearbeitet. Noch waren viele Konspekte und Manuskripte nicht veröffentlicht. Das bereits genannte Institut bereitete in den Jahren von 1939 bis 1941 diese auf und veröffentlichte sie unter dem Titel „Grundrisse der Kritik der politischen Ökonomie". Alles zusammengenommen gehört zu der von Marx verfassten Kritik der politischen Ökonomie des Kapitalismus.

Marx hatte sich also eine Aufgabe vorgenommen, die kaum in einem Menschleben bewältigt werden kann. In den letzten Jahren seines Schaffens könnte ihm auch bewusst geworden sein, dass seine Kraft nicht mehr ausreicht, das Werk zu vollenden. Wir wissen nicht, wie sich die Endfassung darstellen würde, wenn er sie selbst als einen Guss vollendet hätte. Das spürt man beim Studium. Der 1. Band von „Das Kapital" ist ein Monolith, was sich in den folgenden Bänden so nicht mehr fortsetzt.

Die Konspekte und Manuskripte zu den Theorien über den Mehrwert erschienen als Band 26 der MEW-Ausgabe, untergliedert in die Bände 26.1, 26.2 und 26.3. Diese Manuskripte sind hervorragend geeignet, um die dialektisch-materialistische Arbeitsweise von Marx zu studieren. Er arbeitet alle Autoren auf, die sich am Stoff „Mehrwert" vor ihm und während seiner Zeit versuchten, filtert den Erkenntnisfortschritt heraus und analysiert deren Irrtümer. Auf diese Weise entwickelt er seine eigene Theorie und grenzt sich von unreifen Theorien ab. Wenn man so will, lassen sich die Theorien über den Mehrwert als abschließende historische Abhandlung seiner in den ersten 3 Bänden des Kapitals erarbeiteten Theorie fassen.

Er beginnt mit Sir James Steuart (1712–1780), ein Vertreter der Merkantilisten, der als Erster eine Schrift zur politischen Ökonomie veröffentlichte. Sein Schaffen fällt in die Manufakturperiode des Kapitalismus vor Beginn der industriellen Revolution in England. Er siedelt die Entstehung des Mehrwerts noch in der Sphäre der Zirkulation an, indem der Kapitaleigner seine Waren zu einem Preis über ihrem Wert verkauft. Über diese Borniertheit ist er nicht hinausgekommen.

Es waren erst die Physiokraten, eine Schule, die von Francois Quesnay (1694–1774) begründet wurde, die diese Borniertheit überwanden und die Entstehung des Mehrwertes in der Produktion ansiedelten. Sie schufen damit die Grundlage für die Analyse der kapitalistischen Produktion. Ihnen ist bereits bewusst, dass nur Arbeit Mehrwert schafft, indem sie, über den gezahlten Lohn hinaus, dem Kapitalisten ein Salär schafft.

Die Schule der Physiokraten wirkte vor allem in Frankreich, welches zu dieser Zeit, im Unterschied zu England, in dem der Kapitalismus seinen Ausgang nahm, ein vorherrschend Ackerbau betreibendes Land war. Daher deren Widersprüche: Die Arbeit in der Agrikultur halten sie für die einzig produktive Arbeit, deren Produktivität aus der Natur erwächst. Da sie den Unterschied zwischen Profit und Rente noch nicht erkennen, bleibt ihr System noch stark im Feudalismus verhaftet, den Frankreich in dieser Zeit gerade hinter sich zu lassen begann. Sie vermengen die Quellen des Reichtums mit der Quelle des Mehrwerts, verwechseln den stofflichen Reichtum, den die Natur schafft, mit dem monetären Reichtum, den unbezahlte Arbeit schafft.

Intensiv setzt sich Marx mit den Theorien von Adam Smith (1723–1790) und David Ricardo (1772–1823) auseinander. Beide bestimmen im Wesentlichen die Bände 26.1 und 26.2. Smith war noch stark bei den Physiokraten verhaftet, erkannte aber bereits den Mehrwert als den unbezahlten Teil der Arbeit der Arbeiter, wobei er darin auch den Lohn des Kapitalisten für seine Aufsicht erkennen wollte. Ihm war bereits klar, dass Rente und Mehrwert Privateigentum an Boden und Produktionsmitteln zur Voraussetzung haben, und folgert daraus, dass Profit und Rente bzw. Kapital und Grundeigentum keine Quellen für Mehrwert sind. Damit geht er weit über die Physiokraten hinaus.

Smith klärt nicht eindeutig das Verhältnis von Mehrwert und Profit, erkennt nicht, dass die Jagd nach Profit aus dem Interesse des Kapitalisten hervorgeht, sein Kapital zu vermehren, und nicht aus seinen Konsumtionsbedürfnissen und sieht den Profit als Leistung des insgesamt vorgeschossenen Kapitals. So gelingt es ihm nicht, das Wesen des Mehrwertes klar von seinen Erscheinungsformen Rente, Profit und Zins zu unterscheiden. Noch größere Schwierigkeiten bereiten ihm die Kategorien Wert und Preis. Er erkennt Geld nicht als die Äquivalentform des Wertes.

Ricardo übersieht die klaren Aussagen von Smith zum Mehrwert, bleibt diesbezüglich hinter ihm zurück. Sein Verdienst bleiben seine theoretischen Leistungen zur Rente, die Marx in seinen eigenen Forschungen ein solides Fundament schufen.

Beide, Smith und Ricardo, unterscheiden sich von Marx hinsichtlich der theoretischen Tiefe und der exakten Handhabung der wissenschaftlichen Begriffe. Diesbezüglich bleibt Marx allen, die vor ihm und während seiner Zeit als Politökonomen wissenschaftlich wirkten, turmhoch überlegen, lässt uns sein Genie erkennen. Das gilt bis in die Gegenwart und erklärt uns, weshalb alle, die sich als „Politökonomen" einen Namen machen wollen, ihn meiden.

Während die ersten beiden Teile der Theorien über den Mehrwert die klassische politische Ökonomie aufarbeiten, wendet sich der 3. Teil vorrangig den Kostgängern des Kapitals zu, die mit Pseudotheorien die Ausbeutung rechtfertigen wollten – eine neue Zunft, die auch bis heute nicht ausgestorben ist. Zu diesen Apologeten zählt er u.a. Thomas Robert Malthus (1766–1834), Robert Richard Torrens (1812–1884), James Mill (1783–1836), John Ramsay McCulloch (1789–1864), John Stuart Mill, Sohn von James Mill (1806–1873), Lord John Russell (1792–1878) u.v.a.m.

Marx bezeichnet diese Leute als Vulgärökonomen, die nur den Schein reflektieren und diesen vom Standpunkt des Kapitals aus als wahrhafte Apologeten in eine doktrinäre Sprache übersetzen. Damit unterscheiden sie sich von den wahrhaften politischen Ökonomen, die sich bemühen, den inneren Zusammenhang zu begreifen.

Die Vulgärökonomie beherrschte auch nach Marx bis in die Gegenwart und wahrscheinlich auch zukünftig, solange Kapital noch die Gesellschaft beherrscht, die öffentliche Meinungsbildung. Mit Geld lässt sich schließlich in der Welt des Kapitals alles kaufen, auch Wissenschaftler und Politiker – siehe Gerhard Schröder. Die Beispiele sind unendlich und jeder kann sich alltäglich, wenn er sich einen kritischen Blick bewahrt hat, davon sein eigenes Bild machen.

1.6 Fazit

Halten wir am Ende von Kapitel 1 fest: Nachdem sich der Homo sapiens durch Mutation von der bereits über 6 Millionen Jahre anhaltenden Menschwerdung des Affen vor wahrscheinlich 300.000 Jahren abgespaltet hatte, verging ihm die meiste Zeit noch in der aneignenden Wirtschaft. Erst vor rund 10.000 Jahren vollzog sich der Übergang zur produktiven Wirtschaft mit Ackerbau und Viehzucht.

In all dieser Zeit, die davor lag, war Privateigentum unbekannt. Die Grundvoraussetzung für die Entstehung von Privateigentum war die erworbene Fähigkeit der Menschen, ein Mehrprodukt über das Notwendige hinaus zu schaffen. Die Differenzierung der Menschen hinsichtlich körperlicher und geistiger Fähigkeiten sowie Geschlecht ist so alt wie die Menschheit selbst. Es waren von jeher die Fähigsten, die die Gruppe oder Horde anführten. Mit dem wachsenden Mehrprodukt häufte sich materieller Reichtum bei diesen Eliten an. Aus den gewählten Eliten wurden erbliche Eliten, die die Sklaverei und den Feudalismus kennzeichneten. Am Rande sei erwähnt, dass sich mit dem Übergang zu Ackerbau und Viehzucht die Lebensbedingungen für die großen Masse nicht verbesserten, sondern nur für die herrschende Minderheit.

Am Ende des Feudalismus mutierte das Mehrprodukt zum Mehrwert in seiner Erscheinungsform Geld und Geld verwandelte sich in Kapital, welches den Kapitalismus hervorbrachte, der sich zunächst in der westlichen Welt entwickelte. Es war die Gier nach Profit der Kapitaleigner, die hier den Kapitalismus zu hoher Blüte führte.

Der entwickelte Westen nutzte seine ökonomische Überlegenheit, um sich die gesamte Welt zu unterwerfen, und das bis zur Gegenwart, und bescherte uns eine Welt krasser ökonomischer und sozialer Gegensätze. Gleichzeitig erreichten die Industrieländer, vom Kapital ungewollt, eine solche wirtschaftliche Reife, dass es nicht mehr des Mehrwertes bedarf, um die erweiterte Reproduktion der Wirtschaft und Gesellschaft sicherzustellen.

Eine solche Entwicklung des Kapitalismus sah Marx, nachdem er das Wesen dieser gesellschaftlichen Ordnung erforscht hatte, vor mehr als 150 Jahren voraus und konstatierte den Übergang vom Reich der Notwendigkeit ins Reich der Freiheit, in dem es bei einer Minderheit keiner Mehrwertanhäufung mehr bedarf. Die Produktivität der Arbeit erreicht in unserer Zeit ein Niveau, das die allseitige Entwicklung aller ermöglicht und das nicht nur im reichen Westen, sondern in der gesamten Welt. Die Bewältigung dieser Aufgabe stellt sich nunmehr der Welt und vorliegendes Buch ist dieser Aufgabe gewidmet.

2 KAPITEL – EUROPA ZUERST

2.1 Warum Europa?

In Europa, beginnend in England, nahm der Kapitalismus seinen Anfang, und Europa war es, das sich die ganze Welt unterwarf und die Welt kolonisierte. Dabei war Europa über die gesamte Zeit der Antike nicht der Nabel der Welt. Hier hausten im Ergebnis der Völkerwanderung vor allem aus dem Osten eingewanderte Volksstämme, die aus der Sicht der damaligen Hochkulturen barbarisch wirkten. Wie war es möglich, dass ausgerechnet diese Barbaren, nachdem sie sesshaft geworden waren, im Ergebnis ihrer Entwicklung die Herrschaft über die Welt erlangen konnten? Deshalb schiebe ich dieses Kapitel ein, um die Geschichte dieses Kontinents tiefergehend zu betrachten.

Hochkulturen

Warum nahm der Kapitalismus in Europa seinen Ausgang und nicht in anderen Regionen der Welt, nicht in den alten Hochkulturen, in denen die Zivilisation sich viel früher entwickelte, als Europa noch im Dornröschenschlaf verharrte? Als England in der ersten Hälfte des 19. Jahrhunderts zunehmend aggressivere Forderungen an China stellte, ließ sich der chinesische Kaiser auf der Landkarte England zeigen und es ging nicht in seinen Kopf, wie es eine solch kleine Insel wagen konnte, an das große und mächtige China, an welches viele asiatische Staaten Tribut leisteten, Forderungen zu stellen.

Die Hochkulturen wie China, Indien, Japan, Ägypten, das Osmanische und das Mongolische Reich, Griechenland und Rom beherrschten die geschichtlichen Epochen der Sklaverei und des aufkommenden Feudalismus. Im 14./15. Jahrhundert bewegte sich China gesellschaftspolitisch und wirtschaftlich auf noch höherem Niveau als Europa. Es verfügte damals über die größte Flotte der Welt. China erforschte und verpflichtete zur Tributzahlung viele neue Länder im pazifischen Raum. Es wäre nur eine Frage der Zeit gewesen und nicht Kolumbus, sondern Chinesen hätten Amerika, über den Pazifik kommend, entdeckt.

Aber der folgende Kaiser hatte andere Pläne. Er ließ die Flotte vernichten und China zog sich auf die eigene Landmasse zurück und festigte seine traditionelle feudale Ordnung. Wir wissen inzwischen, wenn Herrscher den Zeitgeist versäumen, gehört ihre Epoche nicht zu den erfolgreichen. Mit dem Übergang zum Kapitalismus in Europa fiel China in seiner agrarischen Verfassung zunehmend zurück.

Von da an verlief die Geschichte in Europa ganz anders als in den ehemaligen Hochkulturen. Sie verdient, näher betrachtet zu werden.

2.2 Das Reich

Die alte, aus dem Römischen Imperium überkommene Idee der Einheit von Reich und Christenheit hatte ausgangs des Mittelalters längst ihre Attraktivität und ihren Realismus eingebüßt. Das Reich bestand im Wesentlichen nur noch aus den deutschsprachigen Gebieten und Italien. England, Frankreich und die skandinavischen Länder waren längst eigene Wege gegangen und hatten sich zu eigenständigen Nationen gemausert. Und auch im verbliebenen Reich kriselte es beständig.

Europa war kein Monolith wie China und die anderen Hochkulturen, sondern ein loses Gebilde mit vielen streitenden Interessen. Die Spannungen, die aus den Krisen zwischen den europäischen Kontrahenten – weltliche und geistliche – erwuchsen, nahmen zu. Die vielen Widersprüche, die aus der nationalen

Vielfalt erwuchsen, beschleunigten die Entwicklung des Kontinents ungemein. Das förderte die Rüstungen und Kriege und damit die produktionstechnische Entwicklung. Viele Erfindungen, die die Chinesen bereits einige Jahrhunderte vorher gemacht hatten, erlebten in Europa nun eine Renaissance.

Am Ende des Wahlkaisertums der noch imperialen Herrschaft der Staufer (nach 1250) begann das Hausmachtkönigtum im Heiligen Römischen Reich Deutscher Nation. Es begann mit einem Habsburger, Rudolph I. (1273–1291), dem nach kurzer Unterbrechung Albrecht I., der nächste Habsburger, folgte. Von ihm vermittelte ein bayerischer Geschichtsschreiber: „Er war gierig nach Besitz, den er aber nicht dem Reich hinzufügte, sondern nur seinen Kindern, deren er viele hatte." (K/K – 266)[11a] Nun folgten zunächst mit Heinrich VII. ein Luxemburger, dann mit Ludwig ein Bayer, ein Enkel von Rudolph I. von Habsburg, schließlich mit Karl IV., Wenzel und Sigmund 3 Luxemburger (zwischenzeitlich von 1400–1410, unterbrochen durch die Herrschaft von Ruprecht, einem Pfalzgrafen), bis mit Albrecht II. (1397–1439) erneut ein Habsburger den deutschen Königsstuhl bestieg, auf dem sie von nun an bis zur Auflösung des Reiches 1806 thronen sollten.

Die Betrachtung des Hausmachtkönigtums der Habsburger ist deshalb wichtig, da sie den Schlüssel für die West-Ost-Differenzierung in der Entfaltung des Kapitalismus und die bis heute zu beobachtenden Eigenheiten Mitteleuropas liefert. Auch die differenzierte Entwicklung der europäischen Länder nach den Napoleonischen Kriegen, mit den zunehmenden Spannungen zwischen West-, Mittel- und Osteuropa, den Kriegen im 19. Jahrhundert und den beiden Weltriegen im 20. Jahrhundert, mit Großmachtbestrebungen und Militarisierung, wird erst in diesem Kontext verständlich.

Der Übergang zum Hausmachtkönigtum erinnert im Entfernten etwas an die Ersetzung des germanischen Wahladels durch den Erbadel im Ergebnis der Revolte der Hausmeier. Natürlich wurden die deutschen Könige immer noch durch die Kurfürsten gewählt. Nur glich die Wahl nunmehr eher einem Schacher und König konnte nur der werden, der die größte Hausmacht hinter sich wusste, also über die entsprechenden Mittel verfügte, um die Wahlmaschine gut zu schmieren.

Das soll an einem Beispiel veranschaulicht werden: Als dem Kaiser Maximilian aus dem Hause Habsburg sein Enkel, der junge spanische König Karl, später als Kaiser Karl V. den Thron des Reiches besteigend, gewählt werden sollte, bewarb sich auch der französische König Franz I. und, vom Papst favorisiert, der Kurfürst von Sachsen, Friedrich der Weise, der dann verzichtete, um den vakanten Thron. „Der französische König warf scheffelweise Subsidien in die Tröge der Kurfürsten. Der neunzehnjährige Souverän von Spanien musste mitziehen. Schließlich wurde für den Stimmkauf die Phantasiesumme von über achthundertfünfzigtausend Goldgulden benötigt." (1/225-226)[12]

Jacob Fugger brachte davon allein 543.000 auf. Nach der Wahl Karls V. sollen in Augsburg Freudenfeuer abgebrannt worden sein. Für die Fugger muss sich der große politische Bestechungsskandal gelohnt haben. Weit vor der Kaiserwahl, im Jahre 1511, verfügte Jacob Fugger über ein Vermögen von rund 200.000 Gulden, mit seinem Tod im Jahre 1525 war es auf fast das 10-Fache angewachsen.

Im Hausmachtkönigtum der Habsburger stand die Stärkung der eigenen Hausmacht im Vordergrund, der diente die Reichspolitik und war ihr im Prinzip untergeordnet.

Der Ursprung der Habsburger lag im 10. Jahrhundert und nahm seinen Ausgang in Burg und Besitz Aargau in der Schweiz. In den folgenden Jahrhunderten gelang es den Habsburgern durch Heirat, Erbschaft, Lehen, Kauf, Pfandbesitz, Schenkung und Gewalt, sich zur Universalmonarchie in Europa aufzuschwingen.

Zunächst hatten sie in ihrer Ursprungsheimat ihr Herrschaftsgebiet auf den Raum von Straßburg bis zum Alpenrand, von der Aare bis zum Bodensee ausgedehnt. Als Kaiser war Albrecht I. von den Kurfürsten mit Österreich und der Steiermark belehnt worden. Damit verfügten die Habsburger bereits über eine beachtliche Hausmacht im Südosten und im Süden des Reiches. Albrecht I. hatte schon in seiner Regierungszeit begehrliche Blicke auf Böhmen, Polen und Ungarn geworfen, aber noch nichts ausrichten können.

Zunächst brachten die Luxemburger durch Heirat, nach Rückversicherung bei den Habsburgern, Böhmen an sich und stiegen damit zur Großdynastie auf. Die Luxemburger waren mit den Habsburgern über mehrere Bande versippt und verschwägert. So war der Habsburger Albrecht II. der Schwiegersohn vom vorletzten Luxemburger, Sigmund, auf dem Kaiserthron. Mit Sigmund starben die männlichen Nachkommen der Luxemburger Dynastie aus und ihre 3 Kronen (Luxemburg, Böhmen, Ungarn) gingen über Albrecht II. auf die Habsburger über.

Unter Friedrich III. auf dem Kaiserthron (1440–1493) starben alle Mitbewerber im Haus Habsburg um die habsburgischen Besitzungen aus, sodass die gesamte Hausmacht in seiner Hand vereinigt wurde. Schließlich hatte es dieser verstanden, eine eheliche Verbindung seines Sohnes, des späteren Maximilian I. (1493–1519), mit der Tochter Maria von Karl dem Kühnen von Burgund, damals das modernste und wohlhabendste unter den europäischen Ländern, zu arrangieren. Die Ehe wurde, unmittelbar, nachdem Karl der Kühne in einer Schlacht gefallen war, in die ihn Friedrich III. getrieben hatte, am 19. August 1477 in Gent vollzogen. So fügte sich die Perle Burgund in die habsburgischen Besitzungen ein.

Der Grundstein für eine weitere Vergrößerung der Universalmonarchie wurde durch eine Doppelhochzeit gelegt. Der Sohn Johann Ferdinands II., König von Aragon und Isabellas, Königin von Kastilien, heiratete die Erzherzogin Margarete von Österreich, und die Tochter des Königpaars, Johanna, heiratete Philipp den Schönen von Burgund, den älteren Bruder Margaretas. Damit war endgültig der Grundstein zum späteren Weltreich Spanien-Habsburg gelegt.

Das Haus Habsburg mit seiner österreichischen und spanischen Linie sollte die Geschichte des entstehenden und im Werden begriffenen Kapitalismus in Kontinentaleuropa nachhaltiger prägen als jede andere Macht. In der Blüte seiner Macht herrschte diese Dynastie über die Länder Österreich, Böhmen, Ungarn, große Teile von Italien, je nach Kriegsglück, in Auseinandersetzung mit den Türken wechselnd, über verschiedene Länder des Balkans, über Burgund, Spanien und zeitweise Portugal, einschließlich aller Kolonien, die sich diese Länder erobert hatten.

Die Habsburger herrschten nicht nur mittels der Kaiserwürde über das Reich, sondern hatten mit ihren Erblanden, die außerhalb des Reiches lagen, dominierenden Einfluss auf Kontinentaleuropa. Das wird anschaulich, wenn man sich vergegenwärtigt, dass Spanien im 16. Jahrhundert die Weltmacht Nummer 1 war und sich zeitweilig mit Portugal, nach päpstlicher Entscheidung, die koloniale Welt teilte, eine Welt, in der die Sonne nicht unterging.

Über Jahrhunderte hatten es die Habsburger vor allem über geschickte Heiratspolitik verstanden, einen solch gewaltigen Erbbesitz zusammenzubringen. In ihrer Hausmacht waren sie das, was man mit Ancien Régime allgemein zum Ausdruck bringt. Als Kaiser, Könige und Erzherzöge sahen sie sich als die universelle Monarchie und Sachwalter der Christenheit, natürlich katholisch geprägt. Ihre, aus ihrem dynastischen Aufstieg im Mittelalter überkommene feudale Ständeordnung bemühten sie sich, weit in die Neuzeit hinein, mit allen Mitteln zu bewahren. An diesem katholisch aggressiven Konservatismus sind sie schließlich gescheitert. Sie verloren nicht nur die Kaiserwürde, sondern nach dem Ersten Weltkrieg auch ihren gesamten Besitz.

Die feudale Gesellschaft hatte eine über ein Jahrtausend bewährte Struktur geschaffen. Geeint unter dem christlichen Glauben gehörte Gott, was Gottes war (in bescheidener Demut vom Papst entgegengenommen), und dem Kaiser, was des Kaisers war. Nach diesen Maximen hatten sich eine geistliche und eine weltliche Hierarchie herausgebildet, wobei die eine die Ideologie und die andere die Machtinstrumente lieferte, die notwendig waren, um das Mehrprodukt der produktiven Klassen abzuschöpfen und zu zentralisieren und dabei den inneren Frieden zu bewahren.

Zunächst hatten beide Mächte ihr Zentrum in Rom, so wie sie aus dem Römischen Imperium hervorgegangen waren. Später trennten sich beide Mächte territorial voneinander. Der Kampf zwischen weltlicher und geistlicher Macht entbrannte um die Vormachtstellung und damit verbunden natürlich um die Pfründe, sosehr sie auch aufeinander angewiesen waren. Nachdem dieser Machtkampf, der sich über Jahrhunderte hinzog, zugunsten der weltlichen Macht entschieden zu sein schien, entfaltete sich ein neuer Widerspruch.

Die territorialen Fürsten, die innerhalb des Reiches mit der Wahrnehmung bestimmter Aufgaben in Verbindung mit entsprechenden, an den Grundbesitz gebundenen Einnahmen belehnt worden waren, kämpften zunehmend gegen die Zentralgewalt der Habsburger zur Sicherung des eigenen Besitzstandes. Das alte Reich zerfiel schleichend. Das einstige einheitliche europäische Reich unter Karl dem Großen war eine lose Verbindung von sich zu Nationen ausformenden Völkergemeinschaften und völlig ausreichend, solange sich die in sich gefestigte Feudalstruktur hielt.

Die nationalen Interessen erhielten zunehmendes Gewicht, in dem Maße, wie sich kapitalistische Elemente in der Gesellschaftsstruktur auszuformen begannen. Der Kapitalismus war über Handels- und Geldkapital auf der Bildfläche erschienen. Der sich entwickelnde Handel hatte die Warenproduktion gefördert und damit auf die agrarische Verfassung der feudalen Lande prosperierend gewirkt.

Diese Entwicklung wirkte mehr oder weniger stark, nach dem genannten zeitlichen Gefälle in ganz Europa. Handel erfordert Warenbewegung und damit Infrastruktur. Bevorteilt waren die an den großen Wasserstraßen gelegenen Länder. Mit den Kaufleuten und Geldkapitalisten kamen aber auch neue Steuerzahler ins Land, die Beachtliches leisten konnten, vor allem auch deshalb, weil weltlicher und geistlicher Adel das Privileg der Steuerfreiheit genossen. All das beförderte die lokalen Interessen der territorialen Fürsten, sich von der Zentralgewallt unabhängig zu machen.

Nachdem sich große Nationen wie England und Frankreich, aber auch die skandinavischen Länder längst aus dem lockeren Verbund verabschiedet hatten, wuchsen solche Begehrlichkeiten im verbliebenen Reich. Einerseits entsprangen die nationalstaatlichen Bestrebungen notwendigen wirtschaftlichen Erfordernissen, andererseits aber auch der Macht- und Besitzgier der territorialen Fürsten. Beiden stand der rückwärtsgewandte, katholisch geprägte Konservatismus von Haus Habsburg im Wege.

Auch die Reformation von Jan Hus über Martin Luther bis hin zu Calvin und Zwingli wird nur in diesem Kontext verständlich. Diese Bewegungen zur Reformierung der römisch-katholischen Kirche sind nicht ausschließlich und auch nicht vordergründig revolutionäre Bewegungen des im Entstehen begriffenen Kapitalismus gewesen, wie es manche Historiker gern sehen möchten. Reformatoren gab und gibt es, solange Kirchen bestehen. Nur wird solch steriler Streit von der Öffentlichkeit heute kaum noch zur Kenntnis genommen, während der von Luther vom Zaun gebrochene Streit um religiöse Spitzfindigkeiten zwischen Pfaffen einen ganzen Kontinent in Aufruhr versetzte.

Natürlich war ein solcher Streit unsinnig, zumal beide Konfessionen auch heute noch an ein und denselben Gott glauben. Ulrich von Hutten hat es zu seiner Zeit auf den Punkt gebracht. Er bezeichnete noch 1518 Luthers Dispute als „Mönchsgezänk", erkannte aber, dass sich dieses Gezänk politisch trefflich eignete, um den Kampf gegen Rom und die universelle Habsburger Monarchie um die deutsche Einheit zu führen. Freilich unterschieden sich diese, von Männern wie von Hutten vertretenen Interessen deutlich von denen der Landesfürsten, denen weniger an einer Vereinigung der Deutschen, sondern vielmehr an der Herauslösung und Verselbstständigung ihres Territorialbesitzes gelegen war.

Die Säkularisierung war keine Erfindung Luthers. Sie ist kennzeichnend für die Bewegung aller Völker im Bestreben um Nationalstaatlichkeit. John Wyclif legte mit seinem Gutachten von 1377 darüber, ob England berechtigt sei, seine Abgaben an den Papst, zu dem ein beachtlicher Teil des in England abgeschöpften Mehrproduktes floss, einzustellen, den Grundstein für die spätere Lossagung Englands vom päpstlichen Einfluss mit der Gründung der anglikanischen Staatskirche.

Wyclifs Meisterschüler war in Böhmen Jan Hus. Er wurde von Kaiser Sigismund, unter Zusicherung des freien Geleites, zum Disput nach Konstanz eingeladen, wo seit 1414 ein kirchliches Konzil tagte. Unter Wortbruch ließ der burgundische Kaiser Jan Hus zum Ketzer erklären und am 6. Juli 1415 öffentlich verbrennen. Die sich anschließenden Hussitenkriege, im Prinzip eine nationalstaatliche Bewegung unter religiösem Vorwand, brachten die alte europäische Ordnung über mehr als ein Jahrzehnt arg in Bedrängnis.

Bezeichnend für all die Glaubenskämpfe dieser Zeit ist die Unversöhnlichkeit, mit der sie geführt wurden. Diese Unversöhnlichkeit lässt sich schwerlich aus den lächerlichen konfessionellen Meinungsverschiedenheiten der streitenden Parteien herleiten. Im tiefen Inneren ging es viel mehr um unversöhnliche Gegensätze zwischen streitenden partikularen, nationalen und klassenmäßigen Interessen. Je tiefer man schaut, umso klarer erkennbar wird, dass es sich um ein Bündel ökonomischer Interessengegensätze handelte, die immer wieder aufbrachen und die geschichtlichen Handlungen dieser Jahrhunderte prägten.

Handfeste ökonomische Interessen hatten die mächtigen Habsburger im Ausbau ihrer universellen Monarchie. Vergleichbare Machtinteressen hatten aber auch die bereits bestehenden und sich entwickelnden Nationalstaaten außerhalb sowie die territorialen Fürstentümer innerhalb des Reiches, wenngleich nicht unbedingt mit diesem universellen Anspruch.

Ökonomische Interessen bestimmten das Denken und Handeln der privilegierten Stände – Adel und Geistlichkeit – bei der Aufrechterhaltung und dem Ausbau ihrer Privilegien. Die neue Klasse, die des Kapitals, brachte nun eben ganz neue ökonomische Interessen ins Spiel, die so ganz und gar nicht in das alte Kräftespiel zwischen Fürsten, Klerus und Adel einzuordnen waren.

Alle Kräfte gemeinsam – die alten wie die neuen – hatten es darüber hinaus mit klassenmäßigen Auseinandersetzungen zu tun, die von den Klassen ausgingen, die das Mehrprodukt schufen, um das sich der Streit im Kern rankte, selbst wenn die erst im Entstehen begriffene Arbeiterschaft anfangs keine nennenswerte Rolle spielte. Ganz anders die zahlenmäßig starke Bauernschaft, die den Fürsten, Grundherren und Klerikalen mehrfach ordentlich zugesetzt hat.

Noch ein Wort zur Rolle des Glaubens in den Auseinandersetzungen der Zeit. Für das 16. Jahrhundert und noch die erste Hälfte des 17. Jahrhunderts könnte der Eindruck entstehen, es sei vorrangig um Glaubenskriege gegangen, als eine Art Auseinandersetzung des neuen und damit fortschrittlichen reformierten mit dem überkommenen katholischen Glauben. So wenig wie heute die Glaubenskämpfe im islamischen Raum etwas mit Bewahrung und Reinheit der rechten und reinen Lehre zu tun haben, so wenig ging es in unserer Vergangenheit um die Verteidigung wahrer Glaubensgrundsätze. Der Glaube hatte stets 2 entscheidende Funktionen. Zum einen diente er den Herrschenden zur Aufrechterhaltung und Erweiterung von Macht und Einfluss und zum anderen war er die entscheidende Klammer für die Verbindung von Herrschern und Volk, mit der die Abschöpfung des Mehrproduktes als gottgewollt verbrämt wurde.

In dem Maße, wie sich die im Inneren der Gesellschaft brodelnden sozialen Konflikte verschärften und nicht zuletzt infolge von Humanismus und Aufklärung bewusst wurden, verstärkte die feudale Herrschaft den ideologischen und physischen Druck, unabhängig von der Konfession, die sie ihren Untertanen verordnet hatte. Judenpogrome und Inquisition waren bis ins 18. Jahrhundert hinein Ventile der Herrscher, um von den sozialen Konflikten abzulenken.

Die sich um Luther rankenden Reformbewegungen waren nach ihrem religiösen Inhalt keine wirkliche Neuerung. Die geistige Erneuerung war in der Renaissance im unmittelbaren Umfeld des Vatikans mit der Erinnerung an Wissenschaft, Kultur und Kunst des alten Griechenlands und des alten Römischen Imperiums längst in vollem Gange, als Martin Luther seine Thesen an die Schlosskirche von Wittenberg nagelte.

Luther wie Calvin und den meisten anderen Reformatoren ging es kaum um Freiheit des Geistes. Es war eher eine Bewegung hin zum Urchristentum, zum Gottesstaat, nicht ganz unähnlich der heutigen fundamentalistischen Bewegung im Islam.

Die Fortentwicklung der reformierten Konfessionen veranschaulicht nachhaltig, dass sie im Glaubenseifer die römisch-katholische Kirche noch übertrafen und die Gläubigen mindestens mit gleicher Penetranz in die Pflicht nahmen. Die Herrscher, unter denen hin und wieder auch wahrhaft Gläubige vorgekommen sein mögen, nutzten den von ihnen selbst ihren Untertanen verordneten Glauben überwiegend als Instrument ihrer Herrschaft und wechselten durchaus einmal den Glauben, wenn es diesen ihren Interessen nützlich war.

Es wirkt vor diesem historischen Hintergrund befremdlich, wenn Politiker der Gegenwart die Werte der christlich-abendländischen Kultur bemühen, um ihren Worten Nachdruck zu verleihen. Nein, hier ist nicht die Rede von irgendwelchen Sektierern, sondern von Politikern, die durchaus ernst genommen werden möchten. Entweder setzen sie darauf, dass die Menschen der Neuzeit wenig geschichtsbewusst sind, oder sie haben selbst keine Beziehung zu ihrer eigenen Geschichte.

2.3 Niederlande

Eine sehr frühe Ausprägung nach England fanden die neuen kapitalistischen Produktionsverhältnisse in den Niederlanden. Mehrere Provinzen der Niederlande – Gebiete des heutigen Belgiens und der heutigen Niederlande – waren im ausgehenden Mittelalter an Burgund gefallen, worauf sich Glanz und Reichtum dieses, von der Renaissance geprägten Landes begründete. Sie hatten, bedingt auch durch die günstige Seelage, Handel und Gewerbe im 15. Jahrhundert große Fortschritte gemacht. Antwerpen war zum bedeutendsten europäischen Handelsplatz aufgestiegen. Seine Börse war der Mittelpunkt des internationalen Bankverkehrs. Die niederländischen Nordprovinzen avancierten zur stärksten europäischen Handelsmacht. In der Regierung des Landes ersetzten bürgerliche Räte und Fachleute des Geschäftes den sonst üblichen Adel.

Durch die Heirat Maximilians, dem späterem deutschen Kaiser, mit Maria von Burgund fiel dieses Land an die Habsburger, da die Luxemburger, wie bereits erwähnt, keine männlichen Nachkommen mehr hatten. Innerhalb der habsburgischen Dynastie wurden die Niederlande unter spanische Herrschaft gestellt. Philipp II., spanischer König und „Weltbeherrscher", regierte sein Reich als echter Habsburger feudal-absolutistisch.

Nur waren die Niederlande nicht Spanien. Die zahlenmäßig starke, politisch und finanziell potente Kaufmannschaft störte die fremde Herrschaft wenig, solange sie ungestört ihren Geschäften nachgehen konnte, und beteiligte sich nicht an den seit den 60er-Jahren des 16. Jahrhunderts tobenden Kämpfen zwischen dem einheimischen Adel und der spanischen Herrschaft.

Das änderte sich grundlegend, als die spanische Herrschaft, immer in Finanznöten, mit einer neuen Steuergesetzgebung das gehobene Bürgertum, ohne auf deren Mitspracherechte einzugehen, zur Kasse bitten wollte. Jetzt gewann die bislang recht glücklos operierende Adelsopposition einen gewichtigen Partner. Die Rebellion des Adels wandelte sich zu einer frühbürgerlichen Revolution gegen die feudale Fremdherrschaft. Natürlich diente auch hier der Glaube auf beiden Seiten der Mobilisierung der erforderlichen Kräfte – vermittelt als Kampf der niederländischen Calvinisten gegen die konservative katholische Macht Spanien.

Der Kampf endete mit einem Kompromiss. Aus den nördlichen Provinzen gingen die heutigen Niederlande hervor. Die südlichen Provinzen (das heutige Belgien) blieben unter spanischer Herrschaft. Die völlige Niederlage Spaniens wurde durch den fundamentalistisch-religiösen Fanatismus der in den nördlichen Staaten herrschenden calvinistischen Ideologie verhindert, da diese unfähig war, sich mit den katholisch beherrschten südlichen Provinzen zur Glaubensfreiheit zu verständigen.

Die Generalstaaten der Niederlande nahmen als Republik nach der Befreiung von der Habsburgerherrschaft einen rasanten wirtschaftlichen und politischen Aufschwung. In kurzer Zeit schufen sie sich ein eigenes überseeisches Kolonialreich und überflügelten alle anderen Länder im europäischen Seehandel. Zu Beginn des 17. Jahrhunderts wickelten die Niederländer 70 % des Seehandels zwischen Westeuropa und den Ostseeländern ab. Die Textilproduktion entwickelte sich prächtig.

Das Großbürgertum dominierte das politische Geschehen im Lande. Der Liberalismus bestimmte zunehmend das gesellschaftliche Denken und drängte allmählich den religiösen Fanatismus der Calvinisten zurück, dessen soziale Basis vor allem das Kleinbürgertum der Handwerker und Fischer war.

Das herrschende Großbürgertum hielt nichts von religiösen Spitzfindigkeiten und Ketzerverfolgung, wusste aber tüchtige Arbeitskräfte – gleich welcher Nationalität und welches Glaubens – zu schätzen. Holland, ein von Kaufleuten, Unternehmern und Bankiers beherrschtes Land, wurde zum Wegbereiter des Kapitalismus in Kontinentaleuropa.

2.4 Spanien

Betrachten wir nun, welche Entwicklung Spanien nahm. Vorbereitet von Ferdinand II., König von Aragon, und seiner Frau Isabella, Königin von Kastilien, stieg Spanien unter der Herrschaft der Habsburger zur absoluten Weltmacht auf. Karl V., der erste Habsburger auf dem spanischen Thron, und dann insbesondere sein Sohn, Philipp II., herrschten absolutistisch. Als Philipp II. den Thron von Spanien 1555 bestieg, übernahm er ein Imperium mit gewaltigen Ausmaßen. Dazu gehörten neben den spanischen Kernlanden die wirtschaftlich bereits hoch entwickelten Lande wie die Lombardei, Luxemburg, Burgund, Holland und Belgien mit Westflandern, Arras und dem Hennegau, Im Süden gebot er über Unteritalien, Sardinien und Sizilien sowie in Übersee über die Philippinen (nach ihm benannt), den amerikanischen

Kontinent von Feuerland bis Florida und Kalifornien (ohne Brasilien). Seine imperiale Macht verdankte er weniger den spanischen Landen, sondern vielmehr den reichen Besitzungen im nördlichen Europa.

Philipp hielt den spanischen Adel, dem er seine Privilegien ließ, in der politischen Machtausübung kurz. Seine Herrschaft stützte sich auf die Armee, die monarchische Zentralverwaltung und die aggressiv eingeforderte katholische Religion seiner Untertanen. Andersgläubige, insbesondere Juden und Moslems, hatten schon seine Vorgänger, zum wirtschaftlichen Schaden des Landes, ausgewiesen, verfolgt und vernichtet. Zur Sicherung der Einheit und Reinheit des Glaubens erlangte Spanien traurige Berühmtheit bei der Ausgestaltung der staatlich organisierten Inquisition, den europäischen Judenpogromen wie bei der inhumanen Kolonisation.

Spanien verfolgte, wie die Geschichte zeigt, Ziele, die seine Mittel und Möglichkeiten überforderten. Haus Habsburg hatte die Zeichen der neuen Zeit zwar in den eigenen Landen gesehen, aber nicht zu deuten gewusst. Erzkonservatismus beherrschte die Dynastie.

Auf dem Gipfel seines Ruhmes schickte Philipp seine Armada gegen England und hatte die Hand schon nach dem französischen Thron ausgestreckt. Die Armada scheiterte an England und den Unbilden der Natur und Heinrich von Navarra, der einstige Hugenottenführer, besiegte in Frankreich im letzten Augenblick noch die von Spanien ideologisierte und finanzierte katholische Liga, geführt von den lothringischen Herzögen von Guise. Die Niederlage konnte auch Spaniens berühmtester Feldherr, der Herzog von Parma, nicht aufhalten. Der Navarra wurde katholisch und bestieg als Heinrich IV den französischen Thron. Im Frieden von Vervins 1598 musste sich Spanien seine Niederlage endgültig eingestehen. Das war der Beginn seines Abstieges als Weltmacht.

Die hegemoniale und imperiale Außenpolitik Spaniens stand im krassen Gegensatz zur inneren Situation. Der spanischen Adel in seiner politischen Macht beschnitten, vertrieben über Jahre die Bauern vom Land und verwandelten es in Schafweide.

Während das Volk verarmte, verdiente der von Steuern befreite alte und neue Adel am Export der Schafwolle. Die stolzen Adeligen hätten es im herrschenden Ancien Régime für unter ihrer Würde betrachtet, Wolle zu verarbeiten und selbst Handel zu treiben. Der Überseehandel lag in den Händen der monarchischen Verwaltung. Und obwohl die spanische Flotte Silberladung um Silberladung von Süd- und Mittelamerika ins Mutterland verschiffte, erlitt Spanien im 16. Jahrhundert mehrere Staatbankrotte.

Die von Spanien ausgebeuteten und von ihm über Jahrzehnte mit Krieg überzogenen Niederlande erlebten nach der Abschüttelung der feudalen Fremdherrschaft den bedeutendsten wirtschaftlichen Aufschwung in Europa, während dem Weltbeherrscher im eigenen Land die Verwaltung von Armut und Elend blieb. Spanien hat sich vom Scheitern seiner Hegemonialpolitik unter Habsburg nie wieder vollständig erholt.

2.5 Frankreich

Die zweite Hälfte des 16. Jahrhunderts war in Frankreich ausgefüllt mit den äußerst grausam geführten Hugenottenkriegen. Auch hier diente der Glaubenskrieg als Vehikel im Kampf zwischen Königtum und Territorialfürsten um Macht, Einfluss und Pfründe.

Die Hugenotten sind die französische Erscheinungsform des Calvinismus. Ein Teil der großen Adelsgeschlechter hoffte, unter der Fahne der Hugenotten und der andere Teil unter der Fahne der Katholiken, die Oberhand bei der Aufteilung Frankreichs unter ihre territorialen Interessen und Gebietsansprüche zu gewinnen und, wie bereits erwähnt, das habsburgische Spanien mischte im eigenen Weltmachtinteresse auf der Seite der Katholiken kräftig mit. Schließlich gab den Ausschlag, dass das Volk in erster Linie französisch gesinnt war und so der französische Nationalstaat überlebte. Der humanistisch gesinnte, von Michael Montaigne und Philippe Mornay inspirierte Heinrich IV., der endgültige Sieger in diesem Kampf, erließ 1598 – in dem Jahr, in dem sein großer Widersacher, Philipp II. von Spanien, starb – das Edikt von Nantes, mit dem er seinem Volk die religiöse Gewissensfreiheit gab.

Unter der Herrschaft Heinrich IV., den man als den ersten aufgeklärten Monarchen in Europa bezeichnen kann, erholte sich Frankreich allmählich von den furchtbaren Schäden, die das Land aus 36 Jahren Bürgerkrieg davongetragen hatte. Es war der Beginn des Aufstieges von Frankreich in Kontinentaleuropa.

Der Herzog von Sully, erster Minister Heinrich IV., reformierte die französische Verwaltung, förderte Landwirtschaft, Gewerbe und Handel und baute die Infrastruktur aus. Hier wurden die entscheidenden Grundlagen für den späteren Aufschwung kapitalistischer Produktionsverhältnisse gelegt. Heinrich IV. war den Habsburgern und dem inländischen hohen Adel ein Dorn im Auge. Sie ließen ihn 1609, als er im Begriff war, das Schwert gegen Habsburg zu ziehen, ermorden. Unter der Regentschaft seiner Witwe, Maria von Medici, ging manches von dem, was Heinrich IV. für Frankreich auf den Weg gebracht hatte, wieder verloren.

Unter der Herrschaft seiner Nachkommen, Ludwig XIII. und Ludwig XIV., ging Frankreich den Weg des klassischen Absolutismus. Das selbstherrliche Feudalsystem des Sonnenkönigs (Ludwig XIV.) steht synonym für die Bezeichnung Ancien Régime. Es ist über diese Zeit mit ihrer einmaligen Prunkentfaltung, die in ganz Europa nachgeahmt wurde – an den meisten Höfen wurde

Französisch gesprochen – viel geschrieben worden. Was hier interessiert, ist die doch von England wesentlich unterschiedliche Entwicklung des Kapitalismus in Frankreich.

Die französische Monarchie war ebenfalls, im Unterschied zum Heiligen Römischen Reich Deutscher Nation, ein geeinter Nationalstaat, in dem unter Heinrich IV. günstige Bedingungen für die Entwicklung von Handel und Gewerbe und damit für die nationale Bourgeoisie geschaffen worden waren. Aber in Frankreich hatte sich der alte Adel nicht wie in England selbst enthauptet. Die großen Adelsfamilien behielten beachtliche territoriale Macht, Einfluss auf die Politik und ihre Privilegien. Auch nach dem Edikt von Nantes bediente sich der Adel immer wieder des hugenottischen Glaubens, um die Monarchie zu schwächen und die Fundamente des Nationalstaates zu untergraben, sodass Ludwig XIV. das Edikt von Nantes wieder aufhob und die Hugenotten erneut verfolgte.

Der französische Absolutismus erklärt sich vor allem auch aus der Balance zwischen dem aufstrebenden Bürgertum und den auf seine Rechte pochenden Hochadel, die die Monarchen herzustellen bemüht waren. Das Bürgertum entwickelte sich stetig und die Könige nutzten es zur Festigung ihrer eigenen Machtposition gegenüber dem Adel. Der französische Adel war ebenso wenig geschäftstüchtig wie der spanische. Die ausschweifende Lebensweise der Aristokraten und ihre Unternehmungen gegen die Krone ließen sie allmählich verarmen, während sich bei den Bourgeois der Reichtum häufte.

Die Könige verkauften, um zu Geld zu kommen, Regierungsämter. Wegen gegebener Zahlungsunfähigkeit des Adels gelangten diese Ämter zunehmend an Bürgerliche. Es entstand ein neuer Amtsadel (Noblesse de Robe) neben dem alten Schwertadel. Hinzu kamen stets auch Großmachtgelüste der Herrscher, um auf dem europäischen Kontinent eine Vormachtstellung zu erlangen. Die in dieser Zeit geführten Kriege dienten diesem Ziel, wurden gleichzeitig auch damals schon, wie auch heute noch, genutzt, um über den Missbrauch nationaler Gefühle von den inneren politischen Schwierigkeiten abzulenken.

Als Ludwig XIV. 1715 starb, hinterließ er ein ruiniertes bankrottes Staatwesen und verarmte Franzosen. Der Historiker Mandrou vermerkt dazu: „Für die Masse der Bevölkerung, die vom Bodenertrag lebte und die harten Abgaben (die Grundrente) ebenso ertragen mussten wie die königlichen Steuern, war die Endphase der Herrschaft des Sonnenkönigs eine lange Qual." (3/133)[12] Seine Hegemonialpolitik hatte sich vergleichbar der von Philipp II. in Spanien totgelaufen. Der Spagat zwischen privilegiertem Adel und aufstrebendem Bürgertum war nicht gelungen. In der folgenden Regentschaft Philipps von Orléans schlug der letzte Versuch, den inzwischen heruntergekommenen alten französischen Hochadel nochmals in seine alten Rechte einzusetzen, fehl.

Unter Ludwig XV. erholte sich die französische Wirtschaft allmählich wieder, indem er Landwirtschaft, Gewerbe und Handel förderte. Aber mit der Wirtschaft entwickelte sich die Bourgeoisie und mit ihr radikalisierte sich in der zweiten Hälfte des 18. Jahrhunderts die öffentliche Meinung zunehmend gegen die Monarchie. Im Jahre 1789 begann der Kampf um die politische Macht in Frankreich, der bis zum Jahre 1815 ganz Europa grundlegend verändern sollte.

Historiker orakeln auch heute noch über den Inhalt dieser großen Revolution. Furet vertritt die These, die Französische Revolution stelle keinen Klassenkampf mit dem Sieg der Bourgeoisie über den Adel, des Kapitalismus über den Feudalismus, dar, sie sei vielmehr das Ergebnis einer Modernisierungskrise. (4/21)[13] So hätte sich die Hauptmasse der Sansculotten von der wirtschaftlichen Entwicklung bedroht und überrollt gesehen. Die Bauern empfanden sich benachteiligt durch das Eindringen kapitalistischer Methoden in die Landwirtschaft. Die Handwerker befürchteten das Herabsinken zum Manufaktur- bzw. Fabrikarbeiter usw.

Hier scheint mir angebracht, etwas zum Begriff Revolution einzubringen. Offensichtlich hat die polemische Auseinandersetzung mit dem Marxismus in der jüngeren Vergangenheit viel Verwirrung gestiftet. Revolutionen gibt es in allen Bereichen des Lebens. Wenn wir von Revolution in Bezug auf die Gesellschaft sprechen, geht es stets um die Ablösung einer noch bestehenden, aber im Vergehen begriffenen Gesellschaftsordnung durch eine neue, erst im Werden begriffene. So war es auch im Frankreich von 1789 wie auch in allen anderen Ländern Europas zuvor oder danach.

Mit dem klassischen Absolutismus hatte Frankreich über fast 2 Jahrhunderte versucht, die Quadratur des Kreises zu vollziehen. Es wollte das Ancien Régime erhalten und gleichzeitig den Aufschwung kapitalistischer Produktionsverhältnisse ermöglichen. Doch das eine schließt das andere aus. Deshalb vollzog sich der Wechsel des politischen Systems in einer Eruption, während der Kapitalismus in anderen Ländern Europas auf leisen Sohlen in die Gesellschaft einzog.

Aufstände wie 1789 in Frankreich entstehen dann, wenn alle oder zumindest die Mehrheit der Klassen und Schichten mit den bestehenden Machtverhältnissen kollidieren. In dem Kampf, den Frankreich erlebte, wurden alle Klassen und Schichten hineingezogen und jede Klasse für sich hatte eigene Ziele und Interessen. Deshalb hatten die Kämpfe auch unterschiedliche Richtungen, je nachdem, welche Klasse gerade seinen Einfluss verstärken konnte.

Unzufrieden waren alle. Der Adel, weil er durch die absolutistische Monarchie von der politischen Mitbestimmung ausgeschlossen war. Die Bourgeoisie, weil sie inzwischen bestimmend in der Wirtschaft war und nach der politischen Macht strebte. Die Bauern und Handwerker, weil sie ein Produkt der alten Ordnung waren und deshalb berechtigt Angst haben mussten, vom Kapitalismus überrollt zu werden. Und schließlich die Sansculotten – Vertreter des Kleinbürgertums und die im Werden begriffene Arbeiterschaft –, die gegen feudale Unterdrückung und kapitalistische Ausbeutung kämpften; 2 Lasten, die ihnen ihr Leben unerträglich erscheinen ließen. Es sind also in erster Linie ökonomische Interessen, die den Handlungen der Klassen und Schichten zugrunde liegen, die ihnen als solche im konkreten Handeln aber kaum bewusst gewesen sein dürften.

Auch das Kapital und seine Kostgänger argumentieren gern mit dem Begriff Revolution. Alexander Dobrindt, ein Politiker aus den Reihen der konservativen bayerischen CSU, sprach gar von einer konservativen Revolution – einem Begriff, der bereits in der Weimarer Republik von der rechten Reaktion, den Vertretern der alten Machtoligarchie, geprägt worden war. An Dobrindt wird erkennbar, wie das Kapital, welches bemüht ist, den Status quo zu erhalten, bestrebt ist, ihrem Tun eine höhere Weihe zu geben. Es ist also Vorsicht geboten. Man muss sich jeden, der das Wort Revolution in den Mund nimmt, sehr genau anschauen, um herauszufinden, wessen Geistes Kind er ist. Der antiquierte Geist deutscher Machtverhältnisse ist also in den konservativen deutschen Parteien immer noch gegenwärtig.

Mit der Französischen Revolution wurde auf dem europäischen Kontinent das eingeleitet, was in England bereits mehr als 100 Jahre zuvor stattgefunden hatte und in manch anderem, weiter östlich liegenden, europäischen Land nochmals über 100 Jahr Zeit benötigen sollte, bis es vollzogen war. Somit ist unbestreitbar, dass die Französische Revolution, unterstützt von den Niederlanden, der Wegbereiter für den allgemeinen Aufschwung des Kapitalismus im 19. Jahrhundert auf dem europäischen Kontinent war und durch sie die feudale Gesellschaftsverfassung mit allen ihren Institutionen zerschlagen wurde.

An ihre Stelle trat eine bürgerliche Gesellschaftsverfassung mit all den gesellschaftlichen Erscheinungen und individuellen Freiheiten wie sie uns heute noch geläufig sind. Dass es sich dabei um ein zähes Ringen gehandelt hat, für das Frankreich 1789 nur den Anstoß gab, bleibt unbestritten. Die Umwälzung der gesellschaftlichen Ordnung war in Europa ein Prozess, der sich über mehrere Jahrhunderte hinzog, der langsam, im ausgehenden 15. Jahrhundert in den Niederlanden und England begann und in den letzten Winkeln Europas, Russland ausgenommen, erst im 20. Jahrhundert seinen Abschluss fand. Und in allen Fällen, bei aller Buntscheckigkeit, rankte sich der Streit um das Goldene Kalb, um das Mehrprodukt und seine Aneignung.

2.6 Deutschland

Doch nun zu Deutschland, damals noch Bestandteil des Heiligen Römischen Reiches Deutscher Nation. Es sind im Wesentlichen die bereits genannten beiden Aspekte, die die Entwicklung kapitalistischer Produktionsverhältnisse im Reich im Vergleich zu Nord- und Westeuropa arg verzögerten. Zum einen war die feudale Hausmachtpolitik der Habsburger wenig geeignet, Reichspolitik als Politik der Konsolidierung hin zum deutschen Nationalstaat zu betreiben. Zum anderen standen die partikularen, ebenfalls feudalen Interessen der Territorialfürsten der Idee des Reichs als deutschem Nationalstaat diametral entgegen. Während im Westen der Kapitalismus stetig vorankam, hatte es im Reich, abgesehen von einigen Handelsstädten wie Köln, Augsburg, Hamburg und Breslau, eher den Anschein einer Refeudalisierung.

Der allgemeine Entwicklungsstand der vom Kapitalismus neu hervorgebrachten produktiven Kräfte verbreitete sich über ganz Europa und drang eben auch ins Reich ein und bewirkte hier vor allem ein Anwachsen der landwirtschaftlichen Erträge und eine Ausweitung der Anbauflächen durch Rodung und Melioration.

In Westeuropa, insbesondere in England, den Niederlanden und Spanien, hatte das sich entwickelnde Textilgewerbe die Agrarstrukturen für die Produktion industrieller Rohstoffe verändert.

Die Schafhaltung hatte den Getreideanbau stark eingeschränkt. Gleichzeitig wuchs mit der Vertreibung der Bauern durch Einhegung von Bauernland und die industrielle Entwicklung der Bedarf nach Getreide und die Getreidepreise stiegen beständig. Wenn auch etwas verhalten, so nahm das Reich bis zu Beginn des Dreißigjährigen Krieges, vor allem durch die Entwicklung von Getreideproduktion und Getreideexport, an der allgemeinen Wohlstandsentwicklung in Europa teil. „Innerhalb des Konjunkturverlaufs erhöhten sich die Kornpreise vom ausgehenden 15. bis zum frühen 17. Jahrhundert um das 4-Fache." (2/213)[14] In dieser Zeit lebten noch 94 % der Bevölkerung im Reich auf dem Lande und von der Landwirtschaft.

Der Adel verstand es, diese Vorteile für sich macht- und besitzbringend zu nutzen. Zu dieser Zeit kennzeichnet die Agrarverfassung im Westen des Reiches die Grundherrschaft und im Osten die Gutsherrschaft. Die Elbe bildete ungefähr die Grenze zwischen beiden Verfassungen.

Bei der Gutsherrschaft dienten die Bauern als Landarbeiter. Die Gutsherren verstanden es in dieser Zeit, ihre Güter durch Neulandgewinnung, Einverleibung des Gemeindelandes (Almende) und durch Vertreibung noch freier Bauern wesentlich zu vergrößern. Vom 15. bis zum 17. Jahrhundert war es dem Gutsadel gelungen, fast alle Bauern in Preußen und Mecklenburg einer neuartigen Leibeigenschaft mit Bindung an die Scholle zu unterwerfen.

Diese neue Form mittelalterlicher Unterdrückung wurde erst nach den Napoleonischen Kriegen mit den Reformen Steins und Hardenbergs 1832 abgeschafft. Während sich in England in dieser Zeit der kapitalistisch betriebene landwirtschaftliche Großbetrieb herausbildete, etablierte sich dieser im Osten des Reiches als feudalistischer.

Die Grundherren im Westen des Reiches hatten es ebenfalls verstanden, ihren Grundbesitz auszudehnen, den sie aber nicht

selbst bewirtschafteten, sondern gegen Pacht (Rente) und Fron-
dienste an die Bauern verliehen. Das System war humaner und
offensichtlich effektiver, da der Bauer nicht völlig entrechtet
war. Natürlich war auch die Grundherrschaft ein feudales Aus-
beutungssystem, in dem die Grundherren das Recht gegen ihre
eigenen Bauern ausübten.

Der Ausbau der feudalen Grund- und Gutsherrschaft stärkte
die alten Machtverhältnisse und behinderte die kapitalistische
Entwicklung, da jene den mobilen, doppelt freien Lohnarbeiter zur Voraussetzung hatte. Im Gewerbe dominierten weiterhin die mittelalterlichen Zünfte. Das sich in dieser Zeit entwickelnde Verlagswesen schuf eine gewisse Arbeiterschicht, die in
Heimarbeit vor allem Tuche herstellte. Die Verleger waren überwiegend Engländer, die ihr Geschäft vor allem in Böhmen und
Schlesien betrieben.

Für die kapitalistische Entwicklung waren die feudalen Verhältnisse denkbar ungünstig. Kapitalistische Entwicklung hat technischen Fortschritt zur Voraussetzung, ist eventuell sein Wesensmerkmal. Kapital ist Besitz von Waren, Maschinen, Gerät,
Rohstoffen etc. Kapital muss stetig „arbeiten", um seinen Wert
zu erhalten und zu vermehren. In dieser Bewegung wälzt es beständig mit der Produktion deren technische Grundlagen um.
In seinen Zentren in Westeuropa, in denen sich kapitalistische
Produktionsverhältnisse in Breite und Tiefe entwickeln konnten, hatten der technische und in seiner Folge auch der wissenschaftliche, kulturelle und künstlerische Fortschritt die Gesellschaft dynamisch verändert.

Das Fortschrittsgefälle von West nach Ost trat immer deutlicher
hervor. Der Westen, wo die Bourgeoisie beachtlichen politischen
Einfluss hatte, erlebte eine Blüte der Moderne in Wissenschaft,
Kultur und Kunst. Ein freier Geist breitete sich aus und veränderte die Menschen. Hingegen im Reich schien die Zeit stillzustehen. Die althergebrachte Ständeordnung wurde zementiert und

mittels streng geübter Religiosität – katholische wie reformierte – zu tief verwurzelten Traditionen ausgeprägt. Die Gesellschaft wurde durch Privilegien abgestuft und alle Stände hielten zäh an diesen Standesmerkmalen fest. Jeder hatte sich mit seinem Stand zu begnügen und diese Ordnung als gottgewollt, ehern und unerschütterlich zu akzeptieren.

Die Betonung lag nicht bei den Gemeinsamkeiten, sondern bei den Unterschieden. Ja, selbst in den größeren Städten waren die Bürger noch tief in ihrer landwirtschaftlichen Herkunft verhaftet. Sie waren Ackerbürger. „Bis ins späte 17. Jahrhundert säumten Misthaufen die Straßen der kurfürstlichen Haupt- und Residenzstadt Berlin." (2/219)[15a] Die gepflegten Riten innerhalb und erst recht zwischen den Ständen hatten im Reich noch eine zusätzliche Komponente, die aus der Kleinstaaterei erwuchs. So unterschied sich jede Gruppe eines jeden Standes auch noch zu denen des territorialen Nachbarn, und seien sie auch nur einen Steinwurf voneinander entfernt.

Bis zu dem von Haus Habsburg provozierten Dreißigjährigen Krieg änderte sich wenig. Dieser brachte Verwüstung, aber für das Reich keinen neuen Anfang, außer dass die Pattsituation zwischen der habsburgischen Reichsherrschaft und den Territorialfürsten sich äußerst langsam hin zu den größeren Territorialstaaten – Preußen und Österreich – zu entkrampfen begann.

Auch in der zweiten Hälfte des 17. Jahrhunderts änderte sich nichts an der feudalen Verfassung, ja, sie schien eher noch zu erstarren. Nicht wie in England bewegte sich der Adel hin zu den Lebensformen des Bürgertums, nein, das Bürgertum bemühte sich, die Lebensformen des Adels nachzuahmen. Die Herrscher, gleich welcher Konfession, wachten eifersüchtig darüber, dass ihre Untertanen sich intensiv im „rechten" Glauben übten. Während sich Adel und Großbürgertum um die Mitte des 18. Jahrhunderts langsam dem Weltgeist zu öffnen begannen, erhielten die Herrschenden die unterprivilegierten Stände in der verstaubten nationalen Tradition – die in den einzelnen Volksgruppen noch lange nachwirken sollten –, sodass sich Herrschaft und Volk noch weiter voneinander entfernten.

Um die Mitte des 18. Jahrhunderts war es für alle Herrschaften im Reich nicht mehr zu übersehen, dass sie schier uneinholbar gegenüber dem Westen zurückgeblieben waren. Es begann, nicht etwa ausgehend vom Bürgertum und den unteren Schichten, sondern von den Monarchen eine Periode, die als aufgeklärter Absolutismus in die Geschichte einging.

In Preußen war es Friedrich der Große, der seinem Staat diese Modernisierung verordnete, um den historisch entstandenen Rückstand aufzuholen. In seinen Annexionskriegen mit dem Österreich Maria Theresias verwickelt, riss er auch diesen Habsburger Staat und schließlich auch Russland unter Katharina der Großen hinein in diesen Erneuerungsprozess.

Bei allen guten Absichten, die diese „aufgeklärten" Monarchen zweifelsohne hatten, mussten ihre Reformen Stückwerk bleiben, da sie das Wesen der Veränderungen im Westen nicht begriffen hatten und in ihren Staaten die feudale Struktur der Gesellschaft unverändert lassen wollten. Bei allen Fortschritten, die auf wirtschaftlichem Gebiet zu verzeichnen waren, scheiterten sie daran, dem Bürgertum die Stellung in der Gesellschaft einzuräumen, die einem Aufschwung des Kapitalismus entspricht. Sie suchten mithilfe der Förderung von Handel und Gewerbe, staatlich verordnet, das zu leisten, wozu die Bourgeoisie historisch berufen war. Damit blähten sie den absolutistischen Staat unverhältnismäßig auf und schufen eine überwuchernde Bürokratie, deren Nachwehen wir in diesem Raum heute noch spüren.

Der wirtschaftliche Erfolg der staatlichen Manufakturen und Handelsgesellschaften blieb überwiegend aus. Friedrich der Große dürfte nicht begriffen haben, dass das Haupthindernis für den erhofften wirtschaftlichen Aufschwung die verkrustete, ständische preußische Gesellschaft war. Nur war er kein Revolutionär, sonst hätte er bei seinen Reformen die Axt an die Wurzel legen müssen. Sein Verdienst bleibt es allerdings unbenommen, Preußen in die Reihe der europäischen Großmächte gestellt zu haben, wodurch die spätere Reichseinigung unter Bismarck möglich wurde.

Josef II., Kaiser des Reiches und Habsburger, Sohn Maria-Theresias, einer der Letzten vor der Auflösung des Reiches durch Napoleon 1806, tat sich auch als Reformer in der Habsburger Monarchie und im Reich hervor, ging in der Konsequenz noch wesentlich weiter als Friedrich der Große. Doch auch er musste scheitern, da er in alter Manier, über die Menschen hinweg, regierte sowie Monarchie und Reich in seiner feudalen Verfassung erhalten wollte. Haus Habsburg hatte einige Jahrhunderte Zeit gehabt, dem gesellschaftlichen Fortschritt im Reich den Weg zu bereiten. Josef II. kam einfach mit seinen Reformplänen zu spät – viel zu spät.

Zu wirklich tiefergreifenden Reformen als Wegbereiter für den Kapitalismus kam es in den deutschen Landen erst nach der Auflösung des alten Reiches, während und nach den napoleonischen Kriegen. Und auch dann dauerte es noch bis nach dem Ersten Weltkrieg, bis auch die letzten Elemente der alten, verstaubten und vermoderten feudalen Gesellschaftsverfassung ausgeräumt waren.

2.7 Fazit

Der Ausflug in die Geschichte des Kapitalismus in Europa hat gezeigt, wie er sich in einzelnen Ländern mit historischer Notwendigkeit, eventuell auch gegen alle Widerstände, durchsetzte. Gleichzeitig wurde erkennbar, welchen Einfluss Politik besaß, der Notwendigkeit den Weg zu ebnen bzw. sich ihr in den Weg zu stellen, um so gesellschaftlichen Fortschritt zu verzögern. Die Betrachtung der Machtpolitik der Habsburger war bemüht, deren bestimmenden Einfluss auf den von ihnen kontrollierten Raum auszuleuchten. Wie weit solche politische Dominanz auch in die Zukunft hinein nachwirken kann, ist zu erahnen, wenn wir über die Ursachen und Hintergründe der beiden Weltkriege und den Faschismus nachdenken. Sollte es reiner Zufall sein, dass es ausgerechnet die Länder der einstigen Habsburger Herrschaft waren – Deutschland, Österreich, Ungarn, Italien, Spanien, Portugal –, in denen der Faschismus einen Nährboden fand und die Macht an sich reißen konnte?

Wir hatten weiterhin den gravierenden Unterschied zwischen feudaler und kapitalistischer Produktionsweise angedeutet. Das Mittel feudaler Produktionsweise ist der Boden, ist agrarisch bestimmte Produktionsweise, die sich zur Produktion eines in der Natur vorgefundenen Produktionsmittels bedient. Das Mittel der kapitalistischen Produktionsweise sind von Menschenhand geschaffene Produktionsinstrumente, Produkte des technischen Fortschritts, zunächst die Werkzeuge, dann die Maschinen, schließlich die Automaten.

Während das Hauptproduktionsmittel der Landwirtschaft nie verschleißt, sondern, wie die Geschichte zeigt, richtig behandelt, seine Fruchtbarkeit stetig zunehmen kann, sind die Arbeitsinstrumente, selbst dann, wenn sie nicht benutzt werden, einem immerwährenden Verschleiß – physisch und moralisch – ausgesetzt. Deshalb ist es dem Kapital immanent, dass es beständig die Bedingungen der Produktion revolutioniert und so den technischen Fortschritt vorantreibt. Deshalb war es nur eine Frage der Zeit, bis die menschliche Hand bei der Führung und dem Antrieb der Werkzeuge sukzessive durch Maschinen und später durch Automaten ersetzt wurde.

Dieser Prozess, der um 1780, natürlich ganz folgerichtig in England, wo seit dem Interregnum liberale, dem Kapital günstige Bedingungen herrschten, einsetzte, ist unter der Bezeichnung industrielle Revolution in die Geschichte eingegangen. Diese wissenschaftlich-technische Revolution, die ungebrochen auch heute noch voranschreitet, darf als der Zeitpunkt angesehen werden, von dem an sich der Kapitalismus als bestimmende Ordnung durchgesetzt hatte.

Untrennbar damit verbunden war die starke Entwicklung, neben der Kapitalistenklasse, die der Arbeiterschaft, die in historisch kurzer Zeit zur zahlenmäßig stärksten Klasse der Gesellschaft heranwuchs und die Bauernschaft zu einer Randgruppe der Gesellschaft zusammenschrumpfen ließ. Es war damit nur eine Frage der Zeit, bis diese Klasse, die nunmehr vor allem das Mehrprodukt der Gesellschaft schuf, welches vom Kapital in Form des Mehrwertes angeeignet wurde, mit eigenem Bewusstsein in Erscheinung treten würde.

Politische Bewegungen und geistige Vordenker für die ausgebeuteten Klassen gab es natürlich auch schon vor der industriellen Revolution. Bereits Wyclif war in seinen Schriften in den 70er- und 80er-Jahren des 14. Jahrhunderts, wenn auch religiös verbrämt, bis an einen theoretischen Urkommunismus gelangt. Jan Hus hatte die Gedanken Wyclifs in seine Reformprojekte aufgenommen. Girolamo Savonarola predigte Ende des 15. Jahrhunderts ähnliche Auffassungen in Florenz und wollte die Republik Christi errichten. Sein Experiment fand ein trauriges Ende. Er wurde 1498 hingerichtet und verbrannt.

Als sich die Arbeiterschaft bereits stärker entwickelt hatte und die kapitalistische Ausbeutung brutal voranschritt, traten Leute in Erscheinung wie Saint-Simon, Charles Fourier, Robert Owen, oft als utopische Sozialisten bezeichnet, die mit den verschiedensten Ideen und Projekten die Not der Massen lindern und ihr Leben verbessern wollten. Jedoch fand die sich entwickelnde Arbeiterbewegung vor allem mit Karl Marx und Friedrich Engels, die um die Mitte des 19. Jahrhunderts in Erscheinung traten, Theorien, die mehr als ein Jahrhundert die Kämpfe der Zeit prägen sollten und denen wir uns im nächsten Kapitel zuwenden wollen.

Es waren vor allem 3 Faktoren, die Europa zum Vorreiter der kapitalistischen Entwicklung machten:

Erstens war Europa kein Monolith wie die alten Hochkulturen, die zentralistisch geführt wurden. Europa war beherrscht von gravierenden Widersprüchen zwischen verschiedenen Gegensätzen zwischen weltlicher und kirchlicher Macht, zwischen Zentralmacht im alten Reich und den territorialen Fürsten, zwischen den bereits herausgebildeten und sich schneller entwickelnden Nationalstaaten, zwischen den herrschenden Minderheiten und der überwältigenden Masse der ausgebeuteten, unterdrückten und entrechteten Völker. Widersprüche sind die entscheidenden Triebkräfte einer jeden gesellschaftlichen Entwicklung. In keinem anderen Teil der Welt waren diese so stark wie in Europa und Wegbereiter der kapitalistischen Entwicklung.

Zweitens war die Vorgeschichte des Kapitalismus in keinem anderen Teil der Welt so kriegerisch wie in Europa. Die streitenden Mächtegruppierungen bekriegten sich beständig wechselseitig, um die eigene Macht zu behaupten bzw. zu erweitern. Das beförderte die Entwicklung der Waffentechnik ungemein, die den Europäern bei der Kolonisierung der übrigen Welt enorme Vorteile verschaffte. Die Rüstung beschleunigte den Erfindergeist. Bis hinein in die Gegenwart erkennen wir, dass viele große Erfindungen ihren Anfang im Militärwesen nahmen.

Drittens nahmen Humanismus und Aufklärung, im Schlepptau der kapitalistischen Entwicklung, damit die beschleunigte Entwicklung von Wissenschaft, Kultur und Kunst, ihren Anfang in Europa. Das beförderte den geistigen Aufschwung durch Bildung und Disziplinierung der Menschen, die ihnen eine gewisse Überlegenheit gegenüber anderen Völkern verschafften.

3 KAPITEL – FORTGANG DES KAPITALISMUS

3.1 Historischer Rückblick bis zum Zweiten Weltkrieg

Nach dem Ersten Weltkrieg

Der Erste Weltkrieg, angezettelt von der Oligarchie der Adelsaristokratie und des Kapitals des Deutschen Reiches und der Habsburger Monarchie, verfolgte imperiale Ziele, mit denen die in der Geschichte des Kapitalismus zu spät Gekommenen die Welt zu ihren Gunsten neu ordnen wollten – ein Vorgang, den wir heute rund 100 Jahre zeitversetzt im zurückgebliebenen Osten Europas, in Russland, mit der Invasion in der Ukraine nochmals miterleben können. Auf diesem Wege sollte und soll es damals wie jetzt gelingen, die zunehmenden sozialen Spannungen im Inneren der Gesellschaft – auch hier verursacht durch die Spaltung zwischen Arm und Reich – zu entspannen. Doch wie in jedem Krieg, der begonnen wird, ist der Ausgang ungewiss. So war es auch beim Ersten Weltkrieg. Nach der Niederlage der Mittelmächte waren die sozialen Spannungen im Inneren stärker als je zuvor. Das betraf in gleicher Weise Besiegte wie Sieger. Bei den Verlierern wurden nun endlich die autokratischen Herrscherdynastien und alle Fürstenhäuser gestürzt. In Russland, in dem der Konflikt zwischen Herrschern und Beherrschten am schärfsten war, führte der Erste Weltkrieg zur Entstehung der Sowjetunion, aber dazu mehr im 2. Buch.

Der Krieg hatte tiefe Spuren hinterlassen. Das Deutsche Kaiserreich, welches sich zur Weimarer Republik gemausert hatte, litt unter den Kriegsschulden, Gebietsverlusten und Reparationszahlungen, insbesondere an Frankreich. Die Habsburger Monarchie war zerfallen und ihre ehemaligen Besitzungen etablierten sich zu neuen, selbstständigen Nationalstaaten. Nach dem Krieg begann, wenn zunächst noch kaum merklich, der Zerfall der Kolonialreiche der europäischen Siegermächte. Der Krieg hinterließ auch bei ihnen beachtliche Schulden und dezimierte

Märkte. Wesentlich anders war die Lage in den USA. Im Krieg war deren wirtschaftliche Stärke erkennbar geworden und ihre, die künftige Weltgeschichte prägende Macht gestärkt. In Asien machte Japan als imperiale Macht auf sich aufmerksam.

Der Krieg mündete in ganz Europa in eine revolutionäre Stimmungslage. Die Herrschaft des Kapitals wurde überall ernsthaft infrage gestellt und das Ende der bürgerlichen Gesellschaft vorausgesagt. Dennoch kam es trotz vielfältiger revolutionärer Erhebungen in keinem anderen Land zu einer der russischen vergleichbaren Erosion. Zunächst waren die ökonomischen Verhältnisse in Russland andere als im angrenzenden Europa und in Nordamerika. Während der Kapitalismus in Russland noch nicht richtig Fuß gefasst hatte, verfügte er in England, Frankreich, Deutschland und anderen west- und nordeuropäischen Staaten sowie in den USA über starke Bastionen. In diesen Ländern gab es eine zahlenmäßig starke und in der Klassenauseinandersetzung kampferprobte Arbeiterschaft, der eine kapitalstarke, erfahrene Bourgeoisie gegenüberstand. Die USA, in denen eine Oligarchie des Kapitals mit dem Adel unbekannt war, eine Gesellschaft mit demokratischem Sendungsbewusstsein ausgestattet, hatten der Welt bewiesen, dass die kapitalistische Demokratie durchaus fähig ist, einen sozialen Interessenausgleich zwischen Kapital und Arbeit innerhalb der Gesellschaft zu ermöglichen.

Der hohe Stand der Industrialisierung der kapitalistischen Welt hatte eine ökonomische Basis in der Gesellschaft geschaffen, die bei gesichert hohem Durchschnittsprofit soziale Fortschritte für die Völker zuließ. Bereits um die Jahrhundertwende gewann in der überwiegend noch auf den Marxismus orientierten Sozialdemokratie die Erkenntnis Raum, dass der Sozialismus auch friedlich über den Ausbau der bürgerlichen Demokratie auf parlamentarischem Weg, sozusagen auf leisen Sohlen, voranschreiten kann. Diese Abwendung von der Revolution wird verständlich, wenn man die Wandlungen des Kapitalismus infolge des technischen und ökonomischen Fortschritts betrachtet. Die Arbeiterschaft war nicht mehr das Proletariat schlechthin, wie es von Marx und Engels 1848 im „Kommunistischen Manifest" beschrieben worden war. Hier hatte eine bedeutende Differenzierung stattgefunden mit vielfältigen Aufstiegschancen für den Einzelnen innerhalb der breiten Arbeitnehmerschaft – ein Prozess, der sich kontinuierlich bis fast zum Ende des 20. Jahrhunderts fortsetzte. Es war nicht die Lebensweise des einstigen Proletariats, die der Gesellschaft ihren Stempel aufdrückte, sondern umgekehrt drang die Lebensweise des Bürgertums in die Arbeiterschaft ein und die einst scharf gezogenen Grenzen wurden fließend.

Mit dem Ende des Ersten Weltkrieges überzog ein Jahr nach Lenins Oktoberrevolution 1917 die revolutionäre Welle ganz Europa, in der die Sozialdemokratie eine maßgebliche Rolle spielte und die bis Ende 1923 anhielt, besonders heftig in den Landen des einstigen Deutschen Reiches und der Habsburger Einflusssphäre. Im Kern ging es dabei um eine Demokratisierung der Gesellschaft mit gleichen Rechten für alle Gesellschaftsmitglieder.

Dennoch wirkte die russische Revolution auf die sozialen Konflikte dieser Zeit. In Bayern war es zur Ausrufung einer sozialistischen Räterepublik und in Ungarn unter Béla Kun zur kommunistischen Revolution nach Lenins Vorbild gekommen. Beide Versuche scheiterten kläglich. Jedoch bewirkte die russische Oktoberrevolution eine Differenzierung in der europäischen Arbeiterbewegung und damit auch ihre Schwächung. Lenin gründete im März 1919 die III. Internationale (Komintern), um in ihr alle linkssozialistischen und späteren kommunistischen Parteien zu versammeln. Auf ihrem 2. Kongress, im Juli 1920, auf dem linke Parteien fast aller entwickelten Länder vertreten waren, wurden diese auf das Revolutionskonzept von Lenin eingeschworen. Von da an bemühte sich Moskau, mittels dieser Parteien auf die revolutionäre Entwicklung in Europa aktiven Einfluss zu nehmen.

Die Beitrittsbedingungen zur Komintern zwangen den kommunistischen Parteien das leninsche Verständnis von Partei und sozialer Revolution auf. Das hatte deprimierende Folgen. Das russische Beispiel fanden die Massen in diesen Ländern wenig attraktiv, sodass die neuen kommunistischen Parteien keine breite Basis hatten. Sie versuchten zwar vielerorts Aufstände zur Machtergreifung, allerdings ohne Erfolg. Die Aufstände waren überwiegend schlecht organisiert und charismatische Führerpersönlichkeiten vom Typ Lenin waren nicht vorhanden. Die Tragik der Geschichte besteht darin, dass sie von ihren einstigen Brüdern in der Sozialdemokratie, unterstützt von der militanten Reaktion, geschlagen wurden und auch Mord, z. B. an Karl Liebknecht und Rosa Luxemburg, nicht ausblieb. Das vertiefte den Graben innerhalb der Arbeiterschaft und erleichterte den Aufstieg der nationalsozialistischen Bewegung.

Nach 1923 hatte sich der Kapitalismus in Europa erholt und seine Macht wieder einigermaßen restauriert. Was dem folgte, wird fasslich, wenn die Veränderungen in der ökonomischen Basis der kapitalistischen Ordnung begriffen werden. Kapital ist seinem Wesen nach expansiv, aufgrund seines immer weiter ausgreifenden Rohstoffbedarfes sowie der notwendigen Vergrößerung der Absatzmärkte. Da das Kapital zunächst auf nationaler Ebene agiert, erweckt es im kapitalistischen Reifeprozess zunehmend imperiale Bestrebungen. Darin liegt die tiefere Begründung für den Ersten Weltkrieg. Die einzelnen imperialen Mächte hatten das Ziel, ihre Rohstoff- und Absatzmärkte auf Kosten der Nachbarn auszudehnen. Die bei der Aufteilung der Welt aus bereits genannten Gründen zu spät Gekommenen, die europäischen Mittelmächte, verbündeten sich gegen die anderen europäischen Länder, um die Geschichte zu korrigieren. Sie wurden geschlagen. Doch damit waren die Ursachen für die Auseinandersetzung nicht beseitigt.

Die USA, trotz eigener imperialer Bestrebungen auf dem amerikanischen Kontinent und im pazifischen Raum, setzten, nicht unwesentlich bestimmt durch ihre kapitaldemokratische Staatsverfassung, vorrangig auf eine Politik des freien Marktes und des internationalen Wettbewerbes. Das war damals – die Zeiten ändern sich – eine ganz andere Strategie und Politik der USA im Vergleich zu den europäischen Nationen mit Weltmachtambitionen. Die Politik der europäischen Großmächte verfolgte das Ziel der Vorherrschaft in Europa durch Vorteilsnahme und Ausschaltung der Mitkonkurrenten.

Die USA trugen dem internationalen Charakter des Kapitals Rechnung und setzten maßgeblich auf eine Politik, die dem freien Spiel der Kräfte und damit dem Wettbewerb den Vorzug gab. Das entsprach völlig ihrem kapitalistischen Demokratieverständnis nach innen wie nach außen. Die USA, nach dem Ersten Weltkrieg im Unterschied zu den europäischen Großmächten ein gewaltiges territoriales Potenzial mit gewichtigen, noch erschließbaren Rohstoffvorkommen und einem großen, aufnahmefähigen Markt, zogen sich, vor allem nach der Wahlniederlage von Präsident Wilson, aus der europäischen Politik zurück.

Die Europäer, denen im Ersten Weltkrieg erstmals die bedeutende wirtschaftliche Macht der USA aufgegangen war, verfuhren kurze Zeit danach wieder so, als sei europäische Politik immer noch gleich Weltpolitik. Die Besiegten hatten aus ihrer Niederlage nichts gelernt. Die Verträge von Versailles waren das Friedensergebnis, geschlossen zwischen imperialen Räubern und für die Besiegten eine Schmach. Die Versailler Verträge trug den Keim des Revanchismus bereits in sich.

Weltwirtschaftskrise

Nachdem Sieger und Besiegte sich vom bis dahin brutalsten Krieg aller Kriege erholt hatten, wurde der Kapitalismus mit der Weltwirtschaftskrise von 1929 bis 1932 wiederum bis in seine Grundfesten erschüttert. Wo lagen die Ursachen für diese Krise? Der Krieg hatte allen Beteiligten zwar große Verluste an Menschen und Werten gebracht, aber gleichzeitig im Wettlauf der Rüstungen den technischen Fortschritt unerhört beschleunigt. Nach dem Krieg, der die Länder, insbesondere auch die USA, verschuldet hatte, war dieser wissenschaftlich-technische Fortschritt nicht mehr destruktiv zu nutzen und beförderte die friedliche Produktion. Das ergab einen beachtlichen Produktivitätsschub, der die Waren und Dienste verwohlfeilerte, sodass bei steigenden Profiten die Kaufkraft mit dem Warenausstoß nicht mehr Schritt halten konnte. In der Neuwertschöpfung hatte sich das Verhältnis zwischen Arbeitslöhnen und abgeschöpftem Mehrwert zugunsten Letzterem deutlich verschoben. Gemäß der inneren Machtstrukturen und den historisch gewachsenen Gesellschaftskonzeptionen wurde die Krise ganz unterschiedlich bewältigt.

Die USA, die mit 15 Millionen Arbeitslosen durch die Krise besonders gebeutelt waren und den Mythos von der ungebremsten Prosperität verloren, setzten wie von jeher auf die Selbstheilungskräfte des Kapitalismus, ohne diesen selbst infrage zu stellen.

Mit Franklin Delano Roosevelt wurde Ende 1932 der Kandidat der Demokraten zum Präsidenten gewählt, der er – einmalig in der amerikanischen Geschichte – bis 1945 bleiben sollte. Er verpasste dem US-Kapitalismus mit einem tiefgreifenden Reformpaket eine Rosskur, die unter der Bezeichnung „New Deal" in die Geschichte einging. Es war ein Reformwerk, bedeutend abweichend von der bisherigen amerikanischen Praxis, mit dem er den ungezügelten Kapitalismus mit Mitteln des Staates, mit der Ausweitung des Staates, zügelte. So rettete er den Kapitalismus in seiner demokratischen Verfassung. Es war der Weg durchgreifender Reformen, der ganz dem demokratischen Sendungsbewusstsein und der hemisphärischen Isolation der USA entsprach.

Anders in Europa. England, damals noch Weltmacht, betrieb eine distanzierte Politik zum europäischen Festland und war mit der Neugestaltung seines riesigen Kolonialreichs, welches es aus dem britischen Empire in ein Commonwealth of Nations umbaute, um es so vor dem Untergang zu retten.

In der Nachkriegszeit war England, im Unterschied zu Frankreich, zuerst um eine Politik des Ausgleichs mit Deutschland bemüht. Frankreich, welches zäh an den deutschen Reparationszahlungen festhielt, hatte unter den Schäden des Krieges stark zu leiden. In der großen Krise gab es in Frankreich zwar einen leichten Ruck nach rechts, ohne allerdings die demokratisch-republikanische Staatsverfassung zu gefährden.

In Deutschland, Italien und den Nachfolgestaaten der Habsburger Monarchie lagen die Dinge anders. Hier war der Kapitalismus durch den Kriegsausgang weniger ökonomisch, sondern mehr noch moralisch arg geschwächt. Die Weltwirtschaftskrise wirkte hier besonders krass, weil die Länder mit Krediten an die USA stark verschuldet waren. In unmittelbarer Nachbarschaft, in Sowjetrussland, entwickelte sich etwas ganz Neues, bislang in der Geschichte noch nicht Dagewesenes, was die eigenen inneren sozialen Konflikte reflektierte. Versailles und der Bolschewismus – „die bolschewistische Gefahr" – lieferten den faschistoiden Populisten den Stoff für ihre ideologische Demagogie.

Erinnern wir uns zunächst der historischen Bedingungen, die das Entstehen, Werden und Reifen des Kapitalismus bis zu seiner imperialen Ausprägung zu Beginn des 20. Jahrhunderts kennzeichneten. England war der Klassiker des Kapitalismus, indem das Kapital sehr früh die politische Macht übernahm, indem der Adel verbürgerlichte und indem sich bereits von Anbeginn demokratische Staatsformen mehr und mehr ausprägten. Die USA, sozusagen ein englisches Exportprodukt, traten mit der Unabhängigkeit sofort als kapitalistische Demokratie in die Welt. Frankreich eröffnete als große Nation auf dem europäischen Festland den demokratischen Reigen und ließ mit seiner bürgerlichen Revolution von 1789 ganz Europa bis in seine Grundfesten erbeben. Selbst wenn es in Frankreich danach noch einige Versuche gab, das Ancien Régime zu restaurieren, überwog stets die bürgerliche Gesellschaft, die sich zunehmend in demokratischen Staatsformen übte.

Ganz anders stellen sich die Dinge in den Ländern dar, die einst zum Herrschaftsbereich der Habsburger gehörten, also die Länder, die deren Hausmacht bildeten oder über die sie als deutsche Könige und Kaiser über Jahrhunderte herrschten. In all diesen Ländern vollzog sich die Ausprägung der kapitalistischen Produktions- und Herrschaftsweise eben grundlegend anders als in der übrigen Welt.

Das Ancien Régime hatte in diesen Ländern das Werden des Kapitalismus überdauert. Einen Machtwechsel von der adeligen Aristokratie hin zur bürgerlichen Republik gab es nicht. Vielmehr entstand eine Oligarchie zwischen Adel und Bourgeoisie, zwischen Grundbesitz und Kapital. Aber im Unterschied zu England verbürgerlichte nicht der Adel, sondern die Bourgeoisie näherte sich in ihrer Denk-, Verhaltens- und Handlungsweise dem Adel an. Das alte Herren-Untertanen-Verständnis von Gesellschaft lebte fort.

Wer nach dem Ursprung des Herrenmenschentums des Faschismus forscht, wird hier ansetzen müssen. Da es der Massen bedurfte, wurde diese altfeudale Ideologie aus dem Inneren der Gesellschaft auf die Ebene der Beziehungen zwischen Völkern transferiert. Das Bürgertum genannter Länder erlangte nie ein bourgeoises Selbstbewusstsein vergleichbar dem in England oder Frankreich. In den Ländern des alten Reiches Deutscher Nation bezieht das Bürgertum sein Bewusstsein nicht aus sich selbst, sondern vom Seniorpartner, dem Adel, und das lässt sich bis in unsere heutigen Tage beobachten.

Dazu ein schlagendes Beispiel: In der zweiten Hälfte der 90er-Jahre des 20. Jahrhunderts besuchte ich eine Veranstaltung für Manager in München. Empfangen wurde als einer der Referenten Otto Habsburg, damals Abgeordneter der bayerischen CSU im Europaparlament. Begrüßt wurde er als „kaiserliche Hoheit" mit minutenlangen stehenden Ovationen, ganz so, als sei er noch immer der Kaiser aller Deutschen, obwohl die Habsburger bereits

1918 all ihrer Besitzungen und Titel verlustig gingen. Selbst der ebenfalls als Referent anwesende Ministerpräsident Thüringens, Bernhard Vogel, Staatsmann einer demokratischen Republik, beteiligte sich stehend aktiv an dieser Huldigung des „Kaisers".

Für mich, der ich im Osten Deutschlands gelebt hatte, wirkte diese Huldigung mehr als befremdlich. Ich war zu dieser Zeit noch nicht lange in Bayern und fragte mich: „Wo bist du hier nur hingeraten?" Für die Bayern scheint gelebte Geschichte noch Gegenwart zu sein. Das Beispiel zeigt uns die Zählebigkeit historisch gewachsener Traditionen und Denkweisen schwarz-weiß-roter Färbung, hinter denen sich natürlich auch ganz handfeste ökonomische Interessenbündnisse verbergen.

Im deutsch-habsburgischen Einflussbereich gab es zu keiner Zeit demokratische Staatsverfassungen vergleichbar den klassischen kapitalistischen Nationen. Demokratische Republiken entstanden erstmals unter dem Druck der Ereignisse einer katastrophalen Niederlage 1918. Die neu entstandenen, sich als Demokratien profilierenden Staaten waren aber in einer ganz anderen Position als z. B. England, Frankreich und die USA. In jenen Ländern ruhte die Demokratie auf einer starken, machterfahrenen und -erprobten Klasse der Kapitaleigner, am ausgeprägtesten in den USA, gefolgt von England. In den deutschen und habsburgischen Landen erlangten Sozialdemokraten – damals noch auf die Arbeiterschaft fixiert – also Parteiführer des werktätigen Volkes, politischen Einfluss, da auch die Bourgeoisie als oligarchischer Partner der kaiserlichen Aristokratie durch die Niederlage gezeichnet war.

Leider wurde die Sozialdemokratie durch den Einfluss der Komintern und die Abspaltung linker Gruppierungen geschwächt, sodass sie Koalitionspartner vor allem im bürgerlich-aristokratischen Lager suchen musste. Der bislang herrschenden Oligarchie war die demokratische Entwicklung mehr als suspekt. In ihrem Denken herrschte nach wie vor das alte, in der Hausmachtpolitik und Reichsmachtpolitik der Habsburger und der preußischen

Hohenzollern begründet liegende Konzept europäischer und Weltmachtpolitik. Nicht freier Wettbewerb der Kapitale, wie von den USA vertreten, sondern Vormachtstellung in Europa und der ganzen Welt blieb ihr Ziel. Es war ihre Vorstellung. Allerdings besaßen die nationalen Oligarchien erstens nicht mehr wie einst die unumschränkte Macht und zweitens hatte der Erste Weltkrieg erkennen lassen, dass künftig ohne die im politischen Bewusstsein erstarkenden Massen, oder gar an den Massen vorbei, keine Politik mehr zu machen war. Zusätzlich wurden diese Oligarchien verunsichert durch die Entwicklung im russischen Raum, deren Bedeutung für Europa und die Welt heute zwar klar, damals aber nicht abschätzbar war.

Aufkommender Faschismus

Im über Jahrhunderte zerrissenen und weiträumig von den Habsburgern beherrschten Italien waren die sozialen Spannungen nach dem Ersten Weltkrieg noch ausgeprägter als anderswo. Hier fanden sozialistische Ideen einen guten Nährboden, was zu einer entsprechenden Massenbewegung führte. Vergleichbar der russischen Revolution forderten die Bauern eine Landreform. Massenstreiks lähmten die Wirtschaft. Das Kapital reagierte mit Aussperrungen, worauf die Arbeiter Fabriken besetzten. Die Gefahr einer heranreifenden sozialistischen Revolution war augenscheinlich.

Die Gefahr erkennend, entwickelte sich unter dem Einfluss der alten reaktionären Kräfte parallel zur sozialistischen eine nationalistische Bewegung unter Mussolini, einem Schulmeister, der bezeichnenderweise aus der sozialistischen Bewegung kam. Mit dem gleichen Gedankengut, jetzt nur in maßlos übersteigerter Demagogie, mit dem in der Vorkriegszeit die herrschende Oligarchie die Völker der Mittelmächte für den Krieg reif gemacht hatte, erreichte diese Bewegung Masseneinfluss, indem sie den nationalen Zorn entfachte und die Versailler Verträge für die soziale Misere verantwortlich machte.

Mit Mussolinis Bewegung setzten sich allmählich wieder die in Italien noch herrschenden Gedanken, die Gedanken der alten herrschenden Klassen, durch. Ihr demagogisch-ideologischer Feldzug war imperial, antidemokratisch und antikommunistisch, eine Reflexion der politischen Ziele der alten autokratischen Herrschaft, der alten oligarchischen Elite, allerdings, und das war neu, mit einer breiten Massenbasis und gerichtet gegen den neuen Feind, den Kommunismus. Es war eine Bewegung, die die wirklichen Ergebnisse des Ersten Weltkrieges uminterpretierte, um die Völker für einen erneuten, nun faschistischen Waffengang reif zu machen.

Die Geschichtsklitterei geht heut so weit, die europäische faschistische Periode als eine revolutionäre Bewegung und ihre Führer, Mussolini, Hitler, Horthy, Franco, Salazar usw., als Revolutionäre darzustellen. Revolutionen finden bekanntlich von den in der Geschichte Handelnden unbemerkt in der ökonomischen Basis der Gesellschaft statt und erwachsen aus der Rebellion der gesellschaftlichen Produktivkräfte gegen die bestehenden Produktionsverhältnisse.

Mit dem Eintritt ins 20. Jahrhundert drängten diese Basiskonflikte auf Expansion der kapitalistischen Produktionsweise, auf internationale Entfaltung des Kapitals, der die USA mit einer Politik des freien Spiels der Kräfte im Weltmaßstab entsprechen wollten, während die Oligarchien Mitteleuropas dem mit von den Massen getragenen, imperial-militärischen Vormachtstreben, also der antiquierten Denkweise der einstigen feudalen Herrscher, gerecht werden wollten – ein aussichtsloses, ein reaktionäres Unterfangen, wie im Ergebnis des Ersten Weltkrieges schlagend deutlich geworden war.

Faschismus war der Versuch der Restauration des alten machtpolitischen Anspruchs der alten habsburgisch-deutschen Oligarchien gegen den revolutionären Trend, insbesondere von den USA ausgesendet, den Kapitalismus demokratisch zu reformieren, zu modernisieren und so zu erneuern.

Mussolinis Bewegung zog gegen den Kommunismus als Volksverderber zu Felde, appellierte an nationale Größe und trieb erneut offene Kriegspropaganda. Sollte es ein reiner Zufall sein, dass sich Grundbesitz und Kapital ausgerechnet dieser Bewegung bedienten, um das aufrührerische, von sozialistischen Ideen infizierte Volk zu bändigen? Oder war es vielmehr diese neue Art von Massenbewegung, die die alte Oligarchie brauchte, um ihre Herrschaft wieder vollständig zu restaurieren? War nicht der zum Chauvinismus gesteigerte Nationalismus das geeignete Mittel, um vom Kern des gesellschaftlichen Konfliktes, der aus dem Widerspruch zwischen feudalem Grundbesitz, Kapital und Arbeit erwuchs, abzulenken, indem das natürliche Nationalempfinden, welches die Habsburger jahrhundertlang mit Füßen getreten hatten, missbraucht und pervertiert wurde?

Erinnern wir uns der Mittel, die die jeweils Herrschenden in den zurückliegenden Jahrhunderten missbrauchten, um ihre wahren, vor allem ökonomischen und hegemonialen Kriegsziele zu verschleiern und die Völker zum Kampf gegeneinander zu mobilisieren, so stellen wir fest: Es war vor allem der Missbrauch religiöser Gefühle.

Inzwischen war die Aufklärung vorangeschritten, mit Gott allein, wenngleich auch er immer wieder bemüht wurde, war keine Massenpsychose mehr zu erreichen. Der Nationalismus war der neue Popanz, wenngleich das Kapital längst internationale Wege beschritt. All das sind Gedanken, die sich bereits bei dem ersten Land, welches in die faschistische Diktatur marschierte, aufdrängen. Sie stellen sich auch für alle anderen Staaten, die dem von Italien vorgezeichneten Weg folgten.

Die von Mussolini geführte Bewegung entwickelte zuerst die dann von allen anderen Mittelmächten kopierten Mittel und Methoden für den Massenwahn: „… Technik und Stil der Massenversammlungen und der Demagogenrede, der Beschwörung historischer Größe und machiavellischer Macht, schließlich Drohung und Terror von der Leibwache bis zur Privatarmee …" (6/116)[16]

Es waren Mittel und Methoden, die 10 Jahre später in der deutschen Variante des Faschismus vollendet perfektioniert wurden. Die Ideologie des Faschismus war nicht etwa eine neue wissenschaftliche Weltsicht, sondern nur eine äußerst rückwärtsgewandte, primitive Demagogie, die an die niedersten Instinkte der Menschen appellierte, die zwar massenwirksame, sich oft aber wechselseitig ausschließende, aus dem sozialen Konflikt erwachsende Anschauungen zu einem eklektizistischen Brei zusammenbraute. Damit sollten alle Klassen und Schichten der Gesellschaft angesprochen, die Klassenunterschiede verwischt und eine neue „völkische" Bewegung hervorgerufen werden. Es war die Art von Massenbewegung, die sich die alte Machtoligarchie schuf und sich ihrer bediente, um die alten Machtziele in neuem Gewand zu ihrem neuen Mittel politischer Machtausübung zu machen.

In der deutschen Variante, die sich Nationalsozialismus nannte, aber nicht im Entferntesten etwas mit Sozialismus gemein hatte, wird die Perversion der Demagogie besonders anschaulich, zumal sie ihre Partei, die NSdAP, auch noch Arbeiterpartei nannte. Das zeigt nur, wie die Machtoligarchie, um Massenwirksamkeit zu erzielen, die breite Arbeiterbewegung unterwandern und deren politisch-soziale Ziele verwässern musste.

Nachdem die faschistische Bewegung Norditalien, Teil des alten habsburgischen Machtbereichs, großteils beherrschte, Armee und Polizei faschistisch unterwandert waren, König Viktor Emanuel III. der noch demokratischen Nachkriegsregierung den Widerstand gegen die faschistische Gefahr durch Ausnahmezustand untersagte, war der Weg Mussolinis 1922 zur Übernahme der Macht in Italien frei.

Der von den Faschisten theatralisch inszenierte Marsch auf Rom mit 40.000 Mann war eine jener Schaustellungen für das Volk, denn sein „Führer" – der „Duce" – war bereits vorher vom König, dem Repräsentanten der alten Machtoligarchie, mit der Bildung einer neuen Regierung beauftragt worden.

Der erste faschistische Diktator benötigte noch 4 Jahre Zeit, bis seine Diktatur vollendet war. Hitler schaffte es in 5 Monaten. (6/118)[17] Von Papst Pius XI., der Mussolini als Mann der Vorsehung pries, erhielt der italienische Faschismus, wie später auch der deutsche, den Segen der ach so christlichen katholischen Kirche, der alten ideologischen Hochburg der Oligarchie im einst habsburgischen Herrschaftsbereich. Ging es doch gegen die gemeinsamen Feinde, gegen Sozialismus und Kommunismus, gegen Demokratie und Aufklärung.

1932 äußerte Mussolini klar und eindeutig: „… der Faschismus glaubt … nicht an die Möglichkeit oder Nützlichkeit ewigen Friedens … Allein der Krieg steigert sämtliche Energien des Menschen zu ihrer höchsten Anspannung." (6/122)[18] So bestand kein Zweifel mehr. Der Faschismus war eine stockreaktionäre, nach hinten gerichtete, die finstersten habsburgisch-deutschen Mächte der Geschichte neu belebende Bewegung.

Nationalsozialismus

In Deutschland vollzog sich die Machtergreifung durch Hitler 10 Jahre später, auch hier von der alten Oligarchie langfristig vorbereitet. In Deutschland machte der aus Österreich eingewanderte Hitler in seinem Putschversuch am 8./9. November 1923 auf sich aufmerksam und wurde so auch über München hinaus bekannt. Er übertraf in seinen in Hysterie ausartenden Reden alles an Demagogie bislang Gekannte.

Der alten Oligarchie wie auch der rechtsgerichteten bayerischen Regierung kam er nicht ungelegen und genoss deren Sympathie. Bereits zu Beginn des Jahres 1923 hatte Seeckt, Befehlshaber der Reichswehr, in der die alte Macht ihre stärksten Bastionen besaß, Kontakt zu Hitler und Ludendorff hergestellt. Die alte, im Krieg geschlagene und 1918 arg geschwächte Macht verstand es, zunächst kaum merklich, sich zu restaurieren und ihren Einfluss in der demokratischen Republik zu verstärken.

Die Zeit der Weimarer Republik mit ihren vielen Konflikten war ein Kräfteringen der alten Machtoligarchie mit den neuen, auf Demokratie setzenden, dem westeuropäischen und amerikanischen Vorbildern folgenden Kräften, das eine zusätzliche Verschärfung durch die kommunistische Bewegung erfuhr, in der die Befürworter wie die Gegner der kapitalistischen Demokratie einen gemeinsamen Feind sahen. Dadurch wurde der alten Oligarchie die Restauration ihrer Macht erleichtert.

Bereits Mitte der 20er-Jahre gelangte Hindenburg, der alte Generalfeldmarschall des Ancien Régime, als Präsident an die Spitze der Weimarer Republik. Der Ruck von der demokratischen zur antidemokratischen Staatsverfassung vollzog sich unter ihm schleichend.

Die Befürworter eines demokratischen Kapitalismus hatten in Gustav Stresemann ihren starken, charismatischen Vertreter. Unter seiner Kanzlerschaft zeichnete sich so etwas wie eine friedliche, übernationale Europapolitik ab, wofür er gemeinsam mit Briand (Frankreich) und Chamberlain (England) den Friedensnobelpreis erhielt. Unter ihm reifte auch in der deutschen Politik erstmals der Europagedanke. Er starb am 3. Oktober 1929, kurz vor Ausbruch der Weltwirtschaftskrise. Infolge dieser beiden Ereignisse war der kurze Traum vom friedlichen Europa alsbald ausgeträumt. Er sollte erst nach 1945 konkrete Gestalt annehmen.

Mit den Reichskanzlern in der Folge: Heinrich Brüning, Franz von Papen und Kurt von Schleicher wurde unter der Präsidentschaft von Hindenburg der Demokratie der Boden entzogen und der Weg für den Machtantritt Hitlers geebnet, nicht zuletzt auch durch das Engagement Alfred Hugenbergs – Führer der Deutschnationalen Volkspartei und durch enorme Spekulationsgewinne in der Zeit der Inflation zu Reichtum und Macht gelangt.

Sie mussten sich beeilen. In der zweiten Hälfte des Jahres 1932 klang die Weltwirtschaftskrise, die Hitler für seine Demagogie ausgeschlachtet hatte, ab. In den Novemberwahlen 1932 fiel die NSdAP von 37 % auf 33 % der Wählerstimmen zurück. Die Linksparteien hatten beachtlich zugelegt. Die braune Bewegung, von der Oligarchie über Jahre hochgepäppelt, hatte ihren Gipfel überschritten und der Traum von einer Machtübernahme mit parlamentarischen Mitteln schien ausgeträumt. Just in dieser Situation berief Hindenburg, getrieben von der alten Oligarchie, Hitler zum Reichskanzler. Welch ein unglücklicher „Zufall" der Geschichte!

Hitler war zwar nun Reichskanzler, verfügte aber noch nicht über eine parlamentarische Mehrheit. Im Bunde mit Hindenburg bediente er sich des Artikels 48 der Weimarer Verfassung, um mit Gewaltdiktatur im Februar und März 1933 nun „… die öffentliche Meinung der nationalsozialistischen Propaganda gefügig zu machen, die Grundrechte zu beseitigen, die Länder gleichzuschalten und das gesamte öffentliche Leben einem permanenten Ausnahmezustand zu unterwerfen" (6/129)[19].

Mit dem Ermächtigungsgesetz vom 23. März 1933 war die Errichtung der faschistischen Diktatur in Deutschland vollzogen. Die machtpolitische Zielstellung der alten Oligarchie im neuen Gewand der Massenbewegung, die sie während der gesamten Zeit der Weimarer Republik verfolgte, war vollzogen – ein Vorgang, der in der Weltgeschichte durchaus nicht einmalig ist.

Der deutsche Schriftsteller und Humanist, Heinrich Mann, beschrieb in seinem historischen Roman über Heinrich IV. von Frankreich anschaulich und ergreifend, wie der Habsburger Philipp II. von Spanien in seinem imperialen Machtstreben mit spanischem Geld und unter Missbrauch der Religion, in Gestalt der katholischen Liga, in Frankreich eine politische Massenbewegung schuf, um sich dieses Land zu unterwerfen. Zum Schluss scheiterte er am gesunden Menschenverstand und dem nationalen Empfinden der Franzosen, die ins Zeitalter der Aufklärung eingetreten waren.

In Hitler und seiner Bewegung, die sie finanzierte, hatte die alte Oligarchie das Mittel gefunden, welches geeignet war, mit neuer, manipulierter Propaganda große Volksmassen zu mobilisieren und für ihre expansiven ökonomischen Ziele in Marsch zu setzen. Über die Herkunft der Mittel, mit denen die braune Bewegung bis zur Machtübernahme großgezüchtet wurde, muss nicht lange spekuliert werden. Leider war der Menschenverstand der Deutschen nicht so gesund wie einst der der Franzosen.

Die Welle der Errichtung faschistischer Diktaturen erfasste aber nicht nur Italien und Deutschland, sondern auch Österreich, Ungarn, Spanien, Portugal und einige Länder des Balkans. Schon finden wir alle Länder des einstigen Habsburger Herrschaftsbereiches wieder vereint, also all jene Länder, in denen der Positionswechsel zwischen aristokratischem Adel und Bourgeoisie beim Übergang von der feudalen zur kapitalistischen Ordnung nie vollzogen wurde, sondern eben jene eigentümliche, den alten Hegemonialansprüchen verpflichtete, unheilige Allianz der alten und neuen Herrschaft entstehen ließ, die sich der Entfaltung der kapitalistischen Demokratie mit Macht entgegenstellte.

Eine Ausnahme bildete die Tschechoslowakei. Hier handelte es sich um ein deutsch-slawisches Völkergemisch, in dem unter habsburgischer Herrschaft die Deutschen immer auf Kosten der Slawen privilegiert waren. Nach ihrer Befreiung von der Habsburger Herrschaft wendete sich das Blatt und so sollte es nicht lange dauern, bis Hitler diese Republik als Böhmen und Mähren unter Protektorat des Deutschen Reiches stellte und die Slawen erneut unterdrückte.

Kampf zweier Kapitalismusmodelle

Die Entwicklung des Kapitalismus in der Zeit zwischen den beiden Weltkriegen war ihrem Wesen nach ein Kampf zwischen 2 differierenden Modellen dieser gesellschaftlichen Ordnung – ein

Kampf, der schließlich in den Zweiten Weltkrieg mündete und erst mit dessen Ende entschieden war. Das eine Modell war das der hegemonialen, feudalen, habsburgisch-preußisch-deutschen Prägung mit der beschriebenen aristokratisch-bourgeoisen Machtoligarchie, das im Ersten Weltkrieg eine schwere Niederlage hinnehmen musste, aber noch nicht endgültig geschlagen war.

Das andere Modell war der demokratisch verfasste, in den USA klassisch ausgeprägte, bürgerliche Kapitalismus, der seine gesellschaftliche Zukunft im freien Spiel der Kräfte des Kapitals im internationalen Wettbewerb erkannte und dem neben den USA, England und Frankreich andere kleinere europäische Länder sich zunehmend verschrieben.

Das Modell der aristokratisch-bourgeoisen Machtoligarchie erhielt im asiatischen Raum mit Japan Verstärkung. Diese kapitalistische Großmacht zählte zu den unbefriedigten Siegern des Ersten Weltkrieges. Japan litt unter einem starken Bevölkerungsdruck und unter Rohstoffknappheit. Nach dem Ersten Weltkrieg war es mehr noch als die europäischen Länder von inneren sozialen und politischen Konflikten gebeutelt. Die auch hier um die Macht ringende aristokratisch-bourgeoise Oligarchie suchte den Ausweg aus der Krise in imperialer Hegemonialpolitik im pazifischen Raum. Damit war der Konflikt mit dem US-Kapital, das eigene Interessen in diesem Raum und in China verfolgte, vorprogrammiert. So erwuchs den europäischen Mittelmächten in Asien ein Verbündeter, der im Zweiten Weltkrieg eine maßgebliche Rolle spielte.

Neben der Auseinandersetzung zwischen den beiden kapitalistischen Mächtegruppen, der die Zeit prägte, wirkte ein neues Phänomen der Weltgeschichte, der Sowjetkommunismus. Noch war er nicht so stark, dass er das Muskelspiel der Kapitalgruppierungen ernstlich stören konnte. Dennoch wurde er, insbesondere im Lager des autokratisch-bourgeoisen Kapitalismus, als potenzielle Gefahr wahrgenommen und, da sein Einfluss auf die werktätigen

Massen spürbar war, mit einer an Breite und Tiefe gewinnenden antikommunistischen Ideologie bekämpft.

Der Bolschewismus wurde vom Faschismus in gleicher Weise diskreditiert wie die Juden und alle anderen, nicht arischen „Untermenschen". Die alles umfassende, weltweite Auseinandersetzung zwischen Kapitalismus und Sowjetkommunismus erreichte aber erst nach dem Zweiten Weltkrieg ungeahnte Dimensionen. Diese Auseinandersetzung war auf die Zeit nach dem Krieg vertagt worden, weil der demokratische Kapitalismus die Sowjetunion als Bündnispartner brauchte, um den aristokratisch-bourgeoisen Kapitalismus niederzuringen.

Die Ausführungen zur Entwicklung des Kapitalismus nach dem Ersten Weltkrieg lassen erkennen, dass der Faschismus – gleichgültig ob in italienischer, deutscher, spanischer, portugiesischer usw. Prägung – nur im Zusammenhang mit dem historischen Kontext begriffen werden kann. Er war weder ein neues Modell gesellschaftlicher Ordnung noch gar ein dritter Weg neben Kapitalismus und Kommunismus für die Zukunft der Menschheit. Er war einfach die historisch spezifische Erscheinungsform des aristokratisch-bourgeoisen Kapitalismus, der der alten Oligarchie die unverzichtbar gewordene Massenbasis zur Verwirklichung ihrer hegemonialen und imperialen Machtinteressen schuf, und verschwand mit dieser reaktionären Kapitalismuskonstruktion.

Der Faschismus war das letzte, verspätete Aufbäumen der historisch überlebten Kapitalismusauffassung gegen ihre moderne Variante. Nachdem der Kampf beendet war, setzte sich die moderne Variante weltweit durch. Das war auch dringend geboten, denn nach dem Zweiten Weltkrieg war dem Kapital aller Länder unübersehbar geworden, dass ihm mit dem siegreichen Sowjetimperium ein neuer Antipode erwachsen war, der die internationale Vereinigung der Kapitalkräfte geboten erscheinen ließ.

3.2 Die Entwicklung des Kapitalismus nach dem Zweiten Weltkrieg

Mit Ausführungen zur Geschichte des Kapitalismus nach dem Zweiten Weltkrieg nähern wir uns unserer unmittelbaren Gegenwart. Es ist die Zeit, die mein gesamtes Leben bestimmt hat. Hier interessiert die Zeit des „Wirtschaftswunders" der westlichen Welt, die bis in die 1970er-Jahre hineinreichte. Danach flachte sich das Wirtschaftswachstum ab, die kapitalistische Gesellschaft, die inzwischen ein hohes Niveau des Wohlstandes erreicht hatte, schien stillzustehen, als hätte sie die Entwicklung eingestellt. Krisenhafte Erscheinungen, die zum Ende der 1980er-Jahre deutlich hervortraten, machten sich breit.

Der wirtschaftliche Aufschwung des Westens nach dem Zweiten Weltkrieg wird häufig mit dem Erstarken des sowjetischen Staatssozialismus in Verbindung gebracht, ganz so, als wäre das Kapital zu Zugeständnissen an die sozialistische Alternative gezwungen gewesen. Natürlich blieb die zweigeteilte Welt nicht ohne Einfluss auf den Kapitalismus. Nur wäre es eine eingeengte Sicht, die Wohlstandsentwicklung in der entwickelten kapitalistischen Welt auf die Existenz des sowjetischen Staatssozialismus zu reduzieren. Die tiefere Begründung finden wir in den ökonomischen Wandlungen, die das Kapital durchlief.

Der Zweite Weltkrieg war eine Zäsur in der Weltgeschichte. Bereits der Erste Weltkrieg hatte mit der Stellung der USA in diesem Krieg erkennen lassen, dass europäische Politik nicht gleich Weltpolitik ist. Dieses Bewusstsein hielt in Europa nicht lange vor. Nach dem Zweiten Weltkrieg war nunmehr unübersehbar: Europa hörte auf, Subjekt der Weltpolitik zu sein. Unter dem Führungsanspruch der beiden Supermächte, USA und Sowjetunion, wurde Europa Objekt der Weltgeschichte. Der Konflikt der beiden Großmächte wurde in einem rund 40 Jahre währenden Kaltem Krieg vorrangig in Europa ausgetragen. Bereits in den Konferenzen von Teheran, Jalta und Potsdam hatten die beiden nun erkennbar werdenden Supermächte ihre Interessensphären abgesteckt, an deren Grenzen in Europa sich künftig 2 militärische Blöcke gegenüberstehen sollten, die NATO und der Warschauer Vertrag.

Europa war durch den Zweiten Weltkrieg verwüstet und wirtschaftlich arg geschwächt. Das betraf alle in den Krieg verwickelten Länder von England über Frankreich, stärker betroffen die einstigen Mittelmächte Deutschland, Österreich und Italien, einschließlich ihre Satellitenstaaten in Osteuropa und auf dem Balkan sowie am gravierendsten die Sowjetunion, die die Hauptlast des Krieges getragen hatte, in der sich die faschistische Doktrin der verbrannten Erde ausgetobt hatte.

Während des Krieges hatte sich die innere Einstellung der Völker Westeuropas und in den USA zur Sowjetunion – ihrem ausschlaggebenden Bündnispartner gegen den faschistischen Aggressor – gewandelt. Die antikommunistische Propaganda ruhte während des Krieges und in die Konzepte des antifaschistischen Widerstandes für eine friedliche europäische Nachkriegsordnung waren auch sozialistische und kommunistische Ideen eingeflossen. Im Denken der europäischen Völker während und nach dem Krieg, mit Ausnahme von Deutschland und Österreich, wo die faschistische Ideologie von der bolschewistischen Gefahr die Hirne der Menschen vernebelte, hatte die sozialistischen und kommunistische Idee nicht mehr die abschreckende Wirkung wie noch vor dem Krieg. Diesen Völkern war bewusst geworden, dass sie durch die militärische Leistung der Sowjetunion vor der faschistischen Barbarei bewahrt worden waren.

Im Zweiten Weltkrieg waren 3 gesellschaftliche Konzepte aufeinandergetroffen: das Konzept des bürgerlich-demokratischen Kapitalismus, vertreten von den USA, England, Frankreich und kleineren europäischen Staaten, das Konzept des faschistisch-chauvinistischen Imperialismus, vertreten durch die Achse Berlin-Rom-Tokio sowie das Konzept des bolschewistischen Kommunismus, vertreten durch die Sowjetunion. Das faschistisch-chauvinistische Konzept drohte nach seinen Kriegserfolgen von 1939 bis 1942 die Herrschaft über die Welt zu erlangen und beide anderen Konzepte gegenstandslos werden zu lassen. Dabei lag in den beiden anderen Konzepten der eigentliche Widerspruch der Zeit, der Widerspruch zwischen kapitalistischer und kommunistischer Gesellschaftsverfassung, der mit historischer Notwendigkeit aufbrechen musste, sobald der sie gemeinsam bedrohende Feind, der Faschismus, niedergerungen war.

Die USA, 1945 das stärkste Wirtschaftszentrum der Welt, unterstützt von dem England Churchills, erkannte bereits während des Krieges die Gefahr des heraufziehenden Kommunismus für Europa. Die USA waren durch einen Ozean von diesem Kontinent getrennt. Die Sowjetunion hatte diesen Kontinent direkt vor der Haustür. In der Stalin durch die westlichen Alliierten zugestandenen Einflusssphäre ging jener sofort ans Werk, um die unter seinen Einfluss gelangten mittel- und osteuropäischen Länder, einschließlich des sowjetisch besetzten Teil Deutschlands, in Satellitenstaaten seines Imperiums zu verwandeln.

Mit historischer Dringlichkeit sahen sich die USA in die Rolle der Führungsmacht des Kapitals versetzt, um den in ihrem Einflussbereich liegenden Teil Europas vor dem Vordringen des Kommunismus zu bewahren. Ihre Angst war wohlbegründet, da hier kommunistische Parteien, insbesondere in Italien und Frankreich, als fünfte Kolonne Stalins politischen Einfluss erlangten und in England die Konservativen mit Churchill durch eine Laborregierung abgelöst worden waren.

Bei aller Konkurrenz, die unter Kapitalisten herrscht, mussten die USA das verbliebene Europa wirtschaftlich aufrüsten, wenn das Vordringen des Kommunismus gestoppt und dieser zurückgerollt werden sollte. Mit dem Marshallplan pumpte sie zunächst 12,5 Milliarden US-$ nach Westeuropa, einschließlich in den Teil Deutschlands, der von den Westalliierten besetzt war.

Hier lag der große Vorteil des westlichen Europa gegenüber dem sowjetisch beherrschten. Die Sowjetunion war außerstande, ihren neuen Verbündeten wirtschaftliche Hilfe zu leisten. Im Gegenteil. Aus den Ländern der einstigen Hitlerkoalition, insbesondere Ostdeutschland, Ungarn und dem sowjetisch besetzten Teil Österreichs, zog die Sowjetunion wirtschaftliche Kapazitäten als Reparationstribut ab und schwächte die ohnehin durch den Krieg arg gebeutelten Länder zusätzlich.

Also unmittelbar nach dem Krieg entbrannte der Wettstreit zwischen beiden Gesellschaftssystemen – zwischen Kapitalismus und Kommunismus – und er wurde auf allen Gebieten mit politischen, ideologischen, ökonomischen und militärischen Mitteln geführt. Dabei war das Hauptgebiet der Auseinandersetzung, welches zum Ende auch den Ausschlag gab, das ökonomische, während, äußerlich sichtbar, vor allem ein Kampf zwischen Weltanschauungen geführt wurde.

Der Wettbewerb zweier unterschiedlicher gesellschaftlicher Systeme hat die Welt von Grund auf verändert. Waren es bislang nationale Interessen gewesen, die das Kapital für seine ökonomischen Ziele mobilisierte, so traten diese nunmehr hinter die gemeinsamen internationalen zurück. Für Europa war das eine Zäsur seiner bisher geübten Politik.

Die USA, die Führungsmacht des Kapitals, mit der höchst entwickelten Wirtschaft der Welt, bekannte sich klar und offen zum Kapitalismus als dem effizienteren Gesellschaftssystem. Hier hatte der Kapitalismus seine Heimstatt, hatte die unangefochtene Macht, die sich auf große Mehrheiten in der Gesellschaft begründete, und war zu keiner Zeit infrage gestellt worden. Soziale Konflikte großer Dimension zwischen Kapital und Arbeit, wie sie Europa immer wieder heimgesucht hatten, nicht zuletzt infolge nationaler Rivalitäten, unbewältigter feudaler Hinterlassenschaften und kriegerischer Auseinandersetzungen, kannten die USA nicht. Sie hatten von Beginn an ihre Gesellschaft in demokratische Formen gegossen, die sich als die geeigneten erwiesen, alle Krisen, die den Kapitalismus immer wieder schüttelten, unbeschadet zu überstehen. Wie in keinem anderen Land konnte sich hier die kapitalistische Produktionsweise mit den ihr innewohnenden Triebkräften frei entfalten. Mit diesem gesellschaftlichen Selbstbewusstsein ausgerüstet, nahmen die USA Einfluss auf die europäische Entwicklung zum Vorteil der Europäer.

Jedoch war in Mittel- und Westeuropa ein solch offenes Bekenntnis zum Kapitalismus durchaus keine Selbstverständlichkeit. Hier hatten die sozialistischen Ideen tiefe historische Wurzeln und der Kapitalismus hatte sich in 2 furchtbaren Weltkriegen selbst diskreditiert. Um zu überleben, erschien dieser nicht selten in sozialistischen Gewändern. Noch bestanden starke sozialdemokratische Parteien, die weltanschaulich aus dem Marxismus hervorgegangen waren, wenngleich sie, vor allem infolge der russischen Oktoberrevolution von 1917, ihr einst auf Revolution ausgerichtetes Bestreben weitgehend zurückgenommen hatten. Aber eine Sozialisierung der Gesellschaft auf parlamentarischem Wege gehörte durchaus noch in ihr Parteienverständnis.

Auch die bürgerlichen Parteien, die nach 1945 im Crashkurs zu Massenparteien getrimmt wurden, nahmen infolge der faschistischen Demagogie sozialistisches Ideengut in ihre Programme auf. Ja, selbst die faschistische Bewegung tarnte sich zu ihrer Zeit mit aus dem sozialistischen Gedankengut entlehnten Begriffen und nahm in den Namen ihrer Partei Begriffe wie „sozialistisch" und „Arbeiter" auf. Der Kapitalismusbegriff war in Europa so heruntergekommen, dass die Gesellschaften, die mit amerikanischer Wirtschaftshilfe aus den Trümmern des Zweiten Weltkrieges hervorwuchsen, sich nicht beim Namen nannten, sondern sich als soziale Marktwirtschaften umschrieben.

In seiner Schwäche nahm das Kapital in den westeuropäischen Ländern rasch das Modell des demokratischen Kapitalismus amerikanischer Prägung an und begrub endgültig sein national-imperiales

Gehabe, mit dem es wenigstens 100 Jahre lang die europäische Geschichte bestimmt hatte. Wenn auch in abgewandelter Form der nationalen und historischen Vielfalt, setzte sich das Modell der politischen Struktur und Führung der Gesellschaft, wie es die US-Amerikaner bereits fast 200 Jahre erfolgreich praktizierten, in den Jahren nach 1945 in den westlichen Ländern Europas durch.

Für England war dies keine Neuerung, war es doch die älteste kapitalistische Demokratie Europas und, geschichtlich bedingt, stets sehr eng mit den USA verbunden. Mit seiner Insellage und seinem großen Kolonialreich hatte es immer eine Sonderstellung und verhaltene Beziehungen zum europäischen Festland. Es war und ist proamerikanisch gesinnt und skeptisch gegenüber der europäischen Einigungspolitik. Sein politisches System entspricht von jeher dem amerikanischen mit 2 demokratisch-kapitalistischen Parteien, die in Intervallen mal regieren und mal in der Opposition wirken. Nach dem Krieg, als die Labor-Partei führte, vollzog England Reformen in Richtung Wohlfahrtsstaat mit Verstaatlichung von Teilen der Wirtschaft und des Gesundheitswesens. Bedingt durch seine Abstinenz in der Europapolitik fiel es im Wettbewerb zurück. Unter konservativer Führung mit Margaret Thatcher verkehrten sich die sozialen Reformen wieder in ihr Gegenteil. Die Privatisierung staatlicher Hoheiten wurde konsequent betrieben und England im Konzert des Kapitals wieder wettbewerbsfähig gemacht. Die Labor-Partei wandelte sich unter Tony Blair, wurde entideologisiert und zu einer pragmatischen Volkspartei amerikanischer Prägung.

Die Formierung von Zweiparteiensystemen, ähnlich den USA, setzte sich überall in Europa, mehr oder weniger ausgeprägt, durch. Die jeweils beiden großen Volksparteien konzentrierten sich auf die bürgerliche Mitte und waren bemüht, die sich links und rechts davon befindlichen Wählerschaften zu binden. Inzwischen sind sich die beiden großen Volksparteien in Deutschland so ähnlich, dass es kaum noch möglich ist, ihnen feste Wählerschaften zuzuordnen, diese sich von Wahl zu Wahl auch umgruppieren und der Ausgang der Wahlen vor allem von der Ausstrahlung der Persönlichkeiten abhängt, die den Parteien vorstehen. Gemeinsam ist den beiden Volksparteien das klare Bekenntnis zum Kapitalismus, wie es in den USA von jeher praktiziert wird. Neben den Volksparteien halten sich kleinere Parteien, die den Großen als Koalitionspartner dienen.

Die nach 1945 überall existierenden kommunistischen Parteien erlangten nur in Italien und Frankreich eine breitere Basis, allerdings nie Mehrheiten. In den anderen Ländern blieben sie unbedeutende Minderheiten oder wurden, wie in der BRD, als verfassungsfeindlich verboten. Ihre Bindung an Moskau und der permanente Antikommunismus hatte sie in breiten Volksschichten diskreditiert.

Die Orientierung auf die kapitalistische Führungsmacht hatte sich nach 1945 in Westeuropa bald durchgesetzt. Für die BRD, der Nachfolgestaat des faschistischen Aggressors, war es mit ihrem besonderen Status der alliierten Besetzung eine Überlebensfrage, sich von allen einstigen Hegemonialbestrebungen loszusagen und die Zukunft als getreuer Bündnispartner der USA zu suchen.

Mit der CDU und ihrer bayerischen Schwester CSU waren 2 neue Volksparteien sprichwörtlich aus dem Boden gewachsen, die dem neuen demokratischen Kurs des deutschen Kapitals Gestalt geben konnten. Mit Adenauer war die Persönlichkeit gefunden worden, die die Deutschen als Integrationsfigur annehmen konnten. Der Rheinländer war mit dem Nationalsozialismus und dem preußischen Militarismus nicht belastet. Obwohl seine Partei stockkonservativ war, hatte er etwas von den staatsmännischen Fähigkeiten eines Bismarcks und war berufen, das Volk der Westdeutschen mit seinem Kapitalismus auszusöhnen, diesen erneut anzunehmen und darin die Zukunft der Gesellschaft zu erblicken.

Im Unterschied zum Osten Deutschlands betrieb Adenauer eine temperierte Politik mit den alten Eliten der Gesellschaft. Diese waren hochgradig durch ihr Engagement für den Faschismus belastet, aber andererseits befähigt, der Gesellschaft, insbesondere der Wirtschaft, neuen Schwung zu geben. Deshalb betrieb er im Unterschied zum Osten die Entnazifizierung sehr lasch und geriet mit Globke und Oberländer als Ministeriale kurzzeitig in die internationale Kritik.

Der Osten beseitigte die alten Eliten und musste in einem langwierigen Bildungsprozess erst eine neue gesellschaftliche Führungsschicht heranziehen, was nicht ohne negative Folgen, vor allem in der Wirtschaft, blieb.

Nachdem die SPD in Bad Godesberg, im eindeutigen Bekenntnis zur kapitalistischen Gesellschaft, ihre marxistische Vergangenheit und ihre sozialistischen Ideen abgeschworen hatte, war sie als potenzielle Regierungspartei salonfähig geworden. Damit war es nunmehr auch in der BRD möglich, dem amerikanischen Vorbild folgend, den turnusmäßigen Wechsel der Parteien in der Regierung des Landes zu vollziehen.

In Frankreich erlebte das Nationalbewusstsein mit Charles de Gaulle ab 1958 einen erneuten Auftrieb. Er wollte die Grand Nation wieder entstehen lassen. Jedoch zeigte sich mit de Gaulle, dass die Zeit der separaten Nationalpolitik in Europa vorbei war und der gemeinsamen Interessenpolitik des Westens gegenüber dem Osten die Zukunft gehörte.

Die Welt war eine bipolare geworden, in der sich alles auf die Auseinandersetzung zwischen Kapitalismus und Sowjetkommunismus konzentrierte und in der nationale Interessen nur noch eingeordnet in den großen internationalen Konflikt durchsetzbar waren. Die Scheidelinie zwischen Ost und West war inzwischen scharf gezogen, der Nordatlantikpakt funktionsfähig und die letzten noch außenstehenden Nationen in die gemeinsame westeuropäische Politik integriert. Auf der Iberischen Halbinsel gaben die letzten beiden faschistischen Diktaturen – das Spanien des Francisco Franco und das Portugal des Antonio de Oliveira Salazar – ihren Geist auf und das Armenhaus Europas begab sich auf den Weg ins gemeinsame westeuropäische Haus.

Eine etwas anders gelagerte Entwicklung nahmen die skandinavischen Länder mit Schweden im Zentrum. Schweden, von Beginn an sozialdemokratisch regiert, verfolgte das Konzept eines gemäßigten Kapitalismus mit der Orientierung auf sozialen Wohlstand im Bündnis von Kapital und Arbeit. Der Weg war sehr erfolgreich und das schwedische Vorbild hatte eine hohe Ausstrahlungskraft auf Norwegen, Dänemark und Finnland wie auch auf ganz Europa. Die Rede war vom schwedischen Modell des Sozialismus.

Die politische, ideologische, und militärische Vereinigung des Westens war begleitet von der wirtschaftlichen Integration der westeuropäischen Länder – ein völlig neues Phänomen europäischer Politik. Hatte in den letzten Jahrhunderten die Rivalität europäischer Nationen und deren Bündnisse diesen Raum beherrscht, entfaltete sich nunmehr die Idee der Integration zu den „Vereinigten Staaten von Europa", wenngleich sich dieser Prozess sehr langsam und widersprüchlich vollzieht, da er viele, im Bewusstsein der Völker noch wirkende Vorbehalte zu überwinden hat. Jedoch ist es ein Erfolg versprechender Weg, der zum Ziel führen wird, da er den objektiven ökonomischen Erfordernissen Rechnung trägt und die Attraktivität des Kapitalismus in seiner demokratischen Verfassung fördert. Der vorausgesagte Untergang des Abendlandes blieb aus.

Hatte imperiales Denken die europäischen Großmächte in der ersten Hälfte des 20. Jahrhunderts beherrscht und die Welt zweimal in die Katastrophe gestürzt, tritt in der zweiten Hälfte jenes Jahrhunderts an die Stelle des Expansionstriebes die europäische Integration, die Besinnung auf sich selbst. Gefördert wurde diese grundlegende Wandlung durch das veränderte Gewicht der einzelnen europäischen Nationen in der Weltpolitik, den

Zusammenbruch der Kolonialreiche und die gemeinsam empfundene Gefahr des Kommunismus.

Wenn auch zunächst noch kaum wahrnehmbar, deutete sich an, dass die großen, volkreichen Nationen, die im Blickfeld agierenden USA und die Sowjetunion, aber zunehmend auch China, später wahrscheinlich auch Indien – die beiden bevölkerungsreichsten Länder – die Weltpolitik dominieren bzw. dominieren könnten. Wenn die Europäer, deren Politik früher die Politik der Welt war, in diesem Konzert noch mitspielen wollen, dann wird dies nur noch mit vereinter wirtschaftlicher und somit politischer Macht möglich sein.

Auch in der übrigen Welt hatten sich im Ergebnis des Zweiten Weltkrieges gravierende Veränderungen vollzogen. Die einst kolonialen und halbkolonialen Völker waren in den Krieg mit hineingezogen worden und hatten deren Willen nach nationaler Befreiung gestärkt. In China gelang es 1949 den von Mao Tsetung geführten Kommunisten das Chiang-Kai-shek-Regime zu besiegen, welches sich mit seinen Anhängern nach Formosa (Taiwan) flüchtete.

Das bevölkerungsreiche Indien ging einen antikapitalistischen Weg. Indien, eine Nation mit Führungsambitionen in der Dritten Welt, sprach zunehmend in den Belangen der Welt mit.

Die wirtschaftlich starke Bastion in Asien blieb Japan, welches als Verlierer des Krieges einen der BRD vergleichbaren Aufschwung nahm.

Zusätzlich gestützt wurde die Weltmachtpolitik der USA durch Länder wie Kanada, Australien und Neuseeland, die einst als Einwanderungsländer, von England stark beeinflusst, dem amerikanischen Vorbild folgten und gefestigte kapitalistische Demokratien schufen.

So gelang es unter der Führung der USA, die kapitalistische Welt weitgehend zu einigen und in der Auseinandersetzung mit dem Sowjetkommunismus letztlich den Sieg davonzutragen. Umgekehrt gelang es der Sowjetunion nicht, die kommunistische und die Befreiungsbewegung gegen koloniale Unterdrückung zu einen und der Konfrontation mit dem Weltgroßkapital, trotz zeitweiliger Erfolge, Entscheidendes entgegenzusetzen.

Lange Zeit schien es so – immerhin wurde der kalte Krieg über 40 Jahre geführt –, als könne der Sowjetkommunismus der Herausforderung des Kapitals widerstehen. Zumindest wurde dieser Eindruck auf militärischem Gebiet vermittelt. Indirekter Gradmesser dafür waren die Ergebnisse in der Weltraumforschung auf beiden Seiten und die Stellvertreterkriege, hier besonders das amerikanische Trauma, welches die USA aus Vietnam mit nach Hause nahmen.

Noch lebte im Bewusstsein der Menschen der Siegeswille der Roten Armee im Zweiten Weltkrieg fort, ein Nimbus, den die US-Streitkräfte nicht aufzuweisen hatten, zumal sie in Vietnam nicht zu überzeugen wussten. Eine Bewährungsprobe, der der Roten Armee vergleichbar, hatte sie in ihrer Geschichte nicht zu bestehen gehabt und der Zweite Weltkrieg hatte belegt, dass Kriege an den Fronten und nicht durch Bombardierung der Zivilbevölkerung entschieden werden.

Das Kräftemessen des Kalten Krieges wurde aber nicht auf dem Feld der Waffen, sondern auf dem Feld der Ökonomie entschieden. Hier waren die Potenziale von Beginn an sehr ungleich verteilt. Das Kapital verfügte über weit größere materielle und menschliche Ressourcen als der Sowjetkommunismus.

Das allein gab allerdings noch nicht den Ausschlag. Vielmehr entscheidend war die weit höhere Effizienz der kapitalistischen Wirtschaft. Die unterschiedliche Ausgangslage nach dem Zweiten

Weltkrieg war bekannt; der wirtschaftliche Vorsprung des Kapitals war gewaltig, zumal die USA unbedeutende direkte Kriegsschäden zu verzeichnen hatten.

Dennoch wusste man hier das künftige Leistungsvermögen des nun größer gewordenen Sowjetimperiums kaum einzuschätzen, hatte die Sowjetunion die Welt doch während des Krieges mit dem Leistungsvermögen ihrer Wirtschaft überrascht und erst jetzt wurde erkennbar, dass sie sich innerhalb von reichlich 10 Jahren zur zweitstärksten Industriemacht der Welt entwickelt hatte. Das Kapital fühlte sich echt herausgefordert und zeigte in der Folgezeit, welche Potenziale es zu mobilisieren vermochte. Es manifestierte überzeugend die marxsche Aussage, dass eine Gesellschaftsformation nicht eher untergeht, bevor sie alle Produktivkräfte entwickelt hat, für die sie weit genug war. (S. 20)[20]

Die 3 Jahrzehnte nach 1945 waren die stärksten in der Geschichte der kapitalistischen Produktionsweise. Das betrifft sowohl das quantitative Wachstum der Wirtschaft als auch das qualitative, d.h. die Steigerung der Produktivkraft der Arbeit. Auf diesem Weg war es möglich, eine Lebensqualität der Menschen zu verwirklichen, von der der Sowjetkommunismus nicht einmal zu träumen wagte. Aber gerade diese erlebte Lebensqualität war es, die von den Völkern wahrgenommen wurde, die die Abneigung gegen den Sowjetkommunismus nährte, die schließlich auch in der Sowjetunion selbst, trotz umfassender Abschirmung, nicht mehr zu verheimlichen war und der bolschewistischen Herrschaft den Todesstoß gab.

Die alte Mär vom in sich zusammenbrechenden Kapitalismus wurde nicht mehr geglaubt. Im Osten gab es den Witz: „Warum steht der Kapitalismus am Abgrund? Damit er uns (den Kommunismus) besser sehen kann!"

Spätestens ab Beginn der 1970er-Jahre war die Unterlegenheit der bürokratischen Planwirtschaft offensichtlich. Der Abstand zum Westen vergrößerte sich zunehmend. Die Völker des Ostens wurden von ihren Führungen hinsichtlich der wirtschaftlichen Leistungskraft belogen, um die eigene Unfähigkeit nicht eingestehen zu müssen. Die Krise der kapitalistischen Wirtschaft wurde gebetsmühlenartig stetig neu beschworen, um die eigene Systemkrise zu bemänteln. Mitte der 1980er-Jahre waren alle Selbsterhaltungskräfte des kommunistischen Systems aufgezehrt und seine Implosion angezeigt.

Es gehört zu den glücklichen Zufällen der Geschichte, dass mit Michail Gorbatschow zu dieser Zeit ein Mann an die Spitze der Sowjetunion trat, der zwar ohne Visionen für Reformen der sowjetischen Wirtschaft und Gesellschaft einherkam,, aber mit Besonnenheit dramatische Folgen des Todeskampfes des kommunistischen Giganten verhinderte.

Was in der Regel kaum Erwähnung findet, sind die Unsummen, die der längste Krieg der Neuzeit, der Kalte Krieg, an menschlicher Energie und Naturressourcen verschlungen hat. Die Summe wäre mehr als ausreichend gewesen, um die unterentwickelte Welt an das Niveau der entwickelten Welt heranzuführen, eine Aufgabe, die im Interesse der Menschheit nur aufgeschoben und nicht aufgehoben ist.

Folgezeit

Als das Narrativ zum Kapitalismus, der Sowjetkommunismus, in den 80er-Jahren des 20. Jahrhunderts im Todeskampf lag, veränderte sich auch der Kapitalismus. Von da an beobachten wir, angeführt von den USA, eine fortschreitende Spreizung zwischen Arm und Reich. Inzwischen besitzt im reichen Westen das obere 1% der Einkommenspyramide vielfach mehr als 30% des Nationalvermögens, während die unteren 50% der Pyramide fast gar kein Vermögen besitzen, ja ihr Einkommen stagniert oder gar rückläufig ist. Selbst in der unteren Mittelschicht breiten sich Existenzängste aus. Die einstigen Rücksichten, die das Kapital seit 1945 wegen der eventuellen Alternative nehmen musste, sind nicht mehr notwendig und nunmehr zeigt es wieder sein wahres Gesicht.

Das Kapital der westlichen Welt hat nach dem Zweiten Weltkrieg die Lebensverhältnisse der Arbeitnehmer spürbar verbessert. Dafür gab es 4 Gründe:

Erstens hatte sich der arbeitssparende Typ der Reproduktion im großen Kapital voll durchgesetzt. Zweitens gab es die Entwicklung im Osten mit dem kommunistischen Experiment, dem man entgegentreten musste. Drittens sind die Arbeitnehmer nicht nur die Quelle der Mehrwertschöpfung, sondern gleichzeitig die potenziellen Käufer all der Waren, die das Kapital produziert. Das war bereits 1912 Henry Ford, der mit dem Taylor-System die Fließbandarbeit enorm rationalisiert hatte, bewusst geworden. Vor dem Kongress der USA sagte er: „Autos kaufen keine Autos", und er bezahlte durch enorm gesteigerte Gewinne seine Arbeitnehmer so, dass sie die Autos, die sie produzierten, auch kaufen konnten. Viertens schließlich reifte im Kapital die Erkenntnis, dass motivierte Arbeitnehmer mehr leisten, als wenn man sie durch Angst zu höheren Leistungen antreibt. Im Kapital ging die Rede um, das „Humankapital" im Interesse der Profite wirksamer zu erschließen.

Das sind die wesentlichen Gründe dafür, dass die heutige Generation Arbeitnehmer in der westlichen Welt einen hohen Lebensstandard hat wie noch keine Generation vor ihnen, seitdem der Kapitalismus in die Welt gekommen ist. Die enormen Produktivitätssteigerungen der letzten Jahrzehnte, bei stetig steigenden Profiten, haben es möglich gemacht. Gewachsene humane Einsicht des Kapitals war also nicht der Auslöser, wenngleich im Einzelfall auch das eine Rolle gespielt haben könnte.

Ein Beispiel: In den 90er-Jahren des letzten Jahrhunderts wurde ich als Sachverständiger in den Vorstand einer Tochter von einem großen Rüstungskonzern eingeladen. Nachdem ich mir eine Zeit lang die

Gespräche der Vorstandmitglieder angehört hatte, meldete ich mich zu Wort und sagte, ich habe das Gefühl, je höher ich in der Hierarchie der Konzerne steige, umso skrupelloser werden die handelnden Personen. Betroffenes Schweigen. Keines der Vorstandsmitglieder ging auf meine Bemerkung ein. Die Besprechung setzte sich fort, als habe es meine Bemerkung nicht gegeben. In der Folgezeit wurde ich nie wieder eingeladen, wenn es um das gleiche Thema ging.

Seitdem die Spreizung zwischen Arm und Reich unaufhaltsam voranschreitet, stellen wir in allen Ländern des reichen Westens fest, dass in den ideologischen Auseinandersetzungen der Rechtsextremismus zunimmt. In Frankreich „Le Pen", in den Niederlanden die „Partei für die Freiheit" mit Geert Wilders, in Deutschland die „Alternative für Deutschland (AfD)", in Österreich mit der FPÖ usw. In den USA gelangte mit Donald Trump sogar ein Nationalist und Rassist an die Spitze des Staates. In Brasilien fand er mit Jair Messias Bolsonaro einen Nachahmer.

Es gelingt diesen Leuten, große Menschenmassen hinter sich zu versammeln, insbesondere auch aus dem Lager der Arbeitnehmer, obwohl sie deren Interessen in keiner Weise vertreten. Diese Bewegungen weisen uns darauf hin, dass sich in der Basis der kapitalistischen Gesellschaft gravierende Widersprüche zuspitzen und, wie so oft in der Geschichte, sich im ideologischen Überbau der Gesellschaft ganz anders äußern.

Die Deutschen sollten eigentlich gewarnt sein. Sie erlebten es vor rund 85 Jahren, wie eine solche Entwicklung endet. Wie eine große Hammelherde jubelten sie einem extremistischen Demagogen, Chauvinisten und Rassisten zu und ließen sich von ihm in die Katastrophe führen. Besonders widerlich ist es, dass es vor allem die Ostdeutschen, die ehemaligen DDR-Bürger sind, die den Rattenfängern erneut auf den Leim gehen.

Das wirft ein Schlaglicht auf die deutsche Wiedervereinigung. 1989 nahm der Landfunkredakteur vom RIAS-Berlin Verbindung zu mir auf. Wir wurden gute Freunde. Als sich das Thema einer schnellen Wiedervereinigung abzuzeichnen begann, sagte ich zu ihm: „Ist sich Helmut Kohl darüber im Klaren, worauf er sich da einlässt? Weiß er, was in den Köpfen der Ostdeutschen los ist?" Er antwortete: „Solch tiefschürfende Gedanken macht sich Kohl nicht. Er will noch einmal gewählt werden. Die dafür erforderlichen Stimmen erhält er von den Westdeutschen nicht. Aber wenn er es schafft, bis zur Wahl die Wiedervereinigung durchzuziehen, hat er die Chance, mit den Stimmen der Ostdeutschen nochmals 4 Jahre im Amt als Bundeskanzler zu bleiben." So ist es dann auch gekommen.

Warum sind die Ostdeutschen heute das Problem in Deutschland? In den Festreden an jedem Jahrestag der Wiedervereinigung wird die „friedliche Revolution" der Ostdeutschen von 1989 immer wieder hochgejubelt. (Wir wissen inzwischen, was eine Revolution in der Gesellschaft ist. Der Untergang der DDR gehört ganz sicher nicht dazu.)

Nach der Wiedervereinigung durch Anschluss – das war Kohls Bedingung – war den Ostdeutschen jedes Mitspracherecht genommen, ihre Biografien ausgelöscht. Danach begann, ganz nach Bertolt Brecht, das große Fressen, die Moral blieb außen vor. Die speziell dafür geschaffene Treuhandanstalt verscherbelte das DDR-Vermögen für einen Apfel und ein Ei an das westliche, insbesondere westdeutsche Kapital. DDR-Bürger hatten kein Kapital, denn die ganze historische Leistung der DDR hatte darin bestanden, die Armut auf alle gleichmäßig zu verteilen. Die einstigen Alliierten, die 4 Siegermächte des Zweiten Weltkrieges, schauten dem Raubzug tatenlos zu.

Die Nachfolgestaaten der einstigen Sowjetunion nahmen sich dieses historisch einmalige Beispiel zum Vorbild und verscherbelten das ehemalige Volksvermögen der UdSSR an eine neue „Raubtierklasse" – die Oligarchen. Wurden die Verantwortlichen für diesen Raubzug jemals zur Verantwortung gezogen? Nein! Das Kapital weiß seine Handlanger zu schützen.

Natürlich gab es in der Zeit, in der die DDR zu Grabe getragen wurde, sehr viel charismatische, ehrliche, selbstlose Leute, die sich bei dem Umbruch an die Spitze stellten. Beispielhaft nenne ich Bärbel Bohley. Sie verfolgten andere Ziele als das, was dann eintrat. Sie wurde von Kohl und seinen Helfershelfern sehr schnell beiseitegedrängt, um dann das durchzusetzen, was im Interesse des westdeutschen Kapitals lag.

All das, was im Hintergrund der Wiedervereinigung ausgekungelt wurde, ist der Masse der Ostdeutschen bis heute nicht bewusst. Sie hatten damals vor allem die D-Mark-Zeichen im Auge und merkten erst viel später, dass sie über den Tisch gezogen wurden. Jetzt suchen sie nach Vergeltung und glauben, Nationalismus und Rassismus könnten die Alternativen sein. Jetzt gehen sie wieder auf die Straße und schreien wie 1989 „Wir sind das Volk!". Das waren sie 1989 nicht und sind es auch heute nicht. Es ist manchmal nicht so einfach mit Volkes Stimme. Aber dazu später mehr.

Fazit

Marx bemerkte: „Ohne antike Sklaverei kein moderner Kommunismus!" und machte damit klar, dass alle Gesellschaftsformationen, die die Menschheit bislang durchlaufen hat, notwendig waren, und keine geschichtlichen Fehlentwicklungen. Natürlich vollzog sich gesellschaftliche Entwicklung in vielfältigen, buntscheckigen Erscheinungsformen und die buntscheckige Vielfalt hätte auch ganz anders ausgesehen haben können. Aber vom inneren Wesen her wären es sklavenhaltende, feudale und kapitalistische Ordnungen gewesen.

Marx meinte auch, mit dem Kapitalismus schließt die Vorgeschichte der Menschheit ab. Die Menschheit verlässt das Reich der Notwendigkeit, um ins Reich der Freiheit einzutreten und ihre eigentliche Geschichte beginnt. Die antiken und feudalen Gesellschaften waren Gesellschaften, in denen Minderheiten (Eliten) über Mehrheiten (Volk) herrschten. Das war in all diesen

Zeiten notwendig, da das Mehrprodukt noch bescheiden war. Fast alles, was die Menschen mit ihrer Arbeit schufen, war notwendig, um das Überleben der eigenen Art zu sichern.

Nur ein kleiner Teil des Gesamtproduktes konnte für höhere Tätigkeiten – wissenschaftliche, geistige, kulturelle – verwendet werden. Dieser Teil diente nicht der Entwicklung aller, sondern wurde zentralisiert für die Entwicklung einer Minderheit, der gesellschaftlichen Elite. Das war notwendig, denn sonst hätte sich die Entwicklung der menschlichen Gesellschaft viel langsamer vollzogen, würden wir eventuell heute noch in urgesellschaftlichen Zuständen leben. Die Unfreiheit einer Mehrheit war also die Voraussetzung für die freie Entwicklung der Minderheit.

In der Gesellschaft, die den Kapitalismus überwindet, wird die freie Entwicklung des Einzelnen die Voraussetzung sein für die freie Entwicklung aller. Sie meinen, dass sei bereits verwirklicht? Es genügt sich anzuschauen, aus welchen Schichten der Gesellschaft sich die Studenten an allen Universitäten der Welt rekrutieren und sie werden eines Besseren belehrt. Das zeichnet sich in keinem Land so krass ab wie in den USA. Die Reichen, von deren Spenden sich die Eliteuniversitäten vor allem finanzieren, sichern so ihren Sprösslingen, selbst wenn sie nicht besonders begabt sind, den Platz an der Sonne. Hohe Studiengebühren sorgen darüber hinaus dafür, dass es für die ärmeren Schichten unerschwinglich ist, ihre Sprösslinge zur Universität zu schicken. Abgestuft gilt das für alle Länder des reichen Westens.

Das war nicht immer so. In der Zeit nach dem Zweiten Weltkrieg hatte es, insbesondere in Europa, den Anschein, als wollte man diese durch Geldanhäufung verursachte Ungleichheit abbauen. Das währte nicht lange. In den letzten 4 bis 5 Jahrzehnten nahm diese Ungleichheit wieder gewaltig zu.

In dieser Zeit bildete sich, in den USA beginnend, ein neuer Adel heraus – ein Geldadel, selbst wenn das Geld, was er anhäuft, im

Wesentlichen virtuelles Geld, also nicht durch Wertzuwachs gedecktes Geld ist. Das weist darauf hin, dass im tiefsten Inneren der Gesellschaft Verwerfungen entstanden sind, die nicht mehr lösbare Widersprüche verursachen. Im ideologischen Überbau der Gesellschaft äußern sie sich in vielfältiger Weise. Die Menschen sind verunsichert, Ängste tun sich auf, sie suchen nach einfachen Lösungen und sind damit empfänglich für alle möglichen, oft auch abwegige, extreme Ideologien und vielfach mit einer Vehemenz, die jede Vernunft ausschaltet. Der kategorische Imperativ von Kant – die Vernunft – scheint vergessen zu sein. Das ist nicht ungewöhnlich und, historisch betrachtet, auch nicht selten der Fall gewesen.

Der Dreißigjährige Krieg und die beiden Weltkriege wie auch der gegenwärtige Krieg Russlands in der Ukraine wären unmöglich gewesen, wenn die Vernunft die Menschen geleitet hätte. Die Menschen nehmen die Welt, in der sie leben, nicht in ihrem inneren Wesen wahr, sondern stets in dem, was an der Oberfläche erscheint. Sie erkennen nicht, dass die gegenwärtige Gesellschaftskrise ihre tieferen Ursachen im erschreckenden Auseinandertriften von Arm und Reich, in der Polarisierung der Gesellschaft hat. Die Trump-Wahl in den USA und die Diktatur Putins in Russland haben diese Tatsache jedermann vor Augen geführt.

In den reichen Ländern des Westens gibt es heute eine außerparlamentarische Opposition wie seit Jahrzehnten nicht mehr, besonders ausgeprägt in den USA, wenn wir auf die Partei der Republikaner und ihre Anhänger blicken. Deren Kritik richtet sich nicht auf das große Kapital, sondern auf die Regierenden. Gleiche Tendenzen stellen wir in vielen Ländern Europas fest. Die Ziele all dieser oppositionellen Bewegungen gehen an den wirklichen gesellschaftlichen Konflikten der westlichen Welt vorbei, bewegen sich im Nebulösen. Es handelt sich um keine ernsthafte, auf gesellschaftliche Veränderung gerichtete Opposition, sondern um verunsicherte Menschen, die aus geistiger Enge, gesellschaftspolitisch überfordert, Wut und Hass verbreiten und keinen Beitrag zu gesellschaftlichem Fortschritt leisten. Solche oppositionellen Bewegungen sind geeignet, die Einheit der Arbeitnehmerschaft zu verhindern, sie von ihrer eigentlichen historischen Mission abzuhalten.

Marx schreibt aber auch, das Proletariat – heute würde man sagen die Arbeitnehmerschaft – ist bei Strafe ihres Untergangs verpflichtet, sich vom Kapitalismus zu befreien. In der Einleitung haben wir uns darüber verständigt, dass die intelligente Lebensform – also wir – eventuell nicht überlebensfähig sein könnte, die Gefahr der Selbstzerstörung in ihr ruht. Bei dem heutigen Stand der Entwicklung von Wissenschaft und Technik scheint das gar nicht mehr so abwegig zu sein. Sollte sich die Weltgemeinschaft als unfähig erweisen, den grundlegenden Widerspruch unserer Zeit zu lösen, dann rückt ein solches Szenario durchaus in den Bereich des Möglichen.

3.3 Die 2 produktionstechnischen Revolutionen

Bevor wir uns im Kapitel 4 mit den globalen Widersprüchen der Welt auseinandersetzen, die der Kapitalismus nicht zu lösen vermag, betrachten wir unter Kapitel 3.3 die 2 produktionstechnischen Revolutionen, die die Menschheit bislang vollzog, um dann unter Kapitel 3.4 die Genesis der Kapitalreproduktion dieser Gesellschaft zu betrachten.

Alle grundlegenden Wandlungen, die uns bei der Betrachtung gesellschaftlicher Umbrüche oder Umbruchsversuche begegneten, seien es gewaltige Eruptionen oder auf leisen Sohlen daherkommende Reformen, hatten ihren Ursprung im tiefen Inneren der Gesellschaft, in ihrer ökonomischen Basis, in der neue, veränderte Produktivkräfte gegen die herrschenden Produktionsverhältnisse rebellierten. Die Menschen, die in jenen Zeiten handelten, die diese Konflikte ausfochten, werden von den sich äußernden

Begleitumständen angetrieben, die aus dem Inneren der Gesellschaft aufsteigen, ohne dass sich die handelnden Akteure der Rebellion der Produktivkräfte bewusst sind. Die Gesellschaft der entwickelten Welt hat sich gegenwärtig mit einer Vielzahl von inzwischen hinlänglich beschriebenen Problemen auseinanderzusetzen, die die Menschen bewegen, die konträr diskutiert werden, die Gemüter erhitzen und soziale Spannungen erzeugen, und kaum einem Akteur, am wenigsten der politischen Elite, dürfte dabei bewusst sein, dass die in die Gesellschaft eingezogenen sozialen Spannungen etwas mit Produktivkräften zu tun haben.

Hier liegen die tieferen Ursachen für die anhaltende Gesellschaftskrise, die sich eben nur auflösen kann, wenn die tief im Inneren der ökonomischen Basis rumorenden produktiven Kräfte analysiert und begriffen sind. Alles, was von der Politik bislang auf den Weg gebracht wurde, versagte die erhofften Wirkungen. Hypnotisiert schauen die Politiker auf die Wirtschaft, die doch wieder anspringen möge, um mit einem neuen Boom alle aufgestauten Missstände wieder aus der Welt zu schaffen. Das in die Zukunft hineintragende wirtschaftliche Wachstum bleibt aus. Betrachten wir deshalb etwas eingehender die Revolutionen der produktiven Kräfte in der Gesellschaft, um dem möglichen Lösungsansatz etwas näher zu kommen.

Produktivkräfte sind jene Kräfte, die sich der Mensch schafft, um seine Auseinandersetzung mit der Natur, zum Zwecke der Aneignung, zu vollziehen – ein bereits seit unserem Eintritt in unsere soziale Evolution wirkender Prozess, in dem sich der Mensch, Hauptkraft und Schöpfer aller produktiven Kräfte, selbst grundlegend veränderte. Bei unserer Betrachtung interessiert uns die technische Seite der produktiven Kräfte nur insofern, wie von diesen gesellschaftsverändernden Wirkungen ausgehen. Es handelt sich also nicht um eine ingenieurtechnische, sondern um eine politökonomische Betrachtung.

Es gab 2 grundlegende produktionstechnische Revolutionen, auf die sich die beiden wesentlichen Zäsuren in unserer sozialen

Evolution begründen, welche alle bis dato vorherrschenden Daseinsformen von Grund auf umwälzten und ein völlig neues Verständnis von Gesellschaft hervorbrachten.

Die erste produktionstechnische Revolution fand vor vielen Jahrtausenden statt und wird gekennzeichnet durch den Übergang der Menschen vermittels Werkzeugen von der aneignenden zur produktiven Wirtschaft, in dessen Folge das entstand, was wir heute mit Gesellschaft und Zivilisation fassen. Die zweite grundlegende Revolution in den Produktivkräften begann vor circa 250 Jahren, im Ergebnis einer fast 300-jährigen Vorbereitung, der wir die Bezeichnung industrielle Revolution gaben.

Wir sehen, grundlegende produktionstechnische Revolutionen finden in der Geschichte selten statt. Natürlich gibt es technische Innovationen mit branchenübergreifender Wirkung, wie z. B. die Einführung der Dampfmaschine, der Werkzeugmaschinen, der Elektrizität, des Telefons, der Computertechnik oder des Internets, von denen wir umgangssprachlich sagen, es seien technische Revolutionen gewesen. Das stimmt insoweit, solange der Verlauf der Produktivkraftentwicklung innerhalb einer solch grundlegenden technischen Revolution betrachtet wird. Hier lassen sich dann qualitativ unterschiedliche Stufen ausmachen, die, innerhalb dieses Rahmens betrachtet, revolutionäre Züge aufweisen. Wenn wir hier von produktionstechnischen Revolutionen in der Menschheitsgeschichte sprechen, dann sprechen wir von 2 Revolutionen mit eben gesellschaftsumwälzender Wirkung, in deren Folge sich das gesellschaftliche Sein in völlig neuen Bahnen fortsetzte.

1. Produktionstechnische Revolution

Betrachten wir zunächst die erste produktionstechnische Revolution, selbst wenn sie so weit zurückliegt und längst abgeschlossen ist – im Unterschied zur zweiten –, um unser Vorstellungsvermögen für derart tiefgreifende geschichtliche Ereignisse zu schärfen, um uns bewusst zu werden, in welchem Zeitumbruch wir selbst leben.

Bis nahe an die Herausbildung der menschlichen Gesellschaft heran herrschte aneignende Wirtschaft bei unseren Vorfahren. Sie waren sammelnde und jagende Nomaden. Die noch von Menschenhand unveränderte Natur war das Areal, aus dem sie ihre bescheidenen Bedürfnisse befriedigten. Gegen Ende dieses mehrere Millionen Jahre währenden Abschnittes der Menschwerdung hatten jene Werkzeuge, also produktionstechnische Mittel, produktive Kräfte, entwickelt, die es ihnen erlaubten, erst sporadisch, allmählich dauerhaft zur produktiven Wirtschaft überzugehen, indem sie mithilfe dieser Produktionsmittel die Fähigkeit erlangten, den Boden zu bebauen und Vieh zu züchten. Es gibt keine gesicherte Zeitmarke, wann dies geschah, da sich dieser Übergang in den verschiedenen Regionen der Erde, zu unterschiedlichen Zeitpunkten vollzog. Im Nahen Osten, in Indien und China viel früher als in der Mitte Europas. Und es gibt heute noch einige wenige Stämme auf unserem Planeten, bei denen diese produktionstechnische Revolution noch kaum begonnen hat.

Der Übergang zur produktiven Wirtschaft war abhängig von Naturbedingungen und dem Entwicklungsstand der Produktionstechnik. Entscheidend war die gewonnene Fähigkeit, Fruchtbarkeit und Ertragsfähigkeit der Böden zu reproduzieren.

In Asien war es die Reiskultur, die den Übergang möglich werden ließ. Entscheidend war die Fähigkeit, das Wasser zu regulieren. Diese Voraussetzungen geschaffen, kam den Menschen die Natur zu Hilfe. Die im Wasserstau lebenden Blaualgen (Bakterienart) haben die Fähigkeit, Luftstickstoff mineralisch zu binden und die Pflanzen mit dem wichtigsten Baustein des Eiweißes zu versorgen.

In Ägypten und Mesopotamien düngten die alljährlichen Überschwemmungen der großen Flüsse regelmäßig die Böden und sicherten die Ernten. Voraussetzung war auch hier die Fähigkeit, Wasser zu regulieren.

Weit schwieriger war der Übergang zur produktiven Wirtschaft z. B. in der Mitte Europas. Hier gab es keine von der Natur geleistete jährliche Reproduktion der Bodenfruchtbarkeit. Der Boden, einige Jahre ackerbaulich genutzt, bedurfte der längeren Ruhe, bis die Natur seine Fruchtbarkeit auf natürliche Weise wieder hergestellt hatte. Es herrschte zunächst Wanderwirtschaft. Über sehr lange Zeit waren die Menschen halb Nomaden und halb sesshaft. Mit einem Bein lebten sie noch in der aneignenden Wirtschaft und mit dem anderen bereits in der produktiven. Sie wechselten nach wenigen Jahren der ackerbaulichen Nutzung die Bodenflächen, um in einem längeren Return zum Ausgangspunkt zurückzukehren.

Später nutzten sie den Aufwuchs auf den brachfallenden Bodenflächen als Viehweide und so entstand allmählich eine Art Wechselwirtschaft, in der mehrere Jahre Ackernutzung und anschließende Grasnutzung sich abwechselten. Mit der Verbesserung der Systeme zur Bodenbearbeitung – erst Hackenpflug, dann Wendepflug – und dem Ersatz menschlicher Muskelkraft durch Zugtiere wurde es möglich, zur Dreifelderwirtschaft überzugehen. Einer Winterhalmfrucht folgte eine Sommerhalmfrucht und dieser ein Jahr Brache, die der Reproduktion der natürlichen Fruchtbarkeit des Bodens diente. Viel später, in Verbindung mit verstärkter Viehhaltung, war es dann möglich geworden, die Dreifelderwirtschaft durch die Fruchtwechselwirtschaft abzulösen. Die Menschen hatten herausgefunden, dass es Blattfrüchte gab, z. B. kleeartige, die die Fruchtbarkeit der Böden förderten, da Leguminosen Luftstickstoff mithilfe von Bakterien – vergleichbar den Blaualgen im Reis – mineralisch binden können. Mit diesen Früchten wurde nunmehr die Brache angesät, was gleichzeitig zu mehr Futter führte und die Viehhaltung weiter förderte. Der Dung der Tiere diente gleichfalls steigender Bodenfruchtbarkeit.

Der Mensch hatte also über die Jahrtausende durch produktionstechnische Mittel die Fähigkeit erlangt, die Fruchtbarkeit der Böden weit über ihr natürliches Maß hinaus anzuheben, eine Fähigkeit, die sich bis in unsere Gegenwart steigerte und uns heute in die Lage versetzt, 8 Milliarden Menschen ausreichend zu ernähren.

Nicht immer war es der Ackerbau, der den Übergang zur produktiven Wirtschaft ermöglichte. In den Steppengebieten Afrikas und Asiens vollzog sich der Übergang mittels Domestikation von Wildtieren (Pferd, Rind, Kamel, Schaf, Ziege) und deren Haltung in großen Herden.

Als Zentralafrika erobert und kolonialisiert wurde, herrschte dort über weite Gebiete noch Wanderwirtschaft mit Brandrodung vor. Die Kolonisten zerstörten diese Kulturstufe der Entwicklung menschlicher Zivilisation, überzogen das Land mit ihren „Segnungen", die zu einer Bevölkerungsexplosion führten, und ließen nach ihrem Abzug die Menschen entwurzelt und hilflos zurück. Die Südfruchtplantagen, die von den Europäern angelegt worden waren, ermöglichten keine lebenserhaltende Ernährung.

Die regionalen Unterschiede bei der Herausbildung der produktiven Wirtschaft erklären auch die Unterschiede in der wechselvollen Geschichte der Hochkulturen. In den fruchtbaren Flussauen der südlich gelegenen Regionen mit regelmäßiger Regenzeit und Überschwemmung sowie im reisanbauenden Asien entwickelten sich die ersten Hochkulturen. Ihre Wirtschaftsweise war der der Wanderwirtschaft überlegen. Als es die Fruchtfolgesysteme im gemäßigten Klima erlaubten, eine der natürlichen überlegene Bodenfruchtbarkeit zu erreichen, hatte die Blütezeit der alten Hochkulturen bereits ihren Gipfel überschritten und der kulturelle Aufschwung sich nach Norden verlagert, der nunmehr der Weltentwicklung bis in unsere Tage voranschritt.

Worin bestand das Wesen dieser Revolution?

Der Mensch hatte zwischen sich und die Natur Produktionsmittel geschoben, um sich diese nach seinen Bedürfnissen rationeller anzueignen und seine Arbeit ergiebiger zu machen – ein Prozess, der früh begann, den wir in seinen ursprünglichen primitiven Anfängen bei unseren Vettern, den Menschenaffen, heute noch beobachten können. Die ersten Werkzeuge waren die in der Natur vorgefundenen. Es sollte unvorstellbar lange dauern, bis die Frühmenschen begannen, diese Naturstoffe zu bearbeiten, ihnen eine dem Zweck besser angepasste Form zu geben. Die ersten Werkstoffe waren Stein und Holz. Wir sprechen von der Steinzeit und da sie sehr lange vorhielt, unterteilen wir sie in Alt- und Jungsteinzeit. Viel später arbeiteten die Menschen in Bronze und Eisen, wonach die folgenden Epochen benannt wurden. Sie hatten die Fähigkeit der Menschen zur Voraussetzung, durch Stoffumwandlung neue Werkstoffe zu schaffen, wie sie so in der Natur nicht angetroffen wurden. Neben dem mechanischen Erkenntnisfortschritt war der in der Chemie hinzugekommen, möglich geworden durch die Nutzung von Wärme, die Bändigung des Feuers.

Die Fortschritte in der Herstellung und dem Gebrauch von Werkzeugen, in einer zeitgeschichtlich langen sozialen Evolution, führten schließlich dazu, dass sich Menschen Produkte der Natur nicht nur zeitsparend aneignen konnten, sondern sie den Naturprozess mithilfe von Werkzeugen selbst unter ihre Kontrolle brachten, ihn von ihnen vorausbestimmt ablaufen ließen, indem sie Wildpflanzen und -tiere domestizierten. Durch Auswahl, Auslese und Kreuzung verbesserten sie die Nutzpflanzen und Tiere hinsichtlich ihrer Ertrags- und Leistungsfähigkeit über die gesamte Zeit kontinuierlich.

Die Zäsur des Übergangs von der aneignenden zur produktiven Wirtschaft im Ergebnis der Entwicklung und Vervollkommnung geeigneter produktionstechnischer Mittel, die sich über viele Tausend Jahre erstreckte, bezeichnen wir dennoch als Sprung in der Geschichte. Es war Abbruch der Allmählichkeit, Umschlag in eine neue Qualität der Zeitgeschichte. Der Hinweis auf den Sprung in der Geschichte ist notwendig für das Verständnis dessen, was sich in unserer Zeit vollzieht und was mit dem Kurzzeitmaßstab eines Menschenlebens schwer zu fassen ist.

So bescheiden aus heutiger Sicht die Werkzeuge waren, die produktive Wirtschaft Wirklichkeit werden ließen, so gewaltig waren die Folgen für die Menschheit, die wir bis in unsere Tage spüren. Es war die Fähigkeit, nicht sporadisch, nicht zufällig, sondern dauerhaft, mit akkumulierender Wirkung, Mehrprodukt, zusätzliches Produkt, über das zum Leben Notwendige hinaus zu erzeugen. Dieses Mehrprodukt, welches sich zwangsläufig bei denen sammelte, die, bedingt durch ihre körperlichen und geistigen Vorzüge, die Sippe, den Stamm und später das Volk – denken wir nur an die ägyptischen Pharaonen – anführten, sollte die gesellschaftlichen Verhältnisse von Grund auf erneuern und Gesellschaft in unserem Verständnis überhaupt erst entstehen lassen. Der aus dem akkumulierten Mehrprodukt hervorgehende Reichtum führte zu privatem Eigentum einer sich nach und nach formierenden Klasse von Besitzenden, wodurch das bis dahin vorherrschende Gemeineigentum verdrängt und von der besitzenden Minderheit eingesogen wurde – ein Vorgang, der bis weit ins Mittelalter hineinwirkte, bis auch das letzte Gemeineigentum, die Allmende (Weide- und Waldflächen) von den besitzenden Klassen, Adel und Geistlichkeit, ihrem Privateigentum einverleibt war.

Aus auf Gemeinschaft begründeten Verhältnissen der Sippen- und Stammesverbände waren auf Herrschaft und Knechtschaft beruhende Verhältnisse geworden, die all das mit sich brachten, was die Aufrechterhaltung der Herrschaft der Minderheit über die Mehrheit notwendig machte. So entstanden die Staatswesen, die uns auch heute noch vertraut sind, mit all ihren Einrichtungen der ideologischen und repressiven Einflussnahme auf jene, die das Mehrprodukt schufen und zum Schutz derer, die es sich aneigneten. Diese historisch neuartigen, sich auf privates Eigentum und Aneignung fremder Arbeit begründenden Produktionsverhältnisse krempelten die Beziehungen zwischen den Menschen völlig um, veränderten menschliches Verhalten von Grund auf.

Die Menschen hatten im Ergebnis einer Revolution in den Produktivkräften die Umstände ihres gesellschaftlichen Seins verändert und diese Umstände veränderten sie selbst. Die Gier nach mehr Mehrprodukt bei den einen und das Begehren, es sich nicht entreißen zu lassen, bei den anderen erzeugten ein permanentes, mal mehr, mal weniger hervortretendes, soziales Spannungsverhältnis in der Gesellschaft wie auch zwischen den Staatswesen.

Waren die Möglichkeiten der Aneignung von Mehrprodukt innerhalb eines Herrschaftsbereiches beim jeweils gegebenen Stand der Produktionstechnik weitgehend ausgeschöpft, ging es darum, solche Quellen durch Raub und Versklavung sich von den Nachbarn anzueignen. Allein hier liegen die tieferen Ursachen für alle bislang in unserem Erdendasein geführten Kriege, einschließlich des jeweils gerade letzten.

Die von Dollinger vorgetragene Anklage an die Menschheit wegen ihrer Gräueltaten werden von nicht wenigen Zeitgenossen auf unsere tierische Abkunft zurückgeführt. Tiere sind nicht grausam. Derartige Auswüchse unserer Art haben ihren Ursprung weniger in unseren tierischen Trieben, sondern in unserem gesellschaftlichen Wesen, nach über Jahrtausende geübtem Klassenantagonismus. Brutal vergingen sich die Bauern im ausgehenden Mittelalter, nachdem ihr soziales Los unerträglich geworden war, an den Herren des weltlichen und geistlichen Adels. Jene zahlten es ihnen mit noch größerer Grausamkeit heim. Die Spirale von Gewalt und Gegengewalt innerhalb und zwischen den Völkern drehte sich durch unsere gesamte Geschichte und bezieht ihre Antriebskraft aus der privaten Aneignung unentgoltener Arbeit. Die Geschichte Erleidenden werden seit eh und je mittels des ihnen entwendeten Mehrprodukts von den die Geschichte Gestaltenden beherrscht.

Von Beginn an wandelte die Gesellschaft zwar mehrfach ihr Erscheinungsbild, die feudale Ordnung ersetzte die klassische Sklaverei durch die Leibeigenschaft, da sie den weiter entwickelten produktionstechnischen Mitteln besser gerecht wurde und die Aneignung von Mehrprodukt ergiebiger machte, aber auch die Leibeigenschaft war nur eine etwas modernere Form von Sklaverei. Auf die klassische Form wurde dennoch hin und wieder zurückgegriffen, wenn sie Lukrativität versprach, so geschehen bei der Ausbeutung des neu eroberten amerikanischen Kontinents mit farbigen Sklaven, geübt bis 1865 und heute in der Rassendiskriminierung der afroamerikanischen Bevölkerung noch nachwirkend.

Ja, selbst in der Neuzeit sollte diese Art von brutalster Ausbeutung nochmals aufleben, als der Faschismus die Menschen der von ihm unterworfenen, nunmehr weißen Völker, vorrangig Juden und Slawen, in seinen Konzentrationslagern und Konzernen zur schamlosen Bereicherung des deutschen Kapitals als Sklaven bis zur physischen Vernichtung arbeiten ließ.

Es wäre ein einseitiges Bild von der im Ergebnis der ersten produktionstechnischen Revolution entstandenen Gesellschaft, wollte man nur die negativen Folgen vom Klassenantagonismus sehen. Gegenüber menschlichen Urzuständen war sie von bahnbrechendem Erfolg. Vor deren Zeit vollzog sich menschliche Entwicklung unsäglich langsam. Fortschritte wurden nur sichtbar, wenn Jahrtausende und Jahrmillionen betrachtet werden.

Erst jene produktionstechnische Revolution schuf die Möglichkeit, Mehrprodukt über das Notwendige hinaus zu erlangen. Die sich nunmehr neuartig formierenden Gesellschaftsstrukturen bewahrten zunächst die auf körperliche, geschlechtliche und geistige Unterschiede zwischen den Menschen innerhalb der Gemeinwesen zurückgehenden hierarchischen Strukturen. Sie waren die notwendige Voraussetzung für die Bildung privaten Eigentums. Das Mehrprodukt, bei Weitem nicht ausreichend, allen eine freie Entwicklung zu ermöglichen, wanderte zur elitären Minderheit und schuf die ökonomische Basis für eine auf Klassen beruhende Gesellschaft. Wenngleich das Mehrprodukt für die freie Entwicklung aller nicht ausreichend, ermöglichte es dennoch die freie Entwicklung der Minderheit. Alles, was in den folgenden Jahrtausenden an Wissen akkumuliert und produktionstechnisch umgesetzt wurde, wäre ohne jene Klassenhierarchie nicht möglich gewesen.

Das ist die zweite, die progressive Seite menschlicher Entwicklung in der Klassengesellschaft, die nicht übersehen werden darf. Kirche und Staat waren über all diese Zeit eben nicht nur Instrumente der ideologischen und repressiven Unterdrückung der Mehrheit, sondern gleichzeitig auch die Träger des wissenschaftlichen, kulturellen und produktionstechnischen Fortschritts. Es sind weniger die Denkmäler aus der Zeit der Prunkentfaltung der Herrschenden, die wir heute noch bestaunen, sondern vielmehr die produktionstechnischen Voraussetzungen, die sie schufen, ohne die die zweite produktionstechnische Revolution nicht möglich geworden wäre.

Wir widmen deshalb der Geschichte einen solch beachtlichen Teil des Buches, um eben sichtbar zu machen, dass gesellschaftliche Bewegungen und Umbrüche unverständlich bleiben – bei aller Vielfalt, Zufälligkeit und Buntscheckigkeit –, wenn die gesellschaftstreibenden Kräfte und Motive nicht begriffen werden.

Das Entstehen der monotheistischen Religionen, welches wir bereits in der Einleitung kurz berührten, wird im Kontext der ersten technischen Revolution fasslich. Alle diese Religionen zusammen genommen, reflektieren den mit der Gesellschaft aufgekommenen sozialen Konflikt und die Sehnsucht der Menschen nach einer gerechten, harmonischen Welt. Deshalb muss bei Religionen stets zwischen dem humanen Gedankengut und institutioneller Macht unterschieden werden. Letzteres weist nur darauf hin, dass es die Herrschenden allzeit verstanden haben, Religionen für ihre Machtinteressen einzusetzen und ihrer revolutionären Inhalte zu berauben. Ein anschauliches Beispiel in der Geschichte lieferte Luther mit dem Verrat an den Bauern, nachdem er selbst von der Macht vereinnahmt worden war.

In der Zeit der aneignenden Wirtschaft waren alle Menschen gleich, also wirklich frei. Es war eine Freiheit der Notwendigkeit, bedingt dadurch, dass sie nur in der Gemeinschaft überleben konnten. Mit dem Übergang zur produktiven Wirtschaft differenzierten sich in der beginnenden Gesellschaftsbildung die Menschen. Bei den Eliten bildete sich privates Eigentum, mit dem sie über die Mehrheit herrschten. Nicht von ungefähr entstanden die monotheistischen Religionen. Sie verkehrten z. B. im Christentum sehr schnell die Botschaft der Urchristen in ihr Gegenteil. Nicht Urkommunismus war nunmehr die Botschaft, sondern nach dem Willen Gottes hierarchische Gliederung der Gesellschaft in Abhängigkeit vom privaten Eigentum. Die Menschen waren nicht mehr gleich, sondern ungleich, und diese Ordnung wurde als gottgewollt eingefordert.

Hier liegt auch die Begründung für die Ungleichbehandlung von Mann und Frau, da das Privateigentum immer in männlicher Hand lag. Im Mittelalter galt die Auffassung, Frauen sind zwar biologisch notwendig, aber minderwertig. Diese Denkweise, die in der Zeit der Aufklärung zögerlich infrage gestellt wurde, wirkt dennoch bis in unsere Zeit und die Gleichberechtigung aller Geschlechter ist längst noch nicht Selbstverständlichkeit. In der antiquierten, erzkonservativen katholischen Kirche bestimmt dieses Frauenbild auch heute noch deren Strukturen.

2. Produktionstechnische Revolution

Der Beginn der zweiten Revolution der Produktivkräfte, der ersten wenigstens ebenbürtig, datiert sich auf die Zeit des ausgehenden 18. Jahrhunderts und des beginnenden 19. Jahrhunderts, also rund 10.000 Jahre nach der ersten und wird als industrielle Revolution begrifflich gefasst. Was vor nunmehr circa 250 Jahren begann, ist ein Phänomen, in dessen Anfangsphase wir uns befinden, von dem ein Ende nicht abzusehen ist.

Im Kern dieser neuerlichen Revolution steht die Ersetzung des Werkzeuges durch die Maschine. Die Maschine emanzipiert das Werkzeug von den Schranken des menschlichen Organismus. Nicht mehr nur die Arbeit ergiebiger zu machen, sondern die Arbeit selbst von einem Mechanismus durchführen zu lassen, unterscheidet das Werkzeug von der Maschine.

Eine solche Auffassung von industrieller Revolution, bei der das meiste noch vor uns liegen dürfte, ist durchaus nicht die verbreitete. Eher wird von einer weiteren technischen Revolution oder gar in den Zeitläufen von mehreren solchen Revolutionen gesprochen. So wird z. B. Automatisierung in Unterscheidung zur Mechanisierung als neue technische Revolution gesehen. Mit der Ankündigung einer solch neuen Revolution, dieses Mal der digitalen, wurden die Kleinanleger mit dem Versprechen, hier sei echt „Kohle" zu machen, auf den „Neuen Markt" gelockt.

Natürlich ist eine technische Revolution für die Menschheit ein Segen. Mit „Geldmachen" in der kapitalistischen Denkweise hat sie allerdings wenig zu tun, da Geld, ein historisches Produkt, und gesellschaftlicher Reichtum durchaus nicht ein und dasselbe sind, was die Kleinanleger recht bald spüren sollten.

Marx, der die Anfänge der industriellen Revolution schaute und analysierte, erkannte bereits, dass sich hier etwas Grundlegendes in der Menschheitsgeschichte ankündigte und abzuzeichnen begann, ohne wahrscheinlich bereits die ganze Tragweite erkennen zu können. Er sieht in der ihm eigenen Schärfe die Herausbildung der kapitalistischen Produktionsweise als Folge einer Revolution der Produktivkräfte, erfasst deren historische Beschränktheit und weiß zu vermitteln, dass mit dem Kapitalismus die Vorgeschichte der Menschheit abschließt. Erst nach circa 250 Jahren industrieller Revolution wird augenscheinlich: Mit der zweiten produktionstechnischen Revolution wurde ein geschichtlicher Umbruch eingeleitet, der von ganz anderer Qualität zeugt als jener, der sich mit dem Übergang aus der antiken in die feudale oder kapitalistische Produktionsweise vollzog. Die zweite produktionstechnische Revolution bereitet den Übergang der Menschheit aus dem Reich der Notwendigkeit in das Reich der Freiheit vor.

Die zweite produktionstechnische Revolution hat sich über die gesamte Zeit der antiken und feudalen Klassengesellschaften vorbereitet und wir wollen aufzeigen, weshalb ihr Ende, wenn überhaupt, noch in sehr weiter Ferne liegt.

Es entspricht dem Denkvermögen unserer Art, dass sie von jeher bemüht ist, ihren Stoffwechsel mit der Natur immer rationeller zu regeln, um alles, was Leben lebenswert macht, mit immer weniger Krafteinsatz zu erlangen. Jetzt ist die Gesellschaft an einen Punkt gelangt, wo dieses Trachten Früchte zu tragen beginnt, wo Arbeit massenhaft überflüssig wird, was bei den politischen Eliten zu Ohnmachten führt.

Es ist ein Irrglaube, anzunehmen, der Mensch könne ohne Arbeit nicht leben, ja im Molochen gar das erste Lebensbedürfnis sehen zu wollen. Mit freier Zeit kann der Mensch recht gut leben, wie uns die Lebensweise der alten Herrschaften überliefert hat. Überflüssig kamen jene sich durchaus nicht vor. Nicht für Entgelt zu arbeiten, heißt nicht, untätig zu sein. Da der Mensch vernunftbegabt und damit denkfähig ist, tut er auch etwas, wenn er untätig zu sein scheint, er denkt.

Der Inhalt der Gedanken und deren Relevanz sind von freier Entwicklung aller Anlagen und Fähigkeiten abhängig, die erst gegeben ist, wenn die freie Entfaltung eines jeden verwirklicht ist, wenn dafür die ökonomischen Grundlagen gelegt sind.

Ohne bezahlte Arbeit zu sein, ist heute eine Schmach, da dadurch die freie Entfaltung wegen des Mangels an ökonomischen

Ressourcen eingeschränkt ist. Betroffen sind obendrein Menschen, die in der noch herrschenden gesellschaftlichen Arbeitsteilung von Kindesbeinen an in einen Teilarbeiter verkrüppelt wurden, bei denen alle Anlagen frühzeitig verkümmerten, wo also die in der menschlichen Natur angelegte Vielfalt nie zur Entfaltung kam. Die Menschheit verfügte über weniger Köpfe als gebraucht würden, sie wird über unendlich viele verfügen, wenn die Zeit dafür gekommen ist.

In den Klassengesellschaften war bezeichnend, dass die Masse der Völker mit vorrangig körperlicher Arbeit ihr Leben fristeten. In der freien Gesellschaft tritt die körperliche Arbeit zunehmend in den Hintergrund und die geistige Tätigkeit wird für alle daseinsbestimmend. Welche Konsequenzen das hat, können wir uns noch gar nicht so richtig vorstellen. Gleichzeitig wird dieser Wandel von der körperlichen hin zur geistigen Tätigkeit der Massen zur unabdingbaren Voraussetzung, damit die Menschheit die Herausforderungen meistern kann, die dann gesellschaftliches Leben bestimmen werden.

Wie bereits erwähnt, befinden wir uns in der Anfangsphase der zweiten produktionstechnischen Revolution. Was sich dabei in circa 250 Jahren vollzogen und entwickelt hat, ist faszinierend. Überschauen wir den Zeitabschnitt, so stellen wir fest, dass der technische Vortrieb, sich von Jahrzehnt zu Jahrzehnt beschleunigend, unaufhaltsam voranschreitet. Das ist gleichzeitig das Wesensmerkmal der zweiten produktionstechnischen Revolution im Vergleich zur ersten.

Noch im Mittelalter herrschte der Eindruck vor, die Zeit würde eher stillstehen. Die Romantik konnte entstehen, als die sich ausbreitende kapitalistische Produktionsweise diese Idylle zerstörte. Der produktionstechnische Fortschritt vollzog sich, gemessen an unserer Lebenszeit, äußerst langsam, wenngleich er um ein Vielfaches schneller war als vor der ersten produktionstechnischen Revolution. Wir sind also vor nicht allzu langer Zeit in eine produktionstechnische Revolution eingetreten, deren Bedeutung für die Menschheit wir gegenwärtig noch nicht recht ermessen können.

Mit der Entwicklung und Vervollkommnung der Werkzeuge im Ergebnis der ersten produktionstechnischen Revolution bereits beginnend, schuf sich der Mensch in der Neuzeit nicht nur die Mittel zur rationelleren Aneignung der Natur, sondern gleichzeitig gelangen ihm damit tiefere Einblicke in deren Struktur-, Funktions- und Bewegungsgesetze. Inzwischen ist ein solches Wissen aufgehäuft, dass die naturwissenschaftliche Forschung nahe daran ist, die Formel zu finden, welche den Makro- und Mikrokosmos in seiner Universalität erklärt.

War es zunächst die unbelebte Natur, die sich der Mensch durch Formgebung und Stoffumwandlung seinen Bedürfnissen anpasste, rückten später ihre lebenden Formen in die Aufmerksamkeit. Die Mikro- und Molekularbiologie entschlüsseln bereits die innersten Geheimnisse des Lebens und haben den genetischen Code unserer Art geknackt. Der Eingriff in unsere Erbsubstanz wird möglich. Der Mensch schickt sich an, unserer biologischen Evolution direkt auf die Sprünge zu helfen. Unsere späteren Nachkommen könnten schöner, gesünder und vor allem intelligenter sein als wir. Nicht umsonst wird im 21. Jahrhundert das Jahrhundert der Biologie, einschließlich unserer eigenen, erblickt.

Gleichzeitig eröffnet jeder Erkenntnisfortschritt neue Welten für künftiges Schöpfertum, bringt kein Ende des zu Erkennenden in Sicht. Das Neue der produktionstechnischen Revolution, in die wir hineingeboren sind und die sich nach circa 250 Jahren noch in ihren Anfängen bewegt, besteht darin, dass wir uns täglich dem Fernziel nähern, den Naturprozess in einen durch angewandte Wissenschaft technisch beherrschten zu verwandeln, ihn, nicht nur wie in der ersten Revolution, sich dienstbar zu machen, sondern nunmehr ihn für uns „arbeiten" zu lassen, ohne dass es unserer eigenen Kraftanstrengung bedarf.

Das Fernziel, auf welches die Menschheit unaufhaltsam hinarbeitet, ist es, alles das Leben lebenswert Machende ohne Arbeit zu erlangen. Die Jahrhunderte zu bemessen, die dafür noch erforderlich sind, wäre reine Spekulation und obendrein müßig. Was in 100 Jahren sein wird, können wir nicht ermessen, so wenig unsere Vorfahren vor 100 Jahren ermessen konnten, was für uns heute alltägliche Gegenwart ist. Auf diesem Weg liegen Erkenntnisgewinne, die sich unserem Vorstellungsvermögen entziehen. Was wir allerdings in Erfahrung bringen können, ist der allgemeine Trend der wissenschaftlich-technischen Entwicklung.

Die industrielle Revolution begann damit, die körperlichen Funktionen der Arbeit – Kraft und Geschick – an Maschinen und Automaten zu übertragen. Dieser Vorgang ist weit fortgeschritten. Die gewachsenen Erkenntnisse über unser Gehirn und seine Denkfähigkeit eröffneten eine weitere Entwicklung, die Übertragung von Denkprozessen auf Maschinen. Hier dürften die größeren Fortschritte noch vor uns liegen, selbst wenn bereits Geleistetes beeindruckend ist. Nachdem die Produktionshauptprozesse lange Zeit im Zentrum der technischen Entwicklung standen, richtet sich nunmehr die Aufmerksamkeit vor allem auch auf die Produktionshilfsprozesse und Produktionsnebenprozesse sowie auch auf die nicht der Wirtschaft angehörenden Bereiche. Schließlich wird auch die Überwachung der Prozessabläufe künstlicher Intelligenz übertragen sein.

Die sich gegenwärtig vollziehende Verschlankung der Unternehmen hat eben auch etwas mit der Entwicklung der Produktivkräfte zu tun. Gemeinsam ist all diesen rasanten Fortschritten: Sie übertragen Arbeitsfunktionen – körperliche wie geistige – auf Maschinen, die nicht nur die Güter des Konsums, sondern auch die Mittel der Produktion schaffen, die ohne unser Zutun tätig werden, und Arbeit wird so in der Gesellschaft zur Herstellung der für das Leben erforderlichen Güter, Mittel und Dienste mehr und mehr überflüssig.

Immer mehr wird sich unser Stoffwechsel mit der Natur in einen geschlossenen Kreislauf der Stoffe wiederfinden, der all unsere Bedürfnisse befriedigen kann und gleichzeitig die Reproduktion der Natur als Mutter unseres Reichtums gewährleistet. Das ist der allgemeine Trend, der sich unabhängig und außerhalb des Willens des Einzelnen vollzieht, der aber nicht, das sei gewiss, in die von Herrn Stoiber ersehnte neofeudale Dienstbotengesellschaft führt.

Unsere Betrachtungen zur ersten produktionstechnischen Revolution veranschaulichten eine tiefgreifende Umgestaltung der gesellschaftlichen Verhältnisse. Diese hob die durch Unterentwicklung bedingte Bescheidenheit der Lebensumstände für eine Minderheit, jene, die sich das Mehrprodukt aneignete, in der Gesellschaft auf und sicherte ihnen eine allseitige Entwicklung. Diese gesellschaftliche Konstellation war auch noch beherrschend, als die zweite produktionstechnische Revolution begann. Auch hier schleppten sich wie nach der ersten technischen Revolution die Formen und Hierarchien, in die die alte Gesellschaft gegossen war, gewohnheitsmäßig in der neuen fort.

Die sich rasant entwickelnden Produktivkräfte machten die kapitalistische Produktionsweise in historisch sagenhaft kurzer Zeit zur beherrschenden in der Gesellschaft. So konnte bald die alte feudale Ordnung überwunden und die bürgerliche Gesellschaft errichtet werden. Vorerst handelten die neuen Bourgeois nicht anders als ihre adligen Vorgänger. Im jungfräulichen Kapitalismus unterschied sich der Leidensweg des neu entstehenden Proletariats kaum vom einstigen der leibeigenen Bauern – mit einem Unterschied, der Leidensweg der Arbeiterschaft war wesentlich kürzer. Die Begründung dafür findet sich nicht im humaneren Empfinden des Kapitals, sondern in der zweiten produktionstechnischen Revolution.

Die feudale Gesellschaft entwickelte sich langsam. Der Boden einmal verteilt, ließ Ausdehnung des Geschäftes kaum zu. Starkes qualitatives Wachstum durch intensivere Bodennutzung fällt erst

in die Ära des Kapitalismus, dessen produktionstechnische Revolution die grüne Revolution möglich und damit in der Landwirtschaft die Arbeitskräfte überzählig machte, die in der Industrie
dringend benötigt wurden. Waren 1870 in der deutschen Landwirtschaft noch 50 % der Arbeitskräfte beschäftigt, sind es heute
noch 2,0 % (vgl. Keynes heute S. 57)[21].

Das Mehrprodukt diente Adel und Geistlichkeit fast ausschließlich deren ausschweifendem feudalem Lebensstil. Ganz anders
die neue Macht, das Kapital. Hier herrschte von der Geburt an
das ihm immanente harte Gesetz der Konkurrenz. Das Kapital
musste bei Strafe seines Untergangs, neben der Ausdehnung des
Geschäfts, stets die Produktivkraft der Arbeit steigern, um an der
bezahlten Arbeit zu sparen, da nur so höherer Profit zu erzielen
ist. Dieses Gesetz zwingt den Kapitaleigner, ständig alle Bedingungen der Produktion zu rationalisieren und zu verbessern –
technischer Fortschritt ist sein Geschäft. Und mit der Produktivität potenziert sich der Warenausstoß. So dauerte es nicht lange,
nachdem der Kapitalismus geworden war, und eine Absatzkrise
jagte die andere. Die dann jeweils einsetzende Flucht des Kapitals in die produktionsmittelherstellende Industrie (Abteilung I)
schuf die Voraussetzungen für den nächsten produktionstechnischen Aufschwung, der neue Krisen auslöste und nicht selten in
den Krieg führte.

Das Problem der kapitalistischen Produktionsweise ist ihre hohe,
stetig wachsende Produktivität, gleichzeitig die einzige Möglichkeit, Kapital als solches zu erhalten. Das erkennt selbst Hans-Werner Sinn und will dem Produktivitätsfortschritt durch Billiglohn
begegnen. Erstaunlich, was die enge Sicht eines Kostgängers des
Kapitals in seinem Gehirn ausbrüten kann.

Mit dem Vortrieb der Produktivität wächst beständig die Masse der Gebrauchswerte, während der Wert der einzelnen Ware
sinkt, da immer weniger Arbeit erheischt ist, um sie herzustellen,
selbst wenn dieser Sachverhalt wegen der ewig sich vollziehenden

174

Geldentwertung (Inflation) nicht ins Auge springt. Steigt die Produktivkraft der Arbeit in der Gesellschaft um 100 % und der Grad der Ausbeutung bliebe gleich, könnte der Arbeitnehmer, wenn er seinen Lohn vollständig verausgabt, die doppelte Menge an Gebrauchswerten erwerben wie auch der Kapitaleigentümer. Dabei ist ohne Belang, wenn sich aufgrund der schleichenden Inflation über einen längeren Zeitraum die Löhne und die Preise deutlich erhöht haben.

Wie rasant sich der technische Fortschritt vollzieht, wird erst richtig sichtbar, wenn der Produktivitätsgewinn, nicht wie im Kapitalismus üblich, als Wertschöpfung zur Arbeitszeit, sondern in der Form: Gebrauchswert zur Arbeitszeit abgeglichen wird. Eine Untersuchung bei VW ergab: „1993 dauerte es noch 30 Stunden einen Golf zu montieren. Heute (1999) dauert es 20" (U. B. S. 149-150)[22]. Selbst das ist noch nicht die ganze Wahrheit, da die gleiche Entwicklung bei allen Herstellern, die die Teile, die zu einem Golf montiert werden, liefern, abläuft. Die Produktivkraft der Arbeit ist in 6 Jahren um 33 $\frac{1}{3}$ % gestiegen, jährlich um 5,5 %! Als im Ergebnis des Zweiten Weltkrieges überregionale Kriege als Mittel der Konfliktbewältigung ausschieden, war der Massenkonsum die einzig mögliche Überlebensstrategie des Kapitals und möglich geworden, infolge der enormen Produktivitätsfortschritte nach dem Zweiten Weltkrieg.

Der Produktivitätsgewinn von circa 250 Jahren industrieller Revolution war ausreichend, um in den Hochburgen des Kapitals erstmals in der Menschheitsgeschichte für die größere Mehrheit des Volkes ansprechenden Wohlstand sicherzustellen. Die produktionstechnische Revolution geht jedoch weiter und das Kapital kann nicht aus seiner Haut. Es muss den technischen Fortschritt unaufhaltsam vorantreiben. Diese Tatsache berechtigt uns zu der Annahme, dass der gesellschaftliche Umbruch, der mit der Herausbildung der kapitalistischen Produktionsweise im Zuge der industriellen Revolution begann, längst nicht abgeschlossen ist. Vielmehr dürfte es sich bei der Produktionsweise, die wir

Kapitalismus nennen, nur um ein kurzes geschichtliches Intermezzo, um ein Durchgangsstadium auf dem Weg in die freie Gesellschaft handeln, eine kurze geschichtliche Episode, in der die Menschheit den Sprung aus dem Reich der Notwendigkeit ins Reich der Freiheit endgültig vollzieht.

Die gegenwärtig vorhaltende und sich ausbreitende Gesellschaftskrise signalisiert uns das nahe Ende des Intermezzos, das sich Kapitalismus nennt, und lässt bei uns heraufdämmern, dass wir uns in einer geschichtlichen Übergangsperiode von der Klassengesellschaft in die freie Gesellschaft befinden. Die Ergebnisse der zweiten Hälfte des 20. Jahrhunderts scheinen diese Erkenntnis zu bestätigen. Die Konsumgesellschaft war ein Vorgeschmack auf die neue Welt. Ohne alle Rücksichten zieht die zweite produktionstechnische Revolution weiter ihre Kreise. Vor der Menschheit in der entwickelten Welt steht die Aufgabe, eine Gesellschaft zu formen, in der die Produktion materieller Güter und Dienste zur Nebensache gerät und die Produktion von Wissen zur Hauptsache wird.

Die zweite produktionstechnische Revolution birgt noch einen ganz anderen Aspekt, der nicht unerwähnt bleiben soll. Die erste produktionstechnische Revolution schied mit der Zivilisation den Menschen endgültig vom Tier, stellte neben die biologische eine gesellschaftliche Evolution, die die Entwicklung unserer Art unerhört beschleunigte.

Die körperlich, geschlechlich und geistig bedingten Unterschiede der Menschen bestimmten zunächst die natürlichen Hierarchien, um dann in den sich entwickelnden privatem Eigentum zementiert zu werden. Noch ist, zumindest bei den herrschenden Eliten, wir spürten es bei Hans-Werner Sinn, die Auffassung verbreitet, es handele sich dabei um ein ehernes, für alle Zeiten unumstößliches Gesetz, welches Armut hier und Reichtum dort rechtfertige. Dabei hatte bereits die Französische Revolution von 1789 Freiheit, Gleichheit und Brüderlichkeit auf ihre Fahnen geschrieben und meinte es auch so. Die aus ihr hervorgehende neue Herrschaft brauchte nicht lange, um diese Begriffe ihren Klasseninteressen unterzuordnen, deren Inhalt auszuhöhlen und auf formaljuristische Floskeln zu reduzieren. Dennoch stand diese Losung am Beginn der zweiten produktionstechnischen Revolution und reflektierte ein neues, künftiges Gesellschaftsverständnis, für dessen Anerkennung nunmehr die Zeit gekommen ist.

Die Unterschiede zwischen den Menschen, die wir heute noch wahrnehmen, sind zum einen das Ergebnis über Jahrtausende geübter Klassenherrschaft und zum anderen immer noch biologisch bedingt. Der Mensch macht die gesellschaftlichen Umstände und die gesellschaftlichen Umstände machen den Menschen. Hier wird sich Grundlegendes verändern lassen. Der heute noch alle gesellschaftlichen Beziehungen prägende imaginäre Reichtum, den die Klassengesellschaft mit dem privaten Eigentum schuf, welcher bereits mit der Geburt den künftigen Lebensweg des Einzelnen wesentlich bestimmt, wird seinen Einfluss verlieren, da die freie Entwicklung einer Minderheit auf Kosten der Mehrheit gegenstandslos wird. Eigentum verliert seine gesellschaftsgestaltende Kraft. Es kommt zu einer grundlegenden Umwertung der Werte. Die Mär, dass jeder seines Glückes Schmied sei, erhält Realität. Der Wert des Menschen misst sich nicht mehr an seinem Vermögen. Dieses gesellschaftsbeherrschende Privileg verliert seine Attraktivität.

Der persönliche Beitrag des Einzelnen für die Gesellschaft wird dann zum Maß der Dinge, an dem er gemessen wird und nach dem sich sein Anteil am gesellschaftlichen Reichtum bemisst. Die natürlich bedingten Unterschiede werden noch eine lange Zeit fortwirken und erst allmählich in die Zukunft hinein korrigiert werden können. Solange dem noch so ist, wird die Gesellschaft für ein menschliches Dasein der von der Natur Benachteiligten zu sorgen haben und es wird ihr nicht schwerfallen. Damit erfüllt sich ein ewig währender Traum der Menschheit, der sich in allen Religionen wiederfindet und deren Vermächtnis ausfüllt, so auch das der Bergpredigt von Jesus.

3.4 Genesis der Kapitalreproduktion

Der Schlüssel zum Verständnis einer Gesellschaftsordnung in ihrem Entstehen, Werden und Vergehen liegt in ihren ökonomischen Grundlagen verborgen. Das war Marx' bahnbrechende Erkenntnis, die wir in unsere Zeit mit hinübernehmen. Die Analyse der kapitalistischen Gesellschaft, so wie Marx sie damals im fortgeschrittenen England vorfand, befähigte ihn, deren Geheimnisse zu entschlüsseln, und vom Resultat der Analyse ausgehend, war es ihm möglich, den Blick in die Zukunft zu richten, um uns die Grenzen dieser Gesellschaft aufzuzeigen. An diesem Punkt angelangt, sieht er das von ihm Leistbare erfüllt. Uns überträgt er damit die Aufgabe, den Niedergang der kapitalistischen Gesellschaft, den wir zunehmend spüren, auszuleuchten, in der Hoffnung, Antworten auf die Zukunftsfragen zu finden.

Der Kapitalismus, den Marx vorfand, war eine aufstrebende Gesellschaftsordnung, die ihr Bestes noch vor sich hatte. Sein Schaffen fällt unmittelbar in die industrielle Revolution, die in England bereits mehrere Jahrzehnte voranschritt, jedoch auf dem europäischen Festland fast noch in den Kinderschuhen steckte. Die industrielle Revolution war es, die den endgültigen Sieg der neuen Produktionsweise über die alte und den Niedergang der feudalen Ordnung besiegelte.

Die Voraussetzungen für die industrielle Revolution waren in der auf Arbeitsteilung und Kooperation beruhenden Manufakturperiode geschaffen worden. Die Manufaktur schuf eine neue Organisation der Fertigung, die dem Handwerk überlegen war. Das Neue bestand in einer rationelleren Verwendung von lebendiger Arbeit (v), während die Einsparungen, bezogen auf das fertige Produkt, bei vergegenständlichter Arbeit (c) noch kein Thema waren, da zunächst mit gleichen Rohstoffen, Geräten und Werkzeugen gearbeitet wurde wie im Handwerk und eine Differenzierung erst allmählich einsetzte. Der Anteil von c am Reproduktionsprozess war im Vergleich mit heutigen Dimensionen niedrig. Der Mehrwert in der Hand des Manufakturbetreibers, der sich unbezahlte Arbeit aneignete, wuchs gegenüber dem Handwerker deshalb, weil er eine Vielzahl Arbeiter unter dem Kommando eines Kapitals beschäftigte und die Arbeit bei ihm durch Arbeitsteilung und Kooperation rationeller organisiert war.

Bei dem Handwerksmeister reichte das Mehrprodukt gerade hin, um einen standes- und zunftgemäßen Lebensstil zu pflegen, der sich von dem seiner Gesellen abhob. Der weit größere Mehrwert in der Hand des Manufakturbetreibers befähigte diesen, Geld zu akkumulieren und den Produktionsprozess auf stets höherer Stufe fortzusetzen.

Dennoch schleppte sich die Manufakturperiode zählebig durch die Jahrhunderte, in denen wirklich bedeutender Kapitalbesitz vor allem bei den Kaufleuten und Wucherern, den ersten Wegbereitern einer auf Kapital begründeten gesellschaftlichen Ordnung, festzustellen war. Richtig geworden war der Kapitalismus von da an, als sich das Kapital der Produktion bemächtigt hatte und allen anderen Mitbewerbern beim Tanz um das Goldene Kalb Rang und Einfluss zuwies. Dieser Prozess der Sondierung der Kräfte des Kapitals fällt zusammen mit dem Prozess der Industrialisierung.

Wenn die ökonomischen Prozesse in der gesellschaftlichen Basis das Erscheinungsbild der Gesellschaft derart dominieren, wie Marx meint, muss es möglich sein, aus der Entwicklung der Reproduktion des Kapitals, im Fortgang des Kapitalismus, Schlüsse zu ziehen, die uns gesellschaftliche Erscheinungen der Vergangenheit, Gegenwart und Zukunft erklärlich machen. Wir wagen deshalb den Versuch, den Reproduktionsprozess des Kapitals in den wichtigsten Stadien seiner Entwicklung in Modellrechnungen darzustellen, um die Veränderungen in der ökonomischen Basis mit ihren Folgen für die Gesellschaft besser verstehen zu können. Dafür brauchen wir einen Maßstab, um den Wert geleisteter Arbeit zu messen, der unbeeinflusst von aller Inflation und Geldentwertung die Jahrhunderte überdauert. Wir nennen den Wertmaßstab einfach Werteinheit (WE).

Die WE ist ein Maß für ein bestimmtes, in der Gesellschaft anerkanntes geleistetes Quantum einfacher Arbeit. Dabei reduziert sich alle geleistete Arbeit auf einfache Arbeit, nachdem komplizierte Arbeit nur ein Mehrfaches von einfacher Arbeit ist. Wir verfolgen also nicht das Ziel, die Reproduktion des Kapitals in irgendeinem Land mit konkreten Wert- und Preisangaben wiederzugeben, da hier von einer historischen Stufe zur anderen, bedingt durch die Geldentwertung, jeder Vergleich unmöglich gemacht wird. Hinter einem bestimmten Geldbetrag von, sagen wir, in der Zeit um 1850 verbirgt sich ein ganz anderes Quantum einfacher Arbeit als z. B. im Jahre 2000.

Unser Ziel besteht vielmehr darin, die Wandlungen in Typ, Umfang und den Proportionen der Reproduktion des Kapitals mit ihren Folgen für die Gesellschaft herauszufinden und plastisch sichtbar zu machen. Hier interessiert also nicht die absolute Zahl, ein imaginärer Wert, der aus keiner Statistik zu ermitteln ist, sondern sie dient uns nur als Vehikel, um über Abstraktion von allem Erscheinenden in das Wesen der Kapitalreproduktion einzudringen, um Gesetzmäßiges darin aufzuspüren, welches uns in die Lage versetzt, das in der Gesellschaft Erscheinende auf den rationellen Kern zurückzuführen, da nur so tragfähige und nachhaltige Aussagen für unser aller Zukunft zu finden sind.

Die besondere Schwierigkeit liegt in der durch das Kapital auf den Kopf gestellten Wertewelt in der Gesellschaft. Allgemein werthaltig ist für den Menschen der Genuss – sinnlich wie geistig, aktiv wie passiv – und die Zeit, die er dafür gewinnt. Arbeit ist dabei das Mittel, mit dem er die Aneignung der Natur vollzieht und an der er bei steigendem Genuss Zeit zu sparen bemüht ist. So sind die Fülle der Gebrauchswerte und der Gewinn an freier Zeit die wahren Gradmesser gesellschaftlichen Reichtums, wenn wir die Existenz des Kapitals einmal ausblenden.

Kapital ist angehäufte, geronnene Arbeit, die unbezahlt blieb. Der Profit gibt Auskunft über den jährlichen Zuwachs in diesem Aneignungsprozess. Das ist die mit dem Kapital in die Welt getretenen Vorstellung von Reichtum und der wahren diametral entgegengesetzt. Bei der Produktivität der Arbeit, die das Kapital unerhört vorantreibt und im Überlebensinteresse vorantreiben muss, wir nannten die Gründe, interessiert das Kapital weder der wachsende Reichtum an Gebrauchswerten noch die gewonnene freie Zeit für die Gesellschaft. Es interessiert sich nur für die gesparte Arbeit – lebendige wie vergegenständlichte – und hier auch nur für den gesparten unbezahlten Teil, da es sich nur über diesen vermehren kann. Nur er schafft Mehrwert, der sich aufhäufen lässt.

In meiner beruflichen Tätigkeit für Kapitalisten, ihnen behilflich zu sein, den Mehrwert zu vermehren, hatte ich oft das Gefühl, jene haben ein besonderes Gen, das Geld-scheffel-Gen. Natürlich gibt es kein solches Gen. Das Geldscheffeln ist nicht genetischer, sondern gesellschaftlicher Natur. Es erwächst aus der Spezifik des Kapitals, aus seiner Progressivität, beständig alle Produktionsbedingungen stetig zu verbessern und zu rationalisieren. Nur so kann Kapital sich erhalten und die Zeiten überdauern.

Die Macht der Feudalherren begründete sich auf Bodenbesitz. Alles, was sie aus dem Boden erwirtschafteten oder mittels Leibeigenen oder Hörigen erwirtschaften ließen, konnten sie für ihre üppige Lebenshaltung verprassen. Anders die Kapitalisten. Sie müssen genau überlegen, welchen Teil des Mehrwerts sie konsumieren und was erforderlich ist, um ihr Kapital zu erneuern, zu modernisieren, zu rationalisieren und zu vergrößern, um im Geschäft zu bleiben.

So wirkt die kapitalistische Gesellschaft erzieherisch auf die Kapitalisten und die, die es werden wollen. Da im Kapitalismus wie in allen Klassengesellschaften die herrschenden Gedanken stets die Gedanken der herrschenden Klasse sind, überträgt sich diese

Denkweise mehr oder weniger stark auf die gesamte Gesellschaft und erklärt uns, weshalb Geld und seine Vermehrung im Denken unserer Menschen eine solch bedeutende Rolle spielen.

Die Folge der sich seit einigen Jahrhunderten vollziehenden ständigen Erneuerung aller Produktionsbedingungen, die durchaus nicht in der Absicht des Kapitals liegt, der es aber auch nicht entfliehen kann und mit der es unaufhaltsam seinen Untergang betreibt, ist die Tatsache, dass ein immer kleiner werdendes Quantum Wert (geronnene Arbeit) ein immer größeres Quantum an Gebrauchswerten hervorbringt. Wenn wir nachfolgend die Kapitalreproduktion über rund 250 Jahre betrachten, muss uns diese Tatsache stets im Hintergrund bewusst sein, da nur sie uns die Krise des Kapitals am Ende der lang anhaltenden Kapitalreproduktion begreiflich werden lässt.

Manufakturperiode

In der Manufakturperiode, z. B. in der Mitte des 18. Jahrhunderts, war der Kapitalismus längst noch nicht die beherrschende Produktionsweise. Möge ihr Anteil an der gesellschaftlichen Produktion 10 bis 15 % betragen haben. Beherrschend waren in dieser Zeit noch einfache Warenproduktion (Handwerk, bäuerliche Wirtschaft, Klein- und Einzelhandel) und feudale Gutswirtschaft. Zwischen allen Wirtschaftsformen fand reger Austausch statt. Nehmen wir für die Reproduktion des Kapitals in der Manufakturperiode, unseren Ausgangspunkt, folgende, die Situation widerspiegelnde Proportionen an:

Beispiel 1

	c =	5a +	v = 5a+	m = 5a=	15a
dv. Abteilung I:	c =	2a +	v = 2a+	m = 2a=	6a
dv. Abteilung II:	c =	3a +	v = 3a +	m = 3a=	9a

Erklärung: Das jeweils konkret eingesetzte Kapital für c + v + m ersetzen wir durch den allgemeinen Buchstaben „a", der stehen kann für ein Unternehmen, einen ganzen Wirtschaftszweig, eine Volkswirtschaft oder z. B. für die Volkswirtschaften West- und Mitteleuropas. Nicht die absoluten Zahlen sind wichtig, sondern die Proportionen zwischen c + v + m, die sich mit den Reproduktionsbedingungen verändern.

Zur Abteilung I gehören die Hersteller von Produktionsmitteln und zur Abteilung II die von Konsumtionsmitteln. Auch diese Gliederung, die auf Marx zurückgeht, ist nur eine abstrakte, denn in den Unternehmen können beide – Produktionsmittel und Konsumtionsmittel – produziert werden und viele Produkte können sowohl als Produktionsmittel als auch als Konsumtionsmittel dienen.

In beiden Abteilungen herrscht noch die Handarbeit vor, nur hier rationeller organisiert mittels Arbeitsteilung und Kooperation, gegenüber einfacher Warenproduktion. Produktionsmittel wie Konsumtionsmittel tauschen sich zwischen beiden Abteilungen, aber auch mit den anderen, noch vorherrschenden Produktionsweisen aus, weshalb die Proportionalität zwischen beiden Abteilungen noch keine Notwendigkeit war. Diese wird erst dann unabdingbar, wenn die gesamte Wirtschaft und dann zunehmend die ganze Gesellschaft unter dem Kommando des Kapitals steht. Dann ist Proportionalität entscheidend für die Kontinuität der wirtschaftlichen und gesellschaftlichen Entwicklung; da Disproportionen zu periodisch auftretenden zyklischen Krisen führen, die den Kapitalismus, nachdem er in der Gesellschaft beherrschend geworden war, auf seinem Weg begleiteten.

In beiden Abteilungen beträgt die Mehrwertrate ($m' = m/v$) 100% und die Profitrate ($p' = m/[c + v]$) 50%. Die manufakturmäßig betriebenen Unternehmen waren im Schnitt klein, sodass vom Mehrwert noch ein beachtlicher Teil der Konsumtion der Unternehmer diente. Noch war die historische Überlegenheit der neuen Produktionsweise nicht offensichtlich. Sie hob sich mit der Zentralisation von Mehrprodukt in Form des Mehrwertes vom Handwerk, von aller einfachen Warenproduktion, ab, war der feudalen Gutswirtschaft aber höchstens ebenbürtig.

Die wenigsten werden zu dieser Zeit im Manufakturbetrieb bereits die neue, künftig die Gesellschaft dominierende Produktionsweise erkannt haben. Nach außen hin sichtbarer Glanz und Reichtum zeigte sich nicht bei den Manufakturbetreibern, sondern bei den Feudalen, der Kaufmannschaft und bei den Wucherern. Untrennbar mit den Manufakturen entwickelte sich eine neue gesellschaftliche Klasse, die Arbeiterschaft, eine noch unbedeutende Minderheit, die bar aller Produktionsmittel war und ihr Leben fristete, indem sie ihre Arbeitskraft verkaufte.

Der Grundstein war jedoch gelegt. Jede weitere Kapitalakkumulation musste diese neue Klasse wachsen lassen und die bisherige Gesellschaftsstruktur verändern. Der Akkumulation von Kapital waren keine, der feudalen Produktionsweise vergleichbar enge Grenzen gesetzt. Es war gewerbliche Produktion, die in der landwirtschaftlich nutzbaren Bodenfläche keine Schranke fand. Solange eine zahlungsfähige Nachfrage ausgemacht werden konnte, war ungebremstes Wachstum möglich. Grenzen der Konsumtionsfähigkeit gewinnen erst in unserer Zeit Bedeutung.

Kennzeichnend für die Manufakturperiode ist, dass die Proportionen zwischen c, v und m relativ stabil sind. Die Steigerung des Mehrwertes vollzieht sich vorrangig über die Ausdehnung des Geschäfts, die Erweiterung der Produktion, also durch Vergrößerung der Manufaktur. Es ist die Zeit, in der über Ausdehnung der Arbeitszeit und Beschleunigung des Arbeitstempos die Kapitaleigner bemüht waren, den Mehrwert zu steigern. Allerdings setzten die physischen und psychischen Parameter des Arbeiters natürliche Grenzen. Manufaktur war fast noch ein halb künstlerisches Gewerbe, abhängig von Kraft und Geschick der Arbeiter.

Erst die beginnende Industrialisierung hob diese Schranken des menschlichen Organismus auf.

Beginn der Industrialisierung

Wenden wir uns deshalb der Periode der Industrialisierung zu und schauen uns die neuen Proportionen der gesellschaftlichen Reproduktion des Kapitals an. Es könnte sich um die Zeit Mitte des 19. Jahrhunderts handeln.

Beispiel 2

$$c = 50a + v = 25a + m = 25a = 100a$$
dv. Abteilung I:
$$c = 20a + v = 17,5a + m = 12,5a = 50a$$
dv. Abteilung II:
$$c = 30a + v = 7,5a + m = 12,5a = 50a$$

Die kapitalistische Produktionsweise hat sich bedeutend ausgedehnt, war mit 100a im Vergleich zur Manufakturperiode auf fast das 7-Fache gewachsen. Sie ist zu einer nicht mehr zu übersehenden Macht in der Gesellschaft geworden. Was die Summe von a nicht vermittelt, ist das weit stärker gewachsene Volumen der Gebrauchswerte, welches der wachsenden Produktivität der Arbeit entspringt. So kann sich die Summe der Gebrauchswerte je a verdoppelt, verdreifacht oder auch vervielfacht haben. Nur dass eben das Sortiment der Gebrauchswerte Mitte des 19. Jahrhunderts ein ganz anderes, als Mitte des 18. Jahrhunderts war. Im Beispiel erkennbar ist die höhere Produktivität der bezahlten, also der einverleibten lebendigen Arbeit (v). Schuf in der Manufakturperiode 1 av 3 a Produkt, so sind es nunmehr 4 a. Es hat Steigerung der Produktivkraft der lebendigen Arbeit stattgefunden, die die Masse des Wertes im Gebrauchswert sinken lässt und damit das Produkt verwohlfeilerte. Interessanter ist der Vergleich in Abteilung II. Hier schafft 1 av 6,7 a Produkt, während es in der Abteilung I nur 2,9 a sind. Diese auffallenden Unterschiede zwischen den beiden Abteilungen erklären sich aus den damals herrschenden Bedingungen.

Die Konsumgüterproduktion – oft nicht ganz treffend mit dem Begriff Leichtindustrie bezeichnet, da Produktionsmittel auch Konsumgüter sein können – war der Bereich der Wirtschaft, voran die Textilindustrie, in dem die Industrialisierung ihren Ausgang nahm. Vor allen hier wurden, nachdem die ersten Antriebsmaschinen gefunden waren, vielerlei Werkzeugmaschinen erfunden, entwickelt und gebaut. Die Herstellung derartiger neuer Arbeitsmittel erfolgte aber noch vorwiegend im Handwerksbetrieb oder im handwerkelnden Manufakturbetrieb. Das sollte sich erst ändern, nachdem es gelang, Maschinen von Maschinen bauen zu lassen sowie Roh- und Grundstoffe mit arbeitssparenden Technologien zu fördern, zu verarbeiten und zu veredeln.

Obwohl auch in dieser Zeit die kapitalistische Produktionsweise längst noch nicht die ganze Wirtschaft und gleich gar nicht die ganze Gesellschaft beherrschte, zeigten sich erste Krisen. Sie hatten ihre Ursache in der gewachsenen Produktivität der Abteilung II, die den Markt mit Konsumgütern überschwemmte, hinter der die Kaufkraft zurückblieb.

Der mit der Industrialisierung einhergehende Drang des Kapitals, sich auszudehnen, entzog der Konsumtion größere Teile, um den Mehrwert zu mehren, die in neues Kapital verwandelt wurden. In dem Maße, wie sich die Abteilung II industrialisierte, wuchs die Nachfrage nach Produktionsmitteln, sodass in der Abteilung I gute Profite zu erzielen waren und deshalb hier vermehrt geschöpfter Mehrwert als neues Kapital angelegt wurde. Die kapitalistische Produktionsweise war entwickelt und die Tendenz der Angleichung der Profitrate an den gesellschaftlichen Durchschnittsprofit regelte die Kapitalbewegung. So beträgt in beiden Abteilungen die Profitrate 33 $\frac{1}{3}$%, bei einer Mehrwertrate in der Abteilung I von 71,4% und in der Abteilung II von 166 $\frac{2}{3}$%, bei Letzterer bedingt durch die hier weit höhere Produktivität der lebendigen Arbeit. Die Profitrate ist im Vergleich zum Manufakturbetrieb (50 %) gefallen, aber die Profitmasse bedeutend gewachsen – auf das 5-Fache –, was der Kapitalakkumulation weiteren Auftrieb gab. Der Fall der Profitrate entspricht der Tendenz bei höherer organischer Zusammensetzung des Kapitals, hier vorerst in der Abteilung II.

In diese Zeit fällt auch der zunehmend beherrschende Einfluss des Kapitalverhältnisses auf die Gesellschaft. Alle noch bestehenden Produktionsweisen wurden dem regelnden Prinzip der Profitmaximierung, dem Bestreben, die individuellen Produktionspreise unter die Marktpreise zu drücken, unterworfen und die einstige Natural- und Geldrente zur Abschöpfung von Mehrprodukt in der Grund- und Gutsherrschaft wandelte sich in ihre kapitalistische Form der Grundrente.

Das in diese Zeit fallende Bevölkerungswachstum und die Verschlechterung der Wirtschaftsbedingungen in den vorkapitalistischen Produktionsweisen infolge der rationelleren und dominierend gewordenen kapitalistischen Produktionsweise förderten die Landflucht und verstärkten die Klasse, die bar aller eigenen Produktionsmittel war – die Arbeiterschaft.

Der Kapitalismus drückte der Gesellschaft also mehr und mehr seinen Stempel auf. Hier beginnt auch bereits die staatliche Subventionspolitik, um die vorkapitalistischen Klassen vor dem Ruin zu bewahren. Davon profitierten nicht nur die Bauern, sondern vor allem auch die feudalen Gutsherren. Beide Klassen, der Grund- und Gutsadel wie die Bauern, wären zu dieser Zeit aus der Geschichte ausgetreten, um nun der modernen kapitalistischen Produktionsweise Platz zu machen, hätten die Herrschenden sie nicht konserviert. Auch das ist eine vor allem in Mitteleuropa hervorstechende Eigenheit gewesen, die auf die bestehende Oligarchie von Adel und Großbürgertum verweist.

Die Steigerung des variablen, des in Arbeitslohn ausgelegten Kapitals (v) vermittelt ein Wachstum der Arbeiterschaft auf das

5-Fache im Vergleich zur Manufakturperiode. Die Klasse der Kapitalisten wie die Arbeiterschaft, begann die Gesellschaft zu dominieren.

Zur Oligarchie zwischen der alten feudalen und der neuen kapitalistischen Herrschaft kam es auch deshalb, weil das in der Geschichte zu spät gekommene Mitteleuropa, in der neuen gesellschaftlichen Kraft, der Arbeiterschaft, die größere Gefahr sah, die die Verständigung der alten und neuen Herrschaft in einem Kompromiss herbeiführte, in dem leider die alte Aristokratie die Führung behielt, mit all ihren verwerflichen historischen Folgen, auf die wir hingewiesen haben. Das wesentliche Zugeständnis an die Feudalen war die Subventionierung des Grund- und Gutsbesitzes, die deren Macht stärkte.

Durchbruch der Industrialisierung

Verfolgen wir die Akkumulation des Kapitals weiter und stellen wir uns seine gesellschaftliche Reproduktion für die Zeit nach der Jahrhundertwende zum 20. Jahrhundert im Vorfeld der großen Weltkriege vor.

Beispiel 3

$$c = 150a \ + \ v = 50a \ + \ m = 50a \ = \ 250a$$
dv. Abteilung I:
$$c = 90a \ + \ v = 25a \ + \ m = 28{,}75a \ = \ 143{,}75a$$
dv. Abteilung II:
$$c = 60a \ + \ v = 25a \ + \ m = 21{,}25a \ = \ 106{,}25a$$

Die kapitalistische Produktionsweise breitete sich in einem reichlich halben Jahrhundert weiter aus, unterstellt auf den 2,5-fachen Umfang im Vergleich zu Beispiel 2 und beherrschte nunmehr die gesamte Wirtschaft. Das Wachstum der Abteilung I war größer als das der Abteilung II. Maschinen hatten gelernt, Maschinen zu bauen. Die Entwicklung wird oft mit dem Aufschwung der

Schwerindustrie gleichgesetzt. Wir hatten festgehalten, dass diese Bezeichnung den Sachverhalt nicht ganz exakt widerspiegelt.

Der für den gewordenen Kapitalismus kennzeichnende arbeitssparende Reproduktionstyp, der sich im vorherigen Beispiel bereits in der Abteilung II angekündigt hatte, war nun durchgängig etabliert. Es war ein Reproduktionstyp des sowohl quantitativen wie qualitativen Wachstums. Quantitatives Wachstum lässt die technische und organische Zusammensetzung des Kapitals unberührt. Qualitatives Wachstum begründet sich auf steigende Produktivkraft der Arbeit, revolutioniert die Produktionsbedingungen und verändert damit die technische wie organische Zusammensetzung des Kapitals.

In jener Zeit war es vor allem die Produktivkraft der lebendigen Arbeit, die beachtlich wuchs, und das konstante Kapital (c) schneller wachsen ließ als das variable (v). Der Kapitalismus hatte den ihm wesenseigenen Reproduktionstyp gefunden, in dem sich sein weiterer Fortschritt bis fast zum Ende des 20. Jahrhunderts vollzog.

Von der Tendenz her war die Reproduktion so angelegt, dass, bezogen auf das Produkt, v schneller ab- als c zunahm, eine Tendenz, die dem Wesen des Kapitals, den individuellen Produktionspreis immer wieder unter den Marktpreis zu drücken, entspringt. In diesem Bestreben modernisierte es beständig, in wachsender Folge, alle technischen Produktionsbedingungen und rationalisierte die Organisation der Prozessabläufe.

Getrieben wurde das Kapital von der Jagd nach Extraprofit, eine Notwendigkeit, der sich kein Kapital entziehen kann, denn der Extraprofit von heute fällt morgen wieder zurück auf den Durchschnittsprofit, da alle Kapitale dieser Bewegung folgen. Wer die Bewegung nicht vollzieht, scheidet früher oder später als Mitbewerber aus. Das ist ein dem Kapital immanentes Gesetz und gleichzeitig der starke Motor, der es der kapitalistischen

Produktionsweise ermöglichte, in wenigen Jahrhunderten mehr zu leisten als in aller davor liegenden Geschichte menschlicher Zivilisation zusammengenommen und dem wir heute unseren Wohlstand verdanken.

Beispiel 3 veranschaulicht aber auch den von Marx vermittelten tendenziellen Fall der Profitrate, der, wie wir heute wissen, vor allem diesen Reproduktionstyp wesenseigen ist, da er zu stets höherer organischer Zusammensetzung des Kapitals führt. Die Profitrate ist von 33 $\frac{1}{3}$ % (Beispiel 2) auf 25 % gefallen, obwohl sich die Profitmasse verdoppelte. Verdoppelt hat sich auch der Kapitalvorschuss in Arbeitslohn (v) und vervierfacht der in konstantem Kapital (c). Es wuchs also das Kapital und mit ihm die Arbeiterschaft in der Gesellschaft.

Der Kapitalismus konnte mit diesem Reproduktionstyp, von zyklischen Konjunkturkrisen abgesehen, voranschreiten, solange das quantitative Wachstum das qualitative überlagerte, d. h. die eingesparte lebendige Arbeit (v), mit neuem Kapital versehen, die Produktion auf erweiterter Stufenleiter fortsetzen konnte.

Und in dieser Bewegung des Kapitals zeigt sich eine weitere, bislang nicht zu beobachtende Entwicklung. Bei dem gegebenen, relativ bescheidenen Niveau der Konsumtion wuchs die Abteilung I schneller als die Abteilung II. Vor dem Ersten großen Weltkrieg hatte sie bereits ein deutliches Übergewicht erlangt und die Produktivkraft der lebendigen Arbeit hatte die größere Dynamik. Es handelt sich um jene Abteilung, in der, in der jungfräulichen Phase der industriellen Revolution, Handarbeit und Handwerkelei vorherrschten, in der sich mit dem technischen Fortschritten in Abteilung II eine nicht versiegende Nachfrage aufgebaut hatte und die Wanderung des Kapitals bedingte, weil hier die größeren Profite winkten.

So kam, was kommen musste. Die Abteilung I überdimensionierte sich bei gleichzeitig aktiv voranschreitender Modernisierung und

Rationalisierung. In dieser starken Phase des Kapitals boomten die Plusmacherei und der Run, stetig neues Geld in produktives Kapital zu verwandeln. Auch damals war Bedürfnisbefriedigung und allgemeiner Volkswohlstand kein treibendes Motiv für Kapital. Je mehr Mehrwert (m) in neues Kapital verwandelt wurde, umso mehr stockte die Konsumtion, der Absatz der in Abteilung II produzierten Waren. Eine sogenannte Überproduktionskrise (es waren Unterkonsumtionskrisen) jagte die andere. Die Krisenzyklen verkürzten sich. Folgerichtig wanderte weiteres Kapital aus Abteilung II ab, um sich in Abteilung I anzulegen. Produktionsmittel sind aber kein Selbstzweck, sondern Mittel, um die Konsumgüterproduktion effizienter und lukrativer zu machen.

Henry Ford, Vertreter des Weltgroßkapitals und Antisemit, erkannte als einer der Ersten nach der Jahrhundertwende die Gefahr und die Explosivität, die in dieser Entwicklung steckten. Mit seinem weltweit bekannt gewordenen Ausspruch: „Autos kaufen keine Autos" machte er auf das Problem aufmerksam. Es sollte länger dauern, bis die Politik daraus praktische Schlüsse zog, in Europa erst nach dem Zusammenbruch von 1945.

Produktionsmittel lassen sich zweifach verwenden – als konstruktive wie als destruktive Mittel. Letztere nennt man Kriegsgerät, Waffen. Kriegsgerät hat den Vorteil, dass es auf Vorgriff hergestellt werden kann, in der Hoffnung, jene werden es bezahlen, auf die es gerichtet wird. Geht der Krieg verloren, so bleibt immer noch das eigene Volk, was für den Verlust eintreten muss – für das Volk der Deutschen, geschehen im Ergebnis zweier verlorener Weltkriege.

Sollte die Radikalisierung der Menschen in der ersten Hälfte des 20. Jahrhunderts, die ihren ideologischen Ausdruck in zum Chauvinismus übersteigerten Nationalismus und Rassenhass, zunehmend auch Antikommunismus und Antisemitismus fand, wirklich nichts mit den Veränderungen in der ökonomischen Basis der Gesellschaft, mit der jeweiligen Spezifik der Kapitalreproduktion zu tun haben?

Wir wissen heute, dass die Säkularisierung der Kirche, mit Wyclif in England beginnend, mit der Reformation auf dem Festland sich fortsetzend und in der Katastrophe des Dreißigjährigen Krieges seinen Abschluss findend, etwas mit ökonomischen Interessen der Herrschenden zu tun hatte und wofür religiöse Gefühle der Völker missbraucht wurden. Warum sollten die ökonomischen Interessen des herrschenden Kapitals nicht wesentlicher Grund für die Katastrophen gewesen sein, in die die Völker getrieben wurden? Sollten die ökonomischen Interessen des Kapitals von edlerer Natur sein als die der Feudalen? Die Antworten auf diese Fragen verweigern uns unsere Historiker immer noch hartnäckig.

Nachdem die beiden Weltkatastrophen abgeklungen waren, war der Kapitalismus, zumindest in Europa, bis ins Mark getroffen und vor allem ideologisch diskreditiert. Es bedurfte einer entsprechenden gesellschaftlichen Erneuerung, um den alten Kapitalismus mit den gleichbleibenden Repräsentanten des Kapitals in neuem Gewand bei den Massen wieder salonfähig aufzuputzen.

Dafür eignete sich das US-amerikanische Modell des demokratischen Kapitalismus durchaus. Hier hatte man bereits vor der Katastrophe erkannt – wir erinnern uns an Henry Fords Ausspruch –, dass die gesellschaftliche Zukunft des Kapitalismus im Massenkonsum liegt.

Im 20. Jahrhundert, in dem das Kapital die Wirtschaft fast vollständig unter seine Herrschaft gebracht hatte und von da aus sich weiter im gesellschaftlichen Umfeld ausbreitete, teilte sich die Gesellschaft zunehmend in 2 große Gruppen – die Arbeitgeber und die Arbeitnehmer. Erstere verfügten mit dem Kapital im Wesentlichen über den Geldreichtum der Gesellschaft – und damit über die Macht – und Letztere, die davon weitgehend ausgeschlossen waren, verfügten nur über eine Ware, ihre Arbeitskraft. Wachsende Kapitalakkumulation hatte, wenn sie nicht in neue Katastrophen führen sollte, einen wachsenden Konsum der breiten Arbeitnehmerschaft – die Hauptkonsumenten – zur Voraussetzung. Diesen Weg waren die USA viel früher gegangen, noch vor dem Zweiten Weltkrieg, infolge der grundlegenden Reformen von Roosevelt.

Nach dem Zweiten Weltkrieg lag die Wirtschaft in Europa am Boden. Die Kriegsschäden waren gewaltig. Das erforderte zunächst ein starkes quantitatives Wachstum der Wirtschaft. Der Krieg hinterließ aber noch eine ganz andere Wirkung. Die Rüstung, vor und während des Krieges, die Hauptdomäne der Abteilung I, hatte den technischen Fortschritt unerhört beschleunigt und nahe an den Prozess herangeführt, den wir mit dem Begriff Automatisierung fassen, die mit der Entwicklung neuer Technologien, insbesondere der Elektronik, in der Folgezeit die gesamte Produktion, dann übergreifend auf die vor- und nachgelagerten, auch nicht wirtschaftliche Bereiche, erfasste und revolutionierte. Es war eine weitere Stufe der industriellen Revolution im 20. Jahrhundert, die der vom 19. Jahrhundert folgte.

Nach dem Zweiten Weltkrieg erlebte die entwickelte kapitalistische Welt eine lang anhaltende Periode des wirtschaftlichen und gesellschaftlichen Aufschwungs, in Deutschland als Wirtschaftswunder bezeichnet. Es war die Blütezeit des Kapitalismus, seine stärkste Phase in seinem gesamten historischen Dasein.

Die rasante Entwicklung Deutschlands und Japans, mit der sie den Rest der westlichen Welt hinter sich ließen, ist vor allem darauf zurückzuführen, dass sie der Krieg besonders gebeutelt und gedemütigt hatte, sie die Verlierer waren, die nichts zu feiern hatten, sondern nur mit angestrengter Arbeit die Folgen der Katastrophe möglichst schnell überwinden wollten.

Später war es für beide von Vorteil, nicht zu den Siegern zu gehören, deren Wirtschaften alsbald von den Rüstungen des Kalten Krieges neu belastet wurden. Das verschaffte den Verlierern einen Vorsprung in der Produktion von Ausrüstungen, Anlagen,

Maschinen und technischen Konsumgütern, in Sektoren, in denen sie bald Exportweltmeister waren und auch blieben.

In dieser Nachkriegszeit kam es zu gravierenden Veränderungen in der ökonomischen Basis. Die ursprüngliche Heimstätte des Kapitals war die Industrie, die es inzwischen vollständig beherrschte. Die weitere quantitative, aber vor allem weiter zunehmende qualitative Entwicklung der Industrie schuf neuen Mehrwert, der nach Anlagemöglichkeiten suchte. Die Anleger vermehrten sich in Zahl und Geldmenge. Dementsprechend musste der kapitalistische Staat für das Kapital neue Anlagemöglichkeiten schaffen. Zuerst wurden die staatlichen Hoheiten, Eisenbahn, Post, Telefonie, Medien privatisiert. Dem Volk wurde, um ihm die Sache schmackhaft zu machen, die Mär erzählt, das Kapital wirtschafte rationeller als der Staat. Danach kamen Einrichtungen an die Reihe, in denen das Kapital überhaupt nichts zu suchen hat, wo es um elementare Bedürfnisse geht wie Wohnen, Wasserversorgung, Elektrizität, Gesundheitswesen, Altenpflege, Sport, Tourismus und Freizeit. Fast der gesamte Einzelhandel wird heute vom Großkapital beherrscht. Der Staat verscherbelte auch sein letztes Tafelsilber.

Es geht aber auch um die Zeit, in der die Löhne sukzessive stiegen, zum einen bedingt durch die stark steigende Produktivität der Arbeit und zum anderen bedingt durch starke Gewerkschaften, die mit ihren Lohnkämpfen das Kapital zu verstärkter Rationalisierung zwangen. Es waren vor allem die Gewerkschaften, denen wir den größten Rationalisierungsschub der Geschichte des Kapitals verdankten.

Dienstleistungsperiode

Das Kapital hatte nun die Möglichkeit und die Notwendigkeit, die Löhne zu steigern, da die Masse der erzeugten Waren verkauft werden musste, und die Arbeitnehmer waren eine große Käufermasse. All das bewirkte, dass zunehmend mehr Arbeitskräfte in der Industrie freigesetzt wurden und die Arbeitnehmer zu größerem Wohlstand gelangten. Das schuf neue Bedürfnisse, die neue Kapitalanlagemöglichkeiten generierten. Die Menschen wollten reisen, sich die Welt anschauen. Der Tourismus blühte auf. Die Menschen verfügten über mehr Freizeit, die sie niveauvoll nutzen wollten. Kunst-, Kultur-, Freizeit-, Vergnügungs- und Sporteinrichtungen erlebten einen noch nie da gewesenen Aufschwung. Natürlich alles unter der Regie des Kapitals. Auch mit den Gladiatoren der Neuzeit, den Fußballspielern, lässt sich Profit machen. Marx meinte, das Auffallendste am Kapitalismus ist die Anhäufung von Waren. Jetzt lässt sich im wahrsten Wortsinn sagen: Von der Wiege bis zur Bahre nichts als Ware.

Wir stellen die Merkmale der gesellschaftlichen Reproduktion des Kapitals für die Zeit des Wirtschaftsbooms mit ihrem gesellschaftsverändernden Einfluss in Beispiel 4 dar.

Beispiel 4

$$c = 210a + v = 210a + m = 84a = 504a$$
dv. Abteilung I:
$$c = 160a + v = 30a + m = 38a = 228a$$
dv. Abteilung II:
$$c = 50a + v = 180a + m = 46a = 276a$$

Mit ihren Waren wirkte die Abteilung I vergleichbar produktivitätssteigernd auf die Abteilung II, sodass hier der Kapitalvorschuss, auszulegen in vergegenständlichter Arbeit (c), im Vergleich zur Vorkriegszeit nachhaltig zurück ging, obwohl die Masse der verwendeten Produktionsmittel, gemessen in Gebrauchswerten, zunahm. Die beachtliche Zunahme des in Arbeitslohn (v) verauslagten Kapitals liegt im neu entstandenen großdimensionierten Dienstleistungssektor begründet. Heute sind mehr als 70 % der Arbeitnehmer in diesem Sektor beschäftigt. Das Kapital nistete sich in allen Poren der Gesellschaft ein und unterwarf alles Dasein seinem Kommando. All das beförderte den Wirtschaftsboom und den Konsum. Es herrschten glückliche Zeiten für Arbeitnehmer und Arbeitgeber. Es schienen wirklich alle vereint im gleichen Boot als echte Solidargemeinschaft im sozialen Frieden zu sitzen. Es gab solide Profite, Vollbeschäftigung und Wohlstand für alle (Erhard).

In Deutschland währten diese goldenen Zeiten bis hinein in die 80er-Jahre des letzten Jahrhunderts. Erneut nahm danach die Arbeitslosigkeit wieder zu. Dann war es vorbei mit weiterwachsendem Wohlstand. Hans-Werner Sinn, ein Apologet des Kapitals, schrieb sein Buch: „Ist Deutschland noch zu retten?"[23]. Gerhard Schröder, in seiner Funktion als deutscher Bundeskanzler, verordnete dem deutschen Volk seinen Sparkurs, knebelte mit den Hartz-4-Reformen den Arbeitsmarkt. Ein Billiglohnsektor mit prekären Arbeitsverhältnissen entstand.

Was war die wahre Ursache? Hatten die Deutschen wirklich über ihre Verhältnisse gelebt? Nein, es handelte sich um Erscheinungen an der Oberfläche der Gesellschaft, die die Politik nicht zu deuten verstand. Die Ursachen lagen im tiefsten Inneren der ökonomischen Basis verborgen. Der bis dahin herrschende arbeitssparende Reproduktionstyp des Kapitals begann zu mutieren hin zu einem ressourcensparenden Typ der Reproduktion. Was das für die Gesellschaft bedeutet, erfahren Sie im 3. Teil, Kapitel 9, dieses Buches.

4 KAPITEL – WIDERSPRÜCHE, DIE DER KAPITALISMUS NICHT MEHR LÖSEN KANN

4.1 Widerspruchdialektik

Widersprüche sind die Triebkräfte einer jeden gesellschaftlichen Entwicklung. Bevor die menschliche Gesellschaft entstand, war es der Widerspruch zwischen den Gegensätzen Natur und den Unzulänglichkeiten des menschlichen Organismus. Das gehört noch zur biologischen Evolution, die in mehreren Stufen den Homo sapiens entstehen ließ. Die Menschen waren noch ein Glied in der Nahrungskette in der Natur.

Mit der Zivilisation, der Gesellschaftsbildung, spalteten sich alsbald aus bereits genannten Gründen die Gesellschaften in Klassen – in Besitzende und Besitzlose, den beiden Gegensätzen, die nunmehr die gesellschaftliche Entwicklung unerhört beschleunigten. Es war ein aus der Gesellschaft selbst erwachsender Widerspruch, der von nun an alle weitere Entwicklung bestimmte. Und wir wissen von Marx, dass sich die Gesellschaft in der Einheit von ökonomischer Basis und gesellschaftlichen Überbau betrachten lässt. Auch das sind 2 Gegensätze, die sich wechselseitig antreiben. Innerhalb der ökonomischen Basis wirken revolutionär die Produktivkräfte auf die bestehenden Produktionsverhältnisse und fördern sich wechselseitig.

In den ersten Gesellschaften waren die produktiven Kräfte vor allem Sklaven. Die produktionstechnischen Mittel waren noch wenig entwickelt. Mit der weiter voranschreitenden Besiedelung unseres Planeten rückte der Boden, die Grundlage der Ernährung, stärker in die Aufmerksamkeit. Die ursprüngliche Sklaverei wuchs hinüber in den Feudalismus. Es wandelten sich damit die Verhältnisse der Produktion, aus Rechtlosen wurden Leibeigene und Hörige. Das spiegelte sich auch im gesellschaftlichen Überbau wider. Die Religionen, die damaligen Hauptquellen des geistig-kulturellen Lebens der Völker, mutierten vom Polytheismus hin zum Monotheismus.

Die stetige Entwicklung der Produktivkräfte führte schließlich in die zweite produktionstechnische Revolution der Menschheitsgeschichte. Damit veränderten sich die Produktionsverhältnisse – hier revolutionär, dort auf leisen Sohlen kommend – grundlegend. Maschinen waren an die Stelle von Werkzeugen getreten, aus leibeigenen und hörigen Bauern wurden doppeltfreie Lohnarbeiter. Im gesellschaftlichen Überbau verloren Religionen ihren beherrschenden ideologischen Einfluss. Erst zögerlich, dann ausgreifend breitete sich Atheismus in den Gesellschaften aus. Staat und Kirche wurden vorerst nur in der entwickelten westlichen Welt voneinander getrennt.

Rund 500 Jahre schreitet der Kapitalismus als gesellschaftliche Ordnung nunmehr voran und hat während dieser Zeit sein Gesellschaftsbild mehrmals geändert. Bis in die zweite Hälfte des 20. Jahrhunderts bot er in der westlichen Welt der Entwicklung der Produktivkräfte genügend Raum, war also progressiv.

Aber von diesem Zeitpunkt an akkumulieren sich in der westlichen Welt Probleme und Konflikte, auf die der Kapitalismus offensichtlich keine Antworten mehr weiß. Die Menschen haben es lange Zeit kaum wahrgenommen, denn es begann in der Zeit, als der Sowjetkommunismus im Todeskampf lag und die Aufmerksamkeit der Menschen voll in Anspruch nahm. Jetzt, wo die Probleme des Kapitals erkennbar werden, suchen die Menschen allerdings nach Antworten weitab von den wirklichen Ursachen. Deshalb bemühen wir uns, in diesem Kapitel den Problemen und Konflikten auf den Grund zu gehen.

4.2 Das Geld

Wenn Sie in Lexika nachschlagen oder den Begriff „Geld" ins Internet eingeben, wird Ihnen die ganze buntscheckige Vielfalt, in der Geld erscheint, auf vielen Seiten ausgebreitet. Wesentliches über die Kategorie Geld wird ihnen nicht vermittelt. Die Lektüre erinnerte mich an Goethes Faust: „Da steh´ ich nun, ich armer Tor, und bin so klug als wie zuvor!"

„Geld regiert die Welt", sagt der Volksmund und man ist geneigt, dem Glauben zu schenken. Allerdings ist es nicht das Geld an sich, denn es hat kein Bewusstsein, welches die Welt regieren könnte, sondern es sind jene Menschen, die darüber in großen Mengen verfügen. Es sind jene Menschen, in deren Händen sich das Kapital befindet und die es einsetzen, um damit die Politik und die herrschende Ideologie der Gesellschaft in ihrem Interesse zu beeinflussen.

Von Thomas Piketty („Das Kapital im 21. Jahrhundert" sowie „Kapital und Ideologie")[24][25] haben wir erfahren, dass sich in den letzten 40 Jahren weltweit eine unerhörte Kapitalkonzentration bei 10 % der Reichsten, besonders stark bei den Obersten (1 %), vollzogen hat und dieser Prozess unaufhaltsam voranschreitet. Die Gruppe derer, die die Welt regieren, konzentriert sich auf immer weniger Menschen, die aber über unvorstellbar große Geldsummen verfügen. So wird die Demokratie ausgehöhlt. Wir wissen, Geld ist nicht gleich Kapital. In der Hand der Masse der Menschen ist Geld nur Zahlungsmittel. Nur in den Händen einer Minderheit, jene, die über diese unvorstellbar großen Summen verfügen, ist es neben Zahlungsmittel vor allem Kapital, welches sie einsetzen, um sich unbezahlte Arbeit der Arbeitnehmer anzueignen, um so dieses Kapital stetig zu vermehren.

Erneut ist ein Buch von Piketty mit dem verheißungsvollen Titel: „Der Sozialismus der Zukunft"[25a] erschienen. Es handelt sich dabei um eine Auswahl von Veröffentlichungen von Thomas

Piketty aus den Jahren 2016 bis 2021. Piketty hat gemeinsam mit vielen Wissenschaftlern Statistiken über Armut und Reichtum, Einkommen, Vermögen usw. über mehrere Jahrhunderte und viele Länder der Welt angefertigt, mit denen man sehr gut arbeiten kann, weil sie solide sind. Er kommt in diesem Buch nahe an das Thema heran, welches uns hier bewegt, ohne das Kind direkt beim Namen zu nennen. Das Groß- und Bankkapital greift er nicht an, will es nur anders besteuern. Das fordert er bereits seit Jahren. Die Regierungen machen stets das Gegenteil.

Zurück zu den Mehrwertschöpfern. Neben ihren Kapitalgeschäften setzen sie jenes Geld auch ein, um die Verwertungsbedingungen ihres Kapitals zu verbessern. Wie geht das? Das geht, indem man die Gesetzgebung der Politik im Kapitalinteresse beeinflusst und die Wähler manipuliert. Das gilt für alle Länder mehr oder weniger, selbst wenn es im Mutterland des Großkapitals, den USA, am krassesten in Erscheinung tritt. Korruption gibt es nicht nur in Russland, China und den Entwicklungsländern, sondern vor allem auch in der sogenannten entwickelten Welt, in den reichen Staaten des Westens, gepaart mit schrankenlosem Lobbyismus. Die ganzflächige Manipulation von Politik und Volk ist auch eine Form von Korruption.

Aber wie kann man ein Volk, um Mehrheiten zu gewinnen, manipulieren? Das kann man nur verstehen, wenn man sich auf Albert Einstein besinnt. Er bemerkte nach dem Zweiten Weltkrieg: „Nur 2 Dinge sind unendlich, die Dummheit der Menschen und das Weltall." Und bei Letzterem war er sich nicht mehr ganz sicher. Die Massenerscheinung „Dummheit" ist kein Phänomen der bildungsfernen Volksschichten, sondern erfasst alle Klassen und Schichten in gleicher Weise, ist also ein ganzheitliches Phänomen der Klassengesellschaft.

Sie meinen, Menschen lassen sich nicht manipulieren? Nehmen wir nur das penetrante Phänomen unserer Zeit, die allgegenwärtige Werbung des Kapitals für seine Waren. Würde das Kapital täglich weltweit für Werbung Milliarden ausgeben, wenn sich Menschen nicht manipulieren ließen? Über die gesamte Zeit der arbeitssparenden Reproduktion hat es das Kapital verstanden, den Menschen mithilfe der Werbung Bedürfnisse schmackhaft zu machen, die eigentlich keine sind, aber die Profite steigern.

Deshalb ist es so wichtig, sich mit dem Geld, an dem die Macht in unserer Gesellschaft klebt, eingehender auseinanderzusetzen. Der erste Abschnitt in „Das Kapital", 1. Band, wurde von Marx überschrieben mit: „Ware und Geld". Mit Ware und dem in ihnen verborgen liegenden Wert haben wir uns bereits auseinandergesetzt. Nun zum Geld.

Unsere Art, der Homo sapiens, lief schon viele Tausend Jahre über den Planeten, ohne Geld in der Tasche zu haben. Geld wurde erst erforderlich mit der arbeitsteiligen Differenzierung der Gesellschaft. Die Menschen verfügten über unterschiedliche Fähigkeiten und Naturressourcen, aus denen sie die Rohstoffe für die Produkte des täglichen Bedarfes entnahmen.

Die sich entwickelnde Arbeitsteilung machte es notwendig, Produkte auszutauschen. So entstanden Märkte, auf denen der Austausch vollzogen wurde. Nur war es schwierig, einen Anbieter zu finden, der mein Produkt brauchte und dessen Produkt meinem Bedarf entsprach. Inzwischen wissen wir, der Austausch erfolgte nach der im Produkt geronnenen Arbeit, z. B. 2 Körbe Fische für 1 Axt.

Ein solcher Austausch war beschwerlich und so dauerte es nicht lange, bis die Menschen universelle Waren fanden, gegen die sich alle anderen Waren tauschen ließen – Geld.

Am Anfang erfüllten viele, massenhaft vorkommende Produkte die Funktion von Geld, z. B. Tiere, Tierhäute, Salz, Getreide und vieles andere mehr. Schließlich rückten die edlen Metalle mehr und mehr in den Mittelpunkt. Sie waren ehern, sehr selten, erforderten für ihre Gewinnung viel Arbeit, benötigten wenig Platz und waren damit wertvoll. Da sich die edlen Metalle im Verkehr abnutzten, wurden sie später durch Geld in Form von Münzen und Scheinen ersetzt.

Das Geld war also als Vermittler zwischen die Waren getreten, um den Austausch zu ermöglichen. Jetzt war es möglich, auf einem Markt sein Produkt zu verkaufen und auf einem anderen Markt zu anderer Zeit ein Produkt für den eigenen Bedarf zu kaufen.

Das Geld ist eine Ware wie jede andere, aber eben universell austauschbar. Das Geld war und ist nicht der Wert, sondern nur seine Äquivalentform. Der Wert ist geronnene, gesellschaftlich notwendige, einfache Arbeit. Komplizierte anspruchsvolle Arbeit ist nur ein Mehrfaches einfacher Arbeit. Wenn heute Topmanager das Mehrhundertfache von einfacher Arbeit verdienen, dann nicht deshalb, weil ihre Arbeit um so viel werthaltiger ist, sondern nur, weil sie die Drecksarbeit für das Kapital verrichten: den Mehrwert zu vermehren.

Da einfache Arbeit keine Maßeinheit besitzt, wird sie in der Äquivalentform, in Geld, ausgedrückt. Wert ist das innere Wesen der Ökonomie, Geld nur seine äußere Erscheinungsform. Geld hat keinen eigenen Gebrauchswert. Sein Gebrauchswert ist es, Wert zu verkörpern. In ihm war der Gebrauchswert, der an und für sich Waren kennzeichnet, im Prinzip verschwunden. Es zählte nur noch der Wert.

Geld selbst ist nur bedrucktes Papier. Der Wert, an dem es sich maß, waren die edlen Metalle, durch die der Betrag gedeckt sein musste. Die edlen Metalle lagerten in den Banken, die die Geldnoten ausgaben, und gegen die diese jederzeit eingetauscht werden konnten. Da Geld, wie alle Waren, dem Wertgesetz unterliegt, müsste in einer gesunden Weltwirtschaft die Summe aller Werte der Summe aller Geldmengen plus einem Zahlungsmittelreservefonds bzw. deren Deckung durch Edelmetalle entsprechen.

So war es bis nach Bretton Woods. 1944 legten die Vertreter der USA, Kanadas, Westeuropas, Australiens und Japans die Handels- und Finanzbeziehungen dieser Länder und des IWF, der hier gegründet wurde, fest. Beschlossen wurde, dass das Finanzsystem auf Gold und den US-Dollar aufgebaut wird. Die USA garantierten die Golddeckung.

Am 15. August 1971 beendeten die Vereinigten Staaten einseitig die Konvertierbarkeit des US-Dollars in Gold, wodurch das Bretton-Woods-System praktisch gegenstandslos und der Dollar zu einer Fiat-Währung wurde. (Fiat-Geld ist Geld ohne eigenen Wert, welches einzig und allein auf dem Vertrauen der Öffentlichkeit, ohne jede Deckungsquelle, beruht.) Gleichzeitig wurden auch viele andere feste Währungen (wie das Pfund Sterling oder die D-Mark) frei schwebend.

Damit war die Parität von Wert und seiner Äquivalentform, Geld, außer Kraft gesetzt. So drucken heute alle Zentralbanken der Welt Geld nach Bedarf und fluten damit die Märkte. Die Geldmenge entspricht heute längst nicht mehr der Wertmenge. Sie ist um ein Mehrfaches höher. Sahra Wagenknecht schreibt dazu: „Die gesamten globalen Geldvermögen erreichten 2006 einen Wert von 167 Billionen Dollar, etwa vierzehnmal so viel wie im Jahr 1980 und das 3,5-Fache dessen, was alle Volkswirtschaften dieser Erde zusammen in einem Jahr an Gütern und Diensten produzieren" (S. W.: Wahnsinn mit Methode – Finanzcrash und Weltwirtschaft" Das Neue Berlin, 2008, S. 94)[26]. Inzwischen sind weitere Jahre ins Land gegangen, in denen das Monopoly auf den Finanzmärkten weiterging, sodass sich das Wert-Geld-Verhältnis wesentlich weiter gespreizt haben dürfte. Vom Äquivalent des Wertes kann keine Rede mehr sein.

Marx war aber der Meinung, als er die Krisenzyklen des Kapitalismus untersuchte, dass der Wert in bestimmten Zeitabständen seine Anerkennung fordert. Letztmalig erlebten wir es in der Finanzkrise von 2007/08. Die Immobilienpreise in den USA waren ins Unermessliche gestiegen, ohne dass ihr Wert gestiegen wäre. Eine Riesenfinanzblase hatte sich aufgetürmt. Das führte zum Crash. Gelöst wurde die Krise, indem die Zentralbanken weiteres Geld druckten.

Natürlich kann man nicht zu Bretton Woods zurückkehren, da die jährliche Edelmetallgewinnung weit hinter der Neuwertschöpfung der Wirtschaft zurückbleibt. (2018 betrug die Fördermenge von Gold in der Welt 3.300 t. Zur gleichen Zeit wurden die noch förderfähigen Goldreserven der Welt mit 50.000 t beziffert.) Deshalb ist es unverzichtbar geworden, die Geldmenge in ihrer Parität unmittelbar an die Wertschöpfung zu koppeln.

Wann und wie sich der wachsende Widerspruch zwischen der Wertschöpfung und der Geldschwemme in der nächsten Krise entladen wird, wissen wir nicht. Erneut türmen sich im reichen Westen Finanzblasen unerhörter Dimensionen auf. Wir wissen nur, dass der Widerspruch immer wieder zur Lösung drängt, und auch dieses Mal, wie immer in der gesamten Geschichte des Kapitalismus, wie z.B. auch in der Hyperinflation von 1923, wird das Volk dafür zur Kasse gebeten werden. Auch die Finanzkrise von 2008 wussten die professoralen Ökonomen nicht vorauszusagen.

Jüngst stellte der bisherige Präsident der deutschen Bundesbank (DBB), Jens Weidmann, ohne tiefere Begründung sein Amt zur Verfügung. Jahrelang hatte er sich gegen die lockere Geldpolitik der FED und der EZB gestellt, konnte sich aber nicht durchsetzen. Die EZB hat erst unter Draghi, gegenwärtig unter Lagarde, Anleihen in großem Stil von Staaten der Europäischen Union aufgekauft und damit die Profite der Anleger gesichert. Sollte Weidmann wissen, worauf die Finanzindustrie zusteuert, und hat deshalb rechtzeitig das sinkende Schiff verlassen?

Die Geldindustrie hat sich gegen die Wertschöpfung verselbstständigt. Wir wundern uns heute über die vielen Verschwörungsmythen, die in der Welt kursieren. Die Verbreiter solcher

Mythen wissen nicht, worum es wirklich geht. Sie spüren aber, dass es Unstimmigkeiten zwischen der Wirtschaft und der Finanzindustrie in der Welt gibt, und entwickeln daraus abenteuerliche, krude Geschichten.

Aber wir wissen, dass alles Geld, was die Wertsumme überschießt, fiktives Geld ist, welches durch keinen Wert gedeckt wird. Sara Wagenknecht spricht in ihrem Buch von Geldschaum oder virtuellem Geld. Geld ist die Äquivalentform des Wertes und sonst weiter nichts. Geld, welches geschöpft wurde, ohne Wert geschöpft zu haben, ist das Äquivalent von Nichts. Schaum ist all das Geld, welches nicht durch Werte gedeckt ist, welches nur entstehen kann, wenn sich die Geldwirtschaft gegen die reale Wertschöpfung verselbstständigt, also eine eigene Geldindustrie generiert.

Die reale Neuwertschöpfung einer Volkswirtschaft ist v + m, also alles, was an die Arbeitnehmer direkt oder indirekt geflossen ist und was die Kapitaleigner eingestrichen haben. Das wird heute im Nationaleinkommen oder BIP ausgedrückt, wobei im BIP die Amortisationen (AfA) nicht einbezogen sind. Wertschöpfung findet also nur in der Realwirtschaft statt, in der Güter produziert oder Dienste geleistet werden.

Das heißt, in der Geldindustrie, die das Äquivalent der Werte verwaltet und sich dafür aus den Gewinnen der Unternehmen in Form von Zinsen und Gebühren bezahlen lässt, findet keine Neuwertschöpfung statt. So sollte es sein. Inzwischen trägt die Finanzindustrie bis zu einem Drittel – in den Ländern unterschiedlich – zum BIP bei. Sie schöpft Geld, ohne Wert zu schöpfen. Sie vermehrt das Äquivalent des Wertes, aber nicht den Wert und ist damit der Verursacher aller Finanzkrisen.

Es werden in diesem Bereich Billionen und Aberbillionen Kredite bewegt, um durch Finanz- und Währungsspekulationen fiktive Gewinne zu erzielen. Auf diesem Wege werden die Reichen immer reicher, indem sie Gelschaum in unvorstellbaren

Größenordnungen auf ihren Konten anhäufen, welches durch keine Werte unterlegt ist. Es sind also reine Luftbuchungen. Allerdings sieht man dem Geld nicht an, ob es nur heiße Luft oder durch Wertschöpfung gedeckt ist.

Das Geld stammt also aus reiner Spekulation. Verglichen mit der Finanzindustrie von heute waren die Wucherer Weisenknaben. Spekulation kann aber auch schiefgehen, wie 2007/08 erlebt. Dann werden die Spekulanten durch den kapitalistischen Staat mithilfe von Schirmen gerettet. Die Volksmassen bezahlen die Rettung mit ihren Steuern, erkennen die wahrhaft Schuldigen in der Regel nicht. Ihnen wird von den Regierenden vermittelt, dass Verwerfungen in der Finanzwirtschaft korrigiert werden müssen, ohne ihnen zu sagen, dass die Verwerfungen durch die unersättliche Gier der Anleger entstanden sind.

Nun könnte man im Geiste Marx' einwenden, wenn die Geldmenge die Wertmenge überschießt, führt das zu Inflation. Monatlich erfahren wir von den Zentralbanken, wie hoch die Inflationsrate im letzten Monat war, und die EZB hat z. B. das ehrgeizige Ziel, die Inflationsrate unter 2 % zu halten, was ihr bis zum russischen Krieg in der Ukraine auch regelmäßig gelang.

Natürlich rechnet die EZB, wie auch alle anderen Zentralbanken, die Geldmenge nicht gegen die Wertschöpfung auf. Nein, gebildet wird ein Warenkorb, in dem alle Waren und Dienstleistungen, die der Durchschnittsbürger im Monat kauft, aufgeführt sind und mit den Preisen der Waren und Dienstleistungen multipliziert. Aus dem Preisanstieg von Monat zu Monat wird die Inflationsrate berechnet. Das nennt man Augenauswischerei!

Wir hatten uns im Zusammenhang mit dem Wertgesetz darüber verständigt: Die Summe aller Werte sollte gleich der Summe aller Preise sein; überschießt die Preissumme die Wertsumme, gibt es Inflation und umgekehrt Deflation. In den Berechnungen der EZB sind nur die konsumtive Konsumtion, aber nicht die produktive Konsumtion enthalten und gleich gar nicht die Geld-mittel, die die Geldindustrie ohne Wert geschöpft hat. Kämen die Superreichen alle gemeinsam auf die Idee, all ihr virtuelles Geld gegen Werte zu tauschen, bräche die Volks- bzw. die Welt-wirtschaft sofort zusammen und wir hätten eine Hyperinflation.

Wieso passiert das nicht? Dazu ist es erforderlich, nochmals auf Geld als Zahlungsmittel und Geld als Kapital einzugehen. Bis auf die kleine Minderheit, in deren Händen sich das große Kapital befindet, dient das Geld der übergroßen Mehrheit der Menschen ausschließlich als Zahlungsmittel. Sie haben kein Kapital. Im ge-sellschaftlichen Alltag wird eine solche Unterscheidung bewusst nicht getroffen, denn damit würden die Meinungsbildner den Klassencharakter der Gesellschaft offenlegen und die Mär von dem gemeinsamen Bootsitzen der Arbeitgeber und der Arbeit-nehmer wäre entlarvt.

Kapital ist heckender Wert, ist Geld, das sich vermehrt, indem es sich fremde Arbeit aneignet. Wir haben die Entstehung des Kapitals im historischen Zusammenhang betrachtet und verfolgt, wie es zur Herausbildung solch riesiger Vermögen kommen konnte, wie sie uns heute in der Welt begegnen und sich auch weiter in die Zu-kunft hinein akkumulieren. Früher bekam der kleine Mann, wenn er seine Ersparnisse einer Bank anvertraute und sie damit arbeiten konnte, noch Zinsen, in der Regel etwas über der Inflationsrate.

Das ist seit einigen Jahren vorbei. Das Sparen der kleinen Leute hat mit der Geldvermehrung des großen Kapitals nichts zu tun. Den Anlegern, in deren Händen sich das große Kapital befindet, gehören die großen Konzerne und Geldinstitute. Deren Geld ver-mehrt sich ohne ihr Zutun jährlich zwischen 5 und 10 %. Für sie ist es kein Problem, wenn sie davon 1 % abgeben, um die Vermö-gensverwalter zu bezahlen. Sie spielen in einer Liga, in der Sie als kleiner Sparer chancenlos sind. Es geht hier um die große Zahl, denn 1 % von 1 Milliarde sind 10 Millionen € bzw. $ aber 1 % von einem Sparguthaben von 100.000 € bzw. $ sind 1.000 € bzw. $.

Die Anleger, die über gewaltige Summen verfügen, betrachten ihr Vermögen nicht als Zahlungsmittelreserve wie der kleine Mann seine Ersparnisse, sondern als Kapital, als heckenden Wert. Sie wollen es nicht in schlechteren Zeiten, z. B. im Alter, verzehren, sondern sie wollen es nur stetig von Jahr zu Jahr vermehren. Deshalb machen sich die Regierenden und die Zentralbanken keine Sorgen, dass sie jemals in Größenordnungen ihr Kapital gegen Werte tauschen möchten. Wie sich das Problem auf dem Wege in die freie Gesellschaft lösen könnte, betrachten wir im 3. Buch.

Das Land, in dem der Kapitalismus am weitesten fortgeschritten war, die USA, kündigte 1971 das Bretten-Woods-Abkommen auf. Was war der Grund? Die USA hatten die stürmischste Entwicklung des Kapitals nach dem Zweiten Weltkrieg erlebt. Alle Bereiche der Gesellschaft, aus denen Profite zu ziehen waren, hatten sich das Kapital erschlossen. Weitere Profitquellen waren nicht in Sicht. Das Kapital gelangte an den Punkt, wo der Widerspruch zwischen Kapital und Arbeit seine treibende Kraft verlor und sich zum Konflikt ausweitete. Es mussten also Wege gefunden werden, da die Profitquellen zu versiegen begannen, nun Geld zu schöpfen, ohne Wert geschöpft zu haben. Mit der Aufkündigung von Breton Woods war der Schöpfung von Geld aus Geld durch die Zentralbanken Tür und Tor geöffnet.

Gebrauchswert, Wert, Preis und Geld

Inzwischen bemühen sich die Zentralbanken, die Inflation schönzurechnen, indem man den Warenkorb höher bewertet, da es sich nicht schlechthin um Preistreiberei handle, sondern, da ständig Neuerungen (Qualitätsverbesserungen, Innovationen) in die Produktion Eingang finden, würden die Produkte „wertvoller". Man nennt das hedonische Preismessung (ebenda, S. 224)[27]. Daraus wird erkennbar, dass im Mainstream die ökonomische Kategorie „Wert" überhaupt nicht verstanden, sondern verwässert wird.

In jedem Produkt wie in jeder Leistung erscheint Wert doppelt, als Gebrauchswert und Tauschwert, Letzterer gemessen im Preis. Der Gebrauchswert lässt sich nicht messen, ist abhängig vom Individuum und den Umständen. Ein Liter Wasser im Regen hat wenig Gebrauchswert. Ein Liter Wasser in der Wüste, wenn ich kurz vor dem Verdursten bin, hat für mich einen unschätzbaren Gebrauchswert. Ein neueres Auto hat für mich einen höheren Gebrauchswert.

Aber all das hat mit dem Wert im ökonomischen Sinne, den ich gemäß dem Preis bezahlen muss, nichts, aber rein gar nichts zu tun. Dieser Wert wird einzig und allein davon bestimmt, wie viele Stunden gesellschaftlich notwendige einfache Arbeit aufgewendet wurden, um z. B. das Auto zu produzieren. Da die Produktivität der Arbeit unaufhaltsam voranschreitet, darf man davon ausgehen, dass z. B. in einem Mittelklassewagen heute weniger Stunden gesellschaftlich notweniger einfacher Arbeit enthalten sind als in einem vergleichbaren Auto, welches vor 10 Jahren produziert wurde, obwohl das neue Auto einen höheren Gebrauchswert besitzt. Es müsste deshalb einen niedrigeren Preis haben.

Nur kalkulieren Kapitalisten Preise anders. Sie nehmen, was sie kriegen können, bevor der Kunde zum Produkt der Konkurrenz greift. Daran scheint sich niemand zu stören, weil der Begriff Wert im Alltagsbewusstsein anders definiert wird als in der Ökonomie.

Diese Vernebelung des Wertbegriffes im Kapitalismus hat Methode. Sie dient der Verschleierung der Ausbeutung. Den Menschen soll nicht aufgehen, dass es nur eine Quelle der Neuwertbildung gibt, und das ist Arbeit. Würden das alle Menschen verstehen, läge der Betrug, den die Finanzindustrie mit der Vermehrung von Geld durch Geld betreibt, für alle sichtbar offen und diese Geldvermehrer wären als Betrüger entlarvt.

Besondere Schwierigkeiten bereitet es dem Kapital und den Bürgern, zu begreifen, dass Innovationen aller Art keinen Mehrwert erzeugen, da sie geeignet sind, den Aufwand an Arbeit je Produktionseinheit zu reduzieren oder arbeitsintensive Produkte durch weniger arbeitsintensive Produkte zu ersetzen. Wert erzeugen sie nur in dem Umfang, in dem sie aus Arbeit, in der Regel bezahlter Arbeit, hervorgegangen sind. Innovationen mehren den Reichtum der Gesellschaft, indem sie freie Zeit und verbesserte Gebrauchswerte gewinnen, den Profit der Kapitaleigner vermehren Innovationen aber nicht. Das Kapital zieht nur so lange einen Extraprofit, bis die Innovationen Standard in der Branche geworden sind. Die Eigner der Innovationen verkaufen in diesem Zeitraum zu Preisen über dem Wert, obwohl die Innovationen den Wert der Produkte gesenkt haben.

Da Innovationen keinen Wert erzeugen, das Kapital daraus aber Profit ziehen möchte, erzeugt ihre Profitgier nur Inflation. Wenn man alte Schätze hebt, wird kalkuliert, was diese heute „wert" wären, in der Regel ein Vielfaches ihres damaligen. Die Differenz zu damals ist die Inflationsrate, die sich seit dieser Zeit akkumuliert hat.

Vertiefen wir diese Gedanken etwas aus aktuellem Anlass: In der Coronakrise und dem sich anschließenden Vernichtungskrieg Putins in der Ukraine stieg die Inflation weltweit in seit Jahrzehnten unbekannte Höhen. Beide Ereignisse werden dafür als die Ursachen benannt. Das ist erstaunlich. Wir wissen bereits, Inflation entsteht, wenn die Summe aller Preise die Summe aller durch Arbeit geschaffenen Werte überschießt. Das passiert dann, wenn die Waren zu Preisen verkauft werden, die über dem in ihnen enthaltenen Wert liegen. Auslöser der Inflation war die Karbonindustrie. Es waren nicht nur die russischen Konzerne dieser Industrien, die die Preisen weit über die Werte anhoben, sondern es waren alle Konzerne der Karbonindustrien weltweit. Alle nutzten die Gunst der Stunde, um sich schamlos zu bereichern.

In der gleichen Zeit, in der sich die Inflation wie ein Lauffeuer über die ganze Welt ausbreitete, geschah Erstaunliches. Die 10 reichsten Milliardäre verdoppelten in dieser Zeit ihre Vermögen auf 1,5 Billionen US-Dollar. Gleichzeitig erhöhte sich die Zahl der in Armut lebenden Menschen um 160 Millionen Menschen. Das Vermögen aller Milliardäre stieg in dieser Zeit um 5 Billionen US-Dollar. Das ist ein größerer Zuwachs als in den 14 Jahren vor der Pandemie zusammengenommen. Gleichzeitig lebt fast die Hälfte (3,2 Milliarden Menschen) unterhalb der Armutsgrenze von 5,50 $/Tag. Für das große Kapital gleichen Pandemie und Krieg einem Goldrausch (Oxfam).

Hatten Sie eventuell Zweifel an meinen Aussagen zur Inhumanität des großen Kapitals, so hoffe ich mit diesen Aussagen von Oxfam ihre Zweifel zerstreut zu haben. Natürlich ist das alles nicht verwunderlich. Es verweist uns nur auf das Wesen des Kapitals, welches wir ausführlich dargelegt haben. Sein Wesen ist Profitmaximierung. Dafür kennt es keine Skrupel. Die Aussagen bestätigen aber auch, dass alle Regierenden der kapitalistischen Welt Knechte des großen Kapitals sind, da sie nichts, aber auch gar nichts unternehmen, um dieses Treiben des großen Kapitals zu unterbinden.

Die Energiewirtschaft, besser: das hier befindliche große Kapital, löste mit ihrer unersättlichen Profitgier die Inflation aus. Aber sie setzte sich einem Lauffeuer gleich in allen Branchen der Wirtschaft fort. Dafür gibt es 2 Gründe: Erstens benötigen alle Waren und Dienste Energie im Herstellungsprozess. Zweitens wissen wir Bescheid über die Durchschnittsprofitrate und ihren tendenziellen Ausgleich in einer auf Kapital sich gründenden Gesellschaft. Die Anleger und ihre Vermögensverwaltungen kamen an den Börsen in fieberhafte Bewegung. Die Portfolios wurden umgeschichtet. Alle wollten am großen Fressen mit teilnehmen. So steigerten sie ihre Profitraten, die vom Volk über steigende Inflation bezahlt werden müssen. Was tun die Regierungen? Sie schauen dem Treiben ihrer Anleger zu und bereiten das Volk auf schwerere Zeiten vor.

Mag sein, Sie hatten Zweifel, wenn ich die Regierungen der kapitalistischen Welt als Handlanger des großen Kapitals bezeichnet habe. Jetzt haben Sie den Beweis. Natürlich haben die

Regierungen Angst vor dem Unmut des Volkes, um die schlimmsten Auswirkungen der Inflation abzumildern. Dafür nehmen sie bei den Anlegern neue Schulden auf, die natürlich das Volk bezahlen muss. Sie holen das Geld nicht von den Verursachern der Inflation. In Deutschland sorgt die Zwergenpartei FDP in der Regierungskoalition dafür, dass das nicht passiert.

Anleger

Spekulanten sind Kapitaleigner, die auf den großen Finanzplätzen Geld durch Geld vermehren. Täglich, ja stündlich werden Billionen über den Globus hin und her verschoben, mit dem einzigen Ziel, das Geld zu vermehren. Ein neuer Wert entsteht dabei nicht.

Das Geld vermehrt den Reichtum der sogenannten „Anleger", von denen wir jeden Abend in den Börsennachrichten hören. Mal sind sie zurückhaltend, dann wieder verschreckt, sind also sehr sensibel und müssen gehätschelt werden. Wer sind diese Leute? Es sind Menschen, die durch Erbschaft, Heirat, Skrupellosigkeit, unersättliche Gier, Spekulation und Betrug in den Besitz großer Vermögen gelangt sind und sich tagtäglich bemühen, durch günstige Anlage diese Geldmengen zu vermehren.

In der Regel tun sie das nicht selbst. Dafür gibt es z. T. sehr große Vermögensverwalter, wie z. B. BlackRock von Larry Fink, dessen Aufsichtsrat Friedrich Merz war. Larry Fink ist ein knallharter Vertreter des großen Kapitals und berät viele Regierungen in Geldangelegenheiten, auch die deutsche. Es nimmt also nicht wunder, woher die Regierungen ihre Erkenntnisse beziehen. Sein Aladdin, Friedrich Merz, wollte deutscher Bundeskanzler werden. Den deutschen Bürgern empfiehlt er Aktien zu kaufen, um reich zu werden!

Diese Vermögensverwalter verrichten die Drecksarbeit für die Anleger und begegnen uns in der Welt als „Heuschrecken" (Müntefering). Zum Gemeinwohl der Gesellschaft leisten die Anleger und ihre Vermögensverwalter in der Regel nichts. Sie beherrschen alle Tricks, um sich der Steuer zu entziehen. Schließlich haben sie mittels Lobbyismus an der Steuergesetzgebung aktiv mitgewirkt und dafür gesorgt, dass es genügend Schlupflöscher gibt.

Die Anleger sind erbärmliche Schmarotzer, ein sich in der Weltgesellschaft – verstärkt in den letzten 50 Jahren – entwickelndes wucherndes Krebsgeschwür. Sie sind die Hauptursache des niedergehenden Kapitalismus, ein Krebsgeschwür, das unheilbar ist und, wenn es nicht beseitigt wird, die Gesellschaft zerstören wird.

Wenn ich heute auf die Straße gehe und die Leute befrage, was sind Schmarotzer, dann erhalte ich verschiedene Antworten, z.B. auch Hartz-4-Empfänger. Anleger wurden mir noch nie genannt. Wer schürt eine solche Ideologie, ausgerechnet die Ärmsten, die Bedauernswertesten, die ohne jede Lobby sind, als Schmarotzer zu bezeichnen? Marx meinte, in einer jeden Gesellschaft sind die herrschenden Gedanken stets die Gedanken der herrschenden Klasse. Recht hat er. Wenn in Berlin die Menschen wegen zu hoher Mieten auf der Straße demonstrieren und das Bundesverfassungsgericht kippt den Mietendeckel, dann im Interesse der Anleger, die sich an zu hohen Mieten mästen, die z.B. von BlackRock Inc. eingetrieben werden.

Immer wieder wird in der öffentlichen Meinungsbildung auf die zunehmende Spreizung zwischen Arm und Reich in der Gesellschaft eingegangen und man sei bemüht, die Schere nicht zu weit aufgehen zu lassen.

In diesen Betrachtungen werden die Einkommensbezieher als eine homogene Masse dargestellt, Arbeitnehmer und Arbeitgeber nicht unterschieden. Es gibt in der Betrachtung keine Unterscheidung zwischen Lohnempfängern und Mehrwertschöpfern. Das hat Methode. Die Meinungsbildner im Auftrag des Kapitals wollen die Klassengesellschaft mit ihren beiden Grundklassen – den Arbeitnehmern und den Arbeitgebern – verschleiern.

Rentiers, der älteste Begriff für Anleger, also all jene, die von Dividenden, von abgeschöpften Mehrwert leben, gab es von jeher. Der Unterschied zu heute liegt darin, dass sich inzwischen fast das gesamte große Kapital und die Finanzindustrie in den Händen von Anlegern befinden. Geschäftsführende Eigentümer, wie in der progressiven Phase des Kapitalismus, finden wir heute fast nur noch im Kleinkapital.

Natürlich gibt es im großen Kapital auch Menschen, die beides sind – Anleger und Lohnbezieher. Ihre Zahl steigt. Es sind jene, die die Profitmaximierung im großen Kapital managen und dafür traumhafte Gehälter beziehen, ausreichend für eine üppige Lebensführung und Vermögensbildung als Anleger. Wir sehen, wie der Kapitalismus in seiner Endphase pervertiert, und nichts deutet darauf hin, dass ohne die Aufhebung des großen Kapitals die Schere zwischen Arm und Reich sich jemals wieder schließen könnte.

Mit der Entwicklung des Handels, insbesondere des Fernhandels, entwickelten sich die Geldhäuser (Banken), die Finanzierungen anboten und Geld verwalteten. Heute hat die Geldwirtschaft – wir sprechen inzwischen von „Geldindustrie", von Finanzplätzen (Wall Street, London, Frankfurt Tokio usw.) – die beherrschende Stellung in Politik und Wirtschaft der Welt. Alle Versuche, auch nach der letzten großen Finanzkrise, sie an die Kette zu legen, sind gescheitert. All diese Banken befinden sich in privater Hand, bei den Anlegern. Sie verstaatlichen zu wollen, wäre ein Sakrileg. Schließlich genießt das Privateigentum (nicht das persönliche) in der kapitalistischen Gesellschaft einen höheren Schutz als das Leben. Wer auch nur vorsichtig einen solchen Gedanken äußert, läuft Gefahr, mit dem wichtigsten kapitalistischen Totschlagargument als übler Kommunist beschimpft zu werden. Die Anleger beherrschen aber nicht nur die Finanzindustrie, sondern auch die Realwirtschaft, also das gesamte Finanz- und Großkapital dieser Welt.

Sie fragen sich: „Warum unternehmen die von uns gewählten Volksvertreter nichts, um das Treiben des Finanz- und Großkapitals zu unterbinden? Warum erkennen sie nicht, was hier abgeht?" Auch hier hilft Marx weiter. Er vermittelte uns, dass in jeder Klassengesellschaft die Regierung das Machtinstrument der jeweils herrschenden Klasse ist.

Heute muss sich das Kapital mehr anstrengen, um das Volk in seinem Interesse zu manipulieren und die Parteien zu korrumpieren. Heute hat das Kapital darin einige Hundert Jahre Erfahrung und Einstein lässt immer wieder grüßen. Dem Kapital kam dabei die arbeitssparende Reproduktion, die sich nach dem Zweiten Weltkrieg in den Hochburgen des Kapitals durchsetzte, zu Hilfe. Sie bescherte beiden gesellschaftlichen Grundklassen, den Arbeitgebern und den Arbeitnehmern, goldene Zeiten, die geeignet waren, die Klassenunterschiede zu verwischen.

Wie entsteht virtuelles Geld?

Das erklärt aber noch nicht, wie virtuelles Geld entsteht. Schauen wir uns dazu die Entwicklung des DAX an. Von 1992 bis 2019 stieg der DAX von 1604 Punkten auf 10478, also um 653% oder jährlich um 22,7%. Im gleichen Zeitabschnitt wuchs die deutsche Wirtschaft (BIP) um 38,3% oder jährlich um 1,4%. Im DAX erfahren wir etwas über den „Wertzuwachs" der Aktien, der im DAX gelisteten 30 größten Unternehmen. Der „Wertzuwachs" der Aktien steht in keinem Verhältnis zum Wirtschaftswachstum. Der DAX vermittelt uns einen virtuellen Wertzuwachs der Aktien, der keinen Zusammenhang zum realen Wertzuwachs der gelisteten Unternehmen erkennen lässt. So entsteht virtuelles Geld, Geldschaum **(Berechnungen 1)**.

Vergleichbar ist die Situation in den USA und den anderen westlichen Ländern. Der Dow Jones stieg von 2006 bis 2019 jährlich um 16,4%, das Wirtschaftswachstum (BIP) im gleichen Zeitraum jährlich aber nur um 1,79%. Die virtuelle Geldschöpfung ist offensichtlich ein Phänomen der Neuzeit aller auf Kapital beruhenden Wirtschaftssysteme **(Berechnungen 2)**.

Berechnungen 1 zum DAX

Jahr	DAX		Steigerung %	je Jahr %
1992	1603,62	=	100	
2019	10477,77	=	653	22,7

Wirtschaftswachtum

	%
1992	1,9
1993	-1,0
1994	2,4
1995	1,5
1996	0,8
1997	1,8
1998	2,0
1999	1,9
2000	2,9
2001	1,7
2002	-0,2
2003	-0,7
2004	1,2
2005	0,7
2006	3,8
2007	3,0
2008	1,0
2009	-5,7
2010	4,2
2011	3,9
2012	0,4
2013	0,4
2014	2,2
2015	1,5
2016	2,2
2017	2,6
2018	1,3
2019	0,6
Summe	38,3
je Jahr	1,4

Berechnungen 2 zum Daw Jones

2006	12.463,15
2007	13.264,82
2008	8.776,39
2009	10.428,05
2010	11.577,51
2011	12.217,56
2012	13.104,14
2013	16.576,66
2014	17.823,07
2015	17.425,03
2016	
2017	
2018	23.327,46
2019	28.538,44
Zuwachs %	229
je Jahr %	16,4

Wirtschaftswachstum

2006	2,86
2007	1,88
2008	-0,14
2009	-2,54
2010	2,56
2011	1,55
2012	2,25
2013	1,84
2014	2,53
2015	3,08
2016	1,71
2017	2,33
2018	3,00
2019	2,16
Summe	25,07
je Jahr	1,79

Nun kaufen Aktien nicht nur die Superreichen, sondern auch Kleinanleger. Ihr Anteil am Gesamtbestand der Aktien ist so gering, dass man ihn vernachlässigen kann. Würde man all die Zuwächse im DAX wieder auf den Ausgangswert plus reales Wirtschaftswachstum minus AfA zurücksetzen, wäre niemand geschröpft worden und die Gerechtigkeit wiederhergestellt.

Ich höre bereits den Aufschrei des Kapitals weltweit. Die Empörung wäre groß. Von Ungerechtigkeit wäre die Rede. Und was ist das, was das Kapital mit uns treibt? Das ist Betrug! An diesen Entwicklungen des Kapitals in den letzten Jahrzehnten wird erkennbar, dass der Kapitalismus am Ende seiner Zeit ist, dass er nicht mehr progressiv, sondern inzwischen parasitär geworden ist. Nicht umsonst meinte Marx, das Proletariat (heute würde man sagen die Arbeitnehmerschaft) muss sich bei Strafe ihres Untergangs vom Kapitalismus befreien.

Wie kam es zur Vermehrung von Geld ohne Wertschöpfung? Das Kapital ist in alle Bereiche der Gesellschaft eingedrungen, hat alles privatisiert, woraus sich Mehrwert ziehen lässt. Aber tagtäglich wächst die Geldmenge in den Händen der Anleger, die nach Anlagemöglichkeiten sucht, um sich zu vermehren. In der realen Wertschöpfung gibt es solche Möglichkeiten immer weniger. So erfand die Finanzindustrie massenweise Fantasieprodukte, mit denen sich Geld ohne Wertschöpfung vermehren ließ.

Natürlich hat der Niedergang einer sich auf Kapital begründenden Gesellschaft objektive Hintergründe. Der Kapitalismus war gereift, als er im Zuge der industriellen Revolution die Industrie beherrschte, erst in den Hochburgen des Kapitals, dann ausgreifend auf die gesamte Welt. Die Profitquellen begannen sich hier zu erschöpfen und das Kapital griff aus auf die nicht industriellen Bereiche und mit wachsendem Wohlstand entstand ein inzwischen vom Kapital beherrschter Dienstleistungssektor.

Damit aber nicht genug. Zunehmend griff das Kapital auch auf die einstigen staatlichen oder kommunalen Hoheiten aus, auf Bahn, Post, Telefonie, Gesundheitswesen, Wohnungswesen, Altenpflege und -betreuung und unterwarf diese Bereiche der Gesellschaft seinem Profitstreben. Das musste den Völkern schmackhaft gemacht werden.

Die Sprecher des Kapitals verbreiteten die Mär im Volk, der Staat könne nicht wirtschaften, das könne nur das private Kapital. Eine Mär, die gebetsmühlenartig immer wiederholt wird, wird irgendwann auch geglaubt. Die Wahrheit lautet, es gibt für Kapital zunehmend weniger Anlagemöglichkeiten. Das macht die Anleger nervös und bringt sie auf zunehmend verrücktere Ideen, wie z. B. in den USA. Hier übernimmt das Kapital bereits die Bewirtschaftung der Strafvollzugsanstalten.

Die kriminelle Energie des Kapitals ist unerschöpflich, wie die Cum-cum- und Cum-ex-Geschäfte zeigten oder Wirecard. Spätestens wurde das in der Finanzkrise 2007/08 erkennbar. Das Kapital signalisierte in dieser Krise, dass seine progressive Zeit historisch abgelaufen ist und nunmehr eine Zeit begonnen hat, in der Kapital zerstörerische Kräfte in der Gesellschaft zu entfalten beginnt. Von da an ist die Gesellschaft aufgerufen, zu handeln und die Finanzindustrie und die großen Konzerne zu vergesellschaften. Natürlich wurden in der Krise einige Banken mit Geld des Staates gerettet, aber nur um sie zu sanieren, sozusagen als Platzhalter für neues Anlegerkapital, um sich dann schnell wieder zurückzuziehen.

Beschließen wir die Betrachtungen zum Geld mit folgendem Gedanken: Für die breite Masse der Menschen ist heute die Geldmenge, über die der Einzelne verfügt, der Maßstab für Reichtum, weil es so vom Kapital den Menschen über Jahrhunderte suggeriert wurde, obwohl wir inzwischen wissen, dass der Reichtumsbegriff des Kapitals mit wirklichem Reichtum der Gesellschaft nichts zu tun hat, denn wahrer Reichtum sind Zeitgewinn und Gebrauchswerte, die Leben lebenswert werden lassen.

Mit der Übertragung des Reichtumsbegriffs, dem das Kapital frönt, auf die gesamte Gesellschaft wurden gleichzeitig borniert Verhaltensweisen geprägt. Wir stellen heute gesellschaftsübergreifend ausgeprägtes Prestige- und Statusdenken fest. Bei den Reichen misst sich dieses Denken an der Länge der eigenen Jacht, der Größe der eigenen Villen, der Anzahl und PS-Zahl der SUV, Luxus pur usw. Bei den weniger Betuchten am Typ und der Größe des Autos, mit dem er vorfährt, am Urlaubsplatz und seiner Ausstattung usw. Man orientiert sich nach „oben". In all diesem Denken spielt es kaum eine Rolle, was wir mit diesem Verhalten unser aller Mutter Erde antun. Mit moralischer und sittlicher Reife hat das alles wenig zu tun. Es wird nach der Aufhebung des großen Kapitals lange dauern, bis derartiges Denken durch vernunftbestimmtes ersetzt sein wird.

So viel an dieser Stelle. An anderer Stelle werden wir das Thema vertiefen.

4.3 Der freie Wettbewerb

Das freie Spiel der Kräfte galt in der progressiven Phase des Kapitalismus der freien Konkurrenz, wie er von den USA in die Welt getragen wurde. Diese Zeiten sind längst Geschichte, aber immer noch wird diese Mär verbreitet. Das Kartellrecht wurde nach dem Zweiten Weltkrieg in allen Staaten der westlichen Welt, in den USA bereits 1870, eingeführt. Man sah in der Kartellbildung, insbesondere bezogen auf die Mittelmächte, eine wesentliche Ursache für deren Aggressivität und Kriegstreiberei. Die großen Konzerne und Trusts sollten zerschlagen werden.

Betroffen davon war vor allem der IG-Farben-Konzern, der seine Gewinne von 1933 bis Kriegende um das 5-Fache gesteigert hatte. Der Konzern hatte mit Zyklon-B, dem Gas zur Ermordung der Juden und anderer „Untermenschen", mit der Aneignung von Chemie-Unternehmen in den besetzten Ländern, der massenhaften Beschäftigung von Zwangsarbeitern und mit Menschenversuchen traumhafte Gewinne gemacht. Wie war es noch? Für 200 % Dividende kein Verbrechen, selbst um die Gefahr des Galgens, wozu Kapital nicht bereit ist.

Obwohl es in allen Ländern Kartellämter gibt, schreitet der Konzentrationsprozess des Kapitals unaufhaltsam voran. Fast täglich erfahren wir von neuen Fusionen, freundlichen oder feindlichen Übernahmen. Das Kartellrecht ist längst ein stumpfes Schwert geworden. Das Kapital mit seinem weltweiten Lobbyismus verstand und versteht es, die Kartellgesetze auszuhebeln und die Regierungen aller kapitalistischen Länder spielen das perverse Spiel mit. Von freiem Wettbewerb kann längst keine Rede mehr sein. Die Märkte werden heute im Wesentlichen von den großen, international agierenden Konzernen und Großbanken beherrscht. Newcomer und verbliebene kleine Unternehmen haben kaum noch eine Chance. Sie werden entweder von den Konzernen gefressen oder aus dem Markt gedrängt. Es ist die schiere Größe, die ihnen diese Marktmacht verschafft; erneut zu beobachten war es, als die Rohöl- und Gaspreise im Angriffskrieg der Russen gegen die Ukraine in die Höhe schossen.

Newcomer gibt es nur noch, wenn ein neuer Markt mit völlig neuen Produkten entsteht, wie es mit der IT-Branche der Fall war. Doch auch hier dauerte es nicht lange, bis die Riesen dieser Branche wie Microsoft, Amazon, Apple, Facebook den Markt beherrschten und alle anderen Mitbewerber mit ihrer Marktmacht aus ihm drängten bzw. drängen. All das erklärt sich auch daraus, dass der Kapitalismus in allen Branchen übersättigt ist. Es gibt keine weiteren erschließbaren Märkte mehr, sondern nur noch Verdrängungswettbewerb mit erlaubten und unerlaubten Mitteln.

Die Empörung war groß, als die menschenunwürdigen Praktiken der Fleischindustrie in der Coronakrise angeprangert wurden. Die wahrhaft Schuldigen, die Handelsketten, die die Nahrungsgü-terindustrie knebeln, wurden nicht genannt. Besonders schlimm tobt sich deren Macht in der Landwirtschaft aus. Jene hat bedingt durch ihre Naturgebundenheit und den daraus erwachsenden Be-sonderheiten Grenzen im Konzentrationsprozess. Sie kann sich nie gegen die Handelsketten durchsetzen, bleibt immer deren Willkür ausgesetzt.

Gleiches gilt für die international agierenden Industriekonzer-ne. Ihnen unterworfen sind Zulieferbetriebe in großer Zahl und werden von ihnen geknebelt. Es kann keine Rede mehr sein von freien Märkten, auf denen Wettbewerb herrscht. Das sind die „Segnungen" des Neoliberalismus. Das kommt heraus, wenn die Ideologie von der „unsichtbaren Hand des Marktes" verbreitet wird, die alles von allein regelt, und der Staat in die Rolle des Störenfriedes in der Marktwirtschaft gedrängt wird. Die Großen fressen immer die Kleinen, wenn die Hand des Staates das nicht verhindert, und die kapitalistischen Staaten der westlichen Welt tun sich damit schwer. Die bescheidenen Eingriffe der Staaten in die Machenschaften der Finanzindustrie nach der letzten Fi-nanzkrise vermitteln das überdeutlich.

Der „Tellerwäscher-Traum" ist also ausgeträumt, was die Ideo-logen des Kapitals nicht davon abhält, ihn immer wieder gebets-mühlenartig zu wiederholen, und leider fallen immer noch Men-schen darauf herein, insbesondere in den USA.

Auch dieser Abschnitt zum freien Wettbewerb vermittelt uns, welche Wandlungen der Kapitalismus in der Zeit seiner Existenz vollzogen hat. Jetzt ist er an den Punkt gelangt, an dem viele sei-ner einst progressiven Merkmale sich in ihr Gegenteil verkehrt haben und er die Gesellschaft nicht mehr voranbringen kann.

Der Kapitalismus bemächtigte sich, nachdem im internationalen Handel, in der Kaufmannschaft und mit dem Wucherkapital rie-sige Vermögen, in der Entstehungsphase des Kapitals, sozusagen in der ursprünglichen Akkumulation, entstanden waren, der Industrie. Die industrielle Revolution schritt ungebremst voran, bis sie auch die letzten Nischen erfasst hatte und die Anlagemöglichkeiten zu schrumpfen begannen.

Bedingt durch den ständigen voranschreitenden Konzentrationsprozess des Kapitals waren hier riesige international agierende Konzerne entstanden. An die Stelle der klassischen Kapitalisten traten die Anleger. Gleiches wie in der Wirtschaft vollzog sich in der Finanzindustrie.

Auf der Suche nach neuen Anlagemöglichkeit, die in den bisherigen Feldern zu versiegen begannen, entdeckte das große Kapital die inzwischen entstandene und stetig weiter wachsende Dienstleistungshäre für sich. Bislang wurde diese beherrscht von mittelständigen Unternehmen oder befand sich in staatlicher oder kommunaler Hand.

Von da an wurde die „Theorie", nur Kapital könne wirtschaften, über alle Medien in der öffentlichen Meinung verbreitet. Die kapitalhörigen Parteien wurden nimmer müde, diese Botschaft in die Gesellschaft zu tragen, bis sie mehrheitlich geglaubt wurde.

Zunächst entstanden riesige Supermärkte, Discounter und Konsumtempel. Der Mittelstand, der bisher den Einzelhandel beherrschte, wurde in den Ruin getrieben, die Stadtzentren verödeten. Es war die schiere Marktmacht der Großen, gegen die die Mittelständler einfach ohnmächtig waren, und deren Existenzen wurden zerstört. In diesem ungleichen Kampf entstanden die sagenhaften Vermögen, z.B. in Deutschland Edeka (49,6 Milliarden €), REWE (39,0 Milliarden €), Schwarz-Gruppe (34,0 Milliarden €), Aldi (25,5 Milliarden €), Metro AG (22,6 Milliarden €), die den Anlegern goldene Zeiten bescherten. Vergleichbar vollzog sich die Entwicklung des Einzelhandels in allen Ländern der westlichen Welt.

Das nächste Feld, in dem sich das große Kapital einnistete, waren die einst staatlichen Hoheiten, wie Post, Bahn, Medien, Telefonie,

Gesundheitswesen, Altenbetreuung u. a. Sie wurden alle dem großen Kapital und ihren Anlegern mit der bedingungslosen Unterstützung der kapitalhörigen Parteien zum Fraß vorgeworfen. Sie meinen, diese Parteien handeln aus ideologischen Überzeugungen? Da kann ich Ihnen nur empfehlen, schauen Sie in die wöchentlich im Fernsehen laufenden Talkshows. Dort können Sie hören, was die geladenen Gäste von FDP, CDU, CSU, AfD und oft auch von SPD zu diesem Thema absondern, und Ihnen werden Augen und Ohren geöffnet.

Besonders krass ging das große Kapital in den in kommunaler Hoheit befindlichen Einrichtungen vor (z. B. Wohnungen, Krankenhäuser, Kultur- und Freizeitstätten). Staatliche wie kommunale Einrichtungen bedürfen vergleichbar den privaten Unternehmen alljährlich Investitionen, wenn sie erhalten und modernisiert werden sollen. Einrichtungen, die nicht auf Profit ausgelegt sein sollten, wie Gesundheits-, Alten- und Pflegeeinrichtungen, deckten ihren Investitionsbedarf früher aus den öffentlichen Steuern. Das Geld war immer vorhanden, nur an den falschen Stellen in Form großer privater Vermögen bei den Superreichen. Die kapitalhörigen Parteien verhinderten es, die Superreichen höher zu besteuern und eine angemessene Vermögenssteuer einzuführen. Die Folge war, die öffentlichen Haushalte trockneten aus, die Staaten und Kommunen verschuldeten sich.

Jetzt schlug die Stunde des großen Kapitals. Sie kauften in unvorstellbaren Größenordnungen Wohnungen, Gesundheits-, Alten- und Pflegeeinrichtungen auf und unterwarfen sie der Profitmaximierung. Profitgier ist skrupel- und gewissenlos. Humanismus kommt hier nicht vor. Die Anleger genießen den Schutz der Verfassungsgerichte in den kapitalistischen Hochburgen. Geringverdiener geben heute in den großen und mittleren Städten bis zu 50% ihres Monatseinkommens aus, um ein bescheidenes Dach über dem Kopf zu haben. In der Coronakrise konnten in der Zeit hoher Inzidenzen die Intensivbetten nicht alle genutzt werden, weil die Anleger das Pflegepersonal nicht angemessen bezahlen wollten. All das ist Kapitalismus pur.

Das Hauptproblem besteht darin, dass sich das Kapital jedes Jahr um 5 bis 10 % vermehrt und jeder neu entstandene Profit nach neuen Anlagemöglichkeiten sucht, sich diese aber zunehmend erschöpfen. Inzwischen haben die Anleger Möglichkeiten gefunden, Geld jenseits der Wertschöpfung zu generieren. Mit jedem weiteren Jahr verschärft sich die Krise, in die uns unser Kapital geführt hat. Die Weltgesellschaft muss bei Strafe ihres Untergangs handeln!

4.4 Die Zerstörung des Planeten

Wir waren uns einig darüber, dass der Kapitalismus in 250 Jahren industrieller Revolution mehr geleistet hat als die Menschheit in den 6 Millionen Jahren ihrer Existenz davor zusammengenommen. So gewaltig diese Leistung ist, so gewaltig sind auch die Zerstörungen, die er in dieser Zeit unserem Planeten zugefügt hat.

Klimakrise

Inzwischen bürgert sich der Begriff Klimakatastrophe ein. Dass wir im Schnellzugtempo auf eine Katastrophe zurasen, spürt inzwischen jeder. Uns besteht keine Klimakrise bevor, nein, wir sind bereits mittendrin. Weltweit besteht bei den Klimatologen Einigkeit darüber, dass der Mensch die Hauptverantwortung für die Erderwärmung trägt. Daran ändert auch nichts, wenn Trump im Interesse der amerikanischen Karbonindustrie den Klimawandel leugnete. Die Coronakrise hat uns vor Augen geführt, wir sind gut beraten, wenn wir auf die Wissenschaft hören. Das gilt für die Klimakrise ebenso.

Empfehlenswert ist das Buch von Naomi Klein: „Green New Deal". Jedes Kind, das in Physik aufgepasst hat, ist heute in der Lage, eine Versuchsanordnung zu treffen, mit der die thermische

Wirkung von CO_2 in der Atmosphäre nachgewiesen werden kann. Das Problem besteht darin, dass das CO_2 viele Jahre in der Atmosphäre verweilt und den Treibhauseffekt kumuliert. Viele meinen, es handle sich um einen langfristigen Prozess, der uns wenig berührt, da wir so lange nicht leben. Ja, es gibt Menschen, die der Meinung waren, als Greta Thunberg die Welt aufgerüttelt hat, sie soll die Schule nicht schwänzen. Natürlich kann die Welt nicht warten, bis es auch der letzte Trottel begriffen hat, dass es um eine Überlebensfrage geht. Die Weltgemeinschaft muss handeln.

Verweilen wir noch etwas bei Greta Thunberg. Am 20. August 2018 platzierte sie sich erstmals vor dem Reichstag in Stockholm mit dem Plakat „Schulstreik für das Klima". Wenige Tage danach war sie weltweit bekannt. Sie hatte es auf den Punkt gebracht. Damit war die Bewegung der jungen Generation „Friday for Future" in der Welt und wurde zur mächtigsten Klimabewegung. Inzwischen haben die jungen Menschen ihr politisches Profil geschärft. In Glasgow trat Greta Thunberg mit der Losung „Blah, blah, blah" auf und meinte damit die Gespräche, die von den Regierungsvertretern aus 197 Ländern und den Lobbyisten des großen Kapitals geführt wurden.

Das stimmt hoffnungsvoll. Dieser Bewegung junger Menschen ist bewusst geworden, wer die Verursacher der weitweiten Klimakrise sind. Damit wurde auch mir bewusst, von welchen gesellschaftlichen Kräften die Zeitenwende eingeleitet und das große Kapital aus seiner Weltherrschaft gedrängt werden könnte. Wer geglaubt hatte, die Völker des reichen Westens seien zu keinen revolutionären Bewegungen mehr fähig, wird nun eines Besseren belehrt. Dieser weltweiten Bewegung gelten alle meine Sympathien.

Die Klimakrise dürfte für die Menschheit die größte Herausforderung sein, seitdem wir den Planeten betreten haben. Sie zu bewältigen, heißt, die Menschheit muss einheitlich und geschlossen handeln. Gelingt das nicht, betreibt sie ihren eigenen Untergang. Als die widerlichste Ausgeburt des Kapitalismus, der mitteleuropäische Faschismus, die Welt in den Zweiten Weltkrieg getrieben hatte, bedurfte es des weltweiten geschlossenen Handelns, um diese Ausgeburt der Barbarei auszulöschen. Eines solchen geschlossenen Handelns der Menschheit bedarf es ab sofort, wenn die auf uns zurasende Katastrophe noch gestoppt werden soll. Noch sind die Einrichtungen nicht erkennbar, die die Menschheit als Subjekt der Weltpolitik handeln ließen. Noch beherrscht der Egoismus des großen Kapitals des reichen Westens die Weltpolitik und wir wissen, dass deren Regierungen im Interesse des Weltgroßkapitals agieren. Auch die 26. Weltklimakonferenz in Glasgow ließ noch kein Licht am Horizont erscheinen.

Die großen Energiekonzerne, die über exzellente Forschungskapazitäten verfügen, wissen bereits seit 50 Jahren, was sie mit ihren Geschäften der Menschheit antun. Von da an hätten sie dieser Entwicklung entgegensteuern müssen. Was tat diese Zunft des großen Kapitals? Sie behielten ihr Wissen für sich, kauften käufliche „Wissenschaftler" für sich, die mit pseudowissenschaftlichen Theorien den Klimawandel leugneten, denen beachtliche Teile der betroffenen Menschen Glauben schenkten – Einstein lässt grüßen. So verstrich viel Zeit, die konsequentes Handeln im Interesse der Profitmaximierung verzögerte.

Bei den CO_2-Emissionen von 2018 (40 Gigatonnen) bleiben der Menschheit, wenn sie auf diesem Niveau verharrt (4,37 t CO_2/Kopf), noch 20 bis 25 Jahre Zeit. Danach dürfen die Menschen für die nächsten mehrere Tausend Jahre keine Treibhausgase mehr in die Atmosphäre abgeben, wenn die Erderwärmung das 2,0-Grad-Celsius-Ziel nicht überschreiten soll (Tabelle S. 248 CO_2-Ausstoß).

Von 1980 bis 2018 sind die Treibhausgase in der Atmosphäre von 339 ppm/m^3 auf 408 ppm/m^3, also auf 120,4 % gestiegen. Die Hauptverursacher sind die Industrieländer der westlichen Welt (USA 2019 16,14 t/Kopf, Deutschland 9,15 t/Kopf). Einigen

Ländern ist es zwar gelungen, ihren Ausstoß von Treibhausgasen zu reduzieren, aber eben nicht im erforderlichen Maße. Wenn wir die selbst gesteckten Ziele der Pariser Klimakonferenz von 2015 erreichen wollen, muss der Ausstoß von Treibhausgasen auf <2,0 t/Kopf in der Welt gesenkt werden. Eine schwache Beruhigung gab es 2020/21, aber nur, weil bedingt durch die Coronakrise Teile der Weltwirtschaft und des Weltverkehrs zwangsläufig zurückgefahren werden mussten.

Erkennbar ist, dass die Länder Afrikas südlich der Sahara 2018 weit unter diesem Ziel im Ausstoß liegen. Obwohl die Industrieländer ihren Ausstoß von 1980 bis 2019 vereinzelt um 20 bis 30 % gesenkt haben (Großbritannien 45 %; dieses Land sieht in der Finanzindustrie die große Zukunft und hat sie deshalb zum Nachteil der Realwirtschaft stark ausgebaut), ist der Weltausstoß dennoch um >20 % gestiegen.

Das ist erklärlich, weil die zurückgebliebenen Länder, insbesondere in Asien, die Rückstände in der wirtschaftlichen und sozialen Entwicklung aufholen wollen. So hat sich der Ausstoß an Treibhausgasen in China und Indien von 1980 bis 2018 mehr als verfünffacht. Aber auch in Afrika steigt dieser Wert, wenn auch nicht in solchen Dimensionen. Aber Afrika trägt auch an den schlimmsten Folgen des Kolonialismus. Natürlich wird es notwendig sein, dass die Schwellenländer wie China und Indien ihren wirtschaftlichen Aufschwung künftig nicht auf die fossilen Energieträger, sondern auf die erneuerbaren begründen.

Die Klimaforscher sind bemüht, die Folgen der Erderwärmung möglichst präzise abzuschätzen. Dafür erforschen sie die Erdgeschichte, in denen es solche Perioden der Erwärmung und Abkühlung gab. Aber völlig neu ist das Tempo, in dem sich die menschengemachte Erderwärmung vollzieht. In der Vergangenheit dauerte es Tausende von Jahren, in denen sich Derartiges vollzog. Jetzt erfolgt eine solche Erwärmung in einigen Jahrzehnten bzw., zunächst kaum merklich, vor 2 Jahrhunderten beginnend.

Der Natur und dem Menschen fehlt die Zeit, sich dem anzupassen. Auch die Wissenschaft kann kaum einschätzen, welche zweiten und dritten Folgen die schnelle Erwärmung auslöst und die Wirkungen akkumuliert. Denken wir nur an die sich beschleunigende Eisabschmelze am Nord- und Südpol sowie den Gletschern in den Hochgebirgen oder an das Auftauen der Permafrostböden und die damit verbundene Freisetzung von Methan, dem stärksten Treibhausgas. Die Aufzählung ließe sich fortsetzen mit den Themen Erwärmung der Ozeane, Plankton- und Korallenriffsterben und, und, und. In der Komplexität all dieser Erscheinungen liegen Unwägbarkeiten, mögliche exponentielle Ereignisse und Kippunkte verborgen, die kaum abschätzbar sind, die nur einen Schluss zulassen: Es muss ohne Zeitverzögerung gehandelt werden!

Natürlich gab es auch in den 6 Millionen Jahren Menschheitsgeschichte Kalt- und Warmzeiten. Nur lebten in diesen Zeiten im Vergleich zu heute verschwindend wenige Menschen auf diesem Planeten, die sich in Räume zurückziehen konnten, wo ein Überleben möglich war. Mit einer Weltbevölkerung von 8 Milliarden Menschen gibt es solche Rückzugsräume nicht mehr. Die Menschen müssen klimabedingt ihre Lebensräume verlassen und sich in den Räumen, die bewohnbar bleiben, zusammendrängen. Heute haben wir Kriegs- und Wirtschaftsflüchtlinge und wissen dieses Problem kaum zu lösen. Ich möchte nicht darüber nachdenken, was in der Welt passiert, wenn sich Millionen und Abermillionen Klimaflüchtlinge auf den Weg machen.

Nach Wikipedia lagern noch 5 Billionen Tonnen Kohlenstoff, gebunden in Kohle, Öl und Gas, in unserer Erde. Würden sie im gleichen Tempo wie bisher gefördert und verbrannt, hätten wir einen Temperaturanstieg von 6,4 bis 9,5 °C zu erwarten. Das gab es in der Erdgeschichte, seitdem mehrzelliges Leben existiert, noch nie. In den letzten 20 Jahren zeichnet sich kein nennenswerter Rückgang der Förderleistungen ab. Ja, die Forderung all jener, die sich um den Kampf gegen die Erderwärmung verdient machen, ab sofort alle fossilen Energieträger in der Erde zu belassen, verdient die weltweite Unterstützung und entsprechendes weltweites Handeln. Das dürfte aber nur funktionieren, wenn es gelingt, weltweite Entscheidungen jenseits der Profitmaximierung durch eine Weltregierung herbeizuführen. Profitmaximierung und umweltbewusstes Wirtschaften stehen sich diametral entgegen.

Diese wenigen Aussagen machen deutlich, welch großer Anstrengungen es bedarf, um die Klimakrise zu bewältigen. Ist das unter kapitalistischen Produktionsverhältnissen zu schaffen? Der Kapitalismus lebt vom quantitativen Wachstum. Fehlendes Wachstum bedeutet für den Kapitalismus Stillstand und Stillstand ist für Kapital Rückschritt. Kapitalisten geht es wie dem Hamster im Rad. Bleiben sie stehen, ist ihr Schicksal besiegelt. Sie scheiden über kurz oder lang aus dem Wettbewerb ums Goldene Kalb aus.

Die Menschheit braucht eine neue gesellschaftliche Ordnung, um die Klimakatastrophe abzuwenden. Der Kapitalismus erscheint dafür ungeeignet. In den vielen und sehr löblichen Klimabewegungen sollte die Aufmerksamkeit viel stärker auf das große Kapital, den Hauptverursacher der Klimakrise, gelegt werden. Natürlich tragen alle Konsumenten zum Klimawandel bei. Nur ist aber eben ihr Konsumverhalten auch ein Produkt kapitalistischer gesellschaftlicher Verhältnisse.

Nach Trumps Wahlniederlage platzieren sich die USA wieder an die Spitze des Kampfes gegen die Erderwärmung und Europa zieht mit. Viele andere Länder setzen sich auch ehrgeizige Ziele bei der Verminderung des CO_2-Ausstoßes. Schließlich lebt das Kapital auch in dieser Welt, in der sich mit der Klimakrise die Verwertungsbedingungen ihres Kapitals verschlechtern könnten.

Aber das Lebenselixier des Kapitals ist Profitmaximierung. Auch mit erneuerbaren Energien lässt sich Profit machen. Die Zeit, die uns noch bleibt – und die ist kurz bemessen –, wird uns lehren, ob das Kapital seinen Beitrag zur Einhaltung der Klimaziele leistet oder Mittel und Wege findet, diese zu unterlaufen.

Schließlich muss das große Kapital in seinen Hochburgen den Hauptbeitrag leisten und kann diese Aufgabe nicht in die wenig entwickelte Welt exportieren und verzögert somit deren Entwicklung weiter. Es bedarf im reichen Westen gravierender Veränderungen in allen Bereichen der Wirtschaft, der Landwirtschaft, des Verkehrs, der Rohstoff- und Recyclingwirtschaft und in der Lebens- und Konsumweise aller Menschen. Das sind Anforderungen, die sich mit Profitmaximierung kaum in Übereinstimmung bringen lassen.

Ressourcenverbrauch

Zurzeit verbrauchen 5% der Weltbevölkerung 25% der Ressourcen. 20% der Weltbevölkerung verbrauchen 80% der weltweiten Energieerzeugung. 2,2 Milliarden Menschen in den unterentwickelten Ländern verbrauchen fünfunddreißigmal weniger Elektroenergie als die 1,3 Milliarden Menschen der Industrieländer. In Deutschland gibt es fünfmal mehr Autos als auf dem gesamten afrikanischen Kontinent.

Wollten alle Menschen der Welt so leben wie die Menschen der Industriestaaten, dann würden wir, um deren Rohstoffbedarf zu decken, 3 bis 5 Erden benötigen (USA 5, Europa 3). Es geht um den ökologischen Fußabdruck der Menschen und die Biokapazität des Planeten. Hier besteht eine erhebliche Diskrepanz. Sie ist seit 1980 negativ. Das heißt, seit dieser Zeit verbrauchen wir bereits die Ressourcen der nachfolgenden Generationen. Die Weltbevölkerung verbraucht gegenwärtig 22% mehr Ressourcen als ihr zustehen. Die Vereinigten Arabischen Emirate verbrauchen das 6,6-Fache, die USA das 5,3-Fache, China aber nur das 0,9-Fache und Indien gar nur das 0,4-Fache.

Über den ökologischen Fußabdruck der Milliardäre möchte ich nicht schreiben. Hier sind der Fantasie der Leser keine Grenzen gesetzt. Das obere Prozent der Weltbevölkerung ist verantwortlich für 16 % des CO_2-Austoßes. Wo nehmen diese Leute das Recht her, bei begrenzten Ressourcen des Planeten mehr davon zu beanspruchen als jedem Erdenbürger zustehen? Weil sie über unvorstellbare Summen virtuelles Geld verfügen, welches weniger Wert hat als das Papier, auf das es gedruckt wurde? Die Ursache liegt darin begründet, dass immer noch privatkapitalistisches Eigentum und die daraus erwachsende Profitgier die Weltwirtschaft bestimmen.

Die Menschen im reichen Westen können nicht so weiterleben wie bisher. Ihre Art zu konsumieren ist das Resultat kapitalistischer Werbung. Die Schmuck- und Modeindustrie kreieren jedes Jahr neue Kollektionen. Was nach Meinung der Hersteller nicht mehr getragen werden kann, weil es aus der Mode ist, wird nicht mehr getragen. Damit werden Ressourcen verbraucht, die außerhalb jeder menschlichen Vernunft liegen. Sie befriedigen keine echten Bedürfnisse, sondern nur die Profitgier des Kapitals. Noch sind wir im reichen Westen meilenweit davon entfernt, dass die Menschen mehrheitlich begreifen, dass ihr Konsumverhalten ein vom Kapital diktiertes ist.

Die wenigen Zahlen veranschaulichen, dass es nicht so weitergehen kann. Alles, was sich auf der Erde befindet, geht auch nicht verloren. Also benötigen wir, wenn sich die Menschheit nicht aufgeben will, eine konsequente Recyclingwirtschaft. Das heißt, alles, was vorn in den Wirtschafts- bzw. Konsumkreislauf hineingeht, muss hinten recycelt wieder herauskommen. Wir brauchen geschlossene Stoffkreisläufe. Geht das mit einer auf Profitmaximierung ausgerichteten Gesellschaftsordnung? Eher nicht. Das Kapital recycelt nur, wenn das recycelte Produkt billiger ist als der Rohstoff aus der Natur. Wäre das nicht so, hätten wir auch heute noch saubere Meere. Allerdings erfordert die konsequente Kreislaufwirtschaft Energiemengen, die weit über dem gegenwärtigen Weltverbrauch liegen.

Wir brauchen eine grundlegend neue Wirtschaftspolitik weltweit. Quantitatives Wirtschaftswachstum darf es nicht mehr geben. Alle Stoffe, die sich im Wirtschaftskreislauf befinden, müssen ausreichend sein, um damit alle Bedürfnisse der Menschen für ein erfülltes Leben nachhaltig zu befriedigen. Aus dem bereits arg geschundenen Planeten dürfen im Interesse des Klimas und der Nachhaltigkeit kaum noch Stoffe entnommen werden. Alle Wissenschafts- und Forschungskapazitäten sollten nunmehr auf die Schaffung der geschlossenen Stoffkreisläufe jenseits von der Profitmaximierung konzentriert werden. Jene, die durch übertriebenen Luxuskonsum den Planeten schädigen, gehören gesellschaftlich geächtet.

Energieverbrauch

Anders gelagert ist das Problem der Energieerzeugung. Die einzige nutzbare Energiequelle ist die Sonne. Atomenergie scheitert an der Lagerung strahlender Abfälle, die man wenigstens eine Million Jahre sicher lagern müsste, bis sie für die Menschen ungefährlich sind. Wer weiß in einer Million Jahre noch, wo unsere Vorvorfahren ihre atomaren Abfälle eingelagert haben? Eine Million Jahre ist ein Zeitraum, viel größer als die Existenzzeit des Homo sapiens (300.000 Jahre).

Ob die Kernfusion, die im Weltall stattfinden müsste, in absehbarer Zeit einmal möglich sein wird, wissen wir heute nicht.

Mit Ausnahme der noch aktiven Atomreaktoren müssten wir heute ausschließlich Sonnenenergie nutzen. Wind- und Wasserkraft sind ebenfalls von der Sonnenenergie ausgehende Energieformen.

Allerdings werden gegenwärtig noch in hohem Maße fossile Energieträger genutzt (Kohle, Erdöl und Erdgas), wenn wir den kleinen Anteil genutzter Erdwärme vernachlässigen. Fossile Energieträger sind auch nur gespeicherte Sonnenenergie. In Millionen und Abermillionen Jahren konservierten sich in unserer Erde organische Stoffe, die Sonnenenergie einst wachsen ließen. Die Industrialisierung hat es geschafft, in rund 250 Jahren einen großen Teil der fossilen Energieträger, die in unserer Erde lagerten, zu verbrennen und das darin enthaltene CO_2 in die Atmosphäre zu blasen. Alle noch in der Erde lagernden fossilen Energieträger müssen ab sofort hier verbleiben. Es wirkt schon befremdlich, dass just in Kenntnis dieser Tatsache von Russland nach Deutschland eine neue Erdgasleitung verlegt wurde. Sollten sich dahinter kurzlebige Profitinteressen verbergen?

Die Deckung des Energiebedarfes ausschließlich aus der Sonneneinstrahlung ist alternativlos. Darauf ist die gesamte Wirtschaftsstrategie der Welt auszurichten. Auch damit verbunden kann es Unannehmlichkeiten für die betroffenen Menschen geben. Hier kann es auch bei aller Rechtsstaatlichkeit, die nie infrage gestellt werden darf, nur um das kantische Kriterium der Vernunft gehen.

30 Jahre Forschung und Entwicklung haben in dieser Branche der erneuerbaren Energien gewaltige Fortschritte gebracht, sodass die erneuerbaren Energien heute mit den fossilen Quellen konkurrenzfähig sind oder werden. Diese Entwicklung wird sich verstärkt fortsetzen müssen. Der Siegeszug der erneuerbaren Energien darf nicht verzögert werden.

Alles bis hierher Gesagte bezieht sich auf den gegenwärtigen Stand von Wissenschaft und Technik. Wir wissen, menschlicher Erkenntnisfortschritt und Forscherdrang sind unerschöpflich. Deshalb ist denkbar, dass neue Erkenntnisse zur Nutzung der Atomenergie, zur Kernfusion, zur CO_2-Speicherung, zur Wasserstofftechnologie, zu den Wirkungsgraden von Solar- und Windenergie neue Möglichkeiten für die Lösung des Energieproblems eröffnen können. Im 3. Buch werden wir herausarbeiten, dass der Eintritt in die freie Gesellschaft dafür die besten Voraussetzungen schafft.

Umweltzerstörung

Die naturbedingte Umweltzerstörung durch Erderwärmung nimmt beständig zu. Die Wälder brennen, Starkregen führt zu Überschwemmungen, Stürme haben schlimmere Auswirkungen, Eisabschmelze befeuert die Erderwärmung und den Anstieg des Meeresspiegels sowie den Planktonschwund. Die Vermüllung der Landflächen und Ozeane ist beängstigend. Die Meere werden überfischt und die Ökosysteme gefährdet. Inzwischen hat das diesmal vom Menschen verursachte sechste Artensterben auf der Erde begonnen. Der Landschaftsverbrauch nimmt zu und immer mehr landwirtschaftliche und forstwirtschaftliche Flächen werden umgewidmet. Die Luft- und Gewässerverschmutzung werden bedrohlich. Die Aufzählung lässt sich fortsetzen.

All diese Erscheinungsformen der Umweltzerstörung sind Menschenwerk. Wir können uns nicht aus der Verantwortung stehlen, und allein die Menschen sind es, die diese Umweltzerstörung in ihrem ureigensten Interesse wieder rückgängig machen können. Werden das die Menschen in einer Gesellschaft, deren oberstes Prinzip Profitmaximierung ist, die quantitatives Wachstum zur Voraussetzung hat, schaffen?

Betrachtet man das Handeln des Kapitals in der Gegenwart, wenn es um den Umgang mit unserem Planeten geht, fühlt man sich auf die Titanic bei ihrem Untergang versetzt: Das Wasser ist bereits dabei, das Schiff in die Tiefe zu ziehen, und auf dem Deck spielt die Bordkapelle noch zum Tanz auf.

Überbevölkerung

1987 und 1988 bereiste ich in jedem Jahr für einige Wochen Madagaskar, eines der ärmsten Länder dieser Welt. Es fiel mir auf, es gab viele Kinder und junge Menschen, aber kaum Alte. Das Land hat eine stark wachsende Bevölkerung und eine geringe Lebenserwartung.

Ich sprach mit Regierungsvertretern über das Thema. Sie sagten mir, als in Europa im 18. und 19. Jahrhundert Armut herrschte, gab es auch Überbevölkerung. Sie, also Europa, verschifften damals ihren Bevölkerungsüberschuss nach Amerika. Wohin sollen wir die zu vielen Menschen schicken? Das ist der Kern des Themas. Die Hauptursache der Bevölkerungsexplosion in den afrikanischen Ländern ist erschreckende Armut. In Deutschland sagte man in Elendszeiten: Sex ist der Gänsebraten der armen Leute.

Verursacht wurde anhaltende Armut und Elend durch den Kolonialismus. Auch 60 Jahre danach ist es dem Kapitalismus nicht gelungen, Armut und Elend in diesen Ländern zu überwinden, und es sieht nicht danach aus, dass es alsbald gelingen könnte.

Noch ist es der weltweiten Agrarproduktion gelungen, die zahlungsfähige Nachfrage nach Nahrungsmitteln zu befriedigen. Wenn auch heute noch Menschen hungern müssen, so liegt es nicht daran, dass Nahrungsmittel fehlen, sondern es sind Auswirkungen einer vom Kapital beherrschten Welt, da Humanismus dem Kapital fremd ist, wenngleich wir unter den Kapitalisten auch Philanthropen finden.

Im reichen Westen ist Überbevölkerung kein Thema. China hat sein Problem mit drakonischen Maßnahmen zu lösen versucht. Mit wachsendem Lebensstandard wird sich dieses Problem in diesem Land schrittweise weiter entschärfen. Problematischer ist Überbevölkerung in Indien, da hier die Wohlstandentwicklung im Vergleich zu China wesentlich langsamer voranschreitet.

In Madagaskar lernte ich eine Kommune kennen, die dabei war, eine Müllkippe zu kultivieren, obwohl es jede Menge brachliegendes Land gab, das sich im Besitz reicher Familien befindet. Der Ahnenkult, die ursprüngliche Religion der Madagassen, der sie auch nach der Christianisierung immer hoch anhängen, schützt das private Bodeneigentum vor Übergriffen besser als

die Polizei. Die Madagassen haben Angst, die Ahnen der Land-
besitzer könnten sie heimsuchen.

Noch ist die Rede davon, die Weltbevölkerung könnte von 8
Milliarden auf 10,0 Milliarden Menschen anwachsen. Das sollte
verhindert werden, denn nach meiner Meinung sind wir bereits
an der Grenze, die der Planet auszuhalten vermag. Einschlägige
Wissenschaftler meinen, die Ursachen wachsender Bevölkerungszahlen in den Entwicklungsländern seien Armut, Hunger und
Arbeitslosigkeit. Es sind aber mehr die Folgeerscheinungen. Die
tiefere Ursache ist der Kapitalismus mit seinem Kolonialismus,
der die natürliche Entwicklung dieser Länder unterbrach, damit
deren eigene kulturelle Entwicklung verhinderte, sie ausraubte,
das Mehrprodukt aus den Ländern schaffte bzw. schafft und sich
bis heute nicht zu seiner Schuld bekennt.

Wenig hilfreich bei der Verhinderung der Überbevölkerung sind
die Religionen. Deren Dogmen stammen aus Moral- und Ethik-
lehren, die vor 1.500 bis 3.000 Jahren entwickelt wurden, also zu
einer Zeit, als Überbevölkerung noch kein Thema war. Wenn in
Fluren und Wäldern die Wildbestände überhandnehmen, werden
sie vom Menschen abgeschossen. Wir sind Humanisten, sodass
ein solches Vorgehen bei Überbevölkerung ausgeschlossen bleibt.
Lauscht man allerdings den Nationalisten und Rassisten, läge das
im Bereich der Möglichkeiten. Sollte der Kapitalismus in seiner
schlimmsten Auslegung, dem Faschismus, nochmals Regierungs-
macht erlangen, wäre ein solches Szenario nicht auszuschließen.

Zusammenfassung

Fassen wir zusammen: Die Zerstörung unseres Planeten ist das
Ergebnis einer 500-jährigen Entwicklung des Kapitalismus, erst
kaum merklich beginnend, dann sich von Jahrhundert zu Jahrhundert verstärkend, um im letzten Jahrhundert ungeahnte Dimensionen zu erreichen.

Allmählich dringt, in den letzten 30 Jahren verstärkt, diese Zerstörung unserer Erde ins Bewusstsein der Menschen. 26 Klimakonferenzen bemühten sich bislang um Lösungen, die Erderwärmung zu stoppen. Solche weltweite Konferenzen gab es zu allen hier behandelten Themen der Zerstörung des Planeten. Die bisherigen Ergebnisse sind bescheiden. Bislang gibt es keine Anzeichen dafür, dass Übel an der Wurzel anzugehen. In keiner dieser großen Konferenzen wurde der Hauptverursacher, der Kapitalismus, als vorherrschendes Gesellschaftsmodell infrage gestellt.

In Deutschland hat sich eine neue Regierungskoalition aus SPD, Grünen und FDP formiert. Aus ihrem Koalitionsvertrag geht nicht hervor, dass sie das Übel an der Wurzel packen wollen. Sie wollen die bisherige Lebensweise beibehalten, eventuell noch ausbauen und gleichzeitig die Erderwärmung auf 1,5 °C begrenzen. Das ist die Quadratur des Kreises. Der Verursacher, der Zerstörer des Planeten, findet in dem Papier keine Erwähnung. Man gaukelt den Menschen vor, ihr dürft so weiterleben wie bisher, wir lösen alle Probleme mit dem wissenschaftlich-technischen Fortschritt unter der Regie des großen Kapitals! Das große Kapital wird auch die erforderlichen Investitionen leisten und sich so neue Anlagemöglichkeiten für die Profitmaximierung schaffen.

Das ist die allgemeine Ideologie des reichen Westens. Die Welt bleibt, wie sie ist. Wir bleiben reich, sichern auch weiterhin unseren Reichtum auf Kosten der Armen in dieser Welt. An unserer Lebensweise ändert sich nichts. Wir fliegen auch weiterhin jährlich zweimal um die halbe Welt in den Urlaub. Es wird weiter auf Teufel komm raus produziert, mit im Zuge der Werbung ausrangierten Konsumgüter sorgen wir für wachsende Müllhalden. Neue Bauten werden entstehen und alte gesprengt usw.

Das Kapital hat die Menschheit in der Zeit, seitdem es die Regie über die Gesellschaft übernommen hat, bis an den Rand der Katastrophe geführt. Ausgerechnet dieser Kapitalismus soll jetzt diese Katastrophe verhindern. Seine historische Mission war es, mit der Maximierung der Profite die ökonomische Basis für die freie Gesellschaft zu schaffen. Im reichen Westen hat er diese Aufgabe erfüllt und lastet nunmehr im Profitinteresse wie ein Krake auf der armen Welt und verhindert deren Entwicklung. Eine auf Profit orientierte Gesellschaft kann diese unaufschiebbare Aufgabe nicht lösen. Dafür ist der Kapitalismus ungeeignet. Deshalb muss er im reichen Westen so schnell wie möglich überwunden werden. Die Lösung des Konfliktes ist die historische Aufgabe der dem Kapitalismus folgenden freien Gesellschaft.

Den Menschen im reichen Westen muss man sagen, Konsum ist nicht alles und auch nicht der ausschlaggebende Lebensinhalt. Alles, was Sie jetzt für unverzichtbar halten, hat Ihnen das Kapital eingeredet. Gewöhnen Sie sich daran, wenn es Ihnen wichtig ist, dass unser Planet die Krise, in der wir uns befinden, überlebt, dass wir alle unsere Lebensvorstellungen einer kritischen Prüfung unterziehen müssen, um drakonische Veränderungen einzuleiten.

Der letzte Bericht des Klimarates hat uns vor Augen geführt, eine auf Profitmaximierung ausgerichtete Welt wird nicht rationell handeln. Profitmaximierung und Rettung des Planeten stehen sich diametral gegenüber. Wenn das große Kapital nicht aufgehoben wird, bleiben der Menschheit 50, 100 oder im günstigsten Fall noch 150 Jahre, bis sie sich selbst vernichtet haben wird. Der Planet Erde wird weiter existieren bis zum Ende seines kosmischen Daseins – allerdings ohne Menschen.

Wer daran zweifelt, ob es denn so schlimm kommen wird, der schaue, wie bereits erwähnt, in die gegenwärtigen Handlungen des großen Kapitals. Unmittelbar infolge der russischen Invasion in der Ukraine nutzten alle Konzerne der Energiewirtschaft weltweit diesen Anlass, um die Preise der Energieträger in schwindelerregende Höhen zu treiben, sich als Kriegsgewinnler zu betätigen. Nicht Humanismus bestimmte ihr Handeln, sondern Profitgier. Das ist das immanente Gesetz, dem Kapital weltweit folgt und das die Menschheit, wenn es nicht vergesellschaftet wird, in den Untergang treibt.

Ich lebe seit 80 Jahren in Europa, in dem die industrielle Revolution vor 250 Jahren ihren Ausgang nahm und die Zerstörung unseres Planten einleitete. Ich erlebte also 32 % der Zeit dieses Zerstörungswerks mit. Die Hälfte dieser Zeit lebte ich in der DDR. Deren Beitrag zu diesem Zerstörungswerk war nicht geringer als der der BRD. Dabei spielte damals in meinem Denken diese Gefahr, in der wir uns bereits befanden, keine maßgebliche Rolle. Wir lebten alle gemeinsam im Kalten Krieg, der nicht unerheblich zur Zerstörung unseres Planten beitrug. Aber das war kein Thema – weder im Westen noch im Osten. Das ausschlaggebende Thema war: Kapitalismus oder Sowjetkommunismus. Das drängende Thema Weltzerstörung wurde davon verdrängt. Jetzt verbleibt nur noch eine Gefahr für den Fortbestand der Menschheit – der Kapitalismus selbst. Ihn zu überwinden ist das Gebot der Stunde. Wenn ich von Großkapital spreche, gehört dazu auch das russische und chinesische. In Russland befindet es sich mehrheitlich in den Händen der Clique um Putin und ist deshalb besonders aggressiv, da hier Politik unmittelbar von den Mehrwertschöpfern gemacht wird. In China wird die Politik nicht vom großen Kapital bestimmt, sondern von der kommunistischen Partei und ist deshalb nicht aggressiv.

4.5 Die Folgen des Kolonialismus

Der Kolonialismus wurde nach dem Zweiten Weltkrieg beendet, aber seine Folgen sind noch längst nicht überwunden. Glaubt man der öffentlichen Meinungsbildung, dann wäre es heute unsere wichtigste Aufgabe, diffamierende Worte, die der Kolonialismus prägte, aus dem europäischen Sprachgebrauch zu tilgen.

Um sich ein realistisches Bild von der Kolonialgeschichte zu machen, empfiehlt es sich, das Buch von Wolfgang Reinhard: „Die

Unterwerfung der Welt: Globalgeschichte der europäischen Expansion 1415-2015"[30] zu lesen. Das Buch kann man als ein Standardwerk bezeichnen, da es frei von imperialem Gedankengut den Sachverhalt objektiv darstellt. Diese 600 Jahre, die Reinhard analysiert, sind die Zeit, in der europäische Politik gleich Weltpolitik war.

Hier geht es nicht um die Geschichte, sondern um deren Folgen, deren Erbe, welches heute noch auf uns lastet und von der Menschheit bewältigt werden muss. Der Kolonialismus zählt zu den finstersten Kapiteln der europäischen Geschichte. Davon war die gesamte Welt betroffen. Ihm verdanken wir, dass wir heute eine entwickelte und eine unterentwickelte Welt verzeichnen.

Asien hat sich am ehesten vom Kolonialismus erholt. Es handelt sich hier um die Länder, die sich um Indien und China gruppieren. Es sind Länder, die bereits lange vor Europa Hochkulturen waren, wenngleich einige von ihnen auch heute noch mit den Folgen des Kolonialismus schwer zu kämpfen haben (z.B. Indien).

Die alten Hochkulturen konnten kolonisiert werden, weil sie nicht erkannt hatten, dass die feudale Gesellschaft am Ende war und überwunden werden musste. Das unterscheidet sie von Afrika, in dem der Feudalismus überwiegend noch nicht begonnen hatte. Von Asien kann der reiche Westen in der Gegenwart lernen. Hier muss begriffen werden, dass der Kapitalismus eine Gesellschaft mit Verfallsdatum ist. Wenn diese Völker nicht handeln und ihn überwinden, erleiden sie das gleiche Schicksal wie die Hochkulturen, als sich die feudale Gesellschaft überlebt hatte.

Der amerikanische Kontinent ist ein Sonderfall. Hier wurden bis zu 90% der indigenen Bevölkerung durch Kriege und Seuchen, die die Europäer einschleppten, ausgerottet. Angesiedelt wurden in der Hauptsache Europäer, aber auch Asiaten und Afrikaner. Letztere kamen als Sklaven nach Amerika. Deren Diskriminierung konnten die USA bis heute nicht gänzlich überwinden.

Die schwierigste Hinterlassenschaft des Kolonialismus sind Afrika sowie Mittel- und Südamerika. Hier wurden, insbesondere in Afrika südlich der Sahara, die Völker kolonisiert, als sie sich entwicklungsgeschichtlich noch in der Urzeit – teilweise noch als Jäger und Sammler –, in der Sklaverei oder am Anfang einer feudalen Entwicklung befanden.

Ihre natürliche Entwicklung wurde durch die Kolonisten abrupt abgebrochen. Die neuen Herren ordneten die einheimischen Bevölkerungen ihren ökonomischen Interessen unter und zwangen die Menschen, teils als Sklaven, für sie zu arbeiten. Als sich der Kolonialismus weltgeschichtlich überlebt hatte, zogen sich die Kolonialmächte aus der territorialen Annexion zurück und überließen die afrikanischen Länder, die willkürlich, unter Missachtung der Ethnien, zusammengewürfelt worden waren, sich selbst. An ihre eigene Geschichte konnten sie nicht wieder anknüpfen, denn dazwischen lagen viele Generationen, in denen die Ureinwohner nur als billige Lohnsklaven den ökonomischen Interessen der Kolonialherren dienten. Ihre eigene kulturelle Entwicklung war zerstört worden.

Damit stellt sich die Frage: Warum war Afrika südlich der Sahara in der gesellschaftlichen Entwicklung gegenüber Europa so weit zurückgeblieben? Schließlich ist Afrika die Wiege der Menschheit, während Europa erst viel später zur produktiven Wirtschaft überging.

Das hat vor allem geografische Ursachen. Die ersten Hochkulturen entstanden dort, wo es natürliche Bedingungen gab, die den Übergang von der aneignenden Wirtschaft zur produktiven Wirtschaft ermöglichten. Das geschah vor allem in den Tälern an großen Flüssen in Afrika und Asien, in denen die jährlichen Überschwemmungen die Fruchtbarkeit der Böden auf natürliche Weise reproduzierten. Es sind gleichzeitig die Gebiete, in denen Wildpflanzen und -tiere vorgefunden wurden, die sich zur Domestikation eigneten. Es waren vor allem Gebiete subtropischen Klimas.

Der Übergang zur produktiven Wirtschaft im gemäßigten Klima war erst möglich, nachdem die Menschen die Fähigkeit erlangt hatten, die Fruchtbarkeit der Böden selbst zu reproduzieren und Vorräte anzulegen, mit denen sie und ihre Haustiere die Wintermonate überleben konnten. Dadurch waren die Menschen in diesen Breiten stärker gefordert, was ihre Entwicklung beschleunigte. Obwohl hier die Zivilisation wesentlich später begann, vollzog sich deren Entwicklung rascher, sodass sie bald die Zivilisationen in den tropischen und subtropischen Regionen überholten.

Die Zivilisationen im gemäßigten Klima durchliefen die verschiedenen Stufen gesellschaftlicher Entwicklung (Gesellschaftsformationen) schneller als andere Völker. Im Kolonialismus wurden diese Unterschiede deutlich sichtbar und führten zu der Auffassung, dass es unterschiedliche Menschenrassen gäbe – hoch entwickelte und genetisch wenig entwickelte Rassen. Selbst Kant definierte solch unterschiedliche Rassen. Er wusste es damals nicht besser. Heute wissen wir, dass es keine menschlichen Rassen gibt, dass sich die Unterschiede vor allem aus der historischen Entwicklung unter unterschiedlichen natürlichen Bedingungen erklären.

So war es folgerichtig, dass der Kapitalismus zuerst in Europa und nicht in Afrika in Erscheinung trat. Hier hatte der Kapitalismus seinen Ursprung und er beschleunigte die Entwicklung der Gesellschaft in einer Weise, die alles bisher Dagewesene in den Schatten stellte. Diese historisch entstandene Überlegenheit nutzten die Europäer skrupellos, um sich die ganze Welt zu unterwerfen und deren Völker für sich arbeiten zu lassen. Die kapitalistische Entwicklung in Europa, ideologisch unterstützt durch die Reformation, die ein strenges Arbeitsethos schuf, disziplinierte die europäischen Völker und die nach Nordamerika ausgewanderten Europäer ungemein – eine Entwicklung, die es z. B. in Afrika nie gegeben hat.

Jetzt haben wir den wissenschaftlichen Beweis dafür, dass es keine Rassen gibt. Aber gegen alle wissenschaftliche Vernunft gibt es noch Rassismus, und das oft bis in höchste Regierungskreise. Das Kapital befördert Rassismus im Profitinteresse. Natürlich gibt es im Phänotyp der Menschen große Unterschiede, im Genotyp sind diese zu vernachlässigen.

Es gibt aber auch Unterschiede im Intelligenzgrad (IQ) der Menschen. Innerhalb eines Volkes sind diese beachtlich. Zwischen den Völkern sind sie bedeutungslos. Dem Schein nach mag es uns anders vorkommen. Das Wesen lehrt uns allerdings, dass es sich nicht um genetische, sondern um Ursachen handelt, die man nur versteht, wenn man sich in die Geschichte der Völker vertieft. Der Kapitalismus der westlichen Welt hat ohne Zwang, mit rein ökonomischen Mitteln (doppelt freie Lohnarbeiter), die Menschen diszipliniert wie keine andere Gesellschaftsordnung.

In einer Welt, die sich dem Humanismus verpflichtet fühlen sollte, und das sollten die Länder des reichen Westens mit demokratischen Staatverfassungen, wäre es ihre vornehmste Pflicht, ihre Schuld an den ehemaligen Kolonien zu sühnen und sie so rasch wie möglich auf ihr eigenes Niveau zu heben. Aber was macht das Kapital?

Nachdem die territoriale Annexion aufgegeben werden musste, wurde sie durch eine ökonomische Ausplünderung dieser Länder ersetzt. Wie das vonstattengeht, kann eindrücklich in dem im Jahre 2001 erschienenen Buch von Naomi Klein mit dem Titel: „No Logo"[30a] nachgelesen werden. Sie macht klar, wie die multinationalen Konzerne des reichen Westens die Entwicklungsländer schamlos ausplündern. Denken Sie immer daran, „für 100% Dividende stampft Kapital alle menschlichen Werte unter seinen Fuß" (siehe Kapitel 1.3).

Die Völker der reichen Länder halten still, schließlich partizipieren sie mit von diesem Raubzug und machen sich mitschuldig. Also mit der humanistischen Erziehung kann es im christlichen

Abendland nicht sehr weit her sein. Daran ändern auch die Sonntagsreden des Papstes nichts. Die Show ist in der westlichen Welt stets um ein Vielfaches größer als die Tat.

Wie sieht es nach mehr als 60 Jahren in Afrika aus **(Berechnungen 3)**? Die Europäische Union hatte 2017 ein BIP von 40.900 $/Kopf der Bevölkerung (Deutschland 50.800 $/Kopf). Die Länder Afrikas erreichen 2,6 bis 27 % davon und Letztere auch nur aufgrund großer Rohstoffvorkommen (Hinweis: Grundrente). Die Armut in Afrika ist auch heute noch erschreckend (**Berechnungen 3** – Anteil der Bevölkerung mit <1,90, <3,20 und <5,50 $/Tag Einkommen). In den Ländern südlich der Sahara haben bis zu 70 % der Bevölkerung ein tägliches Einkommen von <1,90 $/Kopf. Ein Tageseinkommen von <5,50 $/Kopf und Tag haben oft über 90 % der Bevölkerung, in Madagaskar gar 97,3 %.

Seit 2001 (in Deutschland seit 2002) gibt es das Buch: „Global brutal" von Michel Chossudovsky[31]. Das Buch muss jeder, der über die etablierte Meinungsbildung hinausdenkt, einfach lesen. Danach sind alle Illusionen über das Geschwätz von Freiheit, Demokratie und die christlichen Werte der westlichen Kultur ausgeräumt. Konkretheit und Klarheit seiner Aussagen räumen mit eventuellen Zweifeln hinsichtlich der Brutalität des Weltgroßkapitals auf. Er entlarvt die Politiker aller staatstragenden Parteien als Spießgesellen und Werkzeuge der internationalen Kapitalmacht. Bemühen wir uns, die wichtigsten seiner Gedanken zusammenzufassen.

Die Inbesitznahme der unterentwickelten Welt durch die Kapitalhochburgen mittels ihrer Folterinstrumente Weltbank, IWF und WTO erfolgt strategisch zielstrebig. In der Zeit der zweigeteilten Welt musste das Kapital in der Dritten Welt noch vorsichtiger agieren, da die ersten beiden Welten miteinander konkurrierend um Einfluss rangen. Das änderte sich in dem Maße, wie der sowjetisch geprägte Staatssozialismus immer schwächer wurde und er zu wirksamer Wirtschaftshilfe nicht mehr in der Lage war.

Berechnungen 3
Kolonialismus BIP

Länder	BIP 2019/Kopf in US$	Platz	% zu EU	ärmster L.
USA				
China				
Indien				
Spanien	38.400	49	93,9	
Portugall	30.500	67	74,6	
Großbritannien	44.300	39	108,3	
Frankreich	44.100	40	107,8	
Niederlande	53.900	23	131,8	
Belgien	46.600	35	113,9	
Deutschland	50.800	27	124,2	
Marokko	8.600	147	21,0	
Algerien	15.200	109	37,2	
Tunesien	11.900	131	29,1	
Lybien	9.600	141	23,5	
Ägypten	12.700	124	31,1	
Westsahara	2.500	198	6,1	
Mali	2.200	206	5,4	
Niger	1.200	224	2,9	5
Tschad	2.300	202	5,6	
Sudan	4.300	174	10,5	
Guinea	2.200	205	5,4	8
Burkina Faso	1.900	211	4,6	
Ghana	4.700	172	11,5	
Nigeria	5.900	166	14,4	
Südsudan	1.600	220	3,9	
Äthiopien	2.200	204	5,4	
Kongo	6.800	161	16,6	
Kongo D.R.	800	226	2,0	2
Kenia	3.500	187	8,6	
Somalia	400	230	1,0	
Tansania	3.200	193	7,8	
Angola	6.800	160	16,6	
Sambia	4.000	178	9,8	
Mosambik	1.300	222	3,2	7
Namibia	11.200	135	27,4	
Simbabwe	2.300	203	5,6	
Madagarkar	1.600	218	3,9	10
Südafrika	13.600	118	33,3	
Welt	**17.500**		42,8	
EU	**40.900**		100,0	

Einkommen in %		
<1,90 $/Tag	<3,20 $/Tag	<5,50 $/Tag
1,0	1,5	3,2
0,5	1,5	3,7
0,2	0,2	0,5
0,0	0,0	0,3
0,0	0,2	0,5
0,0	0,2	0,2
0,0	0,0	0,0
45,5	77,5	93,9
38,4	66,5	86,3
14,9	40,5	73,2
35,3	70,3	92,3
43,4	76,4	92,3
13,3	30,5	56,9
53,5	77,6	92,1
42,7	64,8	84,8
27,3	62,2	85,0
37,0	61,3	82,4
77,1	91,3	97,8
36,8	66,2	86,5
49,1	79,0	93,1
30,1	55,7	79,3
57,5	74,3	87,2
68,7	88,5	96,2
22,6	47,0	67,3
21,4	47,2	74,0
77,8	91,3	97,3
18,9	37,6	57,1

CO_2-Ausstoß	Welt	ppm/m^3

| CO2-Ausstoß t/Kopf | | | | | Zuwachs |
1980	1990	2000	2010	2018	80:18 %
20,18	19,20	20,29	17,28	16,14	80,0
1,39	1,84	2,46	5,83	7,95	571,9
0,38	0,61	0,84	1,28	1,94	510,5
4,90	5,15	6,87	5,63	5,95	121,4
2,41	3,79	5,62	4,50	5,11	212,0
10,13	9,60	8,84	7,60	5,59	55,2
8,25	5,94	5,99	5,25	4,96	60,1
10,28	9,89	10,15	10,24	9,50	92,4
12,74	10,66	11,10	9,51	9,20	72,2
13,39	11,84	9,97	9,45	9,15	68,3
0,68	0,79	1,02	1,43	1,89	277,9
1,43	1,98	1,97	2,65	3,94	275,5
1,24	1,48	1,82	2,19	2,82	227,4
5,46	5,83	6,86	7,79	8,73	159,9
	0,23		2,96	2,52	0,0
				0,50	0,0
				0,06	0,0
		0,06	0,06	0,10	0,0
				0,05	0,0
0,19	0,20	0,16	0,34	0,39	205,3
				0,23	0,0
					0,0
0,20	0,17	0,26	0,43	0,68	340,0
0,35	0,30	0,36	0,35	0,56	160,0
					0,0
0,04	0,05	0,05	0,07	0,16	400,0
0,38	0,26	0,15	0,42	1,31	344,7
0,12	0,09	0,02	0,03	0,03	25,0
0,27	0,24	0,25	0,27	0,41	151,9
				0,06	0,0
0,07	0,08	0,08	0,13	0,23	328,6
0,30	0,32	0,28	0,65	0,98	326,7
0,56	0,32	0,16	0,12	0,29	51,8
0,20	0,08	0,07	0,10	0,32	160,0
		1,00	1,41	1,74	0,0
					0,0
				0,17	0,0
7,17	6,63	6,25	7,98	8,32	116,0
				4,37	1,3
339,00	354,00	369,00		408,00	120,4

Mit günstigen Krediten und Nahrungsmittelhilfe lockte das transnationale Kapital die Länder der Dritten Welt in Afrika, Lateinamerika sowie Süd- und Südostasien in die Schuldenfalle. Mit der Nahrungsmittelhilfe, mit der die entwickelte, kapitalistische Welt ihre Agrarüberschüsse, durch Exportsubventionen aus Steuergeldern verbilligt, in die Länder der Dritten Welt verschiffte, trieben sie die lokalen Wirtschaften in den Ruin und verhinderten damit auf lange Sicht eine Eigenversorgung mit Nahrungsmitteln. So gerieten jene Länder in immer größere Abhängigkeit und Verschuldung. Waren sie nicht mehr in der Lage, den Schuldendienst zu leisten, traten IWF und Weltbank mit Konzepten der Umschuldung auf den Plan. Es wurde stets nach dem gleichen Strickmuster vorgegangen, um deren Souveränität zu untergraben. Die makroökonomischen Strukturanpassungsprogramme beinhalten:

- Währungsabwertung
- Wechselkursvorgaben
- Einrichtung von Devisenbörsen
- Staatsausgaben kürzen und Staatsbedienstete entlassen
- Privatisierung staatlicher Unternehmen, Banken, Bodenflächen und Rohstofflagerstätten
- Preiskontrollen beseitigen
- Löhne vom Preisindex abkoppeln
- Arbeitsmarkt deregulieren
- Liberalisierung des Handels
- Senkung der Importzölle
- Streichung sozialer Leistungen des Staates.

Nach der öffentlichen Verlautbarung wird diese bittere Medizin verabreicht, um überall Marktwirtschaft und Demokratie nach westlichem Vorbild einzuführen.

In Wahrheit verfolgt die neoliberale Strategie das Ziel, die unterentwickelte Welt in der Abhängigkeit vom großen Kapital zu halten und sich an deren Wertschöpfung privat zu bereichern.

Die meist von der öffentlichen Hand finanzierten Kredite zur Umschuldung dienen einzig und allein dazu, die Gläubiger zu befriedigen.

Im Jahre 1970 beliefen sich die Schulden der Dritten Welt auf 62 Milliarden US-$, 1980 bereits auf 481 Milliarden US-$, um 1998 die sagenhafte Summe von 2.000 Milliarden US-$ zu erreichen. Aus dieser Umklammerung vom Weltgroßkapital gibt es kein Entrinnen.

Im Zuge der Privatisierung gehen die Rohstofflagerstätten, Bodenflächen und in den Konkurs getriebenen lokalen Unternehmen vorwiegend zu Schleuderpreisen an das Weltgroßkapital.

War in früheren Zeiten das Großkapital vor allem an der einen Quelle des gesellschaftlichen Reichtums, an den Naturressourcen, interessiert, dehnte sich das Interesse in den letzten Jahrzehnten zunehmend auf die zweite Quelle, die ausbeutbare Arbeitskraft, aus. Immer mehr Produktion wird in diese Länder ausgelagert. Ein besonders lukratives Geschäft. Liegen die Lohnkosten hier doch nur bei einem Zehntel bis einem Zwanzigstel im Vergleich zu den Mutterländern des Kapitals. Da lassen sich wirklich traumhafte Profite realisieren.

So nimmt es nicht wunder, dass in der entwickelten Welt die Lohnkosten 40% der Wertschöpfung aufzehren, aber in der unterentwickelten Welt nur 15%. Gleichzeitig dient jenes Lohngefälle dem Kapital als Mittel, Druck auf die Arbeitnehmer in der entwickelten Welt auszuüben. Globalisierung der Weltwirtschaft stellt sich damit ihrem Wesen nach als Globalisierung der Armut dar, begleitet von der Errichtung immer neuer Billiglohnfabriken im Süden und Stilllegung von Produktionskapazitäten im Norden.

Die 85% der Weltbevölkerung, die in der unterentwickelten Welt leben, erlangen gerade so viel vom gesellschaftlichen Reichtum

der Welt, dass sie damit mehr schlecht als recht ihren Nahrungsbedarf und die elementarsten Bedürfnisse befriedigen können.
Auf 15 % reiche Menschen in der Welt entfallen 80 % des Welt-
einkommens, während sich die 60 % ärmsten 6,3 % des Weltein-
kommens teilen müssen.

Die brachiale Ausbeutung der Dritten Welt führt zu einer zunehmenden Trennung von Produzenten und Konsumenten. Zwischen
den Dritte-Welt-Ländern gibt es so gut wie keinen Handel. Alles, was hier produziert wird, fließt in die entwickelte Welt. Beherrscht wird dieser Prozess vom Weltgroßkapital, welches über
die Patente und Lizenzen, das Dessin der Produkte, die Technologien und das Know-how verfügt und damit die Menschen
der Dritten Welt für Peanuts als Lohn erbarmungslos aussaugt.

Auf diese Weise entsteht in der entwickelten Welt allmählich
eine parasitäre Wirtschaft, bestehend aus Dienstleistungen, die
das in der unterentwickelten Welt Produzierte vermarkten. Die
Profite werden weniger in der Produktion, sondern im Groß-,
Zwischen- und Einzelhandel realisiert.

Chossudovsky gibt ein Beispiel aus der Exportproduktion von
Textilien. Produziert werden Hemden, die zum Dutzend für
266 US-$ (ohne MwSt.) in der entwickelten Welt verkauft
werden. Die Hersteller leisten Verlagsproduktion und ihnen
werden Material, Zubehör und Ausrüstungen von den Verle-
gern aus der entwickelten Welt geliefert. (Das erinnert fatal an
die Verlagsproduktion der schlesischen Weber.) In das Produkt
gehen ein:

c = 38 $ (30 $ Produktionsmittel, 4 $ Zölle, 4 $ Fracht)
v = 15 $ (5 $ Löhne Verlagsproduzent, 10 $ Löhne Handel)
m = 213 $ (3 $ Profit Verlagsproduzent, 210 $ Verleger)

Damit ergibt sich gemäß unserem bekannten Ansatz folgende Rechnung:

$$38\,c \quad + \quad 15\,v \quad + \quad 213\,m \quad = \quad 266 \quad (m' = 1.420\,\%, \; p' = 402\,\%)$$

Für den Auftragnehmer im Entwicklungsland:

$$30\,c \quad + \quad 5\,v \quad + \quad 3\,m \quad = \quad 38 \;\; (m' = 60\,\%, \; p' = 8,6\,\%)$$

Für den Auftraggeber im entwickelten Land:

$$8\,c + \quad 10\,v \quad + \quad 210\,m \quad = \quad 228 \quad (m' = 2.100\,\%, \; p' = 1.166,7\,\%)$$

Das Beispiel dient stellvertretend für den Deal, den unser Kapital mit seiner Flucht in die Dritte Welt macht. Selbst wenn nicht überall derartig hohe Mehrwert- und Profitraten realisiert werden können, macht dieses Beispiel die Sache anschaulich. Ausbeutungsraten bis hin zu diesen Größenordnungen übersteigen alles bislang Gekannte. Selbst der Manchesterkapitalismus, den Marx analysierte, hat zu keiner Zeit mit dieser Brutalität ausgebeutet.

Im Beispiel, welches über reale Ausbeutung in Bangladesch berichtet, werden die Hemden von Kindern und Frauen genäht, die im Monat 20 US-$/AK verdienen. Den Kuchen teilt sich eine große Klientel, bestehend aus Banken, Immobilienfonds, Konzernen sowie Ketten des Groß-, Zwischen- und Einzelhandels – also unsere Anleger.

Das Beispiel vermittelt aber auch schlagend, dass all das populistische Geschwätz vom geläuterten Kapitalismus mit menschlichem Antlitz, seiner Wandlung hin zur sozialen Marktwirtschaft pure Heuchelei offenbart. Was gibt dem Kapital die Möglichkeit, im 21. Jahrhundert zu längst in die Geschichte verbannten brutalen Ausbeutungsmethoden zurückkehren zu können und einen solchen Grad der Exploitation durchzusetzen?

Zum einen nutzt das Kapital, wie bereits erwähnt, skrupellos den insgesamt von den Völkern der entwickelten Welt hervorgebrachten technischen Fortschritt, in kapitaleigene Patente, Lizenzen,

Technologien, Maschinen, Ausrüstungen und Werkstoffe verwandelt, um damit in der Dritten Welt zu produzieren. Die daraus erwachsende Produktivität würde es erlauben, bei satten Profiten, Löhne zu zahlen, wie in der westlichen Welt üblich. Das Kapital zahlt aber hier nur 5 bis 10% davon. Es nutzt die Ergebnisse der zweiten produktionstechnischen Revolution in der zurückgebliebenen Welt skrupellos zur privaten Bereicherung zum Nachteil für Mensch und Natur.

Der Neokolonialismus ist die Hauptursache für das Nord-Süd-Gefälle in der Einkommensskala. Das zu verändern, ist eine vorrangige Aufgabe, insbesondere für die Europäische Union! Einige EU-Länder wenden ein, dass sie gar keine Kolonien hatten oder, wie Deutschland, ganz wenige. Das liegt aber nur daran, dass die Staaten des alten Reiches wie immer in der Geschichte zu spät gekommen waren. Wir kennen inzwischen die Ursachen. Aber in den letzten Ecken, die noch an sie gefallen waren, hausten die Deutschen wie die Vandalen (Herero- und Nama-Aufstände).

Nun dürfte man meinen, die reichen Länder, insbesondere die europäischen, würden bereits über Entwicklungshilfe den enormen Schaden, den sie angerichtet haben, schrittweise wiedergutmachen. Schauen wir es uns an (**Berechnungen 4** – Entwicklungshilfe). Mit 3% ihres Staatshaushalts leistete Norwegen den größten Beitrag. Fast alle anderen europäischen Länder blieben unter 2%. Es ist lächerlich, es ist nicht einmal der sogenannte Tropfen auf den heißen Stein.

Die multinationalen Konzerne holen jährlich Milliarden und Abermilliarden aus diesen Ländern in Form von Profiten heraus. Das Mindeste wäre es, der geschöpfte Mehrwert bliebe in diesen Ländern, schließlich wurde er von den dort tätigen Menschen geschaffen, denn nur Arbeit schafft Mehrwert, und diene der Entwicklung dieser Länder. Nur funktioniert Derartiges nicht in einer kapitalistischen Welt, wo privatkapitalistisches Eigentum der wahre Gott und unantastbar ist. Auch daran wird erkennbar, dass der Kapitalismus das Ende der Fahnenstange erreicht hat und abtreten muss.

Berechungen 4
Geberländer 2019

Land	Zahlungen in Mrd. $	Staatshaushalt Mrd. $	Staatsschulden % BIP 2019	Entwicklungsh. % Staatsh.
USA	34,62	2.698	104,3	1,3
Deutschland	23,81	1.453	58,4	1,6
Großbritannien	19,37	984	85,1	2,0
Japan	15,51	1.937	238,0	0,8
Frankreich	12,18	1.137	99,0	1,1
Schweden	5,40	213	34,4	2,5
Niederlande	5,29	316	49,1	1,7
Italien	4,90	903	133,7	0,5
Kanada	4,67	170	88,6	2,7
Norwegen	4,29	142	32,1	3,0
Schweiz	3,09	145	39,0	2,1
Australien	2,95	278	46,3	1,1
Spanien	2,90	492	96,3	0,6
Dänemark	2,55	144	33,0	1,8
Welt	**152,80**	**EU**	**85,8**	

Seit inzwischen vielen Jahren setzen sich Flüchtlingsströme aus Afrika in Richtung Europa in Bewegung. Die Menschen fliehen vor Armut, Elend und Kriegen. All das sind die Spätfolgen des Kolonialismus. Natürlich löst sich damit nicht das wirkliche Problem Afrikas und anderer ausgeplünderter Staaten.

Interessant ist die Reaktion der wichtigsten Kolonialländer, voran Großbritannien. Sie tun so, als ginge es sie gar nichts an, verbarrikadieren sich und weigern sich, Flüchtlinge aufzunehmen. Unisono röhren alle Regierungsvertreter dieser Länder, man müsse die Ursachen für die Völkerwanderung, die sie selbst erst schufen, beseitigen.

Es sind nur gebetsmühlenartig wiederholte Worte, denen keine Taten folgen. Das internationale Kapital verhindert im Profitstreben ein solches humanes Handeln. Der Kapitalismus erweist sich als unfähig, dieses globale Menschheitsproblem, den Nord-Süd-Konflikt, zu lösen.

Das einfache Volk, welches nicht rational, sondern emotional denkt, sieht nur die ankommenden Flüchtlinge, was ihre Ängste befördert. Das schafft den Nährboden für zunehmenden Nationalismus und Rassismus in den Staaten der westlichen Welt. Ihnen dürfte nicht bewusst sein, dass sich mit Nationalismus und Rassismus nicht eines der globalen Probleme der Menschheit lösen lässt.

Mit der voranschreitenden Klimakrise verkleinert sich der Lebensraum der Menschen auf unserem Planeten. Waren es bislang einige Millionen Menschen, die sich aus dem armen Süden in den reichen Norden auf den Weg machten und die reichen Länder bereits überforderten, werden sich mit der voranschreitenden Klimakrise weiter Millionen und Abermillionen auf den Weg machen. Wenn zu diesem Zeitpunkt das große Kapital noch nicht aufgehoben ist und immer noch die Macht in der Welt ausübt, bewegt sich die Welt in die schlimmste inhumane Katastrophe hinein. Die Deutschen wissen, aus ihrer eigenen Geschichte, zu welchen Scheußlichkeiten und Grausamkeiten großes Kapital, wenn es um seine Profitinteressen geht, fähig ist.

Alles, was unter 4.5 zusammengetragen wurde, lässt sich unter den Begriff Neokolonialismus fassen. Solange noch das Großkapital weltbeherrschend ist, besteht keine Aussicht, dass die infolge des Kolonialismus verarmte Welt Anschluss an die reiche Welt finden wird.

Wir waren uns einig, dass die private Aneignung des Mehrwertes durch das Kapital historisch notwendig war, um die ökonomische Basis für die freie Gesellschaft zu schaffen, und das Kapital hat diese historische Aufgabe vorbildlich erfüllt. Bis dahin war die private Aneignung des Mehrwertes durch das Kapital gerechtfertigt. Mit Blick auf die arme Welt zeigt sich nun, dass die historisch bemessene Frist abgelaufen ist. Die Hochburgen des großen Kapitals befinden sich im reichen Westen, die sich den in der armen Welt geschöpften Mehrwert aneignen. Das große

Kapital betrachtet diesen als sein privates Eigentum und investiert ihn nicht unbedingt in die Entwicklung der produktionstechnischen Basis dieser Länder. Deshalb muss das große Kapital vergesellschaftet werden, um die Welt zu befrieden und die Flüchtlingsströme zu beseitigen. Die Spannungen in der EU zwischen West und Ost haben im Kleinen die gleichen Ursachen wie der Nord-Süd-Konflikt.

Afghanistan

Nehmen wir ein aktuelles Beispiel, welches durch den russischen Krieg in der Ukraine schon wieder fast in Vergessenheit gerückt ist – Afghanistan. Es gehört zu den ärmsten Ländern dieser Welt. Die Menschen leben noch in Stammesverbänden und auch Nomaden, also Völker, die noch in der aneignenden Wirtschaft leben, kommen vor. Die Afghanen gehören 10 verschiedenen Ethnien an. Sie sprechen circa 49 Sprachen und über 200 verschiedene Dialekte.

99,9 % der Bevölkerung sind Muslime, in einer sehr konservativ-reaktionären Auslegung ihres Glaubens, vergleichbar mit Saudi-Arabien, dem Iran und Pakistan. Rechte für Frauen gibt es so gut wie nicht. 2015 (15 Jahre, nachdem der Westen einmarschiert war) waren immer noch 61,8 % Analphabeten – Männer 48,0 %, Frauen 75,8 %.

In seiner Geschichte rivalisierten Russland und Großbritannien im 19. Jahrhundert um Einfluss und Kolonisation. 1893 trennten die Briten den südlichen Teil von Afghanistan ab (heute zu Pakistan gehörend) und verleibten ihn ihrer indischen Kronkolonie ein. Erst 1919 erlangte Afghanistan seine Unabhängigkeit. 1933 etablierte sich Afghanistan als Königreich mit Mohammed Zahir Schah (1914–2007) und schlug eine fortschrittliche Entwicklung ein.

1973 stürzte Mohammed Daoud Khan (1909–1978) das Königshaus und rief die Republik aus. Er lehnte sich an die Sowjetunion an. Unter Nur Muhamad Taraki (1917–1979) und der Demokratischen Volkspartei Afghanistans wurde 1978 der Versuch einer gesellschaftlichen Umgestaltung unternommen und eine Alphabetisierung der Landbevölkerung gestartet. Das stieß auf heftigen Widerstand der rückständigen Landbevölkerung, der Basis der späteren Taliban, und führte 1979 zum Einmarsch sowjetischer Truppen.

Von da an begann der Stellvertreterkrieg zwischen der Sowjetunion und den Vereinigten Staaten von Amerika in Afghanistan. Die USA unterstützten alle afghanischen Kräfte, die sich gegen den sowjetischen Einmarsch richteten, und züchteten damit die Kräfte, die sich später gegen sie selbst richten sollten. 1992 wurde, nachdem sich die Sowjetunion, die bereits selbst ihren Todeskampf ausfocht, zurückgezogen hatte, Afghanistan als islamischer Staat gegründet. Anschließend herrschte Bürgerkrieg zwischen den Stämmen und deren Milizen. 1994 traten erstmals in Kandahar die Taliban in Erscheinung, die von Pakistan und anderen arabischen Ländern unterstützt wurden. Von den kämpfenden Truppen in Stärke von circa 45.000 Mann waren nur 14.000 Afghanen.

Die Schreckensherrschaft der Taliban im engen Bündnis mit al-Qaida begann, beide Kräfte einst von den USA hochgezüchtet. Am 11.09.2001 kam der Angriff von Osama bin Laden (1957–2011) und seiner al-Qaida auf die Zwillingstürme des World Trade Centers in New York.

David hatte Goliat aus seiner Sicht empfindlich getroffen. George W. Bush (*1946) rief den Krieg gegen den Terror aus, der bis heute nicht beendet ist, und destabilisierte mit seinen Kriegen gegen Afghanistan und den Irak (2003) den gesamten arabischen Raum. Die selbst ernannte Führungsmacht der Welt zeigte ihr wahres Gesicht. In Guantánamo richtete sie eine Folterstätte nach mittelalterlichem Vorbild für alle gefassten Terroristen ein.

Der Krieg gegen den Terror ist ein Krieg des Weltgroßkapitals gegen die Schwachen, die unter dem Neokolonialismus leiden. Gegen Afghanistan ist es ein reiner Rachefeldzug gewesen nach dem Motto: „Auge um Auge, Zahn um Zahn". Hier ging es mal nicht um Profit, denn in diesem bettelarmen Land ist kaum etwas zu holen.

Ich habe die Fernsehbilder noch vor Augen. Am 2. Mai 2011 saßen Barak Obama, Hillary Clinton und andere hohe Regierungsvertreter der USA am Bildschirm und verfolgten den US-Drohnenangriff auf das Leben von bin Laden. Der Jubel war gewaltig, ihre Rache befriedigt, ihr Kriegsziel erreicht.

Angeblich wollte man dieses Land nach westlichem Vorbild in eine freiheitliche Demokratie verwandeln. Ein Konzept dafür gab es offensichtlich nicht. Jetzt, 20 Jahre danach, als die USA mit ihren Bündnispartnern des westlichen Großkapitals fluchtartig das Land wieder verlassen haben, stellt sich heraus, sie haben nichts, aber auch gar nichts erreicht. Wenige Wochen nach dem Abzug, der einem Desaster glich, stellten die Taliban die alten Verhältnisse wieder her. Zurück lassen die Kapitalbrüder ein verarmtes, entwurzeltes, in sich zerrissenes Land mit wenig Aussichten auf eine lichte Zukunft.

War ein anderer Ausgang möglich?

Die USA und ihre Verbündeten hatten 20 Jahre Zeit, um in Afghanistan die produktionstechnische und damit ökonomische Basis zu schaffen, auf der sich ein fortschrittlicher, freiheitlicher, demokratischer gesellschaftlicher Überbau hätte ausformen können. Für das Weltgroßkapital wäre es ein Klacks gewesen, das zu leisten. Nur ist das nicht der Beruf des großen Kapitals. Wie war es doch gleich? Bei 5% Aussicht auf Dividende bleibt Kapital ruhig. Idealisten sind unter Anlegern eine Rarität. Nur China hat sich bereit erklärt, in die Erschließung der Kupfervorkommen Afghanistans 2,5 Milliarden $ zu investieren. Aber in China geht die Macht auch nicht vom großen Kapital aus.

Nach allem, was bislang in diesem Buch zu Gesellschaftsformationen ausgesagt wurde, dürfte klar sein, dass sich auf einer primitiv-feudalen ökonomischen Basis kein moderner kapitalistisch-demokratischer gesellschaftlicher Überbau ausformen lässt. Mit dem Bohren einiger Brunnen und der Errichtung von ein paar Schulen ist diesbezüglich nichts erreicht. Die unheilige westliche Allianz hat in Afghanistan viel Geld für kriegerische Handlungen aus Steuergeldern verpulvert. Notwendig wäre gewesen, in eine moderne Wirtschaft zu investieren als Voraussetzung für eine spürbare Verbesserung der Lebensverhältnisse der Afghanen. Das hätte die gesellschaftlichen Verhältnisse stabilisiert und anderen verarmten Ländern als Beispiel dienen können. Nur, Weltverbesserung ist nicht der Beruf des Kapitals, da sie nicht der Profitmaximierung dient. Eher geht ein Kamel durchs Nadelöhr, als dass das Kapital selbstlos handelt.

Wohl die traurigste Hinterlassenschaft des großen Kapitals in der Welt ist deren Spaltung in eine arme Mehrheit und eine reiche Minderheit. In Afghanistan, in das es ohnehin einmarschiert war, hatte es die Möglichkeit, der Welt zu zeigen, dass es auch anders kann. Hätte es noch eines Beweises bedurft, der Welt zu zeigen, dass das Weltgroßkapital unfähig ist, die Welt zu befrieden, dann wurde uns in Afghanistan erneut dieser Beweis geliefert. Das große Kapital meint, Terrorismus ließe sich mit Krieg besiegen. Das ist ein Irrglaube. Wenn die Ursachen nicht beseitigt werden, die zu Terrorismus führen, lässt er sich nicht besiegen. Geschaffen werden diese Ursachen durch die Profitgier des großen Kapitals.

Die Menschheit benötigt aber im Interesse ihres Fortbestandes die Überwindung der Unterschiede von Arm und Reich weltweit. Anders lässt sich die Welt nicht befrieden. Deshalb muss der Verursacher, das Weltgroßkapital, aufgehoben werden, und dafür hat die Menschheit nicht ewig Zeit. Die Überwindung der ungleichen Entwicklung in der Welt, diese traurige Hinterlassenschaft des großen Kapitals, wird die vordringliche Aufgabe der freien Gesellschaft sein. Die historisch bemessene Zeit des Kapitalismus läuft aus.

4.6 Globalisierung

Mit dem Kolonialismus ist die Globalisierung eng verbunden, weil sie hier ihren Anfang nahm, wenngleich der Begriff erst Ende des 20. Jahrhunderts aufkam. Globalisierung ist die weltweite Verflechtung von Wirtschaft und Handel und den damit einhergehenden Auswirkungen auf Politik, Kultur und Kommunikation, die die Staaten, Gesellschaften und Individuen berührt. Besinnen wir uns wieder auf Marx, so könnte man sagen, die ökonomischen Basen der Staaten internationalisieren sich als Folge der Entwicklung der Produktivkräfte, denen die nationalstaatliche Enge nicht mehr genügend Raum bietet.

Die Globalisierung, wie wir sie erleben, ist also ein prägendes Merkmal der kapitalistischen Gesellschaft und seinen Gesetzen unterworfen. Wenn man so will, sind es erste Schritte hin zu einer Weltgesellschaft, die in absehbarer Zeit zur unabdingbaren Notwendigkeit wird. Sie begann unter kapitalistischen Produktionsverhältnissen und ist immer noch der Profitmaximierung unterworfen. Wie wir bei den Folgen des Kolonialismus feststellen konnten, führt sie nicht zur Überwindung der gravierenden ökonomischen und sozialen Differenzierung zwischen unterentwickelter und entwickelter Welt, sondern verschärft sie.

Die Globalisierung ist kein an den Kapitalismus gebundenes Phänomen, sondern eine Erscheinung der Produktivkraftentwicklung, die weit über den Kapitalismus hinausreicht und erst dann ihre gewaltigen Fortschrittskräfte voll entfalten wird. Der Kapitalismus musste zwangsläufig damit beginnen, weil die sich hier entfaltenden Produktivkräfte in Konflikt mit den national eingeengten Produktionsverhältnissen gerieten. Damit hat sich mit der Globalisierung das amerikanische Modell des Kapitalismus, das auf Wettbewerb setzende Kapitalismusverständnis, durchgesetzt und den imperialen Kapitalismusvorstellungen eine Abfuhr erteilt. Daran ändert auch die Tatsache nichts, dass Donald Trump mit „America First" den untauglichen Versuch unternahm, zum überholten imperialen Kapitalismusverständnis zurückzukehren.

Die Globalisierung wird notwendigerweise auch den gesellschaftlichen Überbau mehr oder weniger schnell umwälzen. Wir erkennen das an der Internationalisierung von Politik (G7-, G20-Vormate), Bildung, Kultur und Kunst. Der Feind der Globalisierung ist Nationalismus. Es gehört zu den Phänomenen unserer Zeit, dass mit der Globalisierung nationalistische Tendenzen in den Nationalstaaten wieder zunehmen.

Es sind die Ängste der Menschen vor diesen Entwicklungen, die sie längst nicht mehr überschauen. Globalisierung bedeutet auch offene Grenzen, Beseitigung von Handelsschranken, Freizügigkeit der Arbeitnehmer u. v. a. m. Das verunsichert die Menschen. Sie wollen sich in ihrem Nationalstaat wieder einhegen. Entfernt erinnert es etwas an die Befindlichkeiten im alten Reich, als die Moderne aus Westeuropa nach Mitteleuropa ausgriff und die Menschen am alten Zopf, an den verknöcherten Zünften, völkischen Traditionen, Trachten, religiösen Riten usw. festhalten wollten.

Dem Kapital hat die Globalisierung die Taschen gefüllt und Arbeitnehmer im reichen Westen haben mit partizipiert. Wir haben in den meisten Ländern der EU heute einen Lebensstandard wie noch nie zuvor in der europäischen Geschichte. Schaut man nur einmal 100 Jahre in unserer Geschichte zurück, dann war damals das Leben der arbeitenden Klassen mehr als bescheiden. Gleichzeitig verzeichneten wir 2020 in der Welt 690 Millionen

Menschen, die Hunger leiden, die sich nicht ausreichend ernähren können. 135 Millionen Menschen sind von einer akuten Hungerkatastrophe bedroht. Auch das geht auf das Konto der Globalisierung, wenn sie unter kapitalistischen Bedingungen stattfindet.

Obwohl dieses Thema die Menschheit bereits mehr als 50 Jahre beschäftigt, tut sich nichts bzw. nichts Merkliches, wenngleich die Politiker in der westlichen Welt sich in ihren Reden ständig darüber beklagen. Das zeigt nur, dass kapitalistische Regierungen dem Kapital folgen, da sie sein Machtinstrument sind. So wird uns klar, der Kapitalismus kann auch die Verwerfungen, die er in der Globalisierung hervorbringt, nicht lösen. Seine Daseinsberechtigung läuft aus.

4.7 Fazit

Die Ausführungen von 4.1 bis 4.6 äußern Zweifel an der Fähigkeit des Kapitals, die Probleme, vor denen die Welt heute steht, zu lösen. Es wird fasslich, dass es sich um Weltprobleme handelt, für deren Bewältigung der Nationalstaat wenig geeignet ist. Es bedarf starker internationaler Organisationen, die in einer Welt, in der die vom Kapital beherrschten Nationalstaaten das Nonplusultra sind, nicht entstehen.

Aber inzwischen werden diese Probleme auch vom Kapital selbst wahrgenommen, da sie auch die Profitmaximierung bedrohen. Verursacht wurden all diese aufgeführten Konflikte vom großen Kapital, angetrieben durch die Profitgier. Wenn das Kapital sich nunmehr aufgefordert fühlt, diese Konflikte zu lösen, wird es ganz im kapitalistischen Geist geschehen. Bezahlt wird es nicht vom Verursacher, sondern von den Völkern. Das ist bereits in vollem Gange. Die CO_2-Steuer zahlt nicht die Karbonindustrie, sondern sie wird umgelegt auf die Verbraucher ihrer Produkte. Wenn der Spritpreis steigt, trifft es zuerst die Ärmsten. Steigt der

Benzinpreis auf 5 €/l, berührt es die Reichen und Superreichen wenig oder gar nicht. Für die Armen bedeutet es, eventuell auf das Auto zu verzichten.

Das Kapital schuf in circa 250 Jahren die ökonomische Basis für die freie Gesellschaft. In seiner Endphase häufte es so viel Geld an, ausreichend, um die Schäden, die es in dieser Zeit der Erde zugefügt hat, wieder zu reparieren. In seiner zunehmend reaktionär und parasitär werdenden Phase häufte sich dieses Geld bei den Anlegern auf. Wir hatten bei unseren Betrachtungen zum Geld festgestellt, dass es gerecht wäre, dieses Geld ersatzlos zu streichen. So würde es der Sanierung unserer Mutter Erde dienen und den Weg in die geschlossene Kreislaufwirtschaft ebnen, bei gleichzeitiger Aufhebung der Spreizung zwischen Arm und Reich.

Sie wie ich, wir hören, lesen und schauen alle Tage Berichte, die sich mit den Auswüchsen, die vom großen Kapital weltweit ausgelöst werden, beschäftigen, ohne den Verursacher beim Namen zu nennen. Ich brauche keine Chaos-Theorie, um den Nord-Süd-Konflikt, um den arabischen Frühling, die ständigen Bürgerkriege in Afrika usw. zu erklären. All das sind Versuche, um von dem wirklichen Verursacher abzulenken. Seit 40 bis 50 Jahren leben wir in der Phase des Spätkapitalismus. In ihm sind alle Merkmale, die den Kapitalismus in seiner progressiven Phase kennzeichneten, verschwunden. Heute beherrscht den Kapitalismus die nackte Spekulation, vorangetrieben von den Finanzplätzen und den international agierenden großen Konzernen. Das erklärt all die Auswüchse, die die Welt heute beherrschen. Gleichzeitig weist es uns darauf hin, dass der einst starke Kapitalismus sich heute in seiner schwächsten Phase befindet und baldmöglichst überwunden werden muss. Putin erkannte die Schwäche der kapitalistischen Welt. Sonst hätte er wahrscheinlich seinen Eroberungskrieg gegen die Ukraine nicht gewagt.

4.8 Historischer Platz des Kapitalismus

Kapitalismus ist wie jede andere Gesellschaftsformation eine historische Kategorie und damit vergänglich oder wie es Goethe den Mephisto im Faust sagen lässt: „Alles, was entsteht, ist wert, dass es zugrunde geht." Wir haben uns auf einem langen Weg darüber verständigt, wie der Kapitalismus entstanden, geworden und gereift ist. Wir haben seine Reife beschrieben und bevor wir uns seinem Ende nähern, ist es angezeigt, seinen Platz in der Menschheitsgeschichte zu bestimmen.

Mit dem Eintritt in die Industrialisierung hat der Kapitalismus innerhalb von rund 250 Jahren mehr geleistet als alle rund 6 Millionen Jahre Menschheitsgeschichte zuvor zusammengenommen. Über einige Jahrtausende, nach dem Eintritt in die Zivilisation, entwickelte sich die Gesellschaft als „Gesellschaft der Notwendigkeit", in der die Mehrheit in Unfreiheit lebte und deren Mehrprodukt privatisiert wurde. Damit wurde die freie Entwicklung der Minderheit ermöglicht. Das war ein gewaltiger Auftrieb, denn in urgesellschaftlichen Zuständen vollzog sich im Prinzip kaum gesellschaftliche Entwicklung, zumindest war sie so gering, dass Fortschritte nur in Zeiträumen von Jahrtausenden erkennbar wurden.

Nach dieser langen geschichtlichen Periode beschleunigte die entstehende und sich entwickelnde Klassengesellschaft die Entwicklung bereits erkennbar. Wir sahen, wie in der letzten Phase des Feudalismus Kapital als neue ökonomische Kategorie in die Gesellschaft kam und sich rasant entwickelte, bis die damit in Erscheinung tretende neue Klasse, das Bürgertum, die alten Machtverhältnisse stürzte und den Kapitalismus als neue gesellschaftliche Ordnung etablierte.

Der Kapitalismus vollzog seinen Siegeslauf, indem er die alten Vorstellungen der Aneignung des Mehrproduktes durch eine Minderheit, jetzt in Form des Mehrwertes, weiterführte und damit die Klassengesellschaft erneut zementierte. Er spaltete die Gesellschaft in 2 große Klassen – in die Arbeitnehmer und die Arbeitgeber (Kapitaleigentümer).

In den ersten 250 bis 300 Jahren seiner Entwicklung war das notwendig, in denen er die materiell-technische Basis einer modernen Gesellschaft schuf. Aber so kam der Kapitalismus an einen Punkt, an dem das von der Gesellschaft geschaffene Produkt so groß wurde, dass es für alle Gesellschaftsmitglieder ausreichend war. Inzwischen konsumieren wir in einer Weise, die dem Planeten schadet. Die Zentralisation des Mehrprodukts in Form des Mehrwertes wurde zur Farce und führte dazu, dass sich bei einer Minderheit Vermögen in unvorstellbaren Größenordnungen anhäufte.

Damit ging die progressive Phase des Kapitalismus seinem Ende entgegen, er wurde reaktionär und parasitär. Das geschah in den letzten 40 bis 50 Jahren. In diesem Kapitel haben wir den Kapitalismus der Neuzeit betrachtet und die Widersprüche herausgearbeitet, die er nicht mehr zu lösen vermag. Unlösbare Widersprüche bergen ein großes Konfliktpotenzial. Im gesellschaftlichen Überbau äußern sich diese in vielfältiger Weise. Alle möglichen „Theorien" von Verschwörungsmythen bis zu chauvinistischen Konzepten kursieren in der Welt. Dabei geht den Menschen ab, dass es sich um ideologische Widerspiegelungen handelt, die aus der ökonomischen Basis – den kapitalistischen Produktionsverhältnissen – aufsteigen, in der die entwickelten Produktivkräfte – personelle wie gegenständliche – gegen ihre Einengung rebellieren. Die Menschen nehmen die Regierenden als Verursacher aller Übel wahr, ohne dahinter die wahre Ursache, das große Kapital, zu erkennen.

Unter diesem Blickwinkel betrachtet, kann man sagen, der Kapitalismus ist eine Übergangsgesellschaft, in der die Voraussetzungen für den Übergang der Menschheit aus dem Reich der Notwendigkeit ins Reich der Freiheit geschaffen werden. Diese seine historische Mission hat er mit Bravour erfüllt. Damit ist es nunmehr Zeit, ihn zu überwinden.

Die Überwindung des Kapitalismus ist keine Ermessens-, sondern eine Überlebensfrage der Menschheit. Diese Meinung wird bei Weitem nicht von allen geteilt. In seinem Buch „Kapitalismus global" vertritt Branko Milanovi – wie der Titel bereits verrät – die gegenteilige Auffassung. Thomas Piketty übt in seinen beiden bereits genannten Büchern scharfe Kritik am Kapitalismus, insbesondere an der stark wachsenden Spreizung zwischen Arm und Reich, die er durch progressive Steuern überwinden will, stellt aber den Kapitalismus gänzlich nicht infrage.

Kapitalismuskritik ist nicht neu. Der älteste namhafte Kritiker war kein geringerer als Karl Marx. Er war sich allerdings klar darüber, dass zu seiner Zeit die Überwindung dieser Gesellschaftsformation noch nicht auf der Tagesordnung stand. Heute wissen wir, dass damals der Kapitalismus das Beste noch vor sich hatte. Seit dieser Zeit hat der Kapitalismus viele, auch existenzgefährdende Krisen überstanden. Erinnert sei an die Weltwirtschaftskrise von 1929 bis 1932, die beiden Weltkriege und an den Kalten Krieg. Immer wieder hat es der Kapitalismus verstanden, sich zu erneuern, und nicht selten überrascht, welch gewaltige Kräfte er zu mobilisieren verstand.

Nun könnte man geneigt sein, der Kapitalismus könnte auch die gegenwärtige Dauerkrise überstehen. Warum ist dem nicht so? Der Kapitalismus herrschte in seiner Anfangsphase in der Industrie. Seinem Leitmotiv, der Profitmaximierung, folgend, hat er sich in der Folgezeit sukzessive in allen Bereichen der Gesellschaft eingenistet und diese der Profitmaximierung unterworfen. Selbst alle staatlichen Hoheitsrechte und die Elementarrechte der Menschen, wie z.B. Trinkwasser, unterliegen heute der Profitmaximierung. Alle Dienstleistungen, Kultur, Kunst, Wissenschaft, Bildung, Sport, Freizeit u.a. werden heute vom Kapital beherrscht. Es gibt keinen Bereich mehr, wo es sich noch einnisten könnte.

Also alle Quellen, aus denen sich noch Mehrwert herausschlagen ließe, hat sich das Kapital erschlossen, und das nicht nur in seinen Hochburgen, sondern inzwischen weltweit.

Stets galt das Totschlagargument, der Staat kann nicht wirtschaften, das kann nur das private Kapital. Da sich die Profitgier des Kapitals nicht bremsen lässt, hat es inzwischen begonnen, Profit aus der Vermehrung von Geld aus Geld durch Spekulation zu akquirieren. Damit ist er in seine reaktionäre, parasitäre Phase eingetreten.

Die Weltwirtschaftskrise von 1929 bis 1932 führte in den kapitalistischen Hochburgen zu einem Rechtsruck. In den deutschen und ehemals von Haus Habsburg beherrschten Ländern führte er direkt in den Faschismus. Gegenwärtig erleben wir einen neuen Rechtsruck in der kapitalistischen Welt. Selbst im Musterland des Kapitals konnte ein extremer Nationalist und Rassist, wie es Trump ist, Präsident werden, der die Hälfte des amerikanischen Volkes hinter seinen kruden Ideen versammelte.

Der Humanismus, die große Errungenschaft der westlichen Welt, der nach dem Zweiten Weltkrieg nochmals einen großen Aufschwung erlebte, verliert immer mehr an Einfluss. Das Internet strotzt von inhumanem Gedankengut, welches sich in den Völkern immer mehr ausbreitet. Es wächst die Gefahr, wenn es nicht gelingt, den Kapitalismus zu überwinden, dass die Menschheit in einer großen Katastrophe untergeht. Die Zeit ist reif für die Zeitenwende, für die Überführung der kapitalistischen Gesellschaft in die Gesellschaft freier Menschen.

Bevor wir Gedanken dazu entwickeln, wie sich dieser Übergang vollziehen könnte, wenden wir uns zunächst den bisherigen Versuchen zu, einen solchen Wandel zu vollziehen. Dem widmet sich das 2. Buch.

2. BUCH

Alternativen zum Kapitalismus

5 KAPITEL – DER SOWJETKOMMUNISMUS

5.1 Vorbemerkungen

Der Traum von einer besseren Welt ist sehr alt. Alle Weltreligionen spiegeln ihn wider. Sie gehen auf Gründer zurück, die aus armen unterdrückten Schichten kamen bzw. von Menschen aus der Oberschicht geträumt wurden, die sich dem Elend der Armen annahmen (z.B. Buddha). Weltreligionen wurden sie, weil die Herrschenden ihre Nützlichkeit erkannten und sie usurpierten.

Nach ihnen träumten diesen Traum Utopisten, wie Thomas Morus (1478–1535). Er schrieb das Buch „Utopia", in dem er ein solches Musterland entwarf. Die Täufer (Wiedertäufer), geführt von Thomas Müntzer (1489–1525), unternahmen den Versuch, in Münster eine Art Idealstaat zu errichten. Müntzer meinte, wir müssen das Himmelreich auf Erden schon errichten. Henri de Saint-Simon (1760–1825), Charles Fourier (1772-1837), Robert Owen (1771–1858), Wilhelm Weitling (1808–1871) u.a. waren utopische Sozialisten, die sich Not und Elend der Arbeiter in ihrer Zeit zuwandten und für sie Verbesserungen erreichen wollten. All ihre Experimente scheiterten am Widerstand der Feudalen oder des Kapitals und blieben erfolglos. Erst Marx und Engels stellten den Sozialismus auf wissenschaftliche Grundlagen, wobei sie zur Ausgestaltung einer solchen Gesellschaft fast nichts hinterließen.

Die Sehnsucht nach einer gerechten Gesellschaft entstand also bereits mit der Herausbildung der Klassengesellschaft und damit des Privateigentums. Zuvor, in der aneignenden Wirtschaft der Jäger und Sammler, lebten die Menschen in einer Art Urkommunismus, der sich auf Gemeineigentum begründete. Sie betrachteten die Ressourcen der Mutter Erde, aus der sie ihre primitiven Werkzeuge entnahmen, mit denen sie sich diese aneigneten, als Gemeineigentum.

Mit der Differenzierung der Menschen in der beginnenden Gesellschaftsbildung entstanden 2 Gegensätze: jene, die das Mehrprodukt schufen, und jene, die es sich aneigneten. Zwischen den beiden Gegensätzen wirkt von Beginn an ein Widerspruch, der die gesellschaftliche Entwicklung unerhört vorantrieb und dem wir die verschiedenen Stufen der gesellschaftlichen Entwicklung verdanken – antike Sklaverei, Feudalismus und schließlich den modernen Kapitalismus, in dem wir immer noch leben.

Die Idee von einer freien gerechten Gesellschaft ist also sehr alt und sie findet sich bereits in den Anfängen der Gesellschaftsbildung. Reale Gestalt konnte sie aber erst annehmen mit der Herausbildung der kapitalistischen Gesellschaft und ihrer zunehmenden Reife, denn die Grundvoraussetzung für die freie Gesellschaft ist die ihr entsprechende produktionstechnische und ökonomische Basis. Und es war die historische Mission des Kapitalismus, diese zu schaffen.

Folgerichtig konnte diese ökonomische Basis zuerst dort entstehen, wo die kapitalistische Gesellschaft am weitesten entwickelt war, also in ihren Hochburgen der westlichen Welt. Wir stellten fest, dass sich der Kapitalismus in England beginnend, dann West- und Nordeuropa erfassend, von West nach Ost voranschreitend ausbreitete und von den Mutterländern in die Kolonien getragen wurde. In Russland, ganz im Osten Europas liegend, begann die kapitalistische Entwicklung, insbesondere die industrielle Revolution, mehr als 150 Jahre, nachdem sie in England bereits gesellschaftsbestimmend geworden war. Noch hatte es in den Hochburgen des Kapitals keine nennenswerten Versuche gegeben, den Kapitalismus in die freie Gesellschaft zu überführen.

Den ersten ernsthaften Versuch, eine solche Gesellschaft zu errichten, unternahm mit der Oktoberrevolution 1917 Wladimir Iljitsch Lenin (1870–1924) in Russland. Diesem Experiment wollen wir uns jetzt zuwenden. Russland reihte sich aufgrund seiner schieren Größe in die europäischen Großmächte ein und wurde auch gefürchtet. Territorial war es ein Riese, mit größerer Bevölkerung als die anderen europäischen Großmächte – Deutschland, Frankreich und Großbritannien –, aber im Vergleich der Ökonomien ein Zwerg. Dementsprechend war der Lebensstandard des Volkes sehr niedrig.

5.2 Die Entwicklung des Kapitalismus in Russland

Russland trat spät in die europäische Geschichte ein. Die Bezeichnung Russland leitet sich wahrscheinlich von Rus (Ruderer) her und bezieht sich auf die Gründung der Kiever-Rus durch einen Stamm der Wikinger (Waräger), die im 8. Jahrhundert Kiev als Niederlassung für den Nahost-Handel ausbauten. Diese Darstellung ist bei den Historikern umstritten und wird von den Russen, Belorussen und Ukrainern unterschiedlich interpretiert, sodass der Historikerstreit längst nicht entschieden ist. Stalin ließ bereits im großrussischen Verständnis die Geschichte umschreiben. Im gegenwärtigen russischen Angriffskrieg in der Ukraine werden die Mythen um die Kiewer-Rus erneut von Putin nationalistisch-ideologisch missbraucht.

Bewusst hatten wir bis jetzt die Entwicklung des Kapitalismus in Russland ausgeblendet. Da sie für das Verständnis der russischen Oktoberrevolution von 1917 ausschlaggebend ist, soll sie deshalb konzentriert diesem Ereignis vorangestellt werden. Das West-Ost-Gefälle im Voranschreiten der kapitalistischen Produktionsweise gilt ganz besonders mit Blick auf Russland. Es war weitab von all dem, was im westlichen Europa, in dem der Humanismus geboren wurde, bereits Gegenwart war, und wir wollen betrachten, wie es dazu kam.

Die „Sammlung des russischen Landes" (alle Ländereien, in denen Russisch gesprochen wurde) hatte unter Iwan I. (1304–1341) begonnen und war unter Wassilij III. (1479–1533) zu einem gewissen

Abschluss gebracht worden. Vorausgegangen war ein langer Kampf, um sich von den Tataren und damit aus der Abhängigkeit von der Goldenen Horde zu befreien.

Entstanden war das Moskowiter Großfürstentum. Der Sohn Wassilijs III., Iwan IV. (der Schreckliche, russisch: der Gestrenge 1530–1584), war der Fürst, der sich 1547 erstmals zum Zaren von ganz Russland krönen ließ. Mit rücksichtsloser Brutalität vereinte er alle russischen Lande zu einem zentralistischen Staat. Von Beginn des russischen Reiches an bis zu seinem Ende herrschten die Zaren autokratisch, despotisch und imperial.

Die Russen übernahmen den griechisch-orthodoxe Glauben des oströmischen Reiches. Bereits Mitte des 15. Jahrhunderts sagte sich Moskau von Konstantinopel los und wählte seinen eigenen Metropoliten der nunmehr russisch-orthodoxen Kirche. So kam es zu einer engen Verzahnung von Staat und Kirche, welche dem „heiligen Russland" seine sich von Europa abhebende Einheit und zentralistische Herrschaft, mit dem gottähnlichen Zaren an der Spitze, gab, worauf sich in einer geschichtlich langen Kette letztendlich auch das „Großrussentum" zurückführen lässt.

Der von Iwan IV. geschaffene Feudalstaat entwickelte bereits sein besonders brutales und grausames Wesen. Für die Bauern war seine Herrschaft der direkte Weg in die Leibeigenschaft mit einer beispiellosen Unterjochung. Adel und Geistlichkeit, als die herrschenden Klassen, waren von der Machtausübung ausgeschlossen, genossen aber alle Privilegien. Es gab keine organisierten Stände und regionale Körperschaften. Zentralverwaltung und Armee waren die beiden Stützen des Reiches.

Für eine frühkapitalistische Entwicklung waren die Bedingungen in Russland denkbar schlecht. Erste Handelszentren wie Nowgorod und Pskow wurden rücksichtslos vom Zaren annektiert und die Handelsniederlassungen, so auch die der Hanse, konfisziert.

In den folgenden Jahrhunderten betrieb Moskau eine expansive Politik. Während Westeuropa Afrika, große Teile Asiens und die neu entdeckten Kontinente Amerika und Australien kolonisierten, dehnte sich Russland zunächst nach Osten (Eroberung Sibiriens 1558–1648) und Süden beachtlich, später auch nach Westen aus und schuf sich sein eigenes Kolonialreich. In seiner Anfangsentwicklung, als Russland sich in Europa bemerkbar zu machen begann, war es nicht die erste Macht im Osten. Ihm vorgelagert dominierte damals osteuropäische Politik das Großreich Polen-Litauen.

Im Jahre 1598 – im Jahr des Friedens von Vervins, dem Edikt von Nantes und dem Tod Philipps II. – starb die erste russische Zarendynastie, die Ruriks, aus. Es folgten bürgerkriegsähnliche Kämpfe um den Thron, den schließlich 1612 der erste Romanow bestieg. Die Romanows hielten sich bis zu ihrer Abdankung 1917. Russland führte rund 200 Jahre Krieg mit seinen Nachbarn, Schweden, Polen und der Türkei, um die Vorherrschaft im europäischen Osten. Der Kampf wurde im 18. Jahrhundert zugunsten Russlands entschieden.

Während aber bei seinen westlichen Nachbarn im Inneren der Gesellschaft kapitalistische Produktionsverhältnisse heraufdämmerten, blieb Russland der Feudalstaat per Exzellenz.

Nach dem Sieg über Schweden zu Beginn des 18. Jahrhunderts war unter Peter I. (Peter der Große 1672–1725) Russland zur Großmacht aufgestiegen und obwohl er sein Land mehr europäisch ausrichtete, begründete sich seine Herrschaft auf die alten Machtinstrumente. Er führte seine Bauern in die zweite Leibeigenschaft, die allerdings nie wirklich beendet worden war. Er stützte sich auf den Hochadel, den er in seinen Rechten bestärkte. Es war seine Art, den Übergang Russlands vom Mittelalter in die Neuzeit zu vollziehen. Seine Reformen betrafen die Einführung der Wehrpflicht, die Schaffung des größten europäischen Heeres, die Organisation der Verwaltung nach militärischen Prinzipien sowie den Aufbau einer eigenen Rüstungsindustrie, die mit Leibeigenen betrieben wurde, mit denen der Landadel einen gewinnbringenden Handel trieb. Leibeigene wurden in Russland wie Sachen behandelt und schlechter als Tiere gehalten.

In der Zeit des aufgeklärten Absolutismus Preußens und Österreichs reihte sich, zumindest propagandistisch, Katharina II. (1729–1796) aus dem Hause Anhalt/Zerbst, die durch ein Komplott ihren Gatten, Zar Peter III. (1728–1762), ermorden ließ, als russische Zarin in diese Länder ein. Und obwohl sie mit den großen Geistern der europäischen Aufklärung verkehrte, blieben alle ihre groß angekündigten Reformen Makulatur. Auf dem Lande herrschte ungebrochen der Despotismus.

Katharina setzte die Militär- und Rüstungspolitik Peters I. fort. In ihrer Regierungszeit stieg der Militäretat auf 50 % des Staatshaushaltes. Gemeinsam mit den genannten anderen beiden „aufgeklärten" Monarchen teilte sie sich Polen. Wie Friedrich II. (1712–1786) von Preußen nahm auch sie in Russland die Jesuiten auf. So sicherte sie sich die dringend benötigten Lehrer zu einem niedrigen Preis.

Es gab weder eine erwähnenswerte Entwicklung in den Städten noch auf dem Lande, wo die Knute herrschte. Spätestens der aufsehenerregende Bauernaufstand unter der Führung des Donkosaken Pugatschow (1742–1775), den sie enthaupten ließ, zeigte Europa die Aufgeklärtheit Katharinas.

Auch nach ihr hielt Russland an seiner reaktionären Politik fest. Als selbst Österreich und Preußen nach 1815 ein Reformwerk in Gang setzten, blieb in Russland alles beim Alten, auch die Leibeigenschaft. Den Gutsherren war nur die Versteigerung von Leibeigenen untersagt worden, mit denen auch immer noch die Rüstungsindustrie betrieben wurde.

Das Festhalten am Ancien Régime, während sich westlich von Russland der Kapitalismus, gleichbedeutend mit technischem und damit ökonomischem Fortschritt, seinen Weg bahnte, ließ Russland gegenüber den anderen Ländern in Rückstand geraten. Dieser Rückstand ließ sich auch immer weniger durch Ausdehnung des Landes und der Bevölkerungszahl kompensieren. Das zeigte sich schließlich auch in der Wehrfähigkeit, in der Material eine zunehmend größere Rolle spielte, so im Krimkrieg 1853 bis 1856 und im russisch-japanischen Krieg von 1904 bis 1905. Die Leibeigenschaft, auf die sich die autokratische Herrschaft begründete, aus der sie jahrhundertlang das Mehrprodukt zentralisiert hatte, erwies sich nun überdeutlich als der Hemmschuh der Entwicklung des Landes. Das feudale System hatte sich selbst überlebt.

In der napoleonischen Zeit wurde die Lockerung der Leibeigenschaft immer dringlicher, um die Entwicklung der gewerblichen Wirtschaft zu fördern. Auch in Russland gab es ein rasches Bevölkerungswachstum. Da die Leibeigenen Eigentum der grundherrlichen Adeligen waren, blieb der Bevölkerungsüberschuss auf dem Lande, anders als im westlichen Europa, wo er von der sich entwickelten Industrie aufgesogen wurde, und verstärkte das Elend zusätzlich. Damit vermehrte sich der soziale Zündstoff.

Anstatt die Leibeigenschaft aufzuheben, verstärkte die Zarenherrschaft die Spaltung der Gesellschaft durch erhöhte Repressionen. Gymnasien durften nur noch Kinder des Adels und der zaristischen Beamtenschaft besuchen. Russland erlebte eine erneute Abschottung von Europa, war im revolutionären 19. Jahrhundert das Bollwerk der Gegenrevolution und des verstärkten Despotismus nach innen.

Die Zaren fürchteten die Revolution und um ihr zu begegnen, verwandelten sie ihr Reich in einen Polizeistaat mit scharfer Zensur, Bespitzelung und Verbannung. Mit Autokratie, Orthodoxie und gesteigertem Nationalismus wollten die Herrschenden im

Kampf gegen den Fortschritt ihr feudales Regime über die Zeit hinaus aufrechterhalten.

Auffallend ist die Politik der Russifizierung in der zweiten Hälfte des 19. Jahrhunderts als Mittel zur Unterdrückung der zahlreichen nicht russischen Völker. Endlich waren die Herrscher 1861 gezwungen, die Leibeigenschaft aufzuheben. 11 Millionen Familien auf dem Lande erhielten ihre Freiheit, aber keinen Boden, sodass sich die sozialen Spannungen kaum lösten, die sich dann in der Revolution von 1905 entluden. Erst mit den Reformen von Stolypin 1911/12 erhielten bis 1916 7 Millionen Bauernfamilien eigenen Boden.

Ab 1890 unternahm das Zarenregime große Anstrengungen, um den enormen Rückstand in der industriellen Entwicklung aufzuholen, natürlich nicht durch Liberalisierung und Demokratisierung. Selbst die Zugeständnisse in der Revolution von 1905 waren nur Schein und wurden alsbald wieder kassiert. Eine konstitutionelle Monarchie hat es in Russland nie gegeben.

In der Industrie ging es darum, die völlig veraltete Kohle- und Stahlindustrie zu modernisieren und Eisenbahnen zu bauen. Die Sorge der Zaren war dabei die russische Armee, die dringend moderner Ausrüstungen bedurfte, um den westeuropäischen Armeen gewachsen zu sein. Für die Modernisierung der Industrieanlagen und den Eisenbahnbau wurde fremdes Kapital, insbesondere aus Deutschland, Belgien und Frankreich, ins Land gelockt. Für das europäische Kapital war Russland zugleich Objekt und Subjekt der Wirtschaftsentwicklung. So nimmt es nicht wunder, dass im Bergbau 70 % und in der Metallverarbeitung 42 % des Kapitals fremdländischer Herkunft war.

Dadurch gelang es in relativ kurzer Zeit die industriellen Produktionsleistungen in diesen Sektoren zu verzehnfachen, ohne die Rückstände gegenüber Westeuropa annähernd aufzuholen. Von einer Industrialisierung im allgemeinen Verständnis lässt sich nicht sprechen, da Russland zu Beginn des 20. Jahrhunderts ein feudal geprägtes Agrarland mit einigen eingelagerten industriellen Inseln war. Das war die ökonomische Basis mit einem durch und durch feudalen Überbau, die Lenin in der Oktoberrevolution vorfand und auf der er die modernste gesellschaftliche Ordnung errichten wollte.

5.3 Lenin und die Oktoberrevolution

Vorbemerkungen

Über Lenin sind ebenso viele Biografien geschrieben worden wie über Marx. Es gibt keinen Zweifel daran, dass er eine Ausnahmeerscheinung und in der europäischen Arbeiterbewegung die überragende Persönlichkeit in Theorie und Praxis zu Beginn des 20. Jahrhunderts war. All das ist unbestritten, so wenig wie die 70 Jahre sowjetkommunistischer Alternative zum weltbeherrschenden Kapitalismus sich auf ihn begründen.

Bei den Geschichtsschreibern der Gegenwart ist es in Mode gekommen, vom Phänomen der Diktatoren im 20. Jahrhundert zu sprechen und dieses aus deren individueller Persönlichkeit zu erklären – eine Spielart des Meinungspluralismus, die zu Verwirrung und nicht zu Aufklärung führt. So werden in einem Atemzug Lenin, Stalin, Mussolini und Hitler genannt.

Zunächst muss festgehalten werden, dass es Diktatoren auch bereits vor den genannten gab und uns auch im gegenwärtigen Jahrhundert derartige Gestalten begegnen. Und eben deshalb, weil sie diktatorisch herrschten, weisen Diktatoren unzweifelhaft analoge Züge auf. Bei einer solch oberflächlichen Betrachtung wird leicht übersehen, dass Hitler und Mussolini nur an die Macht gelangen konnten, weil das Großkapital in ihnen das geringere Übel vor dem Hintergrund einer drohenden sozialistischen Revolution sah und deren Machtkampf deshalb finanzierte.

Lenin wie auch Stalin gelangten im revolutionären Kampf der unterprivilegierten Klassen gegen Grundbesitz und Kapital zu Macht und Einfluss. Dieser historische Hintergrund darf bei allen sonst möglichen Analogieschlüssen nicht außer Acht gelassen werden.

Auch hier wird fasslich, dass Geschichtsbetrachtung losgelöst von den ökonomischen Verhältnissen, unter denen sich Geschichte ereignete, bewusst oder unbewusst zu Fehlurteilen führt. Wie seit George W. Bush beliebt, sind Begriffe wie Gut und Böse für eine Analyse geschichtlicher Persönlichkeiten wenig dienlich, da es Begriffe der religiösen Mystik sind, die über gesellschaftliche Ursachen und Wirkungen wenig aussagen.

Mit den Biografien zu Lenin verhält es sich analog denen über Marx. Die im Kalten Krieg geschriebenen, ganz gleich von welcher Seite, sind unbrauchbar. Die vom Engländer Robert W. Service nach dem Kalten Krieg geschriebene und 2000 im Verlag C. H. Beck, München[31a] erschienene zeugt von fleißiger Recherche, versteht es allerdings nicht, die Figur in ihrem historischen Zusammenhang zu begreifen.

Zur Person

Lenin wurde am 22.04.1870 in Simbirsk (heute: Uljanowsk) geboren. Lenin ist ein Pseudonym. Sein wirklicher Namen lautet Vladimir Iljitsch Uljanov. Er stammte aus gut situierten russischen Verhältnissen. Sein Vater hatte sich zum Studiendirektor mit dem Titel: „Staatsrat" emporgearbeitet und gehörte damit dem niederen Adel an.

Die Uljanovs waren russischer, schwedischer, deutscher und jüdischer Abstammung, aufgeklärt, strebsam und pflichtbewusst, mit europäischer, also nicht asiatischer Wertewelt. Für russische Verhältnisse zählten die Uljanovs zu den Wohlhabenden. Deren kleines Vermögen gestattete es Lenin, ein Leben als Revolutionär, im Wesentlichen ohne eine bezahlte Tätigkeit zu führen. Lenin wuchs mit 3 Schwestern und 2 Brüdern in einem behüteten Elternhaus auf. Er war hochintelligent und auf dem Gymnasium wie im Studium stets der Jahrgangsbeste. Er examinierte als Jurist, hat aber als solcher kaum praktiziert.

Als Kind erfuhr er von dem Tötungsversuch Zar Alexanders II. (1818–1881) durch ein Attentat im Jahre 1879. Sein älterer Bruder Alexander war in ein Komplott zur Ermordung Zar Alexanders III. (1845–1894) verwickelt, wurde gefasst und gehängt. Zu diesem Zeitpunkt war Lenin 16 Jahre alt und bis dato ein politisch unbeschriebenes Blatt. Das sollte sich von nun an ändern.

Lenin begann sich mit den politischen Auffassungen seiner Zeit im zaristischen Russland vertraut zu machen. Es waren politische Auffassungen, die vor allem von russischen Intellektuellen vertreten wurden und sich gegen den herrschenden Despotismus der Romanows richteten. Zu dieser Zeit war, den bestehenden ökonomischen Verhältnissen angemessen, im politischen Denken ein Agrarsozialismus mit anarchistischen Tendenzen weitverbreitet. Dieser trug, auch das erwuchs aus der zaristischen Despotie, stark terroristische Züge – die Waffe der Schwachen im Kampf gegen eine Übermacht.

An der Universität in Kasan kam Lenin erstmals mit revolutionären Gruppen in Berührung. Und hier begann er, die Schriften von Ricardo, Darwin, Buckle, Marx und Engels zu studieren. (Bereits 1872 war der 1. Band des Kapitals von Marx ins Russische übersetzt worden.) In der Kasaner Zeit begann seine allmähliche Hinwendung zum Marxismus. Gleichzeitig bewahrte er sich eine emotionale Begeisterung für die terroristischen Bauernrevolutionäre wie z. B. Stepan Chalturin (1856–1882).

Vergleicht man das zu dieser Zeit hoch entwickelte kapitalistische England, in dem Marx seine Studien betrieben hatte, mit dem agrarischen Russland, welches gerade erst die Leibeigenschaft abgeschüttelt hatte, so wird verständlich, dass die Schriften von Marx und Engels im Denken von Lenin, der noch nicht einmal die Industriezentren seiner Heimat kannte, zu erstaunlicher Weltanschauung geführt haben.

Bereits 1881 hatte die damals noch den Bauernrevolutionären zuzurechnende Wera Sassulitsch (1849–1919), die ökonomischen Verhältnisse des Landes realistisch beurteilend, in einem Brief bei Marx angefragt, ob denn in Russland der Sozialismus auf der Grundlage der Dorfgemeinde – ein Rudiment der Zeit des Gemeineigentums – errichtet werden könne. Marx antwortete darauf diplomatisch und höflich, „dass diese Dorfgemeinde der Stützpunkt der sozialen Wiedergeburt Russlands ist; damit sie aber in diesem Sinn wirken kann, müsste man zuerst die zerstörenden Einflüsse, die von allen Seiten auf sie einstürmen, beseitigen und ihr sodann die normalen Bedingungen einer natürlichen Entwicklung sichern." (MEW 35/167)[32]

Marx teilt also unmissverständlich mit, dass die sozialistische Entwicklung der Dorfgemeinde die sozialistische Ordnung zur Voraussetzung hat. Derartige Überlegungen der Revolutionäre in Russland, einschließlich der von Lenin, erwuchsen einfach aus der Tatsache, dass die Arbeiterklasse, der Marx die historische Mission der sozialistischen Gesellschaft zuschrieb, zahlenmäßig in Russland unbedeutend und auch ohne ein Bewusstsein für eine solche Mission war. All die im Zarenreich geisternden sozialistischen Ideen waren den Köpfen gesellschaftskritischer Intellektueller entsprungen, die mit der Despotie der Romanows unzufriedene Volksmassen aus allen Schichten um sich scharten. Die sozialistischen Ideen, einschließlich derer von Lenin, waren mehr oder weniger utopisch, da es für sie im rückständigen Russland keine ökonomische Basis gab. Erinnern wir uns an Marx: Es ist der Beruf des Kapitals, die gesellschaftlichen Produktivkräfte allseitig zu entwickeln. Diese Aufgabe war in Russland noch gar nicht richtig in Angriff genommen worden.

Der erste namhafte Marxist in Russland war der im Schweizer Exil lebende Plechanow (1856–1918). Er kannte Mittel- und Westeuropa und sah deshalb eine bürgerliche Revolution, die dem modernen Kapitalismus in Russland den Weg bereiten sollte, als historisch unverzichtbar und als naheliegende Aufgabe an. Er, ein abgefallener Bauernsozialist, gründete 1883 gemeinsam mit Vera Sassulitsch, Lew Deje und Pavel Axelrod die erste marxistische Gruppe für Russland, die sich „Befreiung der Arbeit" nannte. Zu dieser Zeit war die Arbeiterbewegung in Mittel- und Westeuropa, namentlich in Deutschland, bereits eine breite Massenbewegung unter der Führung sozialdemokratischer Parteien.

Ab 1893 ließ sich Lenin in Petersburg nieder und betätigte sich als marxistischer Schriftsteller. Es war die Zeit eines Generationswechsels bei den Marxisten. An die Stelle der ersten russischen Sozialisten wie Herzen, Cernyschewskj, Bakunin, Lavrow, Michajlovskij, die zu Lebzeiten von Marx gewirkt hatten und von ihm beeinflusst waren, trat eine neue Generation mit Struve, Tusan-Baranovskij, Bulgakov und Maslow, zu denen sich nun auch Lenin gesellte. Obwohl sie alle von den marxschen Theorien beeinflusst waren, zogen sie daraus sehr unterschiedliche Schlüsse für Russland. Zum Beispiel wurde Struve Wortführer einer nach unserer Auffassung liberal-demokratischen Partei (Kadetten).

Da Lenin keine Auslandserfahrungen hatte, wurde er in seinem revolutionären Ungestüm von jenen milde und rücksichtsvoll etwas belächelt. Und dennoch gab es einen gewaltigen Unterschied zwischen Lenin und seinen neuen Freunden: Er hatte schon damals ein klares Ziel vor Augen, den revolutionären Umsturz der gesellschaftlichen Verhältnisse in Russland, die Vernichtung der Romanow-Despotie und er wollte der Führer dieser Revolution sein.

Der ganze Lenin wird nur fasslich, wenn dieser sein Wille zur Macht, der sich also bereits vor der Jahrhundertwende ausprägte, verstanden wird. Der unbeugsame Wille zur Macht als Droge und

Lebenselixier ist etwas, was allen großen und kleinen Diktatoren der Geschichte eigen war. Aber das ist nur das allen Gemeinsame. Die ökonomischen, politischen, nationalen und sozialen Kräfte, auf die sie sich jeweils stützten, waren unterschiedlich.

Nachdem Lenin diese, wie er wahrscheinlich selbst meinte, seine „Berufung" frühzeitig erkannt hatte, arbeitete er beharrlich und zielstrebig auf die Machtergreifung hin. Zunächst benötigte er dafür eine Ideologie, die die Massen ergreift, mit der die bislang herrschende Ideologie der russisch-orthodoxen Kirche zu besiegen war. Diese sieht er in der Theorie von Marx. Nur handhabt er diese nicht wie jener als Erkenntnismethode, sondern, ganz der russischen Tradition folgend, orthodox, als Dogma, als absolute und unumstößliche Wahrheit. Er nutzt sie als Waffe, um damit jeden missliebigen Konkurrenten um die Macht aus dem Felde zu schlagen und ernennt sich so selbst zu einem neuen Messias. Dieses orthodoxe Glaubensbekenntnis ist kennzeichnend für die gesamte Zeit des Sowjetimperiums. Selbst Gorbatschow meinte noch, als die Erosion des Kommunismus bereits in vollem Gange war: „Wir müssen zurück zu Lenin!"

Geleitet von seinem Machtinstinkt verkennt Lenin die ökonomischen Verhältnisse Russlands. Alle von ihm dazu verfassten Schriften atmen einen gewissen Voluntarismus. Jeden, der diesen seinen „Theorien" nicht folgte, diffamierte er gnadenlos. Selbst Kautsky, der mit Marx und Engels direkt zusammengearbeitet hatte, beschimpfte er in mehreren seiner Schriften als Renegaten und widmete ihm nach der Oktoberrevolution eine ganze Schmähschrift.

Unbeirrbar steuerte er auf sein Ziel zu. Intelligent und produktiv, wie er war, produzierte er „theoretische" Schriften en masse. Marx arbeitete 35 Jahre an seiner ökonomischen Theorie zum Kapitalismus, ohne sie vollendet zu haben. Lenin brauchte für seine Schrift zur ökonomischen Theorie des Imperialismus ganze 3 Wochen. Zweifel, wie sie Marx immer wieder befielen und ihn zu neuen, tief gehenden Untersuchungen veranlassten, befielen Lenin nicht.

Lenin hat von 1893 bis 1924 wesentlich mehr geschrieben und der Nachwelt überliefert als Marx und Engels in ihrem ganzen Leben zusammengenommen. Jedoch klafft zwischen Masse und Inhalt ein bedeutender Unterschied. Während Marx und nach ihm Engels in ihren späteren Jahren ihren revolutionären Enthusiasmus stark gedämpft hatten, erhob Lenin 20 Jahre später den revolutionären Umsturz der Gesellschaft zur Doktrin und Theorie mit absolutem Wahrheitsanspruch.

Das Zweite, was Lenin zur Verwirklichung seines Machtstrebens benötigte, war eine handlungsfähige Partei, einen Kampfbund, der seine Ziele in die Tat umsetzen konnte. 1895 reiste Lenin erstmals ins Ausland mit Aufenthalten in Zürich, Berlin, Paris und Genf. Auf dieser Reise lernte er Plechanow und Axelrod kennen, besuchte Paul Lafargue (Schwiegersohn von Marx) und Wilhelm Liebknecht. Hauptziel der Reise war es, Einfluss auf die von Plechanow und Axelrod geführte winzige Partei: „Befreiung der Arbeit" zu gewinnen und eine Zeitschrift für sozialistische Theorie herauszugeben. Mittels einer solchen Zeitschrift erhoffte Lenin viele der mit der Romanow-Herrschaft unzufriedenen politischen Kräfte für seine revolutionären Ideen zu gewinnen.

Kurze Zeit nachdem Lenin wieder nach Petersburg zurückgekehrt war, wurde er verhaftet und bis 1900 nach Sibirien verbannt. Hier dürften viele Elemente seiner Strategie für den Weg zur Macht bereits in seinem Kopf gereift sein. Aus der Verbannung zurückgekehrt, begab er sich erneut ins Ausland. Sein Weg führte ihn nach Zürich, München und London (hier lernte er Trotzki kennen). 2 entscheidende Aufgaben galt es nun zu lösen: Die Gründung einer sozialdemokratischen Partei für Russland und die Herausgabe einer Zeitung.

Die erste Nummer der Iskra (Funke) wurde im Dezember 1900 von München aus organisiert und in Leipzig gedruckt. Mit der Zeitung verfolgte Lenin das Ziel, eine Art Führungsgremium für seine Partei zu versammeln, um welches sich dann die Partei scharren sollte.

Zu dieser Zeit begann er mit der Arbeit an seiner Broschüre zum Parteiaufbau. Sie erschien im März 1902 im Dietz-Verlag unter dem Titel: „Was tun?". Den Titel hatte er von einem Roman gleichen Namens von Tschernyschewski (1828–1889), einem seiner Lieblingsschriftsteller, entlehnt. Das war die erste Schrift, die unter dem Namen Lenin erschien. In der Broschüre skizziert er seine Vorstellungen von einer revolutionären Partei in Gestalt eines straff organisierten Kampfbundes von Berufsrevolutionären. Zum einen entsprach das seinen Machtambitionen und zum anderen war das die damals einzig mögliche Organisationsform einer Partei im zaristischen Polizeistaat, der jede oppositionelle Bewegung brutal verfolgte.

So notwendig und richtig eine solche Organisation der Partei damals auch gewesen sein mag, wurde diese Parteiauffassung auch nach der Oktoberrevolution beibehalten und „Was tun?" blieb unabdingbare Pflichtliteratur für jedes Parteimitglied. Die von Lenin entwickelte zentralistische Organisation und gnadenlose Disziplin in der Partei hatte er von den geheimbündlerischen Ideen der Bauernsozialisten übernommen und hatte mit den europäischen Arbeiterparteien wenig gemeinsam.

Nachdem es bereits im März 1898 in Minsk einen ersten Versuch einer Parteigründung gegeben hatte und am 1. Juni 1902 das Parteiprogramm in der Iskra veröffentlicht worden war, wurde am 17. Juli 1903 in London der zweite Parteitag abgehalten, der die eigentliche Gründung der Sozialdemokratischen Partei Russlands war.

Nach der Annahme des Programms entbrannte ein heftiger Streit um den Punkt 1 im Parteistatut. Die Unterschiede in der Formulierung der Mitgliedschaft in der Partei zwischen Lenin und Martow waren unerheblich. Von Hutten hätte sie als Pfaffengezänk abgetan. In Wirklichkeit ging es um den Einfluss auf die neue Partei, um die hier bestehende Rivalität zwischen den beiden Kontrahenten Lenin und Martow. Dieser Streit war der Ausgangspunkt für die spätere Spaltung der Partei in Bolschewiki und Menschewiki.

Schlagend zeigt sich an dieser Spaltung der individuelle Machtanspruch Lenins. Dafür nahm er die Spaltung der kaum gegründeten, in den Massen überhaupt noch nicht bekannten und gleich gar nicht verankerten, schwachen Partei in Kauf. Im Ergebnis dieser Auseinandersetzung schrieb Lenin 1904: „Ein Schritt vorwärts, zwei Schritte zurück." Es war seine Argumentation zur Rechtfertigung der von ihm inszenierten Spaltung der Partei mit ausgeklügelten „theoretischen" Haarspaltereien. Dieser Streit beschäftigte die russische Sozialdemokratie bis zur Oktoberrevolution 1917. Alle Versuche, Bolschewiki und Menschewiki wieder zusammenzuführen, scheiterten an Lenin. Und selbst in Zeiten, in denen alle seine Anhänger von ihm abzufallen schienen, vor allem als er im Exil (1908–1912) in Paris lebte, hielt er unerbittlich an der Spaltung fest. Dieser Starrsinn ist eben nur aus dem persönlichen Machtanspruch Lenins heraus zu begreifen.

In der entscheidenden Phase des Griffes nach der Macht sollte ihm diese seine Hartnäckigkeit zum Vorteil geraten, weil die Partei zunehmend in Lenin den prinzipienfesten geborenen Führer sah, der er zweifellos auch war. Es würde der Person Lenins nicht gerecht, ihn einseitig als den skrupellosen Machtfanatiker in die Geschichte zu stellen. Vielmehr hatte er ein ausgeprägtes Sendungsbewusstsein und er war von der Gerechtigkeit seiner Sendung gegenüber dem russischen Volk und sich selbst ehrlich

überzeugt. Als Lenin seinen dominierenden Einfluss auf die Iskra verlor, gründete er mit Bogdanow und Lunacarskji (1904)
ein Konkurrenzblatt, den Vpered (Vorwärts).

Revolution von 1905

1905 kam es zur ersten revolutionären Erhebung in Russland.
Unter Zar Nikolaus II. (1868–1918) hatte sich die Romanow-Despotie endgültig in einen Polizeistaat verwandelt. Damit sollten die
oppositionellen Kräfte, und die waren zahlreich, in allen Klassen
und Schichten der russischen Gesellschaft vorhanden, gebändigt
werden. Die Krise der russischen Gesellschaft wurde durch die
Niederlage im russisch-japanischen Krieg (1904/1905) verschärft.

Angeführt vom Popen Georgij Gapon, war eine friedliche Ab-
ordnung am 9. Januar 1905 vor das Winterpalais in Sankt Petersburg gezogen, um dem Zaren eine Petition zu übergeben.
Gapon ist eine tragische Figur der russischen Geschichte. Die
zaristische Geheimpolizei hatte in der russischen Arbeiterschaft
Gewerkschaften gegründet, um über deren revolutionäre Umtriebe die Kontrolle zu behalten. Gapon war einer ihrer Spitzel,
der – ehrlich und anständig – sich der Sache der Arbeiter angenommen hatte. Die Prozession wurde von der Palastwache nie-
dergeschossen und ging als Blutsonntag in die Geschichte ein.

Lenin erreichte diese Nachricht in Genf. Am 12. April 1905
hielt die russische Sozialdemokratie einen Parteitag in London
ab, auf dem Lenin die Losungen seiner Partei in der Revolution
verkündete: 1. bewaffneter Aufstand, 2. provisorische Revolu-
tionsregierung, 3. Massenterror, 4. Enteignung des Grundbesitzes des Landadels.

Die Unruhen im Lande zwangen Nikolaus II. im Oktober 1905
die allgemeinen Bürgerrechte einzuführen und eine Staatsduma
einzuberufen. Am 8. November 1905 traf Lenin mit den Exilanten

in Petersburg ein. Zuvor hatte Lenin seine Broschüre: „Zwei Taktiken der Sozialdemokratie in der demokratischen Revolution" geschrieben. Er erkannte scharf, dass die fortschrittlichen Kräfte Russlands nur noch den unterdrückten Klassen gesellschaftsgestaltende Kräfte zutrauten, sodass bereits die demokratische Revolution, die dem Kapitalismus den Weg bereiten sollte, unter politischer Führung der Arbeiter und Bauern erfolgen sollte, die diese bis zur späteren sozialistischen Revolution behalten sollten.

In Russland war die Bourgeoisie entwicklungsbedingt sehr schwach und ähnlich wie in Mitteleuropa mit dem Adel oligarchisch verbunden. Hier finden wir bei Lenin sehr früh die theoretischen Ansätze von der permanenten Revolution, eine Auffassung, die auch von Trotzki vertreten wurde und den Keim einer dauerhaften Diktatur in sich trug. Allerdings blieb diese Diktatur in der revolutionären Phase von 1905 bis 1907 aus. Der Zarismus konnte seine Macht nochmals restaurieren und der Ministerpräsident Pjotr Stolypin (1862–1911) erdrosselte die Erhebungen im Lande mit dem Strick.

Entwicklung der Partei

Die russische Sozialdemokratie entwickelte sich in die Breite und hielt im April 1906 in Stockholm und im April 1907 in London Parteitage ab. Lenin erwuchs in dieser Zeit mit Bogdanow (1873–1928) ein neuer Konkurrent mit Führungsambitionen. Vor allem war dieser gesellschaftswissenschaftlich besser gebildet und schöpfte sein Wissen nicht nur aus dem Fundus des Marxismus. Lenin fühlte sich herausgefordert und bemühte sich, den Rivalen mit marxistischer Orthodoxie aus dem Feld zu schlagen.

Er schrieb sein erstes philosophisches Werk: „Materialismus und Empiriokritizismus" – nur zu verstehen, wenn der Hintergrund, der Angriff auf Bogdanow, bekannt ist. Gorki war über das Buch empört und vermerkte: „Sein [Lenins] Disput über die ‚Wahrheit' wird nicht geführt, um der Wahrheit zum Sieg zu verhelfen, sondern um zu demonstrieren: ‚Ich bin ein Marxist! Der beste Marxist der Welt bin ich!'" (L/265)[31b]

Gorki erkennt die „Schwäche" Lenins aber nicht das treibende Motiv seines Handelns. Lenin mag den Missbrauch des Meinungspluralismus durch die Herrschenden in der westlichen Welt erfasst haben. Anstatt ihn für die proletarische Sache auf die Stufe progressiven Streits der Meinungen zu heben, orientierte er bereits frühzeitig auf die Meinungsdiktatur in Partei und Gesellschaft.

Während nach der Jahrhundertwende im theoretischen Denken der europäischen Sozialdemokratie und den ihr nahestehenden Linksintellektuellen viele neue Autoren neben Marx Einzug hielten, berührte dies Lenin kaum. Sein Weltbild hatte sich in den letzten 2 Jahrzehnten des 19. Jahrhunderts im despotischen Russland ausgeformt und daran hielt er unerschütterlich fest. Jeder, der von dieser seiner Weltsicht abwich, wurde von ihm bekämpft. Er duldete keine Andersdenkenden neben sich und in seiner Partei.

Hier zeigt sich bereits der Ansatz für die spätere Diktatur des Parteiführers, die nach ihm von Stalin bis zum Exzess perfektioniert wurde. Seine Biografen entfalteten viel Geheimniskrämerei um die geistigen Quellen seiner Denkweise. Lenin war nur orthodoxer Marxist, da der Marxismus in seinem Lebensabschnitt der politischen Prägung die dominierende geistige Strömung der internationalen Arbeiterbewegung war.

Er beugte den Marxismus bis zur Unkenntlichkeit, da er mit ihm die ökonomischen Verhältnisse des rückständigen Russlands verbinden wollte, aber nicht erklären konnte. Für ihn war die geistige Entwicklung in den Gesellschaftswissenschaften mit Marx abgeschlossen und Marx musste nun als Popanz für ihn herhalten, um seinen extremen Auffassungen von der Revolution eine höhere Weihe zu geben.

Ab 1908 bis zum Revolutionsjahr 1917 war Lenin wieder in der Emigration in Westeuropa. In dieser Zeit führte er seinen persönlichen Kampf um Macht und Einfluss in der Partei der Bolschewiki, in der er das Instrument sah, mit dem er seinen individuellen Machtanspruch verwirklichen wollte.

Der immerwährende Streit in der russischen Sozialdemokratie und der orthodoxe Bezug Lenins auf Marx haben in der internationalen Arbeiterbewegung viel Kritik ausgelöst. Alle Vermittlungsbemühungen und geübte Kritik, insbesondere auch von der deutschen Sozialdemokratie, scheiterten letztlich am Starrsinn Lenins.

Vorbereitung der Oktoberrevolution

Als der Erste Weltkrieg ausbrach und auch die Sozialdemokraten in den kriegführenden Ländern für die Bewilligung der Kriegskredite ihrer Regierungen gestimmt hatten, schien die Geschichte Lenin Recht zu geben, der die These vertrat, den Krieg der imperialen Mächte in einen Bürgerkrieg für den Sozialismus zu verwandeln und die nationalen imperialen Regierungen zum wahren Feind der Arbeiterschaft zu erklären. Diese Konsequenz Lenins, die ihn über viele Parteiführer der Linken seiner Zeit erhebt, die allerdings auch aus seinem eigenen Machtanspruch erwuchs, hat ihm viel Achtung und Bewunderung eingebracht und die Spaltung der sozialdemokratischen Bewegung in einen rechten und einen linken Flügel gefördert.

Russland, im Ersten Weltkrieg das zurückgebliebene, noch ganz und gar im Feudalismus verhaftete, militärdespotische Land, musste zwangsläufig die revolutionäre Bewegung infolge des ersten großen Völkerschlachtens einleiten. Im Februar 1917 wurde die Romanow-Dynastie gestürzt und der Übergang zu einer bürgerlich-demokratischen Staatverfassung eingeleitet.

Die Geschichte zeigt, dass derartige Umbrüche von Instabilität der Staatswesen im hin und her wogenden Kampf der abtretenden und der aufstrebenden Klassenkonstellationen gekennzeichnet sind. Auf der russischen Tagesordnung stand die Errichtung der bürgerlichen Gesellschaft, um endlich auch in diesem Lande der liberal-demokratischen Entwicklung der kapitalistischen Produktionsweise Raum zu schaffen.

Diese Revolution wäre ausreichend gewesen, um das zurückgebliebene Russland wieder allmählich in die europäische Völkerfamilie zurückzuführen. Allerdings war nach Jahrzehnten des Polizeiterrors die bürgerliche Opposition schwach und ihre politischen Führer zweitklassig. Lenin war erstklassig und der geborene revolutionäre Führer.

Lenin genügten die Ergebnisse der Februarrevolution keineswegs. Mit seinem ausgeprägten politischen Instinkt witterte er seine Chance. Ihn erreichte die Nachricht vom Ausbruch der Revolution in Zürich. In einem Sonderzug der deutschen kaiserlichen Regierung kehrte er mit seinen Revolutionären, über Schweden und Finnland einreisend, nach Russland zurück und traf am 3. April 1917 in Petrograd ein.

Lenin wurde ein stürmischer Empfang bereitet. Seine über 20 Jahre ausgebrachte Saat war aufgegangen. In Lenin wurde der Führer der Revolution begrüßt. Sozusagen auf den Tag hatte er sein Buch: „Staat und Revolution" geschrieben, also den Leitfaden für das, was nun folgen sollte. Hier begründet Lenin, indem er Marx beugt, dass Sozialismus nur durch Revolution, nur durch Umsturz der bestehenden Ordnung, durch Zerschlagung des alten Staatsapparates möglich wird – eine unhaltbare Theorie.

Vom Tag seiner Ankunft an machte er klar, dass es die Februarrevolution noch nicht war, dass die wirkliche Revolution noch bevorstehe. Nachdem die Monarchie bereits gestürzt war, richtete er das ganze revolutionäre Feuer auf die provisorische

Regierung. Auf der Fahrt nach Russland hatte er seine Aprilthesen formuliert. Es waren klare Ziele, die der provisorischen Regierung fehlten, die, konsequent zu Ende gedacht, auf eine Diktatur der Bolschewiki hinauslaufen mussten, wenn zu dieser Zeit jemand in der Lage gewesen wäre, Lenins Gedanken konsequent zu Ende zu denken.

Dabei passte er sich geschickt der jeweiligen Stimmungslage der Massen an, selbst wenn er dabei eigene theoretische Grundsätze vorübergehend aufgeben musste. So verkündete er z. B. die Vergesellschaftung des Bodens und die Übernahme der Fabriken durch die Arbeiter. Selbst wenn seine Ziele, viele, selbst altgediente Bolschewiki, vor den Kopf stießen, war er dennoch der Einzige, der im wogenden revolutionären Tumult klar formulierte Ziele zum Ausdruck brachte, auf die er seine eigene Partei zunehmend einschwor.

In wenigen Tagen war es ihm gelungen, die Partei der Bolschewiki hinter sich zu vereinen und ihren Einfluss auf die Massen auszudehnen. Die provisorische Regierung unter Kerenski, der Fürst Lwow als Ministerpräsident gefolgt war, hatte es ihm aufgrund ihrer eigenen Unfähigkeit allerdings leicht gemacht. Diese Regierung manövrierte in einer Art Pattsituation, da neben ihr, sozusagen als Gegengewicht, die Sowjets der Arbeiter und Soldaten existierten, die ihrerseits eine Verwaltungsstruktur für das Land aufbauten. In den Sowjets sah Lenin die Grundstruktur seines künftigen Herrschaftsregimes und fokussierte deshalb die Partei auf die Losung: „Alle Macht den Sowjets!".

In den folgenden Monaten kam es zu einer erneuten Polarisierung der politischen Kräfte. Auf der einen Seite stand die schwache provisorische Regierung der Kadetten mit Beteiligung der Sozialrevolutionäre und Menschewiki, die die Macht noch innehatte, und auf der anderen Seite die Bolschewiki, gestützt auf die Sowjets, die die Macht noch nicht errungen hatten. Im Juli war die Situation aufs Äußerste gespannt und Lenin verließ aus

Sicherheitsgründen nochmals Petrograd. Er blieb aber in Reichweite, zunächst auf dem Lande und danach im nahen Finnland.

Die Revolution

Während seiner Abwesenheit bereitete das revolutionäre Militärkomitee der Bolschewiki den bewaffneten Aufstand zum Sturz der provisorischen Regierung vor. Von Ungeduld verzehrt, den richtigen Augenblick versäumen zu können, kehrte Lenin im Oktober nach Petrograd zurück. In der Nacht vom 24. auf den 25. Oktober war es dann so weit. Unter der Führung von Trotzki wurde die provisorische Regierung entmachtet und die Bolschewiki traten ihre Herrschaft an, die sie 70 Jahre nicht wieder abgeben sollten. Die Machtergreifung vollzog sich problemlos und es floss nur wenig Blut. Am 25. Oktober 1917 konnte dem gerade zusammengetretenen allrussischen Sowjetkongress das Ergebnis des Machtwechsels mitgeteilt werden.

Geschichtsschreiber stellen die Oktoberrevolution von 1917 gern als Machtergreifung durch den Diktator Lenin dar. So einfach ist es nicht. Zu keiner Zeit und in keinem Land hat es eine diktatorische Machtergreifung gegeben, bei der sich der Diktator nicht auf bestimmte gesellschaftliche Kräfte und entsprechende Mehrheiten stützen konnte. Das gilt selbst für Diktatoren bestialischer Grausamkeit wie Adolf Hitler. Auch er hätte ohne das Geld des deutschen Großkapitals und die breite Anhängerschaft im Kleinbürgertum und der Beamtenschaft, verbreitet durch 6 Millionen Arbeitslose und sozial schwache Schichten, die Macht nicht ergreifen können.

Marx äußerte einmal die Auffassung: Jedes Volk hat die Regierung, die es verdient. Daran ist viel Wahres. Radikale Umbrüche, vergleichbar dem in Russland, werden möglich, wenn die Herrschenden unwillig und unfähig sind, über einen historisch längeren Zeitraum aufgestaute Reformen durchzuführen. Die Oktoberrevolution war die Konsequenz auf die Knechtung des russischen Volkes durch die Dynastie der Romanows. Lenin war kein verbrecherischer Unhold, kein blutrünstiges Ungeheuer, sondern ein von seiner Sendung überzeugter Machtmensch, der glaubte, die Welt verbessern zu können, und dafür breite Massen gewinnen konnte. Er war weder ein von Deutschland bezahlter jüdischer Agent noch ein Kostgänger des Kapitals. Vielmehr war er fest davon überzeugt, das Los der unterdrückten, ausgebeuteten und verelendeten Russen verbessern zu können.

Als Lenin seine Dekrete über den Frieden, die Verstaatlichung von Grund und Boden sowie die Enteignung der Banken und des Großkapitals verkündete, waren die besitzenden Klassen der westlichen Welt aufgeschreckt. Die kapitalistische Ordnung, insbesondere in der mitteleuropäischen Machtoligarchie, war im Mark getroffen. Sie scheute weder Kräfte noch Mittel, um die bolschewistische Herrschaft zu stürzen.

1918 beginnend, intervenierte sie im Bunde mit den gestürzten russischen Klassen – Adel und Bourgeoisie – militärisch gegen das Sowjetregime. Zeitweilig besetzten sie vier Fünftel des russischen Imperiums. Und dennoch führte die Intervention nicht zum Erfolg. Die Interventen wurden aus dem Land gejagt, die russische Konterrevolution geschlagen und die junge Sowjetmacht konnte sich behaupten.

Wäre Lenin der menschenfressende Diktator gewesen, als der er oft gesehen werden möchte, hätte seine Revolution diesen Ansturm der nationalen und internationalen Reaktion wohl kaum überlebt. Dieser Sachverhalt darf bei geschichtlicher Objektivität nicht übersehen werden, denn die Interventen waren nicht gekommen, weil ihnen die Menschenrechte der Russen am Herzen lagen. Diese waren bereits über Jahrhunderte mit Füßen getreten worden, ohne dass sich die übrige Welt darüber echauffiert hätte.

Mit dem heute gegebenen historischen Abstand ist es möglich, die Gründe für die Oktoberrevolution von 1917 in Russland

objektiver zu erkennen. Sie liegen vor allem im West-Ost-Gefälle der Entwicklung der kapitalistischen Produktionsweise begründet. In England und den USA hatte sich die industrielle Revolution, bereits im 18. Jahrhundert beginnend, vollzogen, die
Wirtschaft grundlegend umgestaltet und dem Bürgertum die
politische Macht gesichert. Die höhere Reife der kapitalistischen
Ordnung, die den vollständigen Sieg über das Ancien Régime
davongetragen hatte, kannte nur noch einen gesellschaftlichen
Widerspruch, den zwischen Kapital und Arbeit, und beide dahinterstehenden Klassen, Bourgeoisie und Arbeiterschaft, verstanden es, sich miteinander zu arrangieren.

Im Mittelpunkt der Arbeiterbewegung standen hier ökonomische Ziele zur Verbesserung der sozialen Lebensbedingungen und
nicht die Forderungen nach revolutionärer Umgestaltung der
gesellschaftlichen Ordnung. Ähnlich, wenn auch abgeschwäch-
ter, zeichnete sich eine solche Entwicklung auch in Frankreich,
den Beneluxstaaten und in Skandinavien ab. Auch hier handelte
es sich um Länder, in denen die kapitalistische Produktionsweise dominierte und die Herrschaft des Kapitals ausgeprägt war.

In Mitteleuropa, ja in allen Ländern, die aus der einstigen Herr-
schaftssphäre der Habsburger hervorgegangen waren, hatte das
Kapital zwar auch die Wirtschaft zunehmend unter seine Kontrolle gebracht, teilte die politische Macht allerdings mit der alten,
die Macht ausübenden Klasse, mit dem Adel, wobei es Letzterer
war, der die politische Kultur prägte. Der Grundbesitz hatte in
Mitteleuropa einen anderen Stellenwert als im Westen. In den
USA war er von untergeordneter Bedeutung, da noch genügend
jungfräulicher Boden vorhanden war. In England hatte sich der
grundherrliche Adel, also die einstige Herrschaft, der kapitalistischen Produktionsweise untergeordnet. Ähnlich auch in den
anderen westlichen kapitalistischen Demokratien. Diese im Vergleich zum Westen anders geartete Situation in Mitteleuropa, wo
der Grundbesitz seine politische Macht behaupten konnte, die
zu dem West-Ost-Gefälle in der wirtschaftlichen Entwicklung

geführt hatte, ließ die Arbeiterschaft an den Fähigkeiten des Kapitals, die Gesellschaft zu führen, zweifeln, sodass sie neben den ökonomischen Zielen auch politische, gesellschaftsverändernde Ziele, auf die sozialistische Ordnung orientierende, verfolgte.

Erst um die Jahrhundertwende zum 20. Jahrhundert, als sich auch hier die kapitalistische Produktionsweise zunehmend gefestigt hatte und soziale Verbesserungen in der Arbeitswelt erkennbar wurden, die schleichende Verbürgerlichung der Arbeiterschaft, die Westeuropa kennzeichnete, auch hier voranschritt, schwächte sich der den gesellschaftlichen Umbruch fordernde revolutionäre Enthusiasmus in der Arbeiterbewegung ab, begannen hier Reformismus und Revisionismus Dominanz zu gewinnen. Wir kennen inzwischen die tieferen Hintergründe. Beide Tendenzen, die revolutionäre wie die reformistische, bestanden in der mitteleuropäischen Arbeiterbewegung bis hin zur Machtergreifung Hitlers fort, wodurch deren Kräfte auch gespalten und geschwächt wurden. Die deutsche Sozialdemokratie schwor ihre gesellschaftsumgestaltende Tradition erst 1959 in Bad Godesberg endgültig ab.

In Russland, im östlichsten Winkel Europas, war der Aufschwung der kapitalistischen Produktionsweise durch das Feudalregime der Romanows bis in den Beginn des 20. Jahrhunderts hinein weitgehend verhindert worden. Eine Westeuropa vergleichbare, die Wirtschaft beherrschende, nach der politischen Macht greifende Bourgeoisie gab es nicht. Dadurch war der ökonomische Rückstand gegenüber Westeuropa so gewaltig, dass die unterprivilegierten Klassen, die große Bauern- und kleine Arbeiterschaft, in absoluter Not und Elend lebten. Die Zaren-Despotie hatte sich als unfähig erwiesen, die Gesellschaft zu reformieren. Sie lastete wie eine Hydra auf der Gesellschaft, schwächte die Entwicklung des Bürgertums, saugte die Bauern aus und verelendete das Proletariat.

Für die in der Illegalität wirkenden oppositionellen politischen Kräfte, die sich mehr oder weniger radikalisierten, gab es deshalb nur eine einzige Alternative: die revolutionäre Umgestaltung der bestehenden Ordnung. Die sich um die Jahrhundertwende in Mitteleuropa abzeichnende zunehmende Hinwendung zum Reformismus gab es auch in Russland, verkörpert durch die bürgerlichen Parteien, die Sozialrevolutionäre, die Kadetten und die Menschewiki. Jedoch war diese reformistische Tendenz im Vergleich zur revolutionären, die von den Bolschewiki unter Lenin verkörpert wurde, politisch schwach, gewann, wie in Mitteleuropa, keinen dominierenden Einfluss.

Es war also nicht ein starker russischer Kapitalismus, der durch eine sozialistische Revolution überwunden werden sollte, sondern die absolute Schwäche der kapitalistischen Produktionsweise, die die Oktoberrevolution von 1917 möglich machte. Es war Lenin, und darin überragte er alle seine Zeitgenossen, der diese historisch entstandene Situation erkannte und der die Gunst der Stunde für die Verwirklichung seines persönlichen Machtanspruchs konsequent nutzte. Obwohl er wissen konnte, dass Russland gegenüber Westeuropa in der wirtschaftlichen Entwicklung wenigstens 100 Jahre zurücklag, ahnte er nicht, vor welchen Herausforderungen er nach der Machtergreifung stehen sollte.

5.4 Der Fehlstart des Sozialismus

Ergebnisse der Oktoberrevolution

Wir hatten uns in längeren Abschnitten über den Inhalt von Marx' Werken verständigt, aber nichts Derartiges über Lenins Werke verlauten lassen. Das hat Gründe. Bei Marx geht es um echten Erkenntnisgewinn zur Gesellschaft mit bleibendem Gehalt, während Lenins Werke im Wesentlichen von parteitaktischen Überlegungen auf dem Weg zur Macht und der Ausübung von Macht handeln. Lenin hatte sich und seinen Bolschewiki viel zu sagen; hingegen hatte er uns, auf die das historische Erbe der

Sowjetunion übergegangen ist, relativ wenig zu sagen, weil die Zeit darüber hinweggegangen ist.

Die Lektüre von Lenin ist wesentlich weniger anspruchsvoll als die von Marx. Marx ist philosophische und politökonomische Weltliteratur und wird es bleiben, schließlich lesen wir auch heute noch Sokrates, Platon und Aristoteles. Diesen Anspruch erfüllt Lenins Werk nicht. Er war ein Kenner des Erbes von Marx und Engels. Verhängnisvoll für ihn und damit für die entstehende Sowjetunion war, dass sich beide, Marx gar nicht und Engels nur recht allgemein, auf Aussagen zu einer kommunistischen Gesellschaft eingelassen hatten.

Mit dem Sieg der Oktoberrevolution begann für Lenin der politische Alltag. Immerhin wollte er unter der „Diktatur des Proletariats" die sozialistische Ordnung errichten. Die „Diktatur des Proletariats" war eine Schimäre. Marx hatte in seinen Schriften zur Pariser Kommune einmal den Begriff „Diktatur des Proletariats" benutzt, um zu kennzeichnen, in welcher Form die Macht zu erlangen war, als Herrschaft der übergroßen Mehrheit über eine zahlenmäßig unbedeutende Minderheit in Paris. Lenin machte daraus die Herrschaftsform der Sowjetunion für alle Zeiten.

Das Proletariat war in Russland eine zahlenmäßig unbedeutende Minderheit, die sich in den großen Städten und den wenigen Industriezentren konzentrierte. Deren Vätergeneration war gerade erst der Leibeigenschaft entronnen. Von einer erfahrenen, in 100 Jahren Arbeiterbewegung selbstbewusst gewordenen Arbeiterschaft, vergleichbar Westeuropa, konnte also keine Rede sein.

Die große Masse des Volkes waren Bauern, überwiegend noch Analphabeten. Die entscheidende Kraft, auf die sich Lenin stützen konnte, war die Partei der Bolschewiki, die er als konspirativen, streng zentralistisch organisierten Kampfbund geschaffen hatte.

Aus der „Diktatur des Proletariats" wurde im Handumdrehen eine „Diktatur der Parteiführer" mit Lenin im Zentrum. Der

Parteiführung gehörten, bis auf wenige Ausnahmen, wie z. B. Stalin, Intellektuelle an. So entstand nach der Revolution folgerichtig etwas Eigentümliches, eine neue Despotie, nicht unähnlich der der Romanows, die gerade erst gestürzt worden war.

Die Partei der Bolschewiki schuf eine neue zentralistische Bürokratie. Der Staatsapparat war ein bloßes Anhängsel der Parteidiktatur, sozusagen ein neuer Beamtenapparat als Vollzugsorgan der neuen Dynastie. Die Partei der Bolschewiki war der neue, nun proletarische Adel, der, vergleichbar dem alten russischen Adel, an der Ausübung der Macht nicht beteiligt war, aber Privilegien genoss.

Die neue, nach dem Vorbild der alten geformte, politische, terroristisch agierende Geheimpolizei zur Sicherung der Macht der Bolschewiki wurde von Dzierzynski (1877–1926) sehr schnell aufgebaut.

Die neue Ordnung unterschied sich nicht wesentlich von der alten Ordnung der Zaren. An die Stelle des weisen war ein roter Zar getreten Die Sowjetunion war also nichts wesentlich Neues, sondern entsprach der über Jahrhunderte geübten russischen Praxis. Die einst gepriesenen demokratischen Strukturen entstanden nicht. Es gab keine Gewaltenteilung und bald nur noch eine Partei.

Von den Bürgerrechten, vergleichbar der großen französischen Revolution von 1789, konnte keine Rede sein. Der Parteiführer herrschte eher nach Grundsätzen vergleichbar denen Ludwigs XIV. von Frankreich – das Gesetz war der bolschewistische Führer. Das letzte Herrschaftsprodukt des russischen Feudalismus war zugleich das erste Produkt der neuen kommunistischen Herrschaft.

Dennoch waren die Volksmassen nicht gegen die neue Herrschaft eingestellt, da sie erstens auf keinerlei demokratische Traditionen zurückblicken konnten und sie zweitens auf die neue Ordnung all ihre Hoffnungen gesetzt hatten. Die Grundprinzipien der in den ersten Revolutionswochen geschaffenen Partei- und Staatsführung wurden bis zum bitteren Ende des Sowjetkommunismus beibehalten und mit religiös anmutenden orthodoxen Riten gepflegt, obwohl es dafür längst keine Notwendigkeit mehr gab.

Also auch der ideologische gesellschaftliche Überbau war dem zaristisch-feudalen nicht unähnlich. Hier liegt auch der unversöhnliche Kampf der Sowjetdiktatur gegen die russisch-orthodoxe Kirche und alle Religionen begründet. Ideologiebildende Kirche und terroristischer Staat waren die beiden Instrumente der zaristischen Despotie, mit der das Volk über die Jahrhunderte beherrscht wurde. Die neue Herrschaft, die einen Staat nach altem Muster errichtete, musste die alte Religion durch eine neue ersetzen. Die russisch-orthodoxe Religion wurde durch die marxistisch-leninistische Orthodoxie nach russischem Verständnis verdrängt.

Die Errichtung der bolschewistischen Herrschaft war die erste und relativ einfach zu bewältigende Aufgabe, vor der Lenin stand. Die wesentlich anspruchsvollere Aufgabe war die Errichtung der sozialistischen Gesellschaft. Allerdings sollte der Aufbau des Sowjetkommunismus so bald nicht beginnen. Ihm voraus ging die Befehlswirtschaft, die Lenin Kriegskommunismus nannte, bis über das Jahr 1920 hinaus, also die Zeit, in der sich die neue Macht ihrer inneren und äußeren Feinde erwehren musste.

Zunächst hatten die Mittelmächte, das Deutsche Kaiserreich und die Habsburger Monarchie der Sowjetmacht im März 1918 in Brest-Litowsk einen Frieden mit schändlichen Bedingungen diktiert, der Russland seine Kornkammer, die Ukraine, raubte. Die Russen mussten diese Bedingungen annehmen, da ihre Armeen zu keinen größeren Aktionen mehr fähig waren. Die Wirren des Revolutionsjahres 1917 hatten die Disziplin in den Regimentern untergraben. Sie befanden sich faktisch in Auflösung, weil die Soldaten in ihre Heimatdörfer strebten, um den zu verteilenden Boden in Besitz zu nehmen.

Bürger- und Interventionskrieg

Im Mai 1918 begann Trotzki mit der Aufstellung der Roten Armee. Vorerst wurde ihre Aufgabe darin gesehen, auf dem Lande Getreide zu requirieren und zu konfiszieren, um so die Nahrungsmittelversorgung in den Städten zu gewährleisten. Sie sollte jedoch bald gemäß ihrem Beruf tätig werden.

Im Süden Russlands, in der Wolgaregion, hatten die Sozialrevolutionäre nach der Auflösung der Konstituierenden Versammlung durch die Bolschewiki eine Staatsverwaltung gegründet, die sich als die rechtmäßige russische Regierung ausgab. Unterstützt durch die einstigen zaristischen Generäle, Alexeev und Kornilov, kam es zu Erhebungen gegen die Sowjetmacht.

Das war nur der Anfang und relativ schnell unter Kontrolle gebracht. Ende 1918/Anfang 1919 begannen erneut ausgedehnte Kämpfe: in Südrussland gegen Alexeev und Kornilov, in Mittelsibirien gegen Kolczak und im Baltikum gegen Judenic. Mit den zaristischen Generälen Denikin und Wrangel erwuchsen weitere ernsthafte Gegner. Schließlich erschien, nachdem all diese intervenierenden Verbände geschlagen waren, ein polnisches Heer unter Pilsudski und nahm im Mai 1920 Kiev ein.

Die Rote Armee verfolgte die Polen bis Warschau und Lenin spielte mit dem Gedanken, die Revolution mit aufgepflanzten Bajonetten nach Westen zu tragen. Der Versuch fand an der Weichsel ein schmähliches Ende. Mit dieser Niederlage endeten allerdings auch die Bürger- und Interventionskriege, die auch für den Westen unführbar geworden waren, da eigene innere revolutionäre Unruhen ihre Kräfte banden.

Nach den Interventionskriegen war die russische Wirtschaft gänzlich am Boden. Während der Kämpfe herrschte reine Befehlswirtschaft. Die noch intakten Reste der ohnehin bescheidenen Industrie hatten Kriegsgerät produziert. Das Getreide war mit der Ablieferungspflicht den Bauern entrissen worden. Verschärft durch die Missernte im Jahre 1920 litten weite Teile des Landes unter einer Hungersnot.

Lenin, der Erfinder der Oktoberrevolution, hatte jenen Umsturz inszeniert, um eine Gesellschaft historisch neuen Typs, den Kommunismus, zu errichten. Jetzt, nachdem der Krieg gebannt schien, galt es mit Dringlichkeit diese Aufgabe in Angriff zu nehmen, wenn die Sowjetherrschaft nicht hinweggefegt werden sollte. Mit dem heute gegebenen historischen Abstand wollen wir bei dieser gigantischen Aufgabenstellung etwas verweilen, weil sie ein Licht auf die Ursachen für den späteren Untergang des Sowjetimperiums wirft.

Vergegenwärtigen wir uns den Zeitpunkt, zu dem Lenin mit der Oktoberrevolution subjektiv in den Verlauf der Geschichte eingriff: Unsere Betrachtungen zu Entstehen, Werden und Reifen des Kapitalismus hatten gezeigt, wie über die Jahrhunderte im Schoße der alten feudalen Ordnung Westeuropas, im 14. Jahrhundert beginnend, kapitalistische Produktionsverhältnisse sich ausprägten, diese später mit den Siedlern nach Nordamerika exportiert wurden und wie lange der Kampf mit der alten Ordnung währte, bis sich die neue Produktionsweise, zunächst in England, dann auf dem europäischen Kontinent von West nach Ost fortschreitend, endgültig durchsetzte. Untrennbar verbunden mit der kapitalistischen Produktionsweise war ein bedeutender technischer und in dessen Folge ein ökonomischer und gesellschaftlicher Aufschwung.

Bei aller Entwicklung der menschlichen Gesellschaft war es um das Mehrprodukt und dessen Aneignung durch eine Minderheit gegangen. Mit der kapitalistischen Gesellschaft erlebte das Mehrprodukt eine Metamorphose und erschien nunmehr in der Form des Mehrwertes. Das war ein qualitativer Sprung. Das Mehrprodukt wurde nicht mehr in seiner Naturalform – Produkte und Dienste –, sondern in seiner Wertform abgeschöpft. Das hatte gravierende Folgen.

Bei feudaler Aneignung des Mehrproduktes vollzog sich der ökonomische und mit ihm der gesellschaftliche Fortschritt sehr langsam und wurde nur über Generationen erkennbar. Mit der beginnenden Herrschaft des Kapitals einher ging ein gnadenloser Wettbewerb, um den Aufwand an Arbeit im Produkt zu senken, damit über den Marktpreis ein höherer Gewinn erzielt werden konnte. Ein nicht enden wollender technischer Fortschritt modernisierte beständig alle Produktionsbedingungen und nur der, der stets auf der Höhe der Zeit war und seinen Aufwand wenigstens auf dem Niveau des gesellschaftlich Durchschnittlichen hielt, hatte die Chance, sein vorgeschossenes Kapital zu verwerten und Mehrwert zu erzielen.

Dieser Wettbewerb hatte in historisch kurzer Zeit dazu geführt, dass immer mehr Produkte und Dienste mit immer weniger Aufwand an Arbeitszeit hervorgebracht wurden. Und wie wir später noch eingehender zu betrachten haben, hat diese Entwicklung den bedeutendsten Zuwachs an Lebensqualität für breite Schichten in den entwickelten kapitalistischen Ländern gebracht. Da die Zarenherrschaft die Ausbreitung der kapitalistischen Produktionsweise in Russland behinderte, war es in der ökonomischen Entwicklung im Vergleich zu Europa weit zurückgefallen.

Während die Nationen Mittel- und Westeuropas die agrarische Verfassung längst abgestreift und industrielle Hochburgen geworden waren, erbte Lenin 1917 einen Agrarstaat vorkapitalistischer Prägung. Die russische Landwirtschaft, die ausschlaggebende ökonomische Basis der Gesellschaft, unterschied sich aber grundlegend von der seiner westlichen Nachbarn.

Der industrielle Fortschritt hatte bei jenen auch die agrarische Produktion revolutioniert, moderne Verfahren zur Anwendung gebracht, die die Erträge wachsen ließen und den Aufwand an Arbeit im Produkt beachtlich reduzierten. Zum einen förderte der Einfluss der kapitalistischen Produktionsweise auf die Landwirtschaft deren Fähigkeit, eine immer größer werdende städtische Bevölkerung ausreichend mit Nahrungsmitteln zu versorgen. Zum anderen diente in dieser Zeit der Arbeitslohn vorrangig der Ernährung. Je wohlfeiler die Nahrungsmittel zu erlangen waren, umso mehr konnte das Kapital am Arbeitslohn sparen und damit über den Mehrwert die Akkumulation steigern.

In Russland, in dem der Holzpflug das modernste Produktionsmittel der Landwirtschaft war, diente die Hauptmasse der Agrarprodukte der Subsistenz der Bauernfamilien. Das darüber hinaus Produzierte konnte eine rasch wachsende städtische Bevölkerung nicht ausreichend ernähren. Da den Bauern das Getreide mit Gewalt entrissen wurde, war die Folge eine hungernde städtische wie ländliche Bevölkerung.

Da die Nahrungsmittel mit einem hohen Aufwand an Arbeit produziert wurden, fiel der realisierte Mehrwert in der Wirtschaft, wenn überhaupt einer entstand, äußerst bescheiden aus. Der in der industriellen Produktion, die in ihrer technischen Ausstattung weit hinter dem Westen zurückgeblieben war, geschaffene Neuwert wurde, wenn die Arbeiter ein halbwegs auskömmliches Leben führen sollten, durch die Löhne aufgezehrt. Aber auch die Bauern waren aus genannten Gründen nicht in der Lage, entsprechende Summen zu akkumulieren, um damit ihre Wirtschaften zu modernisieren, ganz davon abgesehen, dass der Markt ihnen keine modernen Produktionsmittel liefern konnte.

Lenin dürfte diese ökonomischen Zusammenhänge in ihrer Tragweite vor der Revolution nicht bedacht haben, sonst hätte er sie wahrscheinlich nicht gewagt. Er hatte Marx zwar gelesen, aber das Wesen der kapitalistischen wirtschaftlichen Praxis, da diese in Russland auch kaum existierte, nicht ausreichend begriffen. Er lebte in der Illusion, der Wohlstand werde sich nach wenigen Jahren ganz von selbst einstellen, wenn Grundbesitz und Kapital verstaatlicht sind.

Da der Mehrwert, der bislang in die Taschen der Kapitaleigner floss, jetzt dem Staat zur Verfügung stand, glaubte er, den Wohlstand entwickeln zu können. Er hatte übersehen, dass die Kapitaleigner den Mehrwert in der Masse nicht konsumierten, sondern reinvestierten und in der maroden russischen Wirtschaft kaum Mehrwert geschöpft wurde. Allerdings beseelte ihn auch der Glaube von einer Weltrevolution, die der russischen mit historischer Notwendigkeit folgen werde, von der Russland dann partizipieren wollte. Auch hier zeigt sich, dass ihm die ganze komplizierte Dialektik, die der marxschen Geschichtsauffassung zugrunde liegt, nicht erschlossen hatte oder von seinem Voluntarismus überlagert worden war.

Am Ende des Bürgerkrieges in Sowjetrussland war auch die revolutionäre Welle in Europa abgeebbt. Der selbstgefällige „Marx des 20. Jahrhunderts", wie man Lenin nannte, musste, wenn die Bolschewiki ihre Macht behaupten wollten, handeln.

Am 8. Februar 1921 entwickelte Lenin im Politbüro der Bolschewiki erste Thesen zu seiner Neuen Ökonomischen Politik (NEP), die er in den folgenden Monaten tiefergehend ausarbeitete. Dem „einzigen wahren" Marxist, der sich mit allen namhaften Marxisten Europas angelegt hatte, waren die ökonomischen Erkenntnisse des „Meisters" nicht aufgegangen. Marx hatte über die Ökonomie einer nachkapitalistischen Gesellschaft nichts geschrieben und eine aus dem Feudalismus herauswachsende kommunistische Gesellschaft wäre ihm ohnehin suspekt gewesen. Was Lenin dazu leistete, war bescheiden. Sein Voluntarismus hatte ihn einen Weg gehen lassen, der einem großen europäischen Volk viel Leid, Entbehrungen und Entsagungen bringen sollte, ohne dass die lichten Höhen des Kommunismus jemals geschaut wurden.

Im Westen Europas hatte sich der Kapitalismus über Jahrhunderte entwickelt. Russland war von dieser Entwicklung kaum berührt worden. Der gerade zu Ende gegangene Erste Weltkrieg hatte die ökonomische Rückständigkeit Russlands der Welt vor Augen geführt. Die in geringem Umfang vorhandene Industrie diente fast ausschließlich der Rüstung – ein Phänomen, das auch die gesamte Lebenszeit der Sowjetunion prägte und auch heute noch russisches Regierungshandeln bestimmt.

Als sich der Kapitalismus im Westen Europas entwickelte, war dieser Prozess für die Arbeiterschaft entbehrungsreich. Sie vermehrte nicht ihren Wohlstand, sondern das Kapital. Der von den Kapitaleignern vereinnahmte Mehrwert diente aber nicht vorrangig der Finanzierung ihres ausschweifenden Lebens, wie zuvor beim Feudaladel und Klerus. Er floss vor allem in Form von Investitionen in die privatkapitalistische Wirtschaft und schuf den Reichtum dieser Nationen.

Dieser, von Marx als kapitalistische Akkumulation bezeichnete Prozess hatte in Russland zum Zeitpunkt der Oktoberrevolution noch nicht recht begonnen. Mit der kapitalistischen Akkumulation entwickelte sich in den kapitalistischen Hochburgen sukzessive die Arbeiterschaft zu einer bedeutenden gesellschaftlichen Klasse. Das war ein quantitatives wie auch qualitatives Wachstum. Mit der Industrie untrennbar verbunden ist die Ausprägung von Disziplin, Pünktlichkeit, Ausdauer, Stetigkeit, Geschick, Fähigkeiten und Fertigkeiten, also Eigenschaften, die der Kapitalismus treibhausmäßig förderte. In Russland gab es weder eine solch bedeutende Arbeiterschaft, noch waren bei den Arbeitenden genannte Eigenschaften ausgeprägt.

Nach dem Bürgerkrieg war die russische Wirtschaft, einschließlich Landwirtschaft, beachtlich hinter den Vorkriegsstand zurückgefallen.

Die ökonomische Basis war keine kapitalistische wie in Westeuropa, sondern eine feudale bzw. vorfeudale. Daran konnten auch die vollzogenen Enteignungen nichts ändern. In Russland prägte nicht, wie in Europa, der technische Fortschritt der Stadt die Entwicklung des Landes, sondern die technische Rückständigkeit des Landes lähmte den städtischen Aufschwung.

Von den harten Tatsachen der Realität überwältigt, steuerte Lenin eine Politik, die nunmehr das nachholen sollte, was der Kapitalismus bislang in Europa historisch geleistet hatte. Seine NEP ersetzte die bisher in der Landwirtschaft praktizierte Ablieferungspflicht durch eine Naturalsteuer, wie einst im Feudalismus praktiziert. Alle darüber hinaus erzeugten Überschüsse durften auf dem freien Markt verkauft werden. So wurde privater Handel wieder möglich. Nur der Außenhandel blieb das Monopol des Sowjetstaates.

Für den Aufbau der zerstörten Industrie ließ er Konzessionen zu, mit denen Kapital aus dem Ausland nach Russland gelockt werden sollte. Jedoch ist Kapital scheu wie ein Reh. Die sowjetische Ordnung war ihm mehr als suspekt. So blieb, trotz verlockender Angebote, der Zustrom von Kapital sehr verhalten.

Gleichzeitig sollte mit den eigenen Mitteln der Aufbau einer sowjetischen Industrie gefördert werden, die vor allem Produktionsmittel für die Landwirtschaft herstellen sollte. Die erforderlichen Mittel konnten im Wesentlichen nur aus dem Mehrprodukt der Landwirtschaft akkumuliert werden und wir hatten gesehen, jenes war mehr als bescheiden.

Die NEP Lenins entbehrte nicht eines gewissen Realismus und ließ erkennen, dass es vieler Jahrzehnte bedürfen würde, bis Russland auf diesem Wege allmählich wieder den Anschluss an Europa finden würde.

Wie wir in Kapitel 1.1 über die vorindustrielle Periode in Erfahrung brachten, hatte Handel und Wucher große Vermögen entstehen lassen. Es war die ursprüngliche Akkumulation, von der ausgehend der Kapitalismus starten konnte. Diese ursprüngliche Akkumulation hatte es in Russland nie gegeben, war von den Zaren kassiert worden. Sowjetrussland war damit ein Weg vorgezeichnet, auf dem es, nach Anfangserfolgen in der Ökonomie, zu einer Liberalisierung, Demokratisierung und Öffnung der sowjetischen Gesellschaft hätte kommen können. Allerdings kam es mit der Machtübernahme Stalins ganz anders.

Marx, in dessen Schriften Russland kaum vorkam, und wenn, dann nur um die halb barbarische Rückständigkeit zu kennzeichnen, wäre auch im Entferntesten nicht auf die Idee gekommen, dass von diesem rückständigen Land die Errichtung einer neuen, modernen, fortschrittlichen Gesellschaft ausgehen könnte.

Die letzten beiden Jahre seines Lebens verbrachte Lenin fast ausschließlich im Sanatorium. Seine Gesundheit war sehr angegriffen. Nach mehreren überstandenen Herzanfällen starb er nach dem letzten am 21. Januar 1924. Er starb in dem Bewusstsein, die bedeutendste Revolution der Weltgeschichte zur endgültigen Befreiung der Menschheit von Ausbeutung und Unterdrückung auf den Weg gebracht zu haben.

5.5 Stalins Weg zur Macht

Zur Person

Stalin unterschied sich von allen bolschewistischen Führern der Revolution durch seine Herkunft. Lenin, Plechanow, Martow, Axelrod, Trotzki, Bucharin, Kamenew, Sinowjew und all die anderen waren Abkömmlinge der herrschenden Aristokratie, des Landadels oder bürgerlicher Schichten. Sie alle weihten ihr Leben der sozialistischen Revolution und damit dem Schicksal der Unterprivilegierten, die sie aber eben nur aus der Ferne kannten, nie mit ihnen oder gar unter ihnen gelebt hatten. Ihr revolutionärer Enthusiasmus nährte sich vielmehr aus den Anschauungen ihrer eigenen Klassen, deren Anmaßung, deren Überheblichkeit und Menschenverachtung für das Volk. Alle zusammen lebten in gesicherten materiellen Verhältnissen als Angehörige der besitzenden Klassen, die aus den Einkünften ihres Besitzes ihren Lebensunterhalt ausreichend sichern konnten.

Ganz anders bei Stalin. Er kam aus der untersten Schicht, sozusagen aus dem Bodensatz der Gesellschaft. Er nahm sich nicht der Unterdrückten und Ausgebeuteten an, sondern er verfocht die Interessen seiner eigenen Klasse. Sein Hass auf die herrschenden Klassen nährte sich aus dem Herkommen, aus dem unmittelbaren Erleben.

In Russland war zwar 1861 die Leibeigenschaft aufgehoben worden, schleppte sich aber gewohnheitsmäßig in den russischen Vasallenstaaten – die 1922 beginnend, sich Russland anschlossen und die Sowjetunion begründeten –, so auch im Kaukasus, in verdeckter Form, bezeichnet als „zeitliches Dienstverhältnis" bis weit über die Jahrhundertwende zum 20. Jahrhundert fort. Die aus der Leibeigenschaft befreiten Bauern fielen überwiegend in noch katastrophalere ökonomische Verhältnisse. Sie erhielten nur 50 % des bislang von ihnen bestellten Landes als Eigentum, nicht ausreichend selbst für das kärglichste Leben. Die andere Hälfte sollten sie den adligen Grundherren abkaufen, wofür sie niemals die Mittel aufbringen konnten. Ihre ökonomische Abhängigkeit und ihr Elend verschärften sich. Viele flohen vom Land, um ihr Glück in der Stadt zu suchen.

Bessarion Dschugaschwili, Vater von Stalin, war ein solcher Ackersklave, der 1875 sein Dorf verließ, um frei in doppelter Hinsicht – frei vom Grundherrn und bar aller Mittel – sich als Flickschuster in Gori, einer kleinen Stadt in Georgien, selbstständig zu machen. Es gelang ihm nicht. Deshalb trennte er sich von seiner Familie, um sich in einer Schuhfabrik in Tiflis als Lohnsklave zu verdingen. Sein Lohn reichte nicht, um die in Gori lebende Familie zu ernähren.

Nach Gori gekommen, hatte er die erst 15-jährige Jekatarina Geladse, Tochter von Leibeigenen, geheiratet. Die Dschugaschwilis hatten 4 Kinder, von denen die ersten 3 kurz nach der Geburt starben. Das vierte Kind war Josef Wissarionowitsch Dschugaschwili, der spätere Stalin, am 21.12.1879 geboren.

Seine Mutter, wirtschaftlich auf sich selbst gestellt, wie typisch für das damalige Russland, in für uns heute nicht mehr vorstellbarer Armut lebend, in der strengen Religiosität den einzigen Trost findend, schenkte ihre ganze Liebe dem Sohn und rackerte sich dafür als Waschfrau ab. (Der Vater lebte ja bereits seit Längerem in Tiflis, wo er 1890 starb.) Selbst Analphabetin, schickte sie ihren Sohn in die Schule von Gori. Josef war ein hervorragender Schüler und erhielt deshalb ein Stipendium für ein Studium in der Klosterschule, die mehr einer Kaserne glich, in Tiflis, der damals einzigen höheren Lehranstalt im Kaukasus. Seine Mutter hoffte, ihm werde es als künftigem Dorfpopen einmal besser gehen als den Eltern.

Herkunft, Kindheit, Schule und Gymnasium prägten den jungen Dschugaschwili nachhaltig. Er kannte das ganze Elend der damals von Russland unterdrückten Völker aus dem unmittelbaren Erleben, welches er nicht lebenswert fand. Er hatte die harte, freudlose Kindheit mit seinem dem Alkohol ergebenen, herzlosen Vater, die Schule, in der die Mitschüler, meist aus den gehobenen Klassen stammend, verachtend auf den Begabten herabblickten, und die Bildungskaserne, in der die Individualität eines jeden Zöglings und jeder freie Geist zerstört werden sollten, hinter sich.

All diese Einflüsse prägten den Charakter Stalins bereits in der Kindheits- und Jugendentwicklung nachhaltig. Ihm anerzogen waren: Misstrauen, Heuchelei, Scharfsinnigkeit, Vorsicht,

Verschlagenheit, Unaufrichtigkeit, Wendigkeit, Ausdauer, Gefühlskälte, Sinnieren und Grübeln – Eigenschaften, die er auch nicht mehr ablegen konnte, als er der mächtige Stalin war. Er hatte sich von frühester Kindheit an in einem ihm feindlichen gesellschaftlichen Umfeld behaupten müssen und so begegnete er zeitlebens der ihn umgebenden Außenwelt.

In der Zeit der Klosterschule in Tiflis fand er trotz strengster Verbote bereits Zugang zu fortschrittlicher Literatur und ersten sozialistischen Ideen, einschließlich derer von Marx. Natürlich kannte er Marx' Schriften nicht im Original, sondern nur in der Reflexion der damals namhaften russischen Sozialisten. Und diese Reflexionen waren, wie wir wissen, eine sehr bunte Vielfalt. Sie reichten vom Bauernsozialismus über Liberalismus, Anarchismus, „legalen" Marxismus bis hin zum Ökonomismus. Aus der von Lenin und Plechanow herausgegebenen „Iskra" erfuhr er von deren Lehren, die er zu seinen eigenen machte. Instinktiv stellte er sich auf die Position Lenins und war bereits Bolschewik, noch bevor es überhaupt zur Spaltung in der Partei gekommen war.

Bereits in der Zeit der Klosterschule betätigte er sich als Propagandist unter der sich in Tiflis und in der kaukasischen Erdölregion rasch entwickelnden Arbeiterschaft. Er lernte die brutale Ausbeutung der Lohnsklaven – die Erdölindustrie wurde von Rotschild dominiert – kennen und wurde ihr Parteigänger und Wortführer. An Lenin bewunderte er neben dessen sprühendem Geist vor allem dessen Konsequenz und Unbeugsamkeit. Letzteres entsprach ganz seiner eigenen Natur – Stalin bedeutet „der Stählerne". Im Unterschied zu all den revolutionären Intellektuellen Russlands, die mit dem Sozialismus sympathisierten, orientierte Lenin auf den militärisch straff organisierten, disziplinierten und konspirativen Kampfbund, der sozialdemokratischen Partei, die die Revolution herbei führen und auch führen sollte. Stalin gehörte zu den Aktivisten der sozialdemokratischen Bewegung im Kaukasus und war ein konsequenter Verfechter der zentralistischen Verschwörerorganisation.

In der Entwicklung der russischen Sozialdemokratie hatte zunächst der intellektuelle Ideenstreit großen Einfluss. Neben den großen, die Szene beherrschenden Theoretikern waren Figuren wie Stalin bedeutungslos. Er war jenen in jeder Hinsicht geistig unterlegen. Lenin, selbst einer der namhaftesten unter den intellektuellen Geistern, maß dem Parteiapparat und dem hier diszipliniert agierenden Parteisoldaten große Bedeutung für die künftige Revolution bei. Dadurch fühlte sich Stalin, der in bitterster Armut aufopferungsvolle, gefährliche, illegale Parteiarbeit leistete, aufgewertet. In Lenin sah er seinen großen Meister, auf dessen Seite er in all den vielen Parteiquerelen um die Jahrhundertwende und bei der Spaltung der Partei in Bolschewiki und Menschewiki stand. Selbst in der Zeit, wo sich alle von Lenin abzuwenden schienen, hielt er ihm die Treue.

Damals kannte er Lenin nicht persönlich. Noch war dieser für ihn das über den Wolken schwebende Idol. Stalin, durch das Leben, das er führte, gestählt, zählte nach seiner Natur von jeher zu den „Harten" in der Partei und hatte eine diffuse Abneigung gegen die intellektuellen „Schwätzer", die „Weichen". Hier liegen bereits im Ansatz, bei dem gerade erst die 20 überschritten Habenden, die Beweggründe vor, die den Aufstieg Stalins in der Partei bestimmen sollten und die sein späteres Handeln als Parteiführer erklären helfen.

Ab 1901 arbeitete Dschugaschwili in der Illegalität im Kaukasus, vorwiegend unter dem Decknamen Koba, und war von nun an ordentliches Mitglied des Parteikomitees in Tiflis. Er organisierte Streiks, Demonstrationen, Parteizellen im gesamten Kaukasus, insbesondere in der Erdölregion um Baku und Batumi, und gab illegale Zeitungen heraus, in denen er sich schriftstellerisch profilierte.

Im April 1902 wanderte er erstmals ins Gefängnis, wurde im November 1903 nach Sibirien verbannt, floh allerdings im Januar 1904, die Wirren des russisch-japanischen Krieges nutzend, und kehrte in den Kaukasus zurück. Er war der illegal tätige Parteisoldat im Kaukasus, der nicht durch seine genialen Ideen, sondern durch seine praktischen Erfolge im Kampf gegen die zaristische Despotie und die sich ausbreitende verschärfte Ausbeutung auf sich aufmerksam machte.

In der revolutionären Welle von 1905–1907 war der Kaukasus, dank der Begabung Stalins als Organisator des Widerstandes gegen die Herrschenden, das aktive Zentrum Russlands. In der Zeit des Sieges der Gegenrevolution unter Stolypin, in der die noch junge russische Sozialdemokratie ihren ersten Tiefpunkt erlebte, die innerparteilichen Auseinandersetzungen zwischen Bolschewiki und Menschewiki sich weiter zuspitzten, Lenin fast allein dastand, gelang es Stalin, die politische Bewegung im Kaukasus zu erhalten und Lenin wenigstens hier eine Bastion zu bewahren.

Das sollte sich später für ihn auszahlen. Stalin erwies sich als der geborene Organisator, der es vermochte, Lenins Ideen in praktisches Handeln umzusetzen. Die Zarenregierung hatte den russischen Sozialdemokraten die konspirative Tätigkeit aufgezwungen und in Stalin den lokal agierenden Meister der politischen Arbeit im Untergrund geschaffen.

1905 verließ Stalin erstmals den Kaukasus und reiste als Delegierter zum Parteitag im damals zu Russland gehörenden Finnland. Das war seine erste Berührung mit Europa. Hier erlebte er seinen Meister, Lenin, ohne dass es zu einem persönlichen Kontakt kam. 1906 war er, wieder als Delegierter eines Parteikongresses, in Stockholm und damit erstmals im Ausland und schließlich 1907 in London zum 5. Parteikongress.

In und nach der Zeit der Restauration des Zarenregimes organisierten die Bolschewiki Terrorakte zur Beschaffung von Geld und Waffen, eine finstere Erscheinung in der Geschichte der russischen Sozialdemokratie, mit Methoden, denen der heutigen russischen Mafia vergleichbar. Stalin war ein Held auch dieser

Aktionen in seiner Heimatregion und offenbarte bereits damals die Rücksichtslosigkeit seines Wesens.

In dem Abschnitt von 1907 bis 1917 verbrachte Stalin 7 Jahre in zaristischen Gefängnissen und in sibirischer Verbannung. Er lernte wie nur wenige die menschenverachtende Herrschaft der Zarendespotie kennen. Sein Hass auf die Herrschenden und die Bourgeois – die Ausbeutung der Erdölfelder im Kaukasus durch ausländisches Kapital war brutal – war abgrundtief. Auch dieser Hass, der ihn jede Toleranz verlieren ließ, prägte seinen Charakter nachhaltig. Er bewies in all diesen Zeiten eiserne Nerven, Gelassenheit, Härte und Kompromisslosigkeit.

Nach der vorletzten Verbannung ging im Jahre 1910 Stalins Zeit im Kaukasus zu Ende. In der Prager Parteikonferenz von 1912, in der Lenin endgültig den Bruch mit den Menschewiki vollzog, setzte jener, der schon lange ein Auge auf den unerschrockenen Parteisoldaten Dschugaschwili geworfen hatte, Stalin erstmals auf die Liste der Kandidaten für die Wahl zum Zentralkomitee der bolschewistischen Partei. Stalin wurde nicht gewählt. Er war einfach unbekannt. Aber Lenin kooptierte ihn nachträglich.

Lenin sah in Stalin weder einen Kopf noch das Herz für die Revolution, sondern einen starken Arm. Erfahrung im russischen Büro des Zentralkomitees der Bolschewiki konnte Stalin nicht sammeln, da er erneut verhaftet wurde – im Zentralkomitee saß mit Malinowski ein Spion der zaristischen Geheimpolizei – und von 1913 bis zur Revolution von 1917 erneut nach Sibirien verbannt war.

Im Dezember 1912 war er zu Lenin gereist, bei dem er sich 6 Wochen aufhielt. Der Meister prüfte ihn. Lenin befand ihn für geeignet. Er erkannte nüchtern, dass Stalin kein eigenständiger Denker, kein sprühender Geist war, aber ein zuverlässiger Politarbeiter, ein nützliches Organisationstalent für die praktische Arbeit sein konnte. Für Stalin war Marx' Lehre keine Schule des Denkens, sondern ein Katechismus mit brauchbaren Formeln für praktisches politisches Handeln. Im Vergleich zu den anderen in der bolschewistischen Parteiführung war Stalin nur ein Halbgebildeter.

Stalin war das notwendige Produkt der Auffassung von Partei, dieses zentralistischen Kampfbundes, wie ihn Lenin entwickelt und verwirklicht hatte. Jedoch reicht diese Feststellung nicht aus, um das Wesen dessen, was unter der Bezeichnung Stalinismus in die Geschichte einging, hinlänglich zu erklären. Es sind weit mehr Umstände gewesen, die diese eigentümliche Figur, Stalin, an die Spitze der Macht katapultierten und die ihn befähigten, aus seinem Verständnis von kommunistischer Machtausübung eine eigene Doktrin zu entwickeln, die Gültigkeit behalten sollte bis zum letzten Atemzug des kommunistischen Versuchs.

Stalin an der Macht

Die Oktoberrevolution von 1917 war zunächst eine von den Massen, eine von übergroßen Mehrheiten getragene Bewegung. Vor allem deshalb vollzog sich die Übernahme der Macht durch die Bolschewiki im Wesentlichen auch unblutig. Gleich nach der Übernahme der Macht erfüllten die Bolschewiki das, was sie den Massen versprochen hatten. Sie beendeten, wenn auch unter großen Opfern, den Krieg, enteigneten den Großgrundbesitz und gaben den Bauern das Land, führten den 8-Stunden-Tag ein und verstaatlichten das Großkapital und die Banken.

Der Revolution folgten brutale Bürger- und Interventionskriege, in denen das internationale Großkapital im Bunde mit dem geschlagenen russischen Ancien Régime versuchte, die neue Ordnung wieder zu beseitigen und die alten Machtverhältnisse zu restaurieren. Die bolschewistische Macht konnte sich allerdings behaupten, zahlte dafür aber einen hohen Preis, nicht nur an vergossenem Blut, sondern auch mit der völligen Zerrüttung der russischen Wirtschaft und der Verelendung der Massen.

Nach dem Bürgerkrieg war die Industrieproduktion auf 20 %, bei Stahl sogar auf 5 % des Vorkriegsniveaus abgesunken. Nach einer kurzen Episode des Kriegskommunismus, in der die Bolschewiki glaubten, angeregt durch die militärischen Erfolge, mithilfe der Armee und der Übertragung der militärischen Ordnung auch die Industrie, den wirtschaftlichen Wiederaufbau zu vollziehen. Das musste zwangsläufig schiefgehen und Lenin entwickelte seine Neue Ökonomische Politik (NEP), die wieder kapitalistische Elemente und damit eine Liberalisierung in der Wirtschaft zuließ. Er wollte, getrieben von der verschärften Situation infolge von Krieg und Bürgerkrieg, die in Russland weitgehend fehlende Phase der Entwicklung des Kapitals unter der Herrschaft der Bolschewiki nachholen.

Im Ergebnis der durch die Kriege und die chaotische Nachkriegsentwicklung voranschreitenden völligen Verarmung des Volkes hatte sich das Verhältnis zwischen bolschewistischer Führung und Volk ins Gegenteil verkehrt. Entstanden war eine tiefe Kluft. Die Partei wähnte sich aber im Besitz des Wahrheitsmonopols und ersetzte schrittweise Überzeugung durch Repression. Zunächst wurden alle oppositionellen Parteien verboten, danach auch jede von der Führungslinie abweichende Meinung innerhalb der eigenen Partei.

Mit der Liberalisierung der Wirtschaft bildeten sich neue ökonomische Interessen heraus, die sich auch politisches Gehör verschaffen wollten. Demgemäß wurden die Daumenschrauben in der politischen Meinungsbildung noch stärker angezogen und jede freie Meinungsäußerung unterdrückt. So entstand die zentralistische bolschewistische Einparteienherrschaft.

Die Sicherung der bolschewistischen Alleinherrschaft verlangte einen monolithischen Apparat der Partei, der Politik, Wirtschaft und Gesellschaft beherrschte und kontrollierte.

Mit Ausnahme von Stalin, waren alle um Lenin versammelten Bolschewiki, geniale Köpfe mit Geist, Ideen und Visionen, als gebildete Intellektuelle mit Kultur. Niedere, organisatorische, administrative und bürokratische Parteiarbeit war nicht ihre Intention. So hatte niemand etwas einzuwenden, dass diese ihrer Ansicht nach primitive und sterile Tätigkeit sich in den Händen von Stalin konzentrierte.

So wurde jener zunächst Volkskommissar für Nationalitätenfragen (65 Millionen Menschen waren Nichtrussen) und er hatte hier beherrschenden Einfluss. Kurz vor der Revolution wurde das erste Politbüro gegründet, dem Stalin angehörte. Ihm fielen die Aufgaben der Organisation der Partei zu.

Vorkapitalistischen Produktionsweisen, aus denen das Sowjetrussland im Wesentlichen hervorging, sind bürokratische Verwaltungsmaschinen eigen. Da das bolschewistische Regime nur Autokratie in neuem Gewande war, musste die Bürokratie erneut wuchern und entsprechende Blüten treiben. Lenin schuf, um diesem Übel zu begegnen, die Arbeiter- und Bauerninspektion als Kontrollorgan des Staates über den Staat. Das neue Kommissariat wurde folgerichtig Stalin übertragen.

Mit zunehmendem Umfang der organisatorischen Arbeit in der Partei wurde ein Sekretariat eingerichtet, deren Generalsekretär wiederum Stalin wurde. Er entschied von nun an über alle Personalfragen (im Verständnis der Bolschewiki Kaderpolitik) in der Partei und setzte an allen maßgeblichen Stellen ihm hörige Genossen ein. Schließlich gelangte unter seinen Einfluss das Organisationsbüro der Partei und die zentrale Parteikontrollkommission, die die Moral der Parteimitglieder zu überwachen hatte.

Im öffentlichen Leben der Partei spielte Stalin zu Lenins Zeiten keine Rolle. Er gehörte nicht zu den umjubelten Volkstribunen der Partei. Hier parlierten Lenin, Trotzki, Kamenew, Sinowjew und andere. Stalin wirkte in der Kulisse und zog hier nach außen unsichtbare Fäden. Seine intellektuelle Armut prägte seine Physiognomie. Er nutzte die ihm zu Gebote stehenden Mittel, um seine intellektuelle Schwäche gegenüber den anderen auszugleichen. Er hasste die Intellektuellen in der Partei, die „Weichen", die „theoretischen Spinner", und schuf sich seine eigene Prätorianergarde.

Es war die Elite der „Apparatschiks", der plebejisch-bäurischen, fantasie- und einfallslosen Bürokraten, der bedingungslosen Befehlsempfänger und -vollstrecker, die nach Lenins Tod ihren schaurigen Veitstanz aufzuführen begannen. Mit deren Engagement gelang es Stalin dann jeden überragenden Geist, jede zivilisierte Kultur in der Partei auszulöschen. Der alte schöpferisch-konstruktive, wohlwollend-kritische Geist in der Partei wurde durch ein Klima der Einfalt, der Angst und des Kasernenhofgehorsams ersetzt.

Lenin erkannte zu spät diese sich schleichend vollziehenden Wandlungen in der Partei. Er mag zwischen seinem zweiten und seinem dritten Schlaganfall, von dem er sich nicht mehr erholte, die Ursachen dieser Entwicklung bedacht und auch noch die wesentlichen Zusammenhänge begriffen haben. Ihm dürfte bewusst geworden sein, dass die Partei, so wie er sie schuf, kein Modell mehr mit Zukunft war, dringend der Reform bedurfte, wenn ihr revolutionärer Geist gerettet werden sollte. Sein sogenanntes politisches Testament mit Nachtrag zur Person Stalins und sein letzter Prawda-Artikel: „Lieber weniger, aber besser", in dem er mit der Arbeiter- und Bauerninspektion Stalin massiv angreift, deuten auf Lenins Sinneswandel hin.

Auf dem 12. Parteikongress, der für April 1923 einberufen war, wollte Lenin endgültig mit Stalin brechen und verständigte sich darüber mit Trotzki. Am 5. März brach er alle persönlichen Beziehungen zu Stalin ab. Stalin witterte die Gefahr, in der er schwebte, die von Lenin drohte, und wusste, seine ganze Karriere stand auf dem Spiel.

Am 9. März erlitt Lenin seinen dritten Schlaganfall, von dem er sich, wie bereits erwähnt, nicht wieder erholte. Der 12. Parteikongress fand ohne ihn statt und Stalin entging seinem vorzeitigen politischen Aus. Von nun an bildete er mit Sinowjew und Kamenew ein Triumvirat, um Trotzki, den geborenen Parteiführer nach Lenin, auszuschalten.

Nach Lenins Tod war Stalins Macht vollkommen. Mit seiner Parteimaschine schaltete er alle Mitbewerber um die Macht der Reihe nach aus. Erst Trotzki, dann Kamenew und Sinowjew, danach all die anderen, bis von der alten bolschewistischen Garde, die die Revolution gemacht hatte, er als Einziger übrig war.

In den Trauerzeremonien für Lenin wurde der von nun an die Partei beherrschende Geist bereits erkennbar. Stalin entfaltete um die Figur Lenin einen bislang unbekannten Kult. Lenin, wie alle anderen Parteiführer, die in der Emigration gelebt hatten, war ein europäisch orientierter Geist gewesen. Dort sah er den Fortschritt und die Zukunft der Zivilisation, von dort hatte er die Lehre, den Marxismus, auf dem seine eigene Anschauung der Welt fußte.

Mit Lenin beerdigte Stalin gleichzeitig den freien Geist in der kommunistischen Partei Russlands. Aus Lenins Weltanschauung machte er einen orthodoxen Glaubenskatechismus. Der bombastische Eid, den er auf Lenin leistete, entsprach ganz seiner asiatisch-orientalischen, russisch-orthodoxen Prägung, seiner geistig-kulturellen Armut, die von nun an dieses große Volk beherrschen sollte.

5.6 Industrialisierung und Kollektivierung

Stalins Führungsstil

Nach Lenins Tod stand die bolschewistische Partei vor neuen Herausforderungen, die Stalin nicht im Mindesten ahnte. Er hatte im Hintergrund, in der Kulisse wirkend, mit der Vervollkommnung der Parteimaschine alle Macht an sich gebracht, wenngleich er nach außen so auftrat, als könne es nach dem großen Lenin keinen einzelnen Führer der Partei geben, sondern an seine Stelle müsse eine kollektive Führung, das Zentralkomitee mit seinem Politbüro, treten.

Das war pure Heuchelei, wie die Benannten bald selbst erkennen mussten. Die Taktik des geboren Taktierers war denkbar einfach und entsprach der Bauernschläue des halb orientalischen, halb asiatischen Nachgeborenen von Leibeigenen, bar einer gehobenen Kultur und ziviler Werte. Er herrschte durch Teilung.

Den wirklich ernst zu nehmenden Mitbewerber um die Macht sah er richtig in Trotzki. Sinowjew und Kamenew, die Stalin ob seiner intellektuellen Armut unterschätzten, bildeten mit ihm das Triumvirat, um Trotzki auszuschalten, der dann alle Stufen stalinistischen Terrors von Gefängnis über Verbannung, Ausweisung bis hin zur Ermordung 1930 im Exil durchwanderte.

Nachdem Trotzki ausgeschaltet war, zerschlug er sein Triumvirat im Bündnis mit Bucharin, Rykow und Tomski. So wurden Sinowjew und Kamenew ausgeschaltet und später als Spione für eine ausländische Macht, nach entwürdigenden Geständnissen, hingerichtet.

Als Generalsekretär züchtete er die ihm genehmen Leute und holte sie in die Parteiführung, um mit deren Hilfe die jeweils aktuelle Opposition auszuschalten. So war es nur eine Frage der Zeit, bis Bucharin, Rykow und Tomski am Pranger standen. Diese Spirale der Gewalt war das nach Lenins Tod inszenierte Spiel bolschewistischer Herrschaft bis zu seinem eigenen Tod.

Stalin war keine Führerpersönlichkeit. Er war eine Mittelmäßigkeit und gab sich mittelmäßig. Sein bescheidener Intellekt verhinderte ihn, der Partei als Lichtgestalt voranzugehen und Neues zu Formen. Seine Haltung war wankelmütig und unsicher. Das prägte ihn als die unverwechselbare Figur der Geschichte, die er wirklich war, weit entfernt von dem Bild, das von ihm im Kult um seine Person gezeichnet wurde.

In seinem Umfeld erschien er als der ausgleichend wirkende, lavierende, Streit schlichtende, ausweichende, sinnierende, aber über den Dingen stehende Taktiker und Zweifler. Stalin ging allen Risiken aus dem Wege, überließ diese anderen, erntete aber selbst die Früchte. Seine Brutalität, sein Zynismus und seine Grausamkeit erwuchsen nicht zuletzt aus seiner Schwäche, Gehemmtheit, Unsicherheit und Wankelmütigkeit, gepaart mit den Charaktereigenschaften eines aus dem Bodensatz der Gesellschaft Emporgekommenen.

Zwangläufig musste die ihm, nicht ohne sein Zutun, zugefallene Machtfülle die unter Lenin in der Partei vorherrschende offene, sachliche, kritische, ideenfördernde, freiheitliche, schöpferische Atmosphäre zerstören, um einer doktrinären, scholastischen, unterwürfigen, kriecherischen, speichelleckerischen, Angst und Schrecken verbreitenden Platz zu machen. Von nun an regierte Angst und nicht mehr Vertrauen, Befehl und nicht mehr Überzeugung, Dogma und nicht mehr Meinungs- und Gewissensfreiheit die Partei.

Dieser Wandel der Partei war die persönliche Revolution Stalins, sein Sieg der Minderwertigkeit über die intellektuelle Werthaltigkeit, des Apparates über den Freigeist. Die Umwandlung der Partei in das Machtinstrument des Despoten sollte die Entwicklung aller kommunistischen Parteien, auf die Stalin über die Komintern massiven Einfluss ausübte, bis zum bitteren Ende von 1989 mehr oder weniger stark prägen und die einst so progressiv und verheißungsvoll in die Welt getretene bolschewistische Bewegung auf den Hund bringen. Dabei vollzog sich dieser Übergang von einer freigeistigen Partei zur Stalindiktatur nahezu schleichend, kaum merklich und erst in den Auswirkungen erkennbar werdend.

Mit Stalin war ein neues Auswahlprinzip der Führungseliten ins Leben getreten. Im Vordergrund standen nicht mehr wie einst intellektuelle Fähigkeiten, Genie und Führungsqualitäten. Ausgewählt wurde nunmehr nach Herkunft und Abstammung – wie beim Adel üblich –, nach Dienstjahren im Parteiapparat, Unterwürfigkeit, Gehorsam und Treue zum Führer. Daraus erklärt sich auch, warum in der Folgezeit die Bruderparteien aller sozialistischen Länder stets von einer Greisengarde geführt wurden.

Die Führung rekrutierte sich aus dem eigenen Apparat, es waren einfallslose, ideenarme Bürokraten mit nachgewiesener kommunistisch-plebejischer Abstammung möglichst bis in die dritte Generation. Auch alle anderen unter Stalin entwickelten Praktiken der politischen Führung, bis hin zum Parteiführer als Despoten, mit dem Titel Generalsekretär, wurden als geheiligte Formen weitergeführt, selbst wenn sie auch nicht mehr mit dem brutalem Terror Stalins ausgeführt wurden.

Aber auch die ihm folgenden „Führer" schreckten nicht davor zurück, missliebige Konkurrenz zu liquidieren. Zum Beispiel in der DDR zeigten sich in der Honecker-Ära dreimal Köpfe in der Parteispitze, die herausragten, sich so gar nicht in das vorherrschende Format der bürokratischen Mittelmäßigkeit einfügten. Das waren Georg Ewald, Werner Lamberz und Werner Felfe. Alle 3 beendeten ihr Leben unter mysteriösen, nie aufgeklärten Umständen. Ewald verunglückte tödlich bei einem Verkehrsunfall, Lamberz stürzte mit einem Hubschrauber im Nahen Osten ab und Felfe starb noch 1989 auf der Jagd an Herzversagen, nachdem er 3 Tage vorher Mittag und damit Honecker wegen verfehlter Wirtschaftspolitik im Politbüro angegriffen hatte. Das System der Staatssicherheitsdienste, die seit Stalin den Generalsekretären unterstanden, die auch den Personenschutz der führenden Genossen übernahmen, vereinfachte es, missliebige Personen unauffällig zu beseitigen.

Solche Beispiele wie hier für die DDR genannt, dürfte es in allen sogenannten Bruderparteien gegeben haben. Gelang es gar, dass

Persönlichkeiten, die den Stalinismus ablehnten, an die Spitze der Partei gelangten, wie Dubček 1968 in der CSSR, dann zögerten Stalins Nachfolger in der KPdSU nicht, diesen mit offenem, militärischem Terror auszuschalten.

Der nackte Mord politisch missliebiger Personen ist keine einmalige und einzige Erscheinung des Stalinismus. Bezeichnend sind für ihn nur der Massenumfang und die Legitimität solcher Morde. Politischer Mord findet auch in den demokratischen Strukturen der entwickelten kapitalistischen Welt statt, wenn gewählte Politiker die Spielregeln der wirklichen, nunmehr anonym agierenden Macht des Kapitals verletzen. So wird die Menschheit niemals Aufklärung darüber erhalten, warum John F. Kennedy, dessen Bruder Robert, Olaf Palme, Uwe Barschel und andere sterben mussten. Alles, was zur „Aufklärung" inszeniert wurde, diente ausschließlich der Verschleierung der Hintergründe und der Auftraggeber dieser Morde. Politischer Mord findet als letztes Mittel der Machtausübung dann statt, wenn einer die ungeschriebenen Regeln verletzt.

Lenin hatte mit seiner Partei neuen Typus, sicherlich unbewusst, den Grundstein für eine solche Entartung gelegt. Seine Parteitheorie erwuchs aus den damaligen Bedingungen im zaristischen Russland, die eine Sozialdemokratie nach europäischem Vorbild, als legale Massenpartei, nicht zuließen. Nach der Übernahme der Macht durch die Bolschewiki waren diese Bedingungen an und für sich aufgehoben. Allerdings verlangten die Jahre des Bürgerkrieges immer noch ein betont zentralistisches Handeln.

Als Lenin nach dem Bürgerkrieg die Gefahr der Fehlentwicklung erkannte, war es bereits zu spät. Nach seinem Ausfall waren seine Erben außerstande, Stalin aus seiner Machtposition zu verdrängen. So nahm das Schicksal seinen Lauf und nach 10 Jahren war die gesamte alte bolschewistische Garde bis auf den letzten Mann liquidiert. Die Revolution hatte alle ihre Kinder gefressen. Stalin war der Robespierre der russischen Revolution, allerdings mit dem Unterschied, dass er bei seinem Terror unvergleichlich mehr Opfer unter die Guillotine schickte, während er ihr selbst entging.

Die wirtschaftliche Situation

Stalin riss 7 Jahre nach der Revolution die Macht endgültig an sich und baute sie innerhalb weniger Jahre zur Perfektion aus. Die ersten 7 Jahre waren mit Revolution, Bürgerkrieg, Kriegskommunismus und NEP ausgefüllt. Die Bolschewiki hatten das Machtmonopol, mehr aber auch nicht. Die ökonomische Basis, auf die sie ihre Macht begründeten, in einem Agrarland mit zerrütteten, bescheidenen industriellen Anfängen, waren vorkapitalistische, bäuerliche Produktionsverhältnisse. Lenin und seine Genossen waren beseelt von der mit historischer Notwendigkeit einsetzenden sozialistischen Weltrevolution und schauten erwartungsvoll gen Westen. Ihre Erwartungen erfüllten sich jedoch nicht. Der ökonomische Hinterhof Europas blieb sich selbst überlassen.

Die NEP begann Wirkung zu zeigen. Sie war gedacht als Wettbewerb zwischen der sozialistischen sowie der kapitalistischen und vorkapitalistischen Produktionsweise. So differenzierte sich zunächst die Bauernschaft. Es entstand eine zunehmend wohlhabender werdende Schicht von Großbauern, Kulaken genannt, die zum kapitalistischen landwirtschaftlichen Großbetrieb hinstrebten, eine breite Schicht von lebensfähigen Mittelbauern, dem eigentlichen Bauerntum, und die Schicht der Kleinbauern, also die Dorfarmut, die nicht lebensfähig und damit perspektivlos war. Die zunehmende Differenzierung der Bauernschaft, aber auch des Handwerks und des Handels artikulierte sich natürlich auch in unterschiedlichen politischen Interessen.

Der sozialistische Sektor der Wirtschaft, die Industrie, lag am Boden und erholte sich nur langsam. Sie war in keiner Weise hinlänglich, um die Bedürfnisse einer sich modernisierenden Landwirtschaft zu befriedigen. Nach wie vor war der junge Sowjetstaat von ihm feindlich gesinnten kapitalistischen Staaten eingekreist und wirtschaftlich weitgehend isoliert. Trotz verlockender Angebote verirrte sich ausländisches Kapital nur ganz vereinzelt nach Russland.

Stalin hatte weder eine Erkenntnis über die gegebene ökonomische Situation und ihre Widersprüche – er war damals in ökonomischen Fragen unwissend – noch hatte er eine Vision, eine eigene Vorstellung von dem Weg, den sein Land nun beschreiten müsste. Er lauschte in der ihm eigenen Zurückhaltung in die Diskussionen der Genossen im Politbüro und im ZK hinein.

Im April und Mai 1924 hielt Stalin Vorlesungen an der Swerdlowsk-Universität, die im Mai als Broschüre unter dem Titel: „Über die Grundlagen des Leninismus" erschien. Hier verneint er noch die Möglichkeit, den Sozialismus in einem Land errichten zu können. Vielmehr sah er die Aufgabe der Sowjetunion darin, die sozialistische Revolution in anderen Ländern zu unterstützen. (SW 6/95)[33] Das war damals durchaus die herrschende Meinung der sich auf Lenin stützenden Bolschewiki. Nur blieben die Revolutionen im Westen aus, die sie hätten unterstützen können, und die Widersprüche im eigenen Land spitzten sich zu.

In einer seiner Hasstiraden gegen Trotzki schreibt Stalin im Vorwort zu: „Auf dem Wege zum Oktober" das genaue Gegenteil seiner ursprünglichen Auffassung: „… ist der Sieg des Sozialismus in einem Lande, selbst wenn dieses Land kapitalistisch wenig entwickelt ist, bei Fortbestehen des Kapitalismus in den anderen Ländern, selbst wenn diese Länder kapitalistisch entwickelter sind, durchaus möglich und wahrscheinlich" (SW 6/331)[34]. Zunächst erregte dieser Sinneswandel bei Stalin kein Echo im Führungszirkel der Partei, da in ihm niemand einen Theoretiker sah. Das war nicht sein Gebiet. Hier konnte er nichts leisten. So ahnte damals auch niemand, dass die These vom „Sozialismus in einem

Land" der grundlegende Glaubensartikel werden sollte, an dem sich die Geister schieden, der zum Prüfstein für die Scheidung der Freunde und Feinde der Revolution wurde.

In dieser Zeit war die Revolution an ihrem toten Punkt. Die revolutionäre Entwicklung in Europa war verebbt und keine neue revolutionäre Welle in Sicht. Die ökonomische Basis Russlands war ihrem inneren Wesen nach immer noch vorkapitalistisch, der politische Überbau der Gesellschaft davon geprägt, mit neuem, sozialistischem Vorzeichen. Es war ein schreiendes Missverhältnis, in dem sich die Gesellschaft bewegte. Alle nicht sozialistischen politischen Kräfte waren eliminiert. Die Bolschewiki hatten die Wahl, entweder unter ihrer Herrschaft die Entwicklung kapitalistischer Produktionsverhältnisse zu fördern oder auf der vorkapitalistischen Basis eine sozialistische Produktionsweise zu errichten.

Der erste Weg, den z. B. die chinesischen Kommunisten einige Jahrzehnte später einschlagen sollten, hätte die Großbauern und den Zufluss von Kapital in die Industrie, vorwiegend aus dem Ausland, fördern müssen. Die politischen Kräfte, auf die sich die Bolschewiki dann hätten stützen können, wären die sich entwickelnde städtische und ländliche Arbeiterschaft gewesen, eine durchaus wachsende und erstarkende politische Kraft. Die sozialistische Revolution wäre dann in eine ferne Zukunft, bis zu dem Zeitpunkt, zu dem die kapitalistische Produktionsweise ihre Möglichkeiten ausgereizt haben würde, also wenigstens bis in unsere Gegenwart, vertagt worden. Das Modell hätte, demokratische und nicht stalinistische Strukturen vorausgesetzt, Zukunft haben können. Ab 1990, also mit wenigstens 60 Jahren Verspätung, hat sich Russland nunmehr auf diesen Weg begeben.

Der zweite Weg, der schließlich beschritten wurde, bestand darin, die dem Kapitalismus zufallende historische Mission sich selbst auf die Fahnen zu schreiben und die Arbeit des Kapitals unter sozialistischem Vorzeichen selbst zu leisten. Wir hatten bei unserer historischen Betrachtung gesehen, mit welch heftigen Geburtswehen sich die kapitalistische Produktionsweise durchsetzte. Die Geschichte der Herausbildung der kapitalistischen Produktionsweise, schreibt Marx, „ist in die Annalen der Menschheit eingeschrieben mit Zügen von Blut und Feuer" (MEW 23/743)[35].

Der Machtmensch Stalin belastete sich nicht mit derart tiefschürfenden Gedanken. Er war nicht der Mann, der die gesellschaftlichen Ereignisse, wie einst Lenin, wissenschaftlich analysierte und wohlausgewogene Schritte überlegte, sondern er wurde von den Ereignissen getrieben. Er hörte in den Meinungsstreit der führenden Bolschewiki hinein, unterstützte mal diese, mal jene Denkrichtung, sprach sich hier für die Förderung der Kulaken aus, um sie anderenorts und zu anderer Zeit wiederum als Ausbeuter und Blutsauger zu verdammen.

Ihm war es wichtiger, an seinem feinmaschigen Netz, in dem sich alle seine Mitbewerber um die Macht fangen sollten, zu weben. Intensiv betrieb er seinen Leninkult, ganz so, als wären durch diesen bereits alle Welträtsel allumfassend und erschöpfend gelöst worden. Er missbrauchte Lenin, wie dieser einst Marx, um seine Gegner aus dem Feld zu schlagen, bis er selbst als der „Lenin unserer Tage" sich in kultischer Verehrung feiern ließ.

Angesichts der realen Wirklichkeit im damaligen Russland dürfte das Gebaren der bolschewistischen Führer eher Befremden hervorgerufen haben. Das Volk hatte sich 1917 in einer Revolution mitreißen lassen, von der es sich eine lichte Zukunft versprach. Auch die Revolutionsführer waren von dem naiven Glauben beseelt, binnen kurzer Frist in Russland den allgemeinen Wohlstand ausrufen zu können. Die Wirklichkeit waren Hunger, Arbeitslosigkeit, Armut und wachsendes Elend. Der Enthusiasmus war längst verrauscht und hatte Lethargie Platz gemacht. Viel verändert hatte die Revolution in ihrem Leben nicht. Die Not war aufgrund des wirtschaftlichen Niedergangs größer geworden. An die Stelle der bürokratischen Staatsmaschine der Zaren war die der Kommunisten getreten und die neue politische Polizei war der alten wenigstens ebenbürtig. Die Individualrechte der Bürger waren ebenso wenig geschützt wie eh und je.

Der Stimmungswandel im Volk musste schließlich auch im Kreml wahrgenommen werden. Es musste, wenn die neue Herrschaft nicht zugrunde gehen wollte, gehandelt werden. In diesem Kontext erhielt die fast beiläufig und unbewusst von Stalin geäußerte These „vom Sozialismus in einem Land" einen besonderen Klang. Sie war geeignet, der Revolution neuen Schwung zu geben, den Blick nach vorn auf das „Gelobte Land" zu richten, in dem alsbald Milch und Honig fließen werden. Damit war der Richtungsstreit entschieden.

Das Warten des rückständigen Russlands auf die Weltrevolution hatte ein Ende. Der russische Muschik war aufgewertet. Aus dem europäischen Hinterhof war er in das Zentrum der Weltpolitik katapultiert worden. Er war berufen, dem Fortschritt der Menschheit als Wegbereiter voranzugehen. Bis zum Ende des sowjetischen Imperiums gelang es den führenden Kommunisten nicht, den Unterschied zwischen politischen Anspruchsdenken und allgemeinem Fortschritt der Zivilisation, gleich unter welchen gesellschaftlichen Verhältnissen, herauszufinden.

Stalins Wirtschaftspolitik

1928 wurde der erste Fünfjahresplan verabschiedet, nachdem seit Lenins Tod 4 Jahre mit sterilem Gezänk verstrichen waren, mit dem sich Sowjetrussland auf den Weg zu den lichten Höhen des Kommunismus machte. Was folgte, hat Stalin auch ein Jahr zuvor nicht im Geringsten geahnt, und es ist ohne Beispiel in der Menschheitsgeschichte. Innerhalb von rund 10 Jahren wurde im russischen Agrarland eine Industrie förmlich aus dem Boden gestampft, die 1936 der deutschen in der Bruttoleistung ebenbürtig war.

Auf dem Lande war mit der Kollektivierung die einstige Bauernschaft verschwunden und in einer Klasse von Genossenschaftern und Landarbeitern aufgegangen, die den alten Holzpflug beiseitewarf und als Meister einer neuen moderneren Technik das Land bewirtschaftete.

Industrialisierung und Kollektivierung waren begleitet von einer tiefgreifenden Bildungsreform. Die einst 90 % Analphabeten hatten lesen, schreiben und rechnen gelernt. Industrie und Landwirtschaft benötigten Fachkräfte mit Universitäts- oder Hochschulbildung. Solche Bildungsstätten wuchsen wie Pilze aus dem Boden. Entstanden war eine neue Intelligenz. Keine politisch aktive, gesellschaftskritische, wie die, aus der Lenin und die alten Bolschewiki stammten, sondern eine auf Stalin eingeschworene, politisch naive und hörige, auf Naturwissenschaften, Technik und Ökonomie ausgerichtete.

Unabhängig von der inneren Einstellung, die wir zu Stalin, den Bolschewiki und der Sowjetunion haben, bleibt unwidersprochen, dass das russische Volk eine historische Leistung ablieferte, die jedem Hochachtung abringen muss. Sie war trotz Stalinismus möglich und belegt ein beachtliches Ausmaß an gesellschaftlichen Triebkräften, die sich außerhalb der kapitalistischen Gesellschaft entfalten konnten. Eine solche Wertung ist dem Folgenden voranzustellen.

Industrialisierung und Kollektivierung waren die wirkliche sozialistische Revolution Russlands, die reichlich 10 Jahre nach der politischen Machtergreifung folgte. Sie hat nicht weniger Blut, Schweiß, Tränen und Entbehrungen gekostet als der Durchbruch der kapitalistischen Produktionsweise beim Niedergang des Ancien Régime.

So unverhältnismäßig das Resultat, so unverhältnismäßig waren auch die Opfer der Russen. Kennzeichnend für diese Periode der russischen Geschichte sind 2 Phänomene: Zum einen der beispiellose Enthusiasmus, den die Idee einer sozialistischen Gesellschaft auszulösen vermochte, sowie zum anderen die Brutalität, mit der Stalin sein Volk antrieb, und die Menschenverachtung, die sich darin abzeichnete.

Ausländische, nicht kommunistische Beobachter, die zu dieser Zeit die Baustellen der Industrialisierung besuchten, berichteten fassungslos, wie halb verhungerte, völlig erschöpfte Menschen, in Lumpen gehüllt, mit Hingabe das Letzte aus sich herausholten, um das Werk voranzubringen. Das war gleichzeitig das Bild, das die Gesellschaft in aller Öffentlichkeit reflektierte.

Was bis nach Stalins Tod völlig tabu war und auch dann nur scheibchenweise enthüllt wurde, waren die Zwangsumsiedelungen, der Arbeitszwang, die Arbeitslager (Gulag) und die Liquidierung ganzer Bevölkerungsgruppen, wie z. B. der Kulaken. Der Aufstieg der Sowjetunion zur zweiten Weltmacht wurde zu einem Preis erkauft, der bei Anerkennung der heroischen Leistung des Volkes unverhältnismäßig und vor dem Volk nicht zu rechtfertigen war.

Oft wird der Terror Stalins allein auf die Charaktereigenschaften seiner Person zurückgeführt. Ein solches Bild ist zu eng und einseitig. Als Mitteleuropa seinen Rückstand gegenüber dem Westen aufholte, vollzog sich dies, obwohl der Zeitraum ein weit größerer war, ebenfalls nicht konfliktlos, wie unser Blick in die Geschichte vermittelte.

Der sowjetische wirtschaftliche Aufschwung war von einem Enthusiasmus getragen, hinter dem stalinscher Terror als Druckmittel stand wie hinter dem deutschen brutale Ausbeutung. Um dem Terror zu entgehen, machten die Russen aus der Not eine Tugend und gaben das Letzte. In der Geschichte gibt es keine Wunder. Hinter jedem Fortschritt stehen harte ökonomische Tatsachen. Die Mittel, derer sich die geschichtlichen Akteure bedienen, um den Erfolg sicherzustellen, werden von den historischen

Bedingungen und Umständen wie auch von der Persönlichkeit des Mächtigen bestimmt.

In einer historisch denkbar kurzen Frist war eine halb feudale Produktionsweise in eine sozialistische umgewandelt worden, war die materiell-technische Basis des Landes an die der führenden kapitalistischen Länder herangeführt worden.

Dennoch gab es einen gravierenden Unterschied. Die in einer Blitzaktion geschaffene industrielle Basis unterschied sich von der westlichen deutlich in der Höhe der Produktivität der Arbeit, ein Umstand, der bis zum Ende des Kommunismus fortbestehen sollte. Bei den in einem historisch längerfristigen Zeitraum gewachsenen westlichen Industrien, deren Entwicklung nicht etwa stagnierte, sondern kontinuierlich voranschritt, verzahnten sich organisch quantitatives und qualitatives Wachstum.

Das Produkt der sowjetischen Industrie war zwar quantitativ dem der führenden europäischen Nationen vergleichbar, verkörperte aber ein weit geringeres technisches Niveau. Die westlichen Länder leisteten mit weit weniger Arbeitskräften Gleiches und Besseres als die Russen. Der bedeutend höhere technische Fortschritt sicherte deshalb im Westen höheren Lebensstandard bei gleichzeitig satten Profiten. So war es hier möglich, bei sich verbessernden allgemeinen Lebensbedingungen der arbeitenden Klassen gleichzeitig ausreichend die erforderlichen Mittel zu akkumulieren, die die Fortsetzung der Produktion auf erweiterter Stufenleiter ermöglichte. Der Wirkungsgrad bei der Aneignung unbezahlter Arbeit war hier weit höher als in der sowjetischen Wirtschaft. Aber jene musste, wenn sie den Kurs des industriellen Aufschwungs fortsetzen wollte, in weit höherem Maße unbezahlte Arbeit für die erweiterte Reproduktion in der Hand des Staates zentralisieren.

Die sozialistische Revolution, deren Maxime die Beseitigung der Ausbeutung des Menschen durch den Menschen war, musste diese weit höher treiben als die westlichen Nachbarn – eine Notwendigkeit, die sich aus dem ehrgeizigen Ziel herleitete, eine sozialistische Produktionsweise auf einer vorkapitalistischen ökonomischen Basis zu errichten.

Die historische Mission des Kapitals war auf den kommunistischen Staat übergegangen, der nunmehr die brutale Ausbeutung des Volkes übernommen hatte und sie rücksichtslos betrieb. Die Perversion des Terrors, mit dem Stalin sein Volk überzog, war unnötig und erwuchs eben auch aus dem Charakter des Despoten.

Die Aneignung von unbezahlter Arbeit in Größenordnungen hingegen war unumgänglich, wenn das Volk der Russen den historisch bedingten Rückstand in der wirtschaftlichen Entwicklung zum Westen, der durch das überdurchschnittlich lange Verharren der feudalen Ordnung unter den Zaren entstanden war, aufholen wollte. Ohne Opfer war dieser Weg nicht zu gehen. Notwendig waren Opfer, die denen entsprachen, die auch im Westen, wenn auch verteilt über einen größeren Zeitabschnitt, gebracht worden waren, um die entsprechend leistungsfähigen Volkswirtschaften zu schaffen, wenngleich diese allerdings nicht dem Volk, sondern dem Kapital gehörten.

Der wesentliche Unterschied bestand darin, dass sich die Akkumulation von wirtschaftlichem Reichtum im Westen auf mehrere Generationen verteilte, während Stalin diese Leistung seinem Volk in 10 Jahren abverlangte. An die industrielle Leistung der Deutschen, und hier im Prinzip auch nur in der Schwerindustrie, konnten die Russen auch nur aufgrund ihrer größeren Bevölkerung anschließen.

Eine solche Hauruckaktion, um verloren gegangene Positionen im Konzert der Völker wieder aufzuholen, war nicht selten in der russischen Geschichte. Stalin stellte sich hier in die Reihe seiner großen Vorbilder – Iwan den Schrecklichen und Peter den Großen – und bediente sich der gleichen Methoden, eventuell noch etwas grausamer. Für Stalin bedeutete der einzelne Mensch mit seinem individuellen Lebensanspruch nichts. Menschenverachtung war ein Grundzug seines Wesens wie bei seinen Vorbildern in der russischen Geschichte.

Kultureller Umbruch

Industrialisierung und Kollektivierung gestalteten aber nicht nur die Wirtschaft, die ökonomische Basis, sondern die gesamte sowjetische Gesellschaft, also den gesamten gesellschaftlichen Überbau um. Viele Millionen rückständige, analphabetische Bauern, auch aus den letzten Winkeln des russischen Hinterlandes und den einst halb kolonialen, nicht russischen Republiken, waren durch die Bildungsreform gegangen und bildeten nun eine zahlenmäßig starke Arbeiterschaft, die meinte, etwas Neues, nicht mehr das herkömmliche Proletariat zu sein, obwohl sie ihrer stalinistischen Macht ebenso ohnmächtig ausgeliefert waren wie ihre Brüder und Schwestern im Westen dem Kapital.

Der Blick der Menschen war aber nicht mehr auf den fortschrittlichen Westen, sondern nach innen, auf das eigene Land gerichtet. Es entwickelte sich ein neuer Nationalstolz, ein nationales Bewusstsein für neue russische Größe. Im Kult um die Person Stalins war mit der alten bolschewistischen Garde der internationalistische Geist einem neuen nationalistischen Geist gewichen, der von einer neuen, auf Stalin fixierten Jugend getragen wurde. Für sie lag der zivilisatorische Fortschritt nicht mehr im Westen, sondern nunmehr im eigenen Land selbst. Sie waren es, die die Macht des Grundbesitzes und des Kapitals gebrochen hatten, nur um sich einer neuen Macht zu unterwerfen, die sich ihren Enthusiasmus zunutze machte und ihnen nicht einmal die elementarsten bürgerlichen Rechte und Freiheiten gewährte. Letzteres war ihnen allerdings nicht bewusst, da es zu keiner Zeit in Russland solche Rechte und Freiheiten gab. Die alte Diktatur war durch eine neue ersetzt worden, unter der

Russland im Eilzugtempo den historischen Rückstand wettzumachen bemüht war.

Mit dem neuen Eigenbewusstsein der in der Sowjetunion vereinten Völker orientierte sich das geistige Leben der Gesellschaft um. Der fortschrittliche Geist des alten Russlands, seine Eliten, so auch die ursprüngliche bolschewistische Führung, waren europäisch gesinnt gewesen. Die westliche Kultur und Lebensweise galten für sie als der Fortschritt, den ihnen die zaristische Despotie versagte. Lenin war durchdrungen vom europäischen Geist. Von dort hatte er die Anregungen für seine Weltanschauung bezogen und dort hatte er viele Jahre seines Lebens verbracht. Er war mit Europa verwachsen.

Stalin war Halbasiate ohne jede Bindung zur europäischen Kultur. Seine kurzen Stippvisiten in Stockholm, London, Prag und Wien hinterließen bei ihm keine Eindrücke. Der erste Teil seines Lebens spielte im kolonisierten Georgien und der zweite Teil im Kreml, den er äußerst selten verließ. Die europäische Denkungsart Lenins und seiner Genossen war für ihn nicht fasslich. Der vorherrschende Glaube an die sozialistische Revolution in den fortgeschrittenen Hochburgen des Kapitals erfüllte ihn nicht. Von den Fähigkeiten der westeuropäischen linken Parteien hielt er nichts.

Mit der die Industrialisierung begleitenden Mobilität der einst an die Scholle gebundenen Menschen strömte ein buntes Völkergemisch in die Städte des europäischen Russlands. Asiatische Nomaden-, Steppen- und Hirtenvölker zogen ein in die Fabriken, in die Hochschulen und Universitäten und in die Verwaltungen. Mit ihnen kamen völlig anders geartete, europafremde, naive Kulturen, infiltrierten und durchtränkten die bisherigen Lebensformen. Hinzu kam die Betonung des plebejischen Elements als das „fortschrittliche", die bürgerliche Kultur diskreditierende hinzu.

Die asiatischen Kulturen waren primitiv, entstammten noch vorfeudalen Produktions- und Lebensweisen. Der Proletkult hatte keine wirklichen kulturellen Wurzeln. Die alte, die westliche Welt oft in Erstaunen setzende russische Kultur, geprägt von Persönlichkeiten wie Puschkin, Tschaikowski, den Tolstois, Dostojewski, Tschechow, Gogol – dem europäischen Geist aufgeschlossen –, wurde durch eine folkloristische naive Kultur überwuchert. Russland entfernte sich geistig-kulturell von Europa.

Direkt vernichtend wirkte der Kult um die Figur Stalins auf eine große russische Kulturtradition. Stalin war weder ein glänzender Redner noch ein geistreicher Schriftsteller. Sein Stil reflektierte eine verarmte Sprache und plebejisch-primitive Ausdrucksweise. Jedoch wurde dieser Stil jetzt der Stil der ganzen Nation. Binnen Kurzem, mit wenigen Ausnahmen, z.B. Gorki, war die Gegenwartsliteratur verkommen. Die alten Dichter hörten auf zu schreiben oder schieden freiwillig, wie Jessenin und Majakowski, aus dem Leben.

Alle, die nunmehr zur Feder griffen, ob Schriftsteller, Historiker, Wissenschaftler aller Art, taten dies nur noch, um den „weißen Führer" zu lobpreisen, und sie befleißigten sich, in seinem Stil, in der Wahl seiner Worte, in der Armut seiner Sprache zu schreiben. Es gab von nun an kein Gebiet des geistigen Schaffens mehr, auf dem nicht Stalin für jedermann der Lehrmeister war. Man könnte meinen, das Märchen von des Kaisers neuen Kleidern sei für Stalin und das russische Volk unter seiner Herrschaft geschrieben worden. Hier sei angemerkt, dass sich dieser Kult um den Führer ebenfalls bis zum Ende der kommunistischen Herrschaft hielt und sich all die Bruderländer mehr oder weniger in ihrem geistig-kulturellen Schaffen dem großen Vorbild, der Sowjetunion anpassten.

Als Mitte der 30er-Jahre des 20. Jahrhunderts die sowjetische Wirtschaft einigermaßen konsolidiert war, überzog das Land wiederum eine grausige Welle stalinistischen Terrors. Ihr Höhepunkt waren die politischen Schauprozesse des Jahres 1936. In ihnen wurden die letzten Reste der Bolschewiki, die die Revolution von 1917 gemacht hatten, mit konstruierten Beschuldigungen des Hochverrates öffentlich angeklagt, zu entwürdigenden Geständnissen gepresst und als Verräter und Verbrecher hingerichtet.

In dieser Zeit verständigte sich der Oberbefehlshaber der Roten Armee, Tuchatschewski, mit seinen Generälen und hohen Offizieren, um die Spirale des Terrors aufzuhalten und Stalin zu entmachten. Doch Stalins politische Polizei war überall. Tausende hohe Offiziere wurden verhaftet, in Geheimprozessen angeklagt und in Massen hingerichtet oder deportiert. Die Führung der Roten Armee erlebte einen fürchterlichen Aderlass, von dem sie sich bis zum Ausbruch des Zweiten Weltkrieges nicht erholte.

Die nicht endenden Säuberungen, die sich in einer Eskalation stetig steigerten, begleiteten Stalins Herrschaft bis zu seinem Tod und er war der Letzte, der erkannt hätte, dass er die eigentliche Ursache war. Friedrich II. von Preußen regierte nach dem Grundsatz: „In meinem Land darf jeder nach seiner Fasson selig werden". Stalins Maxime lautete: „In meinem Land hat jeder nach meiner Fasson selig zu werden".

Er lebte einen Unfehlbarkeitsanspruch wie früher die Päpste. Jeder freie Geist – und die alten Bolschewiki aus Lenins Zeiten waren Freigeister –, der sich ihm nicht unterwarf, war ein Verräter an Lenin und der Revolution und gehörte vernichtet. So war er stets dabei, jede sich in den Eliten regende Opposition bereits im Keim zu ersticken, und er konnte nicht begreifen, dass es sein Despotismus war, aus dem notwendig immer wieder neue oppositionelle Kräfte hervorwachsen mussten.

In dieser Zeit der größten Exzesse gab es für Stalin jedoch noch einen ganz besonderen Grund für sein Handeln. Er war über die Entwicklungen in Mitteleuropa genauestens informiert und witterte instinktiv die heraufziehende Kriegsgefahr. Noch war die Erinnerung in ihm wach, wie sie einst, die Partei der Bolschewiki, die Gunst des Krieges nutzten, um die alte Herrschaft zu stürzen und selbst die Macht an sich zu reißen. So versuchte er, jegliche Opposition bis in die untersten Gliederungen von Partei und Staat auszumerzen, um im Falle des Krieges als einziger und unumschränkter Herrscher über ein ihm ergebenes und unterwürfiges Volk dazustehen. Bis zum Krieg hatte es den Anschein, es sei ihm gelungen, die alte Elite gänzlich zu vernichten und diese durch eine junge, ihm treu ergebene zu ersetzen.

Der Fortgang der Geschichte wird uns lehren, welche Folgen diese Terrorherrschaft hatte. Gewalt erzeugt Gegengewalt. In diesem Wechselspiel bewegte sich alle bisherige Geschichte und konnte solch fürchterliche Blüten treiben wie Stalin, der 30 Jahre ein großes Volk terrorisierte und einen Blutzoll einforderte, der nur noch von dem überboten werden konnte, den Hitler von der Welt forderte.

Der Blick in die Gegenwart erlaubt uns die Feststellung: Bis auf den Tag gelang es der Menschheit nicht, aus ihrer eigenen Geschichte Lehren zu ziehen. Das gilt auch für die hoch entwickelten Völker, die meinen, den Schritt in die Freiheit vollzogen zu haben. Der Terrorismus, den wir gegenwärtig weltweit bekämpfen, ist nur eine schwache Reflexion der Gewalt, die das Großkapital mit unser aller Billigung in der Welt ausübt. So haben wir auch allen Grund, darüber nachzudenken, wie unsere Spirale der Gewalt zum Stehen gebracht werden kann.

5.7 Der Zweite Weltkrieg und das Ende der Stalinära

Der Zweite Weltkrieg

Es gibt keinen Krieg, über den so viel geschrieben wurde wie über dieses große Völkermorden. Alle hier geschlagenen Schlachten wurden minutiös und detailgetreu aufgezeichnet. All das wollen wir in unserer Betrachtung weitgehend beiseitelassen. Was hier

interessiert, ist die Betrachtung des kriegerischen Aufeinander-
treffens der neuen Welt, die sich sozialistisch nannte, mit der alten Welt, die sich nationalsozialistisch nannte, in der das Kapital
in seiner brutalsten Ausprägung herrschte.

Wir wissen, dass aus dieser Völkerschlacht die Sowjetunion als
der große Sieger hervorging, selbst wenn es einige bis heute noch
nicht wahrhaben möchten. Der Zweite Weltkrieg fand im Wesentlichen in den Weiten des russischen Raumes statt und wurde hier entschieden. Jede andere Darstellung dieser Geschichte
wäre eine Fälschung. Der deutsche Faschismus warf 80 %, zeitweise sogar 90 % seiner Truppen und Ausrüstungen gegen die
Sowjetunion.

Als die westlichen Alliierten im Sommer 1944 mit 2 Jahren Verspätung endlich in der Normandie landeten, war der Krieg bereits entschieden. Sein Ende war nur noch eine Frage der Zeit.
Die Rote Armee stand fast an den alten deutschen Grenzen. Bei
der Landung der westlichen Alliierten ging es nur noch darum,
bei der Verteilung der Beute nicht zu spät zu erscheinen und ein
zu weites Vordringen der Russen in den europäischen Raum zu
verhindern.

Stalin war der überragende Sieger und kaum jemand dachte in
dem Moment an den Preis, den das russische Volk für diesen Sieg
bezahlt hatte und der auch von Stalin seinem Volk verschwiegen
wurde. Mehr als 25 Millionen Menschen aus den Völkern der
Sowjetunion hatten an den Fronten, im Hinterland, in Konzen-
trations- und Arbeitslagern ihr Leben gelassen. Noch nie zuvor
in der Geschichte der Menschheit war ein Volk so zur Ader gelassen worden. Eine ganze Generation wehrfähiger Männer war
fast gänzlich ausgelöscht worden.

Im Ruhm und Glanz des Sieges sonnte sich nur einer, der Gene-
ralissimus Stalin. Hitler wollte der „Gröfaz" – der größte Feldherr aller Zeiten – sein. Seinem zähen Widersacher wurde die

Ehrung nun wirklich zuteil. Ja selbst die Repräsentanten der kapitalistischen Führungsmächte – Roosevelt und Churchill –, die durchaus keine Freunde des Kommunismus waren, wie sich bald zeigen sollte, sprachen ehrfurchtvoll von Stalin und holten sich bei ihm militärischen Rat. Auf dem Gipfel seiner Macht wurde Stalin selbst in seinem Imperium von keiner Opposition – wenn es sie gegeben hätte – angefochten.

War dieser Stalin, dieser Gefühllose, an und für sich mittelmäßige Mann ohne Nerven, dieser Ausbund an Menschenverachtung, der sein Volk erbarmungslos angetrieben hatte, unter den Ereignissen des Krieges ein anderer geworden und gar zu einer moralischen Größe aufgestiegen? Nein, das war er nicht. Er unterschied sich nicht von dem Stalin, der in den 30er-Jahren sein Volk zur bislang größten Leistung in der russischen Geschichte unter unsäglichen Opfern aufgepeitscht hatte.

Er unterschied sich nur von seinem Herausforderer, Hitler, durch etwas mehr Weitblick, Besonnenheit und Schläue. Die beiden kriegführenden Reiche, das sowjetische wie das deutsche, haben in diesem Kraftakt auf Leben oder Tod beispiellose menschliche Energien freigesetzt, an den Fronten wie im Hinterland. Es war ein Aufeinandertreffen ebenbürtiger Kampfformationen, in dem jene den Sieg davontrugen, die über die größeren Reserven an Menschen und Material verfügten. Der Krieg war das Werk der Völker dieser beiden Reiche, die in ihn hineingetrieben wurden und der erkennen ließ, welchen gewaltigen Sprung nach vorn die sowjetische Wirtschaft und Gesellschaft unter sowjetischer Herrschaft nach dem Ersten Weltkrieg gemacht hatte.

Das überraschte nicht nur das faschistische Deutschland, sondern auch den Rest der Welt, insbesondere die USA und Großbritannien. Diese beiden kapitalistischen Großmächte wären ohne die Leistung der Russen außerstande gewesen, die faschistische Bestie, die auch ihre Einflusssphären bedrohte, zu bändigen, was sie allerdings schnell vergessen sollten.

Diese Wertungen seien der Betrachtung Stalins in diesem Zeitabschnitt vorangestellt. Es war von ihm keine geniale Voraussicht, die Bedrohung der UdSSR durch den Faschismus Mitte der 30er-Jahre zu erkennen, als er seine großen Säuberungen in Partei, Staat, Armee und Volk zur Liquidierung jeder Opposition vornahm.

In Hitlers Buch „Mein Kampf" war das Schicksal, welches er dem Bolschewismus zudachte, aufgezeichnet. Und nicht nur Stalin, sondern alle Welt wusste, dass das Weltgroßkapital gegen ein solches Schicksal des Kommunismus nichts einzuwenden hatte. Dieses hätte es durchaus gern gesehen, wenn das bevorstehende Feuerwerk beide, den Bolschewismus und den Faschismus, hinwegfegen würde. Demgemäß war auch ihre Haltung.

Allen Versuchen der Sowjetunion um ein alliiertes Bündnis wussten sie geschickt auszuweichen. Sie schauten tatenlos zu, wie Hitler seine Macht in Mitteleuropa ausbaute, und begünstigten diesen Prozess noch mit dem Münchner Abkommen, welches Hitler die Annexion der Tschechoslowakei ermöglichte. Sie hatten zugesehen, wie er die allgemeine Wehrpflicht wieder einführte, wie er die alten Rüstungskonzerne zu Höchstleistungen anhielt, was diesen durchaus nicht unangenehm war, das entmilitarisierte Rheinland besetzte, das Saarland und Österreich heim ins Reich holte. Sie verschlossen vor alldem die Augen, in der Hoffnung, Hitler von Europa abhalten und seinen Aggressionstrieb gegen die Sowjetunion lenken zu können. Wäre es in dieser Phase, in der der Faschismus erst im Erstarken war, zu einer bestimmt auftretenden großen Antihitlerkoalition gekommen, so hätte der Krieg, in dem rund 50 Millionen Menschen ihr Leben lassen mussten, vermieden werden können.

In dieser Situation streckte Stalin seine Fühler für ein Bündnis mit Hitler aus. Auch das war nicht Genialität, wie Stalins Geschichtsschreiber nach dem Krieg glauben machen wollten, sondern eine aus der Not und Angst geborene Maßnahme. Hitler drängte dann seinerseits auf einen solchen Pakt, da er die Russen in seinem bevorstehenden Polenfeldzug neutralisiert wissen wollte.

Der Inhalt dieses Paktes mit seinem Geheimprotokoll spricht nicht für den „Führer" des Weltproletariats, dem „Vater aller Völker", wie sich Stalin später nennen ließ. Er schacherte mit Hitler, wie einst Alexander I. mit Napoleon, um Gebietsannexionen (Polen, das Baltikum, Finnland) und um Einflusssphären (den Balkan, die Meerengen im Schwarzen Meer) und okkupierte diese Gebiete auch mit Hitler Zug um Zug.

Nach dem Grundsatz: „Der Zweck heiligt die Mittel" waren diese Handlungen Stalins auch nach dem Sieg über den Faschismus nicht zu rechtfertigen. Für alle imperialen Mächte des Kapitals waren solche Handlungen zwar das Normale und außerhalb aller moralischer Entrüstung, nur war eben der Bolschewismus in die Welt getreten, um eben diese bislang die Geschichte beherrschende Moral durch eine neue, höhere zu ersetzen.

Davon war bei Stalin nichts zu spüren. Er verhielt sich wie alle seine Vorbilder unter den Zaren und hatte eben keine über deren Moral stehende. Als Rechtfertigung können auch nicht die 22 Monate Zeit, die Stalin bis zum Überfall Hitlers auf die Sowjetunion gewann, herhalten, da diese Zeit nicht nur von ihm für den Ausbau seiner Verteidigung, sondern auch von Hitler zur Vorbereitung des Angriffs genutzt wurde. Die durch Annexion erzielten Gebietsgewinne Stalins schützten die Sowjetunion nicht wirksam. Sie waren in wenigen Tagen von den deutschen Truppen überrannt worden.

Der Verlauf des Krieges lässt sich in 2 Phasen einteilen. Von Beginn an standen sich hinsichtlich Truppenstärke und Ausrüstungen 2 an und für sich ebenbürtige Armeen gegenüber. Wenn die Deutschen 1941 und auch noch 1942 enorme Gebietsgewinne zu verbuchen hatten, dann deshalb, weil Stalin die drohende Gefahr, trotz rechtzeitiger Warnungen von verschiedenen Seiten, ignorierte, die Stoßkraft der inzwischen kriegserfahrenen deutschen Wehrmacht unterschätzte und seine eigene militärische Führung durch seinen Aderlass, dem Tuchatschewski und andere Elitegeneräle zum Opfer fielen, stark dezimiert war.

Die späteren legendären Marschälle der Sowjetunion wie Schukow, Wassilewski, Tschuikow, Rokossowski, Woronow, Jerjomenko, Malinowski, Rotmistrow u. a. waren zu Beginn des Krieges noch unbedeutende Offiziere, die sich ihr Rüstzeug in den ersten großen Schlachten erwarben.

Die kurze Sicht des Oberbefehlshabers Stalin in den ersten Kriegsmonaten kostete die Sowjetunion gewaltige Verluste an Menschen, Ausrüstungen und Industriekapazitäten. Angetrieben von Stalin demontierten die Russen in fieberhafter Eile Rüstungsbetriebe im europäischen Teil des Landes und verlagerten sie hinter den Ural und nach Sibirien, um mit den gleichfalls umgesiedelten Menschen die Produktion, unter freiem Himmel, sofort wiederaufzunehmen. Das war eine titanische Leistung, zu der wahrscheinlich nur ein Volk wie die Russen fähig war.

Vor Moskau, Leningrad und Stalingrad wurden die deutschen Eindringlinge gestoppt. Es stellte sich ein militärstrategisches Gleichgewicht ein, wobei die Russen die Weite des Raumes und die klimatischen Bedingungen ihres Landes geschickt zu nutzen verstanden.

Die zweite Phase des Krieges hatte begonnen. Spätestens in der Panzerschlacht im Kursker Bogen zeigte sich die Überlegenheit der Roten Armee über die deutsche Wehrmacht in allen Belangen, von der Strategie über die Truppenstärken, deren Ausrüstung bis hin zur Kampfmoral. Der lange, zähe, verlustreiche, aber unaufhaltsame Rückzug der Aggressoren begann.

Die militärische Führung der Russen lag in den Händen Stalins wie bei den Deutschen in den Händen Hitlers – beides Despoten, aber mit gravierenden Unterschieden. Hitler, ein von seiner Sendung überzeugter, an sein Genie glaubender, seine Generäle unterschätzender Diktator, bei dem die Verhältnismäßigkeit der strategischen Ziele und der verfügbaren Mittel weit auseinanderklafften.

Stalin, der zweifelnde, im Inneren unsichere, sich seine Meinung aus der Meinung der anderen bildende Diktator, der zwar nach außen auch als das Genie auftrat, gleichzeitig aber wusste, dass ihm seine Generäle in militärischen Dingen überlegen waren. Wenn Stalin als Oberbefehlshaber die Entscheidung traf, so war die Entscheidung das Produkt der Kompetenz seines Generalstabes, bei Hitler hingegen war es seine vorgefasste, oft weniger kompetente Meinung, die er seinem Generalstab aufzwang.

Natürlich war auch Stalin neidisch auf den Ruhm, den sich seine Marschälle erwarben. Deshalb verdrängte er sie nach dem Krieg auch sehr schnell aus der Öffentlichkeit, um sie wieder in Vergessenheit geraten zu lassen. Nur war er eben schlau genug, in der Zeit, wo alles auf dem Spiel stand, auf sie zu hören.

Viel geschrieben und spekuliert worden ist um die Kampfmoral der Roten Armee. Die einen sahen sie begründet in der historischen Überlegenheit der kommunistischen Weltanschauung, die anderen im Terror und der Grausamkeit der stalinschen Despotie. Beide Wertungen werden dem Sachverhalt nicht gerecht. Die Kampfmoral der Roten Armee wuchs mit ihren militärischen Erfolgen und im gleichen Maße nahm die der deutschen Truppen ab. Die kommunistische Ideologie dürfte in keinem Zeitabschnitt das ausschlaggebende Moment gewesen sein.

Vielmehr entfesselte Stalin einen Nationalismus, der dem der Deutschen kaum nachstand. Nur war der russische wesentlich wirksamer, da die Russen ihr Land verteidigten und inzwischen Kunde darüber hatten, mit welcher Bestialität die Deutschen in ihrer besetzten Heimat hausten. Im Vergleich dazu erschien ihnen der Terror, den sie unter Stalin erlebt hatten, allmählich weniger grausam und sie waren fast geneigt, diesen zu vergessen.

Stalin ließ die Heroen der Zarenzeit wiederaufersehen. Erinnert wurde an Iwan den Schrecklichen und Peter den Großen. Hohe militärische Auszeichnungen wurden als Suworow- oder Kutusow-Orden verliehen. Er selbst gab und fühlte sich wie Alexander I. nach dem Sieg über Napoleon.

Er führte keinen Krieg mehr gegen einen imperialistischen Räuber, sondern den „Großen Vaterländischen Krieg". Es war also weniger der kommunistische Geist als vielmehr die Tradition des einst hegemonialen Russlands der Zaren, die auf die Kampfmoral einwirkte. Den Zaren hatten Menschenopfer so wenig bedeutet wie auch Stalin. Bei Hitler war es nicht anders, nur hatte er ein kleineres Potenzial, auf das er zurückgreifen konnte. Mit Terror und Grausamkeit allein lassen sich große Heere nicht von Sieg zu Sieg führen.

Was militärischen Gehorsam und Disziplin betrifft, dürften die Unterschiede zwischen der deutschen Wehrmacht und der Roten Armee unbedeutend gewesen sein. Deserteure und „Vaterlandsverräter" verwirkten auf beiden Seiten ihr Leben. Diktatorischen Terror hatte das sowjetische Offizierskorps vor dem Krieg über sich ergehen lassen müssen. Das deutsche erlebte ihn während des Krieges.

Mit Kriegsbeginn gingen die „Großen Drei" – USA, Großbritannien, Sowjetunion – ein Zweckbündnis ein, welches bis zur Zerschlagung des Faschismus, aber auch nicht länger, halten sollte. In der Anfangsphase des Krieges beschwor Stalin die Bündnistreue und drängte auf die Eröffnung der zweiten Front in Westeuropa, weil er Angst vor einem Separatfrieden der Westmächte mit Hitler hatte. Sie versprachen die zweite Front für 1942, ließen sich aber bis zum Sommer 1944 damit Zeit.

Es war ihnen damit nicht eilig, sollten doch die beiden Kontrahenten erst ihre Kräfte weitgehend verschleißen. 1944 hatte sich das Blatt jedoch gewendet und nun überstürzten sie sich, um die Siegesfeier nicht zu versäumen. Als die deutsche Wehrmacht in ihrer Ardennenoffensive dabei war, die westlichen Alliierten zurück in den Ärmelkanal zu jagen, retteten sie die Russen, indem sie ihre Weichseloffensive vorzeitig starteten, in deren Folge Hitler seine Offensive im Westen abbrechen musste und er nun endgültig seine vernichtenden Schläge von beiden Fronten erhielt.

Der Schacher der Alliierten und die Nachkriegsordnung

In den 3 großen Konferenzen der Alliierten, in Teheran, Jalta und Potsdam, 1944 und 1945, ging es, neben strategisch-militärischen Fragen, um die Nachkriegsordnung Europas und der Welt. Sie teilten in gegenseitigem Einvernehmen die Welt in Interessenssphären auf, in eine östliche und in eine westliche. Eine höhere Moral wird bei den Vertretern des Weltgroßkapitals nicht vorausgesetzt. Sie schacherten, wie es dem Kapital entspricht. Bezeichnend ist vielmehr, dass Stalin, der doch im Interesse der Ausgebeuteten und Unterdrückten hätte sprechen müssen, den Schacher in gleicher Schamlosigkeit für sein sowjetisches Imperium betrieb.

Die Komintern hatte er bereits während des Krieges aufgelöst. Bei der Gestaltung der Nachkriegsordnung ließ er skrupellos die französischen und italienischen Kommunisten im Stich und rührte keinen Finger, als die Engländer und später die US-Amerikaner die von den Kommunisten dominierte Befreiungsbewegung der Griechen blutig unterdrückten.

Für seine Interessenssphäre, die Stalin von den Alliierten zugesprochen wurde, hatte er zu Kriegsende noch kein rechtes Konzept. Die späteren „Bruderstaaten" sah er in diesen Staaten damals noch nicht. Im Verlauf des Krieges auf das Thema angesprochen, meinte er: „Zu Deutschland passt der Kommunismus wie der Sattel zur Kuh."

Erst nachdem Churchill zum Feldzug gegen den Kommunismus aufgerufen und Truman seine Doktrin verkündet hatte, also sich der Kalte Krieg abzuzeichnen begann, begann auch er, unterstützt von der Roten Armee, mit der Revolution von oben in den Ostblockländern und unterwarf sie, wie sein eigenes Volk, seiner Despotie.

Als in der Sowjetunion der Rausch des Sieges vorüber war, wurde Stalin und vor allem seinem Volk die Schäden und das Elend, das der Krieg hinterlassen hatte, bewusst. Während in Westeuropa der Reichtum der USA mit dem Marshallplan bald einen neuen Anfang und Aufschwung ermöglichte, fing die Sowjetunion praktisch von vorn an. Das durch Revolution, Bürgerkrieg, Industrialisierung, Kollektivierung und den Zweiten Weltkrieg völlig erschöpfte und zur Ader gelassene russische Volk wurde von Stalin erneut zu größter Kraftanstrengung aufgepeitscht. Er stellte ihm die Aufgabe, innerhalb von 3 Fünfjahresplänen das wirtschaftliche Niveau der USA zu erreichen.

Was bis zu seinem Tode erreicht wurde, war enorm. Jedoch entwickelte sich die Industrie sehr einseitig. Durch den bereits eskalierenden Kalten Krieg, mit der Berlinblockade und dem Koreakonflikt, wurde kopflastig erneut die Rüstung angekurbelt.

Bereits während der Potsdamer Konferenz hatten die USA die ersten Atombomben gezündet. Hiroshima und Nagasaki zeigten dann der Welt die Furchtbarkeit der neuen Waffe. Stalin steckte unerhörte Mittel in die Forschung, Entwicklung, Produktion und Erprobung der Atomwaffe, um das Monopol der USA zu brechen. Das gelang. Der Vorsprung der USA wurde aufgeholt und kurz nach ihr in der Sowjetunion die erste Wasserstoffbombe gezündet. Das Wettrüsten eskalierte.

So entstand ein schreiender Widerspruch. Die Sowjetunion behauptete ihre Weltmachtstellung und das russische Volk bezahlte dafür mit Armut und Elend. Die Menschen hatten wenig zu essen – Weißkohl war ein Hauptnahrungsmittel –, kleideten sich in Lumpen und wohnten auf kleinstem Raum. Das Wohlstandsgefälle von West- nach Osteuropa war horrend. Hier liegt die tiefere Begründung für den „Eisernen Vorhang". Stalin schottete sein Land allumfassend gegen die westliche Welt, aber auch gegen die neuen Ostblockstaaten ab, da deren bescheidener Lebensstandard doch noch wesentlich über dem russischen lag. Im Inneren der Sowjetunion wurden von Stalins Apologeten der Niedergang des Kapitalismus und das Elend der dort ausgebeuteten Massen in den finstersten Farben geschildert, sodass den Russen ihr kümmerliches Dasein fast wie Wohlstand erscheinen musste.

Die Form der Herrschaft Stalins über sein Volk kehrte nach dem Krieg wieder zu den alten Praktiken der Vorkriegszeit zurück. Recht bald gab es neue Prozesse und Exzesse. Die Spirale des Terrors drehte sich wieder und breitete sich nunmehr auch auf die Ostblockländer aus. Jede eigenständige Regung, jeder Versuch, auch der schwächste und untertänigste, die von der Sowjetunion überkommene Politik zu reformieren, wurde als Verrat an der kommunistischen Sache, als Komplott mit den imperialistischen Mächten, geahndet, Menschen erneut in den Tod oder die Lager geschickt. Mitten in einer solchen Welle neuen Terrors – diesmal gegen die Kremlärzte – starb er am 05.03.1953 nach 30 Jahren despotischer Herrschaft über die sowjetischen Völker.

Wertung der Lenin- und Stalinära

Bevor wir uns der neuen Zeit nach der Stalinära zuwenden, bedarf es der Wertung der Geschichte, die unter Lenin begann und sich unter Stalin vollzog. Gab und gibt es doch Stimmen, das sind vor allem Kommunisten und Sympathisanten, die in edler Gesinnung die meiste Zeit ihres Lebens dieser Sache hingegeben haben, die nun meinen, Stalin habe doch gar keine andere Wahl gehabt. Er musste die Industrialisierung und Kollektivierung mit Brachialgewalt durchpeitschen, sonst hätte die Sowjetunion dem faschistischen Aggressor nicht widerstehen können, und nach dem Krieg sei das Land erneut von der massiven Front des Kalten Krieges eingekreist und in den Rüstungswettlauf getrieben worden. So könnte die Meinung aufkommen, Stalin sei nur der geschichtlichen Notwendigkeit gefolgt und habe keine andere Wahl gehabt. Hinzu kommt die Tatsache, dass in den 70 Jahren Sowjetmacht es nur die Stalinperiode war, in der historisch Bedeutendes geleistet wurde. So einfach als naiver Determinismus darf historische Notwendigkeit nicht verstanden und Geschichtsverständnis auch nicht gebeugt werden.

Das Ergebnis von Marx' Lebenswerk bestand in der Feststellung, dass die kapitalistische Produktionsweise historisch bedingt und endlich ist, wie jede Produktionsweise vor ihr, und er war sich klar darüber, dass die Ablösung dieser gesellschaftlichen Ordnung in den hoch entwickelten Industrieländern, in den Hochburgen des Kapitals, beginnen und, von hier ausgehend, allmählich die gesamte Welt erfassen würde. Er schweigt sich darüber aus, wie sich dieser Ablösungsprozess vollzieht und welche konkreten Konturen die neue Gesellschaft annehmen wird. Ihm war also bewusst, dass die Ablösung der kapitalistischen Produktionsweise noch nicht bevorstand.

Lenin bereitete sich ab der Jahrhundertwende, also nach Marx' Tod, 20 Jahre lang auf die russische Revolution vor, schuf dafür eine kampferprobte Partei und führte sie erfolgreich durch. Sein Voluntarismus trieb dabei eine Reihe fantastischer Blüten. Dennoch war Lenin ein hochgebildeter Mensch und nicht unbedingt ein Abenteurer.

Die russische Situation war gegen Ende des Ersten Weltkrieges eine andere als in der Mitte und im Westen Europas. In Russland hatte sich das Ancien Régime am längsten behauptet und die Entwicklung der kapitalistischen Produktionsweise verhindert. In Frankreich war der politische Durchbruch der kapitalistischen Produktionsweise bereits 130 Jahre vorher und in England noch

100 Jahre früher erfolgt. In Mitteleuropa kam diese Revolution auf leisen Sohlen nach den napoleonischen Kriegen, vollendet mit der bismarckschen Revolution von oben und dadurch bedingt mit den spezifischen Herrschaftsformen im Machtbereich der Hohenzollern und Habsburger.

All das war an Russland bis in den Beginn des 20. Jahrhunderts hinein vorbeigegangen und die Zaren hatten mit despotischen Mitteln versucht, den Fortschritt der Zeit aufzuhalten. So verschärften die aus dem West-Ost-Gefälle erwachsenden Widersprüche die politische, ökonomische und gesamtgesellschaftliche Situation. Der dadurch im Inneren des Kessels entstehende Druck musste zwangsläufig eine Eruption auslösen. Das erste Beben kam 1905. Nochmals gelang es der Zarenherrschaft, das Ventil notdürftig zu schließen. Aber eben nur für kurze Zeit.

Die objektiv notwendig gewordene radikale Umgestaltung der Gesellschaft war unvermeidlich. Lenin erkannte, dass der nächste Ausbruch des Vulkans folgen würde, und bereitete sich auf die Revolution vor. Er machte sich zum Führer der unterprivilegierten Klassen, der Bauernschaft und der gerade im Entstehen begriffenen Arbeiterschaft, da in Russland ein starkes und leistungsfähiges Bürgertum, wie 1789 in Frankreich, nicht vorhanden war und unter der Zarendespotie nicht entstehen konnte. Das in Russland schwach entwickelte Kapital war auch noch in großem Umfang ausländischer Herkunft. Mit den Sansculotten spielten auch in der Französischen Revolution die unterprivilegierten Klassen eine Rolle. Der Hauptakteur aber war die Bourgeoisie, die sich in der Revolution der unteren Schichten des Volkes bediente.

Sicherlich war Lenin ein Fantast, hatte die realen Möglichkeiten der Revolution betreffend Illusionen sowie keine klaren Vorstellungen von Ziel und Weg des gesellschaftlichen Umbruchs. Alle diesbezüglichen Konzepte wurden in der Hitze der Gefechte geboren. Er war ein Machtmensch und er errang die Macht.

Er konnte die Macht leicht erringen, weil er den dazu fähigen Kampfbund geschaffen hatte und keine ernst zu nehmenden Mitbewerber vorhanden waren, da die bürgerliche Mitte fehlte. Die Eigenheiten der Partei der Bolschewiki, dieser konspirative, zentralistisch organisierte, disziplinierte Kampfbund von Berufsrevolutionären, ergaben sich aus dem russischen Polizeistaat, in dem jede politische Betätigung brutal unterbunden wurde und der das gesamte Volk bespitzeln ließ.

Die wenigen Jahre, die Lenin nach der Revolution noch lebte, waren ausgefüllt mit Bürgerkrieg und Krankheit. Während sich die Machtübernahme friedlich vollzog, wurde der Bürgerkrieg mit äußerster Härte geführt. Aber nicht, weil Lenin ein Gewaltmensch war, sondern weil der Gegner entsprechend war und nur mit Gewalt besiegt werden konnte. Lenins Einstellung zu Gewalt entsprach der von Marx vermittelten. Dieser hatte bemerkt, wenn eine noch bestehende, aber historisch abtrittsreife Ordnung mit einer neuen Ordnung schwanger gehe, bedürfe es oft der Gewalt als Hebamme, um die Geburt zu ermöglichen, wie im Frankreich von 1789 geschehen. Nur ist eben Gewalt nicht Wesensmerkmal der neuen Gesellschaft, sondern eine punktuelle, flüchtige Erscheinung im Geburtsvorgang.

Als der Bürgerkrieg zu Ende war, entwickelte Lenin seine Neue Ökonomische Politik (NEP), ein vorsichtiger Schritt, um die errungene Macht zu stabilisieren. Ihm war schon bewusst, in Russland keine Grundlagen zu besitzen, auf denen sich eine sozialistische Ordnung errichten ließ. Und es könnte ihm bewusst geworden sein, welche Verantwortung er mit der Revolution auf sich geladen hatte. Vor allem spürte er in der Zeit seiner langen Krankheit, welche Gefahr in der Partei, wie er sie formte, die sich in der Phase des politischen Umbruchs durchaus bewährte, für den Fortgang der friedlichen Entwicklung der Gesellschaft ruhte. Zumindest lassen sich derartige Gedanken aus seinen letzten schriftlichen Zeugnissen vermuten. Alle weiteren Überlegungen darüber, was Lenin in den Jahren ab 1924 für die Entwicklung seiner Partei und der russischen Gesellschaft verfügt haben würde, wenn er nicht gestorben wäre, liegen im Reich der Spekulation. Er starb, ohne etwas über den weiteren Weg der Revolution zu hinterlassen.

Lenin, der russische Intellektuelle mit hoher Begabung, der sich eine lange Zeit seines Lebens im westlichen Ausland aufgehalten hatte, kannte den sozialen Konflikt zwischen Kapital und Arbeit aus Theorie und Praxis, der in dieser Form in Russland erst in der Herausbildung begriffen war. Seine recht eigenwilligen „Theorien" über Revolution und sozialistische Gesellschaft sind aus der Rückständigkeit Russlands geboren.

Die Ziele seiner Revolution standen im krassen Gegensatz zur vorgefundenen Realität, weshalb er nach den Bürger- und Interventionskriegen eine ökonomische Politik entwarf (NEP), die den Realitäten eher entsprach und als eine Korrektur seiner bisherigen Auffassungen verstanden werden darf. Ihm dürfte noch bewusst geworden sein, dass ohne das kapitalistische Durchgangsstadium auf einer feudalen ökonomischen Basis sich keine freie Gesellschaft ausformen kann.

Im Vergleich zu Lenin war Stalin, den jener lediglich als Zuschläger, als nützliches Werkzeug zur Erledigung steriler Aufgaben in die Parteiführung aufnahm, nur ein intellektueller Zwerg. Jedoch hatte dieser, von allen unbemerkt, längst die wirkliche, die reale Macht über die Partei und damit über die Gesellschaft weitgehend an sich gebracht. In der Theorie war er ein Dilettant, tiefschürfende Gedanken über die Entwicklung der Gesellschaft oder gar eine moralische Verantwortung war von ihm nicht zu erwarten.

Lenins geistige Hinterlassenschaft erklärte er zum Dogma, dem er eigene, leere, sterile, platte Glaubensformeln hinzufügte. Mit diesem religiösen Dogma herrschte er despotisch über das russische Volk, seinen großen Zarenvorbildern nicht nachstehend. Das war durchaus nicht unähnlich der mittelalterlichen Scholastik der katholischen Kirche, in der die kirchlichen Dogmen die einzige Bildungsquelle waren und die Inquisition das Instrument des Terrors war, um das Volk beim rechten Glauben und in Untertänigkeit zu erhalten. Die beiden Instrumente, das orthodoxe marxistisch-leninistische Dogma und den Terror, handhabte Stalin vollendet, um seine Macht aufrechtzuerhalten. Seine Herrschaft bestätigte nur, dass sich auf einer vorkapitalistischen ökonomischen Basis kein moderner gesellschaftlicher Überbau ausformen kann.

Den Glauben der Bolschewiki an die Weltrevolution teilte Stalin nie. Er hielt, wie einst das Volk Israel, das russische Volk für das auserwählte, die Menschheit ins Gelobte Land zu führen. Seine Bildung war die einer Klosterschule und die hier erhaltene scholastische Erziehung prägte seine Denk- und Handlungsweisen nachhaltig. Er war alles andere als ein im bolschewistischen Geist der politischen Emigranten denkender Mensch.

Von der fortschrittlichen Arbeiterbewegung Europas, ihren Erkenntnissen, Erfahrungen und Traditionen, von ihren politischen Spielräumen und Kampfformen, die sich grundlegend von denen der Bolschewiki unterschieden, hatte er wenig fundierte Kenntnisse und Vorstellungen. Er blickte von oben herablassend auf sie, hielt diese Bewegung für defätistisch, opportunistisch und bürgerlich verkommen. Die noch von Lenin ins Leben gerufene Komintern behandelte er wie eine Sektion der Bolschewiki, machte sie zu seiner fünften Kolonne im Westen Europas. Die hier agierenden kommunistischen Parteien gerieten in immer größeren Widerstreit zwischen den Direktiven von Stalin und den politischen Gegebenheiten und Möglichkeiten des politischen Kampfes in ihrer Heimat.

Unsere Ausflüge in die Geschichte hatten uns gezeigt, dass Geschichte immer der Notwendigkeit folgt, die aus dem Inneren der ökonomischen Basis der Gesellschaft aufsteigt und das aktive politische Handeln bestimmt. Geschichte folgt also dem Zeitgeist, und je nachdem ob die Führungspersönlichkeiten den Geist der

Zeit erkennen und ihm folgen oder nicht, begründen sie eine erfolgreiche oder wenig erfolgreiche Epoche.

Aus der ökonomischen Basis der russischen Gesellschaft mit Beginn des 20. Jahrhunderts erwuchs die Notwendigkeit des gesellschaftlichen Wandels hin zu einer kapitalistischen Gesellschaft, die Notwendigkeit einer bürgerlich-demokratischen Revolution, um die Zarendespotie hinwegzufegen. Das war das Gebot der Stunde und nicht eine sozialistische Revolution, ausgehend von einer schwachen feudalen ökonomischen Gesellschaftsbasis. Hätte Lenin die Zeichen der Zeit richtig erkannt und wäre er diesem Weg gefolgt, wäre den Russen viel Not und Elend erspart geblieben. Der ihm folgende Stalin war nicht der Geist für tiefergehende Überlegungen. Deshalb beendete er die NEP und führte das russische Volk in ein gefährliches Abenteuer.

Lenin war die charismatische Figur der russischen Geschichte, der befähigt war, die Revolution auszulösen, die fast 130 Jahre vorher in Frankreich stattgefunden hatte. So weit lag Russland 1917 in seiner gesellschaftlichen Entwicklung gegenüber Westeuropa zurück.

In Deutschland, in der Mitte Europas, gab es am Ende des Ersten Weltkrieges ebenfalls eine revolutionäre Situation, die in die Weimarer Republik führte. Auch hier gab es mit Friedrich Ebert, Phillip Scheidemann, Karl Liebknecht und Rosa Luxemburg charismatische Persönlichkeiten, zwischen denen aber keine Einigkeit bestand. Ebert und Scheidemann setzten auf die demokratische und Liebknecht und Luxemburg – nicht unbeeinflusst von Lenin – auf die sozialistische Republik. Demokratie war allerdings auch für sie unabdingbar. Luxemburg stellte sich in ihrer Schrift zur russischen Oktoberrevolution gegen die von Lenin praktizierte Parteidiktatur der Kommunisten mit dem Satz: „Freiheit ist immer die Freiheit der Andersdenkenden". Damit machte sie klar, Freiheit als Privileg einer Gruppe oder Partei ist keine Freiheit.

Das von Stalin errichtete Terrorregime musste zwangsläufig abschreckend auf die europäische Arbeiterschaft, die durchaus sozialistischen Ideen aufgeschlossen war, wirken, weil sie darin nichts Sozialistisches nach ihrer Vorstellungswelt finden konnte. So trieb Stalin die zahlenmäßig schwachen kommunistischen Parteien Europas in die Rolle von Sektierern, stürzte sie in die folgenschwersten Abenteuer und er regierte in diese Parteien mit gleicher Brutalität hinein wie in die der Bolschewiki. Durch ihn wurde die kommunistische Idee auf den Hund gebracht und entwickelte sich, aufgeheizt von der herrschenden antikommunistischen Ideologie, zu einem Schreckgespenst der Völker.

Wir hatten gesehen, wie sich vor allem in Mitteleuropa die sozialen Widersprüche in der Gesellschaft zuspitzten, wie auch das Kapital durch den verlorenen Ersten Weltkrieg schwer angeschlagen und diskreditiert war. In seiner existenzgefährdenden Krise – die Arbeiterbewegung war stark – förderte das Kapital die radikalen faschistischen Bewegungen, um die eigene Haut zu retten. Die Einmischung Stalins in die Belange der europäischen Arbeiterbewegung hatte jedoch dramatische Folgen. Bereits im September des Jahres 1924, als die faschistische Bewegung, namentlich in Deutschland, noch nicht Massenbewegung war, die er offensichtlich in ihrem Wesen nicht zu deuten wusste, vertiefte Stalin die Spaltung zwischen Sozialdemokraten und Kommunisten, hetzte sie in einen Kampf gegeneinander.

Er bezeichnete die Sozialdemokraten als den gemäßigten Flügel des Faschismus und steigerte sich in die Infamie, Sozialdemokraten und Faschisten seien keine Antipoden, sondern Zwillingsbrüder. (SW 6/253)[36] Kein Wunder, dass die vom Kapital heraufbeschworene bolschewistische Gefahr glaubhaft wurde und Aufnahme in breiten Schichten der Bevölkerung fand.

Nicht nur der Faschismus radikalisierte die Gesellschaft in Mitteleuropa, sondern auch Stalins 5. Kolonne, die von Moskau aus gesteuerte kommunistische Bewegung. Die Machtergreifung der

Faschisten hätte durch die Aktionseinheit der Arbeiterschaft verhindert werden können. Der Urheber der Spaltung war der Sektierer Stalin. Seinem inneren Wesen nach war er, im Unterschied zu Lenin, nicht Internationalist, sondern großrussischer Chauvinist.

Sein internationalistisches Bekenntnis war eine leere und eben nicht von ihm gelebte Glaubensformel. Er war unfähig, zu erkennen, dass die europäische Arbeiterbewegung eine aufgrund der fortgeschrittenen Gesellschaft fortschrittliche Bewegung war, die der russischen viel voraushatte, sodass sich deren Vorstellungen von einer modernen Gesellschaft durchaus nicht mit den primitiven Vorstellungen Stalins deckten. Stalin war ein Halbbarbar ohne zivile Werte und Kultur, dem die Macht zugewachsen war, von einer aus vorkapitalistischen Verhältnissen erwachsenen Weltsicht aus Einfluss auf die Geschichte der entwickelten Welt auszuüben.

Konzeptionslos, bar jeder Einsicht in die Größe der historischen Aufgabe, getrieben von den Ereignissen, führte er sein Volk in ein Abenteuer, das er Sozialismus nannte. Die Geschichte kennt kein Beispiel, wo es einem in vorfeudalen Verhältnissen lebenden Volk gelungen wäre, ohne das feudale Durchgangsstadium eine moderne kapitalistische Gesellschaft zu errichten.

Es ging eben nicht, wie Stalin schlechthin meinte, um den Sozialismus in einem Land, sondern um Sozialismus auf feudalen Fundamenten. Als sich in Frankreich 1789 die bürgerliche Gesellschaft mit Gewalt die politische Macht eroberte, war die kapitalistische Produktionsweise im Inneren der Gesellschaft bereits weit entwickelt. In England war dies bereits 100 Jahre früher geschehen. Von Frankreich aus konnte der Kapitalismus seinen Siegeszug auf dem Kontinent beginnen und eine Position nach der anderen erobern.

Die gesamte europäische Geschichte ist ein Spiegelbild dafür, dass der gesellschaftliche Fortschritt stets vom Westen ausgehend sich nach Osten fortbewegte, der wirkliche revolutionäre Prozess immer diesen Weg nahm und Russland am äußersten östlichen Rand zuletzt davon berührt wurde. Dieser Gang der Geschichte sollte nun umgekehrt werden.

Stalin verwechselte die politische Machtergreifung mit der wirklichen Revolution, eine Täuschung, der in gewisser Weise auch sein geistiger Vater, Lenin, aufgesessen war. Wenn Anfang des 20. Jahrhunderts wirklich vom Heranreifen der Bedingungen für eine sozialistische Produktionsweise hätte gesprochen werden können, so waren jene nicht in Russland, sondern eher in Westeuropa und in Nordamerika auszumachen.

Der Kapitalismus konnte zuerst in England entstehen, weil es durch seine Insellage relativ geschützt und vom Kontinent isoliert war und der Adel, die im Feudalismus herrschende Klasse, sich in den Rosenkriegen weitgehend selbst vernichtet hatte.

Die neue Produktionsweise feierte in den USA frühzeitig Triumphe, weil sie, zumindest in den Nordstaaten, keinen Feudalismus zu besiegen hatte. Die Ureinwohner, die die in immer neuen Wellen ankommenden Siedler vorfanden, lebten noch in Sippen- und Stammesverbänden, also in den Urformen menschlicher Zivilisation. Sie waren nicht einmal als Sklaven geeignet und konnten sich nicht in die moderne Gesellschaft integrieren.

Als Frankreich die feudale Ordnung zerschlug, bäumte sich das Ancien Régime, welches in Mittel- und Osteuropa noch herrschte, mit allen ihm zu Gebote stehenden Mitteln gegen die Neuerung auf. Nach Napoleons Niederlage war das Ancien Régime auf dem Wiener Kongress ein letztes Mal siegreich und versuchte die alte Ordnung in Frankreich zu restaurieren.

Die Geschichte belegt das Scheitern dieser Restauration. Die napoleonischen Kriege hatten Mitteleuropa mit dem neuen Bazillus infiziert. Nur eben ein Land, Russland, ganz im Osten, war vom gesellschaftlichen Fortschritt unberührt geblieben. Hier überdauerte das Ancien Régime noch weitere 100 Jahre, während in seinem Inneren, in seinen gewaltigen asiatischen Räumen auch noch vorfeudale Produktionsweisen fortexistierten.

Als der Kapitalismus in seinen westlichen Hochburgen Einzug gehalten hatte und in seine starke, reife Phase eintrat, das Beste noch vor sich habend, griffen die Bolschewiki, vom Irrglauben einer bevorstehenden Weltrevolution geleitet, in den normalen Geschichtsverlauf ein und Stalin wollte diesen nun auf den Kopf stellen. Die Ahnungslosigkeit dieses Sohnes georgischer Leibeigener war frappierend. Er führte ein großes Volk auf den Weg in die Katastrophe. Eine klare Vorstellung von einer sozialistischen Welt und ihren ökonomischen Grundlagen besaß er nicht. Bereits Lenin hatte eine einseitige, sektiererische Revolutionstheorie entwickelt, die den Auffassungen von Marx diametral entgegenstand. Natürlich gab es in der russischen Gesellschaft einen Konflikt zwischen den sich ausbreitenden Produktivkräften des Kapitals und den herrschenden feudalen Produktionsverhältnissen. Nur rebellierten diese Produktivkräfte nicht gegen die kapitalistischen Produktionsverhältnisse, denn die waren gerade erst im Entstehen begriffen, wurden aber jetzt mit dem Roten Oktober hinweggefegt.

So konnte es nicht ausbleiben, dass das Weltgroßkapital, die eigentliche reale Macht in der Welt, alarmiert wurde und gegen die bolschewistischen Unruhestifter intervenierte. „Was ist das, das Weltgroßkapital?" werden sich einige fragen. Es gibt keine Weltvereinigung, in der sich alle Kapitaleigentümer organisieren. Einer solchen Organisation bedarf es auch nicht. Natürlich befinden sich alle Kapitale, die großen wie die kleinen, in einem stetigen Kampf gegeneinander, sind feindliche Brüder. Und wir erleben täglich, wie ein Kapital das andere totschlägt. Und dennoch gibt es eine magische Kraft, die sie alle eint, die sie stärker aneinander kettet als Prometheus an den Felsen.

Das Kapital ist ein Weltbund, zusammengetreten, um über den Mehrwert das von der Weltbevölkerung geschaffenen Mehrprodukt abzuschöpfen. Die Möglichkeit, aus fremder Arbeit Profit zu ziehen, schweißt alle Kapitale ohne Worte zu dieser Gemeinschaft zusammen, die sich am Stallgeruch erkennt, und das Kapital handelt wie ein Mann, wenn diese Möglichkeit, wo immer auch in der Welt, infrage gestellt wird.

Die Geschichte der Sowjetunion ist das Martyrium dieses ungleichen Kampfes gegen eben diese unüberwindliche Weltmacht mit Intervention, mit Wirtschaftsblockade, mit dem Zweiten Weltkrieg, mit 40 Jahren Kaltem Krieg, und mit Embargos aller Art, bis dieser Funken schließlich ausgetreten war. Reagan nannte die Oktoberrevolution einen Verkehrsunfall der Geschichte. Aus der Interessenlage des Großkapitals heraus betrachtet hatte er damit recht – eine Revolution zur falschen Zeit am falschen Ort.

Erstaunlich ist dennoch, wie oft das Kapital vor diesem kommunistischen Fehlversuch gezittert hat, wie seine Sprecher Stalin während des Zweiten Weltkrieges hofiert haben und welche fürchterlichen Blüten der von den USA aufgepeitschte Antikommunismus nach dem Zweiten Weltkrieg hervorbrachte. Die in dieser Zeit veranstalteten Hexenjagden auf alles, wodurch sich das Kapital in seiner Weltmachtstellung bedroht fühlte, wodurch jeder fortschrittliche Gesellschaftsgedanke unterdrückt wurde, entsprach einer Inquisition des Geistes. Zum einen zeigt das die Schwäche der Eliten des Kapitals, ihre intellektuelle Armut, und zum anderen erhalten wir Aufschluss über die Urkräfte der sozialistischen Ideen, die selbst in der perversen Erscheinungsform des Stalinismus noch schwache Anziehungskräfte entwickeln konnten.

Mit dem Tod Lenins stand Sowjetrussland an einem Scheideweg. Stalin war nicht die historische Persönlichkeit, den richtigen Weg einzuschlagen. Eine Demokratisierung der russischen Gesellschaft bei gleichzeitiger Entfaltung eines temperierten, von den neuen herrschenden Klassen und ihren politischen

Organisationen kontrollierten, gebändigten Kapitalismus hätte die Welt und das russische Volk vor vielen Entartungen des abgelaufenen Jahrhunderts bewahrt, die brutalsten Exzesse des Kapitals – den Faschismus – verhindert und die Position der Arbeiter in ihrer Auseinandersetzung mit dem Kapital gestärkt. Die sozialistischen Elemente in der noch bestehenden kapitalistischen Gesellschaft wären sicherlich heute bereits ausgeprägter, Arbeitslosigkeit, Sozialabbau und neue Armut in der Gegenwart eventuell ausgeblieben sowie das starke ökonomische und soziale Gefälle zwischen entwickelter und unterentwickelter Welt weiter abgebaut. Auch der Raubbau an der Natur hätte gebremst werden können.

Während Lenin, als Internationalist, noch von einer zukünftigen sozialistischen Weltordnung träumte, war davon bei Stalin nichts mehr zu spüren. Seine Prägung, das zeigt sein Werdegang, war ein zum Chauvinismus übersteigerter Nationalismus. Deshalb führte er auch nicht einen Krieg gegen den faschistischen Aggressor, der die Sowjetunion überfallen hatte, sondern den „Großen Vaterländischen Krieg". Sein Nationalismus unterschied sich nicht von dem Hitlers.

Schließen wir die Betrachtung mit einem Abgleich zwischen Stalin und Hitler. Beide haben zunächst viele Gemeinsamkeiten, waren Despoten und unterdrückten jede Opposition mit schlimmstem Terror, beide forderten ihr Volk bis zum Äußersten, waren bar aller Menschlichkeit, ohne Kultur und zivile Werte. Was sie unterscheidet, ist nicht aus der Eigenart ihrer Personen, sondern nur aus der historischen Leistung zu beurteilen.

Hitler hat keinerlei gesellschaftsverändernde Leistungen vollbracht. Er hinterließ ein zerstörtes Land und ein der Barbarei verfallenes Volk. Nach Hitler war die deutsche Gesellschaft die gleiche wie zuvor, mit ihrem Großkapital, ihrer Mittelklasse, den Bauern, Industrie- und Landarbeitern. Deutschland unterschied sich in der sozialen Ordnung nicht vom Deutschland der

Weimarer Republik, hatte nur einen zwecklosen Aufruhr sowie enorme materielle und ideelle Defizite gebracht.

Stalin hatte ein halb wildes, halb barbarisches, zum Teil noch in Sippen- und Stammesverbänden lebendes Volk von Analphabeten vorgefunden. Nach seinem Ende zeichnete sich eine völlig neue Gesellschaftsstruktur ab. Er hinterließ ein, wenn oft auch etwas naives, aber dennoch gebildetes Volk mit einer starken Industriearbeiterschaft; eine Bauernschaft, die sich moderner Produktionsmittel bediente, und eine in Naturwissenschaft, Technik und Ökonomie befähigte Intelligenz.

5.8 Der Staatssozialismus und sein Untergang

Stalins Tod hinterließ ein selten zu beobachtendes Machtvakuum, wenigstens vergleichbar dem nach dem Tod Ludwigs XIV. in Frankreich. Nichts konnte die absolutistische Herrschaftsform deutlicher hervortreten lassen als dieses Ereignis. In den 30 Jahren seiner Herrschaft hatte er im Prinzip 2 Generationen kommunistischer Führungseliten liquidiert – zum einen die unter Lenin entstandene und zum anderen die an seiner Seite gewachsene. Er hinterließ eine Parteiführung von Komplizen und willfährigen Helfershelfern seines Terrorregimes. Sie besaßen keine moralische Legitimation, die in der Sowjetunion vereinigten Völker in die Zukunft zu führen.

In den kommunistischen Satellitenstaaten standen – mit Ausnahme von Jugoslawien – von Stalin handverlesene Kader in den Spitzenpositionen von Partei und Staat. Alle eigenständigen, sich seinem Diktat nicht unterwerfenden Persönlichkeiten der europäischen kommunistischen Bewegung hatte Stalin – soweit sie nicht dem faschistischen Terror zum Opfer gefallen waren – während ihres Aufenthaltes als Emigranten in der Sowjetunion liquidiert.

Nikita Sergejewitsch Chruschtschow legte zwar in seiner Geheimrede auf dem 20. Parteitag der KPdSU im Februar 1956 die Verbrechen Stalins offen – ein verspäteter Versuch auch der eigenen Rechtfertigung –, änderte aber nichts Wesentliches am Machtmonopol der Parteiführung und an der sowjetischen Politik. Längst überfällige Reformen des unter Stalin verkrusteten Systems fanden auch unter seiner Herrschaft nicht statt. Es waren wirtschaftliche Misserfolge und seine Sprunghaftigkeit, die seine Führungsposition schwächten und zu seinem Sturz im Herbst 1964 führten.

Mit Leonid Breschnew trat ein Apparatschik an die Parteispitze, der die KPdSU bis zu seinem Tode im November 1982 auf Stalins Kurs hielt, wenn auch ohne dessen physischen Terror. Damit ist es auch berechtigt, von Poststalinismus zu sprechen. Chruschtschow hatte zwar den stalinistischen Terror aufgedeckt, Stalins Statuen und Bilder verschwanden, seine „Werke" wurden nicht mehr gedruckt und seine Mumie aus dem Mausoleum entfernt, jedoch lebte Stalins Geist, sein Führungsstil, in der Lenkung von Partei und Staat in der Sowjetunion und in den Bruderländern fort.

Stalin, fantasielos, wissenschaftlich-theoretisch wenig gebildet, in der Ökonomie nicht bewandert, regierte gänzlich ohne jede Vision und jedes Konzept, getrieben von den Ereignissen, nur darauf bedacht, seine despotische Herrschaft zu stabilisieren. Er erhob Lenins geistige Hinterlassenschaft in den Rang eines kirchlichen Dogmas und ließ Partei und Volk darin geistig erstarren. Streng genommen wurde damit Lenin zum Schlusspunkt der Geschichte hochstilisiert. Von nun an waren alle Antworten auf die Fragen der Zeit bei Lenin zu suchen und zu finden. Dabei waren alle geistigen Produkte, die Lenin hinterließ, mehr oder weniger aus aktuellen Umständen, unter denen er handelte, geschöpft und alles andere als eine ausgereifte sozialistische Gesellschaftstheorie.

Natürlich gab es bald eine gesellschaftswissenschaftliche Forschung in der Sowjetunion. Deren Aufgabe war es aber nicht, die sozialistische Gesellschaftstheorie zu entwickeln, sondern von nun an die Einheit und Reinheit des Leninismus zu bewahren, vergleichbar der Bewahrer der katholischen Dogmenlehre. So wurde alles, was unter historisch konkreten Bedingungen im Zeitraum der russischen Revolution von Lenin improvisiert worden war, zu ewigen und endgültigen Wahrheiten erhoben, so die zentralistische Parteiauffassung, die Unterdrückung jedweder Opposition, die zentral geplante Befehlswirtschaft, der Führerkult und all die Befremden hervorrufenden Entartungen, die uns aus der geschichtlichen Periode des Kommunismus überliefert sind.

Stalin mobilisierte sein Volk zum einen mit Angst, Schrecken und Terror sowie zum anderen mit den sichtbaren Erfolgen der Industrialisierung und Kollektivierung, die auf eine lichtere Zukunft hoffen ließen. Unter seiner Herrschaft war das Leistungsprinzip noch voll wirksam. Aus seiner Sicht war er erfolgreich. Russland stieg auf zur Weltmacht.

Im Zweiten Weltkrieg war die Sowjetunion über eine Sektion des Weltgroßkapitals, über seine faschistische Ausgeburt, siegreich. Die Opfer waren unsäglich und nur vom leidensfähigen russischen Volk leistbar. Die Folge war eine weltweite Allianz des Kapitals gegen das größer gewordene Sowjetimperium.

Stalin nahm die Herausforderung des Kalten Krieges mit seinem wahnwitzigen Rüstungswettlauf bedenkenlos an. Etwas anderes war bei seiner engen Weltsicht von ihm nicht zu erwarten. Menschliche Rücksichten waren ihm fremd. Er war nicht der Mann der tieferen Einsichten. Zu Beginn des Kräftemessens war das Gefälle in der wirtschaftlichen und sozialen Leistungsfähigkeit der diametralen Gesellschaftssysteme bereits unübersehbar. Der Rüstungsaufwand belastete die Völker in der sowjetischen Welt ungleich stärker als in der Welt des Kapitals. Dennoch hatte es bis zum Beginn der 1960er-Jahre den Anschein, die Sowjetunion könne das Gleichgewicht des Schreckens halten. Erst in den folgenden Jahrzehnten wurde unübersehbar, dass sich das kapitalistische Wirtschaftssystem dem kommunistischen als überlegen erwies.

Stalins Erben hatten es in der Hand, eine politische Wende einzuleiten. Jedoch sollten nach Stalins Tod nochmals 30 Jahre vergehen, bis diese unter Gorbatschow begann. Der Vergleich von 30 Jahren Stalinismus mit den 30 Jahren Poststalinismus lässt Stalins Erben nicht gut aussehen. Das gilt für die Sowjetunion wie für ihre „Bruderstaaten".

Es sollte sich recht bald erweisen, dass das Sowjetsystem keine dem Kapitalismus ebenbürtigen Triebkräfte in der Gesellschaft entfalten konnte. Der nach dem Vorbild der USA reformierte Kapitalismus setzte auf das Eigennutzstreben, auf den Egoismus der Menschen, also auf die biologisch-gesellschaftlichen Urkräfte, die aus der Klassengesellschaft erwachsen. Marx' Geschichtsauffassung vom Kapitalismus als letzte antagonistische Gesellschaftsformation deutet die historische Beschränktheit des Eigennutzstrebens als gesellschaftliche Triebkraft an. Sie bestimmte die Vorgeschichte der Menschheit und wird sich mit dem Ende der Klassengesellschaft überleben.

Jedoch waren für diesen grundlegenden gesellschaftlichen Umbruch, auf den wir noch zurückkommen werden, im rückständigen Russland zu keiner Zeit ökonomische Grundlagen vorhanden. Eigennutzstreben war im Sowjetkommunismus verpönt, moralisch geächtet. Jeder hatte im Sinne höherer, hehrer gesellschaftlicher Ziele zu handeln. In der Ära Stalins, der konsequent am Leistungsprinzip festhielt, war es noch möglich, mit Blick auf die Zukunft, Massenenthusiasmus zu erzeugen, zumal der permanente Terror mit Angst nachzuhelfen verstand. Der Krieg steigerte jene Leistungsbereitschaft ins Übermenschliche. Diese hielt auch nach dem Krieg noch vor, als es darum ging, das hinterlassene Elend möglichst rasch zu überwinden. Das galt auch für die unter sowjetischen Einfluss geratenen „Bruderstaaten".

Die Hoffnung auf bessere Zeiten kann Völker eine begrenzte Zeit motivieren. Die Motivation verebbt, wenn sich gegebene Versprechen nicht erfüllen. Demotivation musste sich ausbreiten, als die Unterschiede im Lebensniveau im Vergleich zur westlichen Welt nicht kleiner, sondern größer wurden – eine Tatsache, von der sich die Menschen zunehmend mit der Entwicklung der klassischen und elektronischen Medien selbst überzeugen konnten.

Die einstige Begeisterung für das historisch Neue, das es zu schaffen galt, kühlte sich selbst im Mutterland des Kommunismus, in der Sowjetunion, spürbar ab. In den Satellitenstaaten, die diesen Weg nicht aus eigenen mehrheitlichen Antrieben, sondern von oben verordnet gegangen waren, machte sich Lethargie breit.

Der Mensch hat nur ein Leben, in dem er das Mögliche erreichen möchte. Das Mögliche sah er aber nicht in seiner kommunistischen Heimat, sondern im kapitalistischen Westen verwirklicht. Tatsachen überzeugen mehr als alle Ideologien. Die Arbeiter und Bauern kündigten ihrem Staat, abstimmend mit den Füßen, die Gefolgschaft und ließen in historisch kürzester Zeit – ein einmaliger Vorgang in der Weltgeschichte – das kommunistische Bollwerk implodieren.

Es handelte sich um ein Ereignis, auf welches der Poststalinismus 30 Jahre hingearbeitet hatte. Stalin formte seine bolschewistische Partei entsprechend seiner beschränkten Persönlichkeit und Weltsicht und erklärte sie zum Nonplusultra gesellschaftlichen Schöpfertums. Seine Erben waren Geschöpfe dieses deformierten Machtapparates, waren geistig sterile Apparatschiks, in denen jedes individuelle Schöpfertum, jede Eigenständigkeit der Persönlichkeit, in der frühen Jugend beginnend, systematisch zerstört worden waren.

Die geistige Armut Stalins, verglichen mit den alten, um Lenin vereinten Revolutionären, hatte die Partei der Bolschewiki in eine inquisitorische, dogmatische, religiöse Sekte verwandelt, deren Mitglieder in intellektueller Verarmung und Verkrüppelung weit hinter dem „Meister" zurückbleiben mussten. Sie waren eingeschworen auf eine bereits über Jahrzehnte nicht mehr realistische Partei- und Staatsdoktrin, die sie auch nach Stalins Tod wie ein Heiligtum pflegten, obwohl sie sich längst als unfähig erwies, die Aufgaben der Zeit zu lösen.

Als die Sowjetunion wirtschaftlich bankrott war und auch die letzten Greise der Führung aus der Stalinära das Zeitliche gesegnet hatten, trat Gorbatschow an die Spitze der KPdSU mit der naiven Vorstellung, den Scherbenhaufen reformieren zu können. Mit seinem Buch: „Umgestaltung und neues Denken" (Perestroika und Glasnost) wandte er sich an die Völker seines Imperiums und an die Weltgemeinschaft. Mit dieser Schrift wurde der Niedergang der einst so stolzen Partei Lenins und der kommunistischen Weltbewegung, die ganze Jämmerlichkeit ihrer Erben offensichtlich.

Der nunmehr erste Mann dieser Bewegung, die einst das Weltgroßkapital bis in seine Grundfesten erzittern ließ, lieferte der Welt ein geistiges Produkt der absoluten Ohnmacht. In dem Buch leistet Gorbatschow den Offenbarungseid der Partei, die sich 70 Jahre lang im Besitz der absoluten Wahrheit wähnte. Der gewaltige Fels in der Brandung hatte gekreist und ein Mäuslein geboren.

Das Echo war entsprechend. Die Sprecher des Weltgroßkapitals waren zunächst geschockt, so heruntergekommen hatten sie bislang den Weltkommunismus selbst nicht gesehen. Der folgende Jubel, mit dem vor allem Gorbatschow überhäuft wurde, war überwältigend. Mit einer solchen bedingungslosen Kapitulation des Kontrahenten hatten sie am Ende des Kalten Krieges auch in ihren kühnsten Träumen nicht gerechnet. Gorbatschow hatte seinen Völkern und den Menschen in der Welt, die ihre Hoffnungen in den Sozialismus gesetzt hatten, außer Gemeinplätzen und hohlen Phrasen nichts zu sagen, wurde deshalb folgerichtig auch alsbald verjagt, was der Westen scheinheilig bedauerte. Die ihm Folgenden führten die Sowjetunion endgültig in die Katastrophe.

Anders reagierten die Hofschranzen von Honecker bis Ceausescu. Sie waren hochgradig ungehalten. War doch der Primus vor die Weltöffentlichkeit getreten, um zu sagen: „Der Kaiser ist nackt." Und damit konnten auch sie ihre Nacktheit nicht mehr verbergen. Die Parteien, die durch das Wort ihrer Führer immer recht hatten, erschienen plötzlich als das, was sie waren, als Haupthindernisse des Fortschritts der Gesellschaft. Ihnen blieb nur übrig, sang- und klanglos von der geschichtlichen Bühne abzutreten.

Als die Erben Mao Tsetungs viele Jahre vorher sich von der stalinistischen Partei- und Gesellschaftsdoktrin lossagten, die Fehlentwicklungen korrigierten und die chinesische Gesellschaft zu reformieren begannen, verhängten die Stalinisten über die chinesischen Genossen die kommunistische Reichsacht, ohne sich dessen bewusst zu werden, dass sie damit ihre eigene letzte Chance vertan hatten.

Damit stellt sich die Frage, worauf der anfangs kaum merkliche, aber doch unaufhaltsame Niedergang des Sowjetkommunismus zurückzuführen ist. War doch in der 30-jährigen Herrschaft Stalins die Sowjetunion vom rückständigen Agrarland zur Weltmacht aufgestiegen, die den Hitlerfaschismus niederwarf und vor der das Weltkapital gezittert hatte. Unter Stalin hatte Russland die tiefgreifendsten Umwandlungen seiner Geschichte erlebt. In dieser Zeit holte die neu gebildete Sowjetunion die industrielle Revolution nach, welche in Westeuropa, in England beginnend, 150 Jahre zuvor eingesetzt hatte und inzwischen weit vorangeschritten war.

Während die industrielle Revolution im Westen aus der privaten Initiative der sich ausbreitenden kapitalistischen Produktionsweise erwuchs, also eine Revolution in der ökonomischen Basis der Gesellschaft war, die gegen die noch bestehenden feudalen

Verhältnisse rebellierte und sich, wie wir uns überzeugen konnten, in einem längeren historischen Abschnitt facettenreich auch politisch durchsetzte, wurde diese Revolution in Russland von oben, aus dem gesellschaftlichen Überbau, mit Lenin beginnend, in die Stalindiktatur übergehend, in der Manier der großen Vorbilder unter den Zaren durchgeführt.

Mit der damit verbundenen grundlegenden Umgestaltung der Gesellschaft veränderten sich aber auch die Menschen. Aus den gerade der Leibeigenschaft entronnenen Muschiks, der Hauptmasse des russischen Volkes, eine Masse von Analphabeten ohne Bildung und Kultur, waren in historisch kürzester Zeit neue Menschen hervorgegangen, die die moderne Technik in der aus dem Boden gestampften Industrie und der nunmehr großräumigen, nicht mehr bäuerlichen Landwirtschaft beherrschen gelernt hatten. Ja, aus dieser zurückgebliebenen Volksmasse war eine neue Intelligenz erwachsen, die die neuen Unternehmen führen konnte, die als neue Elite staatstragende Funktionen übernahm. Das einst aussichtslos rückständige Russland hatte sich dem Westen Europas wirtschaftlich angenähert.

Es war nur eine Frage der Zeit, bis die alten, von Stalin neu belebten autokratischen Methoden der Zaren in der Gesellschaftsführung versagen mussten, der umgestalteten Gesellschaft nicht mehr gerecht werden konnten. Sie verfehlten ihre Wirkung nicht, solange es darum ging, eine Industrie aus dem Nichts aufzubauen, die Landwirtschaft umzugestalten und alle Kräfte des Volkes im Kampf gegen die faschistischen Eindringlinge zu bündeln.

In diesem Krieg aller Kriege erwies sich die Befehlswirtschaft eher als ein Vorzug, da sie die Konzentration von Kräften und Mitteln in kürzester Zeit auf den jeweils für den Endsieg entscheidenden Punkt ermöglichte. In Stalins Industrialisierung ging es darum, in der Zement-, Roheisen- und Stahlproduktion, in der Kohle-, Erdöl- und Erdgasförderung Anschluss an die Weltspitze zu erreichen. Ein vorrangig quantitatives Wachstum beherrschte die Wirtschaftsentwicklung.

In der nachstalinistischen Ära traten andere, traten qualitative Faktoren in den Vordergrund der Wirtschaftsentwicklung. Für den Wettbewerb der beiden konkurrierenden Gesellschaftssysteme wurde es zu einer Frage von Leben und Tod, das Niveau des technischen Fortschritts zu bestimmen, Hightechtechnologien und stetig modernere technische Produkte zu entwickeln und all das mit einem kontinuierlich sinkenden Aufwand an Arbeit zu fertigen. Es bedurfte einer fortschreitenden revolutionären Umwälzung aller Produktionsbedingungen, um auf den internationalen Märkten präsent zu bleiben.

Für derartige Ansprüche war das zentralistische, administrative Planungssystem denkbar ungeeignet. Gefragt waren individuelles Schöpfertum, schnelles Reagieren auf technische Neuerungen, permanente Rationalisierung, strengstes Kostenmanagement, dort, wo die Produktion stattfand. Derartiges vermochte die starre, schwerfällige, in Bürokratie erstickende Planwirtschaft nicht zu leisten. Die sowjetisch beherrschte Wirtschaft verlor eine Position nach der anderen in den internationalen Märkten. Ihr blieb nur übrig, sich vom Weltmarkt abzuschotten und sich in Selbstgenügsamkeit einzuigeln. Alles, was hier produziert wurde, entstand mit einem viel höheren als dem im Weltmarkt gemessenen gesellschaftlich notwendigen Aufwand an Arbeit. Aber dieser Maßstab ist unbestechlich, der Seismograf für die tatsächliche Leistungsfähigkeit einer Volkswirtschaft. Natürlich wurde ein solcher direkter Vergleich gemieden, hätte er doch die Menschen erkennen lassen, wie ihr Wirtschaftssystem von Jahr zu Jahr immer weiter zurückfiel.

Die heruntergekommenen, einfältigen, poststalinistischen Führungszirkel in der sozialistischen Gemeinschaft reagierten nicht mit dringend erforderlichen, tiefgreifenden Reformen ihres Wirtschafts- und Gesellschaftssystems. Nein, sie ersetzten fehlende wirtschaftliche Kompetenz durch massive Ideologie, nach dem Motto: „Der Kapitalismus ist die historisch überlebte und der Sozialismus die neue, zukunftsträchtige gesellschaftliche Ordnung und damit ist sein Sieg im Wettbewerb der beiden Systeme verbürgt".

Da die kommunistischen Herrscher über das Preismonopol verfügten, die Preise sich also nicht im unbestechlichen Markt bildeten, sondern willkürlich festgesetzt wurden, zimmerten sie ein Bild der wirtschaftlichen Entwicklung zurecht, welches ihre Ohnmacht in ökonomische Überlegenheit ummünzte. In den 1980er-Jahren nahm dieses Zerrbild solch groteske Formen an, dass die sowjetisch Beherrschten Völker gegen diese Verdummung offen rebellierten.

Der im Vergleich zum Westen sich vollziehende wirtschaftliche Niedergang hatte Folgen. Er wurde mit geübtem Blick bereits Ende der 1960er-Jahre erkennbar. Also in einer Zeit, in der das Sowjetimperium noch seine hegemonialen Ziele auslebte. Da die von Lenin erhoffte Weltrevolution ausgeblieben war und nach 1945 kein Volk der entwickelten kapitalistischen Welt den real existierenden Sozialismus attraktiv fand, um darin die eigene Zukunft zu erblicken, nutzte die Sowjetunion den Zusammenbruch der alten Kolonialreiche, um auf die Dritte Welt Einfluss zu gewinnen.

So unfähig wie sie war, für den eigenen Herrschaftsbereich ein tragfähiges Gesellschaftskonzept zu entwickeln, konnte sie den unterentwickelten Staaten dieser Welt kaum hilfreich sein. Ihr Ruf, die bessere Welt zu vertreten, musste sie davon abhalten, vergleichbar dem Kapital, aus diesen Ländern für sich Nutzen zu ziehen. Zu nennenswerter Wirtschaftshilfe war sie aufgrund der eigenen wirtschaftlichen Misere nicht in der Lage. Sie stülpte diesen Ländern ihr eigenes Gesellschaftskonzept über, mit der Folge, dass jene unter ihren Einfluss geratenen Länder bald das absolute Armenhaus der Welt bildeten.

Allmählich wurden die Staaten der sozialistischen Gemeinschaft von ihrem wirtschaftlichen Niedergang im Inneren erdrückt. In völliger Verkennung ihrer Möglichkeiten ließen sie sich den größten Rüstungswettlauf aller Zeiten aufzwingen. Im Bestreben, das Gleichgewicht des Schreckens aufrechtzuerhalten, waren diese Staaten, ob ihrer wachsenden wirtschaftlichen Rückständigkeit, gezwungen, immer größere Teile ihrer im Vergleich zum Westen bescheidenen industriellen Kapazitäten, über die sie verfügten, der Rüstungsproduktion zuzuführen. Im Finale des Kalten Krieges sollen mehr als 70 % der sowjetischen Wirtschaftskapazitäten diesem Zweck gedient haben.

Während der Westen im Konsumrausch schwelgte, fiel es dem Osten zunehmend schwerer, den Grundbedarf der Lebenshaltung für seine Bevölkerung zu gewährleisten. Das Weltgroßkapital, die Situation realistisch beurteilend, lockte die Kommunisten Ende der 1960er-/Anfang der 1970er-Jahre mit zinsgünstigen Krediten. So wurde das bescheidene Lebensniveau in der sozialistischen Gemeinschaft in den 70er-Jahren auf Pump finanziert. Als die kommunistischen Wirtschaftslenker in der Schuldenfalle saßen, reagierte der Westen mit Hochzinspolitik. Jetzt ging es für den Osten endgültig ans Eingemachte. In den 1980er-Jahren fuhren sie die noch vorhandenen produktiven und infrastrukturellen Ressourcen auf Verschleiß. Sie verzehrten die eigene Substanz. Der Ruin war von nun an nur noch eine Frage der Zeit. Ende der 1980er-Jahre trat er ein. Das kommunistische Bollwerk fiel in sich zusammen wie ein Kartenhaus.

In der ganzen poststalinistischen Zeit versiegten die Motivationskräfte, die es zu Stalins Zeiten durchaus noch gab, im russischen Imperium sukzessive. Durch den schleichenden wirtschaftlichen Niedergang bedingt, wurde das Leistungsprinzip schrittweise außer Kraft gesetzt. Das Verteilbare reichte gerade noch hin, jedem Bürger eine bescheidene Existenz zu gewährleisten. Die sich ausbreitende Armut wurde gleichmäßig auf alle Mitglieder der Gesellschaft verteilt. Das hielt die kommunistischen Führer

nicht davon ab, das Ergebnis, z. B. darin sichtbar werdend, dass
ein Busfahrer gleich viel verdiente wie ein Facharzt, als Triumph
des beginnenden kommunistischen Zeitalters zu feiern. Selbst die
Herrscher lebten nicht üppig. Sie waren nicht nur bescheiden im
Geist, sondern auch in ihren Lebensansprüchen, wenn man von
ihren feudalen Jagdgelüsten absieht.

Bei der verordneten bescheidenen Lebensführung war der Faktor Arbeit der billigste aller Produktionsfaktoren. So nimmt es
nicht wunder, dass die hier agierenden Wirtschaftslenker von
diesem Faktor nie genug haben konnten und die Schaffung von
arbeitssparenden Abläufen im Zuge der Rationalisierung für sie
kein Thema war. Es herrschte permanenter Arbeitskräftemangel,
der in kommunistischer Lesart als die soziale Errungenschaft der
Vollbeschäftigung gewürdigt wurde.

Die Leistung des Einzelnen war von untergeordneter Bedeutung.
Am Monatsende waren die Unterschiede in der Lohntüte gering.
Das Anforderungsniveau sank zusehend und war der Förderung
der Arbeitnehmerschaft, wie sich nach der Wende von 1989 bald
herausstellen sollte, wenig dienlich. So war es den Poststalinisten
gelungen, eine ganze Generation Arbeitnehmer zu verderben.
In dieser Hinsicht unterschieden sie sich grundlegend von ihrem
geistigen Vater, der zumindest, wie der Zweite Weltkrieg sichtbar werden ließ, eine auf neue Weise leistungsstarke Arbeitnehmerschaft hinterlassen hatte, wenngleich seine Methoden nicht
im Entferntesten sozialistisch waren.

Die letzten Rudimente des Leistungsprinzips wurden durch ein
eigenartiges Subventionssystem ausgehebelt. Alle Erzeugnisse des
Grundbedarfs, wie Nahrungsmittel, Mieten, Elektrizität, Hei-
zung, Gas, Wasser, Kinderkleidung, Kinderbetreuung u. a. m.,
wurden über Jahrzehnte stabil auf einem sehr niedrigen Preis-
niveau gehalten. Gesprochen wurde von der zweiten Lohntüte.
In den Genuss dieser Subventionen kam jeder, unabhängig von
seiner Leistung für die Gesellschaft.

Die politischen Handlungen des Michail Gorbatschow veranschaulichten schlagend die Führungsunfähigkeit der niedergegangenen kommunistischen Garde. So nimmt es nicht wunder, dass die Russen in ihrer naiv-religiösen Gläubigkeit die weisen Ratschläge des Weltkapitals unkritisch annahmen und damit ihre endgültige Katastrophe perfekt machten. Es bleibt zu hoffen, dass ein Volk wie das russische, welches unsägliche Opfer, auch für den Fortbestand der Menschheit, gebracht hat, sich allmählich von diesem geschichtlich einmaligen Niedergang erholen wird, um im Fortgang der Weltgeschichte bald wieder den ihm gebührenden Platz in der Weltgesellschaft einzunehmen.

5.9 Die Ära Putin

Ein besonderer Fall ist die Entwicklung Russlands wie auch der ehemaligen Sowjetrepubliken nach der Wende von 1989. Hier wandelten sich die alten Eliten, soweit sie noch nicht vergreist waren, um in die neuen. Da diese die gesamte Bürokratie beherrschten, saßen ihre Akteure direkt an der Quelle und nutzten die von Jelzin eingeleitete Privatisierung, um sich das gesamte Volksvermögen der ehemaligen Sowjetunion privat anzueignen. Vergleichbar verlief die Entwicklung in den ehemaligen Sowjetrepubliken. So entstanden traumhafte Privatvermögen. Den russischen Staat und die neu entstandenen Staaten, die aus den ehemaligen Sowjetrepubliken hervorgingen, hat die Privatisierungskampagne ebenso wenig reich gemacht wie die Privatisierung des DDR-Vermögens den deutschen Staat. Im Gegenteil. Hier hinterließ die Treuhandanstalt einen großen Schuldenberg, mit dem Unterschied, dass in Russland die großen Vermögen im Land entstanden, während in Deutschland nur der Westteil profitierte.

Es gibt in Russland heute superreiche Oligarchen wie nie zuvor in der russischen Geschichte. Schaut man allerdings in die untere Hälfte der Einkommensskala, so ist hier die Armut heute oft noch ausgeprägter als zu sowjetischen Zeiten. So nimmt es nicht wunder, dass bei Umfragen rund die Hälfte der Russen gegenwärtig noch Stalin für einen bedeutenden Staatsmann der russisch-sowjetischen Geschichte hält.

Nach dem Chaos unter Boris Jelzin in den 90er-Jahren des 20. Jahrhunderts stabilisierte sich Russland unter Wladimir Wladimirowitsch Putin. Er beendete das demokratische Experiment Jelzins und stellte die „Ordnung" im altgewohnten, über die Jahrhunderte herrschenden Geist Russlands wieder her. Mit anderen Worten: Er errichtete erneut eine Diktatur in zaristischer Tradition. Seit dem 1. Januar 2000 ist Putin – mit 4 Jahren Unterbrechung von 2008 bis 2012, in denen er Ministerpräsident war – Präsident der Russischen Föderation und er schuf in seiner Amtszeit Gesetze, die gewährleisten, dass er es noch lange bleiben wird. Seine Amtszeit ist vergleichbar mit der Herrschaft der Zaren und der kommunistischen Generalsekretäre, die überwiegend mit dem Ableben endete.

Putin ist Autokrat und herrscht autokratisch. Er unterdrückt jede Opposition und schreckt auch vor Mord in seinem Auftrag nicht zurück, um missliebige Personen auszuschalten. Seine Macht stützt sich auf den bürokratischen Apparat, mit dem Russland zentralistisch regiert wird und der unerhört aufgebläht ist, auf die Armee und auf die wieder erstarkte russisch-orthodoxe Kirche, also die Machtinstrumente, mit denen bereits die Zaren herrschten. Es mutet schon befremdlich an, wenn der ehemalige Atheist und kommunistisch-linientreue KGB[1]-Offizier sich neben dem russischen Patriarchen mit Goldhut bekreuzigt. Kommt uns das alles nicht bekannt vor? Wir erkennen, wie stark die Geschichte

---

1 Das KGB („Komitee für Staatssicherheit") war der sowjetische In- und Auslandsgeheimdienst und die Geheimpolizei. Er bestand von 1954 bis 1991.

die Seele eines Volks prägt – man spricht von der russischen Seele. Putin ist im Volk der Russen nicht unbeliebt.

Die „russische Seele" hat einen realen Hintergrund. Seit der Entstehung des russischen Reiches wurde das russische Volk stets von Herrschern regiert, die es sich nicht gewählt hatte. Nach dem Sturz der Zarendespotie setzten die nunmehr kommunistischen Herrscher diese Praxis fort. Als sich Russland aus dem Scherbenhaufen der Sowjetunion neu formierte, trat mit Putin nach 10 Jahren Chaos erneut ein solcher Despot an die Spitze des Landes und belebte die mehr als 800 Jahre geübte Tradition. Wahlen gibt es. Aber es ist völlig unwichtig, wo die Wähler ihr Kreuz machen. Der „gewählte" Präsident bleibt Putin. Die Russen waren und sind gegenüber der Macht, die sie regiert, ohnmächtig.

Aus ihrer Ohnmacht erwächst die russische Seele. Die jeweilige Macht betrachten sie als ihr Schicksal, welches sie ertragen müssen. Daraus gestalten sich die zwischenmenschlichen Beziehungen, das Zusammenleben der Russen, die die Machtverhältnisse als inzwischen wieder gottgewollt hinnehmen und sich nicht vorstellen können, daran etwas zu ändern.

Das Regime, welches Putin bereits über 20 Jahre gestaltet, ähnelt weniger dem kommunistischen, sondern mehr dem alten zaristischen. Als Präsident hat er sich mit der Machtfülle eines absolutistischen Herrschers ausgestattet, der keiner demokratischen Kontrolle unterliegt. Er führt das Land wie ein Zar mit Weltmachtambitionen. In seiner Skrupellosigkeit steht er weder Stalin noch Hitler in nichts nach. Sein Ziel ist ein russisches Großreich, in welches alle einstigen Sowjetrepubliken eingegliedert werden. Er will das altrussische Großreich zurück, wie es vor dem Ersten Weltkrieg bestand, denn damals waren die späteren Sowjetrepubliken Kolonien bzw. Halbkolonien des russischen Reiches.

All diese neuen selbstständigen Staaten, entstanden im Ergebnis des Untergangs der Sowjetunion, betrachtet er als seine Einflusshäre.

Jedes dieser Länder (Georgien, Tschetschenien, Ukraine), welches eigene Wege gehen will, überzieht er mit Krieg und schreckt auch vor den größten Grausamkeiten nicht zurück. Es ist aber auch die schiere Angst, die ihn so handeln lässt.

Er hat den Maidan in der Ukraine erlebt, die Flucht seines Platzhalters in diesem Land, Janukowitsch, zur Kenntnis nehmen müssen, konnte die freie Wahl einer ukrainischen Regierung nicht verhindern. Er weiß um die politische und wirtschaftliche Instabilität seines Terrorregimes und will sich vor dem früher oder später eintretenden Schicksal eines Despoten bewahren. Noch ist der Krieg gegen die Ukraine in vollem Gange, der Ausgang und seine Folgen für Russland noch nicht absehbar.

Die russische Wirtschaft ist hochgradig abhängig vom Rohstoffexport (Gas, Erdöl, Erze, Kohle und zunehmend auch Getreide). Industriegüter, mit Ausnahme von Rüstungsgütern, spielen im Export kaum eine Rolle. Russland ist das rohstoffreichste Land der Welt und lebt vor allem von der Grundrente und wir wissen inzwischen, wie sie entsteht.

Der neue russische Kapitalismus unterscheidet sich wesentlich vom westlichen. Er hat ausgeprägt feudale Züge. Die Oligarchen, die Kapitaleigner, sind der neue Adel, aber auch dieser ist, wie stets in Russland, von der Machtausübung ausgeschlossen, hat aber Privilegien.

Michail Borissowitsch Chodorkowski, Mehrheitseigentümer des einst mächtigen Yukos-Ölkonzerns, der sich an den Machtverhältnissen des westlichen Kapitals orientierte, verbüßte wegen seiner Fehlorientierung 10 Jahre Lagerhaft und verlor seinen Konzern. Ansonsten gebärden sich die Oligarchen wie der alte Hochadel. Während die Milliardäre im Westen darauf bedacht sind, ihren Reichtum nicht allzu offen zur Schau zu stellen, um den Zorn des Volkes nicht auf sich zu ziehen, protzen die russischen Oligarchen mit ihrem Reichtum und entfalten einen Prunk wie früher der Adel unter Ludwig XIV. Jeder Unternehmer, und sei das Unternehmen noch so klein, ahmt diese neue besitzende Klasse nach, möchte mit dazugehören wie früher die Hofschranzen. Ihre Haltung zur Arbeitnehmerschaft gleicht nicht der westlichen, sondern eher der früheren feudalen.

Ein besonders widerliches Problem ist in Russland die Korruption. Sie reicht von den höchsten Spitzen des Staates bis hin zum letzten Straßenpolizisten. Im Prinzip ist Korruption das regelnde Prinzip in Russland. Oft sagte ich meinen russischen Freunden: „Auch jeder Russe braucht Geld, um zu leben." Um an Geld zu gelangen, gibt es in Russland viele Möglichkeiten. Nur wenn alle versagen, versucht es der Russe mal mit Arbeit. Doch von Arbeit ist in Russland noch keiner reich geworden. Die Studiengänge für Tätigkeiten in der Administration sind überlaufen. Der Wirt der Pension, in der ich viele Jahre wohnte, baute sich in seinem eigenen Grundstück ein kleines Haus, seinen Alterssitz. Er sagte mir, für die behördlichen Genehmigungen für den Hausbau, und dafür bedarf es in der russischen Bürokratie viele, habe er mehr Schmiergeld an die Bürokraten bezahlt, als das Haus kostet.

In Russland gibt es keine Öffentlichkeit, die die Korruption wirksam bekämpfen könnte. Alle Medien – Rundfunk, Fernsehen, Presse – unterliegen der Zensur. Journalisten leben gefährlich und werden, wenn sie gegen die Korruption schreiben, auch einmal liquidiert – siehe Politkowskaja. Politische Morde sind nicht selten, werden aber in der Regel nicht aufgeklärt und in keinem Fall werden die Auftraggeber benannt.

Die Struktur der Gesellschaft in Russland unterscheidet sich grundlegend von der westlicher Länder. Es gibt die Oberschicht der Oligarchen, eine breite Mittelschicht, die im Unterschied zum Westen, wo diese von einem breit aufgestellten Kleinkapital dominiert wird, in Russland von Bürokraten eingenommen wird, die die Verwaltungsmaschine des Putin-Regimes besetzen und seine Alleinherrschaft absichern, sowie eine gewaltige

Unterschicht, die sehr bescheiden lebt, voll und ganz mit der eigenen Existenzsicherung beschäftigt ist und kaum am politischen Leben teilnimmt.

Noch ist das Ende der Putin-Diktatur nicht absehbar. Das russische Volk wird von einem extremen großrussischen Nationalismus beherrscht. Die gesamte Meinungsbildung wird von der Diktatur manipuliert und gesteuert. Das russische Bildungssystem ist katastrophal. Lehrer gehören zu den schlecht bezahlten Arbeitskräften. Ein dummes Volk regiert sich leicht. Natürlich endet ein solches Herrschaftsregime mit dem Untergang des Herrschers. Wann und wie es passiert, liegt noch in den Sternen.

5.10 Putins Kriegstreiberei

Wir erfuhren bereits, dass Humanismus und Aufklärung, die sich in Europa über die letzten 500 Jahre ausbreiteten, niemals über die russische Grenze gelangten, hier immer Despoten herrschten, die das Volk in Unmündigkeit hielten. Aus russischer Sicht sind Humanismus und Aufklärung Ausdruck von Schwäche, inhumanes Handeln ist Stärke. Ein solches Denken entwickelte sich im letzten Jahrhundert auch in Europa. Es ging unter der Bezeichnung „Faschismus" in die Geschichte ein. In Deutschland verwandelte der Faschismus ein einstiges Kulturvolk in ein Volk von Barbaren.

Wenn wir heute von Kriegsverbrechen der russischen Armee in der Ukraine erfahren, werden die Deutschen an den Einmarsch der Roten Armee am Ende des Zweiten Weltkrieges erinnert. Er unterschied sich hinsichtlich Grausamkeit, Willkür und Massenvergewaltigungen deutlich vom Einmarsch der amerikanischen und britischen Streitkräfte im Westen Deutschlands. Auch hier gab es Übergriffe einzelner Soldaten, nur waren diese von der

Militärführung, im Unterschied zur Roten Armee, nicht gewollt und wurden auch geahndet.

Stalins Verständnis von Macht unterschied sich nicht von Hitlers Machtverständnis. Stalin verfuhr mit dem russischen Volk vergleichbar der Machtausübung Hitlers im deutschen Volk. Mit diesem, auch im KGB zelebrierten Machtverständnis gelangte Putin an die Spitze Russlands. Von Beginn seiner Herrschaft an war sein Streben nicht darauf gerichtet, den Wohlstand des russischen Volkes zu mehren – die eigentliche Aufgabe für jeden, der Regierungsverantwortung übernimmt –, sondern all sein Trachten war und ist auf die militärische Stärkung Russlands gerichtet.

Die europäischen Völker, von Putin schamlos belogen, schauten diesem Treiben zu und finanzierten seine Rüstungen mit ihren Importen russischer Rohstoffe, über welche Putin reichlich verfügt. Als Putin seinen Angriffskrieg gegen die Ukraine startete, war die westliche Welt überrascht und geschockt. Dabei hatten die Europäer bereits erlebt, mit welcher Grausamkeit er Krieg in Tschetschenien, Georgien und in Syrien geführt hatte. Hier war es allerdings nicht unmittelbar vor der Haustür der Europäer. Aus seiner Weltsicht handelt Putin folgerichtig. Die Welt hätte es wissen können. Bis zum Einmarsch in die Ukraine gab es in Deutschland noch „Russland-Versteher", die in Wirklichkeit den Putismus gar nicht verstanden hatten.

Den Russen kann ihre Unmündigkeit genauso wenig vorgeworfen werden wie einst dem deutschen Volk unter Hitler, der sein Volk in gleicher Weise entmündigt hatte. Als der Kriegsverbrecher Göring in Nürnberg befragt wurde, wie es möglich sei, ein großes Kulturvolk wie die Deutschen, das Volk der Dichter und Denker, in ein Volk von Barbaren zu verwandeln, antwortete er: „So schwer ist das nicht. Zunächst müssen Sie alle Medien gleichschalten und den Menschen tagtäglich suggerieren, sie seien von Feinden umstellt, die ihnen ihr Existenzrecht absprechen und zu jeder Zeit über sie herfallen können. Und jene, die es nicht glauben, müssen Sie liquidieren." Jetzt, circa 90 Jahre später, gräbt Putin die faschistische Taktik wieder aus und das naive russische Volk fällt wieder darauf rein. Putins Perversion liegt darin, dass er die demokratisch gewählte ukrainische Regierung als faschistisch und drogenabhängig bezeichnet, um von sich selbst und seinem Tun abzulenken.

So wenig wie sich der deutsche Faschismus auf Dauer behaupten konnte, wird auch der russische Faschismus die Menschheit nicht ewig geißeln können. Wir wissen, dass die ökonomische Macht des großen Kapitals Putin in die Schranken weisen könnte. Aber die Gefahr liegt woanders. Hitler hatte noch keine Atomwaffen. Aber wir wissen, hätte er sie gehabt, hätte er nicht gezögert, sie auch einzusetzen. Was haben wir diesbezüglich vom Faschisten Putin zu erwarten?

Sollte diese Gefahr vorübergehen, muss sich die Welt darauf einstellen, dass es sehr lange dauern wird, bis Russland in die Zivilisation zurückfindet. In Deutschland hat es Jahrzehnte gedauert und auch heute gibt es in Deutschland noch eine faschistische Minderheit und erneut zunehmend Bevölkerungsteile, die, ohne sich dessen bewusst zu sein, diese Bewegung stärken. Es ist ein falsches Verständnis von Demokratie, sie immer noch gewähren zu lassen. Diese Minderheit stirbt nicht aus, weil sie sich immer wieder reproduziert. Der Nährboden dafür wird vom großen Kapital geschaffen. Endgültig besiegt werden diese Entartungen der Zivilisation mit der Aufhebung des großen Kapitals – eine Aufgabe, vor der die Menschheit unmittelbar steht, nachdem sie den russischen Störenfried in die Schranken gewiesen hat.

In Deutschland und den osteuropäischen Ländern gab es nach der politischen Wende von 1989 Sympathien für Russland, insbesondere unter den Elitären der sozialistischen Zeit. Für sie war das aus dem Zerfall der Sowjetunion hervorgegangene Russland deren Nachfolger. Sie meinten, „Putin-Versteher" zu sein. Ihnen war nicht aufgegangen, dass dieser Putin nicht die alten sozialistischen Ideale verfolgte, sondern das Ziel, das alte russische Großreich feudaler Prägung wieder zu errichten. Als er skrupellos die Ukraine überfiel, um sie Russland einzuverleiben, fielen sie aus allen Wolken.

Inzwischen hat sich die Putin-Klientel gewandelt. Seine Anhänger sind nunmehr die rechtsradikalen Parteien und Bewegungen Europas. Gleich und Gleich gesellt sich gern. Russland wandelte sich unter Putin zum Hort rechtsradikaler Kräfte in Europa und der ganzen Welt. Diese Erkenntnis ist wichtig für den Weg der Weltgesellschaft in die Zukunft.

Wir stellten das internationale Großkapital als die Hauptgefahr für das Überleben der Menschheit heraus. Diese Gefahr ist nicht gebannt und wird erst gebannt sein, wenn es weltweit aufgehoben ist. Jetzt gilt es aber zu begreifen, dass Russland kein Zukunftsmodell für die freie Gesellschaft ist. Russland ist in seiner Entwicklung verglichen mit dem Westen 100 bis 150 Jahre zurück. Von hier kommen keine Zukunftsimpulse. Putin will die Welt zurückführen in die Zeiten des 19. und 20. Jahrhunderts. Die westliche Welt ist der freien Gesellschaft viel näher als großrussisches Denken und für unser aller Zukunft keine Alternative.

5.11 Putins Strategie

Es ist ein Irrglaube, anzunehmen, Putin sähe sich als den skrupellosen Despoten, wie wir ihn sehen. Auch Despoten haben ein Sendungsbewusstsein. Das gilt für Putin genauso wie einst für Hitler und Stalin. Stalin sah sich als der Vater aller Völker und Hitler meinte, am deutschen Wesen soll die Welt genesen.

Putin erlebte den Zusammenbruch der Sowjetunion als KGB-Offizier in Dresden. Er empfand diesen Untergang als ganz persönliche Schmach. Bereits bei seiner Rückreise nach Leningrad dürfte in ihm der Gedanke gereift sein, diese Schmach zu tilgen, obwohl er damals noch nicht wissen konnte, ab 2000 der russische Herrscher zu sein. Sein allbekannter Satz vom April 2005: „Der Untergang der Sowjetunion war die größte geopolitische Katastrophe des 20. Jahrhunderts" war für ihn keine Floskel, sondern bitterster Ernst und tiefste Überzeugung. Nur so lässt sich erklären, weshalb er brutal und skrupellos die Ukraine überfiel. Für ihn ist das – nach Tschetschenien, Georgien und Syrien – ein weiterer Schritt hin zu einer neuen Weltordnung mit einer herausragenden Stellung eines weit vergrößerten und mächtigen Russlands.

Jelzin hatte nach seinen Vorstellungen den Übergang zur Marktwirtschaft vollzogen, indem er das russische Volksvermögen den Oligarchen zum Fraß vorwarf. Putin hatte ganz andere Vorstellungen. Er verwandelte den Raubtierkapitalismus Jelzins mithilfe der Männer vom KGB – zunächst der von Petersburg, danach verstärkt durch die von Moskau – in einen Staatskapitalismus. Es begann mit der Zerschlagung des Yukos-Konzerns und der Inhaftierung Chodorkowskis. Das war das Signal für alle Oligarchen, sich Putin zu unterwerfen. So bemächtigte sich Putin mit seinem Netz der ökonomischen Basis Russlands. In diesem Prozess betätigte sich die neu geschaffene KGB-Elite als Kleptokraten und häufte sagenhafte Vermögen an.

Das private Großkapital des Westens beteiligte sich an diesem Raubzug und verdiente bzw. verdient, voran der Finanzplatz London, kräftig mit. Uns ist geläufig, dass das große Kapital, wenn es um Profit geht, skrupellos ist, Moral und Humanismus hier keinen Platz haben. Wenn wir bei einigen europäischen Regierungen Zögerlichkeit erkennen, wenn es darum geht, Putin in die Schranken zu weisen, so lässt dies erkennen, wer die Herren sind, denen sie dienen.

Nunmehr muss er erkennen, dass der erneute Griff nach der Ukraine sich nicht so leicht vollziehen lässt wie von ihm gedacht. Er trifft auf härteste Gegenwehr der Ukrainer. Sie lassen sich nicht kampflos in das alte russische Herrschaftsregime zurückholen. Sie wollen nicht zurück in die russische Autokratie, in der sie von 1917 bis zur Amtsenthebung Viktor Janukowitschs, als russlandhöriger ukrainischer Präsident im Jahre 2014, viele schlimme Erfahrungen mit der russischen Herrschaft erlebt hatten. Sie wollen Demokratie und Freiheit nach westlichem Vorbild.

Putins Versuch, die Welt neu zu ordnen, ist nicht neu und auch nicht originell. Es sind die alten, in der Weltgeschichte mehrfach erlebten Machtspiele von Despoten. Bei meinem letzten Aufenthalt in Russland, im Januar/Februar 2022, kurz vor Kriegsausbruch, erkannte ich meine Russen nicht wieder. Sie waren extrem nationalistisch aufgeheizt und sprachen von einer neuen russischen Zukunft, die vor 22 Jahren begonnen habe, und von neuer russischer Größe, die der Welt als Leuchtturm dienen werde. Ich musste mich hirnrissigen, entwürdigenden medizinischen Untersuchungen, natürlich gegen Bezahlung, unterziehen, als sei ich ein Aussätziger. Meine Russen glaubten mehrheitlich den Schwachsinn, den Putin über die Ukraine verbreitete. Tief sitzender Hass auf die Ukrainer prägte ihr Denken. Für so naiv hatte ich bislang die Russen nicht gehalten.

Die Russen vereinigen sich unter einem neuen Symbol, dem „Z", was immer es auch bedeuten mag. Aus Nazizeiten wissen wir, welche große Bedeutung solche Symbolik für Despoten hat. Jeder will Gleichgesinnter sein und trägt das „Z" an der Kleidung, wie einst die Nazis das Hakenkreuz. Die Nazisymbolik begleitete die Deutschen damals bis in den Untergang. Das deutsche Volk erwies sich als unfähig, sich von diesem Veitstanz zu befreien. Hoffen wir, dass es den Russen vor dem eigenen Untergang gelingen möge.

Putin hat sein strategisches Ziel vor Augen. Als er Präsident wurde, steuerte er kompromisslos auf dieses Ziel zu. Er wusste um die ökonomische Schwäche Russlands und ihm war klar, es würde

Jahrzehnte dauern, um diese zu überwinden. Deshalb setzte er auf die Kräfte, mit denen die Sowjetunion die westliche Welt einst erzittern ließ, auf die Rüstung. Der Westen erkannte diese Gefahr nicht. Er schwelgte am Ende des Kalten Krieges in Siegerlaune, sah gar das Ende der Geschichte gekommen. Obama reizte Putin, indem er Russland, in Atomwaffen ebenbürtig, als Regionalmacht bezeichnete. Amerikanische sorglose Überheblichkeit ist uns bekannt. Trump war Putin im Intellekt in keiner Weise gewachsen und errang seinen Wahlsieg mit russischer Unterstützung.

Während sich die Europäer nach dem Kalten Krieg in Sorglosigkeit ergingen und ihre eigene Sicherheitsarchitektur vernachlässigten, rüstete Putin seine Armeen zielstrebig auf, ließ neue, gefährlichere Waffensysteme entwickeln und lockte die Europäer in größere Energieträgerabhängigkeit von Russland. Er folgte seiner ehrgeizigen Strategie und der Westen hatte keine. Diese westliche Sorglosigkeit ist jetzt das Dilemma, nachdem der Krieg begonnen hat. Wäre der Westen auf der Höhe der Zeit gewesen, hätte es Putin nicht gewagt, die Ukraine anzugreifen. So wie das große westliche Kapital vor dem Zweiten Weltkrieg versagte, sodass dieser möglich wurde, versagte es vor Putins Kriegstreiberei erneut. Offensichtlich steht die Profitgier vor der Sicherung des Weltfriedens. In diesem Licht betrachtet, steht Deutschland nicht gut da. So naiv darf kein Land sein. Ein ehemaliger deutscher Bundeskanzler, Gerhard Schröder, ist Putins Intimfreund und profitiert persönlich von dessen aggressiver Politik. Noch wurde er von Deutschland dafür nicht geächtet.

Jetzt, wo es darauf ankäme, einheitlich und geschlossen zu handeln, um den Aggressor in die Schranken zu weisen, erkennen wir wiederum, dass Kapitalinteressen über den Interessen der Völker stehen. Dass Russland die Rohstoffpreise anzieht, war voraussehbar, denn schließlich lebt Russland im Prinzip vom Rohstoffexport und muss den Ukrainekrieg finanzieren. Was macht das große Kapital? Natürlich geht es die Preisentwicklungen mit. Schließlich lassen sich mit der Not der Völker satte Profite machen. Und erst die Finanzindustrie. Der Finanzplatz London, auf dem sich die russischen Oligarchen tummeln, profitiert von jeher von russischen Geschäften und Geldwäsche. Werden wir den Oligarchen den Geldhahn zudrehen bei Verzicht auf Profit? Wer es glaubt, ist ein unverbesserlicher Optimist.

Putin ist deshalb eine große Gefahr, weil er die Welt zurückführen will in die Zeit der alten Reiche. Diese ging mit dem Ersten Weltkrieg zu Ende. Kurz danach lebten, hervorgerufen durch die Oligarchie von Adel und Bourgeoisie in Mitteleuropa, solche Ideen mit dem Faschismus nochmals auf. Hitler schuf das Dritte Reich. Solche Entwicklungen wurden nach 1945 vom amerikanischen Modell des Kapitalismus im Westen überwunden. Nun leben diese antiquierten Ideen mit Putins Ideologie am östlichen Rand Europas, der seit jeher dem Westen nachhinkt, wieder auf.

Russland ist keine Nation, sondern ein Vielvölkerstaat. Sein historischer Ursprung ist der Kolonialismus. Russland hatte sich in dieser Zeit, wie wir bereits wissen, nach Osten und Süden, später auch nach Westen ausgedehnt und die hier lebenden Völker einfach integriert. Nach der Oktoberrevolution wurden aus diesen Völkern selbstständige oder autonome Republiken der Sowjetunion. Nach dem Zusammenbruch der Sowjetunion mauserten sich die selbstständigen Sowjetrepubliken zu Nationalstaaten. Die autonomen Sowjetrepubliken verblieben in Russland. So zählen wir jetzt in Russland immer noch über 100 Völkerschaften und Ethnien.

Putin kennt das Schicksal von Vielvölkerstaaten aus der Geschichte. Er weiß vom Zerfall des Römischen Reiches, des Habsburgerreiches oder Jugoslawiens. Er hat Horror, sein russisches Großreich, welches ihm vorschwebt, könnte ein gleiches Schicksal drohen. Diese Sorge scheint berechtigt. Seine Vorbilder, die Zaren, haben das Vielvölkerreich durch den Ausbau der Autokratie und Despotie über die Jahrhunderte zusammengehalten.

Diese Vorstellungen prägen nachhaltig das strategische Denken Putins und erklären uns, weshalb sein Denken so gar nicht in die Vorstellungswelt der europäischen Völker passt.

Das Hauptthema unserer Zeit ist der Übergang vom Kapitalismus in die freie Gesellschaft. Bevor sich die Welt dieser Aufgabe mit ganzer Kraft widmen kann, muss erst der überhaupt nicht ins Bild passende Störenfried im Osten in die Schranken gewiesen werden. Dann bleibt nicht mehr viel Zeit für die eigentliche Herausforderung der Menschheit, die „Zeitenwende", denn der Klimakollaps rückt uns bedrohlich nahe.

Jetzt, wo ich das schreibe, ist der russische Eroberungskrieg in der Ukraine nicht zu Ende und der Ausgang noch ungewiss. Aber bereits nunmehr ist erkennbar, dass mit ihm der letzte Akt eines geschichtlichen Dramas, das 1917 begann, seinen Abschluss findet. Es wurde von dem Voluntaristen Lenin eingeleitet. Sein Wille war es, im rückständigen Russland mit der Errichtung der freien Gesellschaft zu beginnen, das Beispiel zu schaffen, dem die ganze Welt folgen werde. Dafür gab es keinerlei objektive Voraussetzungen. Das Experiment begann internationalistisch, wurde unter Stalin in ein nationalistisches verwandelt und führte zum Zusammenbruch der Sowjetunion und der „sozialistischen Gemeinschaft". Putin startete 2000 den letzten, einen extrem nationalistischen Versuch, dessen Finale wir gerade miterleben, aus den Scherben des untergegangenen sowjetischen Imperiums ein neues eurasisch-slawisches Großreich russischer Prägung zu errichten und wird zwangsläufig scheitern.

Russland hat bis heute die Geschichte der Sowjetunion nicht aufgearbeitet – eine nicht mehr aufschiebbare Aufgabe. Hätte sich Russland dieser Aufgabe gestellt, wäre eine solche entartete Entwicklung, wie sie Putin vor 22 Jahren einleitete, wahrscheinlich nicht möglich gewesen. Ihm hatten sich die Ursachen für den Zusammenbruch des Sowjetimperiums nicht erschlossen. Er suchte die Ursachen nicht im Inneren dieses missglückten

Versuchs, auf den Fundamenten einer schwachen, rückständigen, feudalen, ökonomischen Basis eine freie Gesellschaft zu errichten, die der Menschheit vorangehen könnte. Nein, er suchte die Ursachen außerhalb, im reichen kapitalistischen Westen. China hatte rechtzeitig den Weg, den die Sowjetunion ging, als Irrweg erkannt und diesen verlassen. Das Russland unter Putin hat immer noch nicht erkannt, dass es sich auf diesem Irrweg befindet. Erneut verliert es viel Zeit, die notwendig ist, den Weg zurück in die Völkergemeinschaft zu finden.

Die Wahrheit gebietet, darauf hinzuweisen, dass das Handeln Putins dem Handeln des großen Kapitals nicht unähnlich ist. Wenn das große Kapital seine Interessen gefährdet sieht, handelt es auch skrupellos und schreckt auch vor Krieg nicht zurück, wie z.B. im Irak. Der Neokolonialismus in den Entwicklungsländern, den das große Kapital betreibt, hat uns über deren „Humanismus" aufgeklärt. Mit der moralischen Überlegenheit des Großkapitals über Putins Kriegsstrategie ist es also nicht so weit her. Nur bewegt sich Putin mit seiner Strategie in einer Zeit, die das große Kapital vor circa 80 Jahren endgültig hinter sich gelassen hat.

6 KAPITEL – DIE EUROPÄISCHEN VOLKSREPUBLIKEN

6.1 Entstehung

Zur politischen Interessensphäre der Sowjetunion, die von den Alliierten während und nach dem Zweiten Weltkrieg ausgehandelt wurde, gehörten: Polen, die Tschechoslowakei, Ungarn, Jugoslawien, Rumänien, Bulgarien und Albanien sowie die sowjetisch besetzte Zone Deutschlands, die spätere DDR. Die Potsdamer Konferenz erkannte auch an, dass der nördliche Teil Ostpreußens mit Königsberg (heute Kaliningrad) der Sowjetunion zugeschlagen wurde; der Ostteil Polens, den die Sowjetunion im Ergebnis des Hitler-Stalin-Pakts 1939 besetzt hatte, bei der Sowjetunion verbleibt; Polen dafür im Westen mit seiner Ausdehnung bis zur Oder-Neiße entschädigt wird und die in Polen, der Tschechoslowakei und Jugoslawien lebenden Deutschen nach Deutschland vertrieben werden dürfen. Griechenland, in dem die kommunistischen Partisanen im Kampf gegen Hitler die Hauptlast getragen hatten, gehörte nach einem Geheimabkommen zwischen Churchill und Stalin von 1944 nicht zur sowjetischen Einflusssphäre und blieb gegen den Willen der Griechen unter westlichem Einfluss.

Polen

Ab 1559 war Polen mit Litauen zu einer Adelsmonarchie vereint und festigte sich bis 1795 als Wahlmonarchie. Im 16. und 17. Jahrhundert entwickelte sich eine hohe parlamentarische Kultur. Die Einmischung der Nachbarn Russland, Preußen und des Habsburgerreichs bewirkte den vollständigen Zusammenbruch des polnischen Reiches durch 3 Teilungen 1772, 1793 und 1795. Dadurch verschwand das polnische Reich von 1795 bis 1918 von der Weltkarte. 1918 wurde Polen als Republik wiedergeboren. Mit dem Hitler-Stalin-Pakt kam 1939 eine erneute

Teilung zwischen dem Deutschen Reich und der Sowjetunion. Unter massivem sowjetischem Einfluss wurde das inzwischen nach Westen verschobene Polen eine Volksrepublik sowjetkommunistischer Prägung – ein für die Sowjetunion nicht immer bequemer Satellitenstaat, was nach seiner Geschichte mit seinen Nachbarn nicht verwunderlich war. Der Zusammenbruch der Sowjetunion machte 1989 für Polen den Weg frei in die dritte unabhängige Republik.

Tschechoslowakei

Als eigenständiger Staat bestand die Tschechoslowakei nur von 1918 bis 1939 und 1945 bis 1992. Am 01.01.1993 teilte sich die Tschechoslowakei in die Tschechische und die Slowakische Republik.

Die Böhmen kämpften seit Jan Hus um ihre nationale Integrität und die Gleichberechtigung der Tschechen, scheiterten aber stets an der Habsburger Monarchie und der katholischen Kirche. Im Ersten Weltkrieg nutzten Tschechen und Slowaken die Gunst der Stunde und gründeten die Tschechoslowakei. In seinem 14-Punkte-Plan von Wilson (Präsident der USA) schlug dieser vor, allen Völkern der Habsburger Monarchie die Möglichkeit zu geben, sich nationalstaatlich zu organisieren. Am 28. Oktober 1918 wurde der tschechisch-slowakische Staat in demokratischer Verfassung gegründet.

Mit der Machtergreifung Hitlers gewann die alte reaktionäre Ideologie preußisch-habsburgischer Prägung wieder Einfluss. Damit war das Schicksal der jungen Tschechisch-Slowakischen Republik besiegelt. Im Ergebnis des Münchner Abkommens musste die Tschechoslowakei die Gebiete, in denen überwiegend die Sudetendeutschen lebten, an Deutschland abtreten. Der verbliebene Rumpfstaat war nicht mehr lebensfähig. Er wurde unter deutsches Protektorat gestellt und Teile der Slowakei gingen an Ungarn. Im Mai 1945 wurde die Tschechoslowakei im Norden durch die Rote Armee und im Süden durch die amerikanische Armee befreit.

Ungarn

1863 wurden die Ungarn durch Habsburg von der Herrschaft der Osmanen befreit und gerieten unter habsburgische Herrschaft. Durch die Schwächung der Habsburger Monarchie kam es 1867 zum Ausgleich mit Ungarn. Das war der Beginn der kaiserlichen und königlichen Doppelmonarchie.

Nach dem Ersten Weltkrieg verlor Ungarn zwei Drittel seines Gebietes und der Bevölkerung. Die Revision dieser neuen Grenzen bestimmte fortan die ungarische Politik. Im Bündnis mit Nazideutschland wurden von 1938 bis 1941 die von Ungarn besiedelten Gebiete dem Land wieder einverleibt. Nach dem Einmarsch der Roten Armee wurde die ungarische Republik wieder in den Grenzen nach dem Ersten Weltkrieg ausgerufen.

Jugoslawien

Das Land Jugoslawien gab es vor Ende des Ersten Weltkrieges nicht. Jugoslawien wurde 1918 im Ergebnis des Ersten Weltkrieges als Vielvölkerstaat gegründet. Der neue Staat vereinigte Serbien und Montenegro mit den Ländern, die bisher den Hinterhof der Habsburger Monarchie bildeten: Kroatien, Slowenien, Wojwodina, Dalmatien, Krajina und Südsteiermark sowie Bosnien-Herzegowina.

Die Länder, die zusammenkamen, konnten unterschiedlicher nicht sein, wodurch viele Spannungen bereits vorprogrammiert waren. Nazideutschland erklärte 1941 Jugoslawien den Krieg. Das Königreich zerfiel aufgrund seiner inneren Widersprüche innerhalb weniger Tage. Einige Teile wurden annektiert, andere an

Ungarn, Bulgarien und die italienische Kolonie Albanien angeschlossen. In Kroatien wurde eine faschistische Diktatur errichtet.

Es kam zu Partisanenkämpfen gegen die Besatzer, die bald von den Kommunisten, geführt von Josip Broz Tito, dominiert wurden. Die Auseinandersetzungen zwischen den Ethnien während und auch noch nach dem Krieg waren heftig mit unzähligen Kriegsverbrechen. Am Ende setzten sich die Kommunisten durch und ließen unter Tito den jugoslawischen Staat neu entstehen. Es war ein Föderalstaat mit den Teilrepubliken: Slowenien, Kroatien, Serbien, Mazedonien, Montenegro und Bosnien-Herzegowina. Als autonome Provinzen wurden Wojwodina und Kosovo eingerichtet.

Rumänien

Rumänien wurde 106 in das Römische Reich eingegliedert, was seine Geschichte lang anhaltend prägte, bevor es unter das Joch des Osmanischen Reiches geriet. 1862 ging Rumänien aus der Vereinigung der Fürstentümer Walachei und Moldau hervor, als die Herrschaft der Osmanen abgeschüttelt war. 1878 wurde Rumänien die Dobrudscha hinzugefügt. 1881 proklamierte sich Rumänien als Königreich unter Carol I. (aus dem Haus Hohenzollern-Sigmaringen). Im Ergebnis des Ersten Weltkriegs kamen Siebenbürgen und Teile von Ungarn mit rumänischer Bevölkerung zu Rumänien.

Nach dem Ende des Zweiten Weltkrieges, in dem Rumänien erst aufseiten der Mittelmächte und im Laufe des Jahres 1944 auf sowjetischer Seite gekämpft hatte, gewannen ab Kriegsende unter sowjetischem Einfluss die Kommunisten mehr und mehr Zulauf. Die rumänische Republik wurde am 13. April 1948 gegründet.

Bulgarien

681 wurde Bulgarien bereits der dritte anerkannte Staat Europas. In der Zeit von 864 bis 1018 entwickelte Bulgarien eine Hochkultur. In dieser Zeit entwarfen Kyrill und Method das slawische Alphabet und übersetzten das Neue Testament ins Slawische. 1242 zerstörte der Mongolensturm das bulgarische Reich. In dem folgenden Chaos rissen Ungarn, Serbien und Nikäa (Türkei) Teile des Landes an sich. Im 14. Jahrhundert spaltete sich das Reich in mehrere Teile. Nach der Eroberung von Byzanz geriet auch Bulgarien unter türkische Herrschaft. Vom 14. Jahrhundert an ertrug Bulgarien 500 Jahre lang das Osmanenjoch.

Das Wiedererwachen des bulgarischen Nationalgefühls begann mit einer Hinwendung zur katholischen Kirche im 18. Jahrhundert, was dem orthodoxen Russland nicht gefiel. Mit der erneuten Errichtung der bulgarisch-orthodoxen Kirche wurde der katholische Einfluss wieder zurückgedrängt.

Gegen Ende des 19. Jahrhunderts erlangte mit russischer militärischer Hilfe und dem Einfluss der westlichen Großmächte Bulgarien wieder seine nationale Souveränität. 1879 wurde Alexander von Battenberg zum König gewählt. Politisch teilte sich das Volk in eine prorussische und eine prowestlich Liberale Partei. Am Ersten Weltkrieg nahm Bulgarien aufseiten der Mittelmächte teil.

Nach dem Ersten Weltkrieg musste Bulgarien Gebiete an das neu gegründete Jugoslawien, Rumänien und an Griechenland abtreten. Der Krieg hatte in Bulgarien einen Trümmerhaufen hinterlassen. Wirtschaftlich lag Bulgarien am Boden. In der Weltwirtschaftskrise von 1929 fiel die Industrieproduktion Bulgariens auf die Hälfte.

1934 putschte das Militär und errichtete eine Diktatur. Sie lehnte sich wirtschaftlich an Deutschland an, ihrem wichtigsten

Handelspartner. Im Zweiten Weltkrieg setzte Bulgarien auf Neutralität. Bulgarien stand immer zwischen den Mittelmächten und der Sowjetunion und entschied sich unter deutschem Druck für Erstere. Im August 1944 kündigte Bulgarien ihr Engagement bei den Mittelmächten auf. Am 7. September 1944 erklärte Bulgarien Deutschland den Krieg. Zeitgleich drang die Rote Armee ein und besetzte das Land. Unter sowjetischer Besatzung erstarkten die Kommunisten. Am 18. November 1945 übernahm im Ergebnis einer „Wahl" die kommunistische Partei, geführt von Georgi Dimitroff, der aus dem sowjetischen Exil zurückgekehrt war, die Macht.

Albanien

Albanien ging aus Stämmen der Illyrer hervor. 27 v. Chr. wurde Albanien zusammen mit Dalmatien und Pannonien römische Provinz Illyricum. Mit der Teilung des Römischen Reiches verblieb Nordalbanien bei Rom und Südalbanien geriet in die oströmische orthodoxe Glaubensgemeinschaft.

Im Mittelalter siedelten sich Slawen in Albanien an, welches nunmehr vollständig dem orthodoxen Glauben angehörte. Im 9. Jahrhundert wurden Teile von Albanien von Bulgarien annektiert. Bis Ende des 12. Jahrhunderts gehörte Albanien zum Byzantinischen Reich. Infolge des vierten Kreuzzuges zerfiel Albanien in zahlreiche kleine Fürstentümer, welche von ausländischen Mächten (Serbien, Bulgarien, Neapel, Epirus [Griechenland] und Venedig) beherrscht wurden.

Nach wechselnden Herrschaften und vielen Kämpfen im 14. Jahrhundert geriet Albanien Anfang des 15. Jahrhunderts wieder unter osmanische Herrschaft. In der Folgezeit traten die Albaner mehrheitlich zum Islam über. Bis ins 20. Jahrhundert hinein herrschten in Albanien unter osmanischer Herrschaft archaische Zustände. Wirtschaftlich war Albanien bedeutungslos.

Erst im letzten Drittel des 19. Jahrhunderts entwickelte sich in Albanien ein Nationalbewusstsein heraus. Die Voraussetzungen dafür waren denkbar schlecht, denn es gab im Prinzip keine albanische Gesellschaft. Um 1900 waren >90 % der Albaner Analphabeten. Eine normierte albanische Schriftsprache existierte nicht mal in Ansätzen. Die erste Schule mit albanischer Sprache wurde 1887 gegründet.

Im Übergang vom 19. zum 20. Jahrhundert schwächte sich erneut das Osmanische Reich und in Albanien herrschte Anarchie. Am 30. Mai 1913 wurde der albanische Staat auf der Londoner Botschafterkonferenz anerkannt.

Während des Ersten Weltkrieges verschwand Albanien wieder von der Landkarte und wurde von den umliegenden Nationen, insbesondere von der Habsburger Monarchie, besetzt. Im Dezember 1920 wurde Albanien als selbstständige Nation in den Völkerbund aufgenommen. Albanien war ein rein feudales Agrarland. Das Straßennetz umfasst ganze 150 km. Der Versuch 1934 eine allgemeine Schulpflicht einzuführen scheiterte.

Während des Zweiten Weltkrieges war Albanien faktisch eine italienische Kolonie. Ab April 1941 wurden Griechenland und Jugoslawien von deutschen Truppen besetzt. Albaner beteiligten sich an Partisaneneinheiten Jugoslawiens. In dieser Zeit wurde die Kommunistische Partei zur politisch stärksten Kraft in Albanien. 1943 wurde Hoxha Generalsekretär der kommunistischen Partei. Am 29. November 1944 verließ die deutsche Wehrmacht Albanien. Die albanische Befreiungsarmee hatte das Land ohne Hilfe der Alliierten befreit. 1944 übernahmen unter Enver Hoxha die Kommunisten die Regierung. Tito, der sich dem Einfluss Stalins entzog, wurde mit Jugoslawien der wichtigste Bündnispartner Albaniens. Mit der Bodenreform, der entschädigungslosen Enteignung des Großgrundbesitzes zugunsten der Bauern, erlangte die KPA in diesem Agrarland große Popularität.

Die Deutsche Demokratische Republik entstand aus der sowjetisch besetzten Zone im Ergebnis des Zweiten Weltkrieges 1949. Unter der Herrschaft der Sowjetunion erbrachte sie mehr als 90% der deutschen Kriegsreparationen. Aus den Ländern mit deutscher Bevölkerung, die von Deutschland abgetrennt wurden, vertrieb man während und nach dem Krieg 12 bis 14 Millionen Menschen. Es war eine vom nationalistischen Hass auf die Deutschen getriebene Fehlentscheidung der Siegermächte, insbesondere der Sowjetunion. In Deutschland wurden die Vertriebenen auch nicht mit offenen Armen empfangen. Es sollte sich aber bald zeigen, dass Deutschland, insbesondere der Westteil, diesen gut ausgebildeten, fleißigen Menschen den raschen wirtschaftlichen Aufschwung nach dem Krieg verdankte.

Statistik über die Ansiedlung der Vertriebenen

Gebiet	Anzahl	Prozentanteil der Bevölkerung
SBZ	4.379.000	24,3%
ABZ	2.957.000	17,7%
BBZ	3.320.000	14,5%
FBZ	60.000	1,0%

6.2 Entwicklung

Die gedrängte Schau auf die Geschichte der Länder, die nunmehr den sozialistischen Weg einschlagen sollten, veranschaulichte, dass die Voraussetzungen dafür nicht unterschiedlicher sein konnten. Und um es gleich vorwegzunehmen: Das Ziel, einen sozialistischen Staat zu errichten, hat keines von diesen Ländern erreicht.

Stalin hatte in seiner Amtszeit als Generalsekretär – die inzwischen höchste Position in der kommunistischen Partei der Sowjetunion –, die er nun bereits nach Lenin 21 Jahre innehatte, aus dem Marxismus und dem Leninismus, ganz im Geiste eines Klosterschülers, einen Katechismus des Glaubens gemacht, der jetzt den neuen Satelliten übergestülpt wurde. Sie sollten alle nach der Fasson von Stalin selig werden. Dazu gehörte: die kommunistische Partei als Kaderpartei mit zentralisierter Macht in der Person des Generalsekretärs, Einparteienherrschaft, Industrialisierung in der Abfolge: Aufbau der Schwerindustrie, gefolgt von der Leichtindustrie, Kollektivierung der Landwirtschaft, Genossenschaftsbildung im Handwerk, kommunistisches Bildungssystem, proletarischen Kulturaufbau. Dieser Katechismus galt für alle Länder und deren Bevölkerungen und wurde von Stalin strengstens überwacht. Alle in seinen Herrschaftsbereich geratenen Staaten behandelte er ganz im Geist des alten Zarentums als seine Vasallen.

Jugoslawien war das einzige Land, welches sich dem Diktat von Stalin nicht beugte. 1948 hatte Tito mit Stalin gebrochen. Er ging seinen eigenen Weg, strebte Neutralität Jugoslawiens an und spielte eine große Rolle bei den blockfreien Staaten. Jugoslawien unterhielt auch freundliche Beziehungen zum Westen. In der „sozialistischen Gemeinschaft" kam das nicht gut an und in den kommunistischen Parteien wurde Tito behandelt wie ein Aussätziger.

Tito war kroatisch-slowenischer Abstammung. Zunächst als Ministerpräsident, später Präsident, bemühte er sich, Jugoslawien als Vielvölkerstaat zusammenzuhalten. Das war keine einfache Aufgabe. Die Staaten, die sich nach dem Ersten Weltkrieg zu Jugoslawien vereinigt hatten, waren zuvor der Hinterhof der Habsburgermonarchie gewesen und waren auch so behandelt worden, wobei Slowenien und Kroatien industriell entwickelt waren, während alle anderen noch in einer agrarischen Verfassung verhaftet waren. Nach Titos Tod sollte es nicht lange dauern, bis die alten ethnischen Konflikte wieder aufbrachen und das Land im Ergebnis kriegerischer Auseinandersetzungen von 1991 bis 2001 zerbrach.

Von den anderen Staaten, die sich Stalin unterwerfen mussten, waren entwickelte Industriestaaten die Tschechoslowakei und der deutsche Teilstaat, die DDR, sowie der neue Westteil Polens, der von Deutschland abgetrennt worden war. Aber auch eventuell noch Ungarn, wenngleich es industriell weniger stark entwickelt war.

In diesen Ländern waren, wenn auch unzureichend, ökonomische Basiselemente vorhanden, die einen Weg in Richtung sozialistische Gesellschaft hätten möglich erscheinen lassen. Voraussetzung dafür wäre gewesen, dass sie diesen Weg in freier Entscheidung ihrer Völker hätten einschlagen können, frei von der stalinschen Bevormundung und in demokratischer Verfassung.

Doch Stalin ging es nie um Freiheit dieser Völker, sondern stets nur um die Ausdehnung seines Herrschaftsbereiches, nie um hehre Ziele, sondern stets nur um eigene nationalistische Egoismen. Aber auch den betroffenen Völkern, insbesondere dem DDR-Volk, stand der Sinn nicht nach sozialistischen Experimenten. Denen ging es nur darum, das Elend, welches der Krieg hinterlassen hatte, so schnell wie möglich zu überwinden.

Stalin, der Halbgebildete, war nicht der Mann für tiefschürfende Gedanken, der das unterschiedliche ökonomische Potenzial der neuen Vasallen erkennen konnte. So wurde die Chance vertan, diese Potenziale zu nutzen. 1917 hoffte Lenin auf die sozialistische Revolution der mittel- und westeuropäischen Staaten. Jetzt waren im Ergebnis des Krieges Teile davon unter sowjetische Herrschaft geraten. Aber Stalin erkannte die so gegebenen Möglichkeiten nicht und entwickelte sie zurück auf das bescheidene wirtschaftliche Niveau der Sowjetunion.

Rumänien und Bulgarien waren Agrarstaaten mit schwacher Industrie und Albanien hatte gerade das archaische Stadium hinter sich gebracht. In diesen Ländern gab es keine ökonomische Basis, die eine sozialistische Entwicklung möglich erscheinen ließ.

Sie bewegten sich auf einem ökonomischen Niveau wie die Sowjetunion nach ihrer Gründung.

Die DDR litt unter starken Kriegsschäden mit zerbombten Großstädten und daraus resultierender Wohnungsnot, die durch den Zustrom von Flüchtlingen aus den verlorenen Ostgebieten noch verstärkt wurde, sowie darunter, dass sie die Hauptlast der deutschen Reparationszahlungen aus dem verlorenen Krieg zu leisten hatte.

Die ČSR (Tschechoslowakei) hatte unter deutschem Protektorat circa 30 % der Rüstungen des Deutschen Reiches im Krieg erbracht. Beide Länder, DDR und ČSR, verkörperten über die gesamte Zeit der „sozialistischen Gemeinschaft" den höchsten Lebensstandard aller beteiligten Länder. Für die Menschen in der Sowjetunion war die DDR das sozialistische Paradies.

Auf dem DDR-Gebiet lag das sächsische Industriegebiet, dessen Maschinenbau einst Weltruf genoss wie auch das Chemiedreieck mit Leuna, Wolfen, Bitterfeld, den einstigen Hochburgen der Chemieindustrie des Deutschen Reiches. Mit dem Fortgang des Kalten Krieges und der damit einhergehenden Embargo-Politik verengte sich der Markt für alles, was die DDR produzierte. Nunmehr ging der Hauptteil der Industriegüter in den RGW-Markt, vorrangig in die Sowjetunion, ihrem wichtigsten Rohstofflieferanten.

All das hatte Folgen: Der technische Fortschritt vollzog sich langsamer. Durch das technische Niveau der Sowjetunion, welches in der Rüstung hoch und in allen anderen Industriezweigen niedrig war, blieb der technische Fortschritt in der Industriegüterproduktion der DDR und der ČSR zurück. Der Käufer dieser Produkte, die Sowjetunion, bestimmte deren technisches Niveau, und das war eher bescheiden. Die Preise bildeten sich nicht im Markt, sondern wurden administrativ ausgehandelt. Die Sowjetunion nutzte ihre Macht gegenüber ihren Satelliten ausgiebig. Ins westliche Ausland gingen immer weniger Waren, insbesondre nur noch technisch weniger anspruchsvolle Massengüter zu Spottpreisen.

Alle neuen Länder hatten von der Sowjetunion die Planwirtschaft übernommen. Solange es nur um Massengüter ging (z. B. Eisen, Stahl, Zement), funktionierte das einigermaßen. Ging es aber um Know-how, versagte die zentrale staatliche Planung völlig und bremste den technischen Fortschritt aus. Da alle neuen Länder über einen Kamm geschoren wurden, bestimmten die Schwächsten das Entwicklungstempo.

Die wirtschaftliche Leistungskraft der nunmehr zum Sozialismus strebenden Länder macht folgender Vergleich sichtbar:

Land/Gruppe	BIP/Kopf in $				
	1938	1950	steig. %	1989	steig. %
Deutschland	1.126	3.881	345	16.558	427
Westeuropa	839	4.578	546	15.800	345
Osteuropa	509	2.111	415	5.905	280
UdSSR	458	2.841	620	7.112	250

Die DDR litt unter einem zusätzlichen, nur sie betreffenden Problem. Aus einem Volk waren 2 neue Staaten hervorgegangen – die große, wirtschaftlich starke, demokratisch verfasste Bundesrepublik, in der drei Viertel der Deutschen lebten, und die kleine, wirtschaftlich schwache, diktatorisch verfasste DDR mit einem Viertel der Deutschen. Die Wiedervereinigung war in beiden Staaten zwar lange ein Thema, aber von beiden nicht ernsthaft gewollt. Die starke Bundesrepublik nutzte ihre Wirtschaftsmacht auch, um den ökonomischen Fortschritt der DDR zu behindern. Vor dem Bau der Mauer 1961 verließen massenweise DDR-Bürger, in der Regel die gut ausgebildeten, die DDR in Richtung BRD, die daraus weitere gesellschaftliche und wirtschaftliche

Kraft generierte, während dieser permanente Aderlass die DDR zusätzlich schwächte.

Die DDR hatte sich unter Honecker im Westen stark verschuldet. Um die Kredite pünktlich bedienen zu können verscherbelte sie alles nur Denkbare zu Schleuderpreisen an die BRD, um Devisen zu erlangen, z. B. auch Kunstwerke, Museumsgüter, ja gar Pflastersteine, für deren Aufnahme aus alten Straßen eine spezielle Technik entwickelt wurde, aber vor allem auch Agrarprodukte, insbesondere Lebendvieh und Eier. Werner Felfe erzählte mir in den 80er-Jahren des 20. Jahrhunderts, dass die DDR Eier für 2 bis 3 West-Pfennig pro Stück an die BRD verkaufte. Das machte deutlich, dass der DDR das Wasser bereits bis zum Hals stand. Franz Josef Strauß organisierte für die DDR in dieser Zeit einen Milliardenkredit, nicht um die DDR zu retten, sondern um ihren Untergang zu besiegeln.

6.3 Politik und Ideologie

Alle Länder der „sozialistischen Gemeinschaft" folgten der „marxistisch-leninistischen Ideologie", die Stalin zu einer Dogmenlehre umgeformt hatte. Alle Völker sollten in diesem Geiste umerzogen werden. Die Voraussetzungen in den einzelnen Ländern waren sehr unterschiedlich. Kommunistische Parteien gab es bereits vor dem Zweiten Weltkrieg in all diesen Ländern. In den Ländern, die mit Nazideutschland kollaboriert hatten, waren die Führer dieser Parteien überwiegend in die Sowjetunion emigriert oder wurden von den Nazis umgebracht. In Jugoslawien hatten die Kommunisten, angeführt von Tito, den Partisanenkampf gegen Deutschland wirksam organisiert und am Ende des Krieges die Macht übernommen.

Auch aus Deutschland waren die führenden Kommunisten mehrheitlich in die Sowjetunion emigriert. Die Stalintreuen kamen

1945 zurück, vor allem in die sowjetisch besetzte Zone, und bereiteten die Gründung der DDR vor, die kurz nach der Bundesrepublik am 7. Oktober 1949 erfolgte. Vergleichbares passierte in den anderen „Bruderländern". Dabei bemühte sich die DDR, wie es der Name – Deutsche Demokratische Republik – verrät, sich einen demokratischen Anstrich zu geben. Sie vereinigte zunächst unter Stalins Druck die KPD mit der SPD, um eine breite Basis in der Bevölkerung zu schaffen.

Sie gründete sich als Mehrparteiensystem im Unterschied zu den anderen sowjetisch beeinflussten Ländern. Neben den zur SED vereinigten beiden Arbeiterparteien KPD und SPD gab es noch eine nationale Partei (NDPD), eine liberale Partei (LDPD), eine christliche Partei (CDU) und eine Bauernpartei (DBD). Im Volksmund nannte man diese Parteien die Blockflöten der SED. Das war berechtigt. Die Gründer dieser Parteien kamen nicht selten aus der KPD (z. B. Goldenbaum, der die DBD gründete). Nach der herrschenden Doktrin hatten sie das gleiche Ziel wie die SED, den Sozialismus aufzubauen, auf dem gleichen, von Stalin vorgegebenen Weg. Der einzige Unterschied zur SED bestand darin, dass sie ihre Mitglieder aus den Schichten rekrutierten, die nicht der Arbeiterklasse zugerechnet wurden.

Ich persönlich habe die gesamte Zeit von der Gründung der DDR bis zu ihrem Untergang bewusst miterlebt. Es war die Zeit von meinem 8. bis zu meinem 48. Lebensjahr. Ich kannte also sehr gut die offizielle Staatsdoktrin und die Denkweise in der Bevölkerung. Und da ich auch Verwandtschaft in der BRD hatte, konnte ich die Stimmungen in beiden deutschen Staaten gut miteinander vergleichen.

Die Bundesrepublik tat sich schwer mit der Überwindung des nationalsozialistischen Erbes. Nun gab es 1945 keine Unterschiede im Denken zwischen Ostdeutschen und Westdeutschen. Nur lebten fortan in der Bundesrepublik Deutsche, die von den USA gezwungen worden waren, ihr Land in demokratische Formen zu gießen, während die DDR als Diktatur stalinscher Prägung errichtet wurde. In der DDR war der Antifaschismus von oben angeordnet. In der BRD musste sich eine solche Einsicht in einem langwierigen Prozess über Jahrzehnte im Volk erst herausbilden.

Nun entstehen neue Einsichten im Denken nicht auf Befehl. Deshalb gab es in der Bevölkerung der DDR immer 2 Meinungen – eine offizielle und eine private. Natürlich entstand auch in der DDR allmählich eine neue Elite – Menschen, die in führende Positionen kamen und sich die neuen sozialistischen Ideen zu eigen machten, aus Überzeugung oder aus Karrieregründen. Das einfache Volk teilte diese Überzeugungen eher nicht. Das hielt die gesamte Zeit, in der die DDR existierte, vor. Die Gesellschaft spaltete sich in 2 Kasten – die Funktionärskaste und die Volkskaste.

Dazu ein Beispiel: Es war Anfang der 70er-Jahre. Im DDR-Fernsehen wurde der DEFA-Mehrteiler „Rottenknechte" ausgestrahlt. Nach jedem Teil diskutierten meine Mitarbeiter das am Vorabend Gesehene. Ich war der Jüngste, aber deren Chef. Einige von ihnen hatten als Soldaten am Zweiten Weltkrieg teilgenommen. Die Mehrheit waren im Krieg noch Halbwüchsige gewesen. Die DDR war von Beginn an bemüht, das Nazireich aufzuarbeiten, im Unterschied zur BRD, in der viele der Altnazis Karriere machen konnten. Viele Aufklärungsfilme waren sowjetischer Herkunft und manche auch kommunistisch-propagandistisch überhöht. Die Ablehnung auch zu „Rottenknechten" war bei meinen Mitarbeitern typisch. In ihnen lebte noch der nazistische Geist von der „heroischen, moralisch sauberen" Wehrmacht, vom „stolzen Deutschtum" usw., und sie verurteilten „Rottenknechte" als Machwerk gegen die BRD, der ihre Sympathien galten. Plötzlich ergriff ein bereits älterer Mitarbeiter, der bislang eher schweigsam gewesen war, das Wort. Er sagte: „Ich habe während des gesamten Krieges in der Marine gedient und habe all die Ereignisse, die in ‚Rottenknechte' geschildert werden, miterlebt. Der Film ist absolut realistisch. Er hat nichts dazugemacht und nichts weggelassen." Sagte es, drehte sich um und begab sich an seine Arbeit. Peinliches Schweigen. Alle wendeten sich ihrer Arbeit zu. Das Beispiel zeigt, wie mehrheitlich auch noch zu dieser Zeit die Stimmung im Volk der Ostdeutschen war.

Nach dem Studium gehörte auch ich der Funktionärskaste an, war aber im DDR-Volk gut vernetzt, kannte also die Stimmung. Deshalb war es für mich nicht verwunderlich, als die Menschen mit Massendemonstrationen die Wende 1989 einleiteten, dass die Masse derer, die montags zunächst in Leipzig, danach in allen anderen großen Städten demonstrierten, in der Mehrheit die Unzufriedenen aus dem Volk waren. Ihre Ziele waren nicht so erhaben wie später salbungsvoll verkündet. Bis auf wenige ehrliche Oppositionelle wollten sie keinen demokratischen Sozialismus. Sie wollten Lebensverhältnisse wie im Westen und die D-Mark sofort.

Wer diese Entwicklungen verinnerlicht, wird nicht verwundert sein, weshalb im vereinten Deutschland in den neu hinzugekommenen Bundesländern nazistische und rechtsextreme Ideen und Demokratiefeindlichkeit verbreitet sind und die AfD hier ihre höchsten Stimmanteile holt. Deutsche Politiker sind gut beraten, bevor sie ihre Sonntagsreden schreiben, über diese Zusammenhänge gründlicher nachzudenken.

Nachdem die großen Reden über die lieben Landsleute, über die Brüder und Schwestern im Osten von Kohl und anderen verklungen waren, zog der kapitalistische Alltag auch hier ein. Die Feiertagsstimmung war verflogen. Die Ostdeutschen mussten bis hinein in die Familien zur Kenntnis nehmen, wer im Kapitalismus das Sagen hat. Nicht das wiedervereinte Volk bestimmte das neue Zusammenleben, sondern die Allmacht des Kapitals. Da die herrschenden Gedanken, wie wir von Marx wissen, in jedem Volk stets die Gedanken der herrschenden Klasse sind, begegneten die Westdeutschen ihren ostdeutschen Brüdern und Schwestern mehrheitlich von oben herab. Man hatte den Eindruck, 1945 wurde die Grenze zwischen Ost- und Westdeutschen nicht nach territorialen Gesichtspunkten, sondern nach dem Intellekt der Deutschen gezogen. Intelligenz maßen die Westdeutschen in kapitalistischer Manier am individuellen Reichtum und da schnitten die Ostdeutschen denkbar schlecht ab.

Mit der Wiedervereinigung trafen 2 Bevölkerungsgruppen, die 40 Jahre mit eigener Staatlichkeit voneinander getrennt waren, aufeinander, die in ihrer Sozialisation nicht unterschiedlicher sein konnten. Das DDR-Volk hatte diese Zeit in einem Einparteiensystem verbracht, in dem nur eine zulässige Ideologie staatstragend war. In der BRD herrschten viele Ideologien von extrem rechten bis extrem linken Parteien und Bewegungen. Diese Parteien fielen nun über die Ostdeutschen her, um für sich neue Wählerschaften abzugreifen.

Frustriert durch die Wiedervereinigung, in der die Stimmen der Ostdeutschen einfach ignoriert wurden – alles, was die Westdeutschen bislang ausgemacht hatte –, galt nun deckungsgleich für die Ostdeutschen, ob es ihnen gefiel oder nicht. Damit waren die Ostdeutschen sehr empfänglich für politische Kräfte aus dem Westen, die in Opposition zum herrschenden Geist der Bundesrepublik standen. So fiel die Ideologie der extremen Rechten des Westens auf einen fruchtbaren Boden im Osten. Die Saat ging auf. Deshalb haben wir heute im Osten einen weit höheren Anteil rechtsextremer Wähler als im Westen.

Auch die gegenwärtige kritische Haltung beachtlicher Teile der ostdeutschen Bevölkerung erklärt sich aus diesen historischen Zusammenhängen. In der DDR stand die Volkskaste in verdeckter Opposition zu den Regierenden, zur Allmacht der SED. Diese Einstellung lebte kurze Zeit nach dem Anschluss an die BRD wieder auf, richtete sich nunmehr gegen die neue Regierung in gleicher Weise wie einst gegen die SED, jetzt aber nicht mehr verdeckt, sondern in offener Bekundung auf den Straßen und Plätzen. Sie nutzten die neuen demokratischen Freiheiten ausgiebig.

Was sie nicht erkennen, ist die Tatsache, dass in der DDR die SED wirklich die Macht hatte, während sich jetzt ihre Wut nur gegen die Handlanger der wirklichen Macht, des großen Kapitals, richtet, während diese selbst im Hintergrund verborgen agiert.

6.4 Der Weg zurück in den Kapitalismus

Der erste Versuch, den stalinschen Kommunismus abzuschütteln, erfolgte in der DDR am 17. Juni 1953, als in Berlin und anderen großen Städten die Arbeiter auf die Straßen gingen und ihren Protest gegen die sowjethörige Regierung zum Ausdruck brachten. Der Kommandant des sowjetischen Sektors von Berlin, Generalmajor Pjotr Dibrowa, ließ sofort Panzertruppen aufmarschieren. Der Aufstand wurde blutig niedergeschlagen. 34 Demonstranten wurden erschossen und 7 hingerichtet.

Den zweiten Versuch unternahmen die Ungarn, die sich am 23. Oktober 1956 gegen die kommunistische Regierung und die sowjetische Besatzungsmacht erhoben. Binnen weniger Tage wurde die Einparteiendiktatur gestürzt, eine neue Regierung, geführt von Imre Nagy, gebildet, der Warschauer Pakt aufgekündigt, die Neutralität erklärt und die Sowjetunion aufgefordert, ihre Truppen abzuziehen. Am 4. November 1956 marschierte die Rote Armee ein. Die neue Regierung wurde durch eine prosowjetische unter János Kádár ersetzt. Danach wurden Hunderte Aufständische, unter ihnen Imre Nagy, von den kommunistischen Machthabern hingerichtet. Zehntausende wurden eingekerkert oder interniert und Hunderttausende flohen in den Westen.

Die beiden von den Sowjets niedergeschlagenen Aufstände zeigten Wirkung. Obwohl es in allen Ostblockländern mehr oder weniger versteckte oppositionelle Bewegungen gab, traute sich aus Angst vor sowjetischer Intervention keine mehr aus der Deckung.

Hingegen bewegte sich hier und da etwas in den Führungsgremien der kommunistischen Parteien.

1963 wagte sich in der DDR der Erste Sekretär des Zentralkomitees der SED, Walter Ulbricht, der Vater des Mauerbaus, aus der Deckung. Er ließ das „Neue ökonomische System der Planung und Leitung" (NÖS) entwickeln, also ein System, welches den bisher von der Sowjetunion vorgegebenen Weg zum Aufbau des Sozialismus verlassen wollte, um eigene Wege zu gehen. Ziel war es, die Eigenverantwortung der Betriebe zu erhöhen, den starren Zentralismus zu überwinden und die DDR in eine sozialistische Leistungsgesellschaft zu verwandeln. Vorgesehen war u. a., die ideologischen Schreihälse zurückzudrängen und durch Fachleute zu ersetzen und so die Wirtschaft auf solidere Grundlagen zu stellen. Damit wollte sich die DDR aus der sowjetischen Umklammerung lösen und die Wirtschaftsbeziehungen zur BRD vertiefen. Mit dieser Entwicklung stieß Ulbricht die stalinistischen Apparatschiks vor den Kopf. Schrittweise, ab 1967, verlor Ulbricht das Vertrauen Breschnews und der KPdSU. Sein Ziehsohn, Erich Honecker, den Breschnew ins Vertrauen zog und dessen Rückendeckung er sich versichert hatte, nutzte seine Chance skrupellos und stürze Ulbricht 1971.

Bereits zuvor gärte es in der CSSR. Anfang 1968 entluden sich die Spannungen zwischen dem linksdogmatischen und dem reformistischen Flügel in der KPC. Antonin Novotny, bisher Erster Sekretär der KPC (Tscheche), wurde von Alexander Dubček (Slowake) abgelöst. Jener leitete Reformen mit Schwerpunkt Wirtschaft ein, die unter der Bezeichnung „Prager Frühling" in die Geschichte eingingen. Damit verbunden war die Herstellung der Meinungs- und Informationsfreiheit, die Aufarbeitung der stalinistischen Vergangenheit und die Neuausrichtung der kommunistischen Partei. Das Ziel war ein Kommunismus mit menschlichem Antlitz. Westdeutsche Medien, die sich, teilweise mit Sensations- und Falschmeldungen, in diese inneren Auseinandersetzungen der CSSR einmischten, erwiesen diesen keinen guten Dienst und lieferten nicht zuletzt Argumente für ein Eingreifen des Warschauer Pakts. In der Nacht zum 21. August 1968 marschierten circa eine halbe Million Soldaten aus der Sowjetunion, Polen, Ungarn und Bulgarien in die CSSR ein und besetzten alle strategisch wichtigen Positionen des Landes. Insgesamt starben bei der Aktion 98 Menschen der CSSR und 50 Soldaten der Interventionstruppen.

Das letzte Aufbäumen gegen die sowjetische Herrschaft war die Gründung der Solidarność in Polen 1980. Sie erlangte, unterstützt von der katholischen Kirche und insbesondere vom Papst Johannes Paul II. (dem Polen Wojtyła), großen Einfluss auf die politische Entwicklung in Polen, der bis zum Untergang des Kommunismus 1989 anhielt.

Die sowjetische Führung hat nie begriffen, dass sie die Ursache all dieser Volkserhebungen in den „Bruderländern" war. Erst mit dem Erscheinen Gorbatschows, bei dem sich alle rückversichert hatten, dass er keine Panzer schicken würde, erhoben sich die Völker dieser Länder und verjagten ihre stalinistischen Führer.

6.5 Wieder im Kapitalismus

Nach der Wende von 1989 war ich auch beruflich viel in den ehemaligen Ostblockstaaten Rumänien, Kroatien, Polen, Tschechien und Ungarn unterwegs. Von den letzten 20 Jahren hielt ich mich, am Stück gerechnet, 10 Jahre in Russland auf. Die Probleme der Ostdeutschen hatten diese Länder alle nicht. Sie blickten eher neidvoll auf ihre einstigen Bundesgenossen, als diese an die reiche Bundesrepublik angeschlossen wurden und so rasch zu Wohlstand gelangten, der ihnen selbst verwehrt geblieben war.

Die Armut in diesen Ländern, die bereits im „Kommunismus", verglichen mit dem Lebensstandard der DDR, deutlicher ausgeprägt war, trat noch gravierender hervor. Sie mussten aus eigener

Kraft das Elend überwinden. Dadurch bedingt ersparten sie sich allerdings die Demütigungen, die die Ostdeutschen durch die Westdeutschen erfuhren. Sie mussten eine eigene Elite aufbauen, während die ostdeutsche Elite über Nacht durch eine westdeutsche ersetzt wurde. So gelangten große Teile der alten Eliten dieser Ostländer wieder in die neuen. In Ostdeutschland wurden die Elitären der kommunistischen Ära einfach ausgegrenzt und diskreditiert. Die Folgen sind auch 30 Jahre danach spürbar und heilen sich erst jetzt allmählich.

Der Aufbau nationalen Kapitals in den mittel- und osteuropäischen Ländern vollzog sich langsam. So gelangte zunehmend ausländisches Kapital aus dem reichen Westen in diese Länder und es verhielt sich wie bisher in den Entwicklungsländern geübt. Es schöpfte mittels einheimischer Arbeitnehmer Mehrwert und transferierte diesen aus den Ländern, was deren Akkumulationskraft schwächte. Auch die EU, in die sie nun fast alle eingegliedert waren, konnte diesen Transfer nicht verhindern. Den daraus resultierenden Unwillen spürte ich in jedem dieser Länder und er erklärt u. a. die zunehmenden nationalistischen Bestrebungen in Osteuropa. Daraus resultiert auch, weshalb manche dieser Länder, z. B. Polen und Ungarn, in der EU immer wieder mal aus der Reihe tanzen möchten. Besonders unbefriedigend sind die Fortschritte der Balkanländer. Hier bedarf es weit größerer Anstrengungen der EU, wenn das gravierende Reichtum-Armut-Gefälle innerhalb der Union überwunden und die Gemeinschaft stabilisiert werden soll. Hier wird erkennbar, wie lange das Habsburger Erbe nachwirkt.

Abschließend ist festzuhalten, Russland konnte in seiner sowjetischen Verfassung den Ländern der Welt nicht als Beispiel dienen und zur Nachahmung empfohlen werden. Jetzt nehmen wir zur Kenntnis, dass das heutige Russland aus dem Niedergang des sowjetischen Imperiums nichts gelernt hat. Der Krieg gegen die Ukraine zeigt erneut, dass es meint, seine nationalistischen Interessen gegen andere Völker mit militärischen Mitteln durchsetzen zu können.

7 KAPITEL – CHINA

7.1 Religion

Vergleicht man Russland mit China, so fällt auf, China war bereits mehrere Tausend Jahre Hochkultur, bevor Russland in der Weltgeschichte erschien. China entstand vor mehr als 3.500 Jahren und zählt damit zu den ältesten Hochkulturen. China selbst spricht von einer 5.000-jährigen Geschichte.

Um China zu verstehen, lohnt es sich, die Rolle von Religionen in deren Geschichte zu betrachten. Es waren vor allem 2 Philosophen, die die Weltsicht der Chinesen prägten, Konfuzius (551–479 v. Chr., Kong Qiu im Chinesischen) und Laozi (6. Jahrhundert v. Chr., Lao-tzu im Chinesischen). Beide gründeten ihre Philosophien, wie bereits erwähnt, auf den Lehren des Tianxia („Alles unter dem Himmel") aus der Zeit der Zhou-Dynastie (ca. 700 v. Chr.).

Der Konfuzianismus ist eine Harmonielehre: „den Angelpunkt zu finden, der unser sittliches Wesen mit der allumfassenden Ordnung, der zentralen Harmonie vereint". Es ging ihm um Harmonie und Mitte, um Gleichmut und Gleichgewicht.

Laozi gilt als Begründer des Daoismus. Das Dao bedeutet so viel wie der richtige Weg, das Prinzip, die Methode der anzustrebenden Lebensgestaltung, eine Art allumfassendes kosmisches Gesetz. Der Daoismus ist also auch eine Art Harmonielehre.

Beide, Konfuzius und Laozi, lehnten Religionen als Aberglauben ab. China brachte nie eine Erlösungsreligion hervor. Die monotheistischen Religionen wurden als Staatsbedrohungen wahrgenommen. Deshalb hatten die christlichen Missionare in China wenig Erfolg. Neben dem Konfuzianismus und Daoismus spielt in China der Buddhismus, wie in allen asiatischen Ländern, noch eine Rolle. Wir wissen bereits, dass auch Buddha kein Gott war. Da biologisch eine unbefleckte Empfängnis auszuschließen ist, sind es immer die Menschen, die im Nachhinein bedeutende Persönlichkeiten der Geschichte vergotten.

All das besagt, dass im alten wie im modernen China das Denken und Handeln der Menschen kaum, wie z. B. im europäischen/amerikanischen und arabischen Raum, von Religionen geprägt wurden. All die religiösen Exzesse in diesen Räumen hat es in China nie gegeben. Die Sicherung der staatlichen Einheit des Volkes wurde nicht über die Religion, sondern über das patriarchalische Handeln der jeweiligen Regierenden gesichert. Falls Religionen sich berufen fühlten, chinesische Herrschaftssysteme infrage zu stellen – ihre Vertreter galten in China als Anarchisten, die den Bestand des gesamten gesellschaftlichen Systems gefährdeten –, wurden sie negiert. Wer diese Zusammenhänge versteht, versteht auch die Prägung der Chinesen sowie ihr Denken und Handeln. Hier liegt auch der Unterschied zwischen Russland und China. Die russischen Zaren waren ausnahmslos autokratische Despoten, die mit streng geübter Religiosität das Volk im Zaum hielten. Chinesische Kaiser waren Patriarchen, die auf die Zustimmung des Volkes angewiesen waren.

Aber auch das kommunistische China bekämpfte Religionen nicht. Sie vertraten die Auffassung, dass sich zum Schluss immer die Wahrheit, die wissenschaftliche Einsicht ist, durchsetzt und alle Glaubensrichtungen überleben wird. Allerdings wurden die christlichen Missionare, die eng mit den Kolonialisten zusammengearbeitet hatten, ausgewiesen. Den Religionen war es auch verboten, sich in die Hoheiten des Staates einzumischen. Es gab nie eine Oligarchie von Staat und Klerus wie in den Ländern des Westens. Während der Kulturrevolution wurden durch die Roten Garden religiöse Einrichtungen und Klöster verwüstet. Nach Maos Tod wurden die Religionen durch Deng Xiaoping wieder zugelassen und deren staatliche Überwachung aufgehoben. Der Streit zwischen dem chinesischen Staat und den muslimischen

Uiguren lässt sich nur im Zusammenhang mit der chinesischen Religionsgeschichte und dem chinesischen Religionsverständnis verstehen.

Im aktuellen Regierungsprogramm zur Entwicklung einer „harmonischen Gesellschaft" finden auch die bestehenden Religionsgemeinschaften ihren Platz. 2005 gab es in China 5 Millionen Katholiken, 16 Millionen Protestanten und 20 Millionen Moslems in einem Volk mit 1,4 Milliarden Menschen, also rund 3% Gläubige. Über Buddhisten gibt es keine Angaben, da jene keine strengen Organisationen kennen.

7.2 Geschichte

3.000 Jahre im Zeitraffer

Erste Merkmale von Zivilisation reichen 6.000 Jahre zurück und fallen in die Bronzezeit und spätere Eisenzeit. Die Shang-Dynastie (ca. 1570–1066 v. Chr.) ist die älteste, gesichert nachgewiesene Dynastie. In dieser Zeit wurde kollektiv organisierte Landwirtschaft mit Ackerbau und Viehzucht betrieben und es bildeten sich die Berufsstände der Handwerker und Beamten heraus. Das Chinesisch verfügte bereits über mehrere Tausend Schriftzeichen, von denen einige bis heute ihre Bedeutung behalten haben. Diese Dynastie umfasste noch nicht das gesamte Gebiet des heutigen Chinas und war im nördlichen Teil des heutigen Chinas angesiedelt.

Die erfolgreichste Dynastie war die Han-Dynastie (206 v. Chr.– 220 n. Chr.) Daher kommt die Bezeichnung Han-Chinesen. In dieser Zeit wurde Südchina eingegliedert und über die Seidenstraße der Handel mit dem Römischen Reich ausgebaut. Es war eine Blütezeit des Chinesischen Reiches. In dieser Zeit sickerte auch der Buddhismus nach China ein. Zur Staatsphilosophie wurde allerdings der Konfuzianismus erhoben und er sollte über die nächsten 2.000 Jahre Gültigkeit behalten. 220 zerfiel nach inneren Machtkämpfen China in 3 Teilreiche. Erst nach 60 Jahren wurde diese Teilung überwunden.

In der Zeit von 500 bis 1500 war China in allen Belangen dem Abendland überlegen, sozusagen die Weltmacht Nummer eins. Führend war China in Wissenschaft und Technik. So machten die Chinesen Erfindungen und Entdeckungen (Gusseisen, Stahl, Papier, Porzellan, Magnetkompass, Buchdruck, Schießpulver, Seide, Wendepflug, effiziente Landwirtschaft), die im Westen erst Hunderte Jahre später gelangen. 1078 produzierte China bereits so viel Stahl wie England zu Beginn der Industrialisierung gegen Ende des 18. Jahrhunderts. Am Ende dieses Zeitabschnitts gelangte Marco Polo über die Seidenstraße nach China.

In der Ming-Dynastie ab 1368 wurde die Sklavenhaltung verboten, eine Landreform durchgeführt und die Zentralverwaltung ausgebaut. Hier beginnt in China der Absolutismus. Es war eine erneute Blütezeit. China wurde die führende Seefahrernation in der Welt.

1644 begründeten die Mandschu die letzte Dynastie, die Qing-Dynastie, die bis 1911 auf dem Kaiserthron saß. Sie hatte China mit Tibet und der Mongolei erweitert. Bedingt durch Erfolge in der Wirtschaft, insbesondere in der Landwirtschaft, verdoppelte sich im 17. und 18. Jahrhundert die Bevölkerung von 160 auf 300 Millionen und stellte damit etwa 50 % der Weltbevölkerung. Beide Jahrhunderte waren die erfolgreichsten in der chinesischen Geschichte.

Die letzten 500 Jahre

Einer der letzten Ming-Kaiser hatte die chinesische Flotte vernichten lassen. China hörte auf, eine Seefahrernation zu sein, und orientierte sich auf seine große Landmasse. Die Meere wurden nun von den Flotten Portugals, Spaniens, Großbritanniens und den Niederlanden beherrscht. In Westeuropa hatte am Beginn des 19. Jahrhunderts, insbesondere in England, Frankreich und in den Niederlanden, der Kapitalismus Fuß gefasst. Das war eine Entwicklung, die im großmächtigen China kaum wahrgenommen und nicht verstanden worden war.

Die Portugiesen hatten bereits Mitte des 16. Jahrhunderts auf der chinesischen Insel Macau eine Handelsniederlassung gegründet. 1845 erklärte Portugal einseitig Macau zu seinem Freihafen. Zur gleichen Zeit annektierte Großbritannien die nur 62 km entfernte Insel Hongkong. 1600 hatte Großbritannien die britische Ost-indien-Kompanie gegründet. Sie war das Zentrum zur Koloni-alisierung Indiens. Von hier aus organisierte Großbritannien ab 1820 systematisch den Export von Opium nach China, obwohl es die chinesische Regierung verboten hatte. So trieb Großbri-tannien China in ein Außenhandelsdefizit. China versuchte sich erfolglos gegen die aggressive Außen- und Freihandelspolitik der westeuropäischen Staaten zu wehren. Die Handelsbilanz Chinas entwickelte sich nach der erzwungenen Öffnung negativ.

Im ersten (1839–1842) und im zweiten (1856–1860) Opium-krieg setzte das vereinigte Königreich mit militärischer Gewalt den Handel mit Opium durch und trieb damit Millionen und Abermillionen Chinesen in die Abhängigkeit mit katastrophalen Folgen für das Land. Auf diese Weise lernte China die Brutali-tät des neuen kapitalistischen Systems kennen, das vor keinem Verbrechen zurückschreckte. Der Schaden in der chinesischen Wirtschaft war irreversibel. Die Qing-Dynastie geriet in arge Bedrängnis und China sank auf den Status einer Kolonie herab. Es war die Folge der Überlegenheit des kapitalistischen über das feudale Gesellschaftssystem.

Die Qing-Dynastie war Anfang des 20. Jahrhunderts am Ende. 1911 endete sie mit dem 5-jährigen Kaiser Puyi auf dem Thron. Am 1. Januar 1912 wurde durch Sun Yat-sen die Republik China ausgerufen.1927 begann ein Jahrzehnte währender Bürgerkrieg in China. 1931 eröffneten die Japaner einen Krieg gegen China, der erst mit dem Zweiten Weltkrieg zu Ende ging. 10 Millionen chinesische Zivilisten und 3,5 Millionen Soldaten verloren in diesem Krieg ihr Leben, nach der Sowjetunion die zweithöchsten Opferzahlen.

Danach flammte der Kampf zwischen Kommunisten und Nationalisten in China auf, den die Kommunisten für sich entschieden. 1949 wurde von Mao Zedong die Volksrepublik China ausgerufen. Die geschlagenen Nationalisten flohen, mit Chiang Kai-shek an der Spitze, nach Formosa, dem heutigen Taiwan. Bis 1971 erkannte der Sicherheitsrat der UNO Taiwan als das rechtmäßige China an. Erst danach zog die Volksrepublik China in den Sicherheitsrat ein. Der Antikommunismus saß dem Kapital tief in den Knochen.

An dieser Stelle sei es in Anbetracht des Wütens des Weltgroßkapitals in China angebracht, ein gewisses Befremden wahrzunehmen, wenn heute die Regierungen der kapitalistischen Hochburgen in Sachen Einhaltung der Menschenrechte China belehren möchten. Am kapitalistischen Raubzug in China beteiligt waren neben Großbritannien das Deutsche Reich, Frankreich, Italien, Japan, Österreich-Ungarn, Russland und die USA. Die Deutschen, angestachelt von ihrem Kaiser, zeigten der Welt, zu welchen Grausamkeiten sie im Boxeraufstand fähig waren. Die Skepsis Chinas gegenüber der westlichen Welt hat sich bis heute erhalten. Die Gründe dafür liegen auf der Hand. Die Länder mögen sich geändert haben. Das Wesen des Kapitals ist geblieben.

7.3 Die chinesische Volksrepublik

Die Industrialisierung setzte in China, verglichen mit Europa und Nordamerika, wegen seiner Abschottung vom Rest der Welt, mit großer Verspätung ein. Mit dem Boxeraufstand begann sich China gegen die ausländische Einmischung zu wehren. Nachdem dieser Aufstand durch die vereinten Kräfte des Weltgroßkapitals niedergeschlagen war, gründete 1905 in Tokio Sun Yat-sen den chinesischen Revolutionsbund. Es war die Vorläuferorganisation der Kuomintang. Sie forderten das Ende des Kaiserreiches, die Errichtung einer Republik und eine Bodenreform. 1911 dankte der Kaiser ab. Die Periode der Kaiserreiche, die 221 v. Chr. begonnen hatte, endete damit.

In der folgenden Periode, in der Yuan Shikai herrschte, löste er das Parlament auf und verwandelte China erneut in eine Diktatur. Dagegen lehnte sich das Volk auf. Es herrschten Chaos und Elend. Die Mongolei und Tibet erklärten ihre Unabhängigkeit. In dieser quirligen Zeit wurde der Grundstein für die Modernisierung der Wirtschaft gelegt.

Nach der Oktoberrevolution in Russland verbreiteten sich auch in China sozialistische und kommunistische Ideen. 1921 wurde die kommunistische Partei Chinas gegründet. In der Folgezeit arbeiteten zunächst die Kuomintang (Nationalisten) und die Komintern (Kommunisten) zusammen. In dieser Einheitsfront kämpften sie gegen die Kriegstreiber und die japanische Expansion. Danach entzweiten sich die Nationalisten und Kommunisten. 1927 ließ Chiang Kai-shek Tausende vermeintliche Kommunisten ermorden.

Mao Zedong gelang es, ein größeres Gebiet im Süden unter die Kontrolle der Kommunisten zu bringen. Nach der Einkesselung durch Chiang Kai-shek begaben sich die Kommunisten auf den langen Marsch vom Süden nach dem Norden und nahmen Peking ein. In der gleichen Zeit expandierten die Japaner. Mao forderte angesichts dieser Bedrohung die Allianz aller Parteien und Streitkräfte. Nur Chiang Kai-shek verweigerte sich. Mit der zweiten japanischen Invasion wurde Chiang Kai-shek, ein extremer Nationalist, zur Einheitsfront gezwungen, aber er setzte seine schlagkräftigsten Truppen gegen die Kommunisten ein und schwächte die Einheitsfront, was die Japaner nutzten. In Nanking verübten die Japaner über mehrere Wochen Massenmorde.

Nach der Kapitulation verhandelte Mao mit Chiang ergebnislos über die Beilegung ihrer Gegensätze. Danach eroberte die Volksbefreiungsarmee unter Mao die Mandschurei, Nanking und Schanghai. Chiang Kai-shek floh mit seinen Anhängern nach Taiwan.

Am 1. Oktober 1949 wurde die Volksrepublik China ausgerufen. Die Machtübernahme durch die Kommunisten war eine von breiten Massen getragene gesellschaftliche Umwälzung. Ein gravierender Unterschied zu den osteuropäischen Staaten, in denen Stalin die Kommunisten an die Macht brachte.

7.4 Die Kommunistische Partei Chinas

Die Kommunistische Partei Chinas (KPCh) gründete sich in der weltpolitischen Welle, die die russische Oktoberrevolution ausgelöst hatte. Auch in China gab es keine entwickelte Arbeiterschaft. Es war ein Volk mit einer großen Bauernschaft, in der die Kommunisten eine breite Massenbasis hatten und die bislang mehrheitlich auf den feudalen Gütern arbeitete. Mao Zedong orientierte sich zunächst an den Lehren und der revolutionären Praxis von Lenin und der jungen Sowjetunion. Die kommunistische Herrschaft begann mit einer Bodenreform, die 120 Millionen Bauern Land zur Nutzung übereignete. Der Großgrundbesitz wurde enteignet. Beschlossen wurde die Gleichberechtigung der Frauen in allen privaten und öffentlichen Belangen. Maßnahmen zur Entwicklung der Wirtschaft, insbesondere der Industrie, wurden eingeleitet.

Die KPCh folgte dem von der Sowjetunion vorgezeichneten Weg bis 1956. Dann begann unter Mao der große Sprung nach vorn. Die Bauern wurden in 26.000 Volkskommunen zusammengefasst. Sie sollten Landwirtschaft und Schwerindustrie gleichzeitig entwickeln. Planungsfehler, Chaos und Naturkatastrophen führten dazu, dass von 1960 bis 1962 circa 30 Millionen Menschen verhungerten.

Von dieser Zeit an trennten sich die Wege der Sowjetunion und Chinas allmählich. Mao war bewusst geworden, dass der Stalinismus nicht zum Ziel einer kommunistischen Gesellschaft führt, und suchte nach eigenen Wegen. Der „große Sprung" war ein solcher Versuch, wie auch die Kulturrevolution mit unsäglichen Opfern an Menschen und verpasster Entwicklung. Es war erst Deng Xiaoping, der richtig erkannte, dass es des kapitalistischen Stadiums der Entwicklung unter Führung der kommunistischen Partei bedurfte, wenn der Weg in die freie Gesellschaft gelingen soll.

Unter dem Vorwand, Fehlentwicklungen zu korrigieren und die Bürokratie zu reinigen, startete Mao 1966 seine Kulturrevolution. Es begann eine Terrorwelle gegen Repräsentanten und Entscheidungsträger fürchterlichen Ausmaßes. Die Kulturrevolution endete 1976 mit dem Tod Maos.

Die zunächst gewählte Führung aus den Reihen der Mao-Getreuen wurde von Deng Xiaoping bis 1980 ausmanövriert. Er formulierte den Kurs der 4 Modernisierungen, mit dem sich China endgültig und unwiderruflich vom sowjetischen Weg verabschiedete. Sozialistische Marktwirtschaft ersetzte von nun an die zentralistische Planwirtschaft. Ausländische Investitionen wurden schrittweise zugelassen, in Sonderwirtschaftszonen wurden marktwirtschaftliche Elemente erprobt. Mit all diesen

Maßnahmen war allerdings noch nicht die Gewährung individueller Freiheiten verbunden.

Deng Xiaoping wurde in der von der Sowjetunion beherrschten sozialistischen Welt geächtet und mit der kommunistischen Reichsacht belegt. Während eines Aufenthalts in Madagaskar bekam die DDR-Botschaft einen neuen Kulturattaché. Er war bislang in der chinesischen Botschaft der DDR tätig gewesen. Ich fragte ihn nach Deng Xiaoping. Es sagte, er habe ihm zweimal zugehört. Für ihn war er der klügste Mensch, der ihm jemals im Leben begegnet war.

Im Frühjahr 1989 kam es zu Demonstrationen auf dem Tian'anmen-Platz in Peking. Es war das Jahr, in dem in allen sozialistischen Staaten Demonstrationen stattfanden, und der europäische Sozialismus erodierte. Damals, persönlich von diesen historischen Ereignissen betroffen, dachte ich, wenn jetzt noch China mit 1,4 Milliarden Menschen in diesen Strudel gerät, versinkt die Welt im Chaos. Es kam anders. Die Demonstrationen in Peking wurden auf Befehl von Deng Xiaoping niedergeschlagen.

Die Periode unter Deng Xiaoping war eine der erfolgreichsten in der chinesischen Geschichte und stabilisierte die Herrschaft der KPCh. Die Zahl der unter der Armutsgrenze lebenden Chinesen wurde drastisch reduziert. Als Deng starb, hinterließ er ein wirtschaftlich gefestigtes China und solide Ideen für die weitere Entwicklung des Landes unter der Führung der KPCh für seine Nachfolger.

Deng Xiaoping, ein hochgebildeter Mann, hatte die Schwächen des von Lenin und Stalin gezeichneten Wegs zum Sozialismus/ Kommunismus in Ländern, in denen sich der Kapitalismus noch nicht richtig entfaltet hatte, erkannt. Ihm war bewusst geworden, dass ohne das kapitalistische Durchgangsstadium, in dem die ökonomische Basis für die freie Gesellschaft geschaffen werden muss, kein moderner Kommunismus entstehen kann. Er entschied sich, das kapitalistische Stadium der gesellschaftlichen Entwicklung unter

Führung der KPCh nachzuholen, und war sich bewusst, dass es sich dabei um eine ganze geschichtliche Epoche handeln würde.

Dengs Vermächtnis bestimmte auch das Handeln all seiner Nachfolger bis in die Gegenwart. Wenn sich die KPCh entschloss, Xi Jinping auf Lebenszeit zum Parteiführer zu ernennen, so weist es darauf hin, dass dieser den von Deng Xiaoping vorgezeichneten Weg am erfolgreichsten beschreitet.

7.5 Wirtschaftliche Entwicklung

Seit dem Jahre 2000 ist unübersehbar geworden, dass China, wie in seiner früheren Geschichte, wieder auf dem Weg ist, die Weltmacht Nummer 1 zu werden. 2020 zog China erstmalig im preisbereinigten BIP an den USA vorbei. Mit 1,4 Milliarden Einwohnern verfügt China über ein Potenzial, dem die USA auf Dauer nichts entgegenzusetzen haben. Die reichen Länder des Westens haben 1,03 Milliarden Menschen – gleich 13,4 % der Weltbevölkerung; China hat 1,4 Milliarden Menschen – gleich 18,1 % der Weltbevölkerung. Die Welt hat 7,68 Milliarden Menschen. Davon leben rund 15 % in Reichtum und 85 % in mehr oder wenig ausgeprägter Armut.

Wir waren uns darüber einig, dass die Ökonomie das Herzstück einer jeden Gesellschaftsformation ist. Schauen wir uns deshalb die wirtschaftliche Entwicklung der USA, Chinas und Russlands am BIP über einen längeren Zeitraum an **(Berechnungen 6)**.

Die 60er- und 70er-Jahre waren gekennzeichnet von der Kulturrevolution mit ihren verheerenden Auswirkungen. Der neue Kurs unter Deng Xiaoping begann erst 1980. Die Steigerungsraten, gerechnet über die gesamte Zeit von 1960 bis 2019, sind wenig aussagekräftig, da China 1960 mit 59 Milliarden $ BIP und 90 $/Kopf sich noch in absoluter Armut bewegte.

Berechnungen 6
Entwicklung des BIP (Mia. $) und je Kopf USA, China, Russland in $ (kaufkraftbereinigt)   * bis 1990 Sowjetunion

Land	Jahre												
	1960		1970		1980		1990		2000		2010		2017	
	je Kopf	gesamt	je Kopf	gesamt	je Kopf	gesamt	je Kopf	gesamt	je Kopf	gesamt	je Kopf	gesamt	je Kopf	ge
USA	11.328	526	15.030	1.039	18.577	2.857	23.214	5.963	36.433	10.252	48.310	14.992	59.501	
China	90	59	113	91	307	305	487	454	2.918	1.214	9.252	6.066	16.660	
Russland*	3.935	843	5.569	1.352	6.437	1.709	6.871	1.988	8.172	278	22.639	1.633	27.834	
Vietnam					653	35,4	122	8,2	499	39,6	1.629	143	6.913	
Laos					342	0,6	441	1,7	323	1,7	1.201	7,5	7.366	
Kambodscha					26	0,2	39,7	0,9	300	3,7	782	11,2	4.012	
Kuba			653	6	2.022	20	2.703	29	2.747	31,0	5.730	64	8.822	
Afghanistan	60	538	157	1.749	275	3.642					540		1.958	

Bevölkerung	Mio.	% Welt
USA	333	4,3
EU	453	5,9
Kanada	38	0,5
Australien	25	0,3
Neuseeland	5	0,1
Taiwan	24	0,3
Japan	126	1,6
Israel	9	0,1
Schweiz	8	0,1
Norwegen	5	0,1
westl. Welt	1.026	13,4
China	1.394	18,1
Welt	7.684	100,0

In den Jahren von 1980 bis 2020, also in den letzten 40 Jahren, wuchs das BIP rund zehnmal und das BIP/Kopf in China rund fünfzehnmal schneller als in den USA. Ein solch rasantes Wachstum einer Volkswirtschaft ist ganz wahrscheinlich einmalig in der Weltgeschichte. Für die USA ist das ein Trauma, welches in der Trump-Politik gegenüber China, aber auch bei seinem Nachfolger, Joe Biden, deutlich spürbar wurde.

Die Ängste der USA sind nachvollziehbar. Als die deutsche Bundeskanzlerin im Gespräch mit Xi Xiaoping die Einhaltung der Menschenrechte in China einforderte, erhielt sie zur Antwort: „Menschenrechte sind ein sehr wichtiges Thema. Aber noch gibt es in China 350 Millionen Menschen, die unter der Armutsgrenze leben. Wenn wir dieses Problem gelöst haben, sprechen wir gern mit Ihnen über die Einhaltung der Menschrechte."

**Russland Steigerungsraten nur 1990 - 2019   ***Kambodscha1986

2017	2020		Steigerung gesamt **		Steigerung/Jahr		Steigerung 1980 - 2020		Steigerung 1980-2020/Jahr	
			%		%		%		%	
gesamt	je Kopf	gesamt	Je Kopf	gesamt	Je Kopf	gesamt	Je Kopf	gesamt	Je Kopf	gesamt
18.745	66.060	20.933	583	3.980	9,7	66,3	356	733	8,9	18,3
14.402	17.200	24.143	19.111	40.920	318,5	682,0	5.603	7.916	140,1	197,9
1.703	27.550	4.097	401	117	13,4	3,9				
329,5	8.200	1.059	1.643				1.059	932	26,5	23,3
19	8.207		2.541				2.154	3.183	53,8	79,6
26,7	4.250	74	1.417				15.611	13.350	390,3	333,8
100							436	503	10,9	12,6
	2.201						712	0	17,8	0,0

Schauen wir in die Geschichte zurück. China befindet sich in der Entwicklungsphase, in der einst der Kapitalismus in Westeuropa in die Welt kam. Marx vermittelte uns, dass dieser Weg von Feuer und Blut gekennzeichnet war. Schließlich war die Welt noch feudalistisch und die Feudalen räumten nicht kampflos das Feld. Zu dieser Zeit lebte die Welt noch in Diktaturen mit Königen und Kaisern. Demokratisch verfasste Staaten entstanden, in England beginnend, erst im Zuge der kapitalistischen Entwicklung.

Es ist das westliche Kapital, welches durch die Entwicklung Chinas seine Pfründe in Gefahr sieht. Bislang ist China nicht als skrupelloser Aggressor in Erscheinung getreten, die USA und die Europäer aber schon mehrfach. Natürlich kann niemand voraussagen, was von China in der Zukunft ausgehen wird. Aber auf Verdacht darf man kein Land zum Bösewicht stempeln. Churchill bemerkte einstmals: „Die Demokratie ist eine fürchterliche Staatsform, aber die einzige, die noch geht." Er wusste, dass in der Demokratie das Volk eine gewisse politische Reife, die der Vernunft folgt, aufweisen muss, wenn das Regieren erfolgreich gelingen soll. Mit einem gewissen Reifegrad der gesellschaftlichen Entwicklung wird sich diese Frage auch in China stellen, und es bleibt spannend, wie sie die KPCh beantworten wird.

Noch stellt sich das chinesische Volk diese Frage nicht mehrheitlich. Der von Deng 1980 eingeleitete, bis heute ungebrochen anhaltende Wirtschaftsaufschwung hat das Leben von Millionen und Abermillionen Chinesinnen und Chinesen spürbar verbessert. Deshalb stehen sie mehrheitlich zu ihrer kommunistischen Führung. Das dürfte noch eine Weile vorhalten. Die Volksrepublik China gründete sich als Einparteiensystem wie die Mehrzahl der sozialistischen Länder.

Mit der KPCh schufen die Chinesen eine Art Elite zur Führung der Gesellschaft, im Unterschied zu den demokratischen Hochburgen des Kapitals mit Mehrparteiensystemen, die die Interessen des Kapitals in der Gesellschaft bedienen. Auch hier führen gesellschaftliche Eliten, gestellt von den Parteien, die sich nur im Dienst am Kapital einig sind. Die Parteien mit Vorbehalten zur Herrschaft des Kapitals gelangen selten in Regierungsverantwortung. Sie werden bereits im Vorfeld vom großen Kapital diskreditiert.

Bei meinen Aufenthalten in Madagaskar wuchs mein Interesse an China. Die Chinesen hatten eine Straßenverbindung von Nord nach Süd über die gesamte Insel gebaut. Für China war es kostenlose Entwicklungshilfe für dieses arme afrikanische Land. Heute wissen wir, dass China in vergleichbarer Weise auf dem gesamten afrikanischen Kontinent aktiv ist.

Auch der kapitalistische Westen leistet inzwischen Entwicklungshilfe. Aber es geht die Rede um, für jeden Euro oder Dollar Entwicklungshilfe holt das Kapital 3 bis 5 Euro oder Dollar durch Ausbeutung aus diesem Kontinent heraus. Es ist schon bezeichnend, dass das große Kapital, welches durch seine Politik der territorialen und ökonomischen Annexion und Ausplünderung Afrikas diesen Kontinent in seiner Entwicklung um Jahrzehnte, wenn nicht Jahrhunderte zurückgeworfen hat, jetzt gegenüber China als moralische Größe auftreten möchte.

Spekulationen in die Zukunft sind unangebracht. China schuf und schafft eine ökonomische Basis wie die führenden kapitalistischen Länder. Das ist eine große historische Leistung, die

z. B. der Sowjetunion und den Ländern, die ihrem Beispiel folgten, nicht gelang. Der Unterschied zum westlichen Kapitalismus zeigt sich im gesellschaftlichen Überbau. In der westlichen Welt wird die ökonomische Basis vom Kapital dominiert, welches die Funktionsweise des gesellschaftlichen Überbaus beherrscht. In China ist es genau umgekehrt. Der gesellschaftliche Überbau, im Kern die kommunistische Partei, bestimmt die Entwicklung der ökonomischen Basis, erkennbar am hohen Kapitalanteil des Staates in der Wirtschaft.

China befindet sich an einem Punkt der gesellschaftlichen Entwicklung, wo noch alles möglich ist. Im 3. und 4. Kapitel haben wir den westlichen Kapitalismus als Übergangsgesellschaft vom Reich der Notwendigkeit ins Reich der Freiheit gekennzeichnet. Das gilt vergleichbar auch für China, wobei es hier noch großer Anstrengungen bedarf, um das ökonomische und soziale Niveau des westlichen Kapitalismus zu erreichen.

Selbst wenn China die USA im BIP überholt und etwas später die Europäische Union überholt haben wird, hat es bei Weitem noch nicht den Lebensstandard des Westens erreicht. Schließlich leben in China 18 % der Menschen unserer Welt. Die USA haben eine Bevölkerung von 328 Millionen und die EU von 448 Millionen, zusammen 776 Millionen, gleich 10,2 % der Weltbevölkerung. Aber auch in Asien mit 4,6 Milliarden Menschen hat China einen Anteil von 30,4 %, gefolgt von Indien mit 28,3 %. In beiden Ländern leben fast 60 % der Menschen dieses Kontinents.

Auf ihrem kapitalistischen Weg wandelten alle Länder des reichen Westens ihre Staatsform von der Diktatur in eine dem Kapital hörige Demokratie. Selbst Mitteleuropa und Japan blieb nach dem Zweiten Weltkrieg kein anderer Weg mehr. Indien wird zwar als älteste Demokratie angesprochen; wobei ein Land, welches seine Menschen verschiedenen Kasten zuordnet, noch weit entfernt ist von demokratischen Vorstellungen, die den Westen kennzeichnen. China verharrt weiter in der Diktatur, die allerdings nicht mit der

Stalindiktatur und dem Stalinismus verglichen werden darf, preist diese gar als die überlegenere Staatsform. In feudalen Zeiten war China der Hegemon in Asien und die anderen asiatischen Länder, außer Indien, waren China tributpflichtig. Es wäre katastrophal, wenn das wiedererstarkte China erneut solche Ambitionen hätte.

In Kapitel 4 zählten wir alle Herausforderungen auf, vor denen der Kapitalismus heute steht. Wir kamen zu dem Ergebnis, da Profitmaximierung sein treibendes Motiv ist, dass er sie nicht lösen kann und daran zerbrechen wird. Vor den gleichen Herausforderungen steht auch China und es wird sie mit der Aufrechterhaltung einer kapitalistischen ökonomischen Basis genauso wenig lösen können. Aber da die Entwicklung der ökonomischen Basis, im Unterschied zur westlichen Welt, in China vom gesellschaftlichen Überbau gesteuert wird, ist es denkbar, dass es ihm gelingt, die Entwicklung der ökonomischen Basis in Richtung freie Gesellschaft zu lenken, indem es die Profitmaximierung nicht als regelndes Prinzip gelten lässt.

China hat mit seiner Entwicklung, die es ab 1980 genommen hat, einen Hoffnungsschimmer gesetzt. Seit dieser Zeit folgen alle chinesischen Führungen konsequent dem von Deng Xiaoping vorgezeichneten Weg. Allerdings bleibt die Gefahr des Größenwahns einer Führerpersönlichkeit. Es bleibt zu hoffen, dass die KPCh stark und erfahren genug ist, solches zu verhindern.

Der Vergleich des BIP von Russland mit dem von China im gleichen Zeitraum zeigt, dass es Russland nach dem Untergang des Sowjetreiches nicht gelang, eine China vergleichbare Entwicklung einzuschlagen. Auch hier steht mit Putin ein Diktator an der Spitze des Landes, der keine Skrupel kennt, an dem der Humanismus spurlos vorübergegangen ist. Gefährlich werden Diktatoren, wenn die inneren Konflikte des Landes nicht mehr beherrschbar sind, dann ist man geneigt, diese durch Aggressionen nach außen zu tragen. Hoffen wir, dass in China nie eine solche Situation eintritt.

China agiert aber nicht im leeren Raum. Die Sowjetunion war mit seiner schwachen ökonomischen Basis nie eine ernste Gefahr für das Weltgroßkapital, wenngleich es vor ihr gezittert hat, aber weniger wegen seiner ökonomischen, sondern vor allem wegen seiner militärischen Stärke.

Wenn es so scheint, dass sich China und Russland weiter annähern, dann nur deshalb, weil das große Kapital China in eine solche Verbindung drängt. Doch China wird sich zurückhalten, denn es verfügt über eine stabile Wirtschaft. Putins Wirtschaft ist schwach und lässt die inneren Spannungen wachsen. Deshalb versucht er durch Aggressivität diese nach außen abzuleiten. China wird einem solchen Weg nicht folgen, da es dafür keine Notwendigkeit gibt.

Aggressivität entsteht, wenn der Druck im Kessel zu hoch wird und einen Weg nach außen sucht. So war es im faschistischen Deutschland und so erleben wir es gegenwärtig in Putins Russland.

Die Gefahr, die das westliche Kapital in der wachsenden ökonomischen Stärke Chinas zu erkennen glaubt, ist real. Dabei geht es weniger um befürchtete Aggressivität, sondern vielmehr um die Konkurrenz auf den Rohstoff- und Absatzmärkten sowie um den zunehmenden positiven Einfluss Chinas auf den Rest der Welt. So bleibt zu befürchten, dass der Westen zunehmend feindlicher gegen China in Erscheinung treten wird. China wird gut beraten sein, wenn es seine Beziehungen zu Indien intensiviert, bevor dieses Land vom Westen gegen China instrumentalisiert wird.

8 KAPITEL – ASIATISCHE VOLKSREPUBLIKEN

8.1 Korea

Geschichte

1637 wurde die Mongolenherrschaft in Korea beendet und Korea wurde von China, der Qing-Dynastie, kolonisiert. 1895 verlor China im Ergebnis einer Niederlage gegen Japan Korea als Kolonie. 1897 wurde das koreanische Kaiserreich ausgerufen. Nach dem Ende des russisch-japanischen Krieges 1905 wurde Korea Protektorat von Japan und danach offiziell als Kolonie in das japanische Kaiserreich eingegliedert. In dieser Kolonialzeit wurde Korea von Japan wirtschaftlich und gesellschaftlich modernisiert, aber die Bevölkerung ihrer Rechte beraubt und unterdrückt.

Am 15. August 1945 kapitulierte Japan und damit endete der Zweite Weltkrieg. Die japanische Armee musste sich nördlich des 38. Breitengrades den Sowjets und südlich davon den US-Amerikanern ergeben. Laut UNO-Beschluss vom 14. November 1947 zogen die USA wie auch die Sowjetunion ihre Truppen aus Nord- und Südkorea zurück. Am 10. Mai wurden in Südkorea Wahlen abgehalten und am 13. August des gleichen Jahres übernahmen die Südkoreaner die Regierungsgeschäfte von der amerikanischen Militärverwaltung.

Der sowjetisch kontrollierte Norden antwortete mit der Ausrufung der Demokratischen Volksrepublik Korea am 9. September 1948. Beide Staaten erklärten sich zu rechtmäßigen Regierungen für ganz Korea und kündigten an, diesen Anspruch auch, wenn notwendig, militärisch durchzusetzen. Am 25. Juni griff Nordkorea den Süden an und eröffnete so den Koreakrieg von 1950 bis 1953.

Im April 1925 gründete sich die Kommunistische Partei Koreas in der Illegalität, denn Korea war als Kolonie in das japanische Kaiserreich eingegliedert und die Regierung verbot separatistische Bestrebungen. Damit folgte Korea dem allgemeinen Trend in Asien infolge der russischen Oktoberrevolution von 1917. 1928 wurde die KPK wieder, infolge von Fraktionismus und Sektierertum, aufgelöst. Seit Beginn der 1930er-Jahre führten Partisanen unter dem Befehl von Kim Il-sung von China aus Kämpfe gegen die japanische Kolonialmacht und später auch direkt auf der koreanischen Halbinsel.

Im April 1945 gründete sich im Norden neu die kommunistische Partei Koreas, an dessen Spitze Kim Il-sung, der Favorit Stalins, nach 2 Monaten trat. Im gleichen Jahr gründeten sich in Südkorea 3, dem Marxismus-Leninismus nahestehende Parteien, die Hwayo-Gruppe, die Jangan-Partei und die Partei des Wiederaufbaus. 1946 vereinigten sich die Gruppierungen und pflegten enge Kontakte zur kommunistischen Partei in Nordkorea. Bis 1948 siedelten mehrheitlich südkoreanische Parteifunktionäre, bedrängt durch antikommunistische Repressalien, in den Norden über. Am 30. Juni 1945 vereinigten sich die beiden Parteien zur Partei der Arbeit Koreas (PdAP), unter Führung von Kim Il-sung.

Dieser Kim Il-sung nahm sich die Gewaltherrschaft Stalins zum Vorbild und schaltete alle Konkurrenten um die Macht aus, auch die sowjet- und chinatreuen Kommunisten. Die „Säuberungen" wurden systemrelevant und blieben es bis zur Gegenwart. Kim Il-sung stilisierte sich zum „Großen Führer", ganz wie einst Stalin.

Die Wirtschaft, die nach dem Krieg mit sowjetischer und chinesischer Hilfe rasch wiederaufgebaut worden war, stagnierte ab den 1960er-Jahren. Zuerst ließ die Sowjetunion den einstigen Bündnispartner fallen, nach dem Ende der Kulturrevolution auch China. Das Nordkorea des Kim Il-sung hatte sich in der Welt selbst isoliert.

Die „Diktatur des Proletariats" wandelte sich in die Diktatur der Kims. Der Kim-Klan herrscht bereits in der dritten Generation. Korea ist die erste kommunistische Monarchie.

Der Personenkult ist unübertroffen. Korea kann keinem Land der Welt als Anregung und Beispiel dienen. Für eine sozialistische Revolution gab es zu keiner Zeit ökonomische und gesellschaftliche Voraussetzungen. Gäbe es keine Atomwaffen in der Hand der Kims, wäre es müßig, sich weiter mit diesem Land zu befassen.

8.2 Vietnam

Geschichte

Bis 938 war Vietnam unter der Kontrolle Chinas. Danach erlebte Vietnam eine Blütezeit in Gesellschaft, Politik, Wirtschaft und Kultur. Im 19. Jahrhundert geriet Vietnam nach und nach unter französische Herrschaft und wurde Kolonie, eingegliedert in Französisch-Indochina. Im Zweiten Weltkrieg war Vietnam von Japan besetzt. Von 1946 bis 1954 versuchte Frankreich im Ersten Indochinakrieg die Herrschaft über das Land wiederzuerlangen. Nach der französischen Niederlage 1954 spaltete sich das Land in das kommunistische Nordvietnam und in das von den Westmächten unterstützte Südvietnam.

Die USA, der Kommunistenhasser schlechthin, scheiterte im Vietnamkrieg von 1964 bis 1973 kläglich und hinterließ verbrannte Erde. Nord- und Südvietnam wurden unter kommunistischer Führung 1976 wiedervereint. Seit dieser Zeit bemüht sich Vietnam um eine marktwirtschaftliche Liberalisierung nach dem Vorbild Chinas mit wechselnden Erfolgen.

Vietnam wird geführt vom Generalsekretär der KPV, vom Premierminister und vom Staatspräsidenten. Die Nationalversammlung ist das höchste politische Organ. Sie tritt jährlich mindestens zweimal zusammen. In der übrigen Zeit nimmt der ständige Ausschuss der Nationalversammlung die Interessen der Legislative wahr.

Wirtschaftliche Entwicklung

Die beiden Kriege mit Frankreich und den USA hatten Vietnam weit zurückgeworfen. 1980, kurz nach der Wiedervereinigung von Nord und Süd, lag das BIP mit 35,4 Milliarden und 653 US-$ je Kopf sehr niedrig. Von dieser Zeit an folgte Vietnam, im Unterschied zu Nordkorea, eher dem von China vorgezeichneten Weg. Bis 2019 steigerte Vietnam des BIP um 932 % – gleich 23,3 % pro Jahr und das BIP/Kopf um 523 % – gleich 13,1 % pro Jahr. Das Land entwickelte sich deutlich schneller als die USA, aber nicht ganz so schnell wie China. Aber die Vietnamesen sind auf einem guten Weg bei der Entwicklung ihrer ökonomischen Basis **(Berechnungen 6)**.

Bis 1986 folgte Vietnam dem von der Sowjetunion vorgezeichneten Entwicklungsweg und war dem RGW beigetreten. Das Einzige, was Vietnam in dieser Zeit am Leben hielt, war Wirtschaftshilfe vom RGW, doch die musste im Zuge des allgemeinen Niedergangs der europäischen sozialistischen Staaten bescheiden ausfallen. In gleicher Zeit ließen die USA nichts aus, um mit Embargopolitik dem Land zu schaden. Der IWF und die Weltbank wurden von den USA angewiesen, Vietnam keine Kredite zu gewähren. Also auch nach dem verlorenen Krieg ließen die USA nichts aus, um dem Land zu schaden.

Ab 1986 orientierte sich Vietnam an China, beendete die zentrale Planung, führte marktwirtschaftliche Elemente ein und öffnete sich für ausländische Investitionen. So wurde die Isolation

Berechnungen 6
Entwicklung des BIP (Mila. $) und je Kopf USA, China, Russland in $ (kaufkraftbereinigt) * bis 1990 Sowjetunion

Land	Jahre													
	1960		1970		1980		1990		2000		2010		2017	
	je Kopf	gesamt	je Kopf	gesamt	je Kopf	gesamt	je Kopf	gesamt	je Kopf	gesamt	je Kopf	gesamt	je Kopf	ge
USA	11.328	526	15.030	1.039	18.577	2.857	23.214	5.963	36.433	10.252	48.310	14.992	59.501	
China	90	59	113	91	307	305	487	454	2.918	1.214	9.252	6.066	16.660	
Russland*	3.935	843	5.569	1.352	6.437	1.709	6.871	1.988	8.172	278	22.639	1.633	27.834	
Vietnam					653	35,4	122	8,2	499	39,6	1.629	143	6.913	
Laos					342	0,6	441	1,7	323	1,7	1.201	7,5	7.366	
Kambodscha					26	0,2	39,7	0,9	300	3,7	782	11,2	4.012	
Kuba			653	6	2.022	20	2.703	29	2.747	31,0	5.730	64	8.822	
Afghanistan	60	538	157	1.749	275	3.642					540		1.958	

Bevölkerung	Mio.	% Welt
USA	333	4,3
EU	453	5,9
Kanada	38	0,5
Australien	25	0,3
Neuseeland	5	0,1
Taiwan	24	0,3
Japan	126	1,6
Israel	9	0,1
Schweiz	8	0,1
Norwegen	5	0,1
westl. Welt	1.026	13,4
China	1.394	18,1
Welt	7.684	100,0

Vietnams in der Welt überwunden und es begann ein beachtliches Wirtschaftswachstum mit 10 % und mehr jährlich. Heute wird Vietnam als Schwellenland eingestuft. Noch leben in Vietnam 11,3 % des Volkes unter der Armutsgrenze und vergleichbar China ist das Land dabei, dieses Problem zu lösen.

Der Industriesektor ist mit 32,7 % an der Wirtschaft beteiligt. Auf die Landwirtschaft entfallen 15,9 %. Aber hier sind noch 48 % der Bevölkerung tätig – ein Arbeitskräftereservoir für die künftige industrielle Entwicklung. Der Dienstleistungssektor umfasst 41,3 % der Wirtschaftsleistung.

**Russland Steigerungsraten nur 1990 - 2019   ***Kambodscha1986

2017	2020		Steigerung gesamt **		Steigerung/Jahr		Steigerung 1980 - 2020		Steigerung 1980-2020/Jahr	
			%		%		%		%	
gesamt	je Kopf	gesamt	Je Kopf	gesamt	Je Kopf	gesamt	Je Kopf	gesamt	Je Kopf	gesamt
18.745	66.060	20.933	583	3.980	9,7	66,3	356	733	8,9	18,3
14.402	17.200	24.143	19.111	40.920	318,5	682,0	5.603	7.916	140,1	197,9
1.703	27.550	4.097	401	117	13,4	3,9				
329,5	8.200	1.059	1.643				1.059	932	26,5	23,3
19	8.207		2.541				2.154	3.183	53,8	79,6
26,7	4.250	74	1.417				15.611	13.350	390,3	333,8
100							436	503	10,9	12,6
	2.201						712	0	17,8	0,0

Kommunistische Partei Vietnams (KPV)

Ab 1925 baute Hồ Chí Minh die kommunistische Partei auf, die 1930 dann gegründet wurde. Ihre Ziele waren die Befreiung von der französischen Fremdherrschaft und die Errichtung einer sozialistischen Gesellschaft. Mit der Komintern geriet sie in Konflikt, weil sie das Schwergewicht auf die nationale Befreiung legte. In den Dörfern wurden Sowjets gegründet, die lokale Landverteilungen durchführten, Arbeitszeitverkürzungen und Alphabetisierungsmaßnahmen voranbrachten. Diese Bewegungen wurden von französischen Kolonialtruppen niedergeschlagen und die Kommunisten inhaftiert oder getötet. So erlangte die kommunistische Partei im Volk große Popularität. 1945 löste sich die kommunistische Partei auf, um allen demokratischen Kräften die Angst vor der Allmacht der Kommunisten zu nehmen. Stalin war empört.

Der Vietnamkrieg, wie auch der Koreakrieg, war vom Wesen her ein Stellvertreterkrieg zwischen den USA und der Sowjetunion. Gegen Ende des Vietnamkrieges hörte ich einem General der Roten Armee zu. Die Teilnehmer hatten den niedrigen Lebensstandard der UdSSR im Vergleich zur DDR ins Gespräch gebracht. Er berichtete uns, eine Vierlingsflak, die die Sowjetunion speziell entwickelt hatte, um damit die B-52-Bomber der USA in Vietnam abzuschießen, kostet so viel wie eine neue

Schule und eine Granate so viel wie ein Paar Stiefel. Um einen Bomber abzuschießen, brauchen sie im Schnitt 6.000 Granaten. Man hat entweder Schulen und Stiefel oder Flaks und Granaten, beides gleichzeitig überfordert die sowjetische Wirtschaft. Die Wirtschaftsleistung der beiden Kontrahenten – USA und Sowjetunion – war sehr ungleich und führte die Sowjetunion dem wirtschaftlichen Niedergang immer näher.

8.3 Laos und Kambodscha

Laos

Laos erreichte bereits im 17. Jahrhundert eine Blütezeit in Literatur, Dichtung, Handel und Bildung. In der Folgezeit geriet Laos in die Abhängigkeit von Vietnam und Thailand, denen es tributpflichtig war. 1893 wurde Laos als Protektorat in das französische Kolonialreich eingegliedert. Die Franzosen investierten nichts und überließen das Land sich selbst. Es blieb in der Entwicklung weit zurück. Im Zweiten Weltkrieg war Laos von Japan besetzt und nach Kriegsende geriet es erneut unter französische Herrschaft. Nach der französischen Niederlage in Vietnam wurde Laos unabhängig.

Während des Vietnamkrieges, in dem sich Laos neutral halten wollte, stellte die CIA eine Guerilla-Armee in Laos auf. Deren Invasion in Laos endete in einem Desaster. Danach wurde Laos in den Vietnamkrieg hineingezogen. Je Einwohner warfen die USA im Krieg gegen Laos 2,5 Tonnen Bomben ab. Laos gehört zu den am schlimmsten bombardierten Ländern der Welt. Reparationszahlungen haben die USA nie geleistet. 1975 übernahmen die Kommunisten unblutig die Macht in Laos. Seit Mitte der 1980er-Jahre folgt Laos mehr oder weniger dem Weg von Vietnam.

Deutlich erkennbar ist, dass es seit dieser Zeit in Laos wirtschaftlich vorangeht **(Berechnungen 6)**. Die Steigerungsraten des BIP gesamt und je Kopf sind seit 2000 beachtlich und verbessern die Lebensverhältnisse der Laoten spürbar.

Kambodscha

Im 9. Jahrhundert entstand das Khmer-Reich mit der Hauptstadt Angkor. Um 1200 war Angkor mit 1 Million Einwohner die größte Stadt der Welt und das Land das bedeutendste in dieser Region. Im 15. Jahrhundert begann der Niedergang des Reiches und es wurde ständig von Thailand und Vietnam bedrängt. Im 17. und 18. Jahrhundert wurde es endgültig von diesen beiden Nachbarn erobert.

1863 wurde Kambodscha Protektorat von Frankreich. Ab 1884 war es französische Kolonie und wurde in Französisch-Indochina eingegliedert. Frankreich investierte in Kambodscha wenig. Die Kolonialmacht kassierte hohe Abgaben und führte einen nicht entlohnten Arbeitsdienst ein. Dadurch bedingt wuchs der Widerstand gegen die Besatzer im Land. Nach der japanischen Besetzung im Zweiten Weltkrieg verbündete sich Kambodscha mit Vietnam und sie führten gemeinsam einen Guerillakrieg gegen die französische Fremdherrschaft. 1953 errang Kambodscha seine völlige Souveränität.

1970 stürzten Offiziere und Generäle mit der Unterstützung der USA die monarchische Regierung und schufen eine Diktatur unter Lon Nol. Dessen Regierungszeit war chaotisch. 1975 eroberten die kommunistischen Widerstandskämpfer, die sich Rote Khmer nannten, die Hauptstadt Phnom Penh. Damit war der Grundstein für die Herrschaft des Pol-Pot-Regimes gelegt.

Die Roten Khmer errichteten eine repressive Diktatur, die schlimmste Verbrechen gegen die Menschlichkeit verübte. Als das Regime zerbrach, hinterließ es 1,7 bis 2,2 Millionen Tote. Die Roten Khmer wurden 1978 durch die vietnamesische Armee gestürzt.

Berechnungen 6
Entwicklung des BIP (Mila. $) und je Kopf USA, China, Russland in $ (kaufkraftbereinigt)   * bis 1990 Sowjetunion

Land	Jahre												
	1960		1970		1980		1990		2000		2010		2017
	je Kopf	gesamt	je Kopf	gesamt	je Kopf	gesamt	je Kopf	gesamt	je Kopf	gesamt	je Kopf	gesamt	je Kopf	ge…
USA	11.328	526	15.030	1.039	18.577	2.857	23.214	5.963	36.433	10.252	48.310	14.992	59.501	
China	90	59	113	91	307	305	487	454	2.918	1.214	9.252	6.066	16.660	
Russland*	3.935	843	5.569	1.352	6.437	1.709	6.871	1.988	8.172	278	22.639	1.633	27.834	
Vietnam					653	35,4	122	8,2	499	39,6	1.629	143	6.913	
Laos					342	0,6	441	1,7	323	1,7	1.201	7,5	7.366	
Kambodscha					26	0,2	39,7	0,9	300	3,7	782	11,2	4.012	
Kuba			653	6	2.022	20	2.703	29	2.747	31,0	5.730	64	8.822	
Afghanistan	60	538	157	1.749	275	3.642					540		1.958	

Bevölkerung	Mio.	% Welt
USA	333	4,3
EU	453	5,9
Kanada	38	0,5
Australien	25	0,3
Neuseeland	5	0,1
Taiwan	24	0,3
Japan	126	1,6
Israel	9	0,1
Schweiz	8	0,1
Norwegen	5	0,1
westl. Welt	1.026	13,4
China	1.394	18,1
Welt	7.684	100,0

Der Kampf der neuen „Volkspartei" gegen die Roten Khmer, die von den USA, China und Thailand unterstützt wurden, endete erst nach dem Kalten Krieg. 1997 endeten die Auseinandersetzungen in Kambodscha mit dem Sieg der „Volkspartei" von Hun Sen. Er geht repressiv gegen jede Opposition vor.

Heute ist Kambodscha eine parlamentarische Wahlmonarchie. Die Exekutive bilden der König und der Ministerrat, die Legislative die direkt gewählte Nationalversammlung. Das Land ist heute ein autoritäres Regime. Bedingt durch die französische Kolonialherrschaft, das Pol-Pot-Regime und den lange währenden Kampf gegen die Roten Khmer war das Land wirtschaftlich arg heruntergekommen **(Berechnungen 6)**. Erst in den Nullerjahren des 21. Jahrhunderts begann Kambodscha sich wirtschaftlich allmählich zu erholen. Das Land hat noch eine schwierige Entwicklung vor sich.

2017		2020	Steigerung gesamt **		Steigerung/Jahr		Steigerung 1980 - 2020		Steigerung 1980-2020/Jahr	
			%		%		%		%	
gesamt	je Kopf	gesamt	Je Kopf	gesamt	Je Kopf	gesamt	Je Kopf	gesamt	Je Kopf	gesamt
18.745	66.060	20.933	583	3.980	9,7	66,3	356	733	8,9	18,3
14.402	17.200	24.143	19.111	40.920	318,5	682,0	5.603	7.916	140,1	197,9
1.703	27.550	4.097	401	117	13,4	3,9				
329,5	8.200	1.059	1.643				1.059	932	26,5	23,3
19	8.207		2.541				2.154	3.183	53,8	79,6
26,7	4.250	74	1.417				15.611	13.350	390,3	333,8
100							436	503	10,9	12,6
	2.201						712	0	17,8	0,0

8.4 Kuba

Vorbemerkungen

Kuba ist natürlich kein asiatisches Land, sondern eine dem amerikanischen Kontinent vorgelagerte Insel in der Karibik. Sein Weg
in eine sozialistische Gesellschaft ist ein Sonderfall in der Weltgeschichte. Nachdem Kolumbus 1492 Amerika entdeckt hatte,
wurden zunächst der Süden und die Mitte des Kontinents durch
die beiden europäischen Feudalstaaten Spanien und Portugal kolonisiert und später der Norden von den ebenfalls europäischen
kapitalistischen Staaten England und Frankreich.

Brutal herrschten alle europäischen Staaten vergleichbar, rotteten
fast vollständig die indigene Bevölkerung (Arawak in der Karibik)
aus und ersetzten sie durch schwarze Sklaven aus Westafrika. Nur
der Norden entwickelte sich unter einer kapitalistischen Verfassung wesentlich schneller als die Mitte und der Süden. Der Norden
schüttelte die Kolonialherrschaft Englands und Frankreichs eher ab.

In der Folgezeit schränkten die USA die Unabhängigkeit Kubas
mit Platt Amendment ein. Darauf geht der US-Marinestützpunkt
Bahía Guantánamo zurück, der im Kampf der USA gegen den
Terrorismus traurige Berühmtheit erlangte.

Die USA, deren Südstaaten einst spanisch beherrscht waren, verstanden es, ihren Entwicklungsvorsprung zu nutzen, und verwandelten die Mitte und den Süden des Kontinents in ihren Hinterhof. Daran hat sich bis auf den Tag nichts Wesentliches geändert. Kuba, die Insel vor der Haustür der USA, war von Spanien kolonisiert worden. Als die Spanier 1898 abgezogen waren, besetzten sie USA die Insel. So kamen die Kubaner aus dem Regen in die Traufe. 1959 stürzten die Kubaner den amerikahörigen Diktator Fulgencio Batista und bewegten sich in Richtung sozialistische Republik.

Es war zu erwarten, dass das US-amerikanische Großkapital nichts unversucht lassen würde, eine solche Entwicklung zu verhindern. Kuba wurde durch die USA mit Embargos, die bis heute in Kraft sind, boykottiert und ihre europäischen Vasallen zogen mit.

Die USA sind das Land, in dem nach dem Zweiten Weltkrieg der Antikommunismus die schlimmsten Blüten trieb. Selbst weltweit geachtete Humanisten wie Thomas und Heinrich Mann und viele andere wurden kommunistischer Umtriebe verdächtigt und drangsaliert.

Als Chile unter Allende dem Weg Kubas folgen wollte, wurde durch die USA mithilfe des brutalen Diktators Augusto Pinochet die Konterrevolution organisiert. Die Reihe der Verbrechen, die durch das US-Großkapital und seine regierenden Handlanger in der Welt verübt wurden, ist lang. Denken Sie immer daran: Für 100% Dividende stampft es alle menschlichen Werte unter seinen Fuß. Wenn die Zeit reif ist, wird sich das US-Kapital dafür verantworten müssen.

Geschichte

Die Revolution gegen das Batista-Regime wurde angeführt von Fidel Castro, seinem Bruder Raúl Castro, Camilo Cienfuegos und den Argentinier Ernesto „Che" Guevara. 1961 begannen sie mit der Errichtung eines sozialistischen Staates.

Die bereits 1925 nach dem Vorbild der Kommunistischen Partei der USA gegründete Kommunistische Partei Kubas (KPC) stand der Revolution von Castro lange ablehnend gegenüber. Erst verspätet trat sie dem Bündnis gegen Batista bei.

Fidel Castro, der Führer der Revolution, war kein Mitglied der Kommunistischen Partei. Das wurde er erst, nachdem der Weg zum Sozialismus unter sowjetischem Einfluss ins Gespräch kam. Aus der Vereinigung aller revolutionären Gruppierungen ging 1965 die KCC als marxistisch-leninistische Partei hervor. Ihren ersten Parteitag hielt die KCC erst 1975 ab.

Ab 1961 begann die Enteignung von US-Firmen und führte zur bereits erwähnten dauerhaften Embargopolitik der USA gegen Kuba. Infolge der neuen Politik verließen viele betroffene Kubaner das Land und siedelten sich in Florida (Exilkubaner) an. Da es für Kuba schwer, fast unmöglich war, sich auf dem amerikanischen Kontinent, der von den USA beherrscht wurde, zu behaupten, suchte es Verbündete und fand sie in der Sowjetunion und den europäischen sozialistischen Staaten.

Mit dem Zusammenbruch der Sowjetunion und der sozialistischen „Bruderstaaten" verlor Kuba seine Handelspartner und Geldgeber, fiel in eine schwere Wirtschaftskrise. 85 % seines Außenhandels brachen weg. Kubas Wirtschaft ist einseitig auf Zucker ausgelegt. Der Einfluss des Weltgroßkapitals auf die Zuckerpreise ist groß. Damit strangulierten sie die kubanische Wirtschaft. Kuba stabilisierte seine Wirtschaft allmählich über Tourismus, die Entdeckung neuer Erdölvorkommen und die steigende Vermarktung der Nickelvorkommen. Ab 2012 kann man davon sprechen, dass Kuba die schwere Wirtschaftskrise einigermaßen überwunden hatte.

Die Entwicklung des BIP gesamt und je Kopf von 1980 bis 2019 vollzog sich schwächer als in den USA und den asiatischen Volksrepubliken, aber stärker als in Russland **(Berechnungen 6)**.

Land	Jahre												
	1960		1970		1980		1990		2000		2010		2017
	je Kopf	gesamt	je Kopf	gesamt	je Kopf	gesamt	je Kopf	gesamt	je Kopf	gesamt	je Kopf	gesamt	je Kopf	ge
USA	11.328	526	15.030	1.039	18.577	2.857	23.214	5.963	36.433	10.252	48.310	14.992	59.501	
China	90	59	113	91	307	305	487	454	2.918	1.214	9.252	6.066	16.660	
Russland*	3.935	843	5.569	1.352	6.437	1.709	6.871	1.988	8.172	278	22.639	1.633	27.834	
Vietnam					653	35,4	122	8,2	499	39,6	1.629	143	6.913	
Laos					342	0,6	441	1,7	323	1,7	1.201	7,5	7.366	
Kambodscha					26	0,2	39,7	0,9	300	3,7	782	11,2	4.012	
Kuba			653	6	2.022	20	2.703	29	2.747	31,0	5.730	64	8.822	
Afghanistan	60	538	157	1.749	275	3.642					540		1.958	

Bevölkerung	Mio.	% Welt
USA	333	4,3
EU	453	5,9
Kanada	38	0,5
Australien	25	0,3
Neuseeland	5	0,1
Taiwan	24	0,3
Japan	126	1,6
Israel	9	0,1
Schweiz	8	0,1
Norwegen	5	0,1
westl. Welt	1.026	13,4
China	1.394	18,1
Welt	7.684	100,0

Insgesamt wird am Beispiel Kuba aber sichtbar, welch große Rolle das politische Umfeld spielt, wenn ein Land eine sozialistische Entwicklung einschlagen will. Abgesehen davon, dass die ökonomische Ausgangsbasis Kubas eine solche Entwicklung ausschloss, gab es auf einem von den USA beherrschten Kontinent dafür keine reale Chance.

8.5 Fazit

In 4 Kapiteln haben wir alle Versuche und Ergebnisse einer sozialistisch-kommunistischen Entwicklung der wichtigsten Länder aufgearbeitet. Es begann 1917 mit der Oktoberrevolution in Russland am falschen Ort und zur falschen Zeit. Lenin, ein

**Russland Steigerungsraten nur 1990 - 2019   ***Kambodscha1986

2017	2020		Steigerung gesamt ** %		Steigerung/Jahr %		Steigerung 1980 - 2020 %		Steigerung 1980-2020/Jahr %	
gesamt	je Kopf	gesamt	Je Kopf	gesamt	Je Kopf	gesamt	Je Kopf	gesamt	Je Kopf	gesamt
18.745	66.060	20.933	583	3.980	9,7	66,3	356	733	8,9	18,3
14.402	17.200	24.143	19.111	40.920	318,5	682,0	5.603	7.916	140,1	197,9
1.703	27.550	4.097	401	117	13,4	3,9				
329,5	8.200	1.059	1.643				1.059	932	26,5	23,3
19	8.207		2.541				2.154	3.183	53,8	79,6
26,7	4.250	74	1.417				15.611	13.350	390,3	333,8
100							436	503	10,9	12,6
	2.201						712	0	17,8	0,0

vom Voluntarismus getriebener Mensch, traf auf ein naives Volk, welches sich in dieses Abenteuer führen ließ. Marx wäre auch in seinen kühnsten Träumen nicht auf die Idee gekommen, dass die Überwindung des Kapitalismus im rückständigen Russland beginnen könnte, in einem großen Land, durch und durch feudal geprägt, in einer besonders autokratisch-absolutistischen Ausprägung, in dem der Kapitalismus gerade eben auf kleinen Inseln Fuß gefasst hatte.

Das Beispiel wirkte attraktiv auf unterentwickelte Länder, in denen ebenfalls keine ökonomische Basis für eine solche Entwicklung vorhanden war. Auf die hoch entwickelten Länder der westlichen Welt wirkten diese von Armut und Diktatur gekennzeichneten Beispiele abschreckend. Das Kapital der Welt sammelte seine Kräfte, um diese Fehlentwicklung in der unterentwickelten Welt auszulöschen, was in einem 40 Jahre anhaltenden kalten Krieg nur teilweise gelang.

Das große China, die einst wirtschaftlich und kulturell bedeutendste Nation, erkannte als erste die Fehlentwicklung und begann 1980 mit Deng Xiaoping der weiteren Entwicklung eine völlig andere Richtung zu geben. Er hatte begriffen, dass die wichtigste Voraussetzung für die Verwirklichung sozialistisch-kommunistischer Ziele eine hoch entwickelte kapitalistische ökonomische Basis ist. Vor 40 Jahren begann China, unter Führung der kommunistischen Partei, diese unabdingbaren ökonomischen Voraussetzungen zu schaffen.

Was dabei in 40 Jahren erreicht wurde, ist beeindruckend und ist ohne Beispiel in der Weltgeschichte. Wir halten fest: Ohne das unabdingbare kapitalistische Durchgangsstadium – wir nannten den Kapitalismus eine Übergangsgesellschaft – ist ein Übergang in die freie Gesellschaft nicht möglich, da die unverzichtbare ökonomische Basis erst umfassend ausgebildet sein muss, eine Aufgabe, die historisch dem Kapitalismus zufällt, eine Mission, die dieser Gesellschaftsformation entspricht.

Die asiatischen Volksrepubliken folgen mehr oder weniger konsequent dem chinesischen Beispiel. Die Sowjetunion beendete nach einer 70-jährigen Fehlentwicklung das kommunistische Experiment und mit ihr alle Staaten der „sozialistische Gemeinschaft", die durch Stalin, überwiegend unfreiwillig, auf diesen Weg gezwungen worden waren. Alle im europäischen Raum angesiedelten Länder kehrten zurück in den Schoß des Kapitalismus. In Russland führte dieser Schritt zurück in die traditionell russische Autokratie und den Russen und ihren einstigen Sowjetrepubliken blieb ein wirtschaftlicher Aufschwung, vergleichbar mit China, wiederum verwehrt.

Kuba ist und bleibt ein Sonderfall. Die Möglichkeiten dieses kleinen Landes vor der Haustür der USA sind begrenzt. Man ist gut beraten, sich an China zu orientieren, um zu gegebener Zeit im Weltganzen aufzugehen.

Kein Mensch kann in die Zukunft schauen, aber die Entwicklung bleibt interessant. Sie wird in hohem Maße davon bestimmt sein, welche Entwicklung die Hochburgen des Kapitals – Nordamerika, die Europäische Union und Japan – nehmen werden, wie diese, die in den Kapiteln 3 und 4 aufgezeigten Widersprüche lösen werden, denn davon hängt die Zukunft der Menschheit ab, damit das Szenario, welches wir in der Einleitung nicht ausgeschlossen haben, verhindert wird.

Diesem Thema wollen wir uns nun im 3. Teil des Buches zuwenden.

3. BUCH

Die freie Gesellschaft

9 KAPITEL – DIE ÖKONOMISCHE BASIS

9.1 Der Anfang vom Ende

Wenn Sie mir bis zu diesem Kapitel gefolgt sind, wissen Sie, dass ich überzeugt davon bin, dass der Kapitalismus in seinem End- stadium angekommen ist und dass der Übergang in die freie Ge- sellschaft, wenn sich die Menschheit nicht selbst vernichten will, angesagt ist. Noch niemals ging es im reichen Westen den Men- schen so gut wie jetzt, selbst wenn immer noch ein Teil von ih- nen von Armut bedroht ist. Für die arme Welt, in der circa drei Viertel der Menschen leben, trifft das allerdings nicht zu. Den- noch könnte im reichen Westen die Meinung aufkommen, be- lassen wir doch alles beim Alten, denn so gut ging es uns noch nie, selbst wenn gegenwärtig das große Kapital die anstehenden Krisen (Corona, imperialer Krieg Russlands gegen die Ukraine) zur schamlosen Bereicherung nutzt, die Inflation antreibt und damit, insbesondere für die unteren Schichten, das Armutsrisiko erhöht. Wir haben in Kapitel 1 von der Durchschnittsprofitrate gehört, dem tendenziellen Angleich aller Profitraten. Die Kar- bonindustrie nutzte mit Putins Krieg die Gunst der Stunde. An den Börsen kam Bewegung auf. Die Anleger und ihre Vermö- gensverwaltungen schichteten ihre Portfolios um, um mit am großen Fressen teilzunehmen, und in allen Branchen schnellten die Preise in die Höhe. Die Inflation, die neuen Geldschaum anhäufte, stieg in ungeahnte Höhen. Der Verursacher von In- flation ist immer das große Kapital, weil es anonymes Anleger- kapital ist, welches skrupellos die Not der Völker nutzt, um sich schamlos zu bereichern.

Woraus erwächst meine Überzeugung, dass sich der Status quo nicht aufrechterhalten lässt, dass gehandelt werden muss, wenn die Katastrophe verhindert werden soll? Wir rasen bereits seit einigen Jahrzehnten auf die Katastrophe zu, ohne dass es den Menschen bewusst geworden wäre.

Mit dem Ende des Zweiten Weltkrieges, der enorme Zerstörungen in der reichen Welt hinterlassen hatte, waren nochmals Bedingungen entstanden, die einen neuen, raschen Aufschwung des Kapitalismus möglich machten und dem großen Wirtschafts- und Finanzkapital eine prosperierende Phase bescherten. Gleichzeitig hatte der Zweite Weltkrieg die Entwicklung der Produktivkräfte enorm beschleunigt, sodass diese Phase rasch beendet war. Das wirtschaftliche Wachstum flachte sich ab, während der Profithunger wuchs, aber seine Quellen mit dem Voranschreiten der ressourcensparenden Reproduktion, mit deren Entstehen das 3. Kapitel abschloss, mehr und mehr zu versiegen begannen.

Die Initialzündung lösten die USA, wie wir aus Kapitel 4 wissen, am 15. August 1971 aus, indem sie das Bretton-Woods-Abkommen von 1944 einseitig aufkündigten. Damit entkoppelten sie die Geldschöpfung von der Wertschöpfung und öffneten der Geldschöpfung ohne Wertschöpfung Tür und Tor. Die Finanzindustrie nutzt seit dieser Zeit diese Möglichkeit skrupellos, weshalb die Zentralbanken der Welt heute mit einer Geldmenge operieren, die die Wertschöpfung um ein Vielfaches übersteigt. Von diesem Zeitpunkt an war der Übergang in die freie Gesellschaft angesagt, um die Profitmaximierung einzustellen.

Mit der Entstehung des Kapitals war die Profitmaximierung als das treibende Motiv in die Welt gekommen. Dem Kapital ist seine historische Mission, die produktionstechnische Basis für die freie Gesellschaft zu schaffen, nicht bewusst. Es wird von der Profitmaximierung angetrieben; erkennt damit nicht, wann es seine historische Mission erfüllt hat. Es will die Profitmaximierung auch dann noch fortsetzen, wenn mit dem Übergang in die ressourcensparende Reproduktion und mit dem Versiegen der Profitquellen keinerlei Notwendigkeit mehr besteht. Von nun an führt das Handeln des großen Wirtschafts- und Finanzkapitals zur Zerstörung unser aller Lebensgrundlagen, zur Zerstörung unseres Planeten.

Da das Wirtschafts- und Finanzkapital des reichen Westens heute die ganze Welt beherrscht, trifft es die arme Welt besonders hart. Wir nehmen zur Kenntnis, dass die Verarmung der hier lebenden Menschen unaufhaltsam voranschreitet, der Hunger, der bis 2030 nach UNO-Beschlüssen besiegt sein sollte, sich weiter ausbreitet und immer mehr Menschen, ja ganze Völker inzwischen davon betroffen sind.

China bemüht sich mit dem Projekt „neue Seidenstraße", seinen Einfluss auf die arme Welt für den eigenen Vorteil zu nutzen. Das große Kapital wurde durch das Angagement Chinas in der 3. Welt alarmiert. Die G-7-Staaten verabschiedeten in Elmau ein Infrastrukturprojekt über viele Hundert Milliarden Dollar, um den Einfluss des westlichen Großkapitals auf die BRICS-Staaten (Brasilien, Russland, Indien, China, Südafrika) und andere arme Länder zurückzugewinnen.

Die Tragik der Geschichte lag darin, dass just zu dem Zeitpunkt, als die Sterbestunde des Kapitalismus angezeigt war, die Sowjetunion zusammenbrach und ihre einstigen Republiken, nachdem die Quellen der Profitmaximierung bereits zu versiegen begannen, den Weg zurück in den Kapitalismus antraten. Die Folge sind reiche Oligarchen und verarmende Völker. Die Märkte schrumpfen und sind fest in der Hand des Weltgroßkapitals. Was bleibt, sind die enormen Rohstoffvorkommen dieser Länder, die ihrem Kapital über die Grundrente Reichtum sichern. Aber im Zuge des Klimawandels und der Schaffung geschlossener Stoffkreisläufe schrumpfen auch diese Quellen. Das sind keine rosigen Aussichten für die Völker in diesem Teil der Welt.

Im Unterschied zu China erkannten die Nachfolgestaaten der Sowjetunion nicht, dass sie nunmehr das nachzuholen hatten, was die Sowjetunion versäumte, die Schaffung der ausgereiften produktionstechnischen Basis für die freie Gesellschaft. Nun bemüht sich der großrussische Chauvinist Putin mit seinem antiquierten Denken, die Welt in die Zeit der alten Reiche zurückzuführen.

Der Hoffnungsschimmer für die Welt bleibt damit China. Hier wurden vor reichlich 40 Jahren durch Deng Xiaoping die Weichen richtig gestellt. Er war ein Genie, der die Zeichen der Zeit erkannte und China auf einen Weg führte, der diese Volksrepublik zum Leuchtturm für die Weltzukunft erhob. Er hatte zu einer Zeit, als sich das Weltgroßkapital noch für den Nabel der Welt hielt, im Unterschied zur Sowjetunion erkannt, dass die Zukunft der Welt nicht auf dem Feld der Rüstung, sondern auf dem Feld der Ökonomie entschieden wird. Der Rüstungswettlauf ließ die Sowjetunion implodieren und hinterließ arme Völker in den einstigen Sowjetrepubliken. Gorbatschow, Jelzin und Putin waren und sind keine Genies, die Deng Xiaoping das Wasser reichen können. China erlebte den größten wirtschaftlichen Aufschwung aller Zeiten, während die Trümmer der einstigen Sowjetunion sich zum Störenfried in der Welt mausern.

Im reichen Westen ist Profitmaximierung Selbstzweck, in China nur Mittel zum Zweck. Hier liegt die Macht nicht beim Kapital wie im Westen, sondern bei der Elite der Gesellschaft, der Kommunistischen Partei Chinas. Diese Macht wirkt nicht im Interesse des großen Kapitals, sondern im nationalen und internationalen Interesse der Völker. Wohlüberlegt hält China an der Macht dieser Partei fest und wird sich durch westliches Geschwätz davon nicht abbringen lassen. Das westliche Großkapital wird seine Kräfte bündeln, um China auszubremsen. Deshalb richtet es seine Angriffe vor allem auf die Kommunistischen Partei Chinas. Die fortschrittlichen Eliten der Welt sind aufgerufen, dem Treiben ihres Kapitals gegenüber China entgegenzutreten.

Der Anfang vom Ende des Kapitalismus ist eingeleitet. Das verschärft die anhaltende Gesellschaftskrise der kapitalistischen Ordnung und wird deren Niedergang beschleunigen. So bleibt uns die Hoffnung auf einen friedlichen Übergang der Welt in die freie Gesellschaft. Der Untergang der Menschheit, den das Weltgroßkapital betreibt, könnte verhindert werden, wenn die Völker mehrheitlich diese subjektive Reife erlangen.

9.2 Verfall der Werte

Das Kapital hat Horror vor dem Verfall der Werte, weil es das Geld, die Äquivalentform des Wertes, für Reichtum hält. Es betrachtet, wie wir bereits bemerkten, die Wertbildungskette von deren Ende aus, wo seine Äquivalentform, nachdem der Wert einige Metamorphosen durchlaufen hat, die Geldform, erscheint. Im Geld ist der ganze Vorgang ausgelöscht, die Wertbildung verschleiert und undurchschaubar geworden. So nimmt es nicht wunder, dass der Schein für die Wirklichkeit gehalten und mehrheitlich in der Gesellschaft so interpretiert wird.

Jede Studentengeneration, die die Hörsäle für volks- und betriebswirtschaftliche Vorlesungen im reichen Westen bevölkert, nimmt es für bare Münze, wenn ihnen der Professor erläutert: „Der Kapitaleigentümer schießt sein Kapital vor, schafft Arbeitsplätze und lässt nützliche Waren produzieren und hat selbstverständlich Anspruch auf Vergütung seines Produktionsfaktors Kapital, den er eingebracht hat, wie auch der Arbeitnehmer, der seinen Produktionsfaktor Arbeitskraft einbrachte, Anspruch auf Lohn hat. Wenn zusätzlich Grund und Boden im Spiel sind, haben natürlich auch die Grund- bzw. Bodeneigentümer, selbst wenn sie in der Sache gar nichts leisten, Anspruch auf Vergütung ihrer Produktionsfaktoren Grund bzw. Boden in Form von Rente." So logisch dieser Schein im Alltagsbewusstsein auch sein mag, so falsch ist er auch.

Die ursprüngliche Akkumulation des Kapitals einmal ausgeblendet, konnte der Kapitaleigentümer sein Kapital nur vorschießen, weil er sich zuvor unbezahlte Arbeit angeeignet hatte, denn das ist die einzige Quelle für Mehrwert, wenn das Kapital einmal ins Leben getreten ist. Und die Grund- bzw. Bodeneigentümer ziehen Rente, weil das Allgemeingut Erde irgendwann privat angeeignet wurde. Seine Monopolstellung, die aus der Unvermehrbarkeit von Grund und Boden erwächst, erlaubt es ihm, einen Teil des Profit den anderen Kapitaleigentümern zu entreiße.

Wenn die Nachkommen der Brüder Albrecht (Aldi) in Deutschland Ende 2020 ein gemeinsames Vermögen von 34.800.000.000 € (in Worten: vierunddreißig Milliarden achthundert Millionen Euro) ihr Eigen nannten, staunt das wenig bemittelte Volk nicht schlecht, ergeht sich in Ehrfurcht – wie vor reichlich 500 Jahren die Augsburger vor den Fuggers – vor dieser wundersamen Geldvermehrung, ohne darüber tiefergehende Betrachtungen anzustellen, ja, hält die Albrechts für ausgemacht clever. Einfältige Bürger können angesichts solcher Geldvermehrung gar gottesfürchtig werden.

Wenn ein Einbrecher, der über wenig Bares verfügt und dieses Vermehren will, 1 Million Euro erbeutet, ist auch er clever, ohne spezifisches Know-how ist in diesem Metier ebenfalls nichts Bedeutendes zu leisten. Nur wird er, falls gefasst, um den gleichen Betrag erleichtert und eingesperrt.

Die 2.755 Milliardäre, die 2020 in der Welt ausgemacht wurden und die insgesamt über mehr als 10 Billionen US-$ verfügten, unterscheiden sich grundlegend von unserem Einbrecher. Sie sind die Mächtigsten dieser Welt, die die Gesetze des Handelns bestimmen, hochgeachtet und mit allen erdenklichen Privilegien ausgestattet, obwohl auch sie nichts anderes tun als unser Einbrecher. Auch sie eignen sich an, was ihnen nicht gehört, nur mit dem Unterschied, dieses Recht der privaten Bereicherung ist gesellschaftsrechtlich legitimiert, genießt den besonderen Schutz des Rechtsstaates und ist der eherne Grundsatz einer jeden Verfassung in der Welt des Kapitals.

Da es in kapitalistisch verfassten Staaten Praxis ist, alle Bürger über einen Kamm zu scheren, nicht zwischen Lohnbeziehern und Mehrwertschöpfern unterschieden wird, wollen wir uns einmal am Beispiel verdeutlichen, welch gewaltige Unterschiede zwischen Mehrwertschöpfern und Lohnbeziehern bestehen **(Berechnungen 9)**. Im Beispiel vergleichen wir 2 Familien – eine aus dem oberen Prozent der Einkommensbezieher und eine aus deren Mitte, also der 50-Prozent-Marke der Einkommensbezieher. Bezeichnen wir sie im 1. Fall als reich und im 2. Fall als Durchschnitt.

Position	oberes 1 %	Mitte 50 %
Ausgangssituation		
Vermögen	5.000.000.000	
Lohn/Div.	250.000.000	60.000
Konsum	20.000.000	55.000
Reserve		5.000
Neuanlage	230.000.000	
2. Jahr		
Vermögen	5.230.000.000	
Lohn/Div.	261.500.000	61.200
Konsum	20.000.000	56.200
Reserve		10.000
Neuanlage	241.500.000	
3. Jahr		
Vermögen	5.471.500.000	
Lohn/Div.	273.575.000	62.424
Konsum	20.000.000	57.424
Reserve		15.000
Neuanlage	253.575.000	
4. Jahr		
Vermögen	5.725.075.000	
Lohn/Div.	286.253.750	63.672
Konsum	20.000.000	58.672
Reserve		20.000
Neuanlage	266.253.750	
5. Jahr		
Vermögen	5.991.328.750	
Lohn/Div.	299.566.438	64.946
Konsum	20.000.000	59.946
Reserve		25.000
Neuanlage	279.566.438	

6. Jahr

Vermögen	6.270.895.188	
Lohn/Div.	313.544.759	66.245
Konsum	20.000.000	61.245
Reserve		30.000
Neuanlage	293.544.759	

7. Jahr

Vermögen	6.564.439.947	
Lohn/Div.	328.221.997	67.570
Konsum	20.000.000	62.570
Reserve		35.000
Neuanlage	308.221.997	

8. Jahr

Vermögen	6.872.661.944	
Lohn/Div.	343.633.097	68.921
Konsum	20.000.000	63.921
Reserve		40.000
Neuanlage	323.633.097	

9. Jahr

Vermögen	7.196.295.041	
Lohn/Div.	359.814.752	70.300
Konsum	20.000.000	65.300
Reserve		45.000
Neuanlage	339.814.752	

10. Jahr

Vermögen	7.536.109.794	
Lohn/Div.	376.805.490	71.706
Konsum	20.000.000	66.706
Reserve		50.000
Neuanlage	356.805.490	

gesamt

Lohn/Div.	2.733.100.531	656.984
Konsum	200.000.000	606.984

Die reiche Familie soll sich ein Vermögen von 5 Milliarden €
erheiratet und ererbt haben. Einer bezahlten Tätigkeit gehen sie
nicht nach. Sie sind die klassischen Anleger. Jährlich sollen sie auf
ihr Vermögen eine Nettorendite von 5 % erzielen. Die Durchschnittsfamilie hat ein Nettojahreseinkommen von 60.000 €,
welches jedes Jahr um 2 % steigt, also um die bislang durchschnittliche Inflationsrate.

Die reiche Familie leistet sich einen üppigen Konsum von 20
Millionen € jährlich, während die Durchschnittsfamilie jährlich
5.000 € zurücklegt und alles andere konsumiert, im Vergleich
zu dem reichen Ehepaar sehr bescheiden, nur circa 0,3 % von deren Konsum. Auf die Rücklagen gibt es wie bislang Praxis keine
Zinsen. Die Rücklagen sind gedacht als Alterssicherung oder für
größere Anschaffungen.

Schauen wir uns an, wie sich die Sache nach 10 Jahren darstellt:
Die reiche Familie hat in dieser Zeit rund 2,7 Milliarden Dividenden eingestrichen, die Durchschnittsfamilie 586.864 € Net-
tolohn. Die reiche Familie hatte in den 10 Jahren einen üppigen
Konsum von 200 Millionen €, die Durchschnittsfamilie von
606.983 €. Das Vermögen der reichen Familie ist auf rund 7,54
Milliarden €, also um 50 % gewachsen. Die Durchschnittfamilie
blickt nach 10 Jahren auf Ersparnisse von 50.000 €.

Diese Berechnungen veranschaulichen, welche Augenauswischerei
die Regierenden mit uns betreiben, indem sie Mehrwertschöpfer und Lohnbezieher in einen Topf werfen. Natürlich gibt es
Parteien in Deutschland, wie die Linke, die Grünen und selbst
die SPD, die die Superreichen höher besteuern wollen. Sofort
schickt das große Kapital seine Adepten der kapitalhörigen Parteien in die Spur, mit dem Argument, Steuererhöhungen würden
die Konjunktur abschwächen. Die Tragik liegt darin, dass unter
den Wählern von CDU, CSU und FDP auch Lohnempfänger
zu finden sind. Das große Kapital beherrscht die Manipulierung
des Volkes meisterhaft.

Bleibt zu hinterfragen, wieso die Lehrinhalte der Wirtschaftswissenschaften, die ja nur den Schein und nicht das Wesen widerspiegeln, dennoch die angehenden Manager befähigen, Geschäfte erfolgreich zu führen. Vermittelt werden die Führungsinstrumente für wirtschaftliches Handeln in einer Welt des Scheins, und solange dieser Schein besteht, verfehlen sie nicht den Erfolg. Kritisch wird es stets dann – die großen Krisen in der Historie des Kapitalismus belegen es –, wenn sich grundlegende Wandlungen in den Reproduktionsbedingungen des Kapitals vollziehen. Und sie müssen endgültig versagen, wenn es um die gesamtgesellschaftliche Sicht und nicht um das einzelne Unternehmen geht und wenn sich, wie gegenwärtig, ein Umbruch in der Gesellschaft ankündigt.

In der Phase des anstehenden Paradigmenwechsels, in der wir uns seit einigen Jahrzehnten befinden, ist der imaginäre Begriff von Reichtum folgenschwer, und zwar insofern, als das Kapital die letzte Erscheinungsform des Wertes, das Geld, entblößt von jedem Bezug zum Wert und Gebrauchswert, für Reichtum hält.

Es ist der Beruf des Kapitals, den in Geld ausgedrückten Wert stetig zu vermehren. Solange der Kapitalismus vorrangig quantitativ wuchs, also das Produktionsfeld ausdehnte, wuchs auch die Masse des Mehrwertes. Die Tendenz konnte, obwohl im 20. Jahrhundert die qualitativen Faktoren des Wirtschaftswachstums, erkennbar werdend an wachsender Gebrauchswertmasse, beständig zunahmen, bis in die jüngste Zeit aufrechterhalten werden, weil das Kapital allmählich auch alle nicht wirtschaftlichen Bereiche der Gesellschaft okkupierte und selbst die staatlichen Hoheitsgebiete in Besitz nahm, sich schließlich auf die öffentlichen Dienstleistungen (Wohnen, Strom, Wasser, Abwasser, Medien, Polizei, Strafvollzug, Armee, Gesundheitswesen, Altenfürsorge, Pflege, Sport, Freizeitgestaltung usw.) stürzte.

Inzwischen ist die Wiese fast völlig abgegrast und neue Felder für quantitatives Wachstum sind nicht in Sicht. Schon spekulieren die für die Kapitalinteressen agierenden großen Beratergesellschaften auf die Privatisierung der öffentlichen Verwaltung und es scheint nur noch eine Frage der Zeit zu sein, bis die begehrlichen Blicke auf das Regieren selbst geworfen werden. Zumindest sitzen die Beratungsgesellschaften bei den Regierenden schon auf dem Schoß und zocken zunächst erst einmal zu Lasten der Steuerzahler unerhört ab. Eine Art Vorstufe der Regierungsübernahme durch das Kapital erleben wir in den USA. Der deutsche Starberater Roland Berger spricht ungeniert von der Deutschland-AG und die Meinungsmacher aller Medien gewöhnen das Volk allmählich an solche Vorstellungen.

Quantitatives Wachstum vermehrt den Wert und qualitatives Wachstum vermindert ihn, da eine schrumpfende Wertmasse immer mehr Gebrauchswerte schafft. Wenn alle Felder quantitativen Wachstums belegt sind, kehrt sich der bisher vorherrschende Prozess um, der Widerspruch zwischen unterschiedlichen Wachstumstempi von Gebrauchswert und Wert spitzt sich zum rasanten Wachstumstempo der Gebrauchswertmasse bei stagnierender, dann absolut sinkender Wertmasse zu.

Die Ausdehnung des Geschäftsfeldes konnte in der Vergangenheit die durch qualitatives Wachstum frei werdenden Arbeitnehmer aufnehmen. Wenn alle möglichen Geschäftsfelder weltweit vom Kapital belegt sind und sich diese auch nicht mehr erweitern lassen, fallen die freigesetzten Wertschöpfer brach. Monatlich werden wir über den Fortgang dieser ewigen Geschichte in der Welt informiert.

Da nur quantitatives Wachstum den Mehrwert vermehrt, wird die Privatisierung selbst der unmöglichsten Dinge propagiert. Verwunderlich, warum die Privatisierung der Atemluft noch nicht ins Gespräch gebracht wurde.

Dennoch, der sich im Inneren der Gesellschaft vollziehende Prozess ist ein objektiver, der unaufhaltsam voranschreitet. Mit der zunehmenden Freisetzung der Wertschöpfer reduziert sich die Wertbildung. Das Kapital, welches nicht auf Mehrwert verzichten will, möchte sich schadlos halten. Deshalb bemüht es sich, die Tarifautonomie zu kippen und den Billiglohnsektor auszudehnen. Damit verschiebt sich die Relation zwischen v und m zum Vorteil von m. Der Mehrwert steigt und die Lohnentwicklung bleibt dahinter zurück.

Jedoch haben wir es bei der Wertbildung mit einem unabhängig von unserem Bewusstsein sich vollziehenden Prozess zu tun, den kein Kapital dieser Welt außer Kraft setzen kann. Fasslich wird das Phänomen der Gegenwart, wenn wir uns den Doppelcharakter der Arbeit (gebrauchswert- und wertschaffend zu sein) und ihres Produkts, der Ware bzw. Dienstleistung (gebrauchswert- und werthaltig zu sein), vor Augen führen. Der technische Fortschritt befähigt die wertschaffende Arbeit, bei gleichbleibendem oder sinkendem Wert stetig mehr Gebrauchswerte hervorzubringen, wodurch der Wert der Waren und Dienste, bei gleichbleibendem bzw. qualitativ höherem Gebrauchswert, beständig sinkt.

Das ist der objektive Sachverhalt. Er machte den Massenkonsum der Nachkriegszeit möglich und notwendig. Wir hatten es mit Wirkungen der arbeitssparenden Reproduktion zu tun, die das Kapital voll zur Geltung bringen konnte, während die zentralistische kommunistische Planwirtschaft kläglich versagte. Die Fixierung des Kapitals auf das Geld als Äquivalent des Wertes bewirkte aber auch, dass sich heute die Summe aller Werte in einer mehrfachen Geldmenge darstellt.

Letzteres nimmt in der sich ausbreitenden ressourcensparenden Reproduktion schizophrene Züge an. Die Werte sollen erhalten bleiben, möglichst steigen, obwohl sie objektiv sinken. Objektiv wächst der Reichtum der Gesellschaft, da sie bei wachsender Masse von Gebrauchswerten freie Zeit gewinnt. Die Schizophrenie liegt darin, dass das Kapital mit dem wirklichen Reichtum der Gesellschaft nichts anzufangen weiß, ja davon erschlagen wird.

An der Arbeit interessiert das Kapital nur ihre Fähigkeit, Mehrwert zu schöpfen, und an der Ware nur die Eigenschaft, Träger von realisierbarem Mehrwert in Form von Geld zu sein. Der Gebrauchswert, also der wirkliche Reichtum, ist in der kapitalistischen Produktionsweise stets nur Mittel zum Zweck, und das Geld, die Äquivalentform des Wertes, der eigentliche Endzweck.

In dieser Borniertheit der historischen Erscheinung Kapital liegt begründet, warum in seiner Niedergangsphase wachsender gesellschaftlicher Reichtum zur relativen Verarmung eines zunehmend größer werdenden Teils der Völker führt. Urheber des wachsenden gesellschaftlichen Reichtums ist die voranschreitende ressourcensparende Reproduktion und nicht das Kapital, welches sie wider Willen antreiben muss und damit seinen eigenen Untergang betreibt.

In seiner Denk- und Vorstellungswelt vom Wert meint das Kapital, die Errungenschaften der ressourcensparenden Reproduktion, als Folge der voranschreitenden wissenschaftlich-technischen Revolution, in klingende Münzen verwandeln zu können. Es will mit dem Verkauf wachsender Gebrauchswertmasse größere Wertmasse realisieren, weil es bei seinen Vorstellungen vom Wert nicht begreifen kann, dass in den Gebrauchswerten von heute, die es auf den Markt wirft, morgen, im Falle technischer Neuerungen, ein kleineres Quantum Arbeit und damit Wert geronnen ist. Da das Kapital glaubt, größere Masse Gebrauchswert in größere Masse Wert verwandeln zu können, wie Rumpelstilzchen, das Stroh zu Gold verspann, begegnet dem Arbeitnehmer auf dem Markt sein Arbeitsprodukt, welches er mittels technischer Neuerungen verbesserte und verwohlfeilerte, zum gleichen oder gar höheren Preis – ein Vorgang, der sich täglich im Markt nachvollziehen lässt.

Das Alltagsbewusstsein nimmt daran keinen Anstoß, da die Verklärung des Wertes allgegenwärtig ist. Alle Marktteilnehmer sind mit dem Resultat zufrieden: Der Kapitaleigner meint, im Vergleich zum Vorjahr einen größeren Reibach gemacht zu haben, da er über eine größere Zahl verkaufter Gebrauchswerte, bei gleich gebliebenen oder geringeren Kosten, mehr Umsatz machte. Er ist zufrieden, da er glaubt, reicher geworden zu sein, und darin liegt schließlich der einzige Grund für ihn, aktiv zu werden.

Der Arbeitnehmer ist zufrieden, weil er einen Gebrauchswert zum gleichen Preis bzw. einen höheren Gebrauchswert zu einem nur geringfügig höheren Preis erwerben konnte. So wirkt der den Alltag überstrahlende Schein. In Wirklichkeit hat kein Wertzuwachs stattgefunden. Der gleiche Wert hat sich in einer größeren Masse von Gebrauchswerten bzw. qualitativ verbesserten Gebrauchswerten dargestellt. Mit dem Verkauf zu Preisen über dem Wert wurde nur die Äquivalentform, das Geld, entwertet – ein Vorgang, der die kapitalistische Produktionsweise über ihre gesamte Zeit begleitete und gerade gegenwärtig sich wieder beschleunigt. Dieser Sachverhalt hat dazu geführt, dass die Kaufkraft der Währungseinheiten stetig abgenommen hat. Es sei daran erinnert, dass für das Kapital dieses Geschäft dennoch überwiegend vorteilhaft ausgeht.

Da für Kapitalismus Inflation die Regel und Deflation die Ausnahme ist, könnte man die Sache auf sich beruhen lassen. Jedoch hat der Vorgang bei vorherrschend ressourcensparender Reproduktion weitreichende Folgen. Konnten die frei werdenden Wertschöpfer bislang von anderen Branchen, in die das Kapital eindrang bzw. neu erschloss, aufgenommen werden, erschöpft sich diese Möglichkeit nunmehr weitgehend. Oder, um dem zu entfliehen, lässt das Kapital neue Produkte oder Leistungen entwickeln, für die es an für sich keinen gesunden Bedarf gibt, die aber mittels Werbung den Käufern als notwendig aufgeschwatzt werden.

In der Welt des Kapitals dominiert heute überwältigend vor allem qualitatives Wachstum. Deshalb sinkt die Produktion von Mehrwert erstmals absolut. Das Kapital will aber seinen „Reichtum" mehren, weshalb auch in Zeiten, in denen Inflation in Deflation umschlagen sollte, Geldentwertung vorherrschend bleibt. Das Kapital wird nichts unversucht lassen – täglich haben wir davon Kunde –, um seinen Anteil an der Neuwertschöpfung wenigstens auf bisheriger Höhe und damit zu Lasten der Arbeitnehmer zu sichern. Eingeschlossen in diese Umverteilung wird auch das kleine Kapital.

All das Gedöns, was wir täglich von unseren Politikern über Reformen hören, rankt sich um diese Art der Umverteilung der Neuwertschöpfung, um einen Konflikt, der seinen Ursprung in veränderten Reproduktionsbedingungen hat. Es könne nichts verteilt werden, wo nichts mehr ist, lautete in Schröder-Zeiten eine der populistischen Schlagzeilen, mit denen Müntefering die rebellierende SPD-Basis zu bändigen versuchte. Der Sozialstaat müsse „umgebaut" werden. In Wahrheit geht es um eine Umverteilung des geschaffenen Neuwertes und um den Abbau des Sozialstaates.

Antikommunismus als geistige und Sozialstaat als materielle Kost war die Klammer zwischen Kapital und Volk in der Periode der arbeitssparenden Reproduktion. Sicherheitsstaat, infolge internationalen Terrorismus, wird sich als die neue Klammer in der Periode der ressourcensparenden Reproduktion einnisten.

Ein Hoffnungsschimmer erwächst aus einem weiteren Widerspruch, den die Erosion der Gesellschaft aufmacht. Die stagnierende bzw. sinkende Kaufkraft der Masse der Konsumenten gerät in Widerspruch zum Vortriebstempo der ressourcensparenden Reproduktion. Das Kapital könnte in der Masse der Gebrauchswerte ersticken. Das könnte es im Eigeninteresse zu einer Milderung des neoliberalen Kurses zwingen. Den Widerspruch selbst kann auch das nicht lösen, wie die Neokeynesianisten glauben, indem der Staat auf Pump investiert. Der Widerspruch löst sich nur, wenn der Verursacher selbst, das herrschende Großkapital, aufgehoben wird.

Ungewollt verschafft Putin mit seinem Krieg in der Ukraine dem Weltgroßkapital eine Atempause. Im reichen Westen werden damit einer verstärkten Rüstung neue Möglichkeiten erschlossen. Es werden viele neue destruktive Produktivkräfte geschaffen, die die Profite sprudeln lassen. So werden industrielle Kapazitäten umgewidmet und damit die Konsumgüterschwemme entlastet. Das schafft neue Bereicherungsmöglichkeiten für die Anleger.

Die dem Kapitalismus folgende freie Gesellschaft hat zunächst die Aufgabe, die Vorstellungen von Reichtum wieder vom Kopf auf die Füße zu stellen sowie auch alle Deformationen im Bewusstsein der Menschen, die vom falschen Reichtumsbegriff herrühren, in den Hirnen zu tilgen. In der Schröder-Fischer-Ära konnte diese ihre Grausamkeiten nur durchbringen, weil CDU/CSU und FDP diese im Bundestag mit ihrer Zustimmung unterstützt hatten. In dieser Zeit machte Meinhard Miegel – ein strammer CDU-Mann – von sich reden. Er schrieb ein Buch mit dem Titel: „Die deformierte Gesellschaft (Wie die Deutschen ihre Wirklichkeit verdrängen)", Ullstein Verlag, Berlin, 2003[37]. In diesem Buch beklagt er sich über das zu schwach entwickelte Mäzenatentum in Deutschland. Als Kostgänger des Kapitals empfiehlt er eine Gesellschaft, in der die immer reicher Werdenden den immer ärmer Werdenden von ihrem Reichtum etwas abgeben! Eine herrliche Perspektive, die er den Deutschen zudachte!

Ein Zweiter in diesem Reigen ist Friedrich Merz. Er wollte ernsthaft deutscher Bundeskanzler werden, mit Unterstützung der Ostdeutschen. Zum Glück kam es nicht dazu. In seinem Buch: „Mehr Kapitalismus wagen (Wege zu einer gerechten Gesellschaft)", Piper Verlag, München, 2020[38], bemüht er sich in einer indifferenten Schrift, den Spätkapitalismus, neoliberal aufpoliert, den Lesern schmackhaft zu machen. Mehrwertschöpfung ist ihm geläufig. Ein Unrecht kann er darin nicht erkennen. Schließlich kann jeder Aktien kaufen!

Verfall der Werte ist Ausdruck wachsenden gesellschaftlichen Reichtums, ist Indikator für das Vortriebstempo der ressourcensparenden

Reproduktion. Es gilt, alle Barrieren, die sich dieser Revolution in der Gesellschaft in den Weg stellen, niederzureißen, damit sie Kräfte freisetzen kann, neben denen sich die vom Kapital freigesetzten eher bescheiden ausnehmen werden.

Wert ist geronnene Arbeit und sonst weiter nichts. Etwas Mysteriöses ist hinter dem Wert nicht auszumachen. „Spart an dieser Arbeit" wird die Losung der freien Gesellschaft lauten „und ihr werdet wirklich reich. Lasst die Gesetze der Natur für euch ‚arbeiten' und es wird euch stetig besser ergehen." Solche Aussagen sind nach Jahrhunderten kapitalistischer Wertbewegung für die Menschen gewöhnungsbedürftig. Es wird einer ganzen geschichtlichen Epoche bedürfen, bis die Mystifizierung der Wertvorstellungen durch das Kapital mit all ihren Konsequenzen aus der Gesellschaft und den Köpfen ihrer Mitglieder ausgeräumt ist.

Alles, woran Menschen heute ihre Lebensvorstellungen festmachen, muss einer neuen Vorstellung von gesellschaftlichem Sein weichen. Die Anhäufung von Geld ergibt dann keinen Sinn mehr. Geld vermehrt sich nicht mehr durch seine bloße Existenz. Vermögen hört auf, Maßstab für Reichtum, Status und Anerkennung in der Gesellschaft zu sein. Mit Geld lassen sich dann Unterwürfigkeit, Wohlverhalten, Stimmen, Anpassung, Zuneigung und Liebe nicht mehr kaufen. All das will verstanden und geübt sein.

Dennoch schafft die freie Gesellschaft, zumindest auf lange Sicht, weder den Wert noch das Geld ab, da man beide Größen nicht abschaffen kann, bevor sie sich selbst erledigt haben. Wert und Geld könnten nur aus der Gesellschaft verschwinden, wenn es gelänge, alles zum erfüllten Leben Notwendige ohne Arbeit zu erlangen.

Allerdings findet mit dem Übergang in die freie Gesellschaft ein grundlegender Wandel der Begriffe Wert und Geld statt, ihre gesellschaftliche Stellung verändert sich. Befriedigten sie bislang private Bereicherungssucht, mutieren sie nunmehr zum Maßstab bei der Umwandlung von technischem Fortschritt in gesellschaftlichen Reichtum. Wert und Geld geben dann Auskunft über den Zeitgewinn der Gesellschaft bei der Reproduktion all ihrer Lebensbedingungen. Geld vermittelt auch dann noch den Austausch der Arbeitsprodukte und dient als Zahlungsmittel bei der Bedürfnisbefriedigung des Einzelnen.

Weit schwieriger als das theoretische Verständnis dürfte sich die praktische Ausgestaltung der Ware-Wert-Geld-Beziehungen erweisen. Hier werden die vergesellschafteten Geldinstitute, zuvorderst die Zentralbanken, eine ihrer wichtigsten Aufgaben erkennen. Ihnen wird es obliegen, die Entwicklung der Werte in Übereinstimmung mit ihrer Äquivalentform, dem Geld, in der Gesellschaft zu steuern und zu regeln. Geld ist dann echter Ausdruck des Wertes und gibt Aufschluss über die Produktivität, welche die gesellschaftliche Gesamtarbeit jeweils erreicht hat und welche Arbeit künftig von ihren Mitgliedern zu leisten ist, damit alle anspruchsberechtigten Bedürfnisse befriedigt werden können, und über wie viel freie Zeit verfügt werden kann. Wert und Geld geben Auskunft über die Leistungsfähigkeit der Wirtschaftsunternehmen, aus denen sich die Wirtschaftspolitik herleiten wird.

Es sei an dieser Stelle vorab erwähnt, dass damit ein völlig neues Demokratieverständnis Einzug in die Gesellschaft hält, die Demokratie endgültig den ihr heute anhaftenden Schein abstreift. Von Demokratie im Wortsinn kann dann die Rede sein, wenn das Volk die Gesellschaft gestaltet und sie nicht erdulden muss, denn damit erledigt sich Herrschaft, die eine historische Erscheinung ist und sich auf die private Aneignung zunächst des Mehrproduktes, später des Mehrwertes begründet.

Natürlich liegt auch künftig die Initiative und Entscheidungsbefugnis bei den Unternehmen. Die Regierenden regieren nicht in die Unternehmen hinein und dennoch unterscheidet sich deren Aufgabenstellung generell von der gegenwärtigen. Die Regierenden haben den Part wahrzunehmen, der bisher bei den

Shareholdern lag, allerdings nicht zur privaten Bereicherung, sondern als die solide bezahlten „Arbeitnehmer" des Souveräns. Ihre Einflussnahme zielt auch nicht mehr auf den Maximalprofit, sondern auf Bedürfnisbefriedigung der Gesellschaft mit immer weniger Arbeitseinsatz.

Auf die konkrete Art und Weise der Bedürfnisbefriedigung nehmen die Regierenden keinen Einfluss. Die regelt der Markt. Ihr Gegenstand ist der Wert, nicht die buntscheckige Vielfalt der Gebrauchswerte, und seine Entwicklung als Indikator zur Messung des Zeitgewinns. Der Wert signalisiert dann, im Unterschied zu heute, die Fortschritte der technischen Entwicklung und deren Umsetzung in höhere Lebensqualität. Der Wert mutiert vom Selbstzweck zum Mittel des Zwecks. Da der Wert unter Kapitalherrschaft Selbstzweck ist, deformiert er die Gebrauchswertentwicklung, ordnet sie sich unter. Die Regierenden konzentrieren sich in der freien Gesellschaft auf die Analyse der Wertentwicklung und entwickeln geeignete Instrumente, um damit gesellschaftlichen Fortschritt zu beschleunigen. Dabei sichert ständig aufrechterhaltene Proportionalität die Kontinuität der Entwicklung von Wirtschaft und Gesellschaft. Darin liegt die Aufgabe künftiger Wirtschafts- und Gesellschaftspolitik. Ihre Instrumente, mit denen sie den Vorgang steuern, sind Wert und Geld.

Hinter c verbergen sich, wie bisher, die Kosten für Produktionsmittel. Hinzu kommt die Abgabe für vernutzte Natur. Sie schließt die Kosten für Naturbelastung, einschließlich der menschlichen, durch den Anwender ein. Dementsprechend teuer werden Gebrauchswerte sein, die die Natur stark belasten und mit nicht erneuerbaren Energien produziert werden. So wird umweltbewusster und gesundheitserhaltender Konsum stimuliert. Hinter v verbergen sich die Kosten, die die Arbeit verursacht. Das sind zum einen die Vergütungen aller im Arbeitsprozess Tätigen und die Abgabe, die darauf an die Gesellschaft zu leisten ist. Der Mehrwert m verschwindet mit dem Voranschreiten der ressourcensparenden Reproduktion allmählich, in der Industrie beginnend, dann auf alle Bereiche der Dienstleistungen übergreifend, aus der Gesellschaft.

Für die privaten Unternehmen im Kleinkapital verhält es sich vergleichbar. Sie zahlen die gleichen Abgaben auf Natur und Arbeit und stehen im fairen Wettbewerb mit den großen vergesellschafteten Unternehmen. Sie kaufen und verkaufen auf den gleichen Märkten zu den dort üblichen Marktpreisen und müssen ihre Beschäftigten vergleichbar den großen vergüten. Was nach Zahlung der Produktionsmittel, Arbeitskräfte und Abgaben übrig bleibt, ist der Unternehmerlohn. Er wird der Bezahlung von Managern vergleichbarer Verantwortung ebenbürtig sein.

Seinen Lohn kann der Unternehmer konsumieren, aber auch Teile davon investieren, wenn der Markt Bedarf für seine Produkte signalisiert. Dafür können, wie bisher, auch von den Kleinen, Kredite in Anspruch genommen werden, verbunden mit dem Vorteil, dass nur noch Bearbeitungsgebühren zu bezahlen und Sicherheiten zu leisten sind, aber keine Zinsen mehr, da die Mehrwertproduktion in der Gesellschaft sukzessive eingestellt wird.

Die Proportionalität zwischen beiden Abteilungen regelt der Markt. Er mutiert zum Indikator wirtschaftlicher Vorgänge, aus denen die Wirtschaftspolitik ihre Schlüsse zieht. Es wird Aufgabe eines Finanzrates der Geldinstitute sein, darüber zu wachen, dass die Summe der Werte sich mit der Summe der Preise stetig die Wage hält.

Der technische Fortschritt erhöht die Menge der Gebrauchswerte und/oder verbessert sie. Der Markt signalisiert mit Überangebot bzw. Verknappung von Gebrauchswerten die jeweilige Situation, auf die die Gesellschaft reagieren muss.

Der allgemeine Trend der kapitalistischen Produktionsweise war sinkender Arbeitsaufwand je Gebrauchswerteinheit, in seiner reifen Phase deutlich stärker als in der Phase des Entstehens.

Da die zweite produktionstechnische Revolution mit dem gesellschaftlichen Umbruch in eine neue Qualität übergehen wird, dürfte sich der Produktivitätsgewinn beschleunigen, selbst wenn in absehbarer Zeit die endgültige Substitution der fossilen Energieträger ansteht.

Hier sei darauf verwiesen, dass sich mit dem Übergang in die freie Gesellschaft die zweite produktionstechnische Revolution, in der wir uns befinden, weiter beschleunigen wird, da sie von den Fesseln des großen Kapitals befreit ist und nunmehr Triebkräfte entfaltet, gegen die sich die vom Kapital entfalteten bescheiden ausnehmen. Dabei geht es vor allem um die Hightechtechnologien der Digitalisierung, einschließlich der künstlichen Intelligenz. Damit entstehen neue Technologien zur Steuerung gesellschaftlicher Prozesse in der Wirtschaftsführung, die den bürokratischen Aufwand bedeutend minimieren werden.

Es sei angemerkt, die Entwicklung künstlicher Intelligenz hat längst begonnen. Die Funktionen unserer Gehirne werden auf Computer übertragen. In absehbarer Zeit ist damit zu rechnen, dass diese Computer in ihrer Leistungsfähigkeit die biologischen Hirne weit hinter sich lassen werden. Bevor dies eintritt, muss der Übergang in die freie Gesellschaft vollzogen sein. Hoch entwickelte künstliche Intelligenz in der Hand des großen Kapitals zur Profitmaximierung wäre eine Katastrophe, die unbedingt verhindert werden muss.

Auf ein Problem, was den Verfall der Werte als gesellschaftliche Zielstellung betrifft, muss kurz eingegangen werden. Es wird vor allem in der Übergangsphase von größerem Belang sein, also der Phase, in der die freie Gesellschaft noch die Muttermale der alten in sich trägt. Verständlich dürfte geworden sein, dass in der freien Gesellschaft Geldakkumulation und Schatzbildung keinen Sinn ergeben. Geld trägt keine Zinsen mehr ein, der Handel mit Unternehmenswerten und Wertpapieren ist eingestellt, die Börsen sind geschlossen. Aber auch einfaches Sparen, um den Abkömmlingen bessere Bedingungen zu schaffen, erübrigt sich. Jede neue

Generation wird in der freien Gesellschaft bessere Bedingungen vorfinden, als die abtretende vorfand. Wer ein Haus bauen oder eine andere größere Anschaffung machen will, kann dafür ein zinsfreies, zeitlich befristetes Darlehen aufnehmen. Notwendige Reserven, um Eventualitäten wie z. B. Naturkatastrophen vorzubeugen, legt die Gesellschaft an. Natürlich muss solches Gesellschaftsverständnis erst verinnerlicht sein.

Die freie Gesellschaft nimmt aber ihren Anfang, mit Gesellschaftsmitgliedern, die einerseits aus einer ganz anderen Werte- und Vorstellungswelt kommen und andererseits mit zum Teil beachtlichen Geldvermögen ausgestattet sind, mit denen sie für viele Generationen Abkömmlinge ein üppiges Leben finanzieren könnten. Letzteres wäre nicht problematisch, die Gesellschaft hielte es aus.

Mit der neuen gesellschaftlichen Zielfunktion des Wertes nimmt die Kaufkraft des Geldes, nicht wie bisher, ständig ab, sondern nunmehr beständig zu. Aus der steigenden Kaufkraft des Geldes gewinnt die Gesellschaft ihre Erkenntnisse für die Regulierung der gesellschaftlich notwendigen Arbeitszeit. Der Verfall der Werte wirkt stetig und auch zurück in die Vergangenheit. Aktuell sinkender gesellschaftlich notwendiger Arbeitsaufwand entwertet gleichzeitig den Wert vergangener Arbeitsprodukte. Deshalb ist eben auch eine Enteignung der Anleger nicht notwendig, da die Zeit die Angelegenheit von selbst erledigt.

Anders verhält es sich bei Geldvermögen. Sie werden in die Zukunft hinein immer „wertvoller". Das gegensätzliche Verhalten von Sach- und Geldwert liegt in der Äquivalentform des Geldes begründet, auf die wir bereits näher eingingen. Während die Produktivitätsentwicklung die Sachwerte abwertet, wertet sich die Äquivalentform, das Geld, auf, da es an Kaufkraft gegenüber den Gebrauchswerten gewinnt.

Mag das Problem nach einigen Jahrzehnten keine maßgebliche Rolle mehr spielen, muss die freie Gesellschaft in ihrer

Entstehungsphase geeignete praktische Lösungen entwickeln, um eine solche Fehlentwicklung auszuschließen. Denkbar wäre ein mehrmaliger Umtausch des Geldes in Relation zur Preisentwicklung, von dem ein bestimmter Grundbetrag ausgenommen sein könnte. Banknoten bis zu einer bestimmten Jahreszahl würden dann aus dem Verkehr gezogen und, unter Berücksichtigung des Umtauschsatzes, durch neue ersetzt.

9.3 Der ressourcensparende Reproduktionstyp

Im 3. Kapitel haben wir die Kapitalreproduktion betrachtet und die arbeitssparende Reproduktion als den Typ herausgestellt, der dem Kapitalismus seine stärkste Entwicklungsphase bescherte. In der Endphase überschwemmte er mit immer weniger Arbeitseinsatz die gesamte Gesellschaft mit Waren und ermöglichte den Ausbau eines großen Dienstleistungssektors. Gleichzeitig öffnete sich die Schere zwischen Arm und Reich weiter. Auf dem einen Pol der Gesellschaft konzentrierte sich zunehmend, mehr als bislang vorstellbar, großer „Reichtum" in Form von Geld, und auf dem anderen Pol breitete sich Armut, bedingt durch unsichere, prekäre und gering bezahlte Arbeitsverhältnisse, immer weiter aus. Der einstige Sozialstaat wurde zunehmend unsozialer und alle Regierungen in den reichen kapitalistischen Staaten schauten tatenlos zu. Sie zogen das Kapital, den Verursacher, dem sie treu dienten, nicht zur Verantwortung.

Marx kennzeichnete kapitalistische Akkumulation als Akkumulation von Reichtum auf dem einen Pol und von Verelendung auf dem anderen Pol der Gesellschaft. Er schaute wahrhaft weit in die Zukunft. Dieses Handeln des Kapitals ist nicht Ausdruck von Bösartigkeit, wenngleich es den Humanismus nicht erfunden hat, sondern es folgt seinen inhärenten Gesetzen, der Profitmaximierung, aus denen es bei Strafe seines Unterganges nicht ausbrechen kann.

Der Motor des arbeitssparenden Typs der Reproduktion war der sich stetig beschleunigende wissenschaftlich-technische Fortschritt, den starke Gewerkschaften mit ihren Lohnforderungen immer weiter antrieben. Mit dem Eintritt in die Gegenwart, insbesondere mit fortschreitender Computerisierung und Automatisierung, mutierte dieser Reproduktionstyp schrittweise hin zu einem ressourcensparenden Typ, zunächst beginnend im großen Kapital, wo die Produktivität am höchsten ist. Dieser Reproduktionstyp verdient nun eine eingehende Betrachtung.

Ging es bislang darum, an v zu sparen, rückt nun auch c in unseren Fokus. Bezogen auf die Gebrauchswerteinheit ging es bisher darum, mehr v zu sparen, als c mehr aufgewendet werden musste. Bei ressourcensparender Reproduktion geht es nunmehr darum, bezogen auf die Gebrauchswerteinheit, an beiden, an c wie an v, zu sparen.

Wir haben es mit einem Qualitätsumschlag zu tun. Der WTF (wissenschaftlich-technischer Fortschritt) hat sich über Jahrzehnte beschleunigt, bis die Beschleunigung ein solches Maß erreicht hatte, dass die Reproduktion in eine neue Qualität umschlug.

Das zeigt uns, auch in der Wirtschaft geht es, wie in allen Bereichen der Gesellschaft, dialektisch zu. Bewegung und Entwicklung vollziehen sich nicht gleichförmig, sondern in sich anhäufender Quantität, bis es zum Sprung, zum Umschlagen in eine neue Qualität kommt, die nunmehr mit größerer Quantität fortschreitet. Vergleichbares erleben wir in der Natur. Die gesamte Geschichte der Evolution widerspiegelt diese Dialektik und erklärt uns die Entwicklung aller Arten, vorherrschend vom Niederen zu Höheren.

Diese Erkenntnis, dass es in der Natur, in der Gesellschaft wie im menschlichen Denken dialektisch zugeht, verdanken wir Georg Wilhelm Friedrich Hegel (1770–1831). Marx hat sie nur aus ihrer mystizistisch-idealistischen Hülle befreit oder, wie er vermerkte, vom Kopf auf die Füße gestellt. Die Kenntnis der Dialektik bewahrt uns vor dem Irrglauben, der Kapitalismus sei das Ende der Geschichte, wie einige nach dem Zusammenbruch des Sowjetkommunismus meinten.

Doch nun zur Einsparung von c in der Werteinheit: c sind Arbeitsmittel (am) und Arbeitsgegenstände (ag). Mit den Arbeitsmitteln (Gebäude, bauliche und technische Ausrüstungen, Maschinen, Automaten, Computern, künstlicher Intelligenz) wirkt der Arbeiter auf die Arbeitsgegenstände (Rohstoffe, Hilfsstoffe, Zulieferungen) ein, um sie im Sinne der herzustellenden Produkte zu verändern. Der Wert der Arbeitsmittel wird dabei stückweise auf die Waren übertragen (AfA), da sie in der Regel über mehrere Produktionszyklen fungieren, während die Arbeitsgengenstände vollständig in die hergestellten Produkte eingehen.

Betrachten wir zunächst die Arbeitsmittel. Der beschleunigte wissenschaftlich-technische Fortschritt bringt es mit sich, dass — nachdem die Maschinen, die Ausrüstungen, die Automaten, die Computer, die Roboter ihren Wert auf die hergestellten Produkte übertragen haben, also abgeschrieben sind und ersetzt werden müssen, die ersetzenden Arbeitsmittel höhere Leistungsparameter aufweisen, aber weniger Arbeit eingesaugt haben, um sie herzustellen, also weniger Wert verkörpern und damit billiger hergestellt werden konnten. All das vermag WTF. Obwohl das ersetzende Arbeitsmittel höhere Leistung verspricht, überträgt es weniger Wert auf die erzeugte Gebrauchswerteinheit. Anders ausgedrückt heißt das, ich kann mit den Mitteln aus einfacher Reproduktion erweitert reproduzieren. Mit den Mitteln aus der AfA, also aus einfacher Reproduktion, kann sich die Produktion auf höherer Stufenleiter, also erweitert fortsetzen. Die erweiterte Reproduktion erfordert, nicht wie bisher, keinen zusätzlichen Kapitaleinsatz.

Ähnlich verhält es sich mit den Arbeitsgegenständen. Auch hier erfolgen mittels WTF beständig Modernisierungen durch

Substitutionen bei den Roh- und Hilfsstoffen, Arbeitseinsparungen bei den Zulieferungen usw. Auch auf diese Weise wird an c in der Gebrauchswerteinheit gespart.

All das hat Konsequenzen. Längst noch nicht hat sich der ressourcensparende Typ der Reproduktion in der gesamten Industrie und gleich gar nicht im Dienstleistungssektor durchgesetzt. Aber mit jedem weiteren Jahr wird sich dieser Typ der Reproduktion in der Wirtschaft ausbreiten. Überall dort, wo sich dieser Typ der Reproduktion durchgesetzt hat, ist erweiterte Reproduktion möglich, ohne dafür Mehrwert einsetzen zu müssen.

Es war der Beruf des Kapitals, die ökonomische Basis für die freie Gesellschaft zu schaffen. Mit der Verwirklichung des ressourcensparenden Typs der Reproduktion hat das Kapital seine historische Mission erfüllt. Mit etwas Humor könnte man auch sagen: „Der Mohr hat seine Schuldigkeit getan, nun kann er gehen." Der arbeitssparende Typ der Reproduktion bescherte dem Kapitalismus seine stärkste Entwicklung. Gegen Ende dieser Entwicklung mutierte dieser zum ressourcensparenden Typ, der den Kapitalismus überfordert und notwendigerweise seine Ersetzung durch eine neue gesellschaftliche Ordnung verlangt. Mit dem ressourcensparenden Typ der Reproduktion tritt der Kapitalismus in seine reaktionäre, parasitäre Entwicklungsphase ein, wovon wir uns in der Gegenwart tagtäglich überzeugen können.

Das ist der historisch entscheidende Punkt. Es ist der Punkt, wo es keines Mehrwerts mehr bedarf, um die Wirtschaft am Laufen zu halten. Der Beruf des Kapitals, Mehrwert zu akkumulieren, erübrigt sich und damit das Kapital, welches ressourcensparend reproduziert. Erstmals, vor circa 40 Jahren beginnend, reift in der hoch entwickelten kapitalistischen Welt der Punkt heran, wo das Kapital objektiv aus der Geschichte austreten und der freien Gesellschaft Platz machen muss, bevor es beginnt, die Gesellschaft zu zerstören. Es ist 5 vor 12!

Allerdings betrachten wir eine Entwicklung, die gerade erst vor circa 40 Jahren begonnen hat. Deshalb muss man das Kind nicht gleich mit dem Bade ausschütten. Es wird einer längeren Übergangsperiode bedürfen, in der der Kapitalismus allmählich in die freie Gesellschaft hinüberwächst. Beginnen muss man dort, wo das Kapital dabei ist, großen Schaden anzurichten. Die Schadensverursacher sind vor allem die transnationalen Konzerne und die internationalen Großbanken, jene, die dem Wertschwund begegnen wollen, indem sie versuchen, Geld, das sie mit Wert gleichsetzen, aus Geld zu schöpfen, und damit großen Schaden in der Gesellschaft, wie 2007/08 deutlich erkennbar war, anrichten.

Was sind die häufigsten wiederkehrenden Worte, wenn Sie die Reden von Politikern analysieren? Wachstum und Arbeitsplätze! Politiker sprechen die Sprache des Kapitals! Ewiges Wachstum bedeutet den Raubbau an den Ressourcen dieses Planeten weiter beschleunigen, die Klimakrise weiter vorantreiben, die unterentwickelten Staaten ausplündern, um den Profithunger des großen Kapitals zu befriedigen.

Arbeitsplätze schaffen, um die Arbeitnehmerschaft ruhigzustellen. Arbeitnehmer sind die Quelle des Profits, nur aus ihnen lässt sich Mehrwert ziehen. Davon wird die kleine Schicht der Anleger „reicher". Das ist ein imaginärer Reichtum. Für die Gesellschaft als Ganzes ist Reichtum alles, was Leben lebenswert macht, mit weniger Arbeit zu erlangen, um freie Zeit zu gewinnen. Das ist wirklicher Reichtum.

Jetzt bewegen wir uns in eine Zeit hinein, in der dies immer besser möglich wird. Die ökonomische Basis der Gesellschaft erlangt zunehmend diese Reife. Um sie allumfassend zu genießen, bedarf es des gesellschaftlichen Wandels, um das Hindernis, welches den Weg versperrt, zu beseitigen, das große Kapital.

Dabei geht es nicht generell um jede Erscheinungsform des Kapitals. Es geht um jenes Kapital, welches den ressourcensparenden

Typ der Reproduktion jetzt verwirklichen kann. Das finden wir in den weltweit agierenden großen Konzernen und in der Finanzindustrie. Zusammen haben sie das Potenzial, die Welt zu zerstören und die Menschheit in den Abgrund zu führen. Und sie werden es tun, wenn die Gesellschaft nicht handelt, denn die Gier nach Profit ist stärker als alle Vernunft. Die weltweit agierenden Konzerne und Banken lasten wie große Kraken auf der Weltgesellschaft und erdrosseln sie sukzessive.

Die Wirkung des ressourcensparenden Typs der Reproduktion ergibt sich aus einer weltgesellschaftlichen Betrachtung. Aus der Sicht des Kapitals ist fasslich, wie wenig ein solcher Reproduktionstyp seinem Wesen entspricht. Ganz gegen seine Interessen hat das Kapital mit der Beschleunigung des WTF das Gegenteil von dem erreicht, was es eigentlich damit bezweckte.

Das einzelne Kapital suchte mit technischen Neuerungen sich gegenüber seinen Mitbewerbern in der Branche einen profitablen Vorteil zu verschaffen. Es dauerte stets nicht lange und die Mitbewerber zogen nach und übernahmen diese Neuerungen. Es kam, wie es kommen musste, der vom einzelnen Unternehmen erzielte Extraprofit fiel auf den Durchschnittsprofit der Branche zurück. Das ist das eherne Gesetz des Kapitalismus, dem kein einziges Kapital entfliehen kann, denn wenn es nicht mitzieht, fällt es früher oder später durchs Raster und scheidet aus der wundersamen Geldvermehrung aus.

Wie wir inzwischen wissen, lässt sich Mehrwert nur aus lebendiger Arbeit generieren. Aus vergegenständlichter Arbeit (c) lässt sich kein Mehrwert ziehen. Den hat bereits der gezogen, bei dem c noch v + m, also eingesetzte lebendige Arbeit war. Aus diesem Teufelskreis kann kein Kapital herausspringen, es sei denn mit Betrug, indem es die Proportionalität zwischen Wert und Geld verletzt, also Inflation erzeugt.

Die Folgen dieses Treibens erleben wir im kapitalistischen Alltag. Die immer wieder und zunehmend stärker freigesetzte Arbeit lässt die Quelle, aus der sich Mehrwert ziehen lässt, immer stärker schrumpfen. Das ist zwar aus Sicht der Gesellschaft wachsender Reichtum, aus Sicht des Kapitals aber schrumpfender Profit. Deshalb also vernehmen wir tagtäglich das Gedöns des Wirtschaftswachstums.

Es geht dem Kapital nicht darum, echten Bedarf an Konsumgütern zu decken, sondern darum, den Verlust an Profit zu verhindern. Deshalb schlägt uns das Kapital mit seiner aggressiven, penetranten Werbung tot. Heute ist alles Werbung. Jede Fernsehsendung schauen wir nicht nur an, nein, sie wird uns von irgendeinem Bier- oder Müslihersteller präsentiert. Zeitungen würden nur halb so viel Papier verbrauchen, wenn sie nicht vollgestopft wären mit Werbung. Viele der „Bedürfnisse", die die Verbraucher heute befriedigen, sind keine wirklichen Bedürfnisse. Das Kapital hat sie den Menschen mittels Werbung eingeredet. Das geschieht alles ohne Rücksicht auf unseren Planeten, die Umwelt und das Klima. Es geht einzig und allein um die Befriedigung der Profitinteressen des Kapitals.

Wenn das Kapital von Wirtschaftswachstum spricht und die Politik wirkt als Verstärker, dann ist quantitatives Wachstum gemeint. Die Wirtschaft wächst beständig, aber eben immer weniger quantitativ, sondern zunehmend immer mehr und in absehbarer Zeit nur noch qualitativ. Das bedarf der Erklärung.

Quantitativ wächst die Wirtschaft, indem sie zusätzliche Ressourcen in Form von c und v verbraucht. Im arbeitssparenden Typ der Reproduktion ist es vor allem c, während an v gespart wird, wodurch Arbeitskräfte frei werden, die in wachsenden Dienstleistungsbereichen neue Arbeitsplätze finden müssen, die neues c erheischen und damit Produkte aus der Wirtschaft aufsaugen. Auf dieser Spur ist die westliche Welt in der Zeit nach dem Zweiten Weltkrieg gut gefahren zum Vorteil der Arbeitgeber wie der Arbeitnehmer. Natürlich verlief die Entwicklung nicht für alle Länder gleich gut. Die wirtschaftlich stärkeren Länder

der westlichen Welt entwickelten sich schneller, zum Nachteil der wirtschaftlich schwächeren.

Auch über diesen gesamten Zeitraum wuchsen die Volkswirtschaften auch qualitativ, allerdings wurde dieses Wachstum stets vom quantitativen Wachstum überlagert. Jetzt, mit dem zunehmend voranschreitenden ressourcensparenden Typ der Reproduktion, kehrt sich die Sache um. Das qualitative Wachstum beschleunigt sich und das quantitative Wachstum verlangsamt sich, bis es ganz zum Erliegen kommt oder gar negativ wird. Genau das entspricht dem Erfordernis der Zeit, um die Ressourcen zu schonen und das Klima zu retten.

Der Motor des qualitativen Wirtschaftswachstums ist der wissenschaftlich-technische Fortschritt, der sich stetig weiter beschleunigt, der bezogen auf die Werteinheit den Aufwand an c und v senkt. Obwohl der WTF vom Kapital immer weiter beschleunigt wird, aus den uns bereits bekannten Gründen, senkt er den Wert der erzeugten Produkte, indem er c und v einspart. Dadurch wird die Gesellschaft reicher durch billigere Produkte und Freizeitgewinn, während die Profite des Kapitals abschmelzen.

Was für die Gesellschaft ein Zuwachs an Reichtum ist, stellt sich für das Kapital als Verarmung an Profit dar. Deshalb der Schrei des Kapitals nach Wachstum, wobei damit immer nur quantitatives Wachstum gemeint ist, um den Profit zu steigern. In dieses Geschrei stimmt die kapitalismusfreundliche Politik mit ein, weil sie Horror hat vor wegfallenden Arbeitsplätzen und dem daraus resultierende Frust bei den Arbeitnehmern. Wir sehen, die kapitalistische Gesellschaft erweist sich als unfähig, den Widerspruch, den die ressourcensparende Reproduktion in der ökonomischen Basis verschärft, zu lösen.

Vor 50 Jahren wies der Club of Rome bereits auf dieses Problem hin und verkündete die Grenzen des Wachstums. Von da an hätten alle Regierungen des reichen Westens eine neue Wirtschaftsstrategie einleiten müssen. Spätestens zu diesem Zeitpunkt wurde sichtbar, dass die Regierungen im reichen Westen nicht unabhängig sind, sondern ihr Handeln vom großen Kapital bestimmt wird. Das große Kapital trieb die Wachstumskurve weiter an und führte den Planeten bis nahe an den Kollaps.

Jetzt, wo die Folgen dieser Politik mit Klimakrise, Zerstörung unserer Lebensgrundlagen, Artensterben usw. unübersehbar geworden sind und das Ende der Zivilisation droht, bemühen sich die Regierungen dieser Länder, den Ausweg mithilfe des großen Kapitals zu finden – ein Unterfangen ohne jede Aussicht auf Erfolg!

Marx, der über das Ende der kapitalistischen Akkumulation nachdachte, kam zu der Erkenntnis, wenn der Kapitalismus in seine Endphase eintritt und dann nicht überwunden wird, zerstört er die beiden Springquellen des Reichtums – die Natur und den Arbeiter. Das vollzieht sich vor unseren Augen jetzt tagtäglich, weil wir diese Endphase erreicht haben.

9.4 Ressourcenersparnis

Nun können Sie sich fragen: „Wieso muss Kapital notwendigerweise zum ressourcensparenden Typ übergehen und kann nicht beim arbeitssparenden Typ, mit dem es seine beste Zeit erlebte, bleiben?" Erinnern wir uns an die Genesis der Kapitalreproduktion in Kapitel 3. Der große Durchbruch gelang dem Kapitalismus, als in Abteilung 1 Maschinen nicht mehr handwerklich gebaut wurden, sondern Maschinen gelernt hatten, Maschinen zu bauen.

Eine neue Metamorphose erlebt diese Abteilung nunmehr, weil Roboter gelernt haben, Roboter zu bauen. Wo einst an den Bändern Menschen standen, stehen jetzt Roboter, die die Arbeiten, die bislang Menschen verrichteten, nunmehr von ihnen selbstständig verrichtet werden. Nachdem die Produktionshauptprozesse an Roboter übertragen sind, rücken nun die Produktionshilfsprozesse und die Produktionsnebenprozesse in den Fokus. Material, welches die Roboter verbauen, gelangt automatisch, ohne menschliches Zutun, programmiert vom Lager an die Roboterarbeitsplätze. Die Produktion erfolgt automatisiert und die Arbeit der Arbeiter reduziert sich auf die Überwachung der automatisch ablaufenden Prozesse, Wartung und Reparaturen, und zwar noch so lange, bis auch diese Prozesse mittels künstlicher Intelligenz automatisiert werden.

Dieser Trend lässt sich in allen Industriezweigen verfolgen, im Maschinen-, Anlagen-, Automaten- und Fahrzeugbau, ebenso wie in der Chemieindustrie, der Pharmazie, im Transport, in der Beförderung und im Umschlag, in der Rohstoffgewinnung wie im Recycling. Beachten wir, wir stehen bei den Automatisierungsprozessen und der Entwicklung künstlicher Intelligenz in den Industrien teilweise noch ganz am Anfang.

Arbeit schafft nicht nur Werte, sondern in steigendem Maße auch Gebrauchswerte. Bedingt durch die Produktivitätssteigerungen verbergen sich in einem bestimmten Quantum Arbeit im Vergleich zur Vergangenheit ein Mehrfaches an Gebrauchswerten. Mit der arbeitssparenden Reproduktion über viele Jahrzehnte wurde der Anteil lebendiger Arbeit (v) in der Gebrauchswerteinheit auf ein Minimum reduziert und durch vergegenständlichte Arbeit (c) teilweise ersetzt, aber so, dass beides, c + v, insgesamt sank. Da alle eingesetzte Arbeit irgendwann in der Produktionskette einmal lebendige Arbeit, also v, war und jede Stufe bemüht war, an v zu sparen, sinkt logischerweise in der nächsten Stufe, wo v zu c wird, auch die eingesetzte vergegenständlichte Arbeit, die zugekauft werden muss. Auf diese Weise mutiert der arbeitssparende Typ notwendigerweise hin zum ressourcensparenden Typ.

Diese Entwicklung setzt voraus, dass die Ressourcenersparnis im Preis von Stufe zu Stufe weitergegeben wird. Passiert das nicht, fallen Wert und Preis auseinander und die gleiche Wertsumme stellt sich in einer immer größer werdenden Geldsumme dar, d.h., das Geld, da nur Äquivalent vom Wert, entwertet sich. In historischen Betrachtungen über Jahrhunderte werden oft Objektkosten benannt und angefügt, welchen „Geldwert" sie heute hätten, der in der Regel ein Vielfaches vom damaligen beträgt. Damit vermitteln uns die Archäologen, wie hoch die Inflation seit dieser Zeit gestiegen ist.

Seit dem Eintritt in die ressourcensparende Reproduktion geschieht das in der Weltwirtschaft alle Tage und hat über die Jahrzehnte dazu geführt, dass sich die heute produzierte Wertmasse in einer vielfach höheren Geldmasse darstellt. Es ist kein Zufall, dass am 15. August 1971 von den USA einseitig die Konvertierbarkeit von US-$ in Gold aufgehoben wurde. Von da an sanken alle Währungen auf das Niveau von Fiat-Währungen herab. Damit war der unkontrollierten Geldvermehrung Tür und Tor geöffnet worden und alle Zentralbanken machen davon regen Gebrauch mit unabsehbaren Folgen für die Weltgesellschaft.

Die lang anhaltende arbeitssparende Reproduktion hat die Produktivität der Arbeit unerhört gesteigert. Dadurch freigesetzte Arbeit hat die Industrie und dann die Dienstleistungshäre immer stärker wachsen lassen. Dadurch wurden die Ressourcen der Natur zunehmend mehr in Anspruch genommen, sodass unser Planet die Entnahmen aus der Natur längst nicht mehr nachhaltig gewährleisten kann.

Auch aus dieser Sicht muss ressourcensparend produziert werden. Uns bleibt nicht mehr viel Zeit, um die Wirtschaft der Welt auf konsequentes Recycling umzustellen. Aber auch alle fossilen Energieträger müssen, wenn wir das Klima retten wollen, im Boden bleiben. Wenn es Wirklichkeit werden soll, dass je Kopf in der Welt nicht mehr als $2,0\,t$ CO_2 und Jahr freigesetzt werden, verlangt das gravierende Umstellungen in unserer gesamten Lebensweise. Das trifft zuerst und vor allem die Menschen im reichen Westen. Die hier bisher beschlossenen Klimaziele dürften längst noch nicht ausreichend sein, da die Klimasünder im reichen Westen und nicht in den Entwicklungsländern leben, die allerdings je Kopf auch Anspruch auf 2,0 t CO_2 und Jahr haben.

Die Industrie ist die Ursprungsheimat des Kapitals. Hier finden in erster Linie die Produktivitätssteigerungen statt. In die Dienstleistungssphäre drang das Kapital ein, nachdem es die gesamte Industrie unter sein Kommando gebracht hatte. Aber die Industrie wirkt auf die Dienstleistungshäre ein, indem sie dieser alle Produktionsmittel (c) liefert, in denen sich die Produktivitätssteigerungen vergegenständlicht haben.

Zur ressourcensparenden Reproduktion gibt es also keine Alternative. Deshalb ist es höchste Zeit, den Kapitalismus zu überwinden, denn er kann die gegenwärtigen Probleme, vor denen die Menschheit heute steht, nicht lösen, da seine Triebkraft Profitmaximierung ist, und die versagt mit dem Eintritt in die ressourcensparende Reproduktion täglich mehr. Profit hört auf, eine treibende Kraft zu sein, schlägt um in sein Gegenteil, beginnt die menschliche Gesellschaft zu zerstören.

9.5 Lösung des Widerspruchs

Kurz gefasst

Nunmehr sind wir gemeinsam an den Punkt gelangt, wo es darum gehen muss, aus Vergangenheit und Gegenwart Schlüsse für die Zukunft der menschlichen Gesellschaft zu ziehen. Wir lernten in groben Zügen die Kritik kennen, die Marx an der Gesellschaft, in der wir immer noch leben, übte, und wir überzeugten uns von der herausragenden Qualität seiner Aussagen. So waren wir in die Lage versetzt, den vielfältigen Erklärungsversuchen einen eigenen hinzuzufügen, der eher geeignet scheint, die gesellschaftlichen Widersprüche unserer Zeit auf ihr inneres Wesen zurückzuführen.

An diesem Punkt angelangt, ergibt sich zusammengefasst folgendes Bild:

Wir leben **erstens** in der Anfangsphase der zweiten produktionstechnischen Revolution der Menschheitsgeschichte, die vor circa 250 Jahren beginnend eine neue Qualität in der Produktivitätsentwicklung einleitete, darauf gerichtet, die körperlichen und geistigen Arbeitsfunktionen des Menschen auf Maschinen und später auf Automaten zu übertragen. Die Revolution leistete bislang Beachtliches und hat das meiste noch vor sich. Ein Ende ist nicht in Sicht. Es war die Beschleunigung des wissenschaftsichtechnischen Fortschritts, die der Kapitalismus mit sich brachte, die in historisch kurzer Zeit die Gesellschaft mehrmals durchrüttelte und zu Reformen zwang – ein Phänomen, das dem Kapitalismus vorausgegangene gesellschaftliche Ordnungen nicht kannten. Mit der Genesis der Kapitalreproduktion deckten wir die tieferen, im Inneren der Gesellschaft verborgen liegenden Ursachen für die Wandlungen des Erscheinungsbildes der kapitalistischen Gesellschaft auf.

So gelang es uns **zweitens** herauszufinden, dass vor wenigen Jahrzehnten beginnend sich ein neuer Reproduktionstyp in der Wirtschaft ausbreitet, dem allseitige Ressourcenersparnis immanent ist und der mit einer starken Degression der Werte einhergeht. Er bringt bereits nach kurzer Wirkungszeit das quantitative Wirtschaftswachstum zum Erliegen, beschleunigt aber enorm das qualitative.

Damit erlangt **drittens** ein ökonomischer Widerspruch, der von stark wachsender Gebrauchswertmasse bei zunächst stagnierender, dann zunehmend sinkender Wertmasse überragenden Einfluss auf die Gesellschaft ausübt, und führt sie in ihre schwerste Krise, die mit den Mitteln, über die das Kapital verfügt, nicht aufzulösen ist. Der neue Reproduktionstyp hebt dort, wo er sich bereits ausgeprägt hat, die Notwendigkeit auf, weiterhin zusätzliches Kapital zu investieren. Die erweiterte Reproduktion erfolgt zunehmend aus den Mitteln einfacher Reproduktion und ist für dennoch wachsende Gebrauchswertmasse völlig ausreichend. Das signalisiert einen qualitativ neuen Reifegrad der produktionstechnischen Basis. Der Kapitalismus hat seinen historischen Beruf erfüllt und die ökonomische Basis für die ihm folgende freie Gesellschaft geschaffen.

Sind diese materiellen Grundlagen ausgebrütet, bedarf es **viertens** der privaten Aneignung von Mehrwert nicht mehr. Mehrwertproduktion war die notwendige Bedingung für den Auftrieb der Gesellschaft, den sie im Kapitalismus erfuhr. Deren Fortsetzung über die historisch bemessene Zeit hinaus würde die Gesellschaft nicht mehr fördern, sondern allmählich zerstören.

Profitmaximierung muss als treibende Kraft der Gesellschaft **fünftens** durch eine neue ersetzt werden. Geschieht das nicht, führt das Kapital die Gesellschaft in eine extreme Polarisierung von Arm und Reich, in sich rasch ausbreitenden Pauperismus, zerstört deren demokratische Verfassung, erzeugt neue totalitäre Herrschaftsformen, lässt die Kriegsgefahr wieder akut werden und stellt die Zukunft der Menschheit infrage.

Aus der Gedankenabfolge geht **sechstens** hervor, dass die kapitalistische Gesellschaft, die es historisch betrachtet auf eine Lebenszeit von rund 500 Jahren brachte, nur ein Durchgangsstadium der Menschheit aus der Klassengesellschaft in die freie Gesellschaft ist. Die kurze Verweildauer, die geschichtliche Episode einer sich auf Kapital begründenden Gesellschaft, geht zu Ende. Der Übergangscharakter wird ersichtlich und lässt ein neues Gesellschaftsverständnis heraufdämmern.

Damit steht die Gesellschaft **siebentens** objektiv vor einem revolutionären Umbruch, dem der Herausbildung menschlicher Zivilisation vergleichbar, der in diesem Jahrhundert beginnt und von dem wir heute nicht wissen können, wie lange er die Menschheit in Atem halten wird. Er beginnt mit der Aufhebung des Kapitals

als gesellschaftstreibende Kraft dort, wo es produktionstechnisch am weitesten entwickelt ist und den höchsten Grad der Vergesellschaftung aufweist.

Der Geburtsvorgang

Es ist die Aufgabe dieses Kapitels, in den Geburtsvorgang einer neuen Gesellschaft hineinzuschauen. Dabei kann es sich nicht um Zukunftsfantasien oder Träume von glücklichen Zeiten, die anbrechen könnten, handeln, sondern es geht um Erkenntnisse, die den Menschen auf dem Weg in die neue Zeit hilfreich sein können. Hier liegt das eigentliche Problem.

Das Bewusstsein kann dem Sein nur sehr begrenzt vorauseilen. All unser Denken und Handeln werden viel stärker von den Umständen, in denen wir leben, geprägt, als uns bewusst ist. Sich in eine Zeit hineinzudenken, in der alles unser gegenwärtiges Leben Bestimmende aufgehoben, der Äther Kapital, in den die Gesellschaft jetzt getaucht ist, verflogen sein wird, ist nur beschränkt möglich. Der Mensch, so wie er uns heute begegnet, ist das Produkt der gesellschaftlichen Umstände, unter denen er lebt, und mit der Veränderung der Umstände verändern sich die Menschen in einem langwierigen Prozess.

Um zu hilfreichen Erkenntnissen zu gelangen, wird der Weg, der beschritten wird, von Belang sein. Als Marx die kapitalistische Gesellschaft kritisierte, fand er sie in England bereits in ihrer entwickelten Gestalt vor. Erst nachdem er all ihre Erscheinungen auf das Wesen zurückgeführt und in klare Begriffe gefasst hatte, verfolgte er ihre Entwicklung rückwärts hin zu ihren Ursprüngen.

Wir sind aufgefordert, den Weg in umgekehrter Richtung zu gehen, nicht in die Vergangenheit, sondern in die Zukunft. Dabei haben wir es mit einem Phänomen zu tun, welches weder in seiner entwickelten Gestalt noch in seinen Anfängen erkennbar ist. Der einzige Hinweis, den wir besitzen, besteht in dem von Marx, dass eine neue gesellschaftliche Ordnung nicht eher ins Leben tritt, bevor ihre materiellen Grundlagen im Schoße der alten Ordnung ausgebrütet sind, aus denen künftig Notwendiges bereits erkennbar wird, wir uns also einer Fragestellung zuwenden, deren Antworten sich aus dem Gegebenen herleiten.

Marx analysierte zunächst die allgemeinsten Begriffe des Kapitalismus – Ware, Wert, Geld – und fand in ihnen alle Widersprüche, die jene Gesellschaft treiben. Von der geschaffenen theoretischen Basis ausgehend, war es ihm dann möglich, alles jene Gesellschaft Kennzeichnende zu erklären. Wir wollen deshalb zunächst untersuchen, was zu den allgemeinsten Begriffen in der Endphase der kapitalistischen Produktionsweise auszusagen ist, um, davon ausgehend, die Ansätze zu erkennen, die Hinweise auf die freie Gesellschaft liefern. Jene bemühen wir uns dann in die Zukunft zu projizieren, in der Hoffnung, den Blick auf den Weg richten zu können, der dorthin führt. Schließlich wollen wir dabei zu den Denkansätzen gelangen, die den Paradigmenwechsel der Gesellschaft erhellen.

Die nächstliegende Aufgabe besteht darin, die Verwerfungen in den Relationen von Wert und Geld zu korrigieren. Diese Aufgabe liegt bereits seit der letzten Finanzkrise von 2007/8 an. Bewältigt wurde sie im Interesse des Kapitals, indem die Zentralbanken den Markt mit neuem Geld fluteten und damit die Parität von Wert und Geld weiter spreizten. Damit wurde der Widerspruch nur verschärft, aber nicht gelöst. Der Rechtsruck in den westlichen Gesellschaften, die vielfältigen Äußerungen von Unzufriedenheit, Ängsten und Verschwörungen sind die Spiegelungen des Widerspruchs, der in der ökonomischen Basis wirkt, im gesellschaftlichen Überbau und – wie wir aus der Geschichte wissen – hier überwiegend ganz anders in Erscheinung tritt.

Es wird die künftige Aufgabe der Zentralbanken sein, diese Parität wiederherzustellen und die Geldschwämme aufzulösen.

Voraussetzung dafür ist die Vergesellschaftung der transnationalen Konzerne und der Finanzindustrie.

Zunächst sollte alles Geld, welches aus Geld geschöpft wurde, ohne Wert geschöpft zu haben, also der gesamte Gelschaum ersatzlos gestrichen werden. Gleichzeitig gilt es, alle großen Aktiengesellschaften wieder auf ihren realen Wert zurückzusetzen. Dazu wird es sinnvoll sein, von ihrem Wert z. B. von 1980 auszugehen, die realen Investitionen seit dieser Zeit minus AfA zu bewerten und dem Ausgangswert hinzuzufügen. In gleicher Weise ist mit den Aktien der Anleger zu verfahren. Der Wert, der den Aktionären dann noch bleibt, wird ihnen bei einer öffentlichen Bank gutgeschrieben und nicht verzinst. Die Banken, die sich nun in der Hand der Gesellschaft befinden, kehren ihre bisher geübte Zinspolitik um. Ausgehend vom Leitzins der Zentralbank vergibt die Bank gestaffelte Negativzinsen nach dem Grundsatz: „Je größer das zu verzinsende Guthaben, desto höher der negative Zinssatz", denn es waren vor allem die großen Vermögen, die uns in die Gesellschaftskrise geführt haben.

Es bedarf keiner besonderen Erwähnung, dass mit der Vergesellschaftung der Banken gleichzeitig alle Hedgefonds und Vermögensverwaltungen aufgelöst werden.

9.6 Ende der Plusmacherei

Ist Ihnen der Schreck in die Glieder gefahren? Vergesellschaftung von Privateigentum, das hatten wir doch schon und in allen Fällen war es schiefgegangen. Lenin hatte mit der russischen Oktoberrevolution 1917 den Reigen eröffnet, Mao Zedong war in China diesem Beispiel gefolgt und mehrere asiatische Länder schlossen sich an. Stalin zwang die mittel- und osteuropäischen Länder auf diesen Weg.

Bewusst haben wir uns ausführlich in die Geschichte vertieft und herausgefunden, dass für einen solchen Schritt keinerlei Notwendigkeiten bestanden, weil eine solche ökonomische Basis in all diesen Ländern, die eine Umgestaltung der gesellschaftlichen Verhältnisse verlangt hätten, nicht vorhanden waren. Der Erste, dem das bewusst wurde, war der Nachfolger von Mao Zedong, Deng Xiaoping, der den Kurs Chinas radikal veränderte und damit begann, die ökonomische Basis für eine freie Gesellschaft zu schaffen. Auf diesem Weg schreitet China bereits mehr als 40 Jahre erfolgreich voran. Andere asiatische Länder folgten dem chinesischen Beispiel. Die Sowjetunion und die mittel- und osteuropäischen Länder, denen es nicht gelang, den Stalinismus abzuschütteln, gaben ihren Geist auf und kehrten zum Kapitalismus zurück.

Alle diese Beispiele entstanden aus dem Subjektivismus und Voluntarismus historischer Persönlichkeiten. Objektive Voraussetzungen gab es in der ökonomischen Basis dieser Länder nicht. Hier war noch nicht einmal der arbeitsparende Typ der Reproduktion in Gang gekommen, vom ressourcensparenden Typ der Reproduktion ganz zu schweigen.

Es war eine Ermessensfrage, welchen Weg sie in dieser Zeit in der gesellschaftlichen Entwicklung einschlagen würden. Beim heutigen Reifegrad des Kapitalismus in der westlichen Welt ist es keine Ermessensfrage mehr, welchen Weg diese Länder gehen werden. Nein, es ist eine Überlebensfrage für all diese Länder geworden, und nicht nur für sie, sondern für die gesamte Menschheit. Deshalb ist es notwendig, in dieses Thema tiefer einzudringen.

Alles bislang Ausgeführte verweist auf das große Kapital als Verursacher der Gesellschaftskrise. Vom großen Kapital geht der neue Reproduktionstyp aus. Hier vor allem hat der technische Fortschritt seine Heimstatt, konzentrieren sich die Forschungs- und Entwicklungspotenziale und die daraus hervorgehenden Patente und Lizenzen. Bei ihm finden wir die großen Hightechschmieden der zweiten produktionstechnischen Revolution.

Inzwischen haben sich diese Unternehmen verschlankt, alles ausgesourct, was wenig profitträchtig war. Alle Tankstellen, Autohäuser, Werkstätten, Servicestationen sind vermietet, verpachtet oder im Franchising vergeben. Dienstleister übernahmen alle sozialen Aufgaben der Unternehmen. Aber auch die Fertigung der Hauptmasse der Teile, die in der Produktion verwendet werden, erfolgt über ein gewaltiges Netz von Zulieferern oder in Billiglohnländern. Natürlich sind all die Handlanger des großen Kapitals durch ein ausgeklügeltes Vertragswerk an dieses gebunden, wie Prometheus an den Felsen, welches dafür sorgt, dass sich die Profite vor allem bei den Konzernen und Großbanken anhäufen. Bei den großen Handelsketten ist es durchaus üblich, einem „Mittelständler", der mit seinen Produkten gelistet werden möchte, zunächst erst eine „Aufnahmegebühr" in Millionenhöhe löhnen zu lassen, ohne jegliche Zusage für den Absatz.

Alle diese Handlanger des großen Kapitals sind Unternehmen des sogenannten Mittelstandes, also des Kleinkapitals, die längst ihre unternehmerische Eigenständigkeit verloren haben, am Tropf der Konzerne und privaten Großbanken hängen, die gemeinsam dafür sorgen, dass die Profite hier wirklich einen Lohn für den Unternehmer kaum überschreiten. Pleiten sind im großen Kapital selten, wenngleich sie großes Aufsehen in der Gesellschaft erregen. Im Kleinkapital sind sie an der Tagesordnung, weil das Großkapital mit seiner Marktmacht und dem Preisdiktat eigene Verfehlungen leicht auf seine Handlanger durchschlagen lassen kann, selbst aber oft den Kopf aus der Schlinge zieht. Stirbt wirklich mal ein großer, sterben unzählige kleine gleich mit, nur von ihnen wird in der Öffentlichkeit kaum Notiz genommen.

Die Neoliberalen werden nicht müde, das hohe Lied des Mittelstandes zu singen, so auch Hans-Werner Sinn: „… gehören derzeit knapp 80 % aller im privaten Sektor beschäftigten Personen zum Mittelstand und produzieren dort circa die Hälfte des privaten Bruttoinlandsprodukts" (H.-W. Sinn, S. 63)[37]. Damit weist er uns nur auf den beachtlichen Produktivitätsunterschied zwischen Groß- und Kleinkapital hin und bestätigt damit ungewollt unsere Aussage.

Deshalb interessieren uns die Unternehmen, in denen 20% der Arbeitnehmer 50% des Bruttoinlandsprodukts schaffen. Wir sehen, die ökonomische Macht des großen Kapitals hat längst die Herrschaft über die Gesellschaft übernommen, legt sich wie eine Hydra über alles, was gesellschaftliches Dasein ausmacht. Es bestimmt, wie alle Gesellschaftsmitglieder zu konsumieren, sich zu bilden, sich zu kultivieren und Politik zu verstehen haben. Wirtschaftliche Eigenständigkeit verschwindet unter der Herrschaft des Großkapitals sukzessive aus der Gesellschaft. Wir haben es mit einem Phänomen zu tun, welches sich im letzten Jahrhundert herausbildete und dem Kapitalismus eine historisch neuartige Prägung gab.

Die großen Konzerne und Privatbanken agieren nicht mehr national, sondern international, bilden sozusagen eine Weltvereinigung mit nur ihnen hörigen Willensvollstreckern – zum einen die nationalen Regierungen der westlichen Welt und zum anderen die internationalen Einrichtungen wie Weltbank, IWF und WTO samt Nachfolgeeinrichtungen.

Heute erkennen wir klarer, wie Monopolisierung zu verstehen ist. Mit der Markenstrategie haben die transnationalen Konzerne die Monopolstellung im Markt längst inne. Das Kleinkapital haben sie mit Vertragswerk und Preisdiktat geknebelt. Schließlich verfügen sie über alle entscheidenden Ressourcen des technischen Fortschritts und der Natur. Sie sichern sich Monopolprofite zum Nachteil für den Rest der Welt. Mit ihren Waren und Profiten beherrschen sie heute das Weltganze. In Oligarchie mit ihren Großbanken sind sie die eigentliche Weltmacht und die nationalen Regierungen in der westlichen Welt nur ihre willfährigen Vollstrecker.

Betrachten wir, wie diese Macht funktioniert, worin die Gefahr für die Welt besteht und warum hier die Ursache für die

Gesellschaftskrise liegt. Dazu eine Modellrechnung: Wir stellen uns vor, dass Weltgroßkapital operiert im gegenwärtigen Produktionszyklus mit einem Kapital von 10a Werteinheiten (WE), davon 8a WE ausgelegt in Produktionsmitteln (c) und 2a WE ausgelegt in Arbeitslohn (v), und erziele einen Mehrwert (m) in Höhe von 2a WE. Es ist für das Verständnis des Sachverhalts ohne Belang, wie viel geleistete Arbeit sich hinter „a" verbirgt. Mit je einer WE a sollen 2 Gebrauchswerteinheiten (GWE) b produziert werden, und wir wissen, dass es sich dabei nur um eine theoretische Größe zur Veranschaulichung der Vorgänge handelt. Es ergibt sich folgende Rechnung:

8a WE c + 2a WE v + 2a WE m = 12a WE = 24b GWE

Zunächst nehmen wir eine wenig aufregende Rechnung wahr, wie sie auch für ein x-beliebiges Unternehmen zutreffen könnte. Die Rate des Mehrwertes (m´) beträgt 100 % und die Profitrate (p´) 20 % – für das große Kapital nichts Außergewöhnliches.

Und dennoch enthält die Rechnung Zündstoff, denn wir befinden uns in der Gegenwart. Die Märkte in der westlichen Welt sind voll, es besteht wenig zusätzliche Nachfrage und dort, wo es eine gäbe, ist sie nicht zahlungsfähig. Nun werden Sie einwenden, in Deutschland fehlen Arbeitskräfte, um die Nachfrage weltweit zu befriedigen. Aber Deutschland ist nicht die Welt, denn hier lebt nur 1 % der Weltbevölkerung. Das große Kapital sucht nach Optionen, um den Profit in neues, frisches Kapital verwandeln zu können. Die eigenen Regierungen werden bemüht, in hochkarätiger Besetzung, einen Tross Industriekapitäne und Banker im Schlepptau, die Welt zu bereisen und neue Anlagemöglichkeiten für Kapital ausfindig zu machen. Aber die internationalen Konzerne investieren auch, im Bunde mit den großen Privatbanken, ihre überschüssigen Profite, in Erwartung noch höherer, in unterentwickelte Länder wie auch ins Rüstungsgeschäft, ohne lange darüber nachzudenken, wer die produzierten Waffen, die sagenhafte Profite versprechen, kaufen wird.

Zum Albtraum gerät immer mehr die lahmende Inlandsnachfrage in den Herkunftsländern des großen Kapitals. Die hier lebenden Menschen nehmen die Gesellschaftskrise wahr und reagieren eher mit Kaufzurückhaltung, sparen für schwierige Zeiten, die sie heraufziehen fühlen.

All das zusammen genommen sind keine tragfähigen Strategien, und der Crash, der im Unterschied zu 1929 bis 1932 schleichend daherkommt, ist vorprogrammiert. Das große Kapital hat mit dem internationalen Engagement neue Möglichkeiten, die schlimmsten Auswüchse der Gesellschaftskrise, die es in den Herkunftsländern verursacht hat, in die unterentwickelte Welt zu exportieren und hier, wenn es sein muss, ganze Volkswirtschaften zu ruinieren.

Obwohl das große Kapital international aufgestellt ist, setzt jede nationale Sparte den eigenen Staat ein, um sich gegenüber den feindlichen Brüdern in den anderen Nationen und Wirtschaftsräumen Vorteile zu verschaffen, die Auswüchse der Krise möglichst von sich fernzuhalten.

In dieser Situation kommen die Neoliberalen daher und predigen Lohnzurückhaltung und -verzicht. Dem großen Kapital mangelt es nicht an Profit, sondern an Kaufkraft bei den Lohnabhängigen. Die Denkweise der großen Vermögensbesitzer ist simpel. Sie hoffen, das Unausweichliche möge den feindlichen Bruder treffen. So haben die Sprüche der Neoliberalen durchaus einen realen Hintergrund. Ihr Blick ist vorrangig auf das eigene Land und das hier angesiedelte Kapital gerichtet, deshalb erkennen sie die allgemeine Gesellschaftskrise stets nur als eine nationale.

Bei aller gemeinsamen Weltstrategie bleiben die Eigentümer des großen Kapitals feindliche Brüder. Den Neoliberalen geht es in erster Linie darum, dem heimischen Kapital einen angemessenen Anteil an der Beute zu sichern. Das bringt sie auf die wahnwitzige Idee, die Arbeitskosten im eigenen Land radikal zu senken, damit das Kapital im Land bleibt und sich nicht dahin verflüchtigt, wo mit Löhnen jenseits von Gut und Böse traumhafte Profite erzielt werden. Die Gesellschaftskrise, die es zu bewältigen gilt, ist nicht nationaler, sondern internationaler Natur.

Doch damit nicht genug. Die zweite produktionstechnische Revolution zieht weiter ihre Kreise und das große Kapital kann nicht an ihr vorbei, schon wegen der feindlichen Brüder nicht, die auf den eigenen Vorteil bedacht sind. Jeder Schritt, den das große Kapital dabei geht, ob es will oder nicht, ist ein Schritt ins Krisenlabyrinth und seinem nahen Ende entgegen.

Betrachten wir deshalb den Fortgang unter der Voraussetzung, es gelänge, die Produktivkraft der Arbeit um 10 % zu steigern, also für eine GWE b nicht mehr 0,5a, sondern nur noch 0,45a aufzuwenden. Verkauft werden soll zum Wert und der bisherige Produktionsumfang soll beibehalten werden. Die Rechnung ist folgende:

$$7,2a \text{ WE } c + 1,8a \text{ WE } v + 1,8a \text{ WE } m = 10,8a \text{ WE } = 24b \text{ GWE}$$

Die gleiche Masse Gebrauchswerte, in denen sich 1,2a WE Arbeit weniger vergegenständlicht haben, ist entstanden. Das ist die reale Wirkung ressourcensparender Reproduktion. Mit den WE für Arbeitslohn sind auch die für Profit um je 0,2a WE gefallen. 10 % des beschäftigten Arbeitsvermögens verliert den Arbeitsplatz. Vom ursprünglichen Kapitalvorschuss, von 12a WE, konnten 1,2a WE nicht wieder angelegt werden bzw. fielen in Form von Produktionskapazitäten brach. Das Großkapital muss für 1a WE nicht mehr benötigte Kapazität plus 0,2a WE Profit neue Verwertungsmöglichkeiten suchen, mit all den Folgen wie bereits beschrieben. Die Krise verschärft sich zusätzlich.

Das Großkapital wird bemüht sein, die Produktionskapazitäten in Betrieb zu halten und die Schlacht um die Absatzmärkte aufnehmen. Dann sähe die Rechnung anders aus:

$$8,0a \text{ WE } c + 2,0a \text{ WE } v + 2,0a \text{ WE } m = 12,0a \text{ WE } = 26,67b \text{ GWE}$$

Mit gleichem Kapitalvorschuss und gleichem Profit wie in der Ausgangsrechnung wären zusätzlich 2,67b GWE – gleich 10% – mehr auf den Markt gelangt. Der Konkurrenzkampf der feindlichen Brüder gewinnt an Schärfe. Beschäftigt blieben die Arbeitnehmer und der Profit bliebe auf dem Ausgangsniveau. Das tragische Problem ist hier der zusätzliche Absatz in einen ohnehin kaum noch aufnahmefähigen Markt.

Allerdings denkt unser Großkapital ganz anders. Es setzt sein Kapital einzig zu dem Zwecke ein, Profit zu maximieren. Zwischen Wert und Geld erkennt es keinen Unterschied. Und da die Gebrauchswerte die gleichen wie bisher oder gar qualitativ durch Produktinnovationen verbesserte sind, will es sie wenigstens zum bisherigen Preis verkaufen. Der im Produkt geschrumpfte Wert interessiert das Kapital nicht. Es lebt in der Vorstellung, Innovationen schaffen Wert. Betrachten wir die Folgen in beiden Fällen – bei gedrosselter und bei erweiterter Produktion:

Bei gedrosselter Produktion verkauft das Großkapital die 24b GWE nicht zu ihrem Wert von 10,8a WE, sondern für 12,0a Preiseinheiten (PE) und meint, auf diese Weise seinen Profit, der in Wahrheit 1,8a WE beträgt, auf 3,0a WE (1,8a + 1,2a) gesteigert zu haben. Aber es sind nicht WE, sondern PE. In Wirklichkeit wurde damit in diesem Zeitraum das Geld um 10% entwertet und die Kaufkraft der Gesellschaft dementsprechend reduziert. Bei erweiterter Produktion hat das Großkapital 26,67b GWE zum Preis von 13,33a PE verkauft und verbucht sich einen Profit, der in Wirklichkeit 2,0 WE beträgt, von 3,33 PE. Die inflationäre Wirkung auf die Kaufkraft bleibt die gleiche und neuer Geldschaum ist entstanden (sichtbar in gewachsenen Aktienwerten).

Wir leben im Shareholder-Value-Kapitalismus. Die Anleger wollen Profit. Die Werte ihrer Unternehmen werden an der Börse gehandelt. Der Preis der Aktien ist nichts weiter als der Ertragswert, die über einen abschätzbaren Zeitraum hochgerechnete zu erwartende Rendite. Die Anleger nehmen die inflationäre Entwicklung auch wahr, denken aber nicht darüber nach, dass sie mit ihrer Profitgier die Verursacher sind. Nichts fürchten sie mehr als deflationistische Tendenzen, da sie ihrer Börsenspekulation abträglich sind. Hier liegt ein wesentlicher Grund dafür, warum in der gegenwärtig, inzwischen lang anhaltenden Gesellschaftskrise – im Unterschied zu der von 1929 bis 1932 – die Inflation bis jetzt vorherrscht, wenn auch verschleiert und etwas gedämpfter.

Aufgeschoben ist nicht aufgehoben. Die Gesetze, die dem Wert innewohnen, sind objektiver Natur und setzen sich, wenn es sein muss, blind wirkend durch. Wert ist geronnene Arbeit, und zwar stets nur die gesellschaftlich notwendige. Diese Tatsache hat nicht nur Gültigkeit für Gegenwart und Zukunft, sondern auch rückwirkend in die Vergangenheit. Die ressourcensparende Reproduktion entwertet nicht nur die aktuellen Gebrauchswerte, sondern auch die Unternehmen, in denen sie produziert werden. Es ist abzusehen, dass sich der Wertverfall infolge technischen Fortschritts irgendwann, einer Naturgewalt gleich, Geltung verschaffen wird.

Nicht unverschämte Lohnforderungen der Arbeitnehmer, sondern Gier nach Profit des Großkapitals, und damit nach Macht und Herrschaft, treibt die Gesellschaftskrise voran. Die Menschen sind dieser geballten Wirtschafts- und Kapitalmacht ohnmächtig ausgeliefert, ihre Regierungen eingeschlossen. Wenn sich die Völker nicht zur Wehr setzen, werden sie der Katastrophe, in die das große Kapital die Welt führt, nicht entgehen.

Was passiert, wenn die Völker der westlichen Welt das Großkapital kassieren und die Plusmacherei einstellen?

Auch dazu zunächst unsere Modellrechnung:

$$8{,}0a \text{ WE } c + 4{,}0a \text{ WE } v = 12a \text{ WE} = 24b \text{ GWE}$$

Uns soll an dieser Stelle noch nicht weiter beschäftigen, was sich in der freien Gesellschaft hinter v verbirgt. Zunächst entsteht der

Eindruck, es sei alles wie bisher geblieben, nur m ist in v aufgegangen. Allerdings ist kein Mehrwert mehr vorhanden, der Anlagemöglichkeiten sucht.

Auch hier sollen die Veränderungen betrachtet werden, die nach einer Steigerung der Produktivkraft der Arbeit um 10% eintreten.

$$7{,}2a \text{ WE } c + 3{,}6a \text{ WE } v = 10{,}8a \text{ WE } = 24b \text{ GWE}$$

Die Konsumtion – produktiv wie konsumtiv – kann auf gleichem Niveau eventuell auch hier mit durch Innovationen verbesserten Gebrauchswerten fortgesetzt werden und die Gesellschaft hätte die Arbeitszeit von 1,2a WE als zusätzliche freie Zeit gewonnen.

Angenommen, die Gesellschaft würde auf den Zeitgewinn verzichten, um eine höhere Nachfrage an Gebrauchswerten zu befriedigen, dann ergibt die Rechnung:

$$8{,}0a \text{ WE } c + 4{,}0 \text{ WE } v = 12{,}0a \text{ WE } = 26{,}67b \text{ GWE}$$

Auch hier hat die Gesellschaft das Angebot an Gebrauchswerten um 10% erhöht, ohne dass dafür 1 Stunde mehr gearbeitet werden musste, und die Nachfrager sind diesmal zahlungsfähig.

Der vagabundierende, die Welt zunehmend instabilisierende Mehrwert ist verschwunden, da ihn die ressourcensparende Reproduktion bei reifer produktionstechnischer Basis entbehren kann. Das gegenwärtige Erscheinungsbild der Welt lässt vielmehr erkennen, dass das Profitstreben des großen Kapitals, einst der stärkste Motor gesellschaftlichen Fortschritts, die Welt nicht mehr voranbringen kann, seine treibenden Kräfte verloren hat, sie in eine immer gefährlicher werdende Existenzkrise treibt.

Die Herrschaft des Großkapitals über die Welt muss beendet, diese gesellschaftsbeherrschende Kraft aufgehoben werden. Die moderne produktionstechnische Basis, über die die Gesellschaft heute verfügt, die sich aber noch in Privatbesitz befindet, ist das gemeinsame Werk der Völker der entwickelten Welt, ist die Leistung von 8 bis 10 Generationen, die die industrielle Revolution bislang bewerkstelligten. Und auch jene standen auf den Schultern der ungezählten Generationen, die die erste technische Revolution vollbrachten, ohne deren Vorleistungen die zweite nicht möglich geworden wäre.

Es war nicht die Askese der Kapitaleigentümer, wie uns Hans-Werner Sinn glauben machen möchte, die dieses Werk vollbrachte. Damit soll der Pioniergeist der einstigen wie auch späteren Unternehmensgründer nicht geschmälert werden. Mit den Anlegern des großen Kapitals hat das wenig zu tun. Die Grenznutzen- und Grenzkostentheorie, die wir bereits erwähnten, eine der geistigen Grundlagen, aus denen der Neoliberalismus schöpft, entblödet sich, den Zins, den der Kapitalbesitzer erhalte, als Vergütung für dessen Grenzleid auszugeben, weil er sein Kapital nicht verzehrt habe!

Alle Beteiligten, die durch Verzicht die moderne produktionstechnische Basis schufen, haben ihren Lebenskonsum aus der Neuwertschöpfung, aus v + m, gedeckt, die einen üppig, die anderen eher bescheiden, lange Zeiten direkt erbärmlich. Darüber ist nicht zu rechten. Infrage zu stellen ist der von den Arbeitnehmern geschaffene, von den Kapitaleigentümern angeeignete und in die produktionstechnische Basis investierte Mehrwert. Er befindet sich heute im Eigentum einer Minderheit, ist aber ein historisches Produkt, auf das alle Beteiligten berechtigten Anspruch haben. Das Kapital war nur der Treuhänder der produktionstechnischen Grundlagen und ihm darf bescheinigt werden: Es erfüllte seine bewahrende Aufgabe hervorragend.

Klären wir abschließend die Askese des Kapitals, die von seinen Minnesängern immer wieder beschworen wird: Die Rede ist nicht von jenen, die im Kleinkapital mit all ihren Ersparnissen und noch weit höheren Krediten den Weg in die Selbstständigkeit wagen und nur allzu oft, vor allem in der Neuzeit, scheitern, um danach ihr Leben lang nicht mehr froh zu werden. Die Rede ist hier von den Kapitaleigentümern von Geburt, den Anlegern, die im gesicherten Reichtum sitzen. Damit sprechen wir von der Hauptmacht des großen Kapitals. Wenn bei der Hauptmacht des Großkapitals die neoliberale Ideologie von Grenzleid spricht, dann meint sie, wenn z. B. ein Kapitalistenspross p. a. nach Steuer 10 Millionen $ „verdient" hat und davon nur 1 Million $ für seinen persönlichen Konsum ausgab, aber 9 Millionen $ erneut in die wundersame Geldvermehrung investierte, dann habe er Verzicht geübt, Grenzleid ertragen, das mit einem „angemessenen" Profit zu vergüten sei.

Es ist in den seltensten Fällen der höhere Sinn für Gemeinwohl, der den Kapitaleigentümer in solches „Grenzleid" treibt, sondern seine dem Zocker vergleichbare Gier nach immer mehr Geld. Unsinnig ist dieses absonderliche Gebaren nicht. Kapital ist Macht über Menschen, ist gehobene Machtstellung in der Gesellschaft, ist Einkauf in die Phalanx derer, die Geschichte machen. Und ist der Kapitalertrag groß genug, kann auch der genehme Präsident gekauft werden.

Gemeint ist bei all diesen Überlegungen nur das Großkapital mit dem hohen Vergesellschaftungsgrad, organisiert in großen, international agierenden Aktiengesellschaften, in denen die Kapitaleigner längst die Kommandobrücke verlassen haben. Gemeint ist nicht das Kleinkapital, bei dem die Einheit von Eigentümer und Unternehmer noch besteht, deren Los im Würgegriff des großen Kapitals wir bereits benannten.

Wie im Einzelnen mit dem Großkapital zu verfahren ist, ist eine Frage, die künftige Juristen zu beantworten haben. Wir sprechen hier von der Umwälzung der Produktionsverhältnisse, in deren Folge sich auch alle Verhältnisse des Überbaus umwälzen werden, so auch die Rechtverhältnisse.

Einer Enteignung wird es nicht bedürfen. Es genügt, das Verfügungsrecht über dieses imaginäre Eigentum durch den Souverän zu kassieren und die Produktion von Mehrwert sukzessive einzustellen. Was im Fortgang der freien Gesellschaft aus Vermögenswerten wird, werden wir weiter unten feststellen. Einen möglichen Denkansatz könnte der Umgang mit Subventionen liefern, die der Staat dem Großkapital großzügig gewährte. Sie wurden über eine bestimmte Zeit abgeschrieben und wuchsen so ins Privatvermögen hinüber. Kulant könnte die Gesellschaft nun diesen Vorgang einfach umkehren.

9.7 Neue gesellschaftstreibende Kräfte

Das Kapital trieb die Entwicklung der Gesellschaft durch sein Profitstreben einige Jahrhunderte unerhört voran, leitete damit vor circa 250 Jahren die zweite produktionstechnische Revolution der Menschheitsgeschichte ein und brachte sie in einem atemberaubenden Tempo bis nahe in unsere Gegenwart voran. Das ist das bleibende historische Verdienst des Kapitals und Ausdruck für seine geschichtliche Unabdingbarkeit. Der Profit, der von der Arbeitnehmerschaft erzeugte und vom Kapital angeeignete Mehrwert, diente vorrangig dem Aufbau der produktionstechnischen Basis für die freie Gesellschaft.

Im vergangenen halben Jahrhundert entstand die Herrschaft des Weltgroßkapitals, eine historisch neue Erscheinung, ein Ergebnis der Wandlungen in der Kapitalreproduktion. Die Quellen des Profits begannen zu versiegen. Da das Weltgroßkapital nicht auf Profit verzichten will, begann es mit Hilfe seiner Bankenindustrie Geld ohne Mehrwertschöpfung aus Geld zu schöpfen. Zu diesem Zeitpunkt hatte das Weltgroßkapital seine historische Aufgabe erfüllt. Es verlor seine gestaltende Kraft und begann sein gesellschaftliches Zerstörungswerk. Es zerstört mehr und mehr die beiden Springquellen des gesellschaftlichen Reichtums – den Arbeiter und die Natur.

Das Weltgroßkapital, einschließlich des russischen, welches sich mehrheitlich in den Händen des Putin-Klüngels und bei den Oligarchen, die sich Putin unterworfen haben, befindet, heizt die Inflation an, um sich so unerlaubt zusätzlichen Profit einzusaugen. Z. B. Deutschland verstaatlichte Uniper und bezahlte die Anleger mit neuen Schulden bei den Anlegern! Die Anleger sind gerettet und das Volk bezahlt die Rettung. Das ist Kapitalismus im Niedergang.

Der Raubbau an den Schätzen der Natur, die alarmierenden Umweltschäden, die voranschreitende Klimakrise und der sich ausbreitende Pauperismus, in dem sich bereits jetzt ein unübersehbares Heer Arbeitslose und prekär Beschäftigte in der Welt versammeln, geben uns täglich davon Kunde. Darüber hinaus erwächst eine neue Gefahr mit dem Eintritt der Menschheit in das Zeitalter der Biologie. Die Möglichkeiten, Organismen, einschließlich des menschlichen, zu manipulieren, sind in den Händen des großen Kapitals gefährlicher als Rasiermesser in den Händen von Affen. Sie würden seine Herrschaft über die Gesellschaft potenzieren. Noch weit gefährlicher ist die KI in der Hand des Großkapitals. Es würde sie nicht zum Segen der Menschheit, sondern als Instrument für den Ausbau der eigenen Macht über die Gesellschaft nutzen.

Der vor der Gesellschaft stehende Paradigmenwechsel, der das Kapital in seinen inzwischen weit vergesellschafteten Formen aufheben muss, erfordert auch eine neue gesellschaftstreibende Kraft, da die bisherige nicht mehr treibt, sondern zerstört. Profitstreben kann nicht mehr treiben, sondern nur noch zerstören, weil das, was von ihm historisch zu leisten war, geleistet ist.

Damit rücken die Kräfte in den Fokus der Aufmerksamkeit, die der freien Gesellschaft Reichtum und Nachhaltigkeit – nachhaltigen

Reichtum an Gebrauchswerten und freier Zeit – sichern können. Sie konzentrieren sich auf die beiden Quellen des gesellschaftlichen Reichtums, auf Arbeit und Natur. Arbeit und Natur sind die beiden Elementarressourcen für gesellschaftliches Sein. Die gesellschaftliche Evolution des Menschen und die Reproduktion der Natur als Basis aller Entwicklung werden zum Motor der freien Gesellschaft.

Gegenwärtig konzentriert sich die geistige und politische Elite des Kapitals gebetsmühlenartig auf wirtschaftliches Wachstum, um neue Arbeitsplätze zu schaffen, und sieht darin das Allheilmittel für Fortschritt. Das ist schizophren. Die Wirtschaft wächst so stark wie nie zuvor, nur eben nicht mehr vorrangig quantitativ, d. h. in der Wertmasse, wie über die ganze Zeit des Werdens und der Reife der kapitalistischen Gesellschaft, sondern überwiegend nur noch qualitativ, d. h. in der Gebrauchswertmasse. Nicht mehr der imaginäre, sondern nur noch der wirkliche gesellschaftliche Reichtum wächst.

Das spricht für die zweite technische Revolution, zeigt, wie leistungsfähig sie innerhalb von zweieinhalb Jahrhunderten geworden ist. Ihr Verlauf signalisiert den notwendigen Umbruch der Gesellschaft. Was sie bislang an Arbeit überflüssig machen konnte, ist nur ein bescheidener Anfang. Die Freisetzung zeigt sich nicht nur an der wachsenden Zahl derer, die von der Arbeit ausgeschlossen sind, sondern auch an dem Heer nicht produktiv Tätiger, deren Aufgabe darin besteht, ein überkommenes Gesellschaftssystem aufrecht- und funktionsfähig zu halten.

So wird die erste Kraft erkennbar, die die freie Gesellschaft treiben wird: die Maximierung des Gewinns an freier Zeit. Alle bisherigen gesellschaftlichen Triebkräfte, die auf Aneignung des Mehrprodukts der Mehrheit durch eine Minderheit hinausliefen, waren säkulare Triebkräfte, die einer Elite und deren Abkömmlingen Gewinn an freier Zeit sicherten. Die Triebwirkung der Kraft wird ins Unermessliche gesteigert, wenn sie von dem gemeinsamen Interesse aller Gesellschaftsmitglieder getragen ist.

Die Wirtschaft, unter die Kontrolle des Souveräns gestellt, wird dann nicht mehr angefleht, neue Arbeitsplätze zu schaffen, um das Volk ruhig und zufriedenzustellen, sondern gefordert, in Größenordnungen Arbeit einzusparen. Die Wirtschaftslenker – es werden überwiegend die bisherigen sein, die dem neuen Herrn, dem Souverän, mit gleicher Hingabe dienen werden wie bisher den Anlegern, deren Profit sie zu maximieren hatten – werden dann an den Ergebnissen bei der Einsparung von Arbeitszeit in Relation zum Produktionsvolumen gemessen und danach honoriert. Dafür entwickelt die Gesellschaft entsprechende Steuermechanismen. Ziel der Gesellschaft ist nunmehr die freie Entwicklung eines jeden als Bedingung für die freie Entwicklung aller. Die Voraussetzung dafür ist die Befriedigung der materiellen und geistigen Bedürfnisse sowie der Gewinn an freier Zeit für alle Gesellschaftsmitglieder.

Die Befriedigung der materiellen Bedürfnisse ist eine Aufgabe, die quantitativ am ehesten erfüllt sein wird. Qualitativ wird sie sich im Vortrieb der zweiten produktionstechnischen Revolution stetig weiterentwickeln und es wäre müßig, darüber zu spekulieren, in welcher Qualität die Menschen ihre Bedürfnisse, unter Beachtung der Erhaltung unser aller Lebensraum, in 50 oder 100 Jahren befriedigen werden.

Wesentlich anspruchsvoller ist die Befriedigung der geistigen Bedürfnisse, da den Menschen mit der Produktivitätsentwicklung zunehmend Reichtum in Form von freier Zeit zuwächst. Und in der freien Gesellschaft wächst der geistige Anspruch an die Gesellschaftsmitglieder unerhört, weil sie nur so von Geschichte Erleidenden zu Geschichte Gestaltenden aufsteigen können.

Die freie Gesellschaft ist weniger ein Geschenk, sondern eine Herausforderung für das Volk. Vergangenheit und Gegenwart zeichnen sich nicht durch eine geistige Überforderung, sondern eher durch eine geistige Unterforderung der Völker aus. Herrschaft, als ständiger Begleiter der Klassengesellschaft, hebt sich auf, wenn sie von allen Gesellschaftsmitgliedern gemeinsam ausgeübt wird. Sich dafür stetig erneut fit zu machen, ist ein hoher Anspruch an die geistige Akkumulation. Hier erwächst den Bildungseinrichtungen und den Medien eine völlig neue Aufgabenstellung. Mit dem gesellschaftlichen Umbruch wird dafür allerdings nur der Anstoß gegeben.

Es wird einer historisch längeren Epoche bedürfen, in der Eliten für die Führung der Gesellschaft noch unentbehrlich sind, bis die stetig in die Breite wachsende Mitbestimmungskompetenz schließlich die übergroße Mehrheit der Menschen einbezieht. Die einige Tausend Jahre praktizierte Klassenherrschaft hinterlässt tiefe Spuren, die nur allmählich getilgt werden können. Der Erkenntnisfortschritt in der Genforschung und Molekularbiologie wird diesen Emanzipationsprozess unterstützen. Die sich hier vollziehende Wissensexplosion ist dabei, den Nürnberger Trichter zu erfinden. All diese Erkenntnisse der Hightechwissenschaften sind eine Gefahr für die Menschheit in der Hand des Kapitals, wie uns die Handlungen der Bio- und Pharmakonzerne veranschaulichen, aber ein Segen für die freie Gesellschaft.

Es wäre müßig, darüber zu spekulieren, wann und wie die Völker befähigt sein werden, in die gesellschaftliche Selbstverwaltung überzugehen. Hier können wir nur mit Marx sagen, für die Antwort auf diese Frage ist der Stoff noch nicht reif. Diese Fragen werden kommende Generationen zu beantworten haben.

Für die nächsten Jahrhunderte wird der Gewinn an freier Zeit die Gesellschaft nachhaltig fordern und fördern. Der Zeitgewinn wird die Gesellschaft und ihre Mitglieder grundlegend verändern. Die Auffassung, der Mensch könne nicht ohne Arbeit leben, ist eine Erfindung der herrschenden Klassen. Gerade diese haben uns vorgelebt, dass es auch ohne Arbeit geht. Ohne Arbeit zu sein, heißt nicht, untätig zu sein. Ohne Erwerbsarbeit kann der Mensch recht gut leben, wenn er über die notwendigen Subsistenzmittel verfügt.

Der Mensch hob sich aus dem Tierreich durch seine Denkfähigkeit heraus. Diese Fähigkeit verhindert Untätigkeit. Selbst wenn es scheint, der Mensch sei untätig, tut er etwas, auch wenn er nur denkt. Damit dieses Denken Sinn ergibt und Gestalt annehmen kann, wird die Gesellschaft schrittweise Möglichkeiten eröffnen, die gegenwärtig kaum abschätzbar sind. Auch dann werden die Menschen noch notwendige Arbeit verrichten und es wird noch viel Zeit vergehen, bis jene nur noch einen unbedeutenden Teil der Lebenszeit einnimmt.

Der Kapitalismus hat in seiner besten Zeit aus gutem Grund ein Arbeitsethos geschaffen, das Bestandteil der menschlichen Werteskala wurde. Deshalb fühlt sich der heute Arbeitslose von der Gesellschaft geächtet und diskriminiert. Gleichzeitig entwickelte der Kapitalismus die Arbeitsteilung treibhausmäßig und verwandelte den Arbeiter in ein arbeitsteiliges Glied seines Produktionsorganismus. Auch das ist ein historisches Durchgangsstadium wie der Kapitalismus selbst. Der Mensch wurde, nach kurzer Allgemeinbildung in der Kindheit, von Jugend an durch Ausbildung für eine lebenslang auszuführende Tätigkeit frühzeitig verkrüppelt.

Erst in den letzten Jahrzehnten begann die zweite produktionstechnische Revolution die körperliche und geistige Verkrüppelung aufzuweichen – ein sicheres Zeichen für im Entstehen begriffene Grundlagen der freien Gesellschaft. Auch der Umgang mit freier Zeit entsteht mit dem Paradigmenwechsel nicht von selbst, sondern wird sich in einer längeren Periode entwickeln. Marx meinte, freie Zeit kann nicht nur Mußezeit sein, sondern muss mit ihrem Wachstum zunehmend Zeit für höhere Tätigkeit werden.

Wir haben uns mehrfach darüber verständigt, vor welchen Herausforderungen die Menschheit heute steht, welche schöpferisch-geistigen Leistungen künftig notwendig sein werden, um sie zu bewältigen. Dazu wird es unverzichtbar sein, die Menschen in bislang ungekannten Größenordnungen einzubeziehen. Dafür wird die Gewinnung von erwerbsfreier Zeit als Zeit für höhere Tätigkeit zwingend notwendig und setzt die freie Gesellschaft voraus.

Die vielen globalen Aufgaben, die sich heute vor der Menschheit auftun und gelöst werden müssen, erfordern geistige Entwicklung und Schöpfertum in bislang nicht gekannten Größenordnungen, in die breite Teile der Bevölkerungen einbezogen werden müssen. Viele der uns entgegentretenden Probleme erfordern ein breit gefächertes Erfinderwesen. Waren es bisher Fertigungsfabriken, die den Fortschritt antrieben, werden es künftig Denkfabriken auf allen Gebieten gesellschaftlichen Daseins sein, die all die produktiven Kräfte entwickeln werden, die wir brauchen, um unsere Mutter Erde, das Klima, die geschlossenen Stoffkreisläufe usw. bei wachsender Lebensqualität zu erhalten, zu schaffen und stetig weiterzuentwickeln.

In diesen Denkfabriken werden nicht nur Profis tätig sein, sondern in zunehmender Breite auch Gesellschaftsmitglieder, die in der größer werdenden arbeitsfreien Zeit an all diesen vielfältigen Erfindungen und Entwicklungen mitwirken, hier ihren Forscherdrang ausleben können. So wird die freie Gesellschaft schöpferische Kräfte freisetzen, die alles bisher Bekannte weit übertreffen.

Die wenigen Ausführungen zur Bedeutung des Zeitgewinns für die freie Gesellschaft lassen erkennen, warum Zeitgewinn zur entscheidenden treibenden Kraft der freien Gesellschaft wird. Damit das Tempo des Zeitgewinns sich beschleunigt, müssen die gesellschaftlichen Steuermechanismen wirksam sein. Waren bislang alle Steuern und Abgaben vorrangig auf Wert und Preis, auf Einkommen und Verzehr ausgerichtet und wurden von allen Gesellschaftsmitgliedern erhoben, sollten künftig Abgaben nur dort erhoben werden, wo Gebrauchswerte entstehen und wo über die Verwendung des wertvollsten Gutes neben der Natur, die menschliche Arbeitskraft, entschieden wird, also in den Industrie- und Dienstleistungsunternehmen.

Auf eingesetzte Arbeitskraft wäre eine erste und auf vernutzte Natur eine zweite Abgabe zu erheben.

Abgabe auf Arbeitskraft

Die Abgabe auf genutzte Arbeitskraft muss sicherstellen, dass alle Gesellschaftsmitglieder, also auch jene, die keine notwendige Arbeit verrichten, ein dem Stand der Produktivität angemessenes, erfülltes Leben führen können. Das muss tiefergehend erläutert werden.

Für ein erfülltes Leben der Gesellschaftsmitglieder sind 2 Kennzahlen relevant: die Lebenszeit und die Lebensarbeitszeit. Der Bedarf an lebenserhaltenden, -fördernden und -erfüllenden materiellen und immateriellen Gütern errechnet sich aus der Lebenszeit. Die Lebensarbeitszeit hat diesen Fonds sicherzustellen. Beide Kenngrößen entwickeln sich gegensätzlich. Die Lebenszeit verlängert und die Lebensarbeitszeit verkürzt sich. Das Tempo der Verkürzung der Lebensarbeitszeit ist abhängig vom Vortrieb der ressourcensparenden Reproduktion und der daraus entspringenden Produktivkraftentwicklung der Arbeit sowie von der Länge der Lebenszeit, wobei zunehmende Lebenserwartung einen Teil der aus der Produktivitätsentwicklung erwachsenden Fonds an Gebrauchswerten aufzehrt.

So wird die Gesellschaft historisch konkret zu ermitteln haben, welcher Richtwert für durchschnittlich notwendige Lebensarbeitszeit erforderlich ist, um die Mittel zur Befriedigung der Bedürfnisse in der Lebenszeit zu schaffen. Es handelt sich dabei um eine orientierende Größe für die Gesellschaft, nicht um eine Zwangsnorm. So wird sich die individuelle Lebensarbeitszeit nach den spezifischen Bedürfnissen des Einzelnen richten. Wer seinen persönlichen Lebensanspruch in mehr freier Zeit sieht, wird weniger, und wer einen üppigen Konsum von materiellen und immateriellen Gebrauchswerten vorzieht, wird mehr arbeiten. In allen Fällen ist die Lebensarbeitsleistung der Maßstab, an dem sich der Lebenskonsum an materiellen und immateriellen Gütern misst.

Die freie Gesellschaft wird all ihren Mitgliedern gleiche Chancen einräumen, sie aber nicht gleichmachen. Die individuelle Freiheit wird nicht eingeengt und nimmt in dem Maße zu, wie die gesellschaftlich notwendig zu verrichtende Arbeitszeit abnimmt.

Auch dann gilt noch – allerdings jetzt für alle gleich –, dass der Grad der Freiheit des Individuums nicht höher sein kann, als es die ökonomischen Möglichkeiten der Gesellschaft zulassen. Aus der Individualität des Einzelnen leitet sich auch ab, zu welcher Arbeit, mit welchem Kompliziertheitsgrad und intellektuellem Anspruch er fähig ist. Die Arbeit bleibt hinsichtlich ihrer Fähigkeit, Gebrauchswert zu schaffen, graduiert und findet in der Höhe der Vergütung gesellschaftliche Anerkennung. Das wird noch lange in der Gesellschaft herrschendes Prinzip bleiben müssen. Erst wenn die Gebrauchswerte mit einem unbedeutenden Aufwand an Arbeit geschaffen werden können, wird die Gesellschaft eventuell Überlegungen über andere Regelungen der Teilhabe an der Herstellung und Verteilung jener anstellen. Bis dahin wird das Leistungsprinzip eine herausragende Rolle in der Gesellschaft spielen.

Für die Bemessung der Abgabe, die die Unternehmen für in Anspruch genommene Arbeitszeit an die Gesellschaft zu leisten haben, ist der Verzehr an Gebrauchswerten durch die Gesellschaftsmitglieder maßgeblich, der außerhalb ihrer Lebensarbeitszeit liegt. Die Vergütung der Arbeit während der Lebensarbeitszeit sichert den Konsum in dieser Zeit und mit der Abgabe auf Arbeit ist der Fonds zu füllen, der den Konsum der Gesellschaftsmitglieder für den Teil der Lebenszeit sicherstellt, in dem sie nicht arbeiten. Die Schwierigkeit liegt darin, dass der Mensch bereits konsumiert, bevor er arbeitet.

Im Spätkapitalismus begegnen uns fallende Geburtenraten, da Kinder dem Verzicht auf Lebensqualität für die Eltern gleichkommen. In der Niedergangsphase der kapitalistischen Gesellschaft beobachten wir auch, dass die heranwachsende Generation, insbesondere in den unteren Schichten, bedingt durch allgemeine Lethargie und Perspektivlosigkeit, zu verkommen beginnt

(Pauperismus). Auch diese Tatsache weist auf die Notwendigkeit des gesellschaftlichen Umbruchs hin. In der freien Gesellschaft werden die Auswüchse des Niedergangs rasch verschwinden.

Die freie Gesellschaft führt für jedes Neugeborene eine Vorabsicherung ein. Das heißt, von Geburt an erhält das neue Gesellschaftsmitglied eine Grundsicherung auf Vorgriff, ausreichend, um die allseitige Entfaltung seiner Persönlichkeit zu gewährleisten. Erst nachdem der gewordene Mensch seine notwendige Lebensarbeitsleistung erbracht hat, aus der sich der Anspruch auf Gebrauchswerte für die gesellschaftlich durchschnittliche Lebenszeit ermittelt, lässt sich feststellen, wie viel er von dem Anspruch bereits aufgezehrt hat und welche Ansprüche er für die Zeit nach verrichteter Lebensarbeitszeit (Rentenzeit) noch stellen kann.

Es ist selbstverständlich, dass dieser sich auf die gesellschaftlich durchschnittliche Lebenszeit berechnende Anspruch für die wirkliche individuelle Lebenszeit gewährt wird. In die Abgabe auf Arbeit fallen auch die Aufwendungen der Gesellschaft für öffentliche Leistungen, Wissenschaft, Bildung, Kultur, Kunst, Medien, Gesundheitswesen, Funktionsfähigkeit des Gemeinwesens sowie für die Betreuung und den Unterhalt nicht arbeitsfähiger, kranker und pflegebedürftiger Menschen.

Es liegt in der Natur der Sache, dass jedes Unternehmen bestrebt sein wird, um seine Wettbewerbsfähigkeit im Markt auszubauen, die Verwendung von Arbeitszeit in Größenordnungen zu senken. Damit wird die gesellschaftlich bezweckte Wirkung der Abgabe auf Arbeit ihre gesellschaftstreibende Kraft entfalten. Mit der Arbeitsersparnis verstärken sich die Merkmale ressourcensparender Reproduktion. Die Warenwerte, auf die wir anschließend eingehen, schmelzen dahin und die Gesellschaft gewinnt freie Zeit, wird also reicher.

Die zweite Abgabe, die die Gesellschaft von allen Unternehmen erheben wird, ist die Abgabe auf vernutzte Natur. Die Erhaltung der Art Mensch wie auch aller anderen Arten setzt die Erhaltung, d. h. nachhaltige Reproduktion ihrer Lebensgrundlagen, der Natur, voraus. Die ressourcensparende Reproduktion schafft die Möglichkeiten, das zu tun.

Die kapitalistische Gesellschaft war begleitet vom bislang größten Raubbau an der Natur. Zugleich schuf und schafft sie mit der produktionstechnischen Basis für die freie Gesellschaft reale technische Mittel, die Natur in geschlossenen Stoffkreisläufen zu reproduzieren. Die Fortschritte hielten sich bislang nur deshalb in sehr bescheidenen Grenzen, weil sich Nachhaltigkeit und Profitstreben diametral entgegenstehen. Mit dem Wechsel in die freie Gesellschaft werden die vom Kapital ausgehenden Deformationen aufgehoben.

Die Unternehmen leisten eine Abgabe, die sich an den Kosten misst, die für die Reproduktion vernutzter Natur entstehen. Das betrifft die Rohstoffe ebenso wie die Energieträger, einschließlich der Umweltbelastungen, die der Konsum erworbener Gebrauchswerte verursacht. Eine solche Abgabe wird die produktionstechnische Revolution sagenhaft stimulieren und neue Innovationsfelder erschließen. Entstehen wird eine weltweite Kreislaufwirtschaft, die unser heutiges Vorstellungsvermögen übersteigt.

Dinge, die sich, da sie sich gegen Profitinteressen richteten, kaum oder gar nicht durchsetzen ließen, werden sich wie von selbst entwickeln. Erneuerbare Energien werden dann auch ohne Subventionen wettbewerbsfähig gegenüber den fossilen Brennstoffen sein. Noch ist die Richtung, die die zweite produktionstechnische Revolution nimmt, stark vom Profitstreben deformiert. Die freie Gesellschaft überwindet die Fixierung auf den Wert, orientiert sich auf die Förderung der beiden Reichtumsquellen im Interesse nachhaltig höherer Lebensqualität.

Die Erträge aus der Abgabe auf Naturvernutzung dienen ausschließlich der Reproduktion der Natur. Sie gehen an die Unternehmen, die sich diesen Aufgaben widmen. Viele der vergesellschafteten Unternehmen, die heute noch Mensch und Natur zerstören, werden sich selbst verstärkt der reproduktiven Aufgabe in der Natur zuwenden und das dafür erforderliche Know-how entwickeln. Um die Abgabe niedrig zu halten, werden aus den bislang größten Umweltverschmutzern und -zerstörern Vorreiter für nachhaltige Natur, denn schließlich sind sie es, wo Hightech seine Heimstatt hat. Es ist heute kaum vorstellbar, was die mit dem gesellschaftlichen Umbruch bewirkte Richtungsänderung in der Technologie- und Produktentwicklung hervorbringen wird. Gewiss ist nur, es wird für Mensch und Natur wohltuend sein.

Die Aufhebung des Kapitals als treibende Kraft ist ein gesellschaftliches Erfordernis, das sich nur für das große Kapital wegen seiner gesellschaftsbeherrschenden und -zerstörenden Macht stellt. Das gilt nicht für das Kleinkapital, welches vielmehr aus der erdrückenden Umklammerung des großen befreit wird, die in der Gegenwart zur größten Pleitenwelle im sogenannten Mittelstand geführt hat. Die eigentümergeführten Unternehmen bleiben private Unternehmen, die sich im fairen Wettbewerb behaupten müssen. Subventionen für die Konservierung technisch veralteter Industrien und vorkapitalistischer Rudimente, die den Wettbewerb ausschalten, wird es dann allerdings nicht mehr geben. Das wird die Strukturen dieses Mittelstandes modernisieren. Die Abgaben für die Unternehmen des Kleinkapitals werden die gleichen sein wie für die nunmehr unter der Kontrolle der Gesellschaft stehenden Großunternehmen. Der Wettbewerb wird über die künftige Struktur der Unternehmen des Kleinkapitals, über Konzentrations- und Zentralisationsprozesse, entscheiden.

Zweifellos eine der größten Fehlleistungen des staatssozialistischen Versuches war die Zerstörung des Kleinkapitals, in dem die Kommunisten den Nährboden für neues, gesellschaftsbeherrschendes Großkapital sahen. Selbst vor den kleinen Ladenbesitzern, Handwerkern und Gastwirten wurde nicht haltgemacht. Die Folge waren miserable Dienstleistungen und stets akute Versorgungsengpässe.

Die Angst der Herrschenden vor dem Kleinkapital hatte historische, in der Unterentwicklung der Sowjetunion fußende Ursachen und resultierte auch aus der geringen Wettbewerbsfähigkeit der großen, in planwirtschaftlicher Bürokratie erstickenden Staatsunternehmen. So war es nicht ganz unberechtigt, das private Unternehmertum des Kleinkapitals im Wettbewerb zu fürchten. Den Politbürokraten ist bis zu ihrem bitteren Ende nicht aufgegangen, dass sie die Ursache der insgesamt unbefriedigenden Wirtschafts- und Dienstleistungen waren.

Wir stellten in unseren Betrachtungen die Heterogenität des Kleinkapitals heraus.Natürlich wird es auch künftig kleine prosperierende, sich auf neue Hightechtechnologien und -produkte spezialisierende, aber auch anders strukturierte Unternehmen geben, die den Weg zum großen Kapital beschreiten. Eine solche Blutauffrischung wird für die Großen segensreich sein, wachsen ihnen so doch immer wieder Topmanager zu, die sich durch ihre Erfolgsgeschichte bestens empfehlen. Einen solch kompetenten Nachwuchs kann auch die beste Ausbildung nicht liefern.

Die lokalen Dienstleister und Versorger sind ein wesentliches Element der Lebensqualität und haben deshalb eine gesicherte Zukunft. Anderer Überlegungen bedarf es bei den Unternehmen, die Kranke und Alte medizinisch versorgen und pflegen. In der freien Gesellschaft hört der Mensch auf, eine Ware zu sein. Das betrifft nicht nur den Menschen als Arbeitskraft, sondern in seiner Totalität. Wenn Gesellschaftsmitglieder Hilfe brauchen, dann gewährt sie ihnen die Gesellschaft und niemandem wird es erlaubt sein, aus der Bedürftigkeit einen Profit zu ziehen. Hier sind Fehlentwicklungen der Vergangenheit zu korrigieren.

Gleiches gilt für die Sicherung elementarer Grundbedürfnisse wie Wasser, Abwasser, Energie, Wohnraum u. a., die der gesellschaftlichen Kontrolle nicht entzogen sein und gleich gar nicht der privaten Bereicherungssucht anheimfallen dürfen. Viele dieser öffentlichen Einrichtungen wurden im Privatisierungswahn nur deshalb dem Kapital zum Fraße vorgeworfen, weil es in der Gesellschaft kaum noch Anlagemöglichkeiten fand.

Der Neoliberalismus begründet die gesellschaftliche Differenzierung von Arm und Reich mit dem anonymen Markt, mit seinen immanenten Gesetzen, ganz so, als sei er eine objektive Realität, eine unpersönliche Macht, der die Menschen ohnmächtig ausgeliefert sind. Ob der Markt für die Menschen ein Fluch oder ein Segen ist, hängt davon ab, wer auf ihm agiert und welche Ziele verfolgt werden. Den aktiven Part auf dem Markt hatte bislang das Kapital inne. Das konsumierende Volk besetzte den passiven Part. Das Ziel, welches das Kapital auf dem Markt verfolgt, ist Realisierung von Mehrwert. Hier liegt eben die wesentliche Begründung dafür, weshalb sich der objektiv vollziehende Werteverfall auf einem vom Kapital beherrschten Markt nicht in sinkenden Preisen, sondern in Geldentwertung niederschlägt.

Es geht nicht darum, den Markt abzuschaffen, sondern darum, die Akteure auszutauschen und ihm eine andere Zielfunktion zu geben. Der Staatssozialismus unterlief den Funktionsmechanismus des Marktes mit der zentralen Planwirtschaft. Im Ergebnis der Weltwirtschaftskrise von 1929 bis 1932 suchte aber auch das Kapital, von Keynes angeregt, nach Regulierungsmechanismen für den Markt, um derartige Crashs für die Zukunft zu vermeiden. Das entscheidende Mittel einer solchen Regulierung war die Geldpolitik der Zentralbanken.

Die sozialistische Planwirtschaft musste scheitern, weil sie den Doppelcharakter der Ware, Gebrauchswert und zugleich Wert zu sein, theoretisch zwar kannte, aber in der Praxis dem nicht entsprach. Der Gebrauchswert folgt Naturgesetzen, der Wert ökonomischen. Auf die Wirkungsbedingungen der ökonomischen Gesetze, da sie aus der Gesellschaft entspringen, lässt sich Einfluss gewinnen, auf die Wirkungsbedingungen der Naturgesetze nur bedingt. Die Naturgesetze, die allen Innovationen, jeder Rationalisierung, zugrunde liegen, sind kaum plan- und steuerbar. Wir können nicht längerfristig vorausbestimmen, mit welchen Neuerungen übermorgen produziert werden wird, welche neuen oder veränderten Produkte in den Markt drängen werden. Wer Gebrauchswerte vorausschauend planen möchte, muss den wissenschaftlich-technischen Fortschritt eliminieren. Nicht zuletzt daran ist die sozialistische Planwirtschaft gescheitert. Ihre technische Entwicklung blieb nach und nach hinter der des Westens weit zurück. Als der Kapitalismus den Übergang in den ressourcensparenden Reproduktionstyp vollzog, war im Prinzip damit die Todesstunde der zentralen Planwirtschaft eingeleitet. Auf die ökonomische Regulierung des Marktes kommen wir zurück.

10 KAPITEL – DER GESELLSCHAFTLICHE ÜBERBAU

10.1 Schritte hin zu einer gesunden Weltwirtschaft

Während sich ökonomische Basisprozesse weitgehend außerhalb und unabhängig von unserem Bewusstsein vollziehen, herrscht im Überbau bundscheckige subjektive Vielfalt. Jeder baut sich, bedingt durch unterschiedliche Entwicklung des Landes, Bildung und Sozialisation, sein eigenes Weltbild zusammen. In dieser Meinungsvielfalt bilden sich, heute treibhausmäßig durch die sozialen Medien gefördert, Gruppen heraus, die sich zusammenfinden, um ihre Meinungen zu zelebrieren. Dabei ist ihnen nicht bewusst, dass die sich äußernde Meinungsvielfalt durch die Widersprüche und Konflikte in der ökonomischen Basis ausgelöst wird. Da diese Meinungsvielfalt im gesellschaftlichen Überbau in den letzten Jahrzehnten ständig zugenommen hat, deutet dies uns darauf hin, dass in der Gesellschaft Veränderungen anstehen.

Der Überbau schließt alles ein, worin sich gesellschaftliches Bewusstsein äußert. Mit der Dialektik von Basis und Überbau folgen wir konsequent der Auffassung von Geschichte, wie sie Marx vermittelte, von der Hobsbawm meinte[40], dass sie ihn überzeugt habe, und dem ist zu folgen, solange die marxsche Theorie durch keine bessere aufgehoben wird, und Derartiges scheint nicht in Sicht. Deshalb zitierte ich die marxsche Geschichtsauffassung in Kapitel 1.4 ausnahmsweise vollständig. Kern der marxschen Geschichtsauffassung ist die Betrachtung der Gesellschaft in ihrer dialektischen Einheit von ökonomischer Basis und ideologischem Überbau.

Bislang betrachteten wir Basis und Überbau aus Sicht der Nationen. Richten wir den Blick auf die Welt als Ganzes, stellen wir fest, dass diese alles andere als homogen ist. In den Ländern, in denen die ökonomische Basis des Kapitalismus am weitesten entwickelt ist, in Nordamerika, Europa, Japan, Australien und Neuseeland,

finden wir auch einen weit entwickelten gesellschaftlichen Überbau, erkennbar an demokratisch verfassten Gesellschaftsformen.
Demokratie ist die höchste Staatsform, die der Kapitalismus hervorbringen konnte, und damit stehen diese Länder an der Spitze des gesellschaftlichen Fortschritts. Hier haben die Menschen
bereits einen hohen Freiheitsgrad erreicht. Dennoch ist der Kapitalismus noch eine Klassengesellschaft, gegliedert in jene, die
den Mehrwert schaffen, und jene, die ihn sich aneignen. Das ist
die Schranke zur absoluten Freiheit, die die kapitalistische Gesellschaft nicht überwinden kann. Dieser Feststellung bedarf es,
bevor wir den Blick auf die anderen Länder richten. Von dieser
Stufe aus führt der Weg in die freie Gesellschaft.

Schauen wir des Weiteren auf die Länder, die den Weg in eine
sozialistische Gesellschaft wählten und mehrheitlich scheiterten.
Russland und die einstigen Sowjetrepubliken, mit Ausnahme der
Ukraine, wählten den Weg zurück in einen Kapitalismus mit
ausgeprägt feudalen Zügen. Putin gelang es, vergleichbar den
einstigen Zaren, innerhalb von 20 Jahren erneut eine Autokratie
als extreme Diktatur zu schaffen, die sich von der, die einst die
faschistischen Länder schufen, kaum unterscheidet. Die Russen
standen im Jahre 2000 an einem Scheideweg – den schwierigen,
längerfristigen Weg in eine Demokratie zu gehen oder die Nar-
rative aus der russisch-sowjetischen Geschichte neu zu beleben.
Putin wählte den zweiten Weg, den er für den leichteren hielt.

Er knüpfte dort an, wo die Sowjetunion geendet hatte. Das Erbe
der Sowjetunion war eine deformierte Wirtschaft. Die Rüstungs-
industrie war überdimensioniert und die materiell-technischen
Grundlagen für die friedliche Wirtschaft schwach entwickelt.
In dieser Situation richtete Putin das Hauptaugenmerk auf die
Rohstoffgewinnung und lockte die Staaten der Europäischen
Union in die Rohstoffabhängigkeit von Russland. So erlangte
er die Mittel, um die Rüstung weiter voranzutreiben und seine
Nachbarn im russischen Größenwahn zu bedrohen und schließ-
lich zu bekriegen. Dabei ging es ihm vor allem um die Länder,

die den ersten Weg, den Weg in eine demokratische Staatsverfassung gewählt hatten.

In diesen Ländern sah er für sein autokratisches Russland die größte Gefahr. Wäre ein solcher Weg in der Ukraine, in Georgien, in Belorussland und Syrien erfolgreich, könnte der Funke auch auf Russland überspringen und sein Traum vom neuen großrussischen Reich in feudaler Verfassung wäre ausgeträumt. Das ist der Kern des Konfliktes zwischen Russland und der westlichen Welt. Deshalb ist es richtig, dass der Westen die Ukraine mit allen verfügbaren Mitteln, auch modernen Waffen, unterstützt. Putin darf diesen Krieg nicht gewinnen. Es wäre ein unverzeihlicher Rückschritt in der Entwicklung hin zu einer friedlichen Welt.

Der gesellschaftliche Überbau Russlands entspricht voll und ganz der deformierten ökonomischen Basis. Wachsenden Wohlstand für das Volk lässt die ökonomische Basis nicht zu. Er wäre aber die Voraussetzung für eine demokratische Entwicklung. Folgerichtig tritt das Gegenteil ein. Meinungsfreiheit, Rechtstaatlichkeit, unabhängige Justiz, freie Medien, Mitbestimmung und Teilhabe wurden annulliert. Sie wurden ersetzt durch zum Chauvinismus übersteigerten Nationalismus, dem das über 20 Jahre in Dummheit gehaltene Volk mehrheitlich folgt. Russland hat in seiner gegenwärtigen Verfassung der Weltgesellschaft nichts zu sagen und kann für die Zukunft der Menschheit keinen Beitrag leisten. Damit wird die Weltgesellschaft nur von ihrer dringenden Aufgabe, dem Übergang in die freie Gesellschaft, abgelenkt.

Russland verfügt mit 17 Millionen Quadratkilometern über ein Neuntel der Landfläche der Erde. Da die kapitalistische Entwicklung in Russland sehr spät begann, lagern hier, im Vergleich zum Rest der Welt, der einschließlich der einstigen Kolonien vom großen Kapital schonungslos ausgeplündert wurde, noch enorme Rohstoffreserven. Das weist darauf hin, dass dem Westen nicht mehr viel Zeit bleibt, den Weg in die freie Gesellschaft anzutreten, um die notwendig geschlossenen Stoffkreisläufe zu schaffen. Nur so kann eine Abhängigkeit von russischen Rohstoffen vermieden werden.

China ist das zweite bedeutende Land, welches den Weg in eine sozialistische Gesellschaft beschritt. Rechtzeitig erkannten die Chinesen, dass der von der Sowjetunion vorgezeichnete Weg keinen Erfolg verspricht, da ohne die hoch entwickelte ökonomische Basis, wie sie in der westlichen Welt der Kapitalismus schuf, kein Weg in die freie Gesellschaft führt. Deshalb begannen sie vor rund 50 Jahren, unter der Führung der kommunistischen Partei, mit der Schaffung der ökonomischen Basis nach westlichem Vorbild. Das in dieser Zeit Geschaffene ist beeindruckend.

Vergleicht man nun die ökonomische Basis und den gesellschaftlichen Überbau von Russland mit dem heutigen China, so liegen zwischen beiden Ländern Welten. Chinas ökonomische Basis ist gesund und es ist nur eine Frage der Zeit, bis sie den führenden kapitalistischen Ländern ebenbürtig ist. Hingegen ist die ökonomische Basis Russlands deformiert und ungesund, nicht in der Lage, dieses Land aus seiner Rückständigkeit herauszuführen.

Heute ist es in der westlichen Welt Mode, den gesellschaftlichen Überbau Chinas mit dem von Russland gleichzusetzen. Ja, China ist im westlichen Verständnis noch ein autoritär geführter Staat, der aber in seinen Herrschaftsformen nichts gemein hat mit Putins Russland. Der gesellschaftliche Überbau Chinas befindet sich im Einklang mit dem Entwicklungsstand der ökonomischen Basis und wird vom chinesischen Volk mehrheitlich angenommen. Der russische gesellschaftliche Überbau ist in gleicher Weise deformiert wie die ökonomische Basis und lässt sich nur mit übersteigertem Nationalismus und brutalen Repressionen aufrechterhalten.

China wird von der Welt des großen Kapitals beständig attackiert. Jetzt, wo Putin einen Krieg in Europa angezettelt hat, der auch das große Kapital des Westens und seinen militärischen Arm, die

NATO, bedroht, ist es für China ein nicht zu unterschätzender Vorteil, den es natürlich nutzt, um seine Position in der Auseinandersetzung mit dem Westen zu verbessern. Der Westen ist gut beraten, seine Aggressivität gegen China aufzugeben und den Schulterschluss mit diesem Land zu suchen. Dabei müssen die Europäer vorangehen, da sie keine Großmachtallüren haben wie die USA.

Bleibt der Rest der Welt, die Länder mit mehr oder weniger großen Entwicklungspotenzialen. Hier finden wir einige wenige sehr reiche Länder, während sich die große Zahl in bitterer Armut bewegt. Zu ersteren gehören die Länder mit großen Vorkommen an fossilen Energieträgern, vor allem Gas und Öl, in der Mehrzahl die OPEC-Länder. Die ärmeren Länder sind fast ausschließlich die einstigen Kolonien der Europäer.

Ihren Reichtum verdanken die energieträgerreichen Länder vor allem der Grundrente, die sie von den Gewinnen der Käufer ihrer Rohstoffe abschöpfen. Sie schufen die ökonomische Basis ihrer Länder aus wissenschaftlich-technischen Leistungen, die sie aus den führenden kapitalistischen Ländern einkauften und mit der Grundrente aus Energieträgern bezahlten. Überwiegend verrichten die Arbeit in diesen Ländern Gastarbeiter aus aller Welt. Man kann diese Länder auch als parasitär bezeichnen. Ein solches Leben werden sie führen können, bis die Energieträger ausgebeutet sind.

Über der zugekauften ökonomischen Basis dieser Länder erhebt sich überwiegend ein eigentümlicher gesellschaftlicher Überbau. Es handelt sich in der Mehrheit um streng moslemisch geprägte Länder mit feudalen Führungsstrukturen. Sie sind von demokratischen Strukturen, wie die westlichen Länder sie pflegen, Lichtjahre entfernt.

Bleibt das koloniale Erbe Europas, die arme Welt, die wir vor allem in Afrika, Südostasien und Lateinamerika finden mit einer beachtlichen Differenziertheit von bettelarm bis hin zu Schwellenländern. Sie wirtschaften vornehmlich mit einer schwachen ökonomischen Basis, die vielfach nicht ausreichend ist, um den Menschen ein menschliches Leben zu ermöglichen. Der Welthunger konzentriert sich in diesen Ländern. Viele dieser Länder sind nicht in der Lage, sich aus ihrem Elend selbst zu befreien. Dem steht das Profitstreben des Weltgroßkapitals im Wege. Es wird die vornehmliche Pflicht der reichen kapitalistischen Länder sein, dieses Elend nach dem Übergang in die freie Gesellschaft zu beenden.

Auf schwacher ökonomischer Basis kann sich kein starker gesellschaftlicher Überbau erheben. Von demokratischen Strukturen kann dann keine Rede sein. Das gibt die ökonomische Basis nicht her. Vom großen Kapital, welches die erforderliche ökonomische Basis schaffen müsste, ist Abhilfe nicht zu erwarten. Das lässt deren Profitstreben nicht zu. Es wird zu den ersten Aufgaben beim Übergang in die freie Gesellschaft gehören, diese unaufschiebbare Aufgabe zu leisten. Wenn wir von Gewalt, Korruption, religiösen Exzessen aus diesen Ländern hören, wissen wir, wo die Ursachen dafür zu suchen sind. Ohne massive Investitionen in die ökonomische Basis dieser Länder wird der gesellschaftliche Überbau nicht gesunden.

Das liegt nicht nur im Interesse dieser Länder, sondern im Interesse der gesamten Welt. Erst wenn diese Aufgabe gelöst ist, kann die Welt eine friedliche werden. Aber nur in einer solch friedlichen Welt lassen sich auch alle anderen globalen Probleme wie Klimawandel, zunehmende Zerstörung des Planeten, Überbevölkerung, geschlossene Stoffkreisläufe, Artensterben, Terrorismus, religiöser Wahn usw. lösen. Dafür bedarf es der einheitlich und geschlossen handelnden Weltgesellschaft.

Das Wesen des gesellschaftlichen Überbaus für die freie Gesellschaft besteht darin, er muss ein internationaler sein. Das ist die vordringliche Aufgabe der hoch entwickelten kapitalistischen

Länder. Das ist deren historische Mission und der hohe Anspruch an die hier agierenden gesellschaftlichen Eliten. Das Profitstreben des international agierenden Weltgroßkapitals verhindert die Verwirklichung dieser Aufgabe. Die Coronakrise und der russische Krieg in der Ukraine führten dazu, dass die Anleger ihre Vermögen in wenigen Jahren verdoppelten, während das große Heer der Arbeitnehmer seine Lebenshaltung einschränken musste.

Die Rede ist von „Übergewinnen" (Surplusprofit) des großen Kapitals, insbesondere der Karbonindustrie, die besteuert werden sollten. In Deutschland stieß das sofort auf den heftigsten Widerstand der kapitalhörigen Parteien FDP, CDU und CSU. Das Weltgroßkapital hatte die Gunst der Stunde genutzt, um aus beiden Krisen Surplusprofite zu ziehen. Das entspricht ganz dem Wesen, dem Egoismus des großen Kapitals, welches keinerlei Solidarität mit den Volksmassen kennt. Surplusprofite entstehen, wenn ein Unternehmen durch Innovationen den Aufwand an Arbeit in den Waren senkt, aber sie zu den gleichen Preisen wie bisher verkauft, bzw. ganze Branchen, die Umstände (Krisen, Kriege) nutzen, um das Angebot künstlich zu verknappen, um die Preise anzuheben. In beiden Fällen hat keine Wertsteigerung stattgefunden. Das Ergebnis ist steigende Inflation, die die Kaufkraft des Geldes als Zahlungsmittel senkt. Die Ursache ist stets die Profitgier des großen Kapitals, die aber als solche von den Sprechern aller Regierungen nicht benannt wird.

Solches Gebaren wird erst aus den Gesellschaften verschwinden, wenn das große Kapital weltweit vergesellschaftet sein wird. Da wir dieses Kapital konzentriert in den Hochburgen des Kapitalismus finden, muss seine Vergesellschaftung hier beginnen. Die von ihm erzeugte Inflation betrifft die ganze Welt und führt ihren unterentwickelten Teil in Hunger und noch größere Armut.

10.2 Gesellschaftlicher Überbau der Weltgesellschaft

In Kapitel 9 waren wir bemüht, die Merkmale für die ökonomische Basis einer Weltgesellschaft herauszuarbeiten, und waren zu der Erkenntnis gelangt, dass diese erst in der freien Gesellschaft verwirklicht werden kann.

Wird dieser notwendige Schritt nicht vollzogen, besteht die Gefahr des Rückfalls in vordemokratische Entwicklungsstufen. Dafür gibt es inzwischen beunruhigende Anzeichen in der Welt. Trump war der Warnschuss in den USA. Die Gefahr ist noch nicht gebannt. Die Demokratie in den USA bleibt instabil. Die letzte Präsidentschaftswahl in Frankreich war für die EU eine Zitterpartie. Aus Frust über die kapitalhörige Politik von Macron wählten mehr als 40 % der Wähler die rechtsradikale Marine Le Pen. Rechtsradikale Bewegungen finden wir heute auch in allen anderen EU-Staaten. Die tiefere Begründung für all diese Entwicklungen finden wir im stetig fortschreitenden Reichtum-Armut-Gefälle in all diesen Ländern und in wachsender Aggressivität des Kapitals im Kampf um die Profitquellen.

Ressourcensparende Reproduktion, geschlossene Stoffkreisläufe und versiegende Profitquellen kennzeichnen den Weg in die freie Gesellschaft. Wir haben uns das Spektrum der Weltgesellschaften vergegenwärtigt und festgestellt, dass es noch ein weiter Weg ist, bis weltweit solche Bedingungen herrschen werden. Gleichzeitig weisen die globalen Probleme der Menschheit darauf hin, dass die Zeit zu sofortigem einheitlichem Handeln zwingt.

Noch stellen wir fest, es gibt kein einheitliches Handeln in der Welt. Im 19. Jahrhundert legten die USA mit der Monroe-Doktrin die nord- und südamerikanischen Kontinente als ihre ausschließliche Interessensphäre fest. Daran hat sich bis heute nichts geändert. Der Terror der USA gegen Kuba, Chile, Nicaragua, Venezuela u. a. hat das der Welt veranschaulicht.

Nach dem Ende der beiden Weltkriege erlebte die Politik der Interessensphären mit dem Aufstieg der Sowjetunion zur Weltmacht eine neue Dimension. Faktisch wurde bereits auf der Konferenz der Alliierten in Jalta Europa in eine amerikanische und eine sowjetische Interessensphäre geteilt. Die USA bauten ihren Einfluss auf Europa aus, was in der späteren Gründung der NATO konkrete Ausdrucksformen fand. Teile Mitteleuropas und Osteuropas gerieten unter den Einfluss der Sowjetunion, die hier kommunistische Vasallenstaaten installierte und sie im Militärbündnis „Warschauer Vertrag" (ohne Jugoslawien) zusammenfasste. Von nun an wurde die West-Ost-Politik von diesen beiden Großmächten dominiert. China spielte zu diesem Zeitpunkt als Großmacht, die es heute ist, noch keine Rolle. Die durchaus unterschiedlichen Interessen der beiden damals bekannten Großmächte führten unmittelbar in den Kalten Krieg, der 40 Jahre lang die Weltpolitik prägte.

Hier liegt das eigentliche Dilemma für Fortschritte auf dem Weg zu einer so dringlich erforderlichen einheitlichen Weltpolitik, wie gegenwärtig die russische Kriegspolitik nachdrücklich veranschaulicht. Großmachtpolitik muss mit größter Dringlichkeit der Vergangenheit angehören. Auf der Tagesordnung steht die Schaffung eines Weltbundes unabhängiger gleichberechtigter Staaten, unabhängig von ihrer Größe und gesellschaftlichen Verfassung. Alle diese Staaten müssen sich verpflichten, die territoriale Integrität aller Länder anzuerkennen und Krieg als Mittel der Konfliktbewältigung ausschließen. Jedes Land, welches diesen Verpflichtungen zuwiderhandelt, muss von der Weltgesellschaft mit allen verfügbaren politischen, ökonomischen und militärischen Mitteln geächtet werden. Dazu sind, mit Ausnahme von den USA und neuerdings wieder Russland, im Prinzip alle Länder der Welt bereit, einschließlich China, da eine solche Weltpolitik allen zum Vorteil gereicht.

Damit sind die ersten notwendigen Schritte hin zu einer Weltgesellschaft benannt, indem bestimmte Merkmale des gesellschaftlichen

Überbaus in allen Ländern gemeinsam ausgeprägt werden und somit jeder Hegemonialpolitik eine Absage erteilt wird. Auf diesem Wege werden sich die Denk-, Verhaltens- und Handlungsweisen der Menschen in allen Gesellschaften annähern und das Verständnis füreinander wird zunehmen. Auf diesem Wege wird Nationalismus als Handlungsmaxime zurückgedrängt. Im kleineren Rahmen der EU erleben wir Derartiges gegenwärtig in der Solidarität mit der Ukraine. Die EU schließt sich enger zusammen und ächtet gemeinsam Russland. Nur einer tanzt aus der Reihe: der Antidemokrat Viktor Orban, der dem Diktator Putin nähersteht als den Werten der demokratischen Europäischen Union. Die EU muss den Ungarn verständlich machen, wenn sie Orban nicht zur Ordnung rufen, verwirken sie ihr Recht, Mitglied der EU zu sein.

Störungen im friedlichen Miteinander aller Länder gingen stets von selbst ernannten Großmächten aus. Vor den beiden Weltkriegen war es Deutschland, welches in diesen Großmachtfantasien – erst mit Kaiser Wilhelm II., dann mit Adolf Hitler – schwelgte. Im Kalten Krieg waren es nunmehr die beiden neu etablierten Großmächte USA und Sowjetunion, die den Weltfrieden verunsicherten. Am Ende des Kalten Krieges waren es die USA, die den arabischen Raum destabilisierten, und nunmehr ist es Russland, welches in der Nachfolge der Sowjetunion den Weltfrieden gebrochen hat.

Das Großmachtdenken, Ausdrucksform von gesteigertem Nationalismus, beeinflusste auch die Gründung der UNO, einer inzwischen unwirksamen Weltorganisation. Damals wurde von den Großmächten der Sicherheitsrat, ein zeitbedingtes notwendiges Gremium, mit Machtbefugnissen, größer als die der UN-Vollversammlung, ausgestattet. Seine 5 ständigen Mitglieder – USA, Sowjetunion, China, Großbritannien und Frankreich – erhielten ein Vetorecht. Damit wurde der Grundstein für die Handlungsunfähigkeit der UNO gelegt. Deshalb gehört der Sicherheitsrat abgeschafft. Die UN-Vollversammlung muss zum höchsten

Organ erhoben werden, die mit einfachen oder in besonderen Fällen mit Zweidrittelmehrheiten über alle Weltbelange entscheidet und handelt.

Ihre Handlungsfähigkeit erlangt sie, indem das wichtigste Militärbündnis, die NATO, der UNO unterstellt wird und durch neue Mitglieder, die solche Wünsche äußern, erweitert werden kann. Mit einer solchen Aufwertung der UNO wird es möglich, alle globalen Probleme der Menschheit in einem Gremium zu verhandeln, und, was das Wichtigste ist, die Verhandlungsergebnisse weltweit verbindlich durchzusetzen. Das betrifft Gewaltkonflikte ebenso wie Klimaschutz, Umweltzerstörung, Artenschutz, Schaffung geschlossener Stoffkreisläufe u. a. m.

So wie sich die ökonomische Basis längst zu internationalisieren begonnen hat, wird es auch immer dringlicher, den gesellschaftlichen Überbau aller Länder zu internationalisieren. Alle Probleme, Widersprüche und Konflikte, die heute die Welt beherrschen, sind international. Der Angriffskrieg Russlands gegen die Ukraine vereinte die große Mehrheit aller Länder der Welt im Abwehrkampf gegen diese Aggression und schuf eine bislang nicht da gewesene Solidarität der Völker mit den Ukrainern. Auch die beiden volkreichen Nationen China und Indien werden sich überlegen müssen, ob ihre neutrale Haltung gegenüber Russland dauerhaft in ihrem Interesse liegen kann.

Der Weltkonflikt

Der von Russland ausgelöste aktuelle Konflikt darf uns vom dauerhaft wirkenden Weltkonflikt nicht ablenken. Vor wenigen Jahrzehnten gingen – zunächst kaum merklich – die goldenen Zeiten der entwickelten kapitalistischen Welt ganz allmählich zu Ende. Dafür finden wir die tiefere Begründung in der ökonomischen Basis, im Übergang zur ressourcensparenden Reproduktion. Der ideologische Überbau findet unzählige Begründungen für die sich vertiefende Gesellschaftskrise, nennt die wirklichen Ursachen aber nicht beim Namen. Die inzwischen ausgereifte produktionstechnische Basis, die den Widerspruch zwischen wachsender Gebrauchswertmasse und sinkender Wertmasse zum Konflikt auswachsen ließ, hat den Wettbewerb innerhalb des Kapitals unerhört verschärft und machte z. B. einen Trump als US-Präsidenten möglich.

Die ökonomischen Kräfte, über die das Kapital verfügt, werden brutal eingesetzt, um sich die allmählich schrumpfenden Profitquellen in der entwickelten Welt zu sichern und um sich die unterentwickelte Welt ökonomisch zu unterwerfen. Folgerichtig wandelt sich der gesellschaftliche Überbau in den Kapitalhochburgen. Mit Sozialstaat ist kein Staat mehr zu machen und der antikommunistischen Ideologie ist ihr Gegenstand abhandengekommen.

Es bedarf hier neuer Ideologien und Mittel, um den lange verdeckten sozialen Konflikt nicht wieder aufbrechen zu lassen. Der ökonomische Terror des Weltgroßkapitals erzeugt individuellen Terror bei den unterentwickelten Völkern. Eine andere Waffe haben sie nicht. Antikommunismus wird durch den „Kampf gegen den internationalen Terrorismus" ersetzt und zum Kampf der Kulturen hochstilisiert.

Das Kapital war stets bemüht, den Klassencharakter der kapitalistischen Gesellschaft zu verschleiern. Es spricht von einer „Solidargemeinschaft". Die beiden großen Krisen – Corona und Russlands Krieg gegen die Ukraine – haben gezeigt, wie solidarisch das große Kapital ist und was es von der Gemeinschaft mit den Arbeitnehmern hält. Schon ist die neue Klammer zwischen Kapitalherrschaft und Volk gefunden. Der Sicherheitsstaat, besonders ausgeprägt in den USA, ist das neue Zauberwort, mit dem die politischen Parteien um die Gunst der Wähler werben. Er wird im Kapitalinteresse auch notwendig sein, um die Völker im Zaum zu halten, welche der sich zuspitzende soziale Konflikt zwischen Kapital und Arbeit bald auf die Straße treiben könnte. Gegen diese Gefahr wird jetzt vorgebeugt. Unter dem Mantel eines angeblich neuen Sicherheitsbedürfnisses beginnt nicht nur der Abbau des Sozialstaates, sondern auch der demokratischen Errungenschaften, nachdem alle Parteien sich bereits dem Diktat des Kapitals unterworfen haben.

Das Mittel der verstärkten Differenzierung der Arbeitnehmerschaft durch das Kapital nach dem alten Grundsatz: „Teile und herrsche!" könnte versagen, wenn größere Teile des Volkes verunsichert und geschröpft werden. Denn, obwohl die Völker der entwickelten Welt die materiellen Bedingungen für wachsenden Wohlstand mit immer weniger Arbeitszeit als Gesamtheit schufen, möchte ihnen das Kapital im Profitinteresse diese vorenthalten.

Der kurze Exkurs soll helfen, Gesellschaftsentwicklung vom Wesen her zu begreifen, da vom ideologischen Überbau, solange er noch vom Kapital geprägt wird, Aufklärung nicht zu erwarten ist. Vielmehr sind die Meinungsbildner bemüht, mit Begriffen wie Moderne, Dienstleistungs-, Informations-, Medien-, digitalisierte und Wissensgesellschaft, die bestimmte Erscheinungen technischen Fortschritts bzw. gesellschaftlicher Veränderungen reflektieren, das innere Wesen der Gesellschaft, das Kapitalverhältnis, zu verschleiern.

Alles in allem lehrt uns die Geschichte, dass der gesellschaftliche Überbau in seinen Wandlungen fasslich wird, wenn wir die ökonomische Basis der Gesellschaft analysieren und die hier wirkenden Widersprüche in ihrer Dynamik offenlegen. Sie gibt uns Auskunft über den Gesellschaftstyp und schafft Ernüchterung. Über einer vom Kapital beherrschten ökonomischen Basis kann sich kein nicht kapitalistischer und über einer unterentwickelten ökonomischen Basis kein Überbau einer freien Gesellschaft erheben.

Die Erkenntnisse der Geschichte nutzend, muss es darum gehen, Gedanken zur Beschaffenheit des Überbaus für die freie Gesellschaft zu entwickeln, der sich über einer ausgereiften ökonomischen

Basis erhebt, in der die Vorherrschaft des Kapitals aufgehoben wurde, und Wege aufzuzeigen, die zu ihm hinführen.

Der Traum der Menschheit von einer besseren, gerechteren und vernünftig eingerichteten Gesellschaft ist so alt wie die Klassengesellschaft selbst. Alles, was die Menschen als „Geschichte Erleidende" zu ertragen hatten, was bis heute vorhält, nahm mit der Herausbildung privaten Eigentums seinen Anfang, und dennoch gäbe es keine Zivilisation und den hohen Entwicklungstand der Gesellschaft ohne dieses private Eigentum.

Die Weltreligionen spiegeln die Sehnsüchte der Menschen nach einer besseren Welt von jeher wider. Eine frühe wissenschaftliche Antwort bemühte sich Immanuel Kant zu geben. Da die Erde rund ist und die Menschen nicht voreinander weglaufen können, sah er die Voraussetzung für den ewigen Frieden kurz gefasst in: Internationalisierung, Demokratisierung und Öffentlichkeit. Der Verlauf der Geschichte nach Kant scheint ihn Lügen zu strafen. In Wahrheit war er in seinem Denken seiner Zeit nur weit voraus. Die ökonomischen Verhältnisse für seine Vorstellungen vom ewigen Frieden waren noch nicht vorhanden. Sie sind gegeben, wenn der Antagonismus, der die Klassengesellschaft beherrscht, aus dem der Egoismus der Menschen und all die Scheußlichkeiten entspringen, die die Zivilisationsgeschichte begleiteten, aufgehoben werden können und aufgehoben werden.

Nachdem die produktionstechnische Basis für die freie Gesellschaft geschaffen ist, besteht nach fast 10.000 Jahren Klassenherrschaft erstmals objektiv die Möglichkeit, aber auch die Notwendigkeit, dies zu erreichen. Und ob Möglichkeit tatsächlich auch als Notwendigkeit begriffen wird, in bewusstes Handeln der Menschen mündet, hängt davon ab, welche Wandlungen sich im gesellschaftlichen Überbau in der vor uns liegenden Zeit vollziehen.

Mit der Umgestaltung des gesellschaftlichen Überbaus klärt sich auch die Frage, die Kant umtrieb und die auch Safranski bewegt, die Frage nach der Natur des Menschen: Ist der Egoismus der Exemplare unserer Art Produkt biologischer oder gesellschaftlicher Evolution? Kant war es nicht vergönnt, den Egoismus als Gesellschaftsprodukt zu entschleiern, deshalb sein kategorischer Imperativ als moralischer Appell an die Menschen im Allgemeinen und die Herrschenden im Besonderen, beeinflusst von der Lebensmaxime Friedrichs II.

Nach Kant entschleierte Marx den Egoismus als gesellschaftliches Produkt. Nach der revolutionären Umgestaltung der ökonomischen Basis wird im Prozess einer längeren historischen Umwälzung mit der Auflösung des sozialen Widerspruchs auch der Egoismus allmählich aus der Gesellschaft verschwinden. Sie wird sich wahrhaftig auf das Prinzip Vernunft begründen. Ob es gelingen wird, hängt davon ab, ob der subjektive Faktor, die Volksmassen, diese Reife erlangen.

Die Phase der arbeitssparenden Reproduktion des Kapitals, die den Massenkonsum und Wohlfahrtsstaat notwendig und möglich machte, war sozusagen die Morgenröte für heraufdämmernde neue Gesellschaftszustände. Mit dem Übergang zur allseitigen Ressourcenersparnis ist der Zeitpunkt eingetreten, den Weg in die freie Gesellschaft zu beschreiten. Alle objektiven Voraussetzungen, die ressourcensparende Reproduktion und die reife produktionstechnische Basis, sind in der entwickelten Welt gegeben. Damit erfüllen sich Kants Visionen: Der internationale Austausch von Gütern und Informationen, demokratische Gesellschaftsstrukturen und Medienöffentlichkeit sind Gegenwart. Noch sind sie getaucht in den Äther kapitalistischer Produktionsverhältnisse. Die Wolke wird sich lichten, wenn die Herrschaft des Großkapitals über die Gesellschaft aufgehoben ist. Der gesellschaftliche Überbau erhält einen neuen Inhalt und wandelt seine Formen.

10.3 Selbst verschuldete Unmündigkeit

Immanuel Kant bewegte an der Schwelle zum 19. Jahrhundert die selbst verschuldete Unmündigkeit der Völker. Schauen wir jetzt in die Gesellschaft, beschleicht uns das Gefühl, daran hat sich bis heute nicht viel geändert. Wir haben es offensichtlich mit einem Phänomen zu tun, welches den Kapitalismus über seine gesamte Zeit begleitet.

In den vorkapitalistischen Gesellschaften war es relativ einfach, das Volk im Zaum zu halten. In der Sklaverei waren es die Götter, die den Gehorsam einforderten. Mit dem Übergang in den Feudalismus kamen die monotheistischen Religionen auf, die nur noch einen Gott, den „Erlöser", kannten und die den Menschen das glückliche Leben im Jenseits versprachen. Gottesfurcht hielt von nun an die Menschen im Zaum und ließ sie ihr jämmerliches Leben im Diesseits ertragen.

Mit Beginn der kapitalistischen Gesellschaft, mit der Aufklärung und der Reformation verlor der Glauben allmählich seine disziplinierende Wirkung, wenngleich er auch immer noch bemüht wurde, und das vielfach noch bis in unsere Tage. Bei den Russen, die ich in ihrer atheistischen Verfassung bereits in sowjetischen Zeiten kennengelernt hatte, erfuhr die orthodoxe Kirche nach 2000 eine Renaissance, sodass ich sie, die Russen, nach dem Jahr 2000 fast nicht mehr wiedererkannte. Dennoch bedurfte es in der westlichen Welt zunehmend anderer Mittel, um die Menschen bei Laune und untertänig zu erhalten.

War es anfangs hochgezüchteter Nationalismus (wie jetzt erneut in Russland), der dies vermochte, so versagte nach dem Zweiten Weltkrieg auch diese Klammer zwischen Herrschern und Beherrschten. Es war die Zeit, in der der Kapitalismus mit der ausgereiften arbeitssparenden Reproduktion seine stärkste Phase erlebte, die es ihm ermöglichte und ihn gleichzeitig zwang, die Lebensverhältnisse der Arbeitnehmerschaft, wenn auch differenziert, in seinen Hochburgen spürbar zu verbessern. Von dieser Zeit an vermittelte das Kapital dem Volk die Mär: „Wir sitzen alle in einem Boot", sprach gar von einer „Sozialpartnerschaft". Alles, was von den Regierenden ausging, wurde so dargestellt, als beträfe es alle Mitglieder der Gesellschaft, die Arbeitnehmer wie die Arbeitgeber, in gleicher Weise, und Mehrheiten glaubten es.

1999 wurde mit der Spenden- und Schwarzgeldaffäre der CDU/CSU aufgedeckt, in welcher Weise diese beiden Parteien mit dem großen Kapital verstrickt und verflochten waren. Bei Wikipedia kann man im Internet all diese Verstrickungen über Jahrzehnte nachlesen und in Erfahrung bringen, dass all diese Machenschaften nie vollständig aufgeklärt wurden und dann im Sande verlaufen sind. Der damalige Bundeskanzler, Helmut Kohl, in dessen Regierungszeit eine besonders extreme Affäre fällt, verweigerte sich, die Namen der Spender zu nennen, da er ihnen sein „Ehrenwort" gegeben hatte. Er ließ offen, um welche „Ehren" es dabei ging, schließlich war er als Bundeskanzler eigentlich nur dem deutschen Volke zur Ehre verpflichtet. Das war ihm offensichtlich entfallen.

Solche Einblicke in das eigentliche Handeln der Regierenden sind äußerst selten. Und beide Parteien waren glücklich, da er die Namen nicht genannt hatte. Natürlich glaubte ohnehin niemand, dass die deutschen Arbeitnehmer bei Kohl aufmarschiert sind, um Spenden abzugeben. Es bedarf wenig Fantasie, um mögliche Spender auszumachen. Spätestens ab diesem Zeitpunkt hätte den Deutschen klar sein müssen, wessen Knechte die Oberen dieser beiden Parteien sind.

Natürlich ist die Spenden- und Schwarzgeldaffäre unter Kohl nicht einmalig. Beide Parteien, CDU und CSU, wie auch die FDP gründeten sich nach dem Zweiten Weltkrieg als Parteien des Kapitals und tarnten sich mit den Attributen: christlich, frei, demokratisch und sozial.

Bereits die Gründungsväter (Adenauer, Goppel, gefolgt von Strauß) verfolgten das Ziel, den durch seine faschistische Variante arg in Misskredit geratenen Kapitalismus durch Reformen wieder salonfähig zu machen, und das nicht ohne Erfolg. Die einst braunen Eliten wandelten sich in diesen Parteien zu schwarzen um. Wenn wir uns heute darüber verwundern, dass es in Deutschland wieder Antisemitismus, Rassismus und Nationalismus gibt, so muss begriffen werden, dass diese Ausgeburten unterschwellig immer vorhanden waren und – nur zeitlich begrenzt – nicht mehr artikuliert wurden.

Angela Merkel rückte die CDU als Bundeskanzlerin etwas weg vom rechten Rand in die Mitte der Gesellschaft. Man kann durchaus sagen, erst unter ihrer Führung begann in der CDU wie in der CSU eine ernsthafte Aufarbeitung der nationalsozialistischen Vergangenheit. In der Folge verließen die rechtsradikalen Mitglieder diese Parteien, wie z.B. Alexander Gauland, Björn Höcke (Junge Union) und gründeten die rechtsradikale AfD. Im Osten fanden sie unter den von der Wiedervereinigung Enttäuschten eine breite Anhängerschaft. Die CSU brauchte wesentlich länger, um sich im Geist von Angela Merkel zu reformieren. Es gelang ihr erst nach der Flüchtlingskrise von 2015 mit dem Machtantritt Markus Söders, und hier nur deshalb, weil die AfD in Bayern ernsthaft den Führungsanspruch der CSU infrage stellte. (Markus Söder ist besonders wandlungsfähig: Erst hängt er an allen möglichen und unmöglichen Orten Kreuze auf, dann setzt er sich an die Spitze, um die Bienen zu retten, schließlich umarmt er Bäume.)

Angela Merkel kam aus dem Osten mit einer vergleichbaren Sozialisierung wie ich selbst. Wir beide kamen aus „gutbürgerlichem" Hause. Sie als Tochter eines Pfarrers aus Hamburg in den Osten geraten, ich als viertes Kind eines hohen Beamten der Deutschen Reichsbahn, der 1944 in dieser Tätigkeit in der Sowjetunion sein Leben verlor.

Mein Absturz aus dem Wohlstand in bitterste Armut 1945 war krass. Derartiges hatte Angela Merkel nicht erlebt. Aber beide erlebten wir den gescheiterten Versuch in der DDR, eine sozialistische Gesellschaft zu errichten, und waren gezwungen, im Unterschied zu den Westdeutschen, uns mit diesem Phänomen gründlicher auseinanderzusetzen. Das hat uns – mich mehr als sie – geprägt.

In den großen Auseinandersetzungen von 1989/90 haben wir beide wahrscheinlich auf den gleichen Plätzen in Berlin gestanden und all die Reden, die den Untergang der DDR einleiteten, mit unterschiedlichen Gefühlen gehört. Ich verfolgte ihren Aufstieg in der deutschen Politik ab 1990 interessiert, nicht ohne eine gewisse Sympathie. Meine größte Sorge war: „Was passiert mit der CDU, wenn sie sich aus dem politischen Leben zurückzieht?" Der alte Geist des Erzkonservativen und Reaktionären, der CDU und CSU von jeher beherrschte, könnte wieder Einzug in die deutsche Gesellschaft halten.

Angela Merkel war eine Ausnahmeerscheinung unter den Bundeskanzlern, die von der CDU gestellt wurden. In ihr, da sie aus dem Osten kam, lebte der alte deutschtümelnde Geist, der ihre Vorgänger geprägt hatte, nicht mehr fort. Sie war stark humanistisch geprägt und von überragender Intelligenz bei gleichzeitiger Empathie und Besonnenheit. Dabei haben ihr es die alten weisen Männer der CDU/CSU nicht leicht gemacht. Aber sie, die „schwache" Frau, eine überragende Persönlichkeit, hat sie alle, von Roland Koch über Friedrich Merz bis Horst Seehofer, in die Schranken gewiesen, obwohl auch sie die Macht des großen Kapitals nie infrage gestellt hat.

Der Nationalsozialismus, dem das große mitteleuropäische Kapital zur Macht verholfen hatte, hatte sich durch die Rückkehr zur rücksichtslosen Diktatur und seinen Krieg mit extremen Grausamkeiten selbst diskreditiert. Die rechten Kräfte in der Gesellschaft brauchten eine neue Erzählung in Abgrenzung zum Nationalsozialismus.

Sie fanden sie in Armin Mohler (1920–2003), der die in der Weimarer Republik aufgekommene „konservative Revolution" in seinen Schriften neu belebte. Er gilt als der Vater der neuen Rechten, nicht nur in Deutschland, sondern in der gesamten westeuropäischen Welt. Diese Leute, wie ihre Vorgänger, galten als Wegbereiter der faschistischen Bewegung in Mitteleuropa. Konservative Revolution ist eine Umschreibung von Konterrevolution. Sie wird immer dann aktuell, wenn – wie in der Weimarer Republik zu befürchten war – die alten Machtverhältnisse infrage gestellt werden und durch neue ersetzt werden könnten.

Dieser Mohler, ein Schweizer, der nicht nur in Deutschland, sondern auch in Frankreich politisch aktiv war, war zunächst tätig als Privatsekretär von Ernst Jünger, dem Kriegsverherrlicher, der das Buch: „In Stahlgewittern" schrieb, ein Intimfreund von Helmut Kohl, um dann enger Mitarbeiter und Berater von Franz Josef Strauß zu werden. Wir sehen also, der alte rechtsradikale Geist war bis in die Regierungsspitzen der alten Bundesrepublik präsent. Wir müssen uns also nicht verwundern, weshalb Rechtsradikalismus und Antisemitismus in der westlichen Welt eine erneute Blüte erleben. Latent waren sie immer vorhanden und jederzeit wieder aktivierbar.

Wir erkennen also, wie es das Kapital von jeher verstand, die Denk- und Handlungsweise des Volkes zu manipulieren, es in selbst verschuldeter Unmündigkeit zu erhalten. Dafür nutzt das große Kapital die Medien, die sich überwiegend in privater Hand befinden, im eigenen Interesse. Selbst Adenauer, ein Antifaschist, ließ die SPD, die sich damals noch nicht von Marx losgesagt hatte, im Interesse des großen Kapitals, von der damaligen Organisation Gehlen, aus faschistischen Geheimdiensten hervorgegangen und Vorläufer des BND, überwachen und ausspähen, wie erst jüngst bekannt wurde.

Die „Bild"-Zeitung vom Springer-Verlag der Friede Springer ist die meistgelesene Zeitung Deutschlands. Sie vermittelt das

Weltbild des großen Kapitals für das weniger gebildete Volk. Da sie die auflagenstärkste Tageszeitung ist, erkennen wir, wie erfolgreich das große Kapital das Volk in Unmündigkeit erhält. Skandalträchtig wird hier alles ausgebreitet, was solche Bewegungen wie die AfD, Coronaleugner, Impfgegner, Reichsbürger, Querdenker, Identitäre, freie Sachsen usw. in die Welt setzen. Dem großen Kapital, welches selbst nie infrage gestellt wird, gefällt das. Solange sich die Bürger vehement und hyperemotional auf solchen Nebenkriegsschauplätzen tummeln, erkennen sie den Hauptkriegsschauplatz, die Zerstörung der Gesellschaft durch das große Kapital und die Finanzindustrie, nicht.

Vergleichbaren Einfluss auf beachtliche Teile des Volkes nimmt die Klatschpresse in einer bunten Vielfalt. In ihr hat der Adel, die alte herrschende Klasse der Feudalzeit, einen gewichtigen Platz, Ausdruck dafür, dass die bürgerliche Revolution in Mitteleuropa nicht konsequent vollzogen wurde. Wir erkannten es an der unheiligen Oligarchie zwischen Adel und Bourgeoisie, die den Faschismus in Mitteleuropa möglich machte und immer noch die Hirne der Menschen vernebelt.

Im Alltagsdenken dringt die Masse des Volkes nicht zum Wesen gesellschaftlicher Erscheinungen vor. Sie erkennen nicht den Verursacher der Gesellschaftskrise, das große Kapital, in dessen Händen die Macht liegt, sondern nur seine Handlanger, die Regierenden. Gegen jene richtet sich der Zorn all dieser Bewegungen auf den Nebenkriegsschauplätzen. Sollten diese abgewählt werden, stehen bereits im Hintergrund radikalere Parteien, die als neue Handlanger die Herrschaft des großen Kapitals dann absichern würden, wie bereits einmal, 1933, geschehen.

Bleiben die gesellschaftlichen Eliten, die aufklärend wirken könnten. Sie verfügen über ein abstraktes Denkvermögen, sind befähigt, im gesellschaftlich Erscheinenden Wesentliches zu erkennen. Das große Kapital weiß das. Es umwirbt die Eliten, sichert ihnen Privilegien, mit denen sie sich vom Volk abheben und ein sattes Leben führen. Das war völlig in Ordnung, solange der Kapitalismus noch progressiv war. Diese Zeit ging aber vor 40 bis 50 Jahren in seinen Hochburgen zu Ende. Jetzt sind vor allem die neu nachwachsenden Eliten gefordert, ihre historische Mission zu erkennen und zu handeln. Es gibt hoffnungsvolle Anzeichen, dass sich diese Erkenntnis in den Eliten durchzusetzen beginnt.

Nach der Spenden- und Schwarzgeldaffäre der CDU/CSU regierte knapp 8 Jahre (1998–2005) Rot-Grün mit Schröder und Fischer, die im Dienste des Kapitals den grausamsten Sozialabbau, mit den Stimmen von CDU/CSU und FDP, in der Geschichte der Bundesrepublik durchsetzten. Dafür wurden sie zu Recht abgestraft und so zogen CDU/CSU erneut als stärkste Parteien mit Merkel an der Spitze in den Bundestag und die Bundesregierung ein.

Das Volk hatte nichts dazugelernt, verharrte weiterhin in seiner Unmündigkeit. Das ist kein alleinig deutsches Phänomen. Es dürfte in allen Hochburgen des Kapitals nicht viel anders sein. Bei meinen vielen Aufenthalten in Russland und anderen Ländern ist mir bewusst geworden, dass es Völker gibt, die noch naiver und unbedarfter sind als das deutsche Volk.

Das ist die Leistung des großen Kapitals in der Welt: Mittel, Wege und Strategien gefunden zu haben, die Völker in Unmündigkeit zu erhalten. Deshalb ist es in all diesen Ländern die Politik des großen Kapitals, die das Denken und Handeln der Völker immer noch bestimmt, im Westen unter dem Deckmantel der Freiheit und mehr im Osten durch Unterdrückung jeder Opposition.

Wenn der Übergang in die freie Gesellschaft gelingen soll, ist es an der Zeit, dass die immer noch dem Kapital dienenden Eliten ihre historische Mission erkennen, jede Bestechung zurückweisen und sich der Aufgabe zuwenden, den Völkern aus ihrer Unmündigkeit herauszuhelfen. Von dieser ihrer großen Verantwortung kann sie niemand entbinden. Bislang bestand dafür noch keine unabdingbare Notwendigkeit, die aber nunmehr eingetreten ist, wenn die Zerstörung unserer Heimat Erde durch das große Kapital abgewendet werden soll.

10.4 Freiheit und Demokratie

Vorbemerkungen

Demokratie ist keine Gesellschaftsformation, sondern eine Form, in der sich eine Gesellschaft verfasst und darstellt. Demokratische Staatsformen gab es in allen Gesellschaftsformationen. So in der Sklaverei in Griechenland und zeitweilig in Rom. Allerdings waren in diesen Demokratien circa 50 % der Menschen Sklaven, also Rechtlose. Hinzu kamen die Frauen, 50 % der freien Bürger, die ebenfalls keine bürgerlichen Rechte besaßen.

Im Feudalismus war Indien eine Demokratie, nur war die Gesellschaft hierarchisch gegliedert in Kasten mit unterschiedlichem Status von mächtig und reich bis machtlos und arm. Erst der Kapitalismus brachte demokratische Formen hervor, in denen alle Menschen formal gleich waren in allen Geschlechtern. Es war nicht Ausdruck gesteigerter Humanität des Kapitals, sondern, wie wir von Churchill wissen, die einzige Staatsform, die noch ging.

Die Hinwendung zur Demokratie erwuchs nicht aus der Hinwendung des Kapitals zum Humanismus. Nein, sie wurde unumgänglich mit der wachsenden Bewusstseinsreife der Völker in den hoch entwickelten Ländern. Und wir wissen, wie schwierig sich die Willensbildung in diesen Ländern vollzieht, da das Kapital im Eigeninteresse nichts unversucht lässt, um die Volksmassen zu differenzieren und zu verwirren.

In einem seiner letzten Interviews 1883 wurde Marx gefragt, wie er sich denn die dem Kapitalismus folgende Gesellschaft vorstelle.

Marx war seriöser Wissenschaftler und kein Spekulant, dementsprechend fiel seine Antwort aus. Er sagte, diese Frage lasse sich gegenwärtig noch nicht beantworten, dafür sei der Stoff noch nicht reif. Die Antwort auf diese Frage ist den folgenden Generationen vorbehalten. Das Einzige, was sich gegenwärtig sagen lässt, ist die Tatsache, dass die neue Gesellschaft mit einer höheren Stufe der Demokratie ins Leben treten wird.

Circa 100 Jahre zuvor hatte die kapitalistische Produktionsweise in England, in dem Marx forschte, seinen Siegeszug begonnen: die Entwicklung der Produktivkräfte, die er akribisch verfolgte, die menschliche und tierische Muskelkraft durch die Dampfmaschine sowie die menschliche Hand bei der Führung der Werkzeuge durch Werkzeugmaschinen ersetzt hatte. Das war eine Revolution in der Entwicklung der Produktivkräfte von gigantischem Ausmaß. Gleichzeitig war Marx klar, dass dies nur der Anfang einer gewaltigen Entwicklung war, die vor der Menschheit lag.

Stufen der Produktivkraftentwicklung

George Westinghouse baute 1886 (3 Jahre nach Marx' Tod) Stromnetzwerke mit Wechselstrom auf. Von da an war Elektrizität industriell und für Privathaushalte nutzbar, setzte sich aber erst endgültig 1893 durch. 1886 baute Carl Benz das erste funktionierende Automobil mit Benzinmotor. Ab 1900 trat der Dieselmotor, vor allem in Nutzfahrzeugen, der Eisenbahn und im Schiffsantrieb seinen Siegeszug an. Die Luftfahrtindustrie für kommerzielle Zwecke entfaltete sich vor dem Ersten Weltkrieg. Die Telekommunikation mit Telefon, Rundfunk und Fernsehen, die sich im 20. Jahrhundert beginnend entwickelte, bis hin zum weltweiten Internet, revolutionierte die Nachrichtenübertragungsformen, die Marx' Vorstellungsvermögen in seiner Zeit weit übertrafen, usw. usf.

Marx war sich dessen bewusst, dass der Kapitalismus die geeignete Gesellschaftsformation ist, um den wissenschaftlich-technischen

Fortschritt zu beflügeln. Ihm war klar, dass er mit der Ersetzung der Muskelkraft und der menschlichen Hand bei der Führung der Werkzeuge nicht am Ende ist, sondern er nach den physikalisch-mechanischen Prozessen auch die chemischen und biologischen durchdringen und wirtschaftlich nutzbar machen wird, ja dass er auch die geistigen Prozesse des Menschen in Produktion, Dienstleistung, Leitung und Verwaltung durch Computertechnik, künstliche Intelligenz und Robotertechnik automatisieren wird.

Marx wusste aber auch, dass jeder Fortschritt in der Entwicklung der Produktivkräfte im dialektischen Wechselspiel die Produktionsverhältnisse wandelt und die Gesellschaft in keinem starren Zustand verharrt. Der Dialektik von Quantität und Qualität folgend, der Kapitalismus sich quantitativ entwickelt, solange er der Entwicklung der Produktivkräfte noch Raum geben kann, sich aber dem Punkt nähert, wo diese Quantitätsanhäufung den Umschlag in eine neue gesellschaftliche Qualität erfordert.

Marx erlebte den Siegeszug des Kapitalismus, zumindest in England, noch mit, wusste aber zugleich, dass dieser längst nicht an sein Ende gelangt war. Seitdem sind circa 150 Jahre vergangen. Heute sprechen wir vom Spätkapitalismus, und die Kritik an seinen Auswüchsen, mit denen er uns täglich überrascht, nimmt zu. Den Menschen wird bewusst, der Kapitalismus stößt an seine Grenzen, und nunmehr ist die Zeit gekommen, ihn zu überwinden. Marx äußert sich eben nicht dazu, wie er überwunden werden könnte, weil er nicht konkret wissen konnte, was sich in den folgenden 150 Jahren ereignen würde. Deshalb sagte er, die Antwort auf diese Frage sei folgenden Generationen vorbehalten, da der Stoff gegenwärtig noch nicht reif sei. Seit dieser seiner Aussage sind 6 Generationen gefolgt. Jetzt dürfte die Zeit reif sein, erste Gedanken für diese Zeitenwende zu entwickeln.

Mit der Losung: „Freiheit, Gleichheit, Brüderlichkeit" fegte die Französische Revolution von 1789 den Feudalismus hinweg. Das war ein hoher Anspruch, der auch bis heute noch nicht vollständig verwirklicht ist. Im Gegenteil. Gleichheit und Brüderlichkeit entwickeln sich eher wieder rückläufig. Das deutet darauf hin, dass der Kapitalismus mit seinem Latein am Ende ist. Er ist mit der Umsetzung dieser 3 Ziele überfordert. Erst die freie Gesellschaft wird die Ziele der Revolution von 1789 endgültig verwirklichen.

Freiheit lässt sich nicht losgelöst von der Notwendigkeit denken, wie man auch Rechte nicht losgelöst von Pflichten denken kann. Aber dialektisches Denken gehört nicht zu den Stärken des Kapitals. Kapital denkt metaphysisch. Das ergibt sich aus seinem Lebenselixier, der Profitmaximierung, aus der der individuelle Egoismus erwächst, mit dem es die gesamte Gesellschaft infiziert hat. Tagtäglich kann man gegenwärtig in der westlichen Welt sehen, wie Minderheiten auf den Straßen ihre geballte Dummheit demonstrieren. Das sind die Folgen der vom Kapital in die Gesellschaft getragenen Denkweise. Sie rufen nach Freiheit, wollen aber die Notwendigkeiten nicht erkennen, verlangen mehr Rechte, wollen aber keine Pflichten eingehen. Das Kapital hält es schon immer so. Jetzt ist das Kapital überrascht, weil das Volk Gleiches für sich in Anspruch nehmen will.

Führen wir es uns plastisch vor Augen. Vergleichen wir Anleger mit Hartz-4-Empfängern: Beiden gemeinsam ist, dass sie über viel freie Zeit verfügen. Die Anleger führen längst nicht mehr die Wirtschaft und auch die Profitmaximierung haben sie Vermögensverwaltergesellschaften übertragen. Ihr Freiheitsgrad ist grenzenlos. Obwohl sie nichts leisten, gibt es für sie kein Bedürfnis, und sei es noch so extravagant, das sie nicht befriedigen könnten.

Ganz anders die Hartz-4-Empfänger. Die Gesellschaft gewährt ihnen das Existenzminimum, um damit ihre Grundbedürfnisse zu gewährleisten. Ihr Leben ist bestimmt von der Notwendigkeit, ihre elementaren Bedürfnisse zu befriedigen demgemäß ist ihr Freiheitsgrad, im Unterschied zu den Anlegern, sehr bescheiden und dennoch ist ihr Freiheitsgrad höher als für die Masse der Menschen in der armen Welt. Noch ist die Welt weit davon entfernt, Freiheit für alle zu denken und nicht als Privileg der reichen Länder. Von Recht und Freiheit können wir dann sprechen, wenn sie für alle Menschen dieser Welt verwirklicht sind.

Natürlich waren die Menschen noch nie so frei wie heute, zumindest im reichen Westen. Weniger entwickelte Länder sind noch weit entfernt von solchen Freiheitsgraden. Ein Blick in unsere eigene Geschichte genügt, um zu erkennen, dass erst die ökonomischen Voraussetzungen geschaffen werden mussten, bevor sich Freiheiten, wie wir sie heute schätzen, verwirklichen konnten. In jeder Klassengesellschaft, und auch der Kapitalismus ist noch eine Klassengesellschaft, gestaltet sich Freiheit differenziert.

In den vorkapitalistischen Gesellschaften beruhte die Freiheit der herrschenden Klassen auf der Unfreiheit der beherrschten Klassen. In gleicher Weise trat der Kapitalismus ins Leben, entsprechend elend waren die Lebensverhältnisse der arbeitenden Klassen. Erst mit dem Siegeszug der arbeitssparenden Reproduktion erhöhte sich der Freiheitsgrad der arbeitenden Klassen. Allerdings war auch in dieser Zeit der Entwicklungsgrad der Freiheit zwischen den Herrschenden und den Beherrschten sehr differenziert. Die Notwendigkeit der Existenzsicherung war bei den Beherrschten viel höher als bei den Herrschenden.

Mit dem Eintritt des Kapitalismus in seine letzte Phase nimmt diese Differenzierung wieder zu. In den ökonomisch weniger entwickelten Ländern, insbesondere in Afrika, in Südostasien sowie in großen Teilen Süd- und Mittelamerikas, leben die beherrschten Klassen auch heute noch hochgradig im Reich der Notwendigkeit. Freiheit spielt in deren Denken noch keine Rolle. Im reichen Westen speist sich der höhere Grad der Freiheit der arbeitenden Klassen nicht unwesentlich aus der Unfreiheit der unterdrückten Klassen in den armen Ländern.

Freiheit ist keine nationale, sondern eine internationale Herausforderung. Dabei geht es nicht nur um die liberale, also die individuelle Freiheit des Einzelnen, sondern um Freiheit im umfassenden Sinne. Das heißt also um Freiheit von der Notwendigkeit für alle Erdenbürger. Das ist eine gewaltige Herausforderung. Die ersten Schritte gehen wir mit dem Eintritt in die freie Gesellschaft, auf einem Weg, der die Menschheit noch lange beschäftigen wird.

Höhere Stufe der Demokratie

Wenn Marx von einer höheren Stufe der Demokratie mit dem Übergang in die freie Gesellschaft spricht, so sieht er sie in der Aufhebung des privatkapitalistischen Eigentums. Erst mit diesem Schritt entstehen die Voraussetzungen, die Klassenschranken zu beseitigen und für alle Menschen gleiche Ausgangsbedingungen zu schaffen.

Sehr viel wurde über die antike griechische Polis geschrieben. Die von mir verehrte Hanna Ahrens hat ihr viel Aufmerksamkeit geschenkt. Nur war es keine Demokratie des gesamten Volkes, sondern eine Mitbestimmung der Bürger. Was wir heute mit dem Begriff Arbeitnehmer fassen, waren damals rechtlose Sklaven, die auf der Polis nicht anwesend waren. Es war also eine Demokratie der Besitzenden. Eine Demokratie im Wortsinn wird erst möglich, wenn die Klassenunterschiede aufgehoben sind, und das hat die Aufhebung des privatkapitalistischen Eigentums zur Voraussetzung. Bis dahin haben wir es mit einer vom Kapital beherrschten Form der Demokratie, also mit einer eingeengten und keiner höheren Stufe der Demokratie zu tun.

In den Ländern, die sich auf den Weg in eine sozialistische Gesellschaft machten, waren die Freiheitsgrade der Menschen, obwohl sie das privatkapitalistische Eigentum aufgehoben hatten, keinesfalls höher als in den kapitalistischen Hochburgen, weil auch hier keine ökonomischen Voraussetzungen vorhanden waren, die höhere Freiheitsgrade ermöglicht hätten. Im Gegenteil. Ihre produktionstechnische Entwicklung blieb hinter der des Kapitalismus, der die arbeitssparende Reproduktion verwirklicht hatte, zurück. Die Notwendigkeit der Existenzsicherung der hier lebenden Menschen engte den Spielraum für Freiheit stark ein.

Das Kapital muss bei Strafe seines Untergangs die Herrschaft über die Gesellschaft behaupten, und das bereits, seitdem der Kapitalismus geworden war. Wir konnten uns davon überzeugen, dass ihm das über all diese Zeit meisterhaft gelungen ist, und es war nicht zum Nachteil aller in der Gesellschaft agierenden Kräfte. Nun allerdings hat das Kapital den Gipfel seiner Prosperität überschritten und kann künftig die Gesellschaft nicht mehr führen.

Freiheit und Demokratie stehen in einem beständigen dialektischen Wechselverhältnis zueinander. Jede Zunahme des Freiheitsgrades des Einzelnen eröffnet der Demokratie neue Möglichkeiten. Beide, Freiheit und Demokratie, werden ihre Vollkommenheit erst in der freien Gesellschaft wirklich entfalten, also erst mit der Aufhebung des Privateigentums und damit der Klassen.

Die Demokratie, die wir gegenwärtig in allen hoch entwickelten kapitalistischen Staaten erleben, ist eine vom Kapital geprägte. Das Kapital ist privilegiert und alle Parlamente und Regierungen dieser Länder folgen mehrheitlich dem vom Kapital vorgezeichneten Weg. Das Finanzkapital und die international agierenden Konzerne verfügen heute über eine Macht, gegen die sich die Macht der Parlamente und Regierungen – die Instrumenten des Kapitals zur Machtausübung – eher bescheiden ausnimmt.

Mit dem Übergang in die freie Gesellschaft entstehen zunächst nur die Voraussetzungen für eine höhere Stufe der Demokratie. Bis sie Wirklichkeit wird, bedarf es der subjektiven Reife breiter

Volksmassen. Vollständig erreicht wird sie sein, wenn das Volk die Führung der Gesellschaft selbst übernommen hat. In der Führungsbefähigung des Volkes werden die bis dahin führenden Eliten ihre wichtigste Aufgabe erkennen.

Über die gesamte Zeit, seitdem es Gesellschaft gibt, ging es darum, den Aufwand an Arbeit im Produkt oder der Dienstleistung zu senken, um alles, was Leben lebenswert macht, mit weniger Einsatz an körperlichen und geistigen Energien zu erreichen. Arbeit wurde zum bestimmenden Merkmal in der Gesellschaft und unser moderner Kapitalismus ist eine reine Erwerbsgesellschaft mit Blick auf das große Heer der Arbeitnehmerschaft. Sie können nur durch tagtägliche Arbeit in Wohlstand leben. Das gilt nicht für die kleine Arbeitgeberschaft, insbesondere für die „Anleger", die auch ohne Arbeit in Saus und Braus leben können, und ihr Reichtum vermehrt sich beständig ohne ihr Zutun.

Über rund 10.000 Jahre diente das geschaffene Mehrprodukt der allseitigen Entwicklung der herrschenden Klassen. Erst in der stärksten Phase des Kapitalismus, in der Phase der arbeitssparenden Reproduktion, gelangten die, die das Mehrprodukt schufen, zu bescheidenem Wohlstand, und auch nur in den Ländern des reichen Westens. Mit dem Übergang in die ressourcensparende Reproduktion entstehen die Bedingungen für die allseitige Entwicklung aller Gesellschaftsmitglieder, und auch dann erst, wenn die Herrschaft des großen Kapitals über die Gesellschaft aufgehoben ist.

Die Denkweise unserer „Volksvertreter" in Parlamenten und Regierungen ist simpel, weil sie nicht erkennen, dass der Kapitalismus in den letzten 40 bis 50 Jahren in den hoch entwickelten Staaten ein solches Produktivitätsniveau erreicht hat, dass alles, was Leben lebenswert macht, im Überfluss produziert wird und das Kapital tagtäglich mit aggressiver Werbung um Kunden ringt, um das Produkt an die Frau oder den Mann zu bringen. Deshalb muss sich die über Jahrhunderte geübte Denkweise umkehren.

Gebrauchswerte und wachsender Zeitgewinn für alle sind wahrer Reichtum, nicht wachsender Profit und alle Zeit der Welt für eine Minderheit. In dieser Richtung wird sich Demokratie fortentwickeln müssen.

Eine höhere Stufe der Demokratie bedingt auch einen höheren Grad der Freiheit. Freiheit setzt die Aufhebung der Notwendigkeit voraus. In einer Klassengesellschaft, in der wir immer noch leben, ist der Grad der Freiheit für die Minderheit, die sich den Mehrwert aneignet, ein weit höherer im Vergleich zur Mehrheit, die den Mehrwert für die aneignende Minderheit schafft.

Diese Ungleichheit im Freiheitsgrad zwischen den besitzenden und den besitzlosen Klassen lässt sich erst beseitigen, wenn die Mehrwertschöpfung gegenstandslos und damit der Klassenantagonismus aufgehoben wird. Das passiert mit dem Eintritt in die freie Gesellschaft, der erst vollzogen werden kann, wenn die Notwendigkeit wegfällt, sich Mehrwert privat anzueignen, um ihn in die produktionstechnische Basis zu investieren. Mit dem Übergang in die ressourcensparende Reproduktion erübrigt sich diese Notwendigkeit. Die ökonomische Basis reproduziert sich ab diesem Zeitpunkt aus sich selbst heraus. Die Mehrwertschöpfung und damit ihre private Aneignung erübrigen sich. Die Klassengegensätze heben sich auf und damit die Unterschiede im Freiheitsgrad. Das ist das Kernmerkmal der freien Gesellschaft, einer Gesellschaftsform, die jetzt erstmals möglich und zugleich notwendig wird im gemeinsamen Interesse der Weltgesellschaft.

Bedingungsloses Grundeinkommen

Damit ist aber auch die Zeit gekommen, die Erwerbsgesellschaft hinter uns zu lassen und Wohlstand für alle, unabhängig von ihrer Arbeitsleistung, zu gewährleisten. Deshalb ist das bedingungslose Grundeinkommen, welches ein Wohlstandsleben für alle zusichert unabdingbar und nicht nur für eine schmarotzende

Minderheit. Dieser Anspruch auf ein bedingungsloses Grundeinkommen entsteht, wenn auch gestaffelt, mit der Geburt.

Natürlich hat das gravierende Auswirkungen auf die Beschaffenheit der Gesellschaft. Bis auf den Tag ist Praxis, dass sich in der Kindheit beginnend alles darauf konzentriert, sich auf ein Leben in der Erwerbsgesellschaft über Schule, Berufsausbildung und Studium vorzubereiten, um dann bis zum Rentenalter Erwerbsarbeit zu leisten. Menschen, die so geprägt wurden, wissen mit plötzlich mehr erwerbsfreier Zeit wenig anzufangen. Aber dieser Zeitgewinn für alle ist die Voraussetzung für deren allseitige Entwicklung. Mit dem bedingungslosen Grundeinkommen erhalten alle die Chance für die umfassende Entwicklung all ihrer körperlichen und geistigen Anlagen. Es liegt dann in der Hand eines jeden, welche Entwicklung er nimmt und welchen Platz er künftig in der Gesellschaft einnehmen wird.

Grenzen der Demokratie

Demokratische Mitbestimmung setzt Kompetenz voraus, die man sich durch Bildung erwirbt. Aus deutscher Sicht ist erkennbar, dass es oftmals an dieser Bildung mangelt. Ein großer Teil des Volkes hat nur 10 Jahre Schulbildung und die mittlere Reife gerade so geschafft. Nach der Schulzeit setzte sich die Bildung in Eigenverantwortung nicht unbedingt fort. Bedingt dadurch, dass die Menschen in den westlichen Demokratien Meinungsfreiheit haben, meinen sie, über alle die Gesellschaft bewegenden Fragen mit eben diesem schwachen Bildungsniveau kompetent mitreden zu können. Hier scheint mir jeder sein eigener Regierungschef zu sein, und natürlich weiß er alles viel besser als der/die gerade Amtierenden. Bevor das Internet erfunden war, fiel das nicht weiter auf, da die Menschen noch nicht vernetzt waren.

Heute darf jeder/jede, und seien sie noch so bildungsschwach, ihre persönlichen Auffassungen im Internet ausbreiten. Die schwach

Gebildeten stellen hier ihre geballte Dummheit zur Schau und genießen das vielfache Echo der geistlosen Bruderschaft. Die großen privaten Internetkonzerne haben nichts dagegen, für die Moral der Gesellschaft fühlen sie sich nicht verantwortlich – eine dem großen Kapital weltweit innewohnende Eigenschaft –; schließlich verdienen sie mit Werbung und Datenklau viel Geld. Mit der Zahl der Nutzer fließt mehr Geld in die Kassen.

Bestimmte Eigenschaften, wie Achtung vor höherer Bildung, Respekt, angemessene Bescheidenheit, Demut, sind völlig verloren gegangen. Jede kleine Gruppe, die sich über das Internet zusammenfindet, demonstriert ihre Dummheit auf der Straße. Und sei die Gruppe noch so klein, dennoch skandieren sie: „Wir sind das Volk!" Unter ihnen finden sich stets auch etwas höher Gebildete, die die Gruppe anführen. Es sind die Einäugigen unter den Blinden. All dieses Gebaren, das es in der gesamten westlichen Welt gibt, widerspricht jeder demokratischen Verfassung. Hier ist in der Regel verankert, dass die Würde des Menschen unantastbar ist. Aber dieses dumme Völkchen tritt die Würde der Mitmenschen mit Füßen und die Regierenden, deren Pflicht es ist, der Verfassung zum Recht zu verhelfen, schauen oft tatenlos zu. Jenen Menschen ist noch nicht aufgegangen, dass Demokratie nichts, aber auch gar nichts mit Anarchie zu tun hat.

Der Übergang in die freie Gesellschaft ist zunächst ein hoher Anspruch an all jene, die bislang Geschichte zu erleiden hatten und mit dem Übergang in die freie Gesellschaft Geschichte gestalten müssen. Das Volk wird schon lange als Souverän bezeichnet. Es stand schon am deutschen Reichstag zu Kaisers Zeiten. Nur wurde bisher Politik im Interesse der herrschenden Klassen gemacht. Mit der freien Gesellschaft wird das Volk nun wahrhaft zum Souverän und muss nach einer gewissen Zeit des Übergangs die Gesellschaft selbst führen. Man kann nicht früh genug damit beginnen, die Völker für diese anspruchsvollen Aufgaben zu befähigen.

Die Deutschen haben im Ergebnis ihrer Geschichte allen Grund, den Anfängen zu wehren. Schon einmal gelangte eine verkrachte

Existenz mit Namen Adolf Hitler, aus kleinbürgerlichen Milieu kommend, nicht ohne Zutun des großen Kapitals, an die Spitze des Staates. Der Bodensatz der Gesellschaft jubelte ihm sofort zu und die Gemäßigten schlossen sich in der Folgezeit nach und nach an, sei es aus Verblendung, Karrieresucht oder Angst.

Das Klein- oder Spießbürgertum, aus dem Hitler kam, ist gefährlich, da es kein eigenes Weltbild hat und damit empfänglich ist für extreme Ideologien und denen bedingungslos folgt. Nur so lässt sich erklären, weshalb Hunderttausende sich bereitfanden, grausamste Verbrechen zu begehen und den Humanismus mit Füßen zu treten. Es gibt keinen vernünftigen Grund, Parteien und Zusammenrottungen, die sich gegen die Verfassung stellen, zu dulden und gewähren zu lassen. Hier muss der Rechtsstaat mit aller Härte des Gesetzes aktiv werden, weiß er doch die vernunftbegabte Mehrheit auf seiner Seite. Immanuel Kant lässt grüßen.

Bundestagswahl in Deutschland 2021

Die Vorbereitung und Durchführung von Wahlen sind geeignet, um sich ein Bild davon zu machen, wie Demokratie in den kapitalistischen Hochburgen funktioniert. Ich erlebe Derartiges alle 4 Jahre nur in Deutschland, kann mir aber gut vorstellen, dass es auch in den anderen Ländern der westlichen Welt sich ähnlich vollzieht.

In Deutschland traten in der letzten Bundestagswahl 7 Parteien mit Aussicht, in den Bundestag einzuziehen, gegeneinander an. 7 verschiedene Ideologien warben um die Gunst der Wähler. Mit FDP, CDU und CSU – 3 bedingungslos auf das große Kapital eingeschworene Parteien – daran zu erkennen, dass sie für das große Kapital in ihren Programmen Steuersenkungen propagierten, um dessen Profite zu steigern. Ihre Stoßrichtung war es, im neuen Bundestag und der neuen Regierung ein Linksbündnis zu verhindern, was ihnen auch gelang. Der Antikommunismus, das alte Gespenst, mit dem die Wähler bereits mehr als 100 Jahre geschreckt werden, diente erneut der Verwirrung der Wähler, insbesondere in der Arbeitnehmerschaft; deutlich sichtbar daran, dass bei den Erstwählern die FDP mehr Stimmen erhielt als die Grünen, also jene Partei, die in ihrem Programm mit dem Hauptschwerpunkt „Klimakrise" wirklich die Interessen der jungen Generation vertrat. Die jungen, politisch unerfahrenen Wähler waren der Propaganda von Christian Lindner, nach der jeder es in der Hand habe, reich zu werden, auf den Leim gegangen. Zum linken Spektrum zählen SPD, Grüne und die Linke.

Das Ergebnis war frappierend. CDU und CSU wurden abgewählt. Es war ihr eigenes Verschulden, waren sie doch mit Armin Laschet, einem Mann ohne jedes Charisma, in den Wahlkampf gezogen, der mit dem CDU/CSU-Wahlprogramm nur ein „Weiter so!" anbieten konnte. Davon profitierte die bereits fast abgeschriebene SPD, die mit Olaf Scholz als Kanzlerkandidat über eine überzeugende Persönlichkeit verfügte. Die Grüne Annalena Baerbock war vom großen Kapital bereits im Vorfeld der Wahl mit Flapsigkeiten diskreditiert worden. Die Linke blieb durch eigenes Verschulden weit hinter ihren Möglichkeiten. Sie hatte ihre Hauptklientel, die Arbeitnehmerschaft, aus den Augen verloren und litt unter dem Mangel an charismatischen Persönlichkeiten.

Die Regierungsbildung blieb spannend. Wir waren uns einig darüber, dass die Regierung stets das Machtinstrument der jeweils herrschen Klasse ist, in unserem Falle des großen Kapitals. In diesem Interesse ziehen jetzt im Hintergrund deren Lobbyisten die Fäden. Das große Kapital kann sowohl mit CDU/CSU als auch mit der SPD, die schon in Bad Godesberg ihren Klassencharakter abgestreift hatte. Die Grünen sind dem großen Kapital eher suspekt, obwohl es von ihnen nicht infrage gestellt wird. Aber sie haben noch die FDP als Klientelpartei, ohne die eine Regierungsbildung nicht möglich war. Diese Zwergenpartei hat über Jahrzehnte bereits dafür gesorgt, dass stets die gerade dem großen Kapital genehme Partei regierte, wenn es sein musste auch durch offenen Verrat. Die neu gebildete Regierung ist in jedem Fall eine kapitalhörige Regierung.

Die eigentlichen Probleme des niedergehenden Kapitalismus standen bei keiner Partei im Programm, weil sie alle Angst haben, mit dem wichtigsten Totschlagargument des großen Kapitals, sozialistische Ideen umsetzen zu wollen, diskriminiert zu werden. Von einer Aufbruchstimmung in die freie Gesellschaft kann keine Rede sein. Auch bei dieser Wahl wurde diese Chance vertan. Nochmals konnte sich das große Kapital durchsetzen und seine Macht behaupten. Das wird sich rächen, denn viel Zeit für den gesellschaftlichen Wandel bleibt nicht mehr.

Nach der Regierungsbildung von SPD, Grünen und FDP ist klar, welche Interessen sich durchgesetzt haben. Die höhere Besteuerung der Superreichen, der Anleger, wie auch die Wiedereinführung der Vermögensteuer ist vom Tisch. Die kleine Klientelpartei, die FDP, hat das große Kapital gerettet. Bewahrt wurde durch SPD und die Grünen die Einhaltung des 1,5-Grad-Celsius-Ziel beim Klimawandel und der vorzeitige Ausstieg aus der Kohle. Mit der FDP stimmte das große Kapital zähneknirschend der Erhöhung des Mindestlohns auf 12 € zu. Das sind Zugeständnisse, die auch im Interesse des großen Kapitals liegen, da der Klimawandel auch dem Profitstreben abträglich ist und zu schlecht bezahlte Arbeitnehmer die Gesellschaft instabil werden lassen.

Die neue Dreierkoalition firmiert unter der Losung „Mehr Fortschritt wagen". Sie wollen mit großmächtigen Investitionen die Digitalisierung voranbringen und die Klimakrise stoppen. Die Knechte des großen Kapitals in der FDP wollen die Finanzierung der gewaltigen Investitionen über privates Kapital sichern, welches die KfW-Bank einwerben soll. Damit wollen sie dem großen Kapital, welches dringlich neue Anlagemöglichkeiten sucht, neu Quellen der Profitmaximierung erschließen, also dem Verursacher der Zerstörung unseres Planeten! Die Vertreter der beiden anderen Parteien der Koalition unterstützen dieses Vorhaben.

Annalena Baerbock will den Kapitalvertretern besser zuhören. Obwohl die Grünen sich für die Verhinderung der weiteren Klimaerwärmung starkmachen, erkennen sie den Hauptverursacher nicht. Zum großen Kapital haben sie ein indifferentes Verhältnis. Ihre Hauptklientel ist der gehobene städtische Mittelstand, der sich noch „oben" orientiert und deshalb nicht im Interesse der großen Arbeitnehmerschaft agiert.

Jetzt zahlt sich die über Jahrzehnte betriebene Differenzierung der Gesellschaft für das Kapital aus. Die große Arbeitnehmerschaft, die circa 90% aller arbeitsfähigen Gesellschaftsmitglieder umfasst, ist in viele kleine Gruppen zersplittert, in der sich jede Gruppe an den im Einkommen über ihnen liegenden Gruppen orientiert. Nicht anders ist es in der kleinen Gruppe der Mehrwertschöpfer, die wir in den oberen 10% der Einkommensbezieher finden. Die Milliardäre im oberen 1% schauen herablassend auf die Millionäre in den unter ihnen liegenden Gruppen. Aber die Millionäre haben nur ein Ziel: zu den Milliardären aufzuschließen!

So ist jede Splittergruppe mit sich selbst und ihren egoistischen Zielen beschäftigt. Dabei verlieren sie das gesellschaftliche Ganze aus den Augen, erkennen also nicht, dass das große Kapital dabei ist, die menschliche Gesellschaft in den Abgrund zu treiben.

Wir erkennen, dem Kapital ist es über alle Zeiten, die der Kapitalismus durchlaufen hat, gelungen, seine Macht über die Gesellschaft zu sichern. Selbst in kritischen Zeiten, so z.B. nach der Niederlage im Ersten Weltkrieg, als die SPD noch Klasseninteressen vertrat und Regierungsverantwortung übernahm, sammelte die alte Machtoligarchie sofort alle reaktionären Kräfte mit z.B. Reichswehr und Freikorps, inszenierte den Kapp-Putsch, und als er schiefging, zögerte das große Kapital nicht, die faschistische Bestie zu finanzieren, um mit der grausamsten Diktatur aller Zeiten die eigene Haut zu retten.

Solche Beispiele gab es auch in anderen Ländern. Sollte in Deutschland die neue Koalition dem Kapital nicht bedingungslos folgen, was kaum zu erwarten ist, wird es nicht zögern, all die kleinbürgerlichen Bewegungen von PEGIDA bis Querdenker zu instrumentalisieren, und damit die Gesellschaft verunsichern. Wenn das alles nicht hilft, bleibt immer noch die AfD, die es aufblasen und damit die Demokratie zerstören kann. Wenn es um Profit geht, schreckt das Kapital vor nichts zurück, selbst nicht vor der Gefahr des Galgens.

Bleibt das Phänomen AfD. Sie errang traumhafte Erfolge in Sachsen, Thüringen und im Süden von Sachsen-Anhalt, obwohl diese Partei ihren Ursprung in den westlichen Bundesländern hat. In diesen 3 östlichen Bundesländern ließ sie alle etablierten Parteien hinter sich. Fragen Sie AfD-Wähler nach einer Begründung für das Wahlverhalten der Wähler in den genannten ostdeutschen Bundesländern, werden Sie keine befriedigenden Antworten erhalten. Es ist ihnen selbst nicht bewusst.

Wer nach einer Erklärung sucht, muss sich intensiv mit der DDR-Geschichte auseinandersetzen. Die Altbundesbürger haben das nie getan. Deshalb halten sie die Neubundesbürger einfach nur für blöd, für zurückgeblieben. Aber so einfach ist es nicht.

Sachsen und Thüringen waren im Osten Deutschlands nach dem Zweiten Weltkrieg hoch entwickelte Industriegebiete und Wirtschaftszentren. Der südliche Teil von Sachsen-Anhalt mit dem Chemiedreieck gehörte ursprünglich zu Sachsen und wurde im Ergebnis des Wiener Kongresses 1815 Preußen zugeschlagen. Die Bundesländer Mecklenburg-Vorpommern, Brandenburg und der Teil Anhalt von Sachsen-Anhalt waren vor der deutschen Teilung industriell und wirtschaftlich schwach entwickelte Regionen. Von Bismarck stammt der Ausspruch: „Wenn die Welt einmal untergeht, geht Mecklenburg 50 Jahre später unter, denn so viele Jahre ist es zurück".

Nach der Wiedervereinigung färbten sich die nördlichen neuen Bundesländer in ihrem Wahlverhalten rot und die südlich gelegenen schwarz ein. Die sich vor allem aus den südlichen Ländern rekrutierte DDR-Elite war kaltgestellt worden. Alle, die in den südlich gelegenen Bundesländern politische Karriere machen wollten, schlossen sich der kohlgeführten CDU an. Die später folgende, mehr links ausgerichtete Merkel-Politik entsprach nicht ihrem Ideal und machte sie empfänglich für die AfD, da deren Politik der von Kohl näherstand, denn schließlich ging die AfD aus dem rechten Flügel der CDU/CSU hervor und wir hatten uns darüber verständigt, wessen Geisteskinder Kohl wie auch Strauß sowie die sie Umgebenden waren.

Die sich in der DDR neu herausbildende politische Elite, nachdem die nazistische kaltgestellt worden war, rekrutiere sich mehrheitlich aus Sachsen, Thüringen und dem Süden von Sachsen-Anhalt, also den wirtschaftlich stark entwickelten Regionen mit höherem Bildungsniveau. Die Berliner bezeichneten die Sachsen als die fünfte Besatzungsmacht. Nach der Wiedervereinigung wurden die DDR-Eliten einfach ausgegrenzt. Das rächt sich nun. Nunmehr sind auf der politischen Landkarte Sachsen und Thüringen blau eingefärbt. So schnell wird sich das nicht ändern.

10.5 Wandel der Struktur der Gesellschaft

Marx war der Meinung, dass der Übergang von der kapitalistischen in die freie Gesellschaft, in den hoch entwickelten Industriestaaten beginnend, von der Arbeiterklasse, der zahlenmäßig stärksten und in seiner Zeit schnell wachsenden, fortschrittlichsten Klasse vollzogen werden wird. In diesen Überlegungen von Marx spiegelt sich der Geist seiner Zeit wider. Aber in den folgenden 150 Jahren hat sich die Arbeiterklasse, nicht ohne das Zutun des Kapitals, grundlegend gewandelt. Es gibt nicht mehr die gewaltige Industriearbeiterschaft. Bedingt durch den technischen Fortschritt ist sie zu einer Minderheit geschrumpft **(Berechnungen 7)**.

Berechnungen 7

Grundstruktur Berufsgruppen Deutschland in Prozent

Rubrik	1846	1896	1925	1950	1985	2020
Land/Forst	56,7	41,8	31,5	24,6	4,4	1,3
produzierendes Gewerbe	23,3	34,0	40,1	42,9	38,1	24,0
Dienstleistungen	20,0	24,2	28,4	32,5	57,5	74,7
	100,0	100,0	100,0	100,0	100,0	100,0

Zu Marx-Zeiten war, z. B. in Deutschland, die Mehrzahl der Berufstätigen mit Landwirtschaft befasst. Die Bauernschaft war das Wesensmerkmal der feudalen Gesellschaft, erst hörig, gegen Ende frei. Sie war das Arbeitskräftereservoir, welches das Kapital brauchte, um die Industrialisierung voranzubringen. Um 1850 gehörte der Bauernschaft noch die Mehrheit der Berufstätigen an. Erst um 1900 ging die Mehrheit auf die Industriearbeiter und Dienstleister über. 1950 erlebte die Industriearbeiterschaft ihren höchsten Anteil in der Arbeitnehmerschaft. Danach begann, bedingt durch die rasante Entwicklung des arbeitssparenden Reproduktionstyps, ihr Anteil zu schrumpfen, während der Anteil derer, die in der Dienstleistungssphäre tätig wurden, stark anstieg. Heute sind hier rund dreimal so viele tätig als in der Industrie und die in Land- und Forstwirtschaft Beschäftigten gingen auf eine unbedeutende Minderheit von unter 2 % zurück. Mehr waren nicht mehr nötig, um die Ernährung der Gesellschaft sicherzustellen.

In der Industrie sind heute prozentual annähernd gleich viel beschäftigt wie 1846. Die Masse an Gebrauchswerten, die sie heute produzieren, ist aber um ein Vielfaches größer als damals. Der Ausstoß der Industrie ist, bezogen auf die Arbeitskraft, gewaltig und zeigt uns, was der arbeitssparende Reproduktionstyp zu leisten vermochte. Das lässt uns erahnen, was der ressourcensparende Typ, der beide Formen der Arbeit – lebendige wie vergegenständlichte –, wenn er sich durchgesetzt hat, in Größenordnungen überflüssig machen wird, der Gesellschaft, wenn sie den Kapitalismus hinter sich gelassen hat, an Reichtum – Gebrauchswerten und freier Zeit – bringen kann.

Die Arbeitnehmerschaft, d.h. die abhängig Beschäftigten, bilden heute die übergroße Masse in allen entwickelten Industrieländern. Aber in ihrer Zusammensetzung ist sie sehr heterogen geworden. Sie reicht von den Arbeitslosen, den zeitweiligen und prekären Beschäftigten, über Leiharbeiter, Facharbeiter, Meister, Angestellte, Ingenieure, Wissenschaftler, Beamte bis hin zu den Managern.

Mit zunehmendem Wohlstand hat sich hier eine Entwicklung vollzogen, wie sie uns schon einmal in Mitteleuropa beim Übergang vom Feudalismus zum Kapitalismus begegnet war. Damals verbürgerlichte hier nicht wie in Westeuropa der Adel, sondern das Bürgertum näherte sich in seinen Sitten und Gebräuchen dem Adel an. Das Gleiche vollzog sich in den letzten 50 Jahren mit der Arbeitnehmerschaft. Sie begann zu verbürgerlichen. Das einst stark ausgeprägte Klassenbewusstsein der Industriearbeiter ist in der großen und breit aufgestellten Arbeitnehmerschaft kleinbürgerlichem Gehabe gewichen. Die ihr zufallende historische Mission erkennt sie nicht mehr.

Für jene, bei denen dieses Gehabe besonders ausgeprägt ist, hat das Großbürgertum eine eigene Bezeichnung kreiert: „Schickimicki". Ein revolutionärer Wandel der Gesellschaft dürfte von der stark verbürgerlichten Arbeitnehmerschaft nicht mehr ausgehen. Der Wandel vom Kapitalismus in die freie Gesellschaft muss von den Eliten der Gesellschaft betrieben werden, die befähigt sind, gesellschaftliche Prozesse von ihrem Wesen her zu begreifen und zu verändern. Dazu gehören die Politiker im engen Bündnis mit der Wissenschaft, alle Studierten, die Kultur- und Kunstschaffenden und insbesondere die Jugend, die sich zunehmend von der Lebensweise ihrer Eltern- und Großelterngeneration distanziert.

Jetzt wende ich mich direkt an die Elitären dieser Welt. Auf ihnen ruht eine hohe Verantwortung. Sie sind die Kraft, von der der Fortbestand der Menschheit abhängt. Verlassen Sie die Bequemlichkeit, in der Sie sich eingerichtet haben! Werden Sie sich der Gefahr bewusst, in die uns das große Kapital mit der ressourcensparenden Reproduktion führt! Finden Sie sich weltweit mit all jenen zusammen, die diese Gefahr erkennen, und leiten Sie gemeinsam den Übergang in die freie Gesellschaft ein! Hindern Sie das große Kapital daran, sein Zerstörungswerk fortzusetzen! Denken Sie an Ihre Kinder, Enkel und Urenkel sowie die Generationen, die denen folgen werden, die ein Recht auf eine lichte Zukunft haben! Natürlich haben Sie in einer sich auf Kapital begründenden Gesellschaft Privilegien. Die werden Sie auch in der freien Gesellschaft haben. Überwinden Sie Ihren Egoismus, den Ihnen das Kapital anerzogen hat! Sie tragen eine hohe Verantwortung für den Fortbestand der Menschheit!

Die Masse des Volkes begreift gesellschaftliche Veränderungen nicht von ihrem Wesen her, sondern von dem, was erscheint. Sie suchen dann nach einfachen Lösungen, in Deutschland erkennbar an der Hinwendung zu populistischen, kleinbürgerlichen Parteien und Bewegungen wie AfD, PEGIDA, Reichsbürger, Querdenker, Impfgegner, Identitäre, freie Sachsen usw. Das ist allerdings keine rein deutsche Erscheinung. Wir finden diese Bewegungen in allen entwickelten Ländern des reichen Westens, am krassesten ausgeprägt in den USA, wo derartiges Denken unter Trump 4 Jahre Staatspolitik war.

All diese Bewegungen erkennen, dass es Unstimmigkeiten, Widersprüche und Konflikte in der Gesellschaft gibt, die ihre bisherige Art zu leben bedrohen. Allerdings suchen sie die Ursachen nicht beim Verursacher, dem Kapital, sondern bei irgendwelchen imaginären Verschwörungen und kruden Mysterien und befördern damit nationalistische, rassistische und radikale Bewegungen.

All diese vielfältigen Gruppen belegen die Nebenkriegsschauplätze mit überbordender Aggressivität. Das Wesen, aus dem ihre Unzufriedenheit erwächst, sozusagen den Hauptkriegsschauplatz, das große Kapital als Verursacher allen Übels, erkennen sie nicht. Dem Kapital ist es recht, mit seinen Sprachrohren, den Regierenden, die Aufmerksamkeit der Massen auf die Nebenkriegsschauplätze zu lenken und sie davon abzuhalten, den wahren Verursacher aller gesellschaftlichen Konflikte zu erkennen, diesen in der Anonymität zu belassen. Es ist die vornehme Pflicht der gesellschaftlichen Eliten, dieses Treiben zu beenden. Dafür gilt es durch eine neue höhere Qualität der Demokratie, die entsprechenden Voraussetzungen zu schaffen.

Die weltweite Corona-Epidemie ist eine biologische Krise, verursacht durch ein Virus, was alle Länder gemeinsam traf, unabhängig von ihrer gesellschaftlichen Verfassung. Eine solche, nicht durch die Politiker verursachte Gesellschaftskrise erlaubte tiefe Einblicke in die gesellschaftliche Reife der Völker. Mag sein, dass den Regierungen in der Pandemiebekämpfung Fehler unterlaufen sind, schließlich sind mehr als 100 Jahre vergangen, seit der letzten Pandemie in Europa und Nordamerika, der Spanischen Grippe.

Wenn die Erfolge bei der Eindämmung der Pandemie in den Industrieländern differenziert waren, lag es weniger an der Politik, sondern an den Unterschieden in der Reife der Gesellschaftsmitglieder. In Deutschland habe ich miterlebt, wie verschiedene Protestbewegungen gegen die Politik der Pandemie-Eindämmung ihre geballte Dummheit auf den Straßen der großen Städte demonstriert haben, und die Politiker erwiesen sich oft als unfähig, dieses Treiben mit dem Gewaltmonopol des Staates sofort zu beenden. Verhältnisse wie in den USA, wo sich jeder Bürger ein eigenes Waffenarsenal anlegen darf, gibt es glücklicherweise in Europa nicht. Ein solch falsches Verständnis von Demokratie ist schädlich, denn das ist Anarchie.

10.6 Parteien

Entstehung und Entwicklung

In Deutschland entstanden die Parteien mit dem Einzug des Kapitals in die Gesellschaft. In der Sklaverei war die Gesellschaft in Freie und Unfreie gegliedert, im Feudalismus in Herren und Knechte und von den Religionen als gottgewollte Ordnungen verbrieft.

Die erste Partei in Deutschland war die Sozialdemokratie, die, wie wir bereits wissen, mit der Vereinigung des „Allgemeinen

Deutschen Arbeitervereins" (Ferdinand Lassalle) mit der „Sozialdemokratischen Arbeiterpartei" (Wilhelm Liebknecht, August Bebel) 1875 in Gotha zur SPD entstand. Die Partei wurde von Bismarck verboten und ihre Mitglieder verfolgt. Zu verhindern war sie nicht und das Sozialistengesetz Bismarcks von 1878 musste 1890 wieder aufgehoben werden. Die SPD war eine Klassenpartei der Arbeiter und berief sich auf Marx.

In der Folgezeit musste das Kapital nachziehen und sich ebenfalls parteilich organisieren. Das war nicht so einfach, denn sie konnten sich nicht einfach „Partei der Kapitalisten" oder „Partei des Kapitals" nennen. Ihre Herkunft musste verschleiert werden und das bassiert bis in die Gegenwart. Sie tarnen sich mit solchen Attributen wie: christlich, sozial, demokratisch, frei, volks-, national, liberal, alternativ. Ihre wahren Ziele verbergen sie, indem sie ihre Ideologie stetig den Meinungsumfragen anpassen. Bei der FDP in Deutschland könnte man meinen, sie sei ein Chamäleon. Eine vergleichbare Entwicklung vollzog sich in allen europäischen Staaten.

Analysiert man z. B. Wahlergebnisse in Deutschland, so fallen 2 Phänomene auf: Zum einen stellen wir fest, dass es dem großen Kapital meisterhaft gelungen ist, das Volk zu differenzieren und es in ihren Wahlentscheidungen zu verwirren. Zum anderen wird erkennbar, dass die an der Spitze der Regierungen stehenden Persönlichkeiten größeren Einfluss auf die Wahlentscheidung der Bürger haben als die Parteizugehörigkeit. So stellt beispielsweise im einst tiefschwarzen, katholischen Baden-Württemberg zum dritten Mal der Grüne Winfried Kretschmann den Ministerpräsidenten; im benachbarten Rheinland-Pfalz, auch einst eine schwarze Hochburg, die ansonsten lange Zeit im Niedergang begriffene SPD mit Marie-Luise Anna Dreyer die Ministerpräsidentin.

Gleichzeitig ist zu beobachten, dass kleine Oppositionsparteien, wie die FDP, eigentlich eine neoliberale 5-Prozent-Partei, vom

Niedergang anderer Parteien profitieren. Glaubte man, diese kleinen Parteien würden nun endlich verschwinden, erleben sie oft erneut ein Comeback. Die im Aufwind stehenden Grünen, eine Abspaltung von der SPD, verstehen es, den Klimawandel für sich zu nutzen, wobei auch sie nur dem Erscheinenden folgen und den Verursacher, das große Kapital im Hintergrund, nicht attackieren.

Dem Kapital ist die verwirrende Parteienlandschaft nicht unrecht. Je zersplitterter und vielfältiger diese Landschaft, umso besser kann sich der Verursacher aller Gesellschaftskrisen, das Groß- und Finanzkapital, dahinter verstecken. Die Massen erkennen nicht, wenn sie sich für diese oder jene Partei in ihrem Wahlverhalten entscheiden, dass sie stets nur die Handlanger wählen und die dahinterstehenden Mächtigen nie zur Wahl stehen. Sie wundern sich nur, wenn nach der Wahl, ganz gleich, welche Koalition die Regierung bildet, alles beim Alten bleibt, das Kapital nach wie vor die Geschicke des Landes bestimmt.

In den USA

Ganz anders in den USA. Sie waren vorrangig von Europäern gegründet worden, die die einheimische Bevölkerung vernichteten bzw. an den Rand der Gesellschaft drängten. Jene Siedler kamen überwiegend ins Land, um sich als Farmer oder Rancher zu versuchen. Sie lebten den amerikanischen Traum, nach dem jeder die Möglichkeit hat, zum Millionär aufzusteigen. In den USA gibt es z.B. keine mit der SPD und deren historischer Entwicklung vergleichbare Partei. Das Land wird von jeher von 2 Parteien dominiert – den Republikanern und den Demokraten. Natürlich gibt es auch noch andere Parteien, aber politisch spielen sie keine Rolle.

Die Partei der Demokraten gründete sich als Partei, die für Rassentrennung eintrat. Heute gibt sie sich als liberal. Diese Partei wurde bereits 1792 von Thomas Jefferson gegründet. Unter Wilson und Roosevelt wandelte sie sich von einer rassistisch-konservativen in eine progressiv-liberale Partei. In dieser Zeit verließen die Rassisten aus dem Süden die Partei.

Die Republikaner waren ursprünglich liberal und sind heute extrem konservativ, nationalistisch und rassistisch. Beide Parteien sind Parteien des Kapitals, werden von diesem finanziert und bemühen sich, im Interesse des Kapitals, unterschiedliche Bevölkerungsschichten an sich zu binden. Das Kapital hat großen Einfluss darauf, welche der beiden Parteien im Wechsel die Regierung stellt.

Einfluss des Kapitals

Die politischen Parteien sind gegenwärtig die wichtigsten Formen, die gesellschaftsbeherrschenden Ideologien des Kapitals zu transportieren. Ihre historische Genesis spiegelt sich in den Wandlungen der Kapitalreproduktion. Sie entstanden mit der kapitalistischen Produktionsweise, zunächst als Interessenvertreter des antagonistischen Klassenwiderspruchs zwischen Kapital und Arbeit. Sie vertraten die Interessen der Arbeiterschaft.

Das Anwachsen der sozialdemokratischen Bewegung in der zweiten Hälfte des 19. Jahrhunderts begründet sich auf das Anwachsen der Arbeitnehmerschaft in der deutschen Gesellschaft. So war in dieser Zeit absehbar, dass die Arbeiterschaft früher oder später die Mehrheit in der Gesellschaft stellen würde. Es wäre nur eine Frage der Zeit gewesen, bis sie das von den bürgerlichen Parteien vertretene Kapital aus der Herrschaft über die Gesellschaft verdrängen würde.

Dem musste das Kapital im Interesse des Selbsterhalts entgegenwirken. So gewinnen in der Sozialdemokratie um die Wende zum 20. Jahrhundert neue Begriffe wie Revisionismus und

Reformismus nicht zufällig Einfluss. Das war die erste große Wandlung der Sozialdemokratie. Sie gab allmählich ihren revolutionären Geist auf, hielt aber an der Umgestaltung der Gesellschaft in Richtung Sozialismus auf parlamentarischem Wege fest.

Im imperialistischen Stadium infiltrierten Nationalismus und Großmachtchauvinismus, vom Kapital hineingetragen, auch die Arbeiterschaft und zerstörte deren ursprünglich, noch von Marx geprägten, internationalistischen Geist. Die SPD verlor ihr wichtigstes Anliegen, den sozialen Konflikt zwischen Kapital und Arbeit aufzulösen, endgültig aus den Augen. Im Ersten Weltkrieg bewilligte sie kaiser- und vaterlandstreu mit ihren Stimmen die Kriegskredite.

Nach der Katastrophe des Ersten Weltkrieges gelangten sozialdemokratische Parteien, neben den bürgerlichen, erstmals mit in Regierungsverantwortung. Das Kapital war durch den Krieg geschwächt und konnte es nicht verhindern. Aber es witterte die Gefahr einer schleichenden Sozialisierung der Gesellschaft und begegnete dieser Gefahr in Mitteleuropa mit der Flucht in den Faschismus.

Die Sozialdemokratie, von der sich inzwischen ein revolutionstreuer kommunistischer Flügel abgespalten hatte, beeinflusst durch die russische Oktoberrevolution von 1917, erhielt die Quittung für ihre gesellschaftlich indifferente Politik, wurde gemeinsam mit den Kommunisten von der grausamsten Diktatur des Kapitals, dem Faschismus, hinweggefegt, verboten, und viele ihrer Mitglieder büßten mit dem Leben.

Nach der Katastrophe des Zweiten Weltkrieges war das Kapital in Europa erneut geschwächt und in allen Ländern sprossen sozialistische Ideen wie Pilze aus dem Boden. Ja, selbst die bürgerlichen Parteien schrieben solche in ihre Programme. Das Kapital musste seine ganze Kraft aufbieten, um dieser, für seine Existenz gefährlichen Entwicklung zu begegnen und dem politischen Denken eine neue Richtung geben.

Dem europäischen eilte das amerikanische Großkapital mit dem Marshallplan zu Hilfe. Das US-Kapital war aus dem Zweiten Weltkrieg nicht geschwächt, sondern gestärkt hervorgegangen und ihm lag viel daran, seinen feindlichen Brüdern in Europa wieder auf die Beine zu helfen, da allen gemeinsam eine neue Gefahr für ihr Profitstreben aus dem Osten Europas erwuchs. Das Ergebnis des Krieges hatte erkennen lassen, dass die ökonomische, aber noch mehr die militärische Kraft der Sowjetunion nicht zu unterschätzen war.

Deshalb folgte in den USA dem Krieg gleich ein großes ideologisches Reinemachen, indem jeglicher fortschrittliche Geist, alles, was auch nur im Entferntesten mit sozialistischem Gedankengut in Verbindung zu bringen war, ausgemerzt wurde. Mit dem Kapital exportierten die USA ihre Ideologie mit nach Westeuropa, wodurch sich hier die Herrschaft des Kapitals sehr schnell restaurierte. Der Schlüssel zum Erfolg des Kapitals war der arbeitssparende Typ der Reproduktion, der Wohlstand für alle möglich machte.

Die Sozialdemokratie stand an einem Scheideweg. Sie hielt am längsten an ihren sozialistischen Ideen fest. Allerdings war der beginnende Volkswohlstand kein Nährboden, um Mehrheiten für gesellschaftliche Experimente zu mobilisieren. Folgerichtig schlug sie den Weg in die entgegengesetzte Richtung ein, auch abgeschreckt von dem, was sich im Sowjetimperium vollzog und sich als real existierender Sozialismus ausgab, diente sie sich dem Kapital, zu dem sie sich infolge des Sozialkompromisses nunmehr bekannte, als regierungsfähige Partei an, ging diesen Weg mit aller antikommunistischen Konsequenz und konnte, bedingt durch den neuen Reproduktionstyp, in Regierungsverantwortung, manchen vermeintlichen Erfolg an ihre Fahnen heften.

So entstand in Westeuropa allmählich die Parteienlandschaft, die in den USA von jeher gegeben ist. Das Kapital verfügt seitdem im Wesentlichen über 2 große Volksparteien, die sich inzwischen in ihrer Programmatik kaum noch unterscheiden, die Kapitalinteressen in der Gesellschaft durchsetzen. Die Sozialdemokratie steht heute diametral ihren historischen Ursprüngen gegenüber und veranschaulicht damit überzeugend, wo die wahre Macht in der Gesellschaft liegt.

Die neoliberale Ideologie, die das Kapital mit dem neuen Reproduktionstyp in die Gesellschaft trug, wird inzwischen von allen Volksparteien mehr oder weniger hofiert. In Europa bedient sich das Kapital gern der historisch aus der Arbeiterbewegung hervorgegangenen Sozialdemokratie, wenn größere Grausamkeiten gegen das Volk durchgesetzt werden müssen, wie das Beispiel Bundeskanzler Gerhard Schröder (SPD) im Tandem mit dem Außenminister Joschka Fischer (Grüne) beeindruckend demonstrierte.

Die Parteien, entstanden als politische Vertretungen von Klasseninteressen, wandelten sich in der zweite Hälfte des 20. Jahrhunderts bis zur Gegenwart zu Parteien, die – offen oder etwas versteckt – Kapitalinteressen im vermeintlich gesamtgesellschaftlichen Interesse vertreten. Die großen Volksparteien entwickelten ein fein gesponnenes, raffiniertes System, um im Wechsel Mehrheiten für sich einzunehmen, die sie mit den Wahlen zu regierenden Parteien erhoben. Da sie bis auf den Tag die kapitalistische Gesellschaft als die einzig annehmbare betrachten, wählen die Wähler, gleich welcher Partei sie ihre Stimme geben, stets das Gleiche.

Die Parteien werden nach ihrer Programmatik von rechts über Mitte bis links eingegliedert. Alle beanspruchen für sich „Maß" und „Mitte", um Anklang bei der Mehrheit des Volkes zu finden. Für welche Interessen sie sich wirklich engagieren, bleibt verborgen. Um es herauszufinden, muss man weniger darauf achten, was sie sagen, sondern darauf, was sie tun und wie sie leben.

Als es z. B. darum ging, wer die CO_2-Steuer zahlen soll, verständigten sich in Deutschland die CDU/CSU- und SPD-Minister darauf, dass diese je zur Hälfte von den Vermietern und den Mietern geleistet werden sollte. Sofort wurde die Kapitallobby aktiv und der Vorsitzende der CDU/CSU-Fraktion im Bundestag, Ralph Brinkhaus, kippte die Entscheidung der eigenen Minister zum Vorteil der Vermieter, die vor allem von Anlegern bei den großen Vermögensverwaltern und Hedgefonds vertreten werden. Das sind die kurzen Momente, bei denen das Kapital selbst in Erscheinung tritt und wir erkennen können, für welche Interessen Parteien streiten.

Mit dem Übergang in die freie Gesellschaft nähert sich die Zeit der Parteien ihrem Ende. Parteien entwickeln und vertreten unterschiedliche Ideologien. Ideologien kollidieren oftmals mit Vernunft. Ich weiß, wovon ich schreibe. Schließlich erlebte ich die DDR vom Anfang bis zu ihrem bitteren Ende mit. Verbreitet gilt die Meinung, suggeriert vom Kapital, der Staat solle sich aus der Wirtschaft heraushalten, da er vom Wirtschaften nichts verstehe. Natürlich ist das dem Kapital recht, weil es der Privatisierung aller Bereiche der Gesellschaft Tür und Tor öffnet bis hin zu Bereichen der Gesellschaft, in denen das Kapital großen Schaden anrichtet.

An zuvor genannter Aussage ist insofern etwas dran, weil Politiker in einem ständigen Widerspruch leben. Zum einen sollen sie die Interessen des Volker vertreten und zum anderen sind sie der Ideologie ihrer Partei verpflichtet. Deshalb erscheinen viele politische Handlungen eher fernab von Vernunft.

Das Ende der Parteien

Die Parteien bildeten sich im Zuge der kapitalistischen Entwicklung und ihre Zeit läuft mit der Vorbereitung auf die freie Gesellschaft aus. Parteien werden überwiegend vom Kapital und/oder dem Staat finanziert. Diese Praxis sollte konsequent beendet werden. Es wird künftig bei Wahlen nicht mehr um Parteiideologien gehen können, sondern um Persönlichkeiten frei von Ideologie. In den Kommunen beginnend, wo sich die Menschen noch persönlich kennen, sind die fähigsten Köpfe, nach einem vorzugebenden Schlüssel, für die nächsthöhere Ebene zu wählen, z. B. den Kreis oder die Stadt oder den Stadtbezirk. Auf dieser Ebene werden wiederum die Fähigsten für die nunmehr folgende Ebene ausgewählt usw. usf.

Das Ziel besteht darin, die fähigsten Köpfe an die Spitze der Gesellschafts- und der Wirtschaftspolitik zu bringen und aus diesen die Führungspersönlichkeiten zu wählen. Klar muss sein, es werden die bestbezahlten Bürger sein. Alle anderen Einkommen müssen sich dahinter einordnen. Es kann nicht sein, wie z. B. in Deutschland, das Konzernmanager zehnmal so viel verdienen wie die Bundeskanzlerin/der Bundeskanzler. Das ist nicht nur in Deutschland so. Das gilt für alle Länder der westlichen Welt. Auch daran wird erkennbar, von wem die Macht in kapitalistisch verfassten Staaten ausgeht.

Diese, auf diese Weise vom Volk gewählten Volksvertreter sind dann nur noch dem Volk, nicht mehr dem Kapital, verpflichtet und auf jeder Ebene den Wählern rechenschaftspflichtig. Jede Form von Lobbyismus muss dann der Vergangenheit angehören. Alle Lobbyisten müssen sich eine neue Tätigkeit suchen. Bestechlichkeit ist dann das schlimmste Vergehen eines Politikers und muss sofort zum Entzug des Mandats führen, mit der Konsequenz, niemals wieder als Politiker tätig werden zu dürfen. Hauptziel muss es sein, dem Kapital jede Möglichkeit zu entziehen, nie wieder auf politische Entscheidungen Einfluss nehmen zu können.

Vom Wesen der Sache her geht es darum, das Volk zum wirklichen Souverän zu erheben, indem es die Gesellschaft selbst regiert, anstatt regiert zu werden. Regieren heißt dann: im gesamtgesellschaftlichen Interesse Entscheidungen herbeizuführen, die sich mit dem objektiven Erfordernis im Einklang befinden. Konkret verlangt das, den gesellschaftlichen Reichtum an Gebrauchswerten und freier Zeit zu mehren und jedem nach seinem Beitrag daran teilhaben zu lassen. Müheloses Einkommen durch Mehrwertaneignung wird nach und nach ausgeschlossen. Über eine längere geschichtliche Periode wird das Volk dabei noch einer, nunmehr seiner Elite bedürfen.

Von ausschlaggebender Bedeutung wird das Auswahlverfahren der Volksvertreter sein. In den Wahlveranstaltungen sind die Kandidaten von den anwesenden Abgesandten des Volkes auf Herz und Nieren zu prüfen. So könnte ein einheitlicher Fragenkatalog vorgegeben werden, den alle Kandidaten zu beantworten haben, mit dem sie über ihre politisch-moralische Grundeinstellung Auskunft geben. Die Antworten sind gewissenhaft zu protokollieren.

Auf allen politischen Ebenen sind unabhängige Kontrollgremien zu wählen, deren Aufgabe es ist, die Handlungen der nun gewählten Volksvertreter in ihrer Amtszeit anhand der erstellten Protokolle zu überwachen und regelmäßig Rechenschaft einzufordern. Sie haben dann das Recht, den Entzug des Mandats zu verlangen, wenn sie feststellen, dass Wort und Tat des Abgeordneten auseinanderklaffen.

Wir erleben seit einigen Jahrzehnten zunehmende geistige Anspruchslosigkeit um sich greifen. Das Kapital hat für immer größere Menschenmassen keine Verwendung mehr und fördert über seine Medien deren geistigen Niedergang. Derartige Deformationen müssen erst überwunden werden. Der Prozess wird durch die Ohnmacht der Menschen in der Gesellschaft gefördert. Offiziell spricht man von Politikverdrossenheit, ohne die Ursachen zu hinterfragen.

Die neue Elite wird sich von der bislang bekannten grundlegend unterscheiden müssen. Solange es allgemeines Gesellschaftsverständnis war, dass sich eine Minderheit das Mehrprodukt von der Mehrheit aneignet, war es unvermeidlich, dass sich die Eliten bei der wahren Herrschaft andienten. Im Kapitalismus liegt die Macht beim Kapital, da sie im Geld verborgen ist. Von diesem Geld partizipieren die Eliten auf tausend verschlungenen Wegen, die ihnen Privilegien gegenüber dem Volk sichern. Daraus erklärt sich, warum die fähigsten Köpfe der Gesellschaft immer im Umfeld des Kapitals zu finden sind, warum z. B. auch die geistigen Eliten dem Volk das vermitteln, was den Interessen des Kapitals dient.

Innerhalb der kapitalistischen Ordnung mögen die Staatsformen mehrmals wechseln, ausgetauscht werden Eliten nur bei Systemwechsel, wie z. B. in der DDR nach 1945 – im Unterschied zur BRD, in der sich die braune Elite nur schwarz, gelb oder rot einfärbte –, wie auch beim Anschluss der DDR an die kapitalistische BRD 1990, als die bisherige Elite der DDR wegen Systemnähe diskriminiert und zum Vorteil der westdeutschen Elite kaltgestellt wurde.

Die Ausbildung der politischen Elite spielt derzeit fast gar keine Rolle. Abgeordneter kann jeder werden, wenn er von seiner Partei nur auf den richtigen Listenplatz gesetzt wird. In die Regierung berufen, kann der Gewählte im Prinzip jedes Ressort besetzen, unabhängig davon, ob er etwas davon versteht oder nicht. Dafür hat er dann, z. B. in Deutschland, parteiunabhängige, unkündbare und privilegierte Beamte – ein Relikt des Feudalstaates –, die die Arbeit machen, und „unabhängige" externe Berater, die in Wirklichkeit die Interessen des Kapitals vertreten.

Künftig wird der Souverän Ausbildungsstätten für den Elitenachwuchs schaffen, in denen sie für ihre künftige Tätigkeit fachlich wie moralisch befähigt werden. Das ist notwendig, weil sie wahrhaft gesamtgesellschaftliche Interessen wahrzunehmen haben werden. Bislang waren Politiker mehr oder weniger Ideologen, die in nuancierter Einfärbung die Interessen des Kapitals in der Gesellschaft durchzusetzen hatten. Die ökonomische Basis der Gesellschaft war vom demokratischen Überbau abgekoppelt. Das ändert sich nun grundlegend und verlangt die Ersetzung von Ideologie durch Kompetenz.

Das Auswahlverfahren muss der Souverän so gestalten, dass die Kompetentesten seine Interessen wahrnehmen. Die Prüfung schließt die fachliche Befähigung, die schöpferisch-visionäre Begabung, die Moral anhand des Lebenswandels, die Treue zum Humanismus, den Leumund, die charakterliche Eignung, die Tugendhaftigkeit sowie die Hingabe für die Sache des Volkes ein. So wird die Gesellschaft rasch Erfahrungen sammeln, wie eine solche Auswahl rationell zu organisieren ist.

Ähnliches gilt für Rechenschaft und Kontrolle. Sie sind so zu organisieren, dass jeder Volksvertreter seine Arbeit stetig unter dem kritisch prüfenden Blick des Volkes verrichtet. Alle derzeitigen Praktiken des Ämterschachers, Spendensumpfes, der Bestechung, der Unterschleife, der Korruption werden abgeschafft. Der gewählte Vertreter wird vom Souverän großzügig bezahlt, hat nur ihm und sonst niemand zu dienen, genießt als Diener des Volkes höchste gesellschaftliche Anerkennung. Ansehen und Wohlstand erwirbt er sich durch seine Leistung für das Gemeinwohl und der Wille des Souveräns ist zu jeder Zeit berechtigt, ihm das Mandat zu entziehen, wenn er sich seiner hohen Berufung nicht als würdig erweist.

10.7 Individualismus und Gemeinschaftssinn

Der Mensch ist von seiner Evolution her ein Gemeinschaftswesen. Nur in der Gemeinschaft war es ihm möglich, nachdem er aus dem Tierreich herausgetreten war, die folgenden Millionen Jahre zu überleben. Mit der ersten produktionstechnischen Revolution, die den Übergang von der aneignenden zur produktiven Wirtschaft, zu Ackerbau und Viehzucht, ermöglichte, bildete sich, wie wir bereits erfahren haben, in der Folgezeit die Klassengesellschaft heraus. Die arbeitende Mehrheit geriet unter die Herrschaft derer, die sich das Mehrprodukt aneigneten, und wir hatten erfahren, dass diese Gliederung der Gesellschaft in produzierende Mehrheiten und aneignende Minderheiten die gesellschaftliche Entwicklung unerhört vorangebracht hat.

Anfangs suggerierten die Herrschenden diese Ordnung als gottgewollt, später als nationale Notwendigkeit. Mit der Herausbildung des Kapitalismus wurden die bislang herrschenden Klassen – Adel und Klerus – vom aufstrebenden Bürgertum aus der Herrschaft gedrängt. Die Herrschaft, jetzt ausgeübt durch das Kapital, wurde anonym. Dem Volk bleibt mehrheitlich die wahre Macht verborgen. Sie meinen, die von ihnen gewählten „Volksvertreter" würden die Macht in ihrem Interesse ausüben. Dass Macht am Geld klebt, kommt in den öffentlichen Reden nicht vor. Hans-Werner Sinn wollte uns weismachen, dass der Profit, den der Kapitalist nicht konsumiert, Verzicht ist, Grenzleid, welches er in Aufopferung für das Volk erträgt. Das heißt, wenn ein Anleger einen Jahresprofit von 10 Millionen Euro einstreicht, davon aber nur 1 Million verfrisst und 9 Millionen reinvestiert, hat er zum Wohle der Allgemeinheit Verzicht geübt, welcher belohnt werden muss! Es ist unglaublich, zu welchen Verrenkungen die Knechte des Kapitals fähig sind, um die Plusmacherei zu rechtfertigen.

Solange die Herrschaftsverhältnisse noch als gottgewollt oder als nationales Erfordernis angesehen wurden, störte sich höchstens eine Minderheit daran, dass der Reichtum so unterschiedlich verteilt war. Die Kirchen wachten eifersüchtig darüber, damit keiner den Platz, auf den ihn „Gott" gestellt hatte, als ungerecht empfand. Denen, die es nicht begreifen wollten, half die Inquisition auf die Sprünge. Das alte Schema versagte mit fortschreitender Entwicklung im Kapitalismus nach 500 Jahren Aufklärung. Es bedarf also anderer Erklärungsmuster, um die immer weiter fortschreitende Spreizung zwischen Arm und Reich zu erklären. Das neue Stichwort ist „Leistung". Die Reichen würden ihren Reichtum ihren besonderen Leistungen verdanken.

Natürlich gibt es ein Leistungsgefälle, bedingt durch natürliche Unterschiede zwischen den Menschen, unterschiedliche

Bildungsanstrengungen und unterschiedliche Leistungsbereitschaft. Die wird es auch in der freien Gesellschaft geben und Unterschiede im Einkommen nach sich ziehen. Aber das liegt alles außerhalb der Aneignung von Mehrwert, also von Werten, die andere mit ihrer Arbeit erbracht haben. Das wird in Zukunft die eherne Grenze sein, die nicht überschritten werden darf.

Jetzt wird den Menschen vermittelt, großer Reichtum sei das Ergebnis von Cleverness und jeder Einzelne habe die gleichen Chancen, reich zu werden. Es hänge nur von ihm, von seiner Cleverness ab. Da diese Mär mehrheitlich geglaubt wird, strampeln sich alle, jeder für sich, im Hamsterrad ab, um irgendwann festzustellen, reich geworden ist er/sie nicht. Der Kapitalismus tauchte alles in den Äther, jeder sei sich selbst der Nächste. Der Spruch des Kapitals lautet: „Wenn sich jeder selbst hilft, ist allen geholfen." Heute sind Heerscharen von Politikern, Ideologen, Wissenschaftlern und Kulturschaffenden damit beschäftigt, diese Ideologie den Massen glaubhaft zu vermitteln, und das nicht ohne Erfolg.

Der vom Kapital ausgehende Egoismus liegt in der Profitmaximierung begründet. Kapitaleigner sind feindliche Brüder, sind Konkurrenten. Um ihr Kapital zu erhalten und zu mehren, müssen sie diesen Konkurrenzkampf führen, und jene, die in diesem Kampf unterliegen, scheiden früher oder später aus ihrer Klasse aus. Ichbezogenheit ist eine Erscheinungsform von Egoismus und da sich die Gedanken und Verhaltensweisen der herrschenden Klasse in der gesamten Gesellschaft ausbreiten, sind im reichen Westen nach 500 Jahren Kapitalismus der Individualismus und damit auch der Egoismus gesellschaftsbeherrschend geworden.

Aus diesen Zusammenhängen erklärt sich, weshalb die Menschen im Kapitalismus sich immer mehr vereinzeln, immer einsamer werden, nur noch auf sich bedacht sind, um ihre Existenz zu sichern. Die Ostdeutschen, die sich einst in Kollektivität geübt und diese als gut empfunden hatten, mussten sozusagen über

Nacht in diese kapitalistische Mentalität der Ellenbogengesellschaft hineinwachsen.

Kollektivität ist für das Kapital ein Reizwort. Nichts fürchtet das Kapital mehr, als dass sich Menschen vereinigen und in der Gemeinschaft klüger werden, um hinter die Kulissen der kapitalistischen Wirklichkeit zu schauen. Als die „Occupy"-Bewegung in den USA Breitenwirkung erlangte, war das Kapital erschreckt und die Regierenden waren ratlos. Hatte doch diese Bewegung den Finger in die kapitalistische Wunde gelegt. Gelöst wurde das offen sichtbar gewordenen Problem nicht, stattdessen wurde das Volk mit vielen Manövern auf andere Themen gelenkt; durch den folgenden Trumpismus vor allem auf Nationalismus, Rassismus und Radikalismus.

Als die Coronapandemie in den Jahren 2020 bis 2022 die Welt in Atem hielt, fiel auf, dass die asiatischen Länder, von denen die Pandemie ausgegangen war, diese wesentlich schneller in den Griff bekamen als die Hochburgen des Kapitals, USA und Europa. Letztere sind geprägt von extremem Individualismus. Es gibt keinen Gemeinschaftssinn mehr, keine Rücksichtnahme auf den anderen und die Gemeinschaft. Jeder denkt nur an sich und viele missachteten die von den Regierungen erlassenen Regelungen zur Eindämmung der Pandemie. Sie rotteten sich auf den Straßen zusammen, attackierten die Ordnungshüter, randalierten gegen von der Gesellschaft gesetzte Normen.

Ganz anders in den asiatischen Ländern. Es handelt sich hier überwiegend um Schwellenländer, in denen die Macht sich nicht beim großen Kapital befindet, sich deshalb Egoismus und Individualismus in der Gesellschaft noch nicht durchsetzen konnten. Hier überwiegt noch der Gemeinschaftssinn, die Rücksichtnahme des Einzelnen auf die anderen. Ihr Verhalten ist von Vernunft geprägt. Sie halten die Maßnahmen zur Eindämmung der Pandemie freiwillig ein. Deshalb konnte hier die Pandemie nicht solch große Schäden anrichten wie im reichen Westen.

Den Menschen im Westen wird dieses unterschiedliche Verhalten damit erklärt, dass in Demokratien derart drakonische Maßnahmen nicht zulässig sind. Nach europäischen und ebenso nach den Vorstellungen der Ableger in Nordamerika lassen sich nicht alle asiatischen Länder als Diktaturen kennzeichnen. Wir sollten mit unseren Wertungen, wenn es um die Begriffe Demokratie und Diktatur geht, etwas zurückhaltender sein, denn unsere Vorstellungen von gesellschaftlicher Verfassung, die wir in die gesamte Welt tragen wollen, sind das Produkt einer 500-jährigen kapitalistischen Entwicklung. Und nun bilden wir uns ein, unsere vom Kapital geprägte Demokratie, die die unumschränkte Herrschaft des großen Kapitals möglich machte und den Menschen den Gemeinschaftssinn ausgetrieben und durch egoistischen Individualismus ersetzt hat, sei jene Demokratie, nach der die gesamte Welt selig zu werden habe.

Sobald die Menschheit in die freie Gesellschaft eingetreten sein wird, wird es einer ganzen Zeitepoche bedürfen, bis diese vom Kapital gezüchteten Denkweisen wieder aus den Köpfen getilgt sein werden. Der heute die Gesellschaft beherrschende Egoismus wird dann allmählich durch Verantwortlichkeit für die Gemeinschaft ersetzt werden, indem die Stärkeren sich für die Schwächeren starkmachen und sich nicht mehr wechselseitig niederkonkurrieren.

10.8 Medien

Damit sind wir bei einer gewichtigen Einrichtung der Gesellschaft, deren Gewicht noch zunehmen wird – bei den Medien, den Instrumenten der Öffentlichkeit. Gegenwärtig läuft deren Privatisierung parallel zur Volksmanipulation und -verdummung. Der Prozess ist umzukehren.

Die erste Handlung beim Eintritt in die freie Gesellschaft wird darin bestehen, das Kapital aus den Medien zu vertreiben und jene dem Souverän zu unterstellen. Das Volk wählt sich seine

Medienvertreter vergleichbar seinen politischen Führungseliten. Die Medienvertreter verwandeln die Medien aus einem Instrument des Kapitals und seiner Kostgänger, also einem Instrument der Ideologie, in ein Instrument des Volkes zur Aufklärung der Gesellschaft, welches frei von jeder Ideologie einzig und allein der Vernunft, dem Wissen und der Objektivität verpflichtet wird. Das gilt gleichzeitig für alle Institutionen des Überbaus, in denen sich das Kapital bereits eingenistet hat. Im gesellschaftlichen Überbau hat das Kapital nichts zu suchen.

Die freie Gesellschaft ist zunächst ein höherer Anspruch an das Volk als die neue gesellschaftsgestaltende Kraft. Die Medien sind das technische Mittel, das Volk für diesen hohen Anspruch zu befähigen. Sie dienen dann der Wissensvermittlung, der Aufklärung, der Schaffung schonungsloser Öffentlichkeit, der Wahrnehmung der Verantwortung des Volkes zur Führung der Gesellschaft und natürlich auch der anspruchsvollen Unterhaltung, die ihr Erscheinungsbild mit dem sich geistig aufschwingenden Volk grundlegend verändern wird. In Deutschland beschleicht uns das Gefühl, wir seien das Volk der Verbrecher und Mörder, da wir mit mehr Krimis gefüttert werden, als Verbrechen tatsächlich geschehen. Die Medien gestalten heute ihre Programme nach Einschaltquoten, um die Werbeeinnahmen zu steigern. Daraus lassen sich Schlüsse über das Bildungsniveau des Volkes ziehen. Daraus leitet sich für die Medien der Bildungs- und Erziehungsauftrag ab, den sie künftig zu verwirklichen haben.

Gegenwärtig folgen die Medien eher dem altrömischen Prinzip von Brot und Spielen, um breite Volksschichten anspruchslos zu unterhalten, wobei die Werbung immer mehr als eigentlicher Zweck und die Unterhaltung zum Mittel für den Zweck verkommt. Am aggressiven Werbeterrorismus zeigt sich, wer die Macht im Staat und über die Medien ausübt.

Natürlich wird es auch in der freien Gesellschaft noch Werbung geben, aber nicht mehr als Kulturschock, sondern als

Informationsmedium, welches allen zugänglich ist, die Produkt-informationen nach ihrer Wahl benötigen. Die technische Entwicklung auf dem Gebiet der Mikroelektronik lässt hoffen, dass es absehbar möglich sein wird, die Medien als Instrument für die Führung der Gesellschaft durch das Volk zu nutzen.

Ende der 1970er-Jahre, aus der Militärforschung kommend, begann die Ausbreitung des Internets, ein neues Medium vor allem im Dienste des Kapitals, wenngleich es ein gewaltiger Fortschritt für die Menschheit ist. Seine Entwicklung vollzog und vollzieht sich rasant. Sein Siegeszug in der Welt war atemberaubend. Heute ist es nicht mehr wegzudenken.

Allerdings befinden sich diese digitalen sozialen Medien in der Hand des großen Kapitals. Sie sind zu dessen Hauptwerbemedium geworden. All diese Internetkonzerne sind heute Giganten mit einer unvorstellbaren Marktmacht und eine Gefahr für die Menschheit. Sie gehören unter die Kontrolle der Weltgesellschaft. Jetzt nutzen sie ihre Marktmacht, um mit unseren Daten sagenhafte Geschäfte zu machen. Die Internetkonzerne verkörpern heute „Werte", die traumhaft sind. Sie generieren sich aus Werbeinnahmen und Datenklau. Mit der Kontrolle durch die Weltgesellschaft und dem strikten Werbeverbot verwandeln sich diese Giganten aus einer Gefahr für die Menschheit in einen Segen in der freien Gesellschaft, befreit von der Umklammerung des großen Kapitals.

Soziale Medien oder Social Media, zusammengefast in Web 2.0, in denen sich Sender und Empfänger vernetzen, beherrschen heute das Internet. Unter sozialen Medien (Plattformen) werden alle Medien zusammengefasst, die ihre Nutzer über digitale Kanäle in der gegenseitigen Kommunikation und im interaktiven Austausch von Informationen unterstützen. Die wichtigsten von den USA ausgehenden sind: Facebook (jetzt in „Meta Platforms" umbenannt), YouTube, Twitter, Instagram und Whatsapp. Letztere wurden von Facebook aufgekauft.

Es handelt sich um riesige Konzerne mit Milliarden von Nutzern in den Händen des großen Kapitals. Sie zeichnen verantwortlich für die Verwirrung in den Köpfen der Menschen, insbesondere in der westlichen Welt. Sie schüren den Hass, der sich immer mehr ausbreitet, stacheln die Menschen mit Verschwörungstheorien zu Kundgebungen, Rowdytum und Randalen an, bis hin zum Rufmord. Sie weisen jede Verantwortung für die Radikalisierung der Gesellschaft zurück. Ihnen geht es nur um die steigende Zahl der Nutzer, die ihre Profite steigert. Wie war es doch gleich? Für 100% Dividende stampft Kapital alle menschlichen Werte unter seinen Fuß. Soziale Medien in der Hand der Weltgesellschaft wären ein Segen für die Menschheit, in der Hand des großen Kapitals sind sie eine Katastrophe.

10.9 Nationales und Internationales

Unsere Überlegungen zur Globalisierung der Welt, der Internationalisierung der Wirtschaft infolge des Vortriebs der zweiten produktionstechnischen Revolution ließen erkennen, dass die freie Gesellschaft von vornherein nicht national, sondern international angelegt sein wird. Das Nationale und das Internationale treten in ein neues dialektisches Wechselverhältnis zueinander ein. Der Wille des einzelnen Volkes lässt sich nur noch in Übereinstimmung mit dem Willen der anderen Völker durchsetzen.

In seiner reifen und überreifen Phase schuf der Kapitalismus bereits eine Reihe internationaler Institutionen. Wir sehen, dass auch auf diesem Gebiet die Grundlagen für die freie Gesellschaft in der alten Ordnung ausgebrütet werden. Die Formen sind vorhanden, bedürfen aber eines neuen Inhalts. Der gegenwärtige ist von den Interessen des Weltgroßkapitals, also von den USA und Europa, bestimmt, welches sich jene Institutionen unterwarf.

Aus der UNO mit ihren Einrichtungen wird die künftige Weltregierung hervorgehen müssen, in der dann die Völker der Welt das Sagen haben werden. Die von mir als Folterinstrumente des Weltgroßkapitals gekennzeichneten Institutionen Weltbank, IWF, WTO und ihre Gliederungen wandeln sich in segensreiche Instrumente zur Führung und Entwicklung der Weltwirtschaft und –gesellschaft. Ihre Ausgestaltung muss die unterschiedliche Struktur der Weltwirtschaft berücksichtigen. Die der entwickelten Welt, in der das große Kapital dann aufgehoben ist, und die der unterentwickelten Welt, in der es darum gehen wird, das historisch notwendige kapitalistische Durchgangsstadium beschleunigt voranzubringen, um die produktionstechnische Basis für die freie Gesellschaft zu schaffen.

Das Weltgroßkapital, welches aufgehoben wird und deren Unternehmen unter die Kontrolle der Völker der entwickelten Welt gestellt werden, benötigt einen internationalen Wirtschaftsrat, der aus den Einrichtungen der G7- und G20-Formate, erweitert um die anderen Staaten der Welt, hervorgehen könnte. Der Rat führt und kontrolliert diesen Wirtschaftssektor nicht nur im Auftrag der dazugehörenden Völker, sondern befindet auch über die Verteilung der Abgaben auf Arbeit und vernutzte Natur nach Beteiligung jener Völker an der gemeinsamen produktionstechnischen Basis. Das Kleinkapital bleibt in nationaler Verantwortung.

Der gesellschaftliche Überbau wandelt sich also nicht nur auf nationaler Ebene, und es dürfte fasslich sein, dass sich der Prozess der Internationalisierung, der vom Kapital eingeleitet wurde, erheblich beschleunigen wird. Auf lange Sicht wird er zu einer einheitlichen Weltwirtschaft, Währung, Weltsprache und, irgendwann, in der Zukunft, auch zu einer Weltgesellschaft führen. Das ist ein historisch langfristiger Prozess, für den mit der Herausbildung der freien Gesellschaft in der entwickelten Welt vorerst nur eine neue Qualität geschaffen wird, die ihn unerhört beschleunigt.

In gleichem Maße wie sich der Internationalisierungsprozess beschleunigt, gewinnt das Lokale an Bedeutung. Die Eliten der

Völker, die als gewählte Vertreter deren Interessen im internationalen Konzert zu vertreten haben, dürfen die Bodenhaftung nicht verlieren. Die Dialektik besteht darin, dass sich die ökonomischen Interessen der einzelnen Völker am rationellsten im internationalen Verbund verwirklichen lassen. Mit der Aufhebung des internationalen Großkapitals wird dafür die gemeinsame ökonomische Basis geschaffen, die ihre eignen Bewusstseinsformen hervorbringen wird. Nationalismus, Rassismus und Chauvinismus waren ideologische Produkte einer vorherrschend nationalen Kapitalbasis. Infolge der zunehmend internationalen Verflechtung der nationalen Kapitale wurde der Nationalismus in den Hintergrund gedrängt, besonders gut zu beobachten im Entwicklungsprozess der Europäischen Union. Die einst verfeindeten Völker kamen sich näher. Der Prozess wird sich mit dem Umbruch der Gesellschaft weiter beschleunigen.

Religiös und ethnisch verbrämten Nationalismus beobachten wir, wie einst bei uns, heute vor allem in der unterentwickelten Welt. Er ist zum einen auf ökonomische Rückständigkeit und zum anderen auf ökonomische Unterjochung durch das Weltgroßkapital zurückzuführen, also auch hier auf Reflexion realer ökonomischer Verhältnisse. Die hier bestehenden Feindschaften, der ausgeprägte Antiamerikanismus, die Radikalisierung nationaler politischer Kräfte und Bewegungen sind ideologische Spiegelbilder ökonomischer Unterdrückung. Mit dem Weltgroßkapital verschwinden diese Antagonismen und die Beziehungen zwischen den Völkern werden gesunden.

Die Kultur eines Volkes erwächst nicht zuletzt aus sozialökonomischen Lebensumständen. Das Weltgroßkapital nutzte kulturelle, religiöse und ethnische Unterschiede für seine ökonomischen Herrschaftsinteressen aus. In seinem Sprachgebrauch ist die Rede vom „Kampf der Kulturen". Eine Kultur beginnt zu kämpfen, wenn sie sich unterdrückt und bedroht fühlt. So werden aus Gläubigen religiöse Fanatiker und schließlich gar Terroristen.

Der internationale Überbau der freien Gesellschaft hebt all die Scheußlichkeiten, die der Kapitalismus in den Jahrhunderten über diesen Teil der Welt brachte, endgültig auf. Ohne Bedrängnis keine Märtyrer. Jeder Gläubige hat das Recht, nach seiner Fasson selig zu werden. Die idealisierten Vorstellungen aller großen Religionen von einer besseren Welt beginnen in der freien Gesellschaft allmählich Wirklichkeit zu werden. Unterschiede in den Religionen wurden historisch missbraucht, um im ökonomischen Interesse von Minderheiten die Völker gegeneinander aufzuhetzen.

Jahrhunderte wurde eine Politik wider die Toleranz betrieben. Das hat tiefe Wunden hinterlassen, die erst ausheilen müssen. Indem mit dem Großkapital all dem der Nährboden entzogen wird, erwächst der weltweiten Völkerverständigung eine bislang unbekannte Chance.

Herrschaft des Weltgroßkapitals ist nicht nur ökonomische Ausplünderung der Völker, sondern auch geistig-kulturelle Entmündigung, ist Zerstörung von nationaler Vielfalt und ist Oktroyieren amerikanischer und europäischer Kultur. Der Reichtum des Weltkulturerbes wurde, beginnend mit dem Kolonialismus und der Eroberung des amerikanischen Kontinents, durch Feudalismus und Kapitalismus dezimiert. Künftig werden sich kulturelle Traditionen zum Vorteil der Welt frei entfalten können. Die Weltgemeinschaft wird, indem sie ökonomisch zusammenwächst, einen gesellschaftlichen Überbau hervorbringen, in dem Weltgeist und Weltkultur zu einem Ganzen verschmelzen.

Lässt man die antiken Reiche außer Acht, so ist der Nationalstaat eine Entwicklung der europäischen Neuzeit. Mit dem Westfälischen Frieden von 1648 etablierten sich Staaten als souveräne Subjekte. Es sind Konstrukte, die sich in dieser Zeit beginnend fortlaufend entwickelten und willkürlich auch auf die Kolonien übertragen wurden. Ab dem 18. Jahrhundert rückte der Nationalstaat in das Zentrum der internationalen Politik. Mit dem Nationalstaat wurde der Nationalismus geboren, der die Menschheit in die schlimmsten Kriege ihrer Geschichte trieb. Der Nationalstaat ist ein Durchgangsstadium in der Geschichte der Menschheit. Die

Menschheit existierte bereits Jahrtausende vor der Erfindung des Nationalstaates und sie könnte wohl noch Jahrtausende fortbestehen, in denen der Nationalstaat keine gewichtige Rolle mehr spielt.

Marx war nicht Nationalist, sondern Internationalist, obwohl in seine Zeit die Gründung des Deutschen Kaiserreichs in Versailles 1871 fiel. Vom Nationalismus, dieser beschränkten Denkweise, ließ er sich nie anstecken. Die Zukunft der Menschheit sah er in ihrem internationalen Zusammenwachsen.

Der wohl bedeutendste chinesische Gegenwartsphilosoph, Zhao Tingyang, befasst sich in seinem neuesten Buch: „Alles unter dem Himmel: Vergangenheit und Zukunft der Weltordnung"[41] ausführlich mit diesem Thema. Hier erfährt man mehr über chinesisches Denken. Mir stößt immer wieder auf, mit welcher Arroganz sich westliche Politiker über China äußern. Vergleiche ich chinesisches Denken mit Trumps Denken, so kommt mir dieser vor wie ein vorlauter Zwerg.

Die Politik aus der Sicht des Nationalstaates, so vermittelt Zhao, betrachtet die Welt als Objekt, aus einer sehr eingeengten Sicht und nicht als Subjekt des Weltgeschehens. Er sieht die Koexistenz aller Menschen als Voraussetzung für die Existenz jedes Einzelnen, ohne die es keinen ewigen Frieden geben kann. In seiner Schrift „Zum ewigen Frieden" war Kant bei ähnlichen Überlegungen angekommen. Nur Kant ging aus von einem Bund freier Staaten und sah deshalb nicht die Welt als Subjekt, sondern als Objekt der Politik. Deshalb ist es nicht verwunderlich, dass die Nationalstaaten nach Kant die schlimmsten Kriege aller Zeiten geführt haben. Werden die Nationalstaaten nicht überwunden, wird es dabei bleiben, dass der reiche Westen, also Nordamerika und Europa, den Rest der Welt dominiert und deren Ausbeutung die vorherrschende Strategie bleibt. (Zhao Tingyang, S. 21-22)[42]

Diesen Anspruch nationalstaatlichen Denkens zu überwinden und damit den eingeengten Nationalstaat selbst, ist der hohe Anspruch des Übergangs in die freie Gesellschaft und eine höhere Qualität der Demokratie − eine gewaltige Aufgabe, der sich die Menschheit stellen muss, wenn sie überleben will. Gegenwärtig erleben wir in der Welt eine eher gegenläufige Entwicklung. Der Nationalismus treibt erneut überwunden geglaubte Blüten, aktuell zu erkennen am Eroberungskrieg Russlands gegen die Ukraine. Die Welt ist im Zuge der Globalisierung für viele Menschen immer unübersichtlicher geworden. Die daraus erwachsenden Ängste treibt sie in die nationale Einhegung, verhindert allerdings die weltweite Koexistenz aller Menschen und gefährdet damit die Existenz jedes Einzelnen.

10.10 Erziehung und Bildung

Demokratiefähigkeit ist ein Anspruch an jeden Bürger. Jede Regierung ist gut beraten, wenn sie der Volksbildung größte Aufmerksamkeit schenkt. Um eine solche Mündigkeit zu erreichen, dauert es sehr, sehr lange. Mit der Überwindung des historischen Parteienstadiums mit dem Übergang in die freie Gesellschaft verbessern sich dafür die Aussichten.

Die große Aufgabe für Bildung und Erziehung besteht darin, die Hinterlassenschaften des Kapitalismus im Denken der Menschen zu überwinden, und die sind gewaltig. Wir wissen bereits von Marx, der Mensch ist nicht das, was er sich zu sein dünkt, sondern das Produkt der gesellschaftlichen Umstände, unter denen er lebt, und der Erziehung, die er hier genossen hat. Kapitalistische Umstände sind gekennzeichnet von individuellem Egoismus, Gier und seinem Gegenstück: Neid. All das finden wir nicht nur bei den Kapitaleignern, wenn hier auch besonders ausgeprägt, sondern vom Kapital tief hinein getragen in alle gesellschaftlichen Schichten.

Das Kapital meint, der Egoismus sei die Urprägung des Menschen, die er aus seinem tierischen Ursprung mitbringt. Allerdings iist der Mensch nicht nur ein biologisches, sondern in erster

Linie ein gesellschaftliches Wesen. Im Unterschied zum Tier ist er vernunftbegabt, hat Liebe, Moral und Ethik, prägt in sich Verhaltensnormen und Tugenden aus. Die ersten wissenschaftlichen Überlegungen zu diesem Thema finden wir bereits im alten China, aber auch vor Christus in Europa bei den griechischen Philosophen, z. B. bei Sokrates, Platon und Aristoteles.

Die Menschen waren nicht immer so, wie wir sie heute wahrnehmen. Sie wandelten sich mit den Wandlungen der gesellschaftlichen Umstände, unter denen sie lebten. Das erkennt jeder selbst, wenn er über die Generationen seiner Großeltern, seiner Eltern, seine eigene Generation sowie die der eigenen Kinder- und Enkelgeneration nachdenkt. Da alle Generationen mehrheitlich im Kapitalismus lebten, vollzogen alle Individuen in ihren Verhaltensnormen über 5 Generationen die Wandlungen, die auch der Kapitalismus vollzog, weil jeder das Produkt der gesellschaftlichen Umstände ist, unter denen er lebt und lebte.

Beruflich bedingt lebte ich nach 1990 stets nur unter Kapitaleignern. Mir begegneten unter ihnen auch viele hervorragende Menschen mit guten Charaktereigenschaften. Aber allen gemeinsam war das kapitalistische Profitstreben, die Gier, sich Mehrwert anzueignen, selbst wenn ihre religiöse Prägung dies ihnen eigentlich moralisch verbot.

Nach dem Anschluss der Ostdeutschen an die Bundesrepublik und der damit einhergehenden Rückkehr in den Kapitalismus waren die Neubürger auf verlorenem Posten. Ihnen fehlte die kapitalistische Ellbogenmentalität der Westdeutschen. Jene hatten kapitalistisches Denken und Verhalten bereits mit der Muttermilch eingesogen. Darin sind Empathie, Gemeinschaftssinn, Nächstenliebe, Kollegialität und Hilfsbereitschaft weit verkümmert. Zwangsläufig mussten die Ostdeutschen im ökonomischen Wettbewerb mit den Westdeutschen scheitern und aus dem Raster fallen. Ihnen, also den breiten Massen, hatte man sozialistische Tugenden und Verhaltensnormen anerzogen.

Ganz anders in der Politik. Die junge Pfarrerstochter Angela Merkel hatte eine christliche und eine sozialistische Erziehung im Elternhaus und in der DDR genossen. Sie lebt einen hohen ethisch-moralischen Anspruch, ist dazu noch sehr klug, wissenschaftlich gebildet und hatte machtbewussten Ehrgeiz. Es fiel ihr nicht schwer, die gesamte schwarze Elite der Bundesrepublik beim Kampf um die Macht auszubooten, da sie ihnen mit ihrer sittlich-moralischen Prägung turmhoch überlegen war. Sie bemühte sich zwar, ihrer Partei, der CDU, die vom Kapital geprägten Verhaltensweisen auszutreiben, ist damit aber letztlich am herrschenden Egoismus gescheitert. In der Corona-Epidemie bereicherten sich Abgeordnete der beiden christlichen Parteien schamlos an der Not des Volkes. Die ganze moralische Verkommenheit dieser Parteien trat offen zutage.

Diese Aussagen vermitteln uns, was wir nach dem Übergang in die freie Gesellschaft in den Köpfen unserer Menschen vorfinden. Das ist das Produkt von 500 Jahren kapitalistischer Erziehung. Dieses verschwindet nicht einfach so aus den Köpfen. Es bedarf einer langen Übergangsperiode, um diese traurigen Hinterlassenschaften wieder zu tilgen. Es wird in dem Maße gelingen, wie die freie Gesellschaft fortschreitet und ihre Vorzüge entfaltet.

Das Kapital ist nicht unbedingt an mündigen Bürgern interessiert. Andererseits erfordert der heutige Stand von Wissenschaft und Technik einen höheren Ausbildungsgrad der Arbeitnehmer. Er wurde zur wichtigsten Bedingung für die Verwertung des Kapitals. Damit besteht die Gefahr, dass die Arbeitnehmer die Funktionsweise des Kapitals durchschauen und seinen Einfluss auf die Gesellschaft registrieren. Ja, das Kapital braucht auch Arbeitnehmer, die die Mehrwertschöpfung managen. Diese besticht es mit hoher Bezahlung, die in keiner Weise zu rechtfertigen ist. Damit wird die Zugehörigkeit zum Kapital suggeriert.

Die wichtigsten Einrichtungen für Erziehung und Bildung sind die Kindergärten, Schulen, Berufsschulen, Hochschulen und

Universitäten. Es sollten Einrichtungen des Souveräns sein, die niemals in die Hände privater oder gar religiöser Trägerschaften gehören. Auch geht es einzig und allein um die allgemeinen Interessen der Gesellschaft, in denen partikulare Interessen nichts verloren haben. Diese Eirichtungen sind die Träger des Wissens und der Wissenschaft. Die Konfessionen des Glaubens haben hier nichts zu suchen. Das heißt, die Trennung von Staat und Kirchen muss endgültig vollzogen werden.

Glaube, ganz gleich welcher Konfession, ist Privatsache der Menschen. Es kann nicht angehen, dass Parteien, die das Wort „christlich" im Namen führen, Zugeständnisse an die Kirchen machen, um so Wählerschichten an sich zu binden. Wenn Glaube Privatsache der Menschen ist, kann es nicht sein, dass der Staat die Kirchensteuern eintreibt, Religionsunterricht in den Schulen zulässt, Kirchen finanziert usw.

Damit ist nicht nur der christliche Glaube mit seinen 3 Konfessionen gemeint, sondern gemeint sind alle Religionen, auch der Islam, das ultraorthodoxe Judentum u. a. All den monotheistischen Religionen ist eigen, dass sie sich jeweils für die Anhänger des wahren Glaubens halten mit Alleinvertretungsanspruch. Wer schon einmal in Altötting war, weiß, wovon ich schreibe.

Glaube und Fanatismus liegen oft dicht beieinander. Das ist kein Einzelphänomen des Islam, wenn hier auch besonders ausgeprägt, sondern trifft auf alle monotheistischen Religionen zu. Die Menschen im Osten Deutschlands haben eine eher atheistische Erziehung und Bildung durchlaufen, in der Kirche und Staat konsequent getrennt waren. Das spürt man heute noch und es war nicht die schlechteste Hinterlassenschaft der DDR. Allerdings wurde hier der religiöse Zugang zur Gesellschaft durch sowjetkommunistische Erziehung ersetzt, was ebenso verwerflich war.

Neben einer soliden naturwissenschaftlichen Bildung muss in den Schulen zukünftig größter Wert auf die humanistische Erziehung und Bildung im Geiste der Aufklärung gelegt werden. Dieses Fach muss Pflicht für alle Schülerinnen und Schüler werden. Eine solide humanistische Erziehung und Bildung sind der Feind von Nationalismus und Rassismus. Gerade in dieser Hinsicht weisen unsere gegenwärtigen Erziehungs- und Bildungsleistungen erhebliche Defizite auf.

Ein Kind, welches in eine bildungsferne Familie hineingeboren wurde, trägt daran keine Schuld und darf deshalb in der Schule nicht vernachlässigt werden. Der Weg hin zur Ganztagsschule ist richtig und muss noch konsequenter gegangen werden. Es ist aber auch notwendig, hinsichtlich pädagogischer Befähigung der Lehrer mehr zu leisten. Den pädagogisch befähigtsten Lehrern sollte die persönliche Verantwortung für die betroffenen Kinder übertragen werden. Eine solche Lehrer-Kind-Beziehung muss dazu führen, dass das Kind in diesem Lehrer sein Vorbild erkennt, dem es in jeder Hinsicht sein Leben lang nacheifert.

Als ich 1947, also kurz nach dem Zweiten Weltkrieg, eingeschult wurde, stand humanistische Erziehung, also noch nicht kommunistische, hoch im Kurs. Meine Lehrerinnen und Lehrer waren ausgemachte und glühende Humanisten. Diese ersten Schuljahre haben mich für mein ganzes Leben geprägt. Der Humanismus wurde für mich zur Lebensmaxime.

Schaue ich mir heute die mir folgenden Generationen an, selbst zu beobachten bei meinen Kindern und Enkeln, hat sich die humanistische Erziehung weder im Osten noch im Westen Deutschlands so fortgesetzt. Im Osten wurde sie von sowjetkommunistischer Ideologie und im Westen durch kapitalistisch-egoistische Denkweisen verdrängt. Die Ideologie des Kapitals beherrscht heute im wiedervereinten Deutschland alle Klassen und Schichten und wurde vom Macht ausübenden großen Kapital ins Volk hineingetragen.

Dazu ein Beispiel: In meiner Heimat gingen in der Coronakrise an jedem Montag die Impfgegner und Coronaleugner auf die Straße, um gegen die Coronamaßnahmen der Regierung zu demonstrieren. Als die neue SPD/FDP/Grünen-Regierungskoalition alle Coronamaßnahmen aufgehoben hatte, setzten sich die Demonstrationen dennoch fort. Sie hatten ein neues Motto gefunden, das sie vereinigte. Ihr Motto lautete nun: „Frieren für die Ukraine". In beiden Fällen bringen die Kundgebungsteilnehmer ihre inhumane Prägung zum Ausdruck. Vergleichbares vollzog sich in allen Gruppen, die ihren Unmut auf den Straßen demonstrierten.

Ist das so verwunderlich? Sie demonstrierten das, was ihnen die Gesellschaft, in der sie leben, vermittelt und anerzogen hat. In ihrer Denkweise finden wir all das, was das Wesen des großen Kapitals ausmacht: Egoismus, Individualismus, Nationalismus, Rassismus, Skrupellosigkeit, Rücksichtslosigkeit und mangelnde Solidarität, also alle Eigenschaften, die dem Humanismus diametral entgegenstehen.

An diesem Beispiel wird erkennbar, welch gewaltige erzieherische Aufgabe mit dem Eintritt in die freie Gesellschaft gelöst werden muss, und nicht nur in der deutschen, sondern in allen Gesellschaften, voran in der westlichen Welt. Erkennbar wird der sittlich-moralische Niedergang, der sich in der Endphase des Kapitalismus weltweit vollzogen hat. Auf diesen erzieherischen Gewaltakt sollten sich die Eliten, die sich berufen fühlen, die freie Gesellschaft künftig zu führen, bereits jetzt beginnend vorbereiten.

10.11 Das Recht

In der westlichen Welt begründet sich das Recht im Wesentlichen auf die Überlieferungen des römischen Rechts, in anderen Teilen der Welt, insbesondere in den einstigen Hochkulturen, auf dortige historische Rechtsgrundlagen. Insgesamt handelt es sich um Rechtsgrundlagen, die mit der Herausbildung privaten Eigentums entstanden, um dieses Eigentum vor Zugriffen zu schützen. Die große Französische Revolution bescherte uns den Code civil, der mit Napoleon in ganz Europa Verbreitung fand. Er war dem Kapitalismus auf den Leib geschneidert. Mit ihm wurde das private Eigentum zum wichtigsten Glaubensgrundsatz der westlichen Rechtsprechung.

In der Rechtsprechung in kapitalistisch verfassten Staaten spiegelt sich der Charakter dieser Gesellschaft besonders anschaulich wider. Die Juristen begegnen uns vor allem als Rechtsanwälte, Richter und Staatanwälte. Die Zunft der Rechtanwälte, deren Zahl, insbesondere in den USA, in den letzten Jahrzehnten sprunghaft gewachsen ist, da sich hier unerhört viel verdienen lässt, folgt in ihrer Hierarchie der gesellschaftlichen Einkommensskala. Die besten, die Staranwälte, den Alchimisten gleich, verstehen es, aus Unrecht Recht zu formen. Wir finden sie in der obersten Einkommensgruppe, bei den international agierenden Konzernen und Banken. Mit sinkenden Einkommen sinkt auch die Qualität der Anwälte, die sich die Bürger leisten können. In der unteren Hälfte der Einkommen kann sich die Mehrzahl keinen Anwalt leisten. Ihnen werden vom Gericht Pflichtverteidiger gestellt, vor allem solche, die selbst keine Klienten finden.

In die Hierarchie der Rechtsanwälte finden wir, je nach Anspruch, die Staatsanwälte und Richter eingeordnet. Die differenzierte Qualität und Zuordnung der Juristen, abhängig von der Größe des Geldbeutels, hat wesentlich dazu beigetragen, dass im Kapitalismus Recht und Gerechtigkeit so weit auseinandertriften.

Es gibt inzwischen weltweit einige Gemeinsamkeiten im Strafrecht und auch im Privatrecht zur Schadensklärung, aber ein Weltrecht, das diese Bezeichnung verdient, gibt es nicht. Deshalb sollten sich die großen Rechtsgelehrten der Welt aufmachen, ein solches Weltgesetzbuch für alle Rechtsgebiete zu erarbeiten.

Die Wirtschaft, also die ökonomische Basis der Welt, wächst immer mehr zusammen. Damit ist der gesellschaftliche Überbau der

Länder aufgefordert, die notwendigen Schritte zu gehen, um in allen Segmenten dieses Überbaus Schritte in Richtung Internationalisierung zu gehen.

Aber das ist nur die eine Seite. Noch wesentlich wichtiger ist es, im Recht den Schritt zu gehen, der mit dem Übergang in die freie Gesellschaft notwendig vollzogen werden muss. Alles bisherige Recht war das Recht von Klassengesellschaften, in denen sich eine Minderheit das Mehrprodukt der Mehrheit aneignete. Und wir wissen inzwischen, dass das eine historische Notwendigkeit war. Mit dem Übergang der Wirtschaft in die ressourcensparende Reproduktion wird diese Notwendigkeit aufgehoben. Damit werden neue Rechtsgrundlagen notwendig, die dieser revolutionären Umgestaltung der ökonomischen Basis gerecht werden.

Zu den Forderungen der Französischen Revolution gehörte neben Freiheit und Brüderlichkeit auch die Gleichheit. Das war eine Forderung, die die Französische Revolution nicht verwirklichen konnte, weil einfach die ökonomische Basis der Gesellschaft dafür noch nicht reif war. Das tritt erst in der Gegenwart ein. Man reduzierte die Gleichheit dann auf Gleichheit vor dem Gesetz. Aber die Gesetzgebung war eine kapitalistische, mit dem Schutz des privaten Eigentums als oberstes Gebot. Deshalb wurde sehr schnell begreiflich, dass in einer kapitalistischen Gesellschaft Recht nicht gleichzusetzen war mit Gerechtigkeit, weil die Ungleichheit in dieser Gesellschaft deren Wesensmerkmal ist. Das ist der Kern der Aufgabe für ein Weltgesetzbuch, die Übereinstimmung von Recht und Gerechtigkeit erstmals in der Weltgeschichte herzustellen, und der hohe Anspruch an jene, die dieses Gesetzbuch erarbeiten werden.

10.12 Religionen

Meine Auffassung zu Religionen habe ich bereits kundgetan. Die heute die Welt prägenden sind die mit dem Übergang in die feudale Gesellschaft aufgekommenen monotheistischen Religionen. Die Juden, eine kleine Glaubensgemeinschaft mit circa 15 Millionen Anhängern, waren die Ersten, die den Polytheismus verließen und eine monotheistische Religion vor 3.000 Jahren begründeten, auf die sich auch die folgenden beiden – Christentum und Islam – begründen. Das Christentum blickt auf eine rund 2.000-jährige Geschichte zurück und reichlich 600 Jahre später folgte mit dem Islam die dritte monotheistische Religion.

Die beiden letztgenannten Religionen fanden durch Eroberungen und Kolonisation eine weite Verbreitung. Heute haben die Christen circa 2 Milliarden und der Islam 1,5 Milliarden Mitglieder in ihren Glaubensgemeinschaften. Alle 3 Gemeinschaften zelebrieren ihren Glauben mit unterschiedlicher Vehemenz und Aggressivität.

Die Hochburgen des Christentums finden wir im Süden Europas, auf dem amerikanischen Kontinent, im Süden Afrikas und neuerdings wieder in Russland. Der Islam hat sich im Norden Afrikas sowie im Nahen und Mittleren Osten ausgebreitet, greift zunehmend in die Mitte Afrikas aus.

Der Kapitalismus stellte im Vergleich mit dem Feudalismus einen gewaltigen Fortschritt dar. Damit kam auch der Atheismus in die Welt, der bis heute weite Verbreitung fand und findet. Die christliche Religion war im Mittelalter das wichtigste Disziplinierungsmittel in den europäischen Feudalstaaten und die Rechtfertigung für die brutale Kolonisation der Welt durch die Europäer.

Da der entstehende und sich ausbreitende Kapitalismus immer noch eine Klassengesellschaft ist, die allerdings das Mehrprodukt nicht mehr in Naturalform, sondern nunmehr in Form des die

Herkunft verschleiernden Mehrwerts abschöpft und damit keine gerechte Gesellschaft verkörpert, erkannte das Kapital recht bald, dass sich der Glaube für die Verwirklichung seiner Kapitalinteressen politisch sehr gut gebrauchen lässt. So nimmt es nicht wunder, dass nunmehr, da der Kapitalismus in seine Niedergangsphase eingetreten ist, Glaube in der Politik der westlichen Welt zunehmend wieder eine gewichtigere Rolle spielt, besonders auffallend zu erkennen in den USA, die sich selbst für das fortschrittlichste Land der Welt halten.

Etwas anders verhält es sich in der islamischen Welt. Die Hochburgen des Islam finden wir in der vom Humanismus unberührt gebliebenen unterentwickelten Welt. Hier dient er der Ideologisierung der Massen im Kampf gegen die Ausplünderung durch die entwickelte Welt.

Es dürfte noch sehr lange dauern, bis die religiöse Stufe der Menschheitsentwicklung überwunden sein wird. Da ist noch viel geduldige Aufklärung nötig und der Kapitalismus ist wenig geeignet, diese Aufklärungsarbeit zu leisten. Natürlich haben sich alle monotheistischen Religionen über viele Jahrhunderte mit ihren Riten und Traditionen tief im Handeln der Völker verwurzelt. Oft ist es weniger der Glaube an Gott, sondern sind es vielmehr die Riten und Bräuche, die die Gemeinschaften zusammenhalten.

Auch mit dem Übergang in die freie Gesellschaft werden uns die Religionen noch lange begleiten. Wichtig wird dann sein, die klare Trennung zwischen Staat und Glaubensgemeinschaften zu vollziehen und den Missbrauch von Glauben für politische Interessen und Ziele auszuschließen. Verbote und Diskriminierung in Bezug auf den Glauben darf es nicht geben. Jeder Bürger hat das Recht, nach seiner Fasson selig zu werden. Das gehört zur individuellen Freiheit.

Ein Beispiel zur Instrumentalisierung des Glaubens: Polen ist ein Sonderfall in der europäischen Geschichte. In Polen spielt der katholische Glaube eine bedeutende Rolle wie in keinem anderen Land. Die Ursachen dafür liegen in der polnischen Geschichte begründet. Nach der 3-fachen Aufteilung Polens unter Russland, Preußen und die Habsburger Monarchie war der katholische Glaube die Klammer für den Zusammenhalt des polnischen Volkes. Der Glaube wurde deshalb besonders konservativ und radikal zelebriert, ist auch heute noch tief im polnischen Volk verwurzelt.

Im Kalten Krieg instrumentalisierte das westliche Großkapital die katholische Religion im Kampf gegen den Sowjetkommunismus. Der Pole Karol Józef Wojtyła wurde als Johannes Paul II. 1978 im Interesse des Westens auf den Papstthron gehievt. Er leistete maßgebliche Arbeit, um den Untergang des Sowjetkommunismus voranzutreiben. Inzwischen hat ihn Papst Franziskus heiliggesprochen.

Jetzt, wo Polen Mitglied der Europäischen Union ist, wird der polnische Katholizismus von der rechten PiS-Partei missbraucht. Polen wird zum Störenfried in der Gemeinschaft der EU. Polen, unterstützt von Ungarn, tanzt beständig aus der Reihe und gefährdet somit die Einheit der EU. Polen hat sich zum Sammelbecken rechter Parteien und Bewegungen in Europa entwickelt und das polnische Volk folgt in tiefer Religiosität mehrheitlich dem Treiben seiner Regierung.

Die PiS-Partei baut das nach der Wende von 1989 demokratisch verfasste Polen schrittweise in eine Diktatur um. Ihr Vorbild ist die streng autokratisch aufgestellte polnische katholische Kirche. Die Polen haben im ländlich geprägten Raum damit kein Problem. Entspricht es doch dem, was sie tagtäglich in ihrer Kirche erleben.

In der freien Gesellschaft sind es vor allem 2 Dinge, die der Gläubigkeit abträglich sind. Zum einen wird die Aufhebung des großen Kapitals allmählich die Ungerechtigkeit aus der Gesellschaft verbannen und zum anderen hört die politische Instrumentalisierung des Glaubens auf.

10.13 Was wäre, wenn …

Wenig deutet gegenwärtig in der westlichen Welt auf eine revolutionäre Umgestaltung der Gesellschaft hin. Es herrscht eher Lethargie in den Volksmassen vor, vergleichbar der in Mitteleuropa ausgangs des Mittelalters. Die etablierten politischen und geistigen Eliten setzen nur auf eine gesellschaftliche Kraft, auf das Kapital. Ihm allein trauen sie gesellschaftsgestaltende Fähigkeiten zu.

Die Arbeitnehmerschaft verkommt zum Störfaktor mit ihren ewigen Forderungen nach gesicherten Arbeitsplätzen, die das Kapital immer weniger gewährleisten kann. So sind die Eliten bemüht, alle Forderungen, die das Kapital an die Gesellschaft stellt, zu erfüllen, ihm jeden Wunsch von den Augen abzulesen. Frau Merkel wollte sich nicht den Vorwurf machen lassen, das Kapital außer Landes getrieben zu haben.

Demgemäß hat sich die Gesellschaft im Fortschreiten ihrer Krise allmählich verändert und verändert sich zunehmend weiter. Es ist ein Differenzierungsprozess in Gang gekommen, der ein beachtliches Reichtumsgefälle schuf, an dessen oberem Ende sich unerhörte Vermögen aufhäufen, während am unteren Ende sich Armut ausbreitet. In Deutschland betrug das private Geldvermögen 1991 rund 2 Billionen Euro und hat sich bis 2020 auf 6,7 Billionen erhöht. Mehr als die Hälfte (63 %) davon entfällt auf 10 % der privaten Haushalte an der Spitze. Die 50 % besser gestellten privaten Haushalte verfügen über 95 % des Nettovermögens. Der Prozess der ungleichen Vermögensverteilung vollzieht sich vergleichbar in der gesamten westlichen Welt.

Es gibt zwar Bemühungen der Linken, im europäischen Raum der schleichenden Differenzierung der Völker eine politische Bewegung entgegenzustellen, jedoch ist sie von einer Mobilisierung großer Volksmassen weit entfernt. Die Gewerkschaften, die ihre bislang rein ökonomischen Aktionen mit politischem Inhalt auffüllen könnten, werden in der Gesellschaft als Bremse des Fortschritts in eine „moderne" Gesellschaft diskreditiert. Ihr Mitgliederschwund ist beachtlich, da jeder um seinen Arbeitsplatz bangt und sich mit gewerkschaftlichem Engagement nicht verdächtig machen möchte. Es fällt schwer, sich in den entsolidarisierten Völkern des Westens schlummernde revolutionäre Kräfte vorzustellen.

Das große Kapital hatte noch nie eine solch gesellschaftsbeherrschende Stellung wie heute. Da es zunehmend international agiert, hat es sich dem Zugriff der Nationalstaaten weitgehend entzogen. Aus der Ohnmacht der Nationalstaaten erklärt sich ihre tiefe Verbeugung vor dem großen Kapital. Natürlich preisen sie in Sonntagsreden immer wieder das kleine Kapital, ihren viel gerühmten „Mittelstand", da hier noch die Masse der Arbeitsplätze gehalten wird. Das zeigt nur das Produktivitätsgefälle zwischen großem und kleinem Kapital. Und so können die Regierenden nicht verhindern, dass vom Kleinkapital einiges vom großen aufgesogen wird, die Insolvenzen zunehmen, die örtlichen, sich haltenden Kleinunternehmen ein kümmerliches Dasein fristen und einige nur überleben können, weil sie aus Steuergeldern subventioniert werden.

Absehbar wird es keinen gesellschaftlichen Umbruch in der westlichen Welt geben und der vor wenigen Jahrzehnten einsetzende Niedergang der Gesellschaften im Abendland wird sich längere Zeit fortsetzen. Die Schmerzgrenze ist längst noch nicht erreicht.

Im Fortgang der Geschichte wird die Differenzierung und Polarisierung in der Gesellschaft weiter zunehmen. Die düsteren Szenarien, die Bonß beschreibt, könnten teilweise Wirklichkeit werden. Der Pauperismus wird sich ausbreiten, ein auf das Minimum reduziertes Dasein fristen. Ein neues Lumpenproletariat wird den Bodensatz der Gesellschaft bilden. Bei denen, die in Arbeit bleiben, die sich mehrheitlich vom Bodensatz distanzieren, aus Angst, ein ähnliches Schicksal zu erleiden –, wird die Differenzierung voranschreiten, die Konkurrenz um die weniger werdenden Arbeitsplätze wird die zwischenmenschlichen

Beziehungen verrohen und eine nie gekannte soziale Kälte wird in die Gesellschaft einziehen.

Ein solcher gesellschaftsverändernder Prozess könnte sich so lange hinziehen, bis Mehrheiten von den Folgen des Niedergangs der kapitalistischen Gesellschaft betroffen sind, sich formieren und zur Wehr setzen. Diese Gefahr sieht auch das große Kapital und es wird seine Strategie entwickeln, um dieser, seinen Fortbestand gefährdenden Bewegung zu begegnen.

Es sind vor allem 2 Vorgänge, die für künftiges Handeln des Kapitals ausschlaggebend sein werden. Zum einen sieht es die Gefahr, dass durch wachsende Verarmung großer Teile der Bevölkerung in seinen Mutterländern, also in Nordamerika und Europa, die Gesellschaften instabil werden und die Gegenkräfte sich zu einer machtvollen politischen Bewegung vereinen.

Zum anderen produziert das Kapital zunehmend in den Billiglohnländern, um traumhafte Profite einzufahren, entwickelt dabei aber die kapitalistische Produktionsweise in diesem Teil der Welt. Nur wiederholt das Kapital hier nicht einfach das, was es in den Letzten 200 bis 250 Jahren in der westlichen Welt vollbrachte. Es operiert in der unterentwickelten Welt nicht mit den technischen Innovationen vom Beginn der industriellen Revolution, sondern mit den gegenwärtigen Errungenschaften der zweiten produktionstechnischen Revolution mit ihrem hohen Potenzial, massenhaft Gebrauchswerte auszustoßen. Folgerichtig wird sich eine Flut von wenig Wert enthaltenden Gebrauchswerten über die Welt ergießen, für die es nicht genügend Käufer gibt. Die eine Käuferschaft, in der unterentwickelten Welt, wird in Armut gehalten, und die andere Käuferschaft, in der entwickelten Welt, wird in neue Armut geführt.

Die westliche Welt stellt nur 15 % der Weltbevölkerung und ist im Schrumpfen begriffen, während die Bevölkerung der unterentwickelten Welt weiter zunimmt. Und dieser Teil der Welt setzt sich zunehmend gegen die ökonomische Unterjochung durch die USA und Europa zur Wehr.

So liegt es nahe, dass diese beiden Hochburgen des Kapitals die Völker ihrer Herkunftsländer zu ihren Komplizen machen. Ganz neu ist das nicht. Die Völker der einstigen Kolonialmächte wurden von jeher von ihrem Kapital korrumpiert. Auch heute noch partizipieren die Völker der westlichen Welt an der grausamen Ausbeutung in den Entwicklungsländern. Die in den USA und Europa lebende Arbeitnehmerschaft unterscheidet sich wesentlich von der Arbeitnehmerschaft der restlichen Welt. Sie sind die Arbeiteraristokratie mit Privilegien.

Die Botschaft, die al-Qaida-Chef Osama bin Laden an Europa richtete, enthält den Satz: „Seid euch bewusst, dass, wenn ihr uns unsere Handlungen als Terrorismus beschreibt, ihr euch selbst und euer Handeln ebenso beschreiben müsst" („Neues Deutschland" vom 16.04.2004). Das Weltgroßkapital wird sich keinen Krieg an 2 Fronten leisten können – an der Front der unterentwickelten Länder, wo ökonomische Ausplünderung naturgemäß ein akutes Spannungsfeld zwischen Kapital und Arbeit schafft, wie auch nicht an der Heimatfront, wenn hier der zurzeit noch gebändigte soziale Konflikt offen ausbricht. Es wird die Heimatvölker wieder mit ins Boot nehmen, wie schon nach dem Zweiten Weltkrieg, aus Angst vor der „kommunistischen Gefahr", und die „Sozialpartnerschaft" unter einem anderen Vorzeichen erneuern müssen.

Derartiges ist in der Geschichte nicht ohne Beispiel. Als Rom fast ganz Europa unter seine Herrschaft gebracht hatte, schufen die aus allen Ländern herbeigeschleppten Sklaven den Reichtum, über den Rom damals verfügte, und die unterjochten Völker leisteten obendrein noch Tribut. Die Römer selbst leisteten Wehrdienst, um die Besatzung aufrechtzuerhalten, regierten und verwalteten die fremden Völker und Länder, trieben die Tributleistungen ein, verteilten die Reichtümer im Land und der Rest wurde mit Brot und Spielen bei Laune gehalten.

Aus einem einst leistungsfähigen wurde ein parasitäres Volk. Vergleichbare, wenn auch viel schwächere Ansätze beobachteten wir ebenfalls bei den Ländern mit einst großen Kolonialreichen. Hier liegt nicht zuletzt begründet, warum Deutschland gegenüber England mit Beginn des 20. Jahrhunderts einen so bedeutenden Aufschwung nahm. Es hatte keine nennenswerten Kolonien, musste die Leistungsfähigkeit des eigenen Volkes herausfordern.

Eine vergleichbare Zukunft wie die weiter oben erwähnte Geschichte des römischen Volkes könnte den Völkern der westlichen Welt beschieden sein, und noch ist nicht entschieden, ob sie sich darauf einlassen würden. Ansätze für eine solche Entwicklung sind bereits auszumachen. Mit Brot und Spielen werden die neuen Paupers bereits bei Laune gehalten.

Aber wir wissen auch, wie Rom endete. Es ging unter. Die Völker, die das Mehrprodukt schufen, von dem die Römer ein sattes Leben führten, entwickelten sich mit der Produktion, die sie für die Besatzer leisteten, gewaltig. Eines Tages fegten sie das moralisch verkommene, dekadente, parasitäre, einst stolze Volk der Römer vom Podium und machten sich selbst zu den Herren Europas. Ähnlich könnte es den Völkern des reichen Westens ergehen, wenn sie sich von ihrem Kapital korrumpieren lassen und mit ihm eine Komplizenschaft eingehen.

Der neuerliche Krieg gegen den „internationalen Terrorismus", den George W. Bush vom Zaun brach, weist auf eine solche mögliche Weltentwicklung hin. Der Verursacher der individuellen terroristischen Gegenwehr, das Weltgroßkapital, spricht von einer Bedrohung des Abendlandes, und schon sitzen die eigenen Völker allesamt mit im Boot, da Terror stets auch Unschuldige, Unbeteiligte trifft. Und damit nicht genug: Die allgemeine „Bedrohung" wird in dem Maße zunehmen, wie das Kapital sein Engagement in der Dritten Welt verstärkt. Das Aktionsfeld des Großkapitals ist heute das Weltganze, ist heute die eigentliche Weltregierung. Die nationalen Wirtschaften der unterentwickelten Welt haben der ökonomischen Macht des Großkapitals nichts entgegenzusetzen, sind ihm ohnmächtig ausgeliefert.

Diejenigen, die sich dennoch widersetzen, sind „terroristisch", werden in die „Achse des Bösen" gestellt, zu potenziellen Kriegszielen erklärt und hin und wieder, je nach ökonomischer Interessenlage, auch wirklich bekriegt. Ein Anlass findet sich immer, und wenn keiner vorhanden, wird einer konstruiert. Obwohl die Geschichte der Völker von jeher so funktioniert, ist es erstaunlich, wie immer wieder Mehrheiten, Lemmingen gleich, in einer Welt, von der man doch annimmt, sie sei aufgeklärt, ihren Meinungs- und Stimmungsmachern folgen.

Jedoch bleibt auch die Dritte Welt nicht das, was sie heute ist – unterentwickelt. Die Jagd des Großkapitals nach Profit, welche über diesen Teil der Welt hergefallen ist, verändert sie ungewollt. Jene Völker durchlaufen im Zeitraffertempo die gleiche Geschichte, die die Völker der westlichen Welt bereits gelebt haben. Der Kampf zwischen Kapital und Arbeit wird auch hier entbrennen und gewinnt zusätzlich an Schärfe, weil er gegen fremdes Kapital geführt wird und die inzwischen parasitär gewordenen Völker des Westens mit ausgehalten werden müssen.

Das große Kapital transferiert den Konflikt zwischen Kapital und Arbeit aus dem Nationalstaat auf die internationale Ebene, macht ihn zu einem Nord-Süd-Konflikt, zum Konflikt zwischen entwickelter und unterentwickelter Welt. Er ist bereits im Gange. Massive Gegenwehr kommt aus dem arabischen Raum. Auch China widersetzt sich dem Diktat des Weltgroßkapitals. Die islamische Welt wird schon mit Krieg überzogen und China lebt zunehmend gefährlicher.

Noch gelingt es dem Kapital, die Länder der Dritten Welt zu entzweien, Zwietracht zu säen, dabei selbst Völkermord in Kauf nehmend, wie in Ruanda oder im Jemen geschehen. Israel kann nur deshalb das Volk der Palästinenser langsam erdrosseln, weil es gelang, die Einheit der arabischen Welt erfolgreich zu verhindern.

Die Entwicklung der kapitalistischen Produktionsweise wird die Dritte Welt erstarken lassen, Bildung, Organisiertheit, Disziplin und politisches Bewusstsein dieser Völker fördern. Die zweite produktionstechnische Revolution wird auch hier ihr Werk verrichten. Die historisch erforderliche Zeit, bis auch diese Völker die Stufe erklommen haben werden, auf der wir heute stehen, ist denkbar kurz, nur ein geschichtlicher Augenblick.

Der Widerspruch zwischen wachsender Gebrauchswertmasse bei stagnierender, dann sinkender Wertmasse wird sich auch hier früher oder später einstellen und dann die ganze Welt beherrschen mit all den fatalen Folgen, die wir bereits verspüren. Die Gesellschaftskrise, die den Westen gegenwärtig in Atem hält, wird dann eine Weltkrise sein, die nicht mehr beseitigt werden kann. Spätestens dann wird der Schritt, das Weltgroßkapital aufzuheben und in die freie Gesellschaft einzutreten, den die entwickelte Welt bereits vollziehen könnte, wirklich endgültig und unwiderruflich vollzogen werden.

Die Völker der USA und Europas wären zu diesem Zeitpunkt inzwischen zu almosenempfangenden Müßiggängern verkommen, als Kostgänger des Kapitals allmählich geistig, kulturell und moralisch degeneriert wie einst die Römer. Nur wenige Jahrzehnte wären ausreichend, um die einstige Zierde und das Rückgrat der zweiten produktionstechnischen Revolution auf den Hund zu bringen. Sie wären dann zu keiner Aktion der Selbstbefreiung aus ihrer Abseitsposition mehr fähig. Die zweite produktionstechnische Revolution, die von ihnen, in England beginnend, eingeleitet wurde und circa 250 Jahre von ihnen getragen war, ginge ohne ihr Zutun weiter und würde dennoch in die vom Kapital befreite Gesellschaft führen.

Die Nachkommen der Pioniere der zweiten produktionstechnischen Revolution würden an der revolutionären Umgestaltung der Welt keinen Anteil mehr haben, sie wären dann die passiven, unbeteiligten Zuschauer. Sie hätten ihre historische Mission versäumt, die dann von anderen Völkern, denen es heute noch niemand zutraut, zeitlich etwas verzögert, erfüllt würde. Das alte Europa, die Wiege der modernen Welt, wäre dann endgültig in der Bedeutungslosigkeit versunken, vergessen und von den jetzt noch unterentwickelten Völkern überholt.

Ähnlich wie einst die Römer, die herablassend auf die kulturlosen Kelten, Germanen und Slawen geblickt hatten, nach ihrem Untergang in der Bedeutungslosigkeit verschwanden, werden die Europäer dann keinen erwähnenswerten Anteil mehr am Fortgang der Weltgeschichte haben.

Das ist der Scheideweg, an dem die Völker der westlichen Welt heute stehen, und es ist längst nicht entschieden, welche Richtung sie einschlagen werden. Ob der Weg in die freie Gesellschaft unter Führung dieser Völker beschritten wird, hängt davon ab, ob sie die subjektive Reife erlangen, sich von Geschichte Erleidenden zu Geschichte Gestaltenden aufschwingen zu können, um die ihnen objektiv zugefallene historische Mission zu erkennen und zu erfüllen. Die Hoffnung stirbt zuletzt und lässt uns den Weg verfolgen, der in die freie Gesellschaft führt.

11 KAPITEL – DER WEG IN DIE ZUKUNFT

11.1 Objektives und Subjektives

Bislang bemühten wir uns, in Kapitel 9 die Merkmale der ökonomischen Basis und in Kapitel 10 die Merkmale des gesellschaftlichen Überbaus der freien Gesellschaft darzustellen. Beide Darstellungen signalisieren, was in den Hochburgen des Kapitals objektiv notwendig ist, bei dem erreichten Reifegrad der kapitalistischen Gesellschaft, um die menschliche Gesellschaft vor ihrer Zerstörung zu bewahren. Wir haben gemeinsam auf einem langen Weg durch die Geschichte, Ökonomie und die dadurch bedingten gesellschaftlichen Wandlungen Entstehen, Werden, Reife und beginnenden Niedergang der kapitalistischen Gesellschaft betrachtet. Wir haben uns im 2. Buch auch die untauglichen, gescheiterten Versuche angeschaut, die kapitalistische Gesellschaft zu überwinden. Nunmehr kehren wir zu dem einleitenden Gedanken zurück: Hat die menschliche Gesellschaft das Potenzial, um zu überleben, oder wird sie an ihren inneren Widersprüchen, die sie nicht zu lösen vermag, zugrunde gehen?

Objektiv steht die menschliche Gesellschaft vor der Mammutaufgabe, die Wende hin zur freien Gesellschaft zu vollziehen, da sich die bestehende Gesellschaft als unfähig erweist, den Konflikt, der aus dem Kapitalverhältnis erwächst, aufzulösen. Wann, wo und wie das geschehen wird, ist die subjektive Frage, die von vielen Faktoren abhängig und schwer zu beantworten ist.

Es ist der Beruf des Kapitals, Mehrwert aus unbezahlter Arbeit zu ziehen und diesen in die produktionstechnische Basis der Gesellschaft zu investieren. Über rund 500 Jahre hat dieser heckende Wert die Gesellschaft unerhört vorangebracht und alles, was zuvor gesellschaftliche Entwicklung ausmachte, in den Schatten gestellt. Wir haben gemeinsam festgestellt, dass diese Entwicklung in den Ursprungsländern des Kapitals, in Europa und den

USA, einen Punkt erreicht hat, wo ein Qualitätsumschlag unverzichtbar wird. Die treibende Kraft des Kapitals kommt zum Erliegen und beginnt zerstörerische Kräfte zu entfalten. Wir erkennen es an der unerhörten Anhäufung von Geld in wenigen Händen, welches durch keine Werte mehr gedeckt ist, und an dem Machtzuwachs der international agierenden Konzerne und Banken, die inzwischen die Welt beherrschen und die Regierungen der Nationalstaaten in ihre Abhängigkeit gebracht haben.

Natürlich lösen solche Gedanken im Kapital einen Aufschrei aus, und da in der kapitalistischen Gesellschaft die herrschenden Gedanken stets die Gedanken der herrschenden Klasse sind, wird dieser Aufschrei des Kapitals sich in der Gesellschaft wie ein Echo mit ganz unterschiedlichen Motiven fortsetzen.

Das ist eine geschichtliche Erkenntnis, die uns bei der Betrachtung der Geschichte des Kapitalismus mehrfach begegnet ist. Es ist nicht auszuschließen, dass sich Mehrheiten, Lemmingen gleich, dem Kapital anschließen, um ihm in den Untergang der Gesellschaft zu folgen. Das ist in den Hochburgen des Kapitals, also Europa und den USA, auch deshalb nicht auszuschließen, weil die Völker dieser Länder von ihrem Kapital korrumpiert wurden und mit von der Ausplünderung der restlichen Welt profitiert haben.

Hier wird die große Verantwortung der Eliten erkennbar, die bislang dem Kapital die Treue gehalten haben, nun aber gefordert sind, die Gefahren, die der Gesellschaft von der Finanzindustrie und den multinationalen Konzernen drohen, zu erkennen und zu handeln. Wenn die Zeitenwende gelingen soll, bedarf es zunächst des Sinneswandels bei diesen Eliten, unterstützt durch die Volksmassen, um deren Führung sie sich bemühen sollten. Aufklärung tut not.

Zunächst bedarf es der Einsicht bei den fortschrittlichen Eliten, dass es einer solchen Zeitenwende bedarf. Hier sind alle Kräfte des Rechtsstaates gefragt, vorweg die Journalisten, die Wissenschaftler, die Vertreter des Rechts, die Wirtschaftsexperten, die Kulturschaffenden und alle Politiker, die bereit sind, über den Tellerrand hinauszudenken.

Wie, wo und womit beginnen, ist die entscheidende Frage. Diese Antworten zu finden, ist eine Herkulesaufgabe, die von vielen gemeinsam gelöst werden muss. Die Weltgesellschaft verfügt über diese fortschrittlichen Kräfte, die die Antworten auf all diese Fragen finden können. Es muss ihnen nur bewusst sein, dass sich diese Fragen aktuell stellen und die Antworten keinen Zeitaufschub mehr zulassen. Es geht damit nicht um eine Ermessensfrage, sondern um die Überlebensfrage der Menschheit.

Meine Aufgabe ist erfüllt, wenn es mir gelungen ist, mit diesem Buch den Denkanstoß gegeben zu haben. Im Folgenden will ich meinen Beitrag leisten, indem ich einige Anregungen gebe, die nach meinem Erachten die Diskussionen in Gang setzen können.

11.2 Wer muss beginnen?

Die Gefahr für die Welt geht aus von der Finanzindustrie und den großen, weltweit agierenden Konzernen, die vor allem in den USA und Europa beheimatet sind. Zu nennen wäre noch Japan. Alle verfügen über das überreife Großkapital, bei denen die Finanzindustrie beheimatet ist und wo gerade der ressourcensparende Typ der Reproduktion dabei ist, sich durchzusetzen.

Inzwischen droht der Menschheit eine weitere Gefahr. Der Hinterhof Europas, das Russland Putins, will die Welt in alte imperialistische Zeiten zurückführen, ein Land, welches über die größten Atomwaffenarsenale verfügt, und es ist längst nicht ausgemacht, ob es diese Waffen nicht einsetzen wird, um seine Ziele zu erreichen. Es nutzt seine kriegerischen Handlungen in der Ukraine und stürzt damit die armen Länder in eine Hungersnot zu, um auf diesem Weg das Nord-Süd-Gefälle zu verschärfen. Das Weltgroßkapital ist inzwischen moralisch so heruntergekommen, dass es die von Russland provozierte Krise nutzt, um sich schamlos zu bereichern und so die Inflation in seit Jahrzehnten nicht mehr gekannte Höhen zu treiben. Jetzt, wo es notwendig wäre, einheitlich und geschlossen im Interesse des Fortbestandes der Menschheit zu handeln, um das von Putin entfachte Feuer auszutreten, zeigt das Weltgroßkapital seine Unfähigkeit, die Welt anzuführen und den Fortbestand der Zivilisation zu sichern.

Über die gesamte Zeit, in der Putin und sein Klüngel Russland zu einer staatskapitalistischen Autokratie umgebaut hat, die sich inzwischen zu einer Kleptokratie ausformte, hat das Weltgroßkapital, ohne alle moralischen Bedenken, von dieser unsäglichen Entwicklung für das russische Volk mit partizipiert. Wer es nicht glaubt, sollte das Buch von Caterine Belton: „Putins Netz", HaberCollins-Verlag 2022 lesen. [42a]

Europa

Die Europäische Union könnte den dringend notwendigen Übergang in die freie Gesellschaft einleiten. Es stünde ihr gut zu Gesicht, denn hier nahm der Kapitalismus seinen Ausgang. Jetzt käme es ihr zu, das Tor in die freie Gesellschaft aufzustoßen.

Allerdings ist die Europäische Union nicht homogen wie die USA oder China, sondern, bedingt durch die Osterweiterung nach der Wende von 1990 und die Differenziertheit der alten kapitalistischen Staaten, sehr heterogen. Europa lässt sich in 3 Gruppen einteilen **(Berechnungen 5)**:

Berechnungen 5
BIP/Kopf in $ Europa

	geordnet 2019/2020
Kerneuropa	
Deutschland	55.220
Frankreich	50.400
Großbritannien	47.620
Irland	59.190
Belgien	59.590
Luxenburg	74.320
Niederlande	59.700
Schweiz	73.620
Island	59.590
Österreich	58.940
Dänemark	62.180
Schweden	56.270
Norwegen	66.020
Finnland	51.650
über	50.000
Südeuropa	
Italien	42.270
Spanien	42.250
Portugal	33.980
Griechenland	30.620
Malta	38.800
Zypern	36.840
um	40.000
Osteuropa	
Tschechien	40.360
Slowakei	31.290
Polen	33.220
Ungarn	33.070
Rumänien	31.410
Bulgarien	23.780
Albanien	13.580
Serbien	18.650
Kroatien	28.630
Slowenien	40.530
Bosnien Herz.	15.660
Montenegro	20.870
Nordmazedonien	16.280
Kosovo	11.650
Litauen	37.420
Letland	31.590
Estland	37.940
differenziert	30.000

Kerneuropa   über   50.000 $ BIP/Kopf
(Großbritannien, Frankreich, Deutschland, Niederlande, Belgien, Luxemburg, Irland, Schweiz, Island, Österreich, Dänemark, Schweden, Norwegen, Finnland)

Südeuropa   im Mittel   40.000 $ BIP/Kopf
(Italien, Spanien, Portugal, Griechenland, Malta, Zypern)

Osteuropa   im Mittel   30.000 $ BIP/Kopf,
(Tschechische Republik, Slowakische Republik, Polen, Ungarn, Rumänien, Bulgarien, Albanien, Serbien, Kroatien, Slowenien, Bosnien-Herzegowina, Montenegro, Nordmazedonien, Kosovo, Litauen, Lettland, Estland)

In Kerneuropa dürfte Großbritannien das Problem darstellen. Soeben ist es aus seiner Heimat, der EU, ausgetreten, dennoch gehört es zu Kerneuropa. Es gilt die Zeit abzuwarten, was der Brexit diesem Land bringt. Mit 48.727 $ BIP/Kopf ist es das Schlusslicht in Kerneuropa. Noch glaubt Großbritannien, ohne die EU weit besser zu fahren. Die Zeit wird Aufschluss geben.

Vergleich: Zusammensetzung BIP in Prozent

Land	Industrie	Landwirtschaft	Dienstleistungen
GB	17,4	0,6	71,3
DL	26,8	0,8	62,4

Der Anteil der Industrie ist in GB rückläufig und deutlich kleiner als in Deutschland, dafür der Anteil der Dienstleistungen entsprechend höher. Mit dem Finanzplatz London hat GB eine starke Finanzindustrie im Dienstleistungssektor, in dem Geld aus Nichts geschöpft wird. Das könnte GB in der Zukunft noch Sorgen bereiten, sodass es für dieses Land vorteilhaft sein könnte, den Weg in die Zukunft mit Kerneuropa zu gehen.

Die fortschrittlichen Eliten der Länder Kerneuropas wären gut beraten, wenn sie sich, über Parteizugehörigkeiten hinwegsetzend, zusammenfinden, sich Klarheit über die Gefahren verschaffen, die der europäischen Gesellschaft durch das große Kapital und das große Geld drohen, und sich über die gängigen Wege, diesen Gefahren zu begegnen, verständigen. Danach wird es einer umfassenden Aufklärungskampagne bedürfen, um breite Volksmassen in diesen Denkprozess einzubeziehen. Davon muss ein nachhaltender Druck auf die gegenwärtigen Regierungen der Länder ausgehen, um sie zum Handeln zu bewegen und um aus ihrer Untertänigkeit gegenüber dem großen Kapital herauszuschlüpfen.

Von Beginn an wird es notwendig sein, diesen Prozess von der Europäischen Union aus zu organisieren, alle europäischen Institutionen einzubeziehen und von Kerneuropa aus zu führen. In Verbindung mit der Europäischen Zentralbank dürfte die erste Aufgabe darin bestehen, die Parität von Wert- und Geldschöpfung wiederherzustellen, um das virtuelle Geld, welches ohne Wert geschöpft wurde, zu liquidieren, d.h. bei den Anlegern abzuziehen.

Das große Kapital, die Anleger, werden nicht begeistert sein. Aber was können sie tun? Das Volk aufwiegeln? Alle Instrumente der Macht – Armee, Polizei, Justiz, Nachrichtendienste – liegen in den Händen der Staaten. Fremde Mächte zu Hilfe rufen? Es handelt sich um innereuropäische Angelegenheiten, in die sich keine Macht von außen einmischen wird. Die Gemeinschaft tut nichts Unrechtes, sie korrigiert nur eine illegale Bereicherung.

Die osteuropäischen Staaten werden sich zunächst neutral verhalten. Ihnen wird garantiert, dass künftig aus ihren Ländern kein geschöpfter Mehrwert mehr abgezogen werden darf, sondern alles im Land investiert werden muss. Das wird sie für die Sache aufschließen, um sie Schritt für Schritt zu integrieren.

Ähnlich verhalten werden sich die südeuropäischen Länder. Auch sie müssen dann allerdings ihre Banken und Großkonzerne vergesellschaften.

Zug um Zug wird die europäische Regierung dann in Brüssel zu einem echten Führungsinstrument ausgebaut und ihr eine verbindliche europäische Verfassung gegeben. Das Ziel wird darin bestehen, europäisches Recht über nationales Recht zu stellen. So wird die Europäische Union zum Subjekt der Politik gegenüber den europäischen Nationalstaaten. Natürlich bleibt das Prinzip der Freiwilligkeit oberstes Gebot. Dabei gilt der Grundsatz, wer die Vorteile der Union genießen will, muss sich an die von der Gemeinschaft gesetzten Rechtsnormen und Regeln halten. Darüber muss jedes Land mit seinem Volk Klarheit erreichen, bevor es seine Mitgliedschaft in der erneuerten Union erklärt.

Das Ziel der Europäischen Union könnte sein, in einem angemessenen Zeitraum den Weg zu Vereinigten Staaten von Europa (VSE) zu gehen. Voraussetzung dafür ist die Überwindung der ökonomischen und sozialen Differenziertheit zwischen den europäischen Ländern. Möglich wird sie, indem neue Beziehungen zwischen den Mitgliedsländern entstehen. Bislang waren diese geprägt vom Nationalegoismus, der von den Finanzplätzen der kerneuropäischen Länder und vom großen Kapital in die Gemeinschaft getragen wurde. Mit deren Vergesellschaftung wird ein neuer Geist in die EU einziehen.

Denken wir an „Friday for Future". Diese Bewegung wird sich weiter verstärken. Auf sie sollten die politisch in der EU agierenden Kräfte setzen, sie zur umfassenden Jugendbewegung in Europa entwickeln. Damit auf die ganze Welt ausstrahlen. Über diese Bewegung, die die Gefahr, die vom großen Kapital ausgeht, erkannt hat, lassen sich zunächst die europäischen Völker mobilisieren und in Bewegung setzen.

USA

Es wäre die ideale Konstellation, wenn die USA gemeinsam mit Europa den Weg in die freie Gesellschaft antreten würden. Aber das scheint Wunschdenken zu sein. Die Geschichte der USA ist eine andere als die europäische. Die USA entstanden mit der Unabhängigkeitserklärung gegenüber Großbritannien 1776 als kapitalistischer Staat schlechthin. Die verschiedenen Gesellschaftsformationen, die die Europäer durchlaufen haben, kennen die US-Amerikaner nicht.

Mit der Gründung der USA wurde der amerikanische Traum geboren. Es ist ein vom Kapital ausgehender Traum, nach dem ein jeder die Möglichkeit hat, sich von ganz unten zum Millionär emporzuarbeiten. Den Traum träumte ein jeder Siedler, der als Einwanderer in die USA kam, und wenn er nicht Millionär wurde, suchte er die Schuld bei sich und schämte sich für sein Versagen. Durch normale Arbeit ist noch niemand reich geworden. Natürlich hat keiner darüber nachgedacht, wie eine Gesellschaft funktionieren kann, in der alle Mehrwert schöpfen, aber keiner Mehrwert schaffen will, da die Entstehung des Mehrwertes von jeher vom Kapital verschleiert wurde. In der Entstehungsphase der USA funktionierte das in den Südstaaten noch, denn hier gab es schwarze Sklaven, denen alle Bürgerrechte verwehrt wurden. Vor Beginn des Bürgerkrieges (1861) erklärte das oberste Gericht der USA, dass Schwarze, ob Sklave oder nicht, nie die Staatsbürgerschaft der USA erhalten könnten.

Unter dem Präsidenten Andrew Jackson (1830–1838), der die Indianer für „Wilde" hielt, wurden die wenigen, die die Kolonisationskriege und die Seuchen, die die Siedler eingeschleppt hatten, überlebten, unter Rechtsbruch in Reservate westlich des Mississippi vertrieben. Auf dem 2.000-Kilometer-Marsch starben von 17.000 Cherokee 4.000. Die Vernichtung der Indianer und die Diskriminierung der Schwarzen waren das Gemeinschaftswerk der weißen Siedler. Davon ist der Geist der Amerikaner bis in die Gegenwart geprägt. Eine Schuldanerkennung für die Verbrechen bei der Besiedlung Nordamerikas ist bei den weißen US-Amerikanern bis heute nicht zu erkennen.

In der Zeit, in der in Europa verstärkt sozialistische Ideen aufkamen, lebten die USA ziemlich isoliert von Europa. Vergleichbar starke revolutionäre Bewegungen wie in Europa hat es in den USA nie gegeben. Das amerikanische Großkapital erkannte frühzeitig in den sozialistischen Ideen die größte Gefahr für die eigene Existenz. Deshalb war in den USA der Antikommunismus am stärksten ausgeprägt und breitete sich nach dem Zweiten Weltkrieg flächendeckend in Westeuropa aus.

Betrachtet man den gesamten amerikanischen Kontinent, so fällt auf, dass dieser von Nordamerika, insbesondere den USA, imperial beherrscht wird. Solange das US-Kapital diese beherrschende Stellung aufrechterhalten kann, ist der Weg dieses gesamten Kontinents in die freie Gesellschaft kaum möglich. Das US-Kapital schreckt auch nicht davor zurück, falls sich fortschrittliche Bewegungen etablieren, diese mit skrupellosem Terror durch grausame Diktaturen – siehe Chile – zu ersetzen.

In den USA, wie auch im Westen Europas, nehmen wir eine zunehmende Radikalisierung von Teilen der Gesellschaft wahr. In beiden Fällen sind sich die Radikalen der Ursachen ihrer Radikalität nicht bewusst. Sie erkennen nicht, dass sie im Niedergang der kapitalistischen Gesellschaft begründet liegen. Damit wird der Fortbestand der Demokratie infrage gestellt, wie uns unter Trump mit dem Sturm auf das Kapitol in Washington vor Augen geführt wurde. Biden versuchte am Beginn seiner Amtszeit die demokratischen Strukturen wieder zu stabilisieren. Dennoch ist die Gefahr des demokratischen Niedergangs in den USA nicht gebannt. Auch in Westeuropa bleibt diese Gefahr latent. Wenn das große Kapital unter demokratischen Verhältnissen eine Gefahr für die Profitmaximierung erkennt, ist Diktatur durchaus eine Alternative. In den USA liegt eine solche Gefahr nicht außerhalb der Realität. Auch nach Trump ist diese Gefahr nicht vorüber.

Es gibt noch ein weiteres Problem, welches den US-Amerikanern den Weg in die freie Gesellschaft versperrt. Es geht hier um die Rolle von Religionen im Bewusstsein der Menschen. In dieser Hinsicht unterscheiden sich die USA deutlich von Europa **(Berechnungen 8)**. Der Anteil von Christen an den Gläubigen liegt mit 78,3 % hoch. Die Hauptgruppe stellen die Evangelikalen mit über 26 % (80 Mio. Gläubige), die ihren Glauben mit großem Eifer zelebrieren. Kein Kandidat, der sich um das Präsidentenamt bewirbt, kommt an dieser Gruppe vorbei, muss deren Unterstützung in der Wahl haben. Deshalb gebärden sich amerikanische Präsidenten in einer Weise religiös, wie es in Kerneuropa befremdlich wirkt.

Die Ursachen für die Frömmelei der US-Amerikaner liegen historisch in der Besiedelung Nordamerikas begründet. Es waren nicht Aufklärung und Humanismus, die sie nach Amerika trieben, sondern die Glaubenskämpfe dieser Zeit in Europa. Die Reformationsbewegung mit all ihren Strömungen war auch mit Ausgrenzung und Verfolgung verbunden. Angekommen in Nordamerika, konnten sie ihren Glauben frei ausleben. Das hat die USA geprägt. Während in Kerneuropa sich der Glaubenseifer mit der Aufklärung abschwächte, verstärkte er sich in den USA. Dem großen Kapital war es recht, hielt es das Volk doch von den wirklichen Verwerfungen der kapitalistischen Gesellschaft fern, die die eigentlichen Ursachen für die anhaltende Gesellschaftskrise sind.

Alles in allem tragen die US-Amerikaner eine geschichtliche Prägung in sich, die sich wesentlich von der der Europäer unterscheidet. Das Kapital hat dieses Land fest im Griff und die übergroße Mehrheit der US-Amerikaner denkt in den Vorgaben ihres Großkapitals. Daran dürfte sich so bald nichts ändern. Natürlich sind die Verwerfungen, die das große Kapital in den USA anrichtet,

Berechnungen 8
Religiosität nach Ländern in %

Land	gesamt	Christen	Moslems	Hindus	Budisten	Juden	sonstige	ohne
Welt	83,7	31,5	23,2	15,0	7,1	0,2	6,7	16,3
USA	83,6	78,3	0,9	0,6	1,2	1,8	0,8	16,4
China	47,7	5,1	1,8	0,0	18,2	0,0	22,6	52,2
Russland	83,8	73,3	10,0	0,0	0,1	0,2	0,2	16,2
Deutschland	75,1	68,7	5,8	0,0	0,3	0,3	0,0	24,7
Großbritannien	78,8	71,1	4,4	1,3	0,4	0,5	1,1	21,3
Frankreich	72,2	63,0	7,5	0,0	0,5	0,7	0,5	27,8
Polen	94,3	94,3	0,0	0,0	0,0	0,0	0,0	5,6
Ägypten	100,0	5,1	94,9	0,0	0,0	0,0	0,0	0,0
Israel	97,2	2,0	18,6	0,3	0,4	75,6	0,3	3,1

nicht kleiner als in Europa. Es dürfte aber noch eine Zeit dauern, bis diese Erkenntnis den Menschen hier bewusst wird und auch sie sich auf den Weg in die freie Gesellschaft machen.

Natürlich sind jähe Wendungen in der Geschichte der Völker niemals ausgeschlossen. So muss man jederzeit damit rechnen, dass auch die USA eine solche Wende erleben können. In Europa, wenn dieses den USA vorauseilt, finden sie dann einen internationalistischen Partner, der sie willkommen heißt.

China

China ist das asiatische Land, welches am ehesten den Weg in die freie Gesellschaft gehen könnte, welches eventuell der Motor dieser Weltentwicklung werden könnte. Es war dasjenige Land von allen Ländern, die eine sozialistische Entwicklung eingeschlagen hatten, welches erkannte, dass der von der Sowjetunion vorgezeichnete Weg nicht zum Ziel führt. Den Chinesen unter Deng Xiaoping war bewusst geworden, dass ohne die ökonomische Basis, die der Kapitalismus zu schaffen hat, kein Übergang in die freie Gesellschaft möglich ist. Sie kehrten aber nicht, wie die Sowjetunion 1990, zurück zum Kapitalismus, sondern begannen unter der Führung der KPCh viele Jahre vorher, diese ökonomische Basis zu schaffen. Das war weise, wenn man bedenkt, wo China damals ökonomisch stand und heute steht.

Damit stellt sich die Frage nach Russland. China und Russland sind nicht miteinander vergleichbar. Wir haben die Geschichte beider Länder kurz gestreift. Im Weltvergleich ist Russland sehr spät als Staat in Erscheinung getreten und von Beginn an eine autokratische, äußerst grausame Diktatur, in der der einfache Mensch rechtlos war. Daran hat sich bis heute nichts geändert. Die autokratische Diktatur wurde auch nach der Oktoberrevolution von 1917 fortgesetzt und unter Stalin nach 1924 ins Extrem getrieben. Gorbatschow wollte ab Mitte der 80er-Jahre des

20. Jahrhunderts, nach 1990 fortgesetzt von Jelzin, zunächst die Sowjetunion, dann Russland demokratisieren. Diese Versuche endeten im Chaos, da das russische Volk mit Demokratie nichts anzufangen wusste und die Funktionärsriegen sich das russische Volksvermögen unter den Nagel rissen. Obwohl damals Deng Xiaoping noch lebte, suchten die Russen nicht Rat bei ihm, sondern beim Großkapital der USA. Dieses hatte nur ein Ziel: den einstigen Kontrahenten allseitig zu schwächen.

Dieses Chaos nutzte Putin. Es gab ihm die Möglichkeit, mit breiter Unterstützung des Volkes, die alte autokratische Diktatur zu restaurieren. Die Menschen meinten, Putin hätte die Ordnung wiederhergestellt. Für Russen ist, mehrheitlich, autokratische Diktatur das Althergebrachte, die bekannte Ordnung. Wenn Putin ihm missliebige Personen ermorden lässt, erzeugt das im russischen Volk kaum Empörung. Für sie ist das normales Regierungsgebaren, wie es über viele Jahrhunderte praktiziert wurde. Das russische Volk ist längst nicht reif für den Schritt in die freie Gesellschaft und die ökonomische Basis in Russland gibt es auch nicht her.

China und Russland sind auch deshalb nicht miteinander vergleichbar, weil zu dem Zeitpunkt, als der von der Sowjetunion beherrschte europäische Sozialismus in den 80er-Jahren des 20. Jahrhunderts in seinen wirtschaftlich unübersehbaren Niedergang eingetreten war, China sich genau entgegengesetzt entwickelte und die Welt mit einem immer noch anhaltenden wirtschaftlichen Aufschwung überraschte.

Wer über Diktaturen spricht und Russland und China in einem Atemzug nennt, hat etwas Entscheidendes übersehen. Das „heilige" Russland wurde von Beginn an von Zaren, von „Gott" eingesetzten Herrschern, regiert. Die folgenden kommunistischen Herrscher meinten, mit dem Marxismus-Leninismus im Besitz der absoluten Wahrheit zu sein. Putin züchtete nach dem Zerfall der Sowjetunion in Russland die russisch-orthodoxe Kirche als ideologische Macht erneut hoch.

Ganz anders China. Hier gab es nie einen Gott und damit keine religiös-ideologische Macht als Opium für das Volk. Die Kaiser Chinas brauchten, wenn sie nicht scheitern wollten, die Zustimmung der Volksmehrheit. Daran hat sich nach der Machtübernahme durch die kommunistische Partei bis heute nichts geändert. Damit liegen zwischen Russland und China, wenn es um Machtausübung geht, Welten. Deshalb ist China stabil und Russland instabil.

Nachtrag zu Russland

An dieser Stelle scheint es mir angebracht, diese Gedanken etwas zu vertiefen. Als Putin im Februar 2022 seinen Angriffskrieg gegen die Ukraine begann, war die Welt geschockt. Schaut man aber auf die Entwicklung Russlands nach der Oktoberrevolution von 1917 zurück, erscheint dieser Krieg in einem anderen Licht. Lenin hatte die Fehlentwicklung Russlands mit der Oktoberrevolution eingeleitet. Als ihm das bewusst wurde, entwickelte er die NEP, die Neue Ökonomische Politik, um diese Fehlentwicklung zu korrigieren. Er mag erkannt haben, dass ohne das kapitalistische Durchgangstadium kein Weg in die freie Gesellschaft führt. Der primitive Stalin hatte nicht den Geist, um diese historische Notwendigkeit zu erkennen. Das Resultat war eine Militärdiktatur auf schwacher ökonomischer Basis. Das war die Hauptursache für den späteren Zusammenbruch des kommunistischen Bollwerks.

Als im Jahre 2000 Putin Präsident der Russischen Föderation wurde, trat ein Mann an die Spitze Russlands, der, aus dem KGB kommend, im stalinistischen Geist erzogen worden war. Auch er konnte die Zeichen der Zeit nicht richtig deuten. Ökonomie und Geschichte waren ihm fremd. Die marxsche Geschichtsauffassung hatte sich ihm nicht erschlossen.

Wir hatten uns veranschaulicht, dass mit der Entstehung des Kapitalismus in Westeuropa eine fortschrittliche Entwicklung begann, die sich von West nach Ost fortschreitend in Europa ausbreitete. Die russische Grenze war ein Hindernis, die diese Entwicklung nicht überwinden konnte. Lenin zog daraus völlig falsche Schlüsse, wollte den ehernen Geschichtsverlauf umkehren und führte die Völker der Sowjetunion auf einen Irrweg, der 1990 in einer geopolitischen Katastrophe endete. Nach 10 Jahren Chaos kam Putin mit dem ehrgeizigen Traum daher, Russland in alter Größe, nach dem Vorbild der Zaren, wieder entstehen zu lassen. Er mobilisierte das, was aus dem Scherbenhaufen der Sowjetunion noch übrig war – die Rohstoffausbeutung und die alten Rüstungsschmieden. In 20 Jahren schuf er eine schlagkräftige Armee mit modernsten Waffen und eine gefüllte Kriegskasse auf Kosten des Volkswohlstandes.

Der westliche, inzwischen niedergehende Kapitalismus machte es ihm denkbar leicht. Die hier agierenden, inzwischen dekadenten Politiker schauten taten- und willenlos zu, hofierten Putin im Interesse des großen Kapitals, um dessen Profithunger zu stillen. Sie stellten sich wie Embryos vor das Volk, um zu gestehen, sie hätten sich geirrt. Die Deutschen versteckten sich hinter ihrer historischen Schuld des Nazismus. Als mit dem Einfall der Russen in die Ukraine das Kind im Brunnen lag, erwiesen sie sich als unfähig, den Brand sofort auszulöschen, da sie Rücksicht auf die Interessen ihres Großkapitals nehmen mussten, welches an diesem Krieg nicht schlecht verdiente.

Unabhängig davon, wie sich der Krieg weiterentwickelt, wie viel Leid er noch über das ukrainische Volk bringt, Putin kann ihn nicht gewinnen. Das russische und das ukrainische Volk werden ihn, unter Mitleidenschaft aller europäischen Völker, bezahlen und dadurch weitere Jahre für eine Wohlstandsentwicklung verlieren. Die Verluste – wenn überhaupt – des großen Kapitals halten sich in Grenzen. Was aus Putin und seinen Komplizen wird, liegt im Ermessen des russischen Volkes. Das Urteil über sie haben die Völker bereits gefällt. Ob es in gleicher Weise vollstreckt wird wie über die Nazi- und Kriegsverbrecher des Dritten Reiches in Nürnberg, werden wir erleben.

Noch bemüht sich Putin um den Schulterschluss mit China. China verhält sich abwartend, da es sich von den USA und der NATO bedroht fühlt. Ja, ein Schulterschluss ist notwendig, aber zwischen dem kapitalistischen Westen und China, um Russland in die Schranken zu weisen. Das ist das Gebot der Stunde. Erst wenn Russland gebändigt ist, rückt der Übergang in die freie Gesellschaft wieder in den Vordergrund, der dann im friedlichen Wettbewerb entschieden wird, in dem China die größeren Chancen hat. Wenn die von Russland ausgehende Gefahr für den Fortbestand der Menschheit gebannt ist, hat Russland einen langen und beschwerlichen Weg vor sich, um seinen Platz in der Völkergemeinschaft zu finden.

Der chinesische Weg

China ist also ein ganz anderes Thema. Mein Problem besteht darin, dass ich mich zwar mit der chinesischen Geschichte befasst habe, aber noch nie in China war, während mir die Russen recht gut aus persönlichen Begegnungen vertraut sind.

Ich lebe in der westlichen Welt, lese und höre Informationen über China. China schickt sich gerade an, die USA aus ihrer Position als Führungsmacht der Welt zu verdrängen. In diesen Äther sind alle westlichen Informationen über China getaucht und deshalb mit Vorsicht zu genießen. Die US-amerikanische Sicht ist eine sehr kurze, da vom Profitstreben des großen Kapitals diktiert.

Jüngst las ich das Buch „Die Chinesen", in 5. Auflage 2020 im Ullstein Verlag erschienen und allen meinen Lesern, die China verstehen möchten, wärmstens zu empfehlen. Das Buch wurde geschrieben von Stefan Baron, einem Deutschen, und Guangyan Yin-Baron, seiner Frau, einer Chinesin. Beide sind über Jahrzehnte engstens mit China verbunden und damit wahre Chinakenner und -Versteher.[42]

In diesem Buch fand ich meine Chinasicht bestätigt. Das große Kapital verweist gern auf seine von ihm geprägte Demokratie in

Abgrenzung von Diktaturen. Dabei werden oft Putin, Lukaschenko und Xi Jinping in einem Atemzug genannt. Aber zwischen Putin und Xi liegen Welten. Ersterer folgt in seinem Verständnis von Staatsführung seinen Vorbildern unter den einstigen Zaren und Stalin. Letzterer folgt den konfuzianischen Traditionen, die dem Führungsverständnis der Chinesen voll und ganz gerecht werden. Dabei ist verständlich, dass Xi sich nicht von Putin distanziert, das Weltgroßkapital treibt ihn regelrecht dazu.

China ist immer noch ein Schwellenland, wenn auch mit Abstand das größte, und es wird noch Jahre dauern, bis es im BIP/Kopf zum reichen Westen aufschließen kann. Besinnen wir uns auf die Zeit, in der der reiche Westen das Entwicklungsstadium des heutigen Chinas hatte. In dieser Zeit waren die Staatsverfassungen dieser Länder weitab von heutigen demokratischen Vorstellungen. Und wir wissen inzwischen auch, dass der Übergang in demokratische Verfassungen keine humanistische Leistungen des großen Kapitals war, sondern durch die entwickelten Reproduktionsbedingungen, die in dieser Zeit die ökonomische Basis hervorbrachten, objektiv erforderlich geworden waren.

Von China geht, im Unterschied zu den USA, wie die jüngere Geschichte belegt, keine Gefahr für den Weltfrieden aus. Die Gefahr für die Welt liegt in der Aggressivität des US-Großkapitals und den imperialistischen Bestrebungen Russlands. Diese Erkenntnis gilt es in die Hirne aller Menschen der Weltgesellschaft zu tragen. China möchte nur den Platz in der Weltgesellschaft einnehmen, der ihm als volkreichster Nation der Welt zusteht. Das gilt auch später für Indien, wenn es von China lernt und die richtige Entwicklung einschlägt, die zweitgrößte Nation unter den volkreichen in der Welt. Die USA werden sich an diese objektiven Tatsachen gewöhnen müssen.

Hitler und Putin führten bzw. führen Kriege, ausgelöst durch innere Spannungen und Konflikte in ihren Reichen, die sie nach außen ableiten wollten. China ist wirtschaftlich und gesellschaftlich gesund. Die Chinesen haben nur das Ziel, die von Deng Xiaoning eingeleitete Entwicklung erfolgreich fortzusetzen. Das Einzige, was sie daran hindern könnte, wäre Krieg, und deshalb haben sie nur Interesse an einer friedlichen Welt. Ihre Entwicklung, die sie seit circa 50 Jahren beschreiten, ist erfolgreicher als die des kapitalistischen Westens, und damit ist Chinas lichte Zukunft verbürgt.

China ist eine der ältesten Kulturnationen der Welt. Die Chinesen blicken auf eine 3.500-jährige Geschichte zurück und waren bereits Hochkultur, als Europa in der Welt noch keine Rolle spielte, von den USA ganz zu schweigen. Wir haben vom Tianxia erfahren, in dem die Chinesen bereits vor Jahrtausenden eine Politik des Weltganzen entwickelten, was auch in der Folgezeit chinesisches Denken prägte. Konfuzius und Laozi beeinflussten mit ihren Philosophien das chinesische Denken über Jahrtausende bis hinein in die Gegenwart. Gemäß diesem Denken sollte vor allem auch die Weltgesellschaft funktionieren.

Die westliche Welt, einschließlich des arabischen Raumes, wurde durch monotheistische Religionen geprägt, China durch Philosophien. Jetzt ist der Westen bemüht, also die USA und Europa, der übrigen Welt ihr Wertesystem aufzuoktroyieren. Wer davon abweichen will, wird ausgegrenzt. Betrachten wir aber die Geschichte der monotheistischen Religionen, so finden wir sie nicht unbedingt überzeugend. Alle 3 monotheistischen Religionen verehren zwar denselben Gott, vertreten aber unversöhnlich einen Alleinvertretungsanspruch. Das führt zu ständigen Konflikten zwischen Christen, Juden und Moslems. Wir erleben es täglich. China bleibt davon völlig unberührt, weil die Menschen hier keinen Gott verehren.

Natürlich ruft der Umgang Chinas mit den Uiguren in Xinjiang (25,2 Millionen Einwohner, davon 8,3 Millionen Uiguren) in der westlichen Welt Empörung hervor. Die Uiguren sind ein Turkvolk und strenggläubige Moslems. Damit haben Chinesen ein Problem, weil ihnen Religiosität und moslemische Kultur fremd sind. Sie meinen, sie müssten sie von ihrem Irrglauben befreien.

Zhou Enlai sagte 1950 vor protestantischen Christen: „Wir werden euch lehren und versuchen lassen, das Volk zu bekehren [...] Schließlich glauben wir beide, dass sich die Wahrheit durchsetzen wird. Wir sind der Ansicht, dass eure Glaubenssätze falsch und unwahr sind, deshalb wird das Volk, wenn wir denn recht haben, sie verwerfen, und die Kirche wird zugrunde gehen. Solltet ihr jedoch recht haben, dann wird das Volk euch glauben. Aber, da wir sicher sind, dass ihr unrecht habt, lassen wir uns auf dieses Risiko ein" (Wikipedia).

Nur folgen aber eben Religionen nicht unbedingt der Vernunft. Fanatismus ist ihnen nicht fremd. Davon können wir uns tagtäglich überzeugen, besonders auch im Mutterland des großen Kapitals, den USA, wenn wir uns in die Weltsicht der Evangelikalen vertiefen. Für Menschen ohne Religion ist das oft schwer zu verstehen. Religionen sind vergleichbar mit Ideologien und werden, wie alle Ideologien, mit entsprechendem Eifer verfochten, oft eben weitab von jeder Vernunft und Aufklärung.

Bevor wir andere Völker belehren wollen, sollten wir zunächst bei uns Ordnung schaffen. Offiziell sind in der westlichen Welt Kirche und Staat getrennt. Was passiert in der Wirklichkeit? Ich erlebe es vor allen in Deutschland. Hier gibt es in beiden christlichen Kirchen große Probleme mit sexuellem Kindesmissbrauch. Aber die Kirchenvertreter, die sich dessen schuldig machen, und die, die es aufklären sollen, unterliegen nicht der Rechtsprechung des Staates, sondern verfahren nach einer eigenen Rechtsprechung. Die Verantwortlichen sind nur mit Vertuschung befasst und die Täter werden geschont.

Und erst die Politiker. Sie schwafeln, je nach Parteizugehörigkeit, von den jüdisch-christlichen Werten des Abendlandes, ganz so, als wäre diese Geschichte ein Ruhmesblatt. Staatsoberhäupter und Minister der Regierungen schwören in vielen Ländern auf die Bibel und nicht auf die Verfassung. In fast allen westlichen Ländern, ganz besonders in den USA, wird mit religiösen

Gefühlen Missbrauch getrieben. Da ist viel Heuchelei im Spiel. Religion wird missbraucht, um Wählerstimmen einzufangen, und, und, und. Wir haben also allen Grund, wenn es um Fragen von Religion, Moral und Ethik geht, uns mit Belehrungen zurückzuhalten.

Mir begegneten im Leben immer wieder Gläubige, denen großes Unrecht widerfahren war. Sie begehrten nicht auf, sondern trösteten sich damit, dass es Gott so entschieden habe. Nur kommt Unrecht nicht von Göttern, sondern ist immer menschengemacht.

Nun werden Kinder unaufhaltsam wieder in ein solches Denken hineingeboren und wachsen darin auf. So geht von Kindesbeinen an jede rationale Urteilskraft verloren, verkümmert im Nebulösen. Es dürfte noch viel Zeit erfordern, um über diesen Punkt hinwegzukommen. Der eigentlichen Herrschaft, dem Kapital, ist es nicht unangenehm, große Teile des Volkes mit Religion beschäftigt zu wissen. Werden sie doch dadurch davon abgehalten, über die wirklichen Probleme der Gesellschaft nachzudenken, die vom großen Kapital verursacht werden.

Ein weiteres offenes Problem ist Hongkong. Diese Weltstadt Chinas wurde 1843 infolge der Opiumkriege britische Kronkolonie und als Finanz- und Wirtschaftsmetropole in Asien ausgebaut. 1997 wurde Hongkong als Sonderverwaltungszone an China zurückgegeben, unter der Vorrausetzung „ein Land, zwei Systeme" mit westlicher Marktwirtschaft.

Hongkong war für Großbritannien immer das Aushängeschild westlicher Werte im asiatischen Raum. Demgemäß hatte Hongkong einen höheren Lebensstandard. Die Hongkong-Chinesen, die die Wirren der chinesischen Revolution und insbesondere der Kulturrevolution unter Mao Zedong nicht miterlebt hatten und von der damit verbundenen Armut und den Repressionen verschont geblieben waren, schauten von oben herab auf die armen Festlandchinesen, wie einst die Westdeutschen auf die

Ostdeutschen. Das chinesische Wertesystem ist ihnen fremd und sie wollen es sich nicht überstülpen lassen. Das ist der gegenwärtig schwelende Konflikt und seine Lösung ist noch nicht absehbar.

Es ist in der westlichen Welt viel geheuchelte Aufregung unterwegs, weil China die modernen elektronischen Errungenschaften nutzt, um über alle Chinesen Informationen zu sammeln und diese auszuwerten. Das geschieht in aller Öffentlichkeit und jeder Chinese weiß es. Die chinesische Gesellschaft nutzt diese Informationen erzieherisch, bewertet sie mit Bonus- und Maluspunkten.

Die westlichen Gesellschaften sprechen vom chinesischen Überwachungsstaat und vermitteln den Eindruck, bei uns sei Derartiges undenkbar. Das ist pure Heuchelei. Auch in der westlichen Gesellschaft werden Informationen über alle Bürger gesammelt. Wir wissen von Julian Paul Assange, dem Gründer von Wikileaks, und Edward Snowden, 2 investigative Journalisten, wie die Bürger der westlichen Welt und darüber hinaus ausgespäht werden und die Daten dem großen Kapital für dessen politische und Geschäftsinteressen zur Verfügung gestellt werden. Sie glauben es nicht? Dann achten Sie einmal darauf, wenn Sie irgendeine Ware gekauft haben, wer sie danach alles mit Werbung überschüttet.

Der große Unterschied im Vergleich zu China liegt darin, dass das Datensammeln in China öffentlich, im Interesse und mit Zustimmung der Gesellschaft geschieht und in der westlichen Welt geheim im privaten Interesse des Kapitals zu dessen Bereicherung und Machtausübung. Das ist ein gravierender Unterschied, der nicht übersehen werden darf.

Schließlich ist China noch immer ein Einparteiensystem und wird von der KPCh regiert. Die Vorstellungen von der idealen Staatsform sind in China andere als in der westlichen Welt. 2018 wurde vom chinesischen Volkskongress die Amtszeitbegrenzung für Xi Jinping aufgehoben. Er ist faktisch chinesischer Präsident auf Lebenszeit. Das stimmt nachdenklich und erinnert an alte kommunistische Zeiten, als die kommunistischen Führer im Amt starben.

Die KPCh ist heute eine Partei mit circa 95 Millionen Mitgliedern. Sie ist längst nicht mehr die Partei, die sich 1921 gründete. Sie hat in 100 Jahren eine tiefgreifende Entwicklung vollzogen. Sie ist auch keine reine Klassenpartei mehr. Heute haben alle Klassen und Schichten Zugang zu ihr, müssen hohe Anforderungen erfüllen und werden in Parteischulen gebildet. Heute kann man durchaus sagen, in der KPCh versammelt sich die geistige Elite der chinesischen Gesellschaft.

Die westlichen Industriestaaten bezeichnen sich als pluralistisch und leiten daraus einen Vorwurf gegen China ab. Pluralismus ist eine Eigenart von Klassengesellschaften, um deren Klassencharakter zu verschleiern. Die sich daraus herleitende „Meinungsvielfalt", hinter der die Interessen des Kapitals verborgen werden, um sie als gesamtgesellschaftliche auszugeben, ist der wahre Hintergrund dieser Politik. China verfolgt konsequent den Weg in die freie Gesellschaft, in der alle Klassenunterschiede aufgehoben werden und damit auch die gesellschaftliche Basis des Pluralismus.

In Kapitel 10.6 haben wir uns über die Zukunft der historisch entstandenen Parteien verständigt und waren zu der Erkenntnis gelangt, dass sie in der freien Gesellschaft durch die Wahl kompetenter Köpfe frei von Ideologie ersetzt werden müssen. Auf diesem Wege dürfte China bereits etwas weiter sein als die vom Kapital beherrschte Welt.

Mit dem Machtantritt der KPCh 1949 wurde, dem sowjetischen Vorbild folgend, die Wirtschaft verstaatlicht, die Landwirtschaft kollektiviert und die zentrale staatliche Planwirtschaft eingeführt. Deng Xiaoping ersetzte die sozialistische Planwirtschaft durch sozialistische Marktwirtschaft und ließ Privatisierungen in der Wirtschaft als Ergänzung zu den Staatsbetrieben zu. In seiner besten Zeit erbrachte der private Sektor 70 % der Wirtschaftsleistung Chinas.

Im ersten Jahrzehnt des 21. Jahrhunderts beginnend, richtete die chinesische Führung wieder größere Aufmerksamkeit auf den staatlichen Wirtschaftssektor. Die Staatsbetriebe, die, als sie die zentrale Planwirtschaft hinter sich gelassen hatten, oft über längere Zeit unrentabel wirtschafteten, haben inzwischen, nicht zuletzt von den Privatbetrieben, mit denen sie im Wettbewerb stehen, rationelles Wirtschaften gelernt. Davon profitierte auch die Partei- und Staatsführung und schuf eine neue politische Wirtschaftsführung.

Inzwischen ist die Mehrzahl der Staatsbetriebe im Land und international wettbewerbsfähig. Das ist für die Welt von unschätzbarem Wert. Zeigt es uns doch, dass einstige kapitalistische Großkonzerne vergesellschaftet werden können, ohne etwas von ihrer Leistungsfähigkeit einzubüßen. China widerlegt überzeugend die alte Mär, nur privates Kapital könne wirtschaften. Die Welt wird beim Übergang aus dem Kapitalismus in die freie Gesellschaft von China sehr viel lernen können. Diese Fortschritte Chinas führen natürlich zu einem Aufschrei in der Welt des großen Kapitals und verschärfen den Ton der Sprecher des Westens gegenüber China.

Wohin China in der Zukunft marschieren wird, ist noch offen. Wenn sich dessen Entwicklung so fortsetzt wie in den letzten 50 Jahren, ist es aufgrund seiner großen Bevölkerung bald das mit Abstand wirtschaftlich stärkste Land der Welt. Dann wird es sehr wichtig sein, welchen Weg es in Zukunft einschlägt. Sollte es den Weg in die freie Gesellschaft wählen, wäre es ein Segen für die Menschheit. Es würde viele asiatische Länder auf diesen Weg mitnehmen, sodass dann die freie Gesellschaft mit Europa und Asien eine sehr starke Position hätte.

Bis heute liegt die Macht in China nicht in den Händen des Großkapitals wie in den USA und Europa, sondern immer noch bei der Kommunistischen Partei. Diese Partei könnte, im Sinne ihrer historischen Prägung, ihre historische Mission darin sehen, China in die freie Gesellschaft zu führen. China ist und bleibt ein Hoffnungsträger für die Welt auf ihrem Wege in eine lichte Zukunft.

Wenn wir bedenken, dass China bis ins Mittelalter das höchst entwickelte Land der Welt war, in dem vor Tausenden von Jahren bereits das Tianxia – eine Weltordnung – entwickelt wurde, so ist der Gedanke nicht abwegig, dass es auch Asien mit China an der Spitze, und nicht Europa, sein könnte, wo das Tor in die freie Gesellschaft aufgestoßen wird.

Was bringt mich auf die Idee, dass es China sein könnte, welches die Welt auf ihrem Weg in die freie Gesellschaft anführt? Bis zum Beginn der 80er-Jahre des letzten Jahrhunderts glaubte die Sowjetunion, diesen Part innezuhaben. Nach dem Zweiten Weltkrieg musste die westliche Welt zur Kenntnis nehmen, dass ihr im Osten ein Kontrahent erwachsen war, der mit beachtlicher wirtschaftlicher und vor allem militärischer Stärke aufwartete. Das Weltgroßkapital hat vor der Sowjetunion gezittert und sie als ernst zu nehmenden Konkurrenten wahrgenommen. Diese neue Erkenntnis des Weltgroßkapitals war der Auslöser des Kalten Krieges.

Stalin und erst recht die ihm folgenden sterilen Apparatschiks nahmen die Herausforderung des Großkapitals an, da sie ihr ökonomisches Potenzial weit überschätzten, ihre gesamte Wirtschaft der Rüstung unterordneten und dafür den Lebensstandard des Volkes opferten. Wie das Experiment endete, ist uns bekannt.

Deng Xiaoping, ein begnadeter Visionär, arbeitete die Entwicklung des Sowjetkommunismus auf, erkannte klar die Fehlentwicklung und führte das chinesische Volk auf den Weg zur Errichtung der produktionstechnischen Basis der freien Gesellschaft mit kapitalistischen Elementen. Die Meinungsverschiedenheiten zwischen der Volksrepublik China und der Sowjetunion auf ideologischem Gebiet hatten bereits Ende der 60er-Jahre des letzten Jahrhunderts, bevor Deng Xiaoping an die Spitze trat, noch unter Mao Zedong begonnen.

Deng ließ sich nicht auf die Konfrontation mit dem Weltgroßkapital ein. Im Gegenteil. Er öffnete China für den Profithunger dieses Kapitals, ließ Investitionen großen Stils zu, entwickelte aber gleichzeitig und modernisierte die eigene Wirtschaft. Der Lebensstandard der Chinesen verbesserte sich spürbar. Inzwischen hat das Weltgroßkapital erkannt, in China erwächst ihm ein Kontrahent mit ganz anderem Gewicht, als es die Sowjetunion jemals war.

Inzwischen ist China wirtschaftlich so stark, dass es auch auf dem Gebiet der Rüstungen mithalten kann, bei gleichzeitig weiter steigendem Lebensstandard der Chinesen. China ist im Unterschied zum Weltgroßkapital ein Monolith, mit einem erschließbaren Potenzial weit größer als das der USA und Europas zusammengenommen und wesentlich gewaltiger als das der einstigen Sowjetunion und knapp zehnmal so groß wie das des heutigen Russlands.

Das Weltgroßkapital hat keine einheitlichen Interessen. Wir wissen, es sind feindliche Brüder. Das europäische Großkapital hat sich stärker als jenes der USA in China engagiert. Das europäische Großkapital steht zwischen Baum und Borke. Es wird vom Großkapital der USA hinsichtlich seiner Chinapolitik bedrängt, möchte aber seine Profitinteressen in China nicht aufgeben.

Die Entwicklung bleibt spannend. Viel wird davon abhängen, wie sich der Einfluss Chinas in Asien entwickelt, welchen Einfluss China auf Indien und Russland gewinnt und wie es alle Versuche des Weltgroßkapitals, auf diesen asiatischen Großraum Einfluss zu nehmen, abwehren kann.

Vergleichen wir nun Europa mit China, so kann Europa nicht auf eine solche Einheit und Geschlossenheit wie China verweisen.

In Europa wirkt der Widerspruch zwischen Kapital und Arbeit wie eh und je, spaltet in jedem einzelnen Mitgliedsland die Gesellschaft. Aber auch die Ökonomie der Mitgliedsländer ist wenig homogen und verhindert geschlossenes Handeln. Die nationalen Kapitale kämpfen nicht solidarisch miteinander, sondern egoistisch gegeneinander.

Ganz anders in China. Der Widerspruch zwischen Kapital und Arbeit kann sich nicht entfalten, ist dem einheitlichen nationalen Handeln untergeordnet. Die einstige, unter Mao nach sowjetischem Vorbild geformte kommunistische Partei hat sich zu einer fortschrittlichen Führungspartei gewandelt, die befähigt ist, gesamtgesellschaftliche Interessen durchzusetzen. So ist es vorstellbar, dass dieses große Land mit einheitlicher Führung der Welt auf dem Weg in die freie Gesellschaft vorangehen könnte – eine Befähigung, die das sowjetische Imperium nicht aufzuweisen hatte. Europa ist im ureigensten Interesse gut beraten, wenn es sich in seiner Chinapolitik von der US-amerikanischen abgrenzt.

11.3 Weltregierung

Wir hatten Gelegenheit, uns über die sprunghaft gestiegenen globalen Probleme klar zu werden, die heute vor der Weltbevölkerung stehen und nur von der Menschheit als Ganzes gelöst werden können (ungebremstes quantitatives Wachstum, Umweltzerstörung, Klimakrise, Nord-Süd-Konflikt, Monopolisierung der Wirtschaft, Disproportionen zwischen Wert und Geld, Erschöpfung der Profitquellen, Atomkriegsgefahr, Putins Angriffskrieg in der Ukraine u. v. a. m.).

Obwohl die Welt im Zuge der Globalisierung viel enger zusammengewachsen ist, wird sie nicht als Ganzes regiert, sondern nach wie vor steht im Mittelpunkt des Weltgeschehens der Nationalstaat, ja, der nationalstaatliche Egoismus nimmt eher zu. 4 Jahre

Trump-Regierung in den USA, der Brexit Großbritanniens, die zunehmenden Spannungen zwischen dem Westen und China, das extrem nationalistische Aufbegehren Russlands stimmen besorglich. Die politischen Interessen der Nationalstaaten stehen über den Interessen der Weltgemeinschaft, die einfach noch nicht als solche benannt werden kann. Es gibt keine ganzheitliche Politik der Welt. Es gibt keine Weltpolitik. Es gibt nur Vereinbarungen zwischen Nationalstaaten mit geringer Verbindlichkeit, die all zu oft gebrochen werden. Die selbst ernannten Großmächte USA, Russland und China beherrschen als Vetomächte des aus der Zeit gefallenen Sicherheitsrates die UNO, um ihre Weltmachtinteressen durchzusetzen, und verurteilen alle anderen Länder zur Passivität.

Nach dem Zweiten Weltkrieg ist der Dritte Weltkrieg bislang ausgeblieben. Aber die Ursachen, die zu solchen Kriegen führten, sind geblieben, denn der Interessenegoismus, der aus dem nationalstaatlichen Egoismus, den das große Kapital in die Welt brachte, erwächst, existiert nach wie vor. Der große Krieg blieb nur deshalb aus, weil die Atommächte wussten, dass es in einem solchen Krieg keine Sieger gäbe, sondern er zur Vernichtung der Menschheit führen könnte. Albert Einstein wurde im beginnenden Kalten Krieg gefragt, mit welchen Waffen der Dritte Weltkrieg geführt wird. Er antwortete: „Das weiß ich nicht. Ich bin kein Waffenexperte. Ich weiß nur, sollte er geführt werden, dann wird der Vierte Weltkrieg wieder mit der Steinaxt geführt."

Einstein ist aber nicht irgendwer. Er ist schließlich der Entdecker der Formel $E = mc^2$. Er war es, der der Menschheit vermittelte, was Kernspaltung bedeutet. Hier sind die Energien gebündelt, die diesen wundbaren Planeten, auf dem es Leben gibt, auf dem eine intelligente Lebensform entstand, vernichten können, und die Menschen verfügen heute über die technischen Möglichkeiten, diese Energien freizusetzen.

Verweilen wir noch einen kurzen Moment bei diesem Thema. In der Frühphase der Menschwerdung bekämpften sich die Stämme, getrieben vom Kampf ums Dasein, der von jeher die Evolution allen Lebens vorantrieb. Es war der Kampf um Ressourcen zum Überleben. Nachdem die Menschen Gesellschaften gebildet hatten, war es nicht mehr der naturgegebene Kampf ums Dasein, der Menschen in Kriege trieb, sondern die Differenzierung der Menschen in eine besitzende und damit herrschende Minderheit und eine besitzlose beherrschte übergroße Mehrheit. Es war der Egoismus der Fürsten, andere Völker zu bekriegen, um ihren Reichtum und ihre Macht zu mehren. Der Motor, um die Völker für den Krieg ideologisch aufzurüsten, waren zunächst die Religionen. Sie zogen für Gott in den Krieg, wie heute noch die Araber, weil angeblich Gott auf ihrer Seite steht und ihr Prophet ihre Waffen für den Sieg gesegnet hatte.

Später, nachdem sich die Nationalstaaten herausgebildet hatten, wurde mittels Ideologie das Nationalempfinden mobilisiert. Jetzt zogen die Menschen für ihre Herrscher, für Gott, Kaiser und „Führer" im nationalen Interesse in den Krieg.

So darf man sagen, alle bisherige Geschichte der Menschheit war die Geschichte von Kriegen. Krieg war das Normale, Friedenszeit die Ausnahme. Mit dem Paradigmenwechsel vom ewigen Krieg zum ewigen Frieden würde die Menschheit einen noch nie da gewesenen Schritt vollziehen und damit endgültig ihre letzten tierischen Rudimente abstreifen, ihre Vorgeschichte beenden und in ihre eigentliche Geschichte eintreten. Am Beginn dieses gewaltigen Schrittes stünde die Bildung einer Weltregierung, die die Welt als Ganzes in das Zentrum der Politik rückt.

Nach dem Ersten Weltkrieg, in den mehr oder weniger alle Staaten hineingezogen wurden, gab es mit der Gründung des Völkerbundes den ersten Versuch, eine Weltorganisation zu schaffen, die künftige Kriege verhindern sollte. Allerdings erzielte der Völkerbund nicht den erwarteten Einfluss, da viele maßgebliche Länder ihm nicht beitraten und Deutschland wieder ausgetreten war.

Bereits während des Zweiten Weltkrieges unternahm der Präsident der USA, Roosevelt, unterstützt vom Prime Minister Großbritanniens, Churchill, den zweiten Versuch, eine Atlantik-Charta zu gründen, der am 1. Januar 1942, mit der Deklaration der Vereinten Nationen, 26 Staaten beitraten. Auf der Konferenz der Alliierten in Jalta wurde die Charta der Vereinten Nationen fertiggestellt. Sie wurde am 26. Juni 1945 von 50 Staaten unterzeichnet. Die Charta trat am 24. Oktober 1945 in Kraft. Gegenwärtig hat sie 193 Mitglieder.

Die UNO verfolgt 4 Ziele:
1. die Wahrung des Weltfriedens und der internationalen Sicherheit
2. die Entwicklung besserer Beziehungen zwischen den Nationen
3. internationale Zusammenarbeit und Förderung der Menschenrechte
4. der Mittelpunkt zu sein, wo die Nationen diese Ziele verhandeln

Dennoch gibt es Kriege in der Welt, die Beziehungen zwischen den Nationen könnten besser sein und die Menschenrechte werden in vielen Ländern mit Füßen getreten. Bei allen Fortschritten bleibt die UNO, im Vergleich zu den 30er-Jahren des letzten Jahrhunderts, in vielen Situationen machtlos. Noch dominieren die Nationalstaaten, voran die sich selbst ernannten „Weltmächte" das Weltgeschehen, und nicht die UNO. Das wird sich erst dann ändern, wenn die UNO den Status einer Weltregierung erlangt, und bis dahin ist noch ein weiter Weg zu gehen. Dafür bedarf es der Einsicht, dass die Nationalstaaten die globalen Probleme der Menschheit nicht lösen können.

Niemand kennt die Ursachen für die Verzögerung der Verschmelzung des Weltganzen besser als die Europäer. Bereits kurz nach dem Zweiten Weltkrieg begannen sie Europa zu vereinigen. Auch 75 Jahre danach sind die erreichten Ergebnisse bescheiden. Die Hauptbremse ist nationalstaatlicher Egoismus. Jeder Schritt nach vorn ist nur durch Kompromisse auf dem Niveau des kleinsten gemeinsamen Nenners möglich.

Die Engländer verließen, getrieben von nationalistischem Größenwahn, wieder ihre europäische Heimat. In Polen hält katholische Engstirnigkeit die Menschen vom europäischen Fortschritt ab. Die Ungarn werden von einem extrem nationalistischen Ministerpräsidenten ausgebremst. Aber selbst für die wirtschaftlich stärkste Macht Deutschland endet die Kompromissbereitschaft, wenn es um nationale wirtschaftliche Vorteile geht. Wenn selbst die fortschrittlichen europäischen Staaten bei ihrer Vereinigung an nationalistischen Egoismen scheitern, wird begreiflich, wie kompliziert es werden wird, alle Länder der Welt ins Weltganze zu führen.

Aber an der Umgestaltung der UNO zu einer Weltregierung und der Überführung des Kapitalismus in die freie Gesellschaft führt kein Weg vorbei, wenn die Menschheit ihr Überleben sichern will. Bis auf ganz wenige, aber für das Weltgeschehen kaum bedeutende Länder begründen sich heute alle auf eine kapitalistische ökonomische Basis. Nicht alle Länder sind jedoch demokratisch verfasst. Das ist gegenwärtig die wichtigste Aufgabe: demokratische Verfassungen mit frei gewählter Legislative, den Parlamenten, rechenschaftspflichtigen Regierungen, rechtsstaatlicher Gewaltenteilung und unabhängigen Medien durchzusetzen.

Eine wichtige Aufgabe der Weltregierung wird es sein, eine weltweite Abrüstung voranzutreiben. Das gilt vor allem für die immer noch den Fortbestand der Menschheit bedrohenden atomaren Waffen, beginnend bei den Atommächten USA, Russland, China, Großbritannien und Frankreich. Allen anderen Ländern, die ebenfalls atomare Waffen besitzen, sollten diese Waffen von der Weltregierung entzogen werden.

Eine ebenfalls wichtige Aufgabe der Weltregierung ist die weltweite Koordinierung der Handelsbeziehungen für alle Länder zu gleichen Bedingungen. Im Ergebnis der Übernahme dieser Aufgaben durch die Weltregierung würden günstige Bedingungen geschaffen, damit die Demokratie sich in allen Ländern entfalten kann. Wir würden auf diesem Wege die Welt in das Subjekt der Politik verwandeln – eine unaufschiebbare Aufgabe.

Die Leser werden zweifeln, dass es jemals zu solchen Entwicklungen kommen wird. Die Zweifel sind berechtigt. Seit mehr als 300 Jahren schreitet die nationalstaatliche Entwicklung voran und der Nationalismus mit oftmals extremen Auswüchsen ist allgegenwärtig. Davon wurden viele Generationen geprägt und er ist tief verwurzelt im Alltagsbewusstsein. Damit lohnt es sich, einen Blick in die Weltgeschichte zu werfen, um sich darüber Klarheit zu verschaffen, ob das immer so war.

Dafür ist das Buch von dem bereits erwähnten Zhao bestens geeignet und als Lektüre zu empfehlen. Er beschreibt darin ein Beispiel, welches 3.000 Jahre zurückliegt. Es ist die Zeit, in der in China das Tianxia („Alles, was unter dem Himmel ist") entstand.[43] Mit den religiösen Vorstellungen vom Himmel, die in der westlichen Welt verbreitet sind, hat das allerdings nichts zu tun.

Das Beispiel beschreibt eine Situation, in der die Dynastie der Zhou (1046–256 v. Chr.) herrschte. Das kleine Reich der Zhou wurde von einem weisen Kaiser geführt. Das Grundprinzip seiner Herrschaft war Gerechtigkeit gegenüber jedem/jeder. In diesem Land lebte ein glückliches, zufriedenes Volk, das mit seinem Kaiser in jeder Hinsicht im Einvernehmen war.

Der Nachbar der Zhou-Dynastie war die Shang-Dynastie (1600–1046 v. Chr.), bedeutend größer als das Reich der Zhou. Deren Kaiser war das Gegenteil vom Zhou-Kaiser, gewalttätig, das Recht und die Gerechtigkeit missachtend, und deswegen war sein Volk unglücklich und stand oppositionell zum Herrscher. Aber dieser Kaiser war neidisch auf das kleine Reich der Zhou und deren sichtliche Erfolge. Er wollte dieses Reich erobern und seinem Reich einverleiben. Ein Krieg brach aus und es kam, wie es kommen musste. Die kleine Zhou-Armee schlug die große

Shang-Armee vernichtend, da deren Kämpfer die weit bessere Kampfmoral hatten und sie von einem weisen Herrscher geführt wurden.

Das Beispiel machte Schule. Alle anderen Dynastien suchten Anschluss an die Zhou-Dynastie. Der Kaiser der Zhou-Dynastie verfuhr mit der geschlagenen Shan-Dynastie anders, als es bisher Brauch war. Er unterdrückte und plünderte das eroberte Volk nicht aus, sondern schuf eine Regierung seiner eigenen vergleichbar. Das Land blühte auf.

Die anderen Reiche, die nunmehr dem Zhou-Reich folgten, waren der Meinung, sie seien die Welt (alle zusammen halb so groß wie das heutige China). Sie hatten noch keine Ahnung davon, wie groß die Welt wirklich war. Das angrenzende Meer und das angrenzende Gebirge hielten sie für die Enden der Welt. Das kleine Zhou-Reich erlangte nun den Status einer Weltregierung, die alle selbstständigen Reiche zu einer Einheit zusammenführte und die Richtlinienkompetenz innehatte, der sich alle freiwillig unterwarfen. Das System des Tianxia war geboren.

Natürlich gab es noch kein Privateigentum und Kapital schon gar nicht. Das wichtigste Produktionsmittel war der Boden, der mit einfachen Geräten bewirtschaftet wurde. Gemeinschaftlich, bedingt durch den Reisanbau, wurden auch die Bewässerungssysteme geschaffen. Jedes Land nahm seinen Boden als Lehen in Besitz und die Länder vergaben den Boden als Lehen an die Bauern. Dem, der sein Lehen schlecht bewirtschaftete, konnte es auch wieder entzogen werden. Der Zentralstaat der Zhou-Dynastie (Weltregierung) kontrollierte die freiwillig eingegangenen Verpflichtungen.

Vor dem Tianxia gab es noch Götter und Schamanen, die dann allmählich verschwanden. Die Menschen wurden eins mit der Natur, denn alles, was sie glücklich machte, war nur möglich unter dem einen Himmel und auf der einen Erde, auf der sie lebten.

Es muss also möglich sein, die Menschen der Welt zu einen, selbst wenn es nicht einfach sein wird und sehr lange dauern kann. Das Leitmotiv, dem dabei die Völker folgen sollten, kann nur der von Kant formulierte kategorische Imperativ sein, die Vernunft, die im Interesse aller Menschen liegen muss, wenn sie als vernunftbegabte Art überleben wollen. Mit der Vergesellschaftung des internationalen großen Kapitals entstehen günstige Voraussetzungen für eine Weltgesellschaft aller Völker.

Wir haben uns über die UNO und ihre Organisationen verständigt. Sie in eine Weltregierung umzugestalten, ist die unmittelbare Aufgabe. Weltregierung zu sein, hat zur Voraussetzung, dass alle Nationen, die sich ihr anschließen, Hoheitsrechte abtreten müssen. Es muss der Grundsatz verwirklicht werden, Weltrecht bricht nationales Recht! Die unabdingbare Voraussetzung für das Gelingen dieses Vorhabens ist, dass jeder Nationalstaat, der in die Weltregierung eintritt, daraus Vorteile zieht, die die Nachteile, wie z. B. die Abtretung von Hoheitsrechten, weit überwiegen.

Zunächst zu den Vorteilen: **Erstens:** Der größte Vorteil muss darin bestehen, dass jede Mehrwertschöpfung nicht aus dem Land abgezogen werden darf, sondern im Land zu verbleiben hat, um dort investiert zu werden bzw. den Volkswohlstand zu heben. **Zweitens:** Für jedes Land, welches sich unter den Schutz der Weltregierung begibt, ist die Sicherheit durch die Gemeinschaft aller Länder, die sich zur Weltregierung vereinigt haben, zu gewährleisten. **Drittens:** Die Gemeinschaft dieser Länder schafft Bedingungen, um die ökonomische und soziale Differenziertheit zwischen den Ländern nach einem festgelegten Plan zu überwinden.

Die Weltregierung bedarf einer Verfassung, in die alle internationalen Dokumente, die diesbezüglich bereits verfasst wurden, einfließen sollten. Eine verfassungsgebende Versammlung erarbeitet und beschließ diese Verfassung.

Die Mitglieder der verfassungsgebenden Versammlung könnten die von den Nationalstaaten gewählten Abgeordneten des Weltparlaments sein. Nach einem Schlüssel, der vom Anteil an der Weltbevölkerung ausgehen sollte, wählt jeder Nationalstaat seine Abgeordneten. Bedingung ist, dass sie die für die Weltregierung festgelegte Sprache sprechen, über eine hohe Bildung verfügen, Internationalität ihr Denken bestimmt und ausgeprägte Persönlichkeiten sind.

Gewählt werden Köpfe und keine Parteien. Im Weltparlament gibt es keine Fraktionen. Der gegenwärtigen UNO fällt die Aufgabe zu, die Wahlen zum Weltparlament in allen Ländern zu überwachen. Von Beginn an muss den Abgeordneten klar sein, dass sie im Parlament nicht die Interessen ihrer Herkunftsländer, sondern Weltinteressen zu vertreten haben. Sie sind dann die Legislative der künftigen Weltpolitik. Aus ihren Reihen wählen sie die Mitglieder für die Weltregierung, also die Exekutive. Diese ist nur dem Weltparlament rechenschaftspflichtig. Parallel dazu sollten in den Mitgliedsländern die Richter für den Weltgerichtshof gewählt werden.

Neben dem Parlament könnte ein Weltregierungsrat bestehen, der von den Regierungschefs aller Mitgliedsländer gebildet wird. Wie es der Name sagt, hat dieser Rat beratende Stimme. In diesem Rat besteht die Möglichkeit, nationale Probleme der Mitgliedsländer der Weltregierung vorzutragen, um die Kommunikation zwischen diesen beiden Ebnen nie abreißen zu lassen.

Kluge Köpfe werden die Weltverfassung ausarbeiten. Dabei ist Wert darauf zu legen, dass folgende Bestimmungen enthalten sind:

- Die Weltregierung folgt grundsätzlich der Internationalen Menschenrechtscharta und setzt diese in allen Mitgliedsländern kompromisslos durch. Jedes Vergehen gegen die Menschenrechte wird durch die Weltregierung geahndet.
- Jedes Mitgliedsland verpflichtet sich, Konflikte mit Nachbarn oder anderen Ländern mit dem Ziel einer Lösungsfindung der Weltregierung vorzutragen. Wer eigenmächtig zu den Waffen greift, wird von der Weltregierung geächtet.
- Konflikte im Inneren der Mitgliedsländer sind der Weltregierung vorzutragen und gemeinsam mit ihr gewaltlos zu befrieden.
- Jedes Mitgliedsland tritt den Oberbefehl über seine Streitkräfte an die Weltregierung ab. Ohne Befehl der Weltregierung dürfen keine Streitkräfte mobilisiert werden.
- Alle Mitgliedsländer sind angehalten, ihre Zentralbanken zu beauftragen, die Parität von Wertschöpfung und Geld wiederherzustellen und beständig aufrechtzuerhalten. Die Weltbank wird der Weltregierung angegliedert und es werden ihr alle Zentralbanken unterstellt.
- Die Mitgliedsländer verständigen sich mit der Weltregierung über die Vergesellschaftung aller internationalen Konzerne, die ihren Sitz im jeweiligen Land haben.

Mitgliedschaft

Mitglieder der Weltregierung können alle Nationalstaaten werden, die deren Verfassung anerkennen und sich verpflichten, nach ihr im eigenen Land zu handeln. Ausgegangen werden könnte von den bisherigen Mitgliedsländern der UNO. Länder, die der neuen Verfassung der Weltregierung nicht ihre Stimme geben möchten, müssten ihren Austritt erklären. Für die Länder der armen Welt wird es ein Segen sein, Mitglieder der Weltvereinigung zu werden. Aber entscheidend wird es sein, gerade die Länder in der Weltregierung zu versammeln, deren Stimmen für die Lösung der globalen Probleme ausschlaggebend sind.

Sie werden sich fragen: „Welche Einsichten müssten Raum greifen, um den nationalstaatlichen Egoismus zu überwinden und alle Länder zu einigen?" Es kann nur die Einsicht sein, dass die Menschheit ihrem Ende entgegengeht, wenn sie eine solche Vereinigung aller Länder der Welt nicht zuwege bringt.

Nord-Süd-Konflikt

Eine der schlimmsten Hinterlassenschaften des Kapitalismus ist, neben der Zerstörung des Planeten, der Nord-Süd-Konflikt, das Armut-Reichtum-Gefälle zwischen dem reichen Westen und der übergroßen armen Welt. Es konnte entstehen durch die geballte wirtschaftliche und damit politische Macht des internationalen Großkapitals und der Finanzindustrie.

Hier liegt das größte Konfliktpotenzial der gegenwärtigen Welt. In den zurückliegenden Jahrzehnten ist dieses Gefälle nicht kleiner, sondern immer größer geworden, und es gibt keine Hoffnung, dass sich unter der internationalen Herrschaft des Großkapitals daran etwas ändern könnte. Auch aus dieser Tatsache ergibt sich, dass die Welt nicht ewig Zeit hat, um den Übergang in die freie Gesellschaft zu vollziehen.

Das Kapital kann nicht aus seiner Haut, es muss Profit maximieren, und da das internationale Großkapital im Bündnis mit der Finanzindustrie die Weltmacht schlechthin ist, bleibt die arme Welt chancenlos, sich selbst aus dieser Umklammerung zu befreien.

Das daraus erwachsende Konfliktpotenzial ist sehr groß. Inzwischen verfügen nicht nur die Großmächte über atomare Waffen, sondern auch viele arme Länder. Dahinter verbirgt sich eine große Gefahr für die Welt. Natürlich verfügen sie nicht über gleich große Zerstörungspotenziale wie die Großmächte. Doch das ist keine Sicherheitsgarantie. Die Kriegsgefahr wächst mit der Not und dem Elend dieser Länder. Es ist die schiere Ausweglosigkeit, die sie antreibt.

Zurzeit erleben wir, dass sich mit der Zuspitzung des Konfliktes immer mehr Menschen der armen Länder in Bewegung setzen, um die Inseln des Wohlstandes zu erreichen. Mit dem Voranschreiten der Klimakrise und den Folgen des russischen Krieges in der Ukraine wird sich diese Tendenz verstärken. Das Problem löst sich damit nicht.

Das Problem kann nur gelöst werden mit der Beseitigung der Ursachen für wachsende Armut in der zurückgebliebenen Welt. Dafür wird es unverzichtbar, den Transfer von Mehrwert aus diesen Ländern in die reiche Welt zu unterbinden. Mehrwert ist unbezahlte Arbeitsleistung. Eine andere Quelle gibt es nicht. Im reichen Westen wurden die daraus erwachsenden Profite vom Kapital überwiegend reinvestiert und so wurde die produktionstechnische Basis für die freie Gesellschaft in diesen Ländern geschaffen.

Da die Profite aus den armen Ländern abgezogen werden, kann die dringend erforderliche produktionstechnische Basis nicht entstehen. Aber solange das große Kapital in privaten Händen bleibt, wird sich daran nichts ändern. Damit erweist sich der Übergang in die freie Gesellschaft als unverzichtbar für die Welt.

Natürlich können die Profite nicht einfach an die betroffenen Länder, in denen das große Kapital aktiv war, abgeführt werden. Wir wissen, dass in diesen Ländern, bedingt durch Armut, große Korruption herrscht. Das Geld würde in den Taschen korrupter Regierungsvertreter verschwinden.

Deshalb ist die Weltregierung unverzichtbar. Diese benötigt ein langfristiges Programm, in dem für alle betroffenen Länder eine

Strategie zur Schaffung der produktionstechnischen Basis für die freie Gesellschaft entwickelt wird. An sie gehen dann die abgeführten Profite und werden von der Weltbank für die Investitionsvorhaben bereitgestellt und ihre Verwendung kontrolliert.

Jetzt wird das Leben der Menschen in diesen Ländern von der erdrückenden Notwenigkeit bestimmt. Die Notwendigkeit ist der Gegenspieler der Freiheit. Mit wachsendem Wohlstand wird die Notwendigkeit zurückgedrängt und lässt zunehmend Raum für Freiheit. Das ist der einzig gangbare Weg für die Wandlung des gesellschaftlichen Überbaus in Richtung freie Gesellschaft, der ohne die entsprechenden materiellen Grundlagen nicht entstehen kann.

Für die reiche Welt ist das nicht nur ein Entgegenkommen, sondern ebenfalls eine unverzichtbare Notwendigkeit zur Befriedung der Welt, um sie vor ihrem Untergang zu bewahren.

11.4 Kleinkapital in nationaler Verantwortung

Unter Kleinkapital werden hier alle Unternehmen gefasst, die auf Basis von Familien im nationalen Rahmen geführt werden, ohne Fremdbeteiligung, d. h., es besteht kein Anlegerkapital. Ausgenommen sind davon Banken, die gehören generell vergesellschaftet, da künftig mit Geld kein „Mehrwert" mehr geschöpft werden darf. Damit bleibt der nationale Dienstleistungssektor überwiegend in privater Hand.

Natürlich werden alle diese Unternehmen Mehrwert aus lebendiger Arbeit ziehen, also Profite machen. Bislang entsprachen deren Profite im Wesentlichen einem soliden Familieneinkommen, da sie sich im Würgegriff des großen Kapitals befanden. Profitmaximierung ist der Beruf des Kapitals. Der Profitmaximierung des Kapitals haben wir schließlich die ökonomische Basis für die freie Gesellschaft zu verdanken.

Die Unternehmen des Kleinkapitals werden auch zukünftig ihre Gewinne investieren und damit wachsen. Die Wachstumsgrenze liegt dort, wo sie marktbeherrschend werden, somit die Mitbewerber aus dem Markt drängen und damit Volksvermögen zerstören, also mit ihrem Tun Schaden in der Gesellschaft anrichten.

An diesem Punkt müssen die Nationalstaaten und die Weltregierung mit entsprechenden begrenzenden Regelungen handeln. Wie bereits erwähnt, könnten diese begnadeten Führungskräfte führende Positionen in der Weltwirtschaft einnehmen. Wir müssen davon ausgehen, dass in der freien Gesellschaft Geldscheffeln nicht mehr selig machend ist.

Die Veränderungen, die die freie Gesellschaft mit sich bringt, betreffen nicht nur das produzierendes Gewerbe und die Dienstleistungssphäre, sondern auch die Warenzirkulation, also den Handel. Dass die großen Handelsketten vergesellschaftet gehören, ist selbstverständlich, da sie mit ihrer gigantischen Marktmacht alle Glieder in den Erzeugerketten, die Verarbeiter, die Landwirte, aber auch und nicht zuletzt die Billigproduzenten in der armen Welt erdrosseln. Alle internationalen Handelsverträge gehören unter die Kontrolle der Weltregierung, die für fairen Welthandel zeichnet.

11.5 Öffentliche Einrichtungen

Banken und Versicherungen

Dass alle Banken vergesellschaftet gehören, haben wir bereits herausgearbeitet. Nur so lässt sich verhindern, dass eine vermögende Minderheit die Äquivalentform des Wertes, das Geld, zum Nachteil der übergroßen Mehrheit aus sich selbst heraus vermehrt und sich so unrechtmäßig bereichert. Das Volk, der Souverän, unterbindet alle Spekulationen. Die vergesellschafteten Banken werden wieder in ihre ursprüngliche Aufgabe als Finanzdienstleister zurückgestuft. Sie dienen dann nur noch der Finanzierung von öffentlichen und privaten Investitionen. Dafür kassieren die Banken Gebühren. Zinsen gibt es weder im Soll noch im Haben.

In den letzten Jahrzehnten stiegen die privaten Banken zunehmend ins Investmentbanking ein und realisierten dort sagenhafte Profite. Investment ist Sache des Staates und der Unternehmen in enger Zusammenarbeit. Bei ressourcensparender Reproduktion finanzieren die Unternehmen ihre Investitionen vorrangig aus dem Verschleiß (AfA[2]). Darüber hinausgehende Investitionen werden von den Vorständen in Verbindung mit den Aufsichtsräten, in denen die Vertreter des Wirtschaftsrates sitzen, ausgehandelt, wenn dafür ein gesellschaftliches Interesse besteht, und von den Banken finanziert.

Alle Versicherungsgesellschaften werden den Banken vergleichbar vergesellschaftet. Die Versicherung von Gesundheit, Pflege und Rente sind öffentliche Bedürfnisse und durch den Staat zu gewährleisten. Aus der Gewährleistung all dieser Bedürfnisse darf kein Profit gezogen werden. Alles, was diesbezüglich privatisiert wurde, ist wieder zu vergesellschaften. Private Gesundheits-, Pflege- und Altersversorgungseinrichtungen darf es nicht mehr geben. Das betrifft auch Kranken- und Pflegeversicherungen, die alle in einer allgemeinen Bürgerversicherung aufgehen müssen. Private Versicherungen (Unfall, Leben, Haus, Rechtsschutz, Hausrat usw.) sind die Privatsache der Bürger und werden von ihnen finanziert. Alle anderen Versicherungen werden aus den Abgaben finanziert, die von den Unternehmen auf Arbeit zu entrichten sind.

---

2 AfA: Absetzung für Abnutzung

Kommunale Dienste

Kommunale Dienste wie Wasser/Abwasser und Müllentsorgung bleiben in kommunaler Verantwortung und werden von den örtlichen Unternehmen wie bisher vorgenommen. Die Strom- und Gasversorgung liegt zum einen bei den großen Energiekonzernen und zum anderen bei lokalen Versorgern. Die großen Konzerne mit Anlegerkapital werden vergesellschaftet und die lokalen Versorger agieren wie bisher. Die Koordinierung der lückenlosen Versorgung läuft weiterhin über die Netzagenturen. Mit der vollständigen Umstellung auf erneuerbare Energien nimmt die Bedeutung der lokalen Versorger zu.

Öffentlicher Verkehr

Die Klimakrise wird zu spürbaren Veränderungen im Verkehr führen. Der Schienenverkehr wird bedeutend ausgebaut und benutzerfreundlicher gestaltet werden müssen, um damit den Individualverkehr drastisch zu reduzieren. Das wird gelingen, wenn die Benutzung öffentlicher Verkehrsmittel für die Benutzer sehr lukrativ gestaltet wird. Es erübrigt sich, besonders darauf einzugehen, dass der öffentliche Verkehr in die Hände der Gesellschaft gehört.

11.6 Landwirtschaft

Für die Landwirtschaft gilt der Grundsatz, der Boden muss sich im Eigentum oder Besitz derer befinden, die ihn bewirtschaften. Die rationellste Landwirtschaft findet in Familienbetrieben statt. Diese Erkenntnis beziehe ich aus langjähriger Berufstätigkeit. Ich habe die gesamte genossenschaftliche Umgestaltung in der DDR miterlebt, die Landwirtschaft in Großbritannien und Kanada näher kennengelernt und auch die Entwicklung übergroßer Landwirtschaftsbetriebe mit 100.000 ha und darüber sowie wahnsinnigen Tierkonzentrationen in Russland gesehen.

Landwirtschaft ist ein Gewerbe unter freiem Himmel mit einer Reihe Besonderheiten. Der Boden ist unvermehrbar, und in seiner Flächenausdehnung nicht komprimierbar. Die Produktionsmittel, mit denen die Landwirtschaft produziert, sind in der Hauptsache in der Natur vorgefundene (Boden, Pflanzen, Tiere). Mit Maschinen und Geräten schuf sich der Mensch nur Hilfsmittel, um Arbeit zu sparen und diese zu erleichtern. Um aber zu produzieren, nutzt er einen Naturprozess, der ohne sein Zutun abläuft, für dessen Ablauf er nur die Bedingungen optimieren kann.

Damit unterscheidet sich Management in der Landwirtschaft grundlegend von dem im Gewerbe. Im Gewerbe ist es möglich, den Gesamtprozess zur Herstellung eines Produktes in viele kleine Teile zu gliedern und diese selbstständig zu organisieren und zu führen. Der Naturprozess in der Landwirtschaft ist unteilbar, also ganzheitlich, und muss deshalb von einem Kopf aus organisiert und geführt werden. Nach meiner Erfahrung liegt die Grenze für effektive Betriebsführung bei dem heutigen Stand von Wissenschaft und Technik auf intensiven Ackerbaustandorten zwischen 3.000 und 5.000 ha und auf Extensivstandorten zwischen 10.000 und 15.000 ha; im Garten-, Wein- und Obstbau sowie in der biologischen Landwirtschaft entsprechend niedriger. Bei größeren und kleineren Arealen steigen die Kosten, bezogen auf die Produkteinheit, und damit sinkt die Effektivität der landwirtschaftlichen Produktion. Vergleichbares gilt für die Tierproduktion. Die optimale Herdengröße ist hier abhängig vom Tierwohl und der Überschaubarkeit durch den Manager.

Ein Wort zur biologischen Landwirtschaft, die sich vor allem im reichen Westen entwickelt hat. Bioprodukte sind teuer. Das liegt darin begründet, das pflanzliche Erträge und tierische Leistungen weit unter denen konventioneller Landwirtschaft liege. Wenn Bioproduktion sich weltweit durchsetzen soll, müsste die

Weltbevölkerung schrumpfen. Das wäre in absehbarer Zeit keine erfolgversprechende Strategie. Der Weg in die Zukunft kann nur Verzicht auf tierische Produkte sein. Gegenwärtig verzehrt die tierische Produktion 2/3 der pflanzlichen Erträge bei einem Veredelungserfolg von 3-5:1 bei der Verwertung von Eiweiß. Gewöhnen wir uns also an fleischlose Kost, dann sind die bodenschonenden Erträge für die Ernährung der Weltbevölkerung ausreichend, der Welthunger besiegt und dem Klima gedient.

Auch die Landwirtschaft ist wie die Industrie in ihrer Entwicklung abhängig vom wissenschaftlich-technischen Fortschritt. Im Unterschied zu Amerika war die europäische Landwirtschaft überwiegend immer klein strukturiert und damit die hier tätigen Landwirte im Weltmaßstab immer weniger wettbewerbsfähig.

In Europa bemühte man sich, dieses Problem, verstärkt gleich nach dem Zweiten Weltkrieg beginnend, mit Subventionen zu lösen. Der einzige Grund dafür lag darin, dass in den Dörfern, in denen die Menschen noch mit der Landwirtschaft verbunden sind, ein beachtliches, vor allem auch gläubiges Wählerpotenzial lebt. Deshalb wird auch heute noch das von der Fläche geprägte Bayern von der CSU regiert, während in der Hautstadt München die SPD führt.

Heute gibt die EU circa 50 % ihrer Haushaltmittel für Agrarsubventionen aus. Wettbewerbsfähiger sind die bäuerlichen Betriebe dadurch nicht geworden. Heute sind die kleinen Bauern almosenempfangende Müßiggänger. Das ist das Resultat jahrzehntelanger europäischer Agrarpolitik. Inzwischen haben viele dieser Kleinbetriebe aufgegeben und haben ihren Boden an die größeren verpachtet. Deshalb bewirtschaften die bestehenden Betriebe heute erhebliche Flächen gepachtetes Land. So wandern große Teile der Agrarsubventionen, die an die bewirtschaftenden Betriebe ausgezahlt werden, als mühelose Einkommen an die Verpächter. Dadurch bedingt sind auch die Bodenpreise in der EU in die Höhe geschossen.

All das gibt es z. B. in Kanada nicht. Hier hat sich die durchschnittliche Betriebsgröße in gleicher Zeit, bedingt durch den technischen Fortschritt, mehr als verzehnfacht. Die Schwachen gaben auf, die Starken übernahmen das Land. Pachten und Bodenpreise sind moderat und es wird wesentlich billiger produziert als in der EU. Das ist eine Lektion. Parteiideologische Politiker haben bei ökonomischen Entscheidungen nichts verloren. Das muss in der freien Gesellschaft immer die Aufgabe der nicht ideologiegebundenen Wirtschaftsexperten sein.

In der freien Gesellschaft wird der landwirtschaftliche private Familienbetrieb auf lange Sicht die vorherrschende Betriebsform sein, in Größenordnungen, die dem wissenschaftlich-technischen Fortschritt entsprechen.

Der erste Ministerpräsident Bayerns, Alfons Goppel, sagte in einer Rede vor Landwirten: „Wir, die CSU, werden dafür sorgen, dass jeder von euch von seiner Scholle leben kann." Er kannte sich mit den Besonderheiten der landwirtschaftlichen Produktion nicht aus. Im Unterschied zur gewerblichen Produktion produziert die Landwirtschaft mit einem in der Natur vorgefundenen Produktionsmittel, dem Hauptproduktionsmittel Boden, das man, im Unterschied zu gewerblichen Produktionsmitteln, nicht durch Neulandgewinnung vergrößern kann, da sich in allen hoch entwickelten Ländern der gesamte landwirtschaftlich nutzbare Boden in Bebauung befindet. Die Fläche lässt sich nur erweitern, wenn angrenzende Grundstücke frei werden, weil deren bisherige Bewirtschafter im Wettbewerb unterlegen waren. Durch Subventionen wurde dieser naturökonomische Prozess unzulänglich verzögert.

Damit kommen wir zu einem besonders sensiblen Thema, der Bodenrente (Pacht). Im Prinzip befindet sich fast der gesamte landwirtschaftlich nutzbare Boden in privatem Eigentum. Was sagt Marx dazu: „Vom Standpunkt einer höheren ökonomischen Gesellschaftsformation wird das Privateigentum einzelner

Individuen am Erdball ganz so abgeschmackt erscheinen wie das Privateigentum eines Menschen an einem anderen Menschen. Selbst eine ganze Gesellschaft, eine Nation, ja alle gleichzeitigen Gesellschaften zusammengenommen, sind nicht Eigentümer der Erde. Sie sind nur ihre Besitzer, ihre Nutznießer, und haben sie als boni patres familias [gute Familienväter] den nachfolgenden Generationen verbessert zu hinterlassen" (MEW, Bd. 25, S. 784).

Ja, heute können wir uns Eigentum an einem anderen Menschen (Sklaven) nicht mehr so recht vorstellen, obwohl es über Jahrhunderte selbstverständliche Praxis war. Schauen wir aber gegenwärtig in einige arabische Länder, so stellen wir fest, bedingt durch geübte religiöse Praxis, betrachten noch viele Männer ihre Frauen als ihr Eigentum. Derartige Vorstellungen werden also geprägt durch die gesellschaftlichen Verhältnisse, in denen die Menschen leben. Deshalb ist uns auch heute noch privates Eigentum am Erdball geläufig. Nur bestand diese Erde bereits Milliarden von Jahren, bevor der erste Mensch auftrat. Aber auch bis zum Beginn der Spaltung der Gesellschaft in eine Mehrprodukt schaffende Mehrheit und eine Mehrprodukt aneignende Minderheit gab es noch kein privates Eigentum am Erdball. Und es wird noch lange Zeit dauern, bis diese historische Hinterlassenschaft überwunden sein dürfte.

Zunächst wird es darum gehen müssen, einige Bedingungen in die Verfassung der Welt aufzunehmen, die geeignet sind, diese Jahrhunderte während Entwicklung allmählich wieder umzukehren. Jede Spekulation mit Boden muss künftig ausgeschlossen werden. Nur der darf Boden in Besitz nehmen oder kaufen, der ihn selbst bewirtschaftet. Dabei bildet die obere Grenze die, welche der Eigentümer oder Besitzer als Manager beherrschen kann.

In Europa haben wir heute Bodenpreise jenseits von Gut und Böse. Ursache dafür ist die Subventionspolitik der Europäischen Union. Natürlich subventionieren heute auch außereuropäische Länder Agrarproduktion, aber nur, weil sie, um im Wettbewerb mit Europa bleiben zu können, dazu gezwungen sind. Deshalb sollten alle Agrarsubventionen weltweit abgeschafft werden. Der Erfolg wird sein, Nahrungsgüter verbilligen sich sowie Pachten und Bodenpreise fallen. Zu kleine Betriebe werden wachsen und die schwächsten werden aufgeben. Im Ergebnis dieser Entwicklung wird weltweit eine wirtschaftlich gesunde Agrarstruktur mit leistungsfähigen Familienbetrieben entstehen.

Angefügt sei hier, das Rentenproblem stellt sich auch bei Bauland und bei der Gewinnung von Bodenschätzen. Ich kannte Bauern im Münchner Umland, die 20 oder 30 ha Land als Bauland verkauft haben und mit dem Geld nach der Wiedervereinigung Deutschlands im Osten 2.000 oder 3.000 ha Ackerland gekauft haben. Das darf in der freien Gesellschaft nicht mehr möglich sein. Baulandgewinnung ist keine private, sondern eine staatliche Angelegenheit.

Auch in Zukunft werden in der Rohstoffgewinnung noch Grundrenten gezahlt werden, obwohl diese mit dem Übergang zu einer geschlossenen Kreislaufwirtschaft sinken werden. Wichtig ist auch hier, dass die Grundrente nicht privat angeeignet werden darf, sondern in die Hand des Staates fallen muss, und der Staat ist dann verpflichtet, jene Grundrente für die Entwicklung der Wirtschaft einzusetzen.

11.7 Wissenschaft, Kultur, Kunst, Sport und Freizeiteinrichtungen

Wissenschaft

Das Vortriebstempo des ressourcensparenden Typs der Reproduktion wird in erster Linie bestimmt vom wissenschaftlich-technischen Fortschritt. Damit hat die Entwicklung der Wissenschaften in der freien Gesellschaft absolute Priorität und muss der gesamten Welt zum Vorteil gereichen. Dazu wird es notwendig sein, alle Merkmale, die der Kapitalismus geprägt hat, für immer auszumerzen.

So wie es uns heute unvorstellbar erscheint, dass ein Mensch Eigentum eines anderen Menschen sein konnte, werden spätere Generationen nicht begreifen können, dass es Zeiten gab, in denen Erfindungen und Neuerungen der privaten Bereicherung dienten. In der Coronapandemie, wo es darum gehen musste, die gesamte Welt so schnell wie möglich von dieser Geisel zu befreien, wurde diese genutzt, um Extraprofite zu erzielen. Die in der Hand des internationalen Großkapitals sich befindende pharmazeutische Industrie nutzte die Not der Menschen schamlos, um sich zu bereichern.

In Deutschland mischten vom Volk gewählte Abgeordnete der CDU/CSU kräftig mit, um sich ihren Anteil vom Profitkuchen zu sichern. Die Pandemie war ein Freudenfest für die Anleger, ein Blick auf die Börsenwerte in dieser Zeit macht es deutlich und noch wird solches Gebaren in der Gesellschaft als normal empfunden. Da mit dem Eintritt in die freie Gesellschaft die Anleger verschwinden, wird es nicht so einfach sein, den späteren Generationen zu erklären, was für eine sonderbare Spezis Anleger in der Geschichte waren.

Zunächst wird es darum gehen müssen, das Kapital wieder aus allen wissenschaftlichen Eirichtungen, in die es sich im Kapitalismus eingenistet hat, zu vertreiben. Das betrifft alle Universitäten, Hochschulen und wissenschaftlichen Institute. Sie gehören unter die Kontrolle der Gesellschaft. Die bedeutendsten Kapazitäten angewandter Forschung befinden sich jetzt in den multinationalen Konzernen. Mit deren Vergesellschaftung gelangen sie wieder unter den Einfluss des Souveräns.

Die Weltregierung wird sich die erforderlichen Einrichtungen schaffen, um die Entwicklung von Wissenschaft und Technik zu beschleunigen und diese weltweit nutzbar zu machen. Es ist selbstverständlich, dass dann der Patentschutz aufgehoben wird und Patente nicht mehr der privaten Bereicherung dienen dürfen. Alles, was von der Menschheit erforscht, erfunden und entwickelt wird, ist Gemeingut der Menschheit und muss ihr zum Vorteil gereichen. Das wird die ökonomische Entwicklung der Welt unerhört beschleunigen und es wird dazu geeignet sein, die unterentwickelten Länder schneller an das Niveau der entwickelten Welt heranzuführen.

Es ist selbstverständlich, dass die Gesellschaft ihre Erfinder angemessen vergüten und würdigen wird. In der Coronakrise 2020/21 waren sehr schnell Impfstoffe in den großen Pharmakonzernen entwickelt worden. US-Präsident Biden verlangte die Aufhebung der Lizenzen, um allen Ländern die Möglichkeit zu schaffen, ihre Menschen zu impfen. Er hatte die Rechnung ohne das große Kapital gemacht, welches sich vehement dagegen auflehnte. Die Folge war, als die reichen Länder des Westens ihre Bevölkerungen im Wesentlichen, bis auf die Impfverweigerer, geimpft hatten, bewegten sich die armen Länder oft noch unter 10 %. So zeigt sich die Humanität des Kapitals in der Wirklichkeit.

Im Geiste des vom Kapital in die Gesellschaft getragenen nationalistischen Geistes ist die Rede davon, dass wir unser geistiges Eigentum schützen müssen. Was meint das Kapital mit „unser"? Natürlich meint es sich selbst. So gehört es auch zum allgemeinen Sprachgebrauch, vom „Volksvermögen" zu sprechen. Vom Prinzip her ist das richtig, denn das gesamte Vermögen eines Landes wurde von dessen Volk geschaffen, nur haben die Völker dieser Welt ihr Eigentum noch nicht in Besitz genommen. Noch lebt das Kapital in der antiquierten Vorstellung, es gehöre ihm. Das Gleiche gilt für das geistige Eigentum. Mit dem Blick auf die freie Gesellschaft, die eine Weltgesellschaft werden muss, wirken all diese aus Gegenwart und Vergangenheit nachwirkenden Vorstellungswelten irgendwie borniert und nach angemessener Zeit werden die uns folgenden Generationen wirklich darüber lachen.

Kultur und Kunst

Kultur und Kunst der gesamten Welt sind Schöpfungen aller Völker über viele Jahrhunderte und diese Schätze gehören ihnen auch, unabhängig davon, wer sie in Besitz genommen hat. Das Weltkulturerbe gehört der Welt. Auch hier hat das Privateigentum nichts zu suchen und gleich gar nicht damit Geld zu verdienen. Alle Raubkulturgüter sind den Völkern zurückzugeben, die sie schufen. Um diese Schätze allen Menschen zugänglich zu machen, wird es künftig ganz normal sein, dass sich die Völker untereinander solche Güter ausleihen. Der private Handel mit Kulturgütern sollte eingestellt werden, weil jener diese der Öffentlichkeit entzieht. Jetzt erfüllen sie oftmals die Funktion der Kapitalanlage. Da Kapital aber eine historische Erscheinung mit Auslaufdatum ist, wird dieser Handel gegenstandslos. Wenn ausreichend Zeit verstrichen ist, werden die Privateigentümer von Kunstschätzen von allein auf die Idee kommen, diese der Öffentlichkeit zugänglich zu machen. Sie sind dann nicht mehr Prestigeobjekte. Gesellschaftliche Anerkennung erwirbt man sich dann durch besondere Leistungen für die Gesellschaft und nicht durch Reichtum, mit dem man protzen kann.

Kunst und Kultur werden in der freien Gesellschaft aufblühen und breiter als bisher viele Menschen einbeziehen. Die Menschen haben dann mehr erwerbsfreie Zeit, erhöhen beständig ihr Bildungsniveau und werden die Laienkunst bereichern.

Sport und Freizeiteinrichtungen

Da ich von Sport wenig verstehe, will ich die Antworten, auf die Fragen, die sich hier stellen denen überlassen, die diesbezüglich kompetent sind. Dabei geht es sowohl um den Breitensport zur Erhaltung der Gesundheit der Menschen als auch um den Leistungssport. Ob Letzterer auf alle Zeiten professionell betrieben werden muss, vermag ich nicht zu sagen.

Edmund Stoiber nannte einmal die Bundesliga eine vorzügliche Ware. Damit hatte er recht. Mit Profifußball lässt sich viel Geld verdienen. Profifußballer werden zu horrenden Preisen wie jede andere Ware gehandelt. Es wird sich zeigen, ob in der freien Gesellschaft solches Gebaren noch als ethisch empfunden wird. Heute sind Sportklubs oftmals Aktiengesellschaften mit Anlegerkapital. Das wird in der freien Gesellschaft aus der Zeit gefallen erscheinen.

Ich kenne Menschen, die sich zeitlebens nur für ihre Arbeit und Fußball interessierten. Das erscheint mir ein sehr eingeengtes, geistig armes Leben zu sein. Ich habe erlebt, dass Fußballfans nach dem Spiel von der Polizei zum Bahnhof eskortiert wurden, um Randale und Zerstörung zu verhindern. Da ist offensichtlich einiges in den Köpfen dieser jungen Menschen mangels ausreichender Bildung verkümmert. Darum muss sich die Gesellschaft kümmern.

Freizeiteinrichtungen werden sich in öffentlicher und in privater Hand befinden. Die Grenze für private Einrichtungen wird dort gezogen, wo sie betrieben werden, um Mehrwert für Privatanleger zu schöpfen.

Sport und Freizeitgestaltung werden an Breite gewinnen, da – wie bereits mehrfach erwähnt – die freie Zeit, über die die Menschen verfügen werden, zunimmt.

11.8 Fazit

Kehren wir am Ende von Kapitel 11 noch mal zum Ausgangspunkt zurück. In der Einleitung hatten wir festgestellt, dass sich der Mensch vor circa 6 Millionen Jahren durch Mutation von den Primaten abspaltete. (Die archäologischen Wissenschaften haben den genauen Zeitpunkt schon mehrmals neu justiert, da neue Funde die bislang gültige Datierung verschoben. Das kann auch zukünftig passieren.) Der Mensch trat also erst auf, nachdem die Erde bereits 99,87 % ihrer Zeit um die Sonne gekreist war. Die Evolutionsstufe, der wir, der Homo sapiens, angehören, trat erst vor 300.000 Jahren in Erscheinung.

Die 300.000 Jahre sind nur ein Wimpernschlag in der bisherigen Erdgeschichte. Dieser Homo sapiens brachte es in den letzten 250 Jahren fertig, die Erde bis nahe an den Kollaps zu bringen. Es bedarf eines grenzenlosen Optimismus, sich vorzustellen, wir Menschen könnten es schaffen, das Ruder noch herumzureißen, und den Kollaps verhindern.

Ich erlebte im noch kapitalistischen Deutschland den Wahlkampf für die nächste Bundestagswahl. Alle zur Wahl angetretenen Parteien vermeiden es tunlichst, den Wählern Veränderungen in ihrer bisherigen Art zu leben zuzumuten. Sie tun so, als könnten sie den Bären waschen, ohne ihn nass zu machen. Um uns Menschen mitsamt Planeten zu retten, wird es grundlegender Veränderungen in unserer Lebensweise bedürfen, die weit über unser Vorstellungsvermögen hinausgehen.

So wie wir zurzeit die Dinge angehen, werden wir den Klimawandel nicht verhindern, wird die Ausplünderung des Planeten nicht aufhören, werden die geschlossenen Stoffkreisläufe nicht entstehen. Dann tritt ein, dass die Menschen nicht eher zur Vernunft kommen, bevor es für vernünftiges Handeln zu spät ist.

Schrittweise wird der Lebensraum der Menschen zusammenschrumpfen und sich die zum Leben notwendigen Ressourcen verknappen. Es könnte zum großen Hauen und Stechen kommen, bis die ganze Menschheit im Chaos versinkt. Ein solches Szenario erscheint mir gegenwärtig realistischer als von Vernunft getragenes Handeln. Diese abschließenden Gedanken sollen allen den Ernst der Lage, in der sich die Menschheit befindet, bewusst machen. Wir haben nicht mehr alle Zeit der Welt. Wir rasen ungebremst in die Katastrophe, wenn die Menschheit nicht wie ein Mann aufsteht und die Übergangsgesellschaft Kapitalismus beendet!

SCHLUSS

Es ist geschafft!

Das, was ich mir zum Ende meines Lebens vorgenommen hatte, ist erreicht. Mehr konnte ich nicht leisten. Ich hoffe, damit eine Diskussion eröffnet zu haben, die die mir folgenden Generationen in ihrem eigenen Interesse führen sollten. Mich erfüllt mit Sorge, wenn ich die Generationen, die mein Leben begleiteten, betrachte. Meine Elterngeneration, die wahrscheinlich leistungsstärkste in der deutschen Geschichte, die den Krieg geführt hatte, war durch den Geist des Nationalsozialismus, dieser kapitalistischen Ausgeburt in Mitteleuropa, gezeichnet. Sie wurden das Trauma, das sie erlebt hatten, nur vereinzelt wieder los. Dieser nationalistisch-chauvinistische Ungeist prägte auch nach der Katastrophe mehrheitlich noch ihr Denken.

Meine Generation, die wir in den Krieg hineingeboren wurden, war in unserer Kindheit vom Denken der Elterngeneration beeinflusst. Wir gerieten unter die Herrschaft der siegreichen Sowjetunion, dem einstigen Hauptfeind. Die Begeisterung hielt sich in Grenzen. Besorgt stimmt mich, dass in der uns folgenden Kindergeneration der nazistische Ungeist immer noch nicht endgültig getilgt ist, ja in jüngster Zeit gar wieder auflebt. Selbst in der Enkelgeneration fällt auf, dass junge Menschen sich extrem rechten Protesten anschließen.

Obwohl ich ein Kriegskind bin, hat sich bei mir ein anderes Weltbild herausgebildet, welches sich oftmals ganz anders darstellt als bei Mitgliedern meiner und der folgenden Kindergeneration, nochmals deutlich unterschieden zwischen Ost und West.

Wie kam es dazu?

Im Jahre 1960, als ich 19 Jahre alt war, kam ich zusammen mit einem Freund auf die Idee, über Westberlin aus der DDR auszuwandern, um mir die Welt anzuschauen. Leider war die Stasi klüger als wir. Sie glaubten uns kein Wort und unsere Weltreise endete sehr schnell wieder zu Hause bei Muttern. Ein Jahr später wurde die Mauer gebaut und damit endeten alle Träume, die Welt anzuschauen.

Gefangen in einem Staat, der sich auf dem Weg zum Sozialismus wähnte, begann ich mich in dessen Weltanschauung zu vertiefen. Ich studierte. Ich hörte Vorlesungen über politische Ökonomie des Kapitalismus und des Sozialismus. Erstere waren hochinteressant, geprägt von der exzellenten Wissenschaft eines Karl Marx. Letztere waren langweilig, scholastisch, weit entfernt von Wissenschaftlichkeit.

Aber mein Interesse war geweckt. Von nun an wollte ich die Welt, in der ich lebte, besser verstehen. In den 30 Jahren, in denen ich in Wissenschaft und Praxis der DDR tätig war, erkannte ich zunehmend, insbesondere in den 80er-Jahren des letzten Jahrhunderts, dass das wissenschaftliche Fundament, auf dem der Sozialismus errichtet werden sollte, nicht tragfähig war. Damals sah ich die Ursache dafür bei den SED-Oberen, den Stalinisten, die die Macht ausübten und die Gesellschaftswissenschaften knebelten, ihnen ihre unwissenschaftliche Denkweise aufzwangen.

Zu dieser Zeit kam mir erstmals die Idee, ein Buch zu schreiben, um darin die sozialistische Idee wieder auf wissenschaftliche Fundamente zu stellen. Ich lud mir viele vertrauenswürdige Persönlichkeiten ein und diskutierte mit ihnen erste Thesen. Ich fand große Zustimmung und Anregungen.

Aus dem Buch wurde nichts, da ich von der politischen Wende und dem Anschluss der DDR an die BRD überrascht wurde. Die ersten 10 Jahre nach der Wiedervereinigung vergingen mir zunächst mit der Sicherung meiner Existenz und der meiner Familie. Gleichzeitig war es mein Studium des Kapitalismus in der Praxis und ich stellte fest, er war bei Weitem nicht so vollkommen, wie ihn sich die Ostdeutschen erträumt hatten.

Als ich mich dem Rentenalter näherte, griff ich die Idee mit dem Buch wieder auf. Um die Zeit war mein Weltbild nach mehr als 10 Jahren aktiver Tätigkeit im real existierenden Kapitalismus um viele neue Erkenntnisse angereichert, welches ich Ihnen mit diesem Buch nun näherbringen wollte. Ich hoffe, es ist eine solide Grundlage, für Sie, um Ihr eigene Denken zu überprüfen, um neue Überlegungen in Ihr Weltbild zu integrieren.

Das erscheint mir auch notwendig, hält doch das große Kapital die Menschen davon ab, die eigentlichen Gefahren, die der Gesellschaft drohen, zu erkennen und sich dagegen zu formieren. Es ist deprimierend, dass es trotz Kenntnis der Geschichte dem Kapital immer erneut gelingt, die Menschen zu manipulieren, gemeinsam mit einem beachtlichen Teil der Eliten als Handlanger. All das ist nur möglich, weil Mehrheiten die Gesellschaft nicht in ihrem Wesen, sondern nur in dem Erscheinenden begreifen. Es bleibt nur zu hoffen, dass alle Menschen klüger werden und der verbreiteten Dummheit der Nährboden entzogen wird, der Nährboden, der vom großen Kapital beständig wieder fruchtbar gemacht wird.

Bei meinen Überlegungen hielt ich mich an Marx und hier vor allem an seine Erkenntnisse zum Wert als ökonomische Kategorie und das von ihm entdeckte Wertgesetz sowie seine materialistische Geschichtsauffassung. Bislang ist mir im Erkenntnisfundus keiner begegnet, der diese Erkenntnisse von Marx wissenschaftlich widerlegt hat. Die marxsche Theorie ist rund 150 Jahre alt. Zu dieser Zeit, als er sie aufstellte, war es noch eine Ermessensfrage, ob die Gesellschaft ihr folgt oder nicht. Längst hatte der Kapitalismus seine Möglichkeiten noch nicht ausgereizt. Marx selbst hinterließ uns die Erkenntnis, dass eine Gesellschaftsformation nicht eher untergeht, bis sie alle Produktivkräfte entwickelt hat, für die sie weit genug war. Über die gesamte Zeit haben sich zwar die Krisen, die dem Kapitalismus immanent sind, immer wieder gezeigt und Sie selbst haben einige davon miterlebt, aber er konnte sie alle überwinden und ging gestärkt aus ihnen hervor.

Jetzt, nach 150 Jahren, scheint der Zeitpunkt gekommen zu sein, an dem die bisherige Ermessensfrage zur Überlebensfrage der Menschheit wird. Natürlich wird das Kapital alle seine Kostgänger in Politik, Wissenschaft, Wirtschaft und Kultur in Stellung bringen, um die Vergesellschaftung der Finanzindustrie und der transnationalen Konzerne zu verhindern. Aber die Welt verfügt auch über ebenso viele elitäre geniale Köpfe, die sich vom Kapital nicht korrumpieren lassen, denen das Überleben der Menschheit wichtiger ist als schnöder Mammon. An diese wende ich mich. Sie rufe ich auf, sich weltweit zu vereinigen, um das Kapital mit seinen Kostgängern in die Schranken zu weisen. Vergessen Sie die Anhäufung von Geld, geben Sie die Bequemlichkeit auf, in der Sie sich eingerichtet haben, denn Sie haben nichts zu verlieren, sondern die freie Gesellschaft für alle Menschen dieser Welt zu gewinnen! Daran beteiligt gewesen zu sein, schafft echte Erfüllung. Vereinigen Sie sich mit allen fortschrittlichen Kräften in der Welt und führen Sie die Völker in die Freiheit!

Vom Kapital selbst ist keine Einsicht zu erwarten. Es ist seinem Profitstreben unterworfen, dem es nicht entfliehen kann. In der Aussicht auf Profit würde es selbst dem Teufel in die Hölle folgen. Aber die großen internationalen Banken und transnationalen Konzerne befinden sich in der Hand einer kleinen Minderheit, deren Interessen die Interessen der übergroßen Mehrheit geopfert werden müssten.

Das Kapital wird, wie bereits einmal geschehen, den Ausweg erneut im Nationalismus und Rassenhass suchen. Auch damals, vor 1933, war die faschistische Bewegung eine weltweite. Allerdings konnte sie sich nur in einigen Ländern der ehemaligen Habsburgermonarchie durchsetzen. In den anderen Ländern waren die demokratischen Kräfte stärker.

Nunmehr haben wir erneut einen solchen Rechtsruck in der kapitalistischen Welt zu verzeichnen. Diesmal hat sich dieser Bazillus allerdings nicht nur in Mitteleuropa festgesetzt, sondern breitet sich in allen Hochburgen des Kapitals aus, angeführt von den USA. Der Ausspruch Bertolt Brechts: „Der Schoß ist fruchtbar noch, aus dem das kroch" ist wieder, 75 Jahre danach, hochaktuell. Der Schoß, den Brecht meinte, ist das große Kapital. In Mitteleuropa versagten damals die Parteien und die gesellschaftlichen Eliten schmählich. Die Gefahr, dass sie erneut versagen, ist latent. Auf beachtliche Teile der Massen ist nicht zu zählen, deren Hirne wurden vom Kapital so vernebelt, dass sie nicht wissen, was sie tun.

Wir haben die 3 entscheidenden Merkmale herausgearbeitet, an denen erkennbar wird, dass die Daseinsberechtigung des Kapitals ausläuft. Erstens hat die Dialektik gesellschaftlicher Entwicklung über eine Zeit von rund 250 Jahren nunmehr die Kapitalreproduktion in ihre ressourcensparende Form umschlagen lassen. Mit ihr versiegen, wenn das Kapital sich überall in der Gesellschaft eingenistet hat, die Quellen der Mehrwertschöpfung. Das Kapital, welches nach seiner Bestimmung auf Mehrwert nicht verzichten kann, hat zweitens von da an die Parität von Wert und seiner Äquivalentform, dem Geld, zerstört, um Geld ohne Wert zu schöpfen. Schließlich hat drittens das Kapital alle Felder der Wirtschaft und Gesellschaft, aus denen sich Mehrwert ziehen ließ, belegt und kaum sind noch neue Felder zu erschließen.

Damit ist historisch der Zeitpunkt erreicht, in dem das Übergangstadium Kapitalismus, welches zwischen der Klassen- und der freien Gesellschaft steht, an sein Ende gelangt. Kapital ist in der Gesellschaft nicht mehr progressiv, sondern beginnt sie zu zerstören.

Mit der ressourcensparenden Reproduktion sinken die Werte und die Gesellschaft gewinnt Gebrauchswerte und zusätzlich freie Zeit, also Reichtum. Nur hat Kapital einen borniertern Reichtumsbegriff – Mehrwert in de Erscheinungsform Geld ist der einzige Reichtum, der für Kapital zählt. Objektiv hat das Kapital selbst seinen Untergang eingeleitet. Ob daraus wirklich die freie Gesellschaft hervorgeht, hängt vom subjektiven Handeln der übergroßen Mehrheiten ab.

Beide Wege sind offen: Die Völker können eine neue glückliche Welt gewinnen oder zusammen mit dem Kapital untergehen. Erstmals befindet sich die Weltgesellschaft in einer derart prekären Situation, an einem Scheideweg, der eine Zeitenwende erfordert. Erstmals ist der Weg offen in die freie Gesellschaft. Ein notwendiger Weg, der gegangen werden muss, wenn die Menschheit überleben will.

Der Eintritt in die Zivilisation führte zu einer Differenzierung der Gesellschaft. Elitäre traten an die Spitze. Gleichzeitig bildete sich erstmals Privateigentum. Aus gewähltem Adel wurde Erbadel. Von da an herrschten Minderheiten über große Mehrheiten. Das war, wie wir uns überzeugen konnten, historisch notwendig, denn ohne die Herausbildung der Klassengesellschaft wäre die Entwicklung viel langsamer verlaufen. Aber die Klassengesellschaften waren nicht gerecht. Diese Ungerechtigkeit spiegelt sich in allen Religionen und Philosophien über die gesamte Zeit wider.

Die Sehnsucht nach Gerechtigkeit begleitet seitdem die Menschheit. Thomas Morus (1478–1535), Lordkanzler von Heinrich VIII. (dieser ließ ihn 1535 wegen Hochverrats hinrichten) schrieb in seinem Buch „Utopia" bereits 1516 den Satz, der heute noch genauso aktuell ist wie damals: „So habe ich die sichere Überzeugung gewonnen, dass die Habe der Menschen einigermaßen nach Gleichheit und Billigkeit nicht verteilt, noch die irdischen Angelegenheiten glücklich gestaltet werden können, wenn nicht alsbald das Privateigentum aufgehoben wird" (T. M. Tolino, S. 40). Mit diesem Satz lehnte er sich an Platon an, der rund tausend Jahre vor ihm lebte. So lange begleitet dieser Traum die Menschheit, aber erst in unserer Zeit kann er Wirklichkeit werden und fordert die Menschheit zum Handeln heraus.

Meine Herren Kapitaleigentümer, Herren ist wahrscheinlich nicht die richtige Bezeichnung, denn die Herren des Kapitals waren Ihre Vorfahren, Sie sind nur noch Anleger, die mit der Mehrwertschöpfung nichts mehr direkt zu tun haben, die den

Kapitalismus in ihren Automaten zur Geldvermehrung verwandelten, ohne jede Rücksicht auf die Natur und die Gesellschaft. Ihre Zeit ist abgelaufen. Was dem Kapitalismus historisch zu leisten aufgetragen war, haben bereits Ihre Ahnen geleistet. Für Sie ist nichts mehr zu leisten übrig geblieben. Sie sind über einige Generationen von den Helden der industriellen Revolution zu Schmarotzern degeneriert. Ziehen Sie sich lautlos zurück und versperren Sie den Völkern mit Ihrem Egoismus nicht länger den Weg in die Freiheit!

Die Reise mit Ihnen, liebe Leser, durch die Geschichte und Gesellschaft brachte auch mir Erkenntnisgewinn. Noch nie war für mich der Satz von Marx: „Die Menschheit muss sich bei Strafe ihres Untergangs vom Kapitalismus befreien" so bedeutungsschwer wie heute! Ich wende mich an Sie, die übergroße Mehrheit der Völker, das Riesenheer der vom Kapital Beschäftigten. Es geht um Ihre Zukunft, Die Zukunft Ihrer Kinder, Enkelkinder und alle nachfolgenden Generationen, um die Menschheit. Vom großen Kapital ist Einsicht nicht zu erwarten. Die Zukunft liegt allein in Ihren Händen!

Dixi et salvavi animam meam.[3]

---

3 Diesen Satz in Latein – „Ich habe gesprochen und meine Seele gerettet" – schrieb Karl Marx unter seine „Kritik des Gothaer Programms der deutschen Sozialdemokratie".

LITERATURVERZEICHNIS

Prolog

0   Hawking, Stephen: Das Universum in der Nussschale, Deutscher Taschenbuchverlag, 2001,   S. 219.
1. Chomsky, Noam: Reflexionen über die Sprache, Suhrkamp, S. 98–162.
2. Safranski, Rüdiger: Wieviel Globalisierung verträgt der Mensch? Carl Hanser Verlag, 2003.
3. Ebenda, S. 38.
4. Ebenda, S. 45.
5. Rousseau, Jean-Jacques: Abhandlung über den Ursprung und die Grundlagen der Ungleichheit unter den Menschen, 1755.

1. Kapitel

6. Marx, Karl, und Friedrich Engels Werke, Band 25, Dietz Verlag, Berlin, 1986, S. 611.
7. Hellmut Diwald: Weltbild Geschichte Europas, Band 1, Propyläen Verlag, Berlin, 1998, S. 217.
8. Ebenda, S. 223.
9. Ebenda.
9a Marx, Karl, und Friedrich Engels Werke, Band 23, Dietz Verlag, Berlin, 1986, S. 54.
9b Marx, Karl, und Friedrich Engels Werke, Band 25, Dietz Verlag, Berlin, 1986, S. 167.
10. Marx, Karl, und Friedrich Engels Werke, Band 3, Dietz Verlag, Berlin, 1983, S. 7.
11. Marx, Karl, und Friedrich Engels Werke, Band 13, Dietz Verlag, Berlin, 1985, S. 8–9.

2. Kapitel

11a Deutsche Könige und Kaiser des Mittelalter, Urania-Verlag, 1989, S. 266.

12. Diwald, Hellmut: Weltbild Geschichte Europas, Band 1, Propyläen Verlag, Berlin, 1998, S. 225–226.

13. Mandrou, Robert: Weltbild Geschichte Europas, Band 3, Propyläen Verlag, Berlin, 1998, S. 133.

14. Weis, Eberhard: Weltbild Geschichte Europas, Band 4, Propyläen Verlag, Berlin, 1998, S. 21.

15. Zeeden, Ernst Walter: Weltbild Geschichte Europas, Band 2, Propyläen Verlag, Berlin 1998, S. 213.

15a Ebenda, S. 219.

3. Kapitel

16. Bracher, Karl Dietrich: Weltbild Geschichte Europas, Band 6, Propyläen Verlag, Berlin, 1998, S. 116.

17. Ebenda, S. 118.

18. Ebenda, S. 122.

19. Ebenda, S. 129.

20. Marx, Karl, und Friedrich Engels Werke, Band 13, Dietz Verlag, Berlin, 1985, S. 9.

21. Schui, Herbert, und Holger Paetow: Keynes heute, VSA-Verlag, Hamburg, 2003, S. 57.

22. Beck, Ulrich: Die Zukunft von Arbeit und Demokratie, Suhrkamp Verlag Frankfurt/Main, S. 149-150.

23. Sinn, Hans-Werner: Ist Deutschland noch zu retten? Econ-Verlag, München, 2003.

4. Kapitel

24. Piketty, Thomas: Das Kapital im 21. Jahrhundert, C. H. Beck Verlag, München.
25. Piketty, Thomas: Kapital und Ideologie, C. H. Beck Verlag, München.
25a Piketty, Thomas: Der Sozialismus der Zukunft, C. H. Beck Verlag, München, 2021.
26. Wagenknecht, Sahra: Wahnsinn mit Methode, Verlag Das neue Berlin, Berlin, 2008, S. 94.
27. Ebenda, S. 224.
28. Wagenknecht, Sahra: Reichtum ohne Gier, Campus Verlag, Berlin, 2016, S. 93.
29. Klein, Naomi: Green New Deal, Hoffmann und Campe Verlag, 2019.
30. Reinhard, Wolfgang: Die Unterwerfung der Welt, C. H. Beck Verlag, München, 2016.
30a Klein, Naomi: No Logo, Riemann Verlag, München, 2001.
31. Chossudovsky, Michel: GLOBAL BRUTAL, Third World Network, Malaysia, 2002.

5. Kapitel

31a Service, Robert: Lenin: Eine Biografie, Verlag C. H. Beck, 2000.
31b Ebenda, S. 265.
32. Marx, Karl, und Friedrich Engels Werke, Band 35, Dietz Verlag, Berlin, 1985, S. 167.
33. Stalin, Josef Vissarionovich Werke, Band 6, Dietz Verlag, Berlin, 1952, S. 95.
34. Ebenda, S. 331.
35. Marx, Karl, und Friedrich Engels Werke, Band 23, Dietz Verlag, Berlin, 1986, S. 743.
36. Stalin, Josef Vissarionovich Werke, Band 6, Dietz Verlag, Berlin, 1952, S. 253.

9. Kapitel

37. Miegel, Meinhard: Die deformierte Gesellschaft, Ullstein Verlag, 2003.
38. Merz, Friedrich: Mehr Kapitalismus wagen, Piper Verlag, München, 2020.
39. Sinn, Hans-Werner: Ist Deutschland noch zu retten? Econ-Verlag, München, 2003, S. 63.

10. Kapitel

40. Hobsbawm, Eric: Das Gesicht des 21. Jahrhunderts, Deutscher Taschenbuch Verlag, 2002, S. 12.
41. Tingyang, Zhao: Alles unter dem Himmel, Suhrkamp Taschenbuch Verlag, 2021.
42. Ebenda, S. 21–22.
43. Ebenda.

11. Kapitel

44. Baron, Stefan, und Guangyan Yin-Baron: Die Chinesen, Ullstein Verlag, 2020.
42a Belton, Caterine: Putins Netz, HaberCollins-Verlag 2022.
45. Marx, Karl, und Friedrich Engels Werke, Band 25, Dietz Verlag, Berlin, 1986, S. 784.

Schluss

46. Brecht, Bertolt: Der aufhaltsame Aufstieg des Arturo Ui, Epilog.
47. Moore, Thomas: Tolino, S. 40.

Der Autor

Gerd Gräf wurde 1941 in Annaberg-Buchholz im sächsischen Erzgebirgskreis geboren. Nach dem Hochschulstudium promovierte und habilitierte Gräf und publizierte zahlreiche wissenschaftliche Beiträge in Fachzeitschriften. Von 1963 bis 1971 war der stets pragmatisch ausgerichtete Wissenschaftler LPG-Vorsitzender; von 1971 bis 1984 dozierte er an der Hochschule Meißen und hatte von 1984 bis 1989 das Amt des Abteilungsleiters für „Landwirtschaftliche Betriebslehre" inne. Von 1990 bis dato ist der Autor in der Unternehmensberatung in Deutschland, in Großbritannien, in Kanada, in Ungarn, in Tschechien, in Polen, in Russland und in Rumänien tätig. Gerd Gräf ist verheiratet und hat drei Kinder.

Der Verlag

*Wer aufhört
besser zu werden,
hat aufgehört
gut zu sein!*

Basierend auf diesem Motto ist es dem novum Verlag
ein Anliegen, neue Manuskripte aufzuspüren, zu ver-
öffentlichen und deren Autoren langfristig zu fördern.
Mittlerweile gilt der 1997 gegründete und mehrfach
prämierte Verlag als Spezialist für Neuautoren in
Deutschland, Österreich und der Schweiz.

**Für jedes neue Manuskript wird innerhalb we-
niger Wochen eine kostenfreie, unverbindliche
Lektorats-Prüfung erstellt.**

Weitere Informationen zum Verlag und
seinen Büchern finden Sie im Internet unter:

w w w . n o v u m v e r l a g . c o m